(사)한국어문회 주관 | 공인급수 지침서

한자능력 검정시험

2급

부록 · 쓰기연습 포함

한자능력검정시험 **2**급에 대비한

최상의 지침서!

- 한자어의 이해와 활용능력을 길러주기 위한 다양한 예문 수록
- 반복 학습을 통한 한자 숙지
- 평가문제 + 기출예상문제 수록

머리말

한자능력검정시험 2급

문자는 언어를 체계화하고 인간의 내면세계를 구체화하고 서술하는 데에 필요한 도구이다. 따라서 한 나라의 문자 정책은 그 나라의 이상과 추구를 구체화하며 아울러 세계 인류의 의식 세계를 교류하는 데에 가교架橋 역할을 한다.

지금 우리나라는 문자 정책의 혼선으로 말미암아 어문 교육 정책은 실마리를 잡지 못하고 있음은 물론, 사회 각처에서의 언어적 무가치와 무분별한 외래어 남용으로 인해 내 나라 내 글인 한국어의 우수성을 저버리고 있다. 새삼 한국어의 구성을 말하지 않더라도 한국어는 한자와 한글로 구성되었음은 누구나 아는 사실이다. 그러나 그 구성에 있어서 한자 어휘가 약 70% 이상을 차지하고 있기 때문에 한자와 한글은 따로 떼어서 교육할 수 없는 언어이다. 그럼에도 불구하고 학자들 간의 이권利權으로 말미암아 어문 정책이 양분되어 논쟁을 벌인다는 것은 불필요한 지식 소모라고 여겨진다.

이로 인하여 (사)한국어문회에서는 우리글인 한국어를 올바로 인식시키고, 고급 지식의 경제 생산을 이룩하기 위하여 초등학생부터 일반인에 이르기까지 한자능력검정시험을 실시하고 있다.

매년 수험생이 증가하고 있어 다행한 일이라 여겨지기는 하나 전국민이 학교에서부터 의무 교육 속에서 교육받을 수 있는 정책을 세우는 것보다는 못할 것이다.

요즘 사회 각처에서 국한國漢혼용의 필요성이 대두되자, 한자 교육 학회의 난립과 검정시험이 난무하고 있어 오랜 세월 주장되어온 올바른 학자들의 국한 혼용의 본래 취지와 한국어 교육의 참뜻을 저해할까 두려운 마음이 앞선다.

다행히 무분별한 외래문화의 수용 속에서 우리것을 바로 알고 지켜 나가는 (사)한국어문회에서 어문 정책의 일환으로 추진하는 검정시험이 꾸준히 뿌리를 내려가고 있어 한결 마음 뿌듯하며, 수험생에게도 조금 이나마 보탬이 되고자 이 책을 펴낸다.

元基春

차 례

시작하기 전에

01 본 책은 학생이나 사회인에게 한자어의 이해와 활용 능력을 길러 주기 위해 제정한 급수별 시험에 대비해 엮어진 수험 교재이다. 시험은 (사단법인)한국어문회에서 주관하고 한국한자능력검정회에서 시행하는 한자능력검정시험과 국내 각종 한자자격시험 및 한자 경시대회 등이 있다.

02 본 책은 급수별로 8급(50자) / 7급Ⅱ(100자) / 7급(150자) / 6급Ⅱ(225자) / 6급(300자) / 5급Ⅱ(400자) / 5급(500자) / 4급Ⅱ(750자) / 4급(1,000자) / 3급Ⅱ(1,500자) / 3급(1,817자) / 2급(2,355자) / 1급(3,500자) 등에 해당하는 한자를 중심으로, 각 권으로 엮어서 「이 책의 차례」와 같이 다양한 방법으로 학습할 수 있도록 꾸몄다.

03 본 책은 (사)한국어문회에서 배정한 급수별 한자를 기준으로, 일상생활에서 자주 쓰이는 한자어와 시사성에 관련된 한자어를 구성하여 각각 그 뜻을 헤아릴 수 있도록 하였다.

04 본 책은 한자어가 쓰이는 예문을 제시하여, 한자말을 생활화하는 습성을 통해 한자능력검정시험과 각종 전공시험 및 논술시험을 대비할 수 있도록 하였다.

05 본 책은 한자능력검정시험 유형에 맞추어 부문별로 구성하였고, 「평가문제」 및 「기출·예상문제」를 수록하여 배우고 익힌 것을 스스로 평가·복습할 수 있도록 하였다.

06 본 책에 수록된 한자의 훈과 음은 대체적으로 (사)한국어문회에서 정한 대표 훈과 음을 따랐으나 간혹 뜻의 전달이 정확하지 않은 것은 옥편의 대표적인 훈과 음으로 보충하였다.

출제기준

✓ 상위급수 한자는 모두 하위급수 한자를 포함하고 있습니다.
✓ 쓰기 배정 한자는 한두 급수 아래의 읽기 배정한자이거나 그 범위 내에 있습니다.
✓ 공인급수는 특급 ~ 3급Ⅱ이며, 교육급수는 4급 ~ 8급입니다.
✓ 출제기준표는 기본지침자료로서, 출제자의 의도에 따라 차이가 있을 수 있습니다.
✓ 급수는 특급, 특급Ⅱ, 1급, 2급, 3급, 3급Ⅱ, 4급, 4급Ⅱ, 5급, 5급Ⅱ, 6급, 6급Ⅱ, 7급, 7급Ⅱ, 8급으로 구분합니다.

구분	특급	특급Ⅱ	1급	2급	3급	3급Ⅱ	4급	4급Ⅱ	5급	5급Ⅱ	6급	6급Ⅱ	7급	7급Ⅱ	8급
독음	45	45	50	45	45	45	32	35	35	35	33	32	32	22	24
한자쓰기	40	40	40	30	30	30	20	20	20	20	20	10	0	0	0
훈음	27	27	32	27	27	27	22	22	23	23	22	29	30	30	24
완성형(成語)	10	10	15	10	10	10	5	5	4	4	3	2	2	2	0
반의어(相對語)	10	10	10	10	10	10	3	3	3	3	3	2	2	2	0
뜻풀이	5	5	10	5	5	5	3	3	3	3	2	2	2	2	0
동음이의어	10	10	10	5	5	5	3	3	3	3	2	0	0	0	0
부수	10	10	10	5	5	5	3	3	0	0	0	0	0	0	0
동의어(類義語)	10	10	10	5	5	5	3	3	3	3	2	0	0	0	0
약자	3	3	3	3	3	3	3	3	3	3	0	0	0	0	0
장단음	10	10	10	5	5	5	3	0	0	0	0	0	0	0	0
한문	20	20	0	0	0	0	0	0	0	0	0	0	0	0	0
필순	0	0	0	0	0	0	0	0	3	3	3	3	2	2	2
출제문항(計)	200			150			100				90	80	70	60	50
합격문항	160			105			70				63	56	49	42	35
시험시간(분)	100	90		60			50								

• 자료 출처 : 《(사)한국어문회》

● 「한자능력검정시험」은 《(사)한국어문회》가 주관하고, 《한국한자능력검정회》가 1992년 12월 9일 전국적으로 시행하여 현재에 이르기까지 매년 시행하고 있는 국내 최고의 한자자격시험입니다. 또한 시험에 합격한 재학생은 내신 반영은 물론, 2000학년부터 3급과 2급 합격자를 대상으로 일부 대학에 서 특기자 전형 신입생을 선발함으로써 더욱 권위있고, 의미있는 한자자격시험으로 인정받고 있습니다.

● 《(사)한국어문회》는 1992년 6월 22일에 문화부 장관 인가로 발족하고, 그 산하에 《한국한자능력검정회》를 두고 있습니다.

● 「한자능력검정시험」은 국어의 전통성 회복과 국어 생활을 바르게 하는 데에 그 목적이 있습니다. 따라서 시험에 출제되는 내용은 교과서·교양서적·논고 등에서 출제될 것입니다.

명시감상

作者 : 이조년李兆年

梨花에 月白ᄒᆞ고 銀漢이 三更인 제
一枝春心을 子規ㅣ야 아랴마ᄂᆞᆫ
多情도 病인양ᄒᆞ야 ᄌᆞᆷ 못 들어 ᄒᆞ노라

해 석

- 배꽃이 하얗게 피어 있는 가운데
  깊은 밤 은하수 별빛 속에 달빛 또한 휘영청 밝아라

  나뭇가지마다 어린 봄뜻을 품고 있는데
  소쩍새는 그 마음을 아는 듯 모르는 듯

  하얀 꽃 밝은 달, 소쩍새 소리에
  내 마음 어쩔 수 없어 이 한밤 홀로 지새우노라

설 명

- 고려 때 시조 중 가장 뛰어난 시조로 평가되는 이 작품은
  봄날 밤의 애상적哀想的인 감정感情을 노래하였다.

한자능력검정시험 2급

배정한자

(8급 ~ 3급 : 1,817자 - 급수별)

- 가나다순 배정한자는 부록(39쪽)에 수록되어 있습니다.

동同 자字 다多 음音 한漢 자字

다음은 8급부터 3급까지의 한자 중에서
하나의 한자가 두 가지 뜻과 소리로 쓰이는 한자입니다

한자	뜻	음
金	쇠	금
	성姓	김
北	북녘	북
	달아날	배
車	수레	거
	수레	차
洞	골	동
	밝을	통
右	오를	우
	오른(쪽)	우
便	편할	편
	똥오줌	변
度	법도	도
	헤아릴	탁
讀	읽을	독
	구절	두
樂	즐길	락
	노래	악
	좋아할	요
省	살필	성
	덜	생
行	다닐	행
	항렬	항
畫	그림[畵=畫]	화
	그을[劃]	획
見	볼	견
	뵈올	현
說	말씀	설
	달랠	세
宿	잘	숙
	별자리	수
識	알	식
	기록할	지
惡	악할	악
	미워할	오
切	끊을	절
	온통	체
參	참여할	참
	갖은석	삼
則	법칙	칙
	곧	즉
單	홑	단
	흉노임금	선
復	회복할	복
	다시	부
殺	죽일	살
	감할	쇄
狀	형상	상
	문서	장
布	베/펼	포
	보시	보
暴	사나울	폭
	모질	포
降	내릴	강
	항복할	항
更	다시	갱
	고칠	경
易	바꿀	역
	쉬울	이
乾	하늘	건
	마를	간/건
茶	차	다
	차	차
率	비율	률
	거느릴	솔
索	찾을	색
	노[새끼줄]	삭
拾	주울	습
	열	십
若	같을	약
	반야	야
辰	별	진
	때	신
拓	넓힐	척
	박을[拓本]	탁
沈	잠길	침
	성	심
龜	거북	구
	거북	귀
	터질	균
糖	엿	당
	사탕	탕
覆	덮을	부
	뒤집힐	복
塞	막힐	색
	변방	새
於	어조사	어
	탄식할	오
刺	찌를	자
	찌를	척
	수라	라

: 표는 長音, ▸ 표는 長·短音 漢字임

배정한자 8급

한자	훈	음
教	가르칠	교:
校	학교	교:
九	아홉	구
國	나라	국
軍	군사	군
金	쇠	금
	성姓	김
南	남녘	남
女	계집	녀
年	해	년
大	큰	대▸
東	동녘	동
六	여섯	륙
萬	일만	만:
母	어미	모:
木	나무	목▸
門	문	문
民	백성	민
白	흰	백
父	아비	부
北	북녘	북
	달아날	배
四	넉	사:
山	메	산
三	석	삼
生	날	생
西	서녘	서
先	먼저	선
小	작을	소:
水	물	수
室	집	실
十	열	십
五	다섯	오:
王	임금	왕
外	바깥	외:
月	달	월
二	두	이:
人	사람	인
日	날	일
一	한	일
長	긴	장▸
弟	아우	제:
中	가운데	중
青	푸를	청
寸	마디	촌:
七	일곱	칠
土	흙	토
八	여덟	팔
學	배울	학
韓	나라	한▸
	한국	한▸
兄	형	형
火	불	화▸

※ 8급은 모두 50자입니다. 8급 시험에서 한자쓰기 문제는 출제되지 않습니다. 많이 읽고, 그 쓰임에 대하여 알아보는 것이 중요합니다.

배정한자 7Ⅱ급

한자	훈	음
家	집	가
間	사이	간▸
江	강	강
車	수레	거
	수레	차
空	빌[虛]	공
工	장인	공
記	기록할	기
氣	기운	기
男	사내	남
內	안[內=内]	내:
農	농사	농
答	대답	답
道	길	도:
	말할	도:
動	움직일	동:
力	힘	력
立	설	립
每	매양	매▸
名	이름	명
物	물건	물
方	모[四角]	방
不	아닐	불
事	일	사:
上	윗	상:
姓	성姓	성:
世	인간	세:
手	손	수▸
時	때	시
市	저자	시:
食	먹을	식
	밥	사/식
安	편안	안
午	낮	오:
右	오를	우:
	오른(쪽)	우:
自	스스로	자
子	아들	자
場	마당	장
電	번개	전:
前	앞	전
全	온전	전
正	바를	정▸
足	발	족
左	왼	좌:
直	곧을	직
平	평평할	평
下	아래	하:
漢	한수	한:
	한나라	한:
海	바다	해:
話	말씀	화
活	살[生活]	활
孝	효도	효:
後	뒤	후:

※ 7급Ⅱ는 8급[50자]에 새로운 한자 50자를 더한 100자입니다. 7급Ⅱ에서 한자쓰기 문제는 출제되지 않습니다.

배정한자 7급

한자	훈	음
歌	노래	가
口	입	구▸
旗	기	기
冬	겨울	동▸
洞	골	동:
	밝을	통:
同	한가지	동
登	오를[登壇]	등
來	올	래▸
老	늙을	로:
里	마을	리:
林	수풀	림
面	낯	면:
命	목숨	명:
文	글월	문
問	물을	문:
百	일백	백
夫	지아비	부
算	셈	산:
色	빛	색
夕	저녁	석
所	바	소:
少	적을	소:
數	셈	수:
	자주	삭
植	심을	식
心	마음	심
語	말씀	어:
然	그럴	연
有	있을	유:
育	기를	육
邑	고을	읍
入	들	입
字	글자	자
祖	할아비	조
住	살	주:
主	임금	주
	주인	주
重	무거울	중:
地	땅[따]	지
紙	종이	지
川	내	천

千	일천	천
天	하늘	천
草	풀	초
村	마을	촌:
秋	가을	추
春	봄	춘
出	날	출
便	편할	편▸
	똥오줌	변
夏	여름	하:
花	꽃	화
休	쉴	휴

※ 7급은 7급Ⅱ[100자]에 새로운 한자 50자를 더한 150자입니다. 7급에서 한자쓰기 문제는 출제되지 않습니다.

배정한자 6Ⅱ급

各	각각	각
角	뿔	각
計	셀	계:
界	지경	계:
高	높을	고
功	공[勳]	공
公	공평할	공
共	한가지	공:
科	과목	과
果	실과	과:
光	빛	광
球	공	구
今	이제	금
急	급할	급
短	짧을	단▸
堂	집	당
代	대신할	대:
對	대할	대:
圖	그림	도
讀	읽을	독
	구절句節	두
童	아이	동▸
等	무리	등:
樂	즐길	락
	노래	악
	좋아할	요
利	이할	리:
理	다스릴	리:
明	밝을	명
聞	들을	문▸
班	나눌	반
反	돌이킬	반:
半	반	반:
發	필	발
放	놓을	방▸
部	떼[部類]	부
分	나눌	분▸
社	모일	사
書	글	서
線	줄[針線]	선
雪	눈	설
省	살필	성
	덜	생
成	이룰	성
消	사라질	소
術	재주	술
始	비로소	시:
神	귀신	신
身	몸	신
信	믿을	신:
新	새	신
藥	약	약
弱	약할	약
業	업	업
勇	날랠	용:
用	쓸	용:
運	옮길	운:
飮	마실	음▸
音	소리	음
意	뜻	의:
昨	어제	작
作	지을	작
才	재주	재
戰	싸움	전:
庭	뜰	정
題	제목	제
第	차례	제:
注	부을	주:
集	모을	집
窓	창	창
淸	맑을	청
體	몸	체
表	겉	표
風	바람	풍
幸	다행	행:
現	나타날	현:
形	모양	형
和	화할	화
會	모일	회:

※ 6급Ⅱ는 7급[150자]에 새로운 한자 75자를 더하여 모두 225자 입니다.

단, 6급Ⅱ의 한자쓰기 문제는 8급[50자] 범위에서 출제됩니다.

배정한자 6급

感	느낄	감:
強	강할	강▸
開	열	개
京	서울	경
苦	쓸[味覺]	고
古	예	고:
交	사귈	교
區	구분할	구
	지경地境	구
郡	고을	군:
近	가까울	근:
根	뿌리	근
級	등급	급
多	많을	다
待	기다릴	대:
度	법도	도▸
	헤아릴	탁
頭	머리	두
路	길	로:
綠	푸를	록
例	법식	례:
禮	예도	례:
李	오얏	리:
	성姓	리:
目	눈	목
米	쌀	미
美	아름다울	미▸
朴	성姓	박
番	차례	번
別	다를	별
	나눌	별
病	병	병:
服	옷	복
本	근본	본
死	죽을	사:
使	하여금	사:
	부릴	사:
石	돌	석
席	자리	석
速	빠를	속
孫	손자孫子	손▸
樹	나무	수
習	익힐	습
勝	이길	승
式	법	식
失	잃을	실
愛	사랑	애▸
野	들[坪]	야:
夜	밤	야:
陽	볕	양
洋	큰바다	양
言	말씀	언
永	길	영:
英	꽃부리	영
溫	따뜻할	온
園	동산	원
遠	멀	원:
油	기름	유
由	말미암을	유
銀	은	은

衣 옷 의
醫 의원 의
者 놈 자
章 글 장
在 있을 재:
定 정할 정:
朝 아침 조
族 겨레 족
晝 낮 주
親 친할 친
太 클 태
通 통할 통
特 특별할 특
合 합할 합
　홉 홉
行 다닐 행▸
　항렬(行列) 항
向 향할 향:
號 이름 호▸
畫 그림[畫] 화:
　그을[劃] 획
黃 누를 황
訓 가르칠 훈:

※ 6급은 6급Ⅱ[225자]에 새로운 한자 75자를 더한 300자입니다. 단, 6급의 한자쓰기 문제는 7급[150자] 범위에서 출제됩니다.

배정한자 5Ⅱ급

價 값 가
客 손 객
格 격식 격
見 볼 견:
　뵈올 현:
決 결단할 결
結 맺을 결
敬 공경 경:
告 고할 고:
課 공부할 과▸
　과정(課程) 과▸
過 지날 과:
關 관계할 관
觀 볼 관
廣 넓을 광:
具 갖출 구▸
舊 예 구:
局 판[形局] 국
己 몸 기
基 터 기
念 생각 념:
能 능할 능
團 둥글 단
當 마땅 당
德 큰 덕
到 이를 도:
獨 홀로 독
朗 밝을 랑:
良 어질 량
旅 나그네 려
歷 지날 력
練 익힐 련:
勞 일할 로
類 무리 류▸
流 흐를 류
陸 뭍 륙
望 바랄 망:
法 법 법
變 변할 변:
兵 병사 병
福 복 복
奉 받들 봉:
史 사기(史記) 사:
士 선비 사:
仕 섬길 사▸
産 낳을 산:
相 서로 상
商 장사 상
鮮 고울 선
仙 신선 선
說 말씀 설
　달랠 세:
　기쁠 열
性 성품 성:
洗 씻을 세:
歲 해 세:
束 묶을 속
首 머리 수
宿 잘 숙
　별자리 수:
順 순할 순:
識 알 식
　기록할 지
臣 신하 신
實 열매 실
兒 아이 아
惡 악할 악
　미워할 오
約 맺을 약
養 기를 양:
要 요긴할 요▸
友 벗 우:
雨 비 우:
雲 구름 운
元 으뜸 원
偉 클 위
以 써 이:
任 맡길 임▸
材 재목 재
財 재물 재
的 과녁 적
典 법 전:
傳 전할 전
展 펼 전:
切 끊을 절
　온통 체
節 마디 절
店 가게 점:
情 뜻 정
調 고를 조
卒 마칠 졸
種 씨 종▸
週 주일 주
州 고을 주
知 알 지
質 바탕 질
着 붙을 착
參 참여할 참
　갖은석 삼
責 꾸짖을 책
充 채울 충
宅 집 댁/택
品 물건 품:
必 반드시 필
筆 붓 필
害 해할 해:
化 될 화▸
效 본받을 효:
凶 흉할 흉

※ 5급Ⅱ는 6급[300자]에 새로운 한자 100자를 더한 400자입니다. 단, 5급Ⅱ의 한자쓰기 문제는 6급Ⅱ[225자] 범위에서 출제됩니다.

배정한자 5급

加 더할 가
可 옳을 가:
改 고칠 개▸
去 갈 거:
擧 들 거:
健 굳셀 건:
件 물건 건
建 세울 건:
輕 가벼울 경
競 다툴 경:
景 볕 경▸
固 굳을 고▸
考 생각할 고▸
曲 굽을 곡
橋 다리 교
救 구원할 구:
貴 귀할 귀:
規 법 규
給 줄 급
汽 물끓는김 기
期 기약할 기
技 재주 기
吉 길할 길
壇 단 단

談	말씀	담
都	도읍	도
島	섬	도
落	떨어질	락
冷	찰	랭:
量	헤아릴	량
領	거느릴	령
令	하여금	령▸
料	헤아릴	료▸
馬	말	마:
末	끝	말
亡	망할	망
買	살	매:
賣	팔[賣却]	매▸
無	없을	무
倍	곱	배▸
費	쓸	비:
比	견줄	비:
鼻	코	비:
氷	얼음	빙
寫	베낄	사
査	조사할	사
思	생각	사▸
賞	상줄	상
序	차례	서:
選	가릴	선:
船	배[船舶]	선
善	착할	선:
示	보일	시:
案	책상	안:
魚	고기[물고기]	어
漁	고기잡을	어
億	억[數字]	억
熱	더울	열

葉	잎	엽
	고을이름	섭
屋	집	옥
完	완전할	완
曜	빛날	요:
浴	목욕할	욕
牛	소	우
雄	수컷	웅
院	집	원
原	언덕	원
願	원할	원:
位	자리	위
耳	귀	이:
因	인할	인
災	재앙	재
再	두	재:
爭	다툴	쟁
貯	쌓을	저:
赤	붉을	적
停	머무를	정
操	잡을	조▸
終	마칠	종
罪	허물	죄:
止	그칠	지
唱	부를	창:
鐵	쇠	철
初	처음	초
最	가장	최:
祝	빌[祝福]	축
致	이를	치:
則	법칙	칙
	곧	즉
他	다를	타
打	칠[打擊]	타:
卓	높을	탁

炭	숯	탄:
板	널	판
敗	패할	패:
河	물	하
寒	찰	한
許	허락할	허
湖	호수	호
患	근심	환:
黑	검을	흑

※ 5급은 5급Ⅱ[400자]에 새로운 한자 100자를 더한 500자입니다. 단, 5급의 한자쓰기 문제는 6급[300자] 범위에서 출제됩니다.

배정한자 4Ⅱ급

街	거리	가▸
假	거짓	가:
減	덜	감:
監	볼	감
康	편안	강
講	욀	강:
個	낱	개▸
檢	검사할	검:
潔	깨끗할	결
缺	이지러질	결
慶	경사	경:
警	깨우칠	경:
境	지경	경
經	지날	경
	글	경

係	맬	계:
故	연고	고▸
官	벼슬	관
求	구할[索]	구
句	글귀	구
究	연구할	구
宮	집	궁
權	권세	권
極	극진할	극
	다할	극
禁	금할	금:
器	그릇	기
起	일어날	기
暖	따뜻할	난:
難	어려울	난▸
怒	성낼	노:
努	힘쓸	노
斷	끊을	단:
端	끝	단
檀	박달나무	단
單	홑	단
達	통달할	달
擔	멜	담
黨	무리	당
帶	띠	대▸
隊	무리	대
導	인도할	도:
督	감독할	독
毒	독[毒藥]	독
銅	구리	동
斗	말	두
豆	콩	두
得	얻을	득
燈	등	등

羅	벌릴	라
兩	두	량:
麗	고울	려
連	이을	련
列	벌일	렬
錄	기록할	록
論	논할	론
留	머무를	류
律	법칙	률
滿	찰	만▸
脈	줄기	맥
毛	터럭	모
牧	칠[養]	목
武	호반	무:
務	힘쓸	무:
味	맛	미:
未	아닐	미▸
密	빽빽할	밀
博	넓을	박
防	막을	방
房	방	방
訪	찾을	방:
背	등	배:
配	나눌	배:
	짝	배:
拜	절	배:
罰	벌할	벌
伐	칠[討]	벌
壁	벽	벽
邊	가	변
報	갚을	보:
	알릴	보:
步	걸음	보:
寶	보배	보:
保	지킬	보▸

復	회복할	복
	다시	부:
府	마을[官廳]	부▸
婦	며느리	부
副	버금	부:
富	부자	부:
佛	부처	불
備	갖출	비:
飛	날	비
悲	슬플	비:
非	아닐	비▸
貧	가난할	빈
謝	사례할	사:
師	스승	사
寺	절	사
舍	집	사
殺	죽일[殺=殺]	살
	감할	쇄:
	빠를	쇄:
狀	형상	상
	문서	장:
常	떳떳할	상
床	상	상
想	생각	상:
設	베풀	설
星	별	성
聖	성인	성:
盛	성할	성:
聲	소리	성
城	재[內城]	성
誠	정성	성
細	가늘	세:
稅	세금	세:
勢	형세	세:
素	본디	소▸
	흴[白]	소▸
掃	쓸[掃除]	소▸
笑	웃음	소:
續	이을	속
俗	풍속	속
送	보낼	송:
收	거둘	수
修	닦을	수
受	받을	수▸
授	줄	수
守	지킬	수
純	순수할	순
承	이을	승
施	베풀	시:
視	볼	시:
詩	시	시
試	시험	시▸
是	이[斯]	시:
	옳을	시:
息	쉴	식
申	납[猿]	신
深	깊을	심
眼	눈	안:
暗	어두울	암:
壓	누를	압
液	진	액
羊	양	양
如	같을	여
餘	남을	여
逆	거스를	역
演	펼	연:
硏	갈[磨]	연:
煙	연기	연
榮	영화	영
藝	재주	예:
誤	그르칠	오:
玉	구슬	옥
往	갈	왕:
謠	노래	요
容	얼굴	용
圓	둥글	원
員	인원	원
衛	지킬	위
爲	하	위▸
	할	위▸
肉	고기	육
恩	은혜	은
陰	그늘	음
應	응할	응:
義	옳을	의:
議	의논할	의▸
移	옮길	이
益	더할	익
引	끌	인
印	도장	인
認	알[知]	인
障	막을	장
將	장수	장▸
低	낮을	저:
敵	대적할	적
田	밭	전
絶	끊을	절
接	이을	접
程	한도	정
	길[里]	정
政	정사	정
精	정할	정
	자세할	정
濟	건널	제:
提	끌[携]	제
制	절제할	제:
際	즈음	제:
	가[邊]	제:
除	덜	제
祭	제사	제:
製	지을	제:
助	도울	조:
鳥	새	조
早	이를	조:
造	지을	조:
尊	높을	존
宗	마루	종
走	달릴	주
竹	대	죽
準	준할	준:
衆	무리	중:
增	더할	증
指	가리킬	지
志	뜻	지
至	이를	지
支	지탱할	지
職	직분	직
進	나아갈	진:
眞	참	진
次	버금	차
察	살필	찰
創	비롯할	창:
處	곳	처:
請	청할	청
總	다[皆]	총:
銃	총	총
蓄	모을	축
築	쌓을	축
蟲	벌레	충
忠	충성	충
取	가질	취:
測	헤아릴	측
治	다스릴	치
置	둘[措]	치:
齒	이	치
侵	침노할	침
快	쾌할	쾌
態	모습	태:
統	거느릴	통:
退	물러날	퇴:
破	깨뜨릴	파:
波	물결	파
砲	대포	포:
布	베/펼	포▸
	보시	보:
包	쌀[裹]	포▸
暴	사나울	폭
	모질	포:
票	표	표
豊	풍년	풍
限	한할	한:
航	배	항:
港	항구	항:
解	풀	해:
鄕	시골	향
香	향기	향
虛	빌	허
驗	시험	험:
賢	어질	현
血	피	혈
協	화할	협
惠	은혜	혜:
護	도울	호:
呼	부를	호
好	좋을	호:
戶	집	호:

貨	재물	화:
確	굳을	확
回	돌아올	회
吸	마실	흡
興	일[盛]	흥▸
希	바랄	희

※ 4급Ⅱ는 5급[500자]에 새로운 한자 250자를 더하여 모두 750자입니다. 단, 4급Ⅱ의 한자쓰기 문제는 5급Ⅱ[400자] 범위에서 출제됩니다.

배정한자 4급

暇	틈	가:
	겨를	가:
覺	깨달을	각
刻	새길	각
簡	간략할	간▸
	대쪽	간▸
干	방패	간
看	볼	간
敢	감히	감:
	구태여	감:
甘	달	감
甲	갑옷	갑
降	내릴	강:
	항복할	항
更	다시	갱:
	고칠	경
據	근거	거:
拒	막을	거:

居	살	거
巨	클	거:
傑	뛰어날	걸
儉	검소할	검:
激	격할	격
擊	칠	격
犬	개	견
堅	굳을	견
鏡	거울	경:
傾	기울	경
驚	놀랄	경
戒	경계할	계:
季	계절	계:
鷄	닭	계
階	섬돌	계
系	이어맬	계:
繼	이을	계:
庫	곳집	고
孤	외로울	고
穀	곡식	곡
困	곤할	곤:
骨	뼈	골
孔	구멍	공:
攻	칠[擊]	공:
管	대롱	관
	주관할	관
鑛	쇳돌	광:
構	얽을	구
群	무리	군
君	임금	군
屈	굽힐	굴
窮	다할	궁
	궁할	궁
勸	권할	권:
券	문서	권

卷	책	권▸
歸	돌아갈	귀:
均	고를	균
劇	심할	극
勤	부지런할	근▸
筋	힘줄	근
奇	기특할	기
紀	벼리	기
寄	부칠[寄書]	기
機	틀	기
納	들일	납
段	층계	단
盜	도둑	도▸
逃	도망할	도
徒	무리	도
卵	알	란:
亂	어지러울	란:
覽	볼	람
略	간략할	략
	약할	략
糧	양식	량
慮	생각할	려:
烈	매울	렬
龍	용	룡
柳	버들	류▸
輪	바퀴	륜
離	떠날	리:
妹	누이	매
勉	힘쓸	면:
鳴	울	명
模	본뜰	모
妙	묘할	묘:
墓	무덤	묘:
舞	춤출	무:
拍	칠[拍手]	박

髮	터럭	발
妨	방해할	방
犯	범할	범:
範	법	범:
辯	말씀	변:
普	넓을	보:
複	겹칠	복
伏	엎드릴	복
否	아닐	부:
	막힐	비:
負	질[荷]	부:
粉	가루	분▸
憤	분할	분:
碑	비석	비
批	비평할	비:
秘	숨길[祕=秘]	비:
辭	말씀	사
私	사사	사
絲	실	사
射	쏠	사▸
散	흩을	산:
傷	다칠	상
象	코끼리	상
宣	베풀	선
舌	혀	설
屬	붙일	속
損	덜	손:
松	소나무	송
頌	칭송할	송:
	기릴	송:
秀	빼어날	수
叔	아재비	숙
肅	엄숙할	숙
崇	높을	숭

氏	각시	씨
	성씨[姓氏]	씨
額	이마	액
樣	모양	양
嚴	엄할	엄
與	더불	여:
	줄	여:
易	바꿀	역
	쉬울	이:
域	지경	역
鉛	납	연
延	늘일	연
緣	인연	연
燃	탈	연
營	경영할	영
迎	맞을	영
映	비칠	영▸
豫	미리	예:
優	넉넉할	우
遇	만날	우:
郵	우편	우
源	근원	원
援	도울	원:
怨	원망할	원▸
委	맡길	위
圍	에워쌀	위
慰	위로할	위
威	위엄	위
危	위태할	위
遺	남길	유
遊	놀	유
儒	선비	유
乳	젖	유
隱	숨을	은
儀	거동	의

疑	의심할	의
依	의지할	의
異	다를	이:
仁	어질	인
姿	모양	자:
姊	손윗누이	자
資	재물	자
殘	남을	잔
雜	섞일	잡
裝	꾸밀	장
張	베풀	장
獎	장려할	장▸
帳	장막	장
壯	장할	장:
腸	창자	장
底	밑	저:
績	길쌈	적
賊	도둑	적
適	맞을	적
籍	문서	적
積	쌓을	적
轉	구를	전:
錢	돈	전:
專	오로지	전
折	꺾을	절
點	점	점▸
占	점령할	점▸
	점칠	점
整	가지런할	정:
靜	고요할	정
丁	장정	정
	고무래	정
帝	임금	제:
條	가지	조
潮	조수	조
	밀물	조
組	짤	조
存	있을	존
鍾	쇠북[鍾=鐘]	종
從	좇을	종▸
座	자리	좌:
周	두루	주
朱	붉을	주
酒	술	주▸
證	증거	증
持	가질	지
誌	기록할	지
智	지혜	지
	슬기	지
織	짤	직
盡	다할	진:
珍	보배	진
陣	진칠	진
差	다를	차
讚	기릴	찬:
採	캘	채:
冊	책	책
泉	샘	천
廳	관청	청
聽	들을	청
招	부를	초
推	밀	추
縮	줄일	축
就	나아갈	취:
趣	뜻	취:
層	층[層樓]	층
針	바늘	침▸
寢	잘	침:
稱	일컬을	칭
歎	탄식할	탄:
彈	탄알	탄:
脫	벗을	탈
探	찾을	탐
擇	가릴	택
討	칠[伐]	토▸
痛	아플	통:
投	던질	투
鬪	싸움	투
派	갈래	파
判	판단할	판
篇	책	편
評	평할	평:
閉	닫을	폐:
胞	세포	포▸
爆	불터질	폭
標	표할	표
疲	피곤할	피
避	피할	피:
恨	한	한:
閑	한가할	한
抗	겨룰	항:
核	씨	핵
憲	법	헌:
險	험할	험:
革	가죽	혁
顯	나타날	현:
刑	형벌	형
或	혹	혹
混	섞을	혼:
婚	혼인할	혼
紅	붉을	홍
華	빛날	화
環	고리	환▸
歡	기쁠	환
況	상황	황:
灰	재	회
候	기후	후:
厚	두터울	후:
揮	휘두를	휘
喜	기쁠	희

※ 4급은 4급Ⅱ[750자]에 새로운 한자 250자를 더하여 모두 1,000자입니다.

단, 4급의 한자쓰기 문제는 5급[500자] 범위에서 출제됩니다.

배정한자 3Ⅱ급

佳	아름다울	가:
架	시렁	가:
閣	집	각
脚	다리	각
肝	간	간▸
懇	간절할	간:
刊	새길	간
幹	줄기	간
鑑	거울	감
剛	굳셀	강
綱	벼리	강
鋼	강철	강
介	낄	개:
槪	대개	개:
蓋	덮을	개▸
距	상거할	거:
乾	하늘	건
	마를	간/건
劍	칼	검:
隔	사이뜰	격
訣	이별할	결
謙	겸손할	겸
兼	겸할	겸
頃	이랑	경
	잠깐	경
耕	밭갈[犁田]	경
徑	지름길	경
	길	경
硬	굳을	경
械	기계	계:
契	맺을	계:
啓	열	계:
溪	시내	계
桂	계수나무	계:
鼓	북	고
姑	시어미	고
稿	원고	고
	볏짚	고
哭	울	곡
谷	골	곡
恭	공손할	공
恐	두려울	공▸
貢	바칠	공:
供	이바지할	공:
誇	자랑할	과:
寡	적을	과:
冠	갓	관
貫	꿸	관▸
寬	너그러울	관
慣	익숙할	관
館	집	관

狂	미칠	광
怪	괴이할	괴▸
壞	무너질	괴:
較	견줄	교
	비교할	교
巧	공교할	교
拘	잡을	구
久	오랠	구:
丘	언덕	구
菊	국화	국
弓	활	궁
拳	주먹	권:
鬼	귀신	귀:
菌	버섯	균
克	이길	극
琴	거문고	금
錦	비단	금:
禽	새	금
及	미칠	급
畿	경기	기
企	꾀할	기
祈	빌[祈願]	기
其	그	기
騎	말탈	기
緊	긴할	긴
諾	허락할	낙
娘	계집	낭
耐	견딜	내:
寧	편안	녕
奴	종[奴僕]	노
腦	골	뇌
	뇌수	뇌
泥	진흙	니
茶	차	다
	차	차

旦	아침	단
但	다만	단:
丹	붉을	단
淡	맑을	담
踏	밟을	답
唐	당나라	당▸
	당황할	당▸
糖	엿	당
臺	대[돈대]	대
貸	빌릴	대:
	뀔[꾸이다]	대:
途	길[行中]	도:
陶	질그릇	도
刀	칼	도
渡	건널	도
倒	넘어질	도:
桃	복숭아	도
突	갑자기	돌
凍	얼	동:
絡	얽을	락
	이을	락
欄	난간	란
蘭	난초	란
廊	사랑채	랑
	행랑	랑
浪	물결	랑▸
郎	사내	랑
涼	서늘할[涼=凉]	량
梁	들보	량
	돌다리	량
勵	힘쓸	려:
曆	책력	력
戀	그리워할	련:
	그릴	련:
鍊	쇠불릴	련:
	단련할	련:

聯	연이을	련
蓮	연꽃	련
裂	찢어질	렬
嶺	고개	령
靈	신령	령
爐	화로	로
露	이슬	로▸
祿	녹[俸祿]	록
弄	희롱할	롱:
賴	의뢰할	뢰:
雷	우레	뢰
樓	다락	루
累	여러	루:
	자주	루:
漏	샐	루:
倫	인륜	륜
栗	밤	률
率	비율	률
	거느릴	솔
隆	높을	륭
陵	언덕	릉
吏	벼슬아치	리:
	관리官吏	리:
履	밟을	리:
裏	속	리:
臨	임할	림
磨	갈	마
麻	삼	마▸
漠	넓을	막
幕	장막	막
莫	없을	막
晚	늦을	만:
妄	망령될	망:
梅	매화	매
媒	중매	매

麥	보리	맥
孟	맏	맹▸
盟	맹세	맹
猛	사나울	맹:
盲	소경	맹
	눈멀	맹
綿	솜	면
眠	잘	면
免	면할[免=免]	면:
滅	멸할	멸
	꺼질	멸
銘	새길	명
慕	그릴	모:
謀	꾀	모
貌	모양	모
睦	화목할	목
沒	빠질	몰
夢	꿈	몽
蒙	어두울	몽
貿	무역할	무:
茂	무성할	무:
默	잠잠할	묵
墨	먹	묵
紋	무늬	문
勿	말[禁]	물
微	작을	미
尾	꼬리	미:
薄	엷을	박
迫	핍박할	박
盤	소반	반
般	가지	반
	일반	반
飯	밥	반
拔	뽑을	발
芳	꽃다울	방

輩	무리	배:
排	밀칠	배
培	북돋울	배:
伯	맏	백
繁	번성할	번
凡	무릇	범▸
碧	푸를	벽
丙	남녘	병:
補	기울	보:
譜	족보	보:
腹	배	복
峯	봉우리	봉
封	봉할	봉
逢	만날	봉
鳳	봉새	봉:
覆	덮을	부
	다시	복
	뒤집힐	복
簿	문서	부:
付	부칠	부:
符	부호	부▸
附	붙을	부▸
扶	도울	부
浮	뜰	부
賦	부세	부:
腐	썩을	부:
奔	달릴	분
奮	떨칠	분:
紛	어지러울	분
拂	떨칠	불
婢	계집종	비:
卑	낮을	비:
肥	살찔	비:
妃	왕비	비
邪	간사할	사

詞	말	사
	글	사
司	맡을	사
沙	모래	사
祀	제사	사
斜	비낄	사
蛇	긴뱀	사
削	깎을	삭
森	수풀	삼
像	모양	상
詳	자세할	상
裳	치마	상
霜	서리	상
尙	오히려	상▸
喪	잃을	상▸
償	갚을	상
桑	뽕나무	상
索	찾을	색
	노[새끼줄]	삭
塞	막힐	색
	변방	새
署	마을[官廳]	서:
緖	실마리	서:
恕	용서할	서:
徐	천천할	서▸
釋	풀[解]	석
惜	아낄	석
旋	돌[廻]	선
禪	선	선
蘇	되살아날	소
訴	호소할	소
疏	소통할	소
燒	사를	소▸
訟	송사할	송:
刷	인쇄할	쇄:
鎖	쇠사슬	쇄:
衰	쇠할	쇠
需	쓰일[쓸]	수
殊	다를	수
隨	따를	수
輸	보낼	수
帥	장수	수
獸	짐승	수
愁	근심	수
壽	목숨	수
垂	드리울	수
熟	익을	숙
淑	맑을	숙
瞬	눈깜짝일	순
巡	돌[廻]	순
	순행할	순
旬	열흘	순
述	펼	술
襲	엄습할	습
拾	주울	습
	갖은열	십
濕	젖을	습
昇	오를	승
僧	중	승
乘	탈	승
侍	모실	시:
飾	꾸밀	식
愼	삼갈	신:
審	살필	심▸
甚	심할	심:
雙	두	쌍
	쌍	쌍
雅	맑을	아▸
亞	버금	아▸
阿	언덕	아
我	나	아:
牙	어금니	아
芽	싹	아
岸	언덕	안:
顔	낯	안:
巖	바위	암
央	가운데	앙
仰	우러를	앙:
哀	슬플	애
若	같을	약
	반야	야
壤	흙덩이	양:
揚	날릴	양
讓	사양할	양:
御	거느릴	어:
抑	누를	억
憶	생각할	억
譯	번역할	역
役	부릴	역
驛	역	역
亦	또	역
疫	전염병	역
沿	물따라갈	연▸
	따를	연▸
軟	연할	연:
宴	잔치	연:
燕	제비	연▸
悅	기쁠	열
染	물들	염:
鹽	소금[鹽=塩]	염
炎	불꽃	염
影	그림자	영:
譽	기릴	예:
	명예	예:
烏	까마귀	오
悟	깨달을	오:
獄	옥[囚舍]	옥
瓦	기와	와:
緩	느릴	완:
辱	욕될	욕
慾	욕심	욕
欲	하고자할	욕
愚	어리석을	우
偶	짝	우:
憂	근심	우
宇	집	우:
羽	깃	우:
韻	운	운:
越	넘을	월
謂	이를	위
胃	밥통	위
僞	거짓	위
幽	그윽할	유
誘	꾈	유
裕	넉넉할	유:
悠	멀	유
維	벼리	유
柔	부드러울	유
幼	어릴	유
猶	오히려	유
潤	불을	윤:
乙	새	을
淫	음란할	음
已	이미	이:
翼	날개	익
忍	참을	인
逸	편안할	일
壬	북방	임:
賃	품삯	임:
慈	사랑	자
刺	찌를	자:
	찌를	척
	수라	라
紫	자줏빛	자
潛	잠길	잠
暫	잠깐	잠▸
藏	감출	장:
粧	단장할	장
掌	손바닥	장:
莊	씩씩할	장
丈	어른	장:
臟	오장	장:
葬	장사지낼	장:
載	실을	재:
裁	옷마를	재
栽	심을	재:
抵	막을[抗]	저:
著	나타날	저:
	붙을	착
寂	고요할	적
摘	딸[手收]	적
跡	발자취	적
蹟	자취	적
笛	피리	적
殿	전각	전:
漸	점점	점:
亭	정자	정
廷	조정	정
征	칠[征討]	정
貞	곧을	정
淨	깨끗할	정
井	우물	정▸
頂	정수리	정
齊	가지런할	제
諸	모두	제

照 비칠 조:
兆 억조 조
租 조세 조
縱 세로 종
坐 앉을 좌:
柱 기둥 주
洲 물가 주
宙 집 주:
鑄 쇠불릴 주
奏 아뢸 주▸
珠 구슬 주
株 그루 주
仲 버금 중▸
卽 곧 즉
憎 미울 증
症 증세 증▸
蒸 찔 증
曾 일찍이 증
池 못 지
之 갈 지
枝 가지 지
振 떨칠 진:
陳 베풀 진▸
묵을 진
鎭 진압할 진▸
辰 별 진
때 신
震 우레 진:
疾 병 질
秩 차례 질
執 잡을 집
徵 부를 징
此 이 차
借 빌 차:
빌릴 차:

錯 어긋날 착
贊 도울 찬:
倉 곳집 창▸
昌 창성할 창▸
蒼 푸를 창
彩 채색 채:
菜 나물 채:
債 빚 채:
策 꾀 책
妻 아내 처
拓 넓힐 척
박을[拓本] 탁
戚 친척 척
尺 자 척
踐 밟을 천:
賤 천할 천:
淺 얕을 천:
遷 옮길 천:
哲 밝을 철
徹 통할 철
滯 막힐 체
肖 닮을 초
같을 초
超 뛰어넘을 초
礎 주춧돌 초
觸 닿을 촉
促 재촉할 촉
催 재촉할 최:
追 쫓을 추
따를 추
畜 짐승 축
衝 찌를 충
醉 취할 취:
吹 불[鼓吹] 취:
側 곁 측

値 값 치
恥 부끄러울 치
稚 어릴 치
漆 옻 칠
沈 잠길 침▸
성姓 심▸
浸 잠길 침:
奪 빼앗을 탈
塔 탑 탑
湯 끓을 탕:
殆 거의 태
泰 클 태
澤 못 택
兎 토끼 토
吐 토할 토▸
透 사무칠 투
版 판목 판
片 조각 편▸
編 엮을 편
偏 치우칠 편
弊 폐단 폐:
해질 폐:
肺 허파 폐:
廢 폐할 폐:
버릴 폐:
浦 개[水邊] 포
捕 잡을 포:
楓 단풍 풍
被 입을 피:
皮 가죽 피
彼 저 피:
畢 마칠 필
何 어찌 하
賀 하례할 하:
荷 멜 하▸

鶴 학 학
汗 땀 한▸
割 벨 할
含 머금을 함
陷 빠질 함:
項 항목 항:
恒 항상 항
響 울릴 향:
獻 드릴 헌:
玄 검을 현
懸 달[繫] 현:
穴 굴 혈
脅 위협할 협
衡 저울대 형
慧 슬기로울 혜:
浩 넓을 호:
胡 되[狄] 호
豪 호걸 호
虎 범 호▸
惑 미혹할 혹
魂 넋 혼
忽 갑자기 홀
洪 넓을 홍
큰물 홍
禍 재앙 화:
還 돌아올 환
換 바꿀 환:
皇 임금 황
荒 거칠 황
悔 뉘우칠 회:
懷 품을 회
劃 그을 획
獲 얻을 획

橫 가로 횡
胸 가슴 흉
戲 놀이 희
稀 드물 희

※ 3급Ⅱ는 4급에 새로운 한자 500자를 더하여 모두 1,500자입니다.

단, 3급Ⅱ의 한자쓰기 문제는 4급Ⅱ[750자] 범위에서 출제됩니다.

배정한자 3급

却 물리칠 각
姦 간음할 간:
渴 목마를 갈
慨 슬퍼할 개:
皆 다 개
乞 빌 걸
遣 보낼 견:
絹 비단 견
肩 어깨 견
牽 이끌 견
끌 견
竟 마침내 경:
卿 벼슬 경
庚 별 경
癸 북방 계:
천간 계:
繫 맬 계:
顧 돌아볼 고
枯 마를 고

坤	땅[따]	곤
郭	둘레	곽
	외성[外城]	곽
掛	걸[懸]	괘
愧	부끄러울	괴:
塊	흙덩이	괴
郊	들[野]	교
矯	바로잡을	교:
狗	개	구
龜	거북	구/귀
	터질	균
苟	구차할	구
	진실로	구
懼	두려워할	구
驅	몰	구
俱	함께	구
厥	그[其]	궐
軌	바퀴자국	궤:
叫	부르짖을	규
糾	얽힐	규
僅	겨우	근:
斤	근	근
	날	근
謹	삼갈	근:
肯	즐길	긍:
忌	꺼릴	기
棄	버릴	기
欺	속일	기
豈	어찌	기
飢	주릴	기
幾	몇	기
旣	이미	기
那	어찌	나:
奈	어찌	내
乃	이에	내:

惱	번뇌할	뇌
畓	논	답
挑	돋울	도
跳	뛸	도
稻	벼	도
塗	칠할	도
篤	도타울	독
敦	도타울	돈
豚	돼지	돈
鈍	둔할	둔:
屯	진칠	둔
騰	오를[騰貴]	등
濫	넘칠	람:
掠	노략질할	략
諒	살펴알	량
	믿을	량
憐	불쌍히여길	련
劣	못할	렬
廉	청렴할	렴
獵	사냥	렵
零	떨어질	령
	영[數字]	령
隷	종[奴隷]	례:
鹿	사슴	록
了	마칠	료:
僚	동료	료
淚	눈물	루:
屢	여러	루:
梨	배	리
隣	이웃	린
慢	거만할	만:
漫	흩어질	만:
茫	아득할	망
罔	없을	망
忙	바쁠	망

忘	잊을	망
埋	묻을	매
冥	어두울	명
募	모을	모
	뽑을	모
某	아무	모:
暮	저물	모:
侮	업신여길	모▸
冒	무릅쓸	모
苗	모	묘:
廟	사당	묘:
卯	토끼	묘:
霧	안개	무:
戊	천간	무:
眉	눈썹	미
迷	미혹할	미▸
憫	민망할	민
敏	민첩할	민
蜜	꿀	밀
泊	머무를	박
	배댈	박
返	돌아올	반:
	돌이킬	반:
叛	배반할	반:
伴	짝	반:
傍	곁	방:
邦	나라	방
倣	본뜰	방
杯	잔	배
煩	번거로울	번
飜	번역할	번
辨	분별할	변:
竝	나란히	병:
屛	병풍	병▸
卜	점	복

蜂	벌	봉
赴	갈[趨]	부:
	다다를	부:
墳	무덤	분
崩	무너질	붕
朋	벗	붕
賓	손	빈
頻	자주	빈
聘	부를	빙
似	닮을	사:
捨	버릴	사:
詐	속일	사
斯	이	사
賜	줄	사:
巳	뱀	사:
朔	초하루	삭
嘗	맛볼	상
祥	상서	상
庶	여러	서:
敍	펼	서:
暑	더울	서:
逝	갈	서:
誓	맹세할	서:
析	쪼갤	석
昔	예	석
涉	건널	섭
攝	다스릴	섭
	잡을	섭
蔬	나물	소
騷	떠들	소
昭	밝을	소
召	부를	소
粟	조	속
誦	욀	송:

遂	드디어	수
囚	가둘	수
睡	졸음	수
誰	누구	수
須	모름지기	수
雖	비록	수
搜	찾을	수
孰	누구	숙
循	돌[循環]	순
殉	따라죽을	순
脣	입술	순
戌	개	술
矢	화살	시:
晨	새벽	신
伸	펼	신
辛	매울	신
尋	찾을	심
餓	주릴	아:
岳	큰산	악
雁	기러기[雁=鴈]	안:
謁	뵐	알
押	누를	압
殃	재앙	앙
涯	물가	애
厄	액	액
耶	어조사	야
也	이끼	야:
	어조사	야:
躍	뛸	약
楊	버들	양
於	어조사	어
	탄식할	오
焉	어찌	언
予	나	여

輿 수레 여:
余 나 여
汝 너 여:
閱 볼 열
詠 읊을 영:
泳 헤엄칠 영:
銳 날카로울 예:
傲 거만할 오:
汚 더러울 오:
嗚 슬플 오
娛 즐길 오:
吾 나 오
翁 늙은이 옹
擁 낄 옹:
臥 누울 와:
曰 가로 왈
畏 두려워할 외:
遙 멀 요
腰 허리 요
搖 흔들 요
庸 떳떳할 용
尤 더욱 우
又 또 우:
于 어조사 우
云 이를 운
緯 씨 위
違 어긋날 위
愈 나을 유
惟 생각할 유
酉 닭 유
唯 오직 유
閏 윤달 윤:
吟 읊을 음
泣 울 읍
凝 엉길 응:

宜 마땅 의
矣 어조사 의
夷 오랑캐 이
而 말이을 이
姻 혼인 인
寅 범[虎] 인
동방 인
恣 방자할 자:
마음대로 자:
玆 이 자
爵 벼슬 작
酌 술부을 작
잔질할 작
墻 담 장
哉 어조사 재
宰 재상 재:
滴 물방울 적
竊 훔칠 절
蝶 나비 접
訂 바로잡을 정
堤 둑 제
燥 마를 조
弔 조상할 조:
拙 졸할 졸
佐 도울 좌:
舟 배 주
遵 좇을 준:
俊 준걸 준:
贈 줄 증
遲 더딜 지
늦을 지
只 다만 지
姪 조카 질
懲 징계할 징
且 또 차:
捉 잡을 착

慙 부끄러울 참
慘 참혹할 참
暢 화창할 창:
斥 물리칠 척
薦 천거할 천:
添 더할 첨
尖 뾰족할 첨
妾 첩 첩
晴 갤 청
替 바꿀 체
遞 갈릴 체
逮 잡을 체
抄 뽑을 초
秒 분초 초
燭 촛불 촉
聰 귀밝을 총
抽 뽑을 추
醜 추할 추
逐 쫓을 축
丑 소 축
臭 냄새 취:
枕 베개 침:
墮 떨어질 타:
妥 온당할 타:
托 맡길 탁
濯 씻을 탁
濁 흐릴 탁
誕 낳을 탄:
거짓 탄:
貪 탐낼 탐
怠 게으를 태
罷 마칠 파:
播 뿌릴 파▸
頗 자못 파
把 잡을 파:

販 팔[賣] 판
貝 조개 패:
遍 두루 편
蔽 덮을 폐:
幣 화폐 폐:
飽 배부를 포:
抱 안을 포:
幅 폭 폭
漂 떠다닐 표
匹 짝 필
旱 가물 한:
咸 다[모두] 함
巷 거리 항:
該 갖출[備] 해
마땅[當] 해
奚 어찌 해
亥 돼지 해
享 누릴 향:
軒 집 헌
縣 고을 현:
絃 줄 현
嫌 싫어할 혐
螢 반딧불 형
亨 형통할 형
兮 어조사 혜
互 서로 호:
毫 터럭 호
乎 어조사 호
昏 어두울 혼
弘 클 홍
鴻 기러기 홍
禾 벼 화
穫 거둘 확
擴 넓힐 확
丸 둥글 환

曉 새벽 효:
侯 제후 후
毁 헐 훼:
輝 빛날 휘
携 이끌 휴

※ 3급은 3급Ⅱ에 새로운 한자 317자를 더하여 모두 1,817자입니다.

단, 3급의 한자쓰기 문제는 4급[1,000자] 범위에서 출제됩니다.

■ 이상 1,817자 급수별 가나다순

: 표는 첫 음절에서 길게 발음되는 한자이며, ▸ 표는 첫 음절에서 한자어에 따라 길게, 또는 짧게 발음되는 한자입니다.

✐ 한자는 서체에 따라 글자 모양이 달라져 보이나 모두 정자로 인정됩니다.

✪ 참고 漢字 ✪

示 = 礻
神(神) 祝(祝)
糸 = 糹
線(線) 經(經)
辶 = 辶
送(送) 運(運)
靑 = 青
淸(清) 請(請)
食 = 飠
飮(飲) 飯(飯)
八 = ソ
尊(尊) 說(説)

한자능력검정시험 2급

본문학습

학습도움

본문학습

한자능력검정시험 2급으로 배정配定된 한자漢字(2,355자) 중에서 3급으로 배정된 한자(1,817자)를 제외除外한 2급 신습한자(538자)를 중심으로, 각각의 한자에 뜻이 통하는 한자와 연결하여 한자어漢字語를 만들어 그 뜻을 설명한 것입니다.

학습방법

① 먼저 아래의 보기 와 같이 빈칸에 알맞은 훈음訓音과 독음讀音을 씁니다.

② 훈訓과 음音이 정확하지 않은 한자는 옥편玉篇에서 찾아 쓰거나 뒤에 수록된 본문학습 해답(부록 3쪽 ~ 28쪽)을 보면 정확한 훈음과 독음을 확인할 수 있습니다.

③ 위와 같은 방법으로 다섯 쪽을 학습한 후에 꼭꼭다지기를 풀어봅니다. 꼭꼭다지기는 8급 ~ 2급 중에서 중요한 문제를 골라 모은 것입니다.

④ 위의 방법으로 본문학습(21쪽 ~ 104쪽)[1 ~ 5 , 6 ~ 10, 11 ~ 15 …]을 익힌 후에, 본문학습 뒤에 수록된 평가문제(297쪽 ~ 324쪽)[1 ~ 5 , 6 ~ 10, 11 ~ 15 …]를 풀이합니다.

※ 아래 설명을 읽고 빈칸에 보기 와 같이 쓰세요.

보기 良書(어질 량)(글 서)[양서]

歸趨(돌아갈 귀)(달아날 추) 〔 귀추 〕 도▶ 어떤 결과로서 귀착(歸着)하는 곳. 예 이번 사태의 歸趨가 주목(注目)된다.	防空壕 〔 방공호 〕 (막을 방)(빌 공)(해자 호) 도▶ 어떤 일을 이루려고 하는 목표나 방향.

정답확인

본문학습 해답과 꼭꼭다지기 해답은 부록(3쪽 ~ 28쪽)에 있습니다.

아래 한자의 뜻[訓]과 소리[音]를 자세히 익혀봅시다.

☆표는 人名·地名用 漢字임

准(冫)	孃(女)	俳(人)	荀☆(艸)	釜☆(金)	耀☆(羽)	耆☆(老)	陟☆(阜)
비준 준ː	아가씨 양	배우 배	풀이름 순	가마[鬴] 부	빛날 요	늙을 기	오를 척

ː표는 長音, ▸표는 長·短音 漢字임

아래 설명을 읽고 빈칸에 보기 와 같이 쓰세요.

보기 良書(어질 량)(글 서)[양서]

認准(　　)(　　)[　　]

도▸ 법률(法律)에 규정(規定)된 공무원(公務員)의 임명(任命)에 대한 국회(國會)의 승인(承認). 用 총리(總理) 認准을 받다.

批准(　　)(　　)[　　]

도▸ ①신하가 임금에게 아뢰는 말씀을 임금이 재가(裁可)하는 일. ②조약(條約)의 체결(締結)에 대하여, 국가가 최종적으로 확인하고 동의(同意)함. 用 韓·日 조약을 批准하다.

令孃(　　)(　　)[　　]

도▸ 남을 높이어 그의 '딸'을 일컫는 말. 따님. 영애(令愛). 영교(令嬌). 영녀(令女). 반 영식(令息), 영랑(令郎), 영윤(令胤), 남아(男兒).

俳優(　　)(　　)[　　]

도▸ ①연극·영화에 등장하는 인물. ②광대.

참 配偶(배우) ▹ 배필(配匹). 부부(夫婦)로서의 짝.

俳諧(　　)(　　)[　　]

도▸ 우스개로 하는 말이나 문구. ※諧 1급 (화할 해)

荀況(　　)(　　)[　　]

도▸ 순자(荀子). [중국 전국시대(戰國時代)의 학자로서 성악설(性惡說)을 주장하였음.]

孟荀(　　)(　　)[　　]

도▸ '맹자(孟子)와 순자(荀子)'를 아울러 이르는 말.

瓦釜(　　)(　　)[　　]

도▸ 기와를 구워내는 굴(窟). 기왓가마. 와요(瓦窯).

釜底抽薪[　　]

(　　)(　　)(　　)(　　)

도▸ '솥 밑에 타고 있는 장작을 꺼내어 끓어오르는 것을 막는다'는 뜻으로, '일을 근본적(根本的)으로 해결(解決)함'을 비유하여 이르는 말.

照耀(　　)(　　)[　　]

도▸ 밝게 비치어 빛남.

耀渡星[　　]

(　　)(　　)(　　)

도▸ '금성(金星)'의 다른 이름.

耆宿(　　)(　　)[　　]

도▸ 경험(經驗)이 많고 덕망(德望)이 높은 늙은이. 用 그분은 서예계(書藝界)의 耆宿이시다.

참 寄宿(기숙) ▹ (一時的으로) 남의 집에서 먹고 잠.

陟罰(　　)(　　)[　　]

도▸ (예전에) 상(賞)으로 벼슬자리를 높이거나 벌(罰)로 벼슬자리를 낮추던 일.

進陟(　　)(　　)[　　]

도▸ ①일이 목적한 방향대로 진행되어 감. 用 작업의 進陟이 더디다. ②벼슬이 높아짐.

※ 해답은 부록 5쪽에 있습니다.

도움글

○「令孃」에서「令」자는「명령. 하여금. 우두머리. 착하다. 남을 높이는 말」등의 다양한 뜻으로 쓰이는 글자이다. 여기에서는 '남을 높이는 말[敬稱]'로 쓰였다. 예 영랑(令郎). 영매(令妹).

아래 한자의 뜻[訓]과 소리[音]를 자세히 익혀봅시다. ☆표는 人名·地名用 漢字임

唆(口)	託(言)	脂(肉)	峻☆(山)	蘆☆(艸)	殷☆(殳)	祚☆(示)	桀☆(木)
부추길 사	부탁할 탁	기름 지	높을 준☆ 준엄할 준☆	갈대 로	은나라 은	복 조	夏王이름 걸

아래 설명을 읽고 빈칸에 보기 와 같이 쓰세요. 보기 良書(어질 량)(글 서)[양서]

示唆(　　)(　　)〔　　〕
도▸ 미리 암시(暗示)하여 알려줌.

教唆(　　)(　　)〔　　〕
도▸ 남을 부추겨 못된 일을 하게 함.
참 教師(교사) ▹ 학술이나 기예를 가르치는 사람.
참 巧詐(교사) ▹ 교묘한 수단으로 그럴듯하게 속임.

託送(　　)(　　)〔　　〕
도▸ 운송업자(運送業者) 등에게 위탁(委託)하여 물건을 보냄. 예 수화물(手貨物)을 託送하다.

委託(　　)(　　)〔　　〕
도▸ 남에게 사물이나, 일의 책임을 맡김. 예 조합은 조합원의 생산물을 委託판매하고 있다.

脂汗(　　)(　　)〔　　〕
도▸ 진땀. 비지땀. 괴로울 때 나는 땀.

油脂(　　)(　　)〔　　〕
도▸ 동식물에서 얻는 기름을 통틀어 이르는 말. [식용 및 비누·도료(塗料)·의약 등의 용도에 쓰임.]
참 維持(유지) ▹ (어떤 상태를) 그대로 지니어 감.
참 遺志(유지) ▹ 죽은 이가 생전에 이루지 못하고 남긴 뜻. 예 아버님의 遺志를 받들다.

險峻(　　)(　　)〔　　〕
도▸ (山勢가) 험하고 높고 가파름. 예 險峻한 산맥

蘆笛(　　)(　　)〔　　〕
도▸ 갈대 잎을 말아서 만든 피리. 갈대피리.

蘆溪(　　)(　　)〔　　〕
도▸ 박인로(朴仁老)의 호(號). 조선시대의 무신(武臣)이며, 시인(詩人). [노계집(蘆溪集)이 전해짐.]

殷鑑(　　)(　　)〔　　〕
도▸ 거울 삼아 경계(警戒)해야 할 전례(前例).

殷盛(　　)(　　)〔　　〕
도▸ 번화(繁華)하고 성(盛)함.

景祚(　　)(　　)〔　　〕
도▸ 크나큰 복. 경복(景福).
참 慶弔(경조) ▹ 경사스러운 일과 불행한 일.

寶祚(　　)(　　)〔　　〕
도▸ 제왕(帝王)의 자리. 보위(寶位)
참 補助(보조) ▹ 넉넉지 못한 것을 보태어 돕는 일.

姦桀(　　)(　　)〔　　〕
도▸ 간교(奸巧)하고 사나운 사람.
참 懇乞(간걸) ▹ 간절히 빎.

桀步(　　)(　　)〔　　〕
도▸ 게[蟹]의 다른 이름. ※ 蟹특급II(게 해)

도움글

○ 혼동하기 쉬운 한자
1 峻과 俊(준걸 준) 2 險과 儉(검소할 검) 3 桀과 傑(뛰어날 걸)
4 遺와 遣(보낼 견) 5 蘆와 盧(밥그릇 로) 6 汗과 汚(더러울 오)

아래 한자의 뜻[訓]과 소리[音]를 자세히 익혀봅시다.

☆표는 人名·地名用 漢字임

峽(山)	娩(女)	匪(匸)	倭☆(人)	昊☆(日)	珪☆(玉)	祐☆(示)	馨☆(香)
골짜기 협	낳을 만:	비적[賊徒] 비:	왜나라 왜	하늘 호:	홀 규	복[福] 우:	꽃다울 형

아래 설명을 읽고 빈칸에 보기 와 같이 쓰세요.

보기 良書(어질 량)(글 서)[양서]

峽灣(　　)(　　)[　　]

도▸ 육지로 깊숙하게 들어간 길쭉한 만. 피오르드 해안.

海峽(　　)(　　)[　　]

도▸ (육지와 육지 사이에 있는) 좁고 긴 바다.

예 大韓海峽을 통과하다.

分娩(　　)(　　)[　　]

도▸ 아이를 낳음. 해산(解産). 해복(解腹).

順娩(　　)(　　)[　　]

도▸ 아무 탈 없이 아이를 낳음. 순산(順産).

반 난산(難産).

匪席(　　)(　　)[　　]

도▸ '마음은 돗자리가 아니어서 말지 못한다'는 뜻으로, '심지(心志)가 굳어서 흔들리지 않음'을 이르는 말. 비석(匪石).

참 碑石(비석) ▹ ①비(碑). ②빗돌.

匪賊(　　)(　　)[　　]

도▸ 떼를 지어 돌아다니며 재물을 약탈하는 도둑.

참 飛跡(비적) ▹ 전기를 띤 입자가 윌슨의 안개상자나 거품 상자 속을 지날 때, 생기는 자국.

倭夷(　　)(　　)[　　]

도▸ 옛날 중국 사람들이 일본 사람들을 부르던 말.

蒼昊(　　)(　　)[　　]

도▸ ①맑고 푸른 하늘. 창공(蒼空). 창천(蒼天). ②봄 하늘. ③동쪽 하늘.

昊天罔極 [　　]

(　　)(　　)(　　)(　　)

도▸ 하늘이 넓고 커서 끝이 없음과 같이 '부모의 은혜가 넓고 커서 다함이 없음'을 이르는 말.

珪璋(　　)(　　)[　　]

도▸ ①예식 때 장식으로 쓰는 옥. ②'인품의 높음'을 비유하여 이르는 말. 규장(圭章).

祐福(　　)(　　)[　　]

도▸ 하늘이 주는 복. 행복(幸福).

享祐(　　)(　　)[　　]

도▸ 신(神)의 도움을 받음.

참 鄕友(향우) ▹ 같은 고향(故鄕)의 벗.

馨香(　　)(　　)[　　]

도▸ ①향내. 꽃다운 향기. ②제사상에 피우는 향.

예 우리 선열(先烈)께 바치는 馨香.

倭亂(　　)(　　)[　　]

도▸ 왜인(倭人)들이 일으킨 난리. 壬辰倭亂.

예 조선은 倭亂으로 큰 시련을 겪었다.

도움글

○ 昊天罔極 : 「詩經」에 실려 있는 글로써 문장은 다음과 같다.

父兮生我(부혜생아)　母兮鞠我(모혜국아)　哀哀父母(애애부모)

生我劬勞(생아구로)　欲報之德(욕보지덕)　昊天罔極(호천망극)　※ 劬특급(수고할 구)

아래 한자의 뜻[訓]과 소리[音]를 자세히 익혀봅시다.

☆표는 人名·地名用 漢字임

衷(衣)	雌(隹)	蠶(虫)	旁☆(方)	埈☆(土)	峴☆(山)	珣☆(玉)	陜☆(阜)
속마음 충	암컷 자	누에 잠	곁 방	높을 준	고개 현	옥이름 순	땅이름 섬

아래 설명을 읽고 빈칸에 보기 와 같이 쓰세요.

보기 良書(어질 량)(글 서)[양서]

衷懇(　　)(　　)〔　　〕

도▸ 충심(衷心)으로 간청(懇請)함.

折衷(　　)(　　)〔　　〕

도▸ 서로 다른 사물이나 견해 따위에서, 한쪽에 치우치지 않고 양쪽의 좋은 점을 골라 뽑아 알맞게 조화시키는 일. 예 양쪽의 의견을 折衷하다.

참 折衝(절충) ▷ '쳐들어오는 적의 창끝을 꺾는다'는 뜻으로, '국제간의 외교적(外交的) 담판(談判), 또는 흥정'을 이르는 말.

雌性(　　)(　　)〔　　〕

도▸ 생물의 암컷, 또는 암컷이 공통적으로 갖는 성질.

참 磁性(자성) ▷ 자석이나 자력이 있는 물체가 쇠붙이 따위를 끌어당기는 성질.

雌雄(　　)(　　)〔　　〕

도▸ ①암컷과 수컷. 예 그 생물은 雌雄이 동체이다. ②승패(勝敗). 우열(愚劣). 예 雌雄을 겨루다.

養蠶(　　)(　　)〔　　〕

도▸ 누에를 침. 예 뽕나무를 심어서 養蠶을 시작하다.

蠶食(　　)(　　)〔　　〕

도▸ 조금씩 점령하거나 먹어 들어감. 초잠식지(稍蠶食之).

偏旁(　　)(　　)〔　　〕

도▸ 한자 구성에서 오른쪽 부분인 '偏'과 왼쪽 부분인 '旁'을 아울러 이르는 말.

李埈鎔〔　　〕

(　　)(　　)(　　)

도▸ 조선 때의 왕족으로, 흥선대원군의 손자.

炭峴(　　)(　　)〔　　〕

도▸ 숯 재.['峴'은 흔히 고개나 재의 이름에 붙여씀.]

李珣(　　)(　　)〔　　〕

도▸ 고려(高麗) 때의 무신(武臣)으로 최영(崔瑩) 등과 함께 홍건적(紅巾賊)을 방어(防禦)하였음.

陜塞(　　)(　　)〔　　〕

도▸ 섬서(陜西)의 성채(城砦).

陜西省〔　　〕

(　　)(　　)(　　)

도▸ 중국의 서북부에 위치하고 있는 성.

陜輸(　　)(　　)〔　　〕

도▸ 일정하지 아니한 모양. '여자의 요염한 동작'을 이르는 말.

참 纖手(섬수) ▷ 가냘픈 손.

도움글

❍ '省'은 옛날 중국에서 '宮中'의 뜻으로 쓰인 말로, 중앙 정부 또는 중앙 관서를 이르던 말이다. 현재는 중국의 지방 행정 구역 중 가장 큰 단위를 이르는 말로 쓰인다.

아래 한자의 뜻[訓]과 소리[音]를 자세히 익혀봅시다. ☆표는 人名·地名用 漢字임

倂(人)	隻(隹)	紊(糸)	礪☆(石)	烋☆(火)	秦☆(禾)	浚☆(水)	袁☆(衣)
아우를 병:	외짝 척	어지러울 문 문란할 문	숫돌 려:	아름다울 휴	성姓 진	깊게할 준:	성姓 원

아래 설명을 읽고 빈칸에 보기 와 같이 쓰세요. 보기 良書(어질 량)(글 서)[양서]

兼倂(　　)(　　)[　　]

도▸ 둘 이상의 것을 한데 합침. 또는 합치어 가짐.

참 倂兼(병겸) ▸ 두 가지 이상의 일을 함께 겸함.

倂驅(　　)(　　)[　　]

도▸ 나란히 달림. 병치(倂馳).

隻脚(　　)(　　)[　　]

도▸ 외발. 외다리.

隻輪不返[　　]

(　　)(　　)(　　)(　　)

도▸ '전쟁에 나간 전차가 한 대도 돌아오지 않는다'는 뜻으로, '참패(慘敗)'를 형용하여 이르는 말.

紊亂(　　)(　　)[　　]

도▸ (도덕이나 질서 등이) 뒤죽박죽이 되어 어지러움.

예 풍기(風紀)가 紊亂하다.

礪山帶河[　　]

(　　)(　　)(　　)(　　)

도▸ '태산(泰山)이 숫돌만큼, 황하(黃河)가 허리띠만큼 작아질 때까지 나라가 영원(永遠) 무궁(無窮)하게 번영(繁榮)한다'는 뜻으로, '국가의 무궁한 번영'을 비유하여 이르는 말.

金宗烋[　　]

(　　)(　　)(　　)

도▸ 조선 때의 학자. 字는 성호(聖浩), 號는 서소(書巢)이며, 본관은 풍산(豊山)이다. [순조때에 司馬試에 합격하고, 고향에서 後進育成에 專心.]

秦鏡(　　)(　　)[　　]

도▸ 진시황이 궁중(宮中)에 비치(備置)하였던 거울. [사람의 속마음까지 비췄다고 함.]

秦始皇[　　]

(　　)(　　)(　　)

도▸ 중국 진(秦)나라의 초대(初代) 황제. [분서갱유(焚書坑儒)하여 思想을 彈壓하였음.]

浚井(　　)(　　)[　　]

도▸ 우물을 깨끗이 쳐냄.

袁紹(　　)(　　)[　　]

도▸ 후한 말(後漢末)의 무장(武將). [헌제(獻帝)를 옹립하여 동탁(董卓)과 겨루어 여러 제후를 복속시켜 세력을 얻었으나, 조조(曹操)와 관도(官渡)에서 싸워 크게 패하여 병들어 죽음.]

磨礪(　　)(　　)[　　]

도▸ ①문질러 갊. ②학문이나 기예를 힘써 닦음.

도움글

○ 浚渫(준설) : (샘·도랑 따위를) 쳐냄. 바다 밑의 토사를 파내어 물의 깊이를 깊게 함.

※ 渫1급(우물칠 설)

○ 혼동하기 쉬운 한자 1 兼과 廉(청렴할 렴) 2 隻과 雙(두 쌍) 3 秦과 奏(아뢸 주)

꼭꼭 다지기

정답 ☞ 부록 6쪽

1. 다음 한자어의 독음을 쓰세요.

准尉( )	准將( )	釜鼎( )	耆蒙( )	耆壽( )
耆儒( )	被拉( )	寄託( )	結託( )	倂力( )
付託( )	請託( )	峻嶺( )	峻急( )	隻窓( )
蘆雁( )	殷雷( )	福祚( )	寶祚( )	峽村( )
峽路( )	雌蜂( )	雌犬( )	蠶農( )	旁通( )
倂合( )	隻眼( )	蠶絲( )	蠶桑( )	雌花( )

2. 다음 뜻에 알맞은 한자성어를 완성하세요.

(1) 北( )三友
▸ '거문고 · 술 · 시'를 아울러 이르는 말.

(2) 獨不( )軍
▸ '남의 의견은 묵살하고 저 혼자 모든 일을 처리하는 사람'을 비유하여 이르는 말.

(3) 苦( )之策
▸ 괴로운 나머지 어쩔 수 없이 쓰는 계책.

(4) 快刀( )麻
▸ '어지럽게 뒤얽힌 사물이나 말썽거리를 단번에 시원스럽게 철거(撤去)함'을 비유하여 이르는 말.

3. 다음 한자어의 독음을 쓰세요. ※同字多音漢字[한 글자가 둘 이상의 음을 가진 한자] : 洞, 宿, 降, 復

(1) 洞窟 ( )	(2) 星宿 ( )	(3) 昇降 ( )	(4) 復權 ( )
(5) 洞察 ( )	(6) 宿泊 ( )	(7) 投降 ( )	(8) 復興 ( )

4. 다음 한자의 훈음과 부수를 보기 와 같이 쓰세요.

보기 載 : (실을 재)(車)

(1) 瓦 : ( )( ) (2) 胤 : ( )( ) (3) 卿 : ( )( ) (4) 炭 : ( )( )

도움글

○ **반대어** 1 強硬(강경) - 柔和(유화) 2 濃厚(농후) - 稀薄(희박) 3 敵對(적대) - 友好(우호)

○ **유의어** 1 滯留(체류) - 滯在(체재) 2 視野(시야) - 眼界(안계) 3 俗世(속세) - 塵世(진세)

아래 한자의 뜻[訓]과 소리[音]를 자세히 익혀봅시다.

☆표는 人名·地名用 漢字임

哨(口)	潭(水)	紡(糸)	耽☆(耳)	桓☆(木)	邕☆(邑)	曺☆(曰)	祜☆(示)
망볼 초	못[池] 담	길쌈 방	즐길 탐	굳셀 환	막힐 옹	성姓 조	복[福] 호

아래 설명을 읽고 빈칸에 보기 와 같이 쓰세요.

보기 良書(어질 량)(글 서)[양서]

哨戒艇〔 〕
( )( )( )

도▸ 적(敵)의 기습(奇襲)에 대비(對備)하여 망보며 경계하는 함정(艦艇).

巡哨( )( )〔 〕

도▸ 돌아다니면서 적국(敵國)의 동정(動靜)을 살피는 일.

潭淵( )( )〔 〕

도▸ 깊은 못.

潭深( )( )〔 〕

도▸ ①물이 깊음. ②학문이 깊음.

참 潭心(담심)▹깊은 못의 중심이나 바닥.

紡織( )( )〔 〕

도▸ 실을 뽑는 일과 피륙을 짜는 일.

混紡( )( )〔 〕

도▸ 성질이 다른 섬유(纖維)를 섞어서 잣는 방적(紡績), 또는 그 실로 짠 옷감.

耽溺( )( )〔 〕

도▸ 어떤 일을 몹시 즐겨서 거기에 빠짐. 예 그는 그릇된 耽溺에 빠져 인생을 허송세월했다.

桓雄( )( )〔 〕

도▸ 단군신화(檀君神話)에 나오는 하느님의 아들. 단군(檀君)의 아버지. [곰이 변해서 된 웅녀(熊女)를 만나 단군을 낳았다.]

桓因( )( )〔 〕

도▸ 환웅의 아버지. 단군의 할아버지. [인간 세상을 탐내는 아들 환웅에게 천부인(天符印) 3개를 주고 세상에 보내어 다스리게 했다.]

蔡邕( )( )〔 〕

도▸ 중국 후한 때의 문인 서예가(133~192). [시문, 수학, 천문, 서도, 음악 따위에도 뛰어남.]

邕熙( )( )〔 〕

도▸ 온화(溫和)하게 널리 퍼짐.

曺植( )( )〔 〕

도▸ 조선 명종(明宗) 때의 학자로, 호(號)는 남명(南冥)이다. [두류산(頭流山) 산천재(山川齋)에서 성리학(性理學)을 연구(硏究)하여 통달(通達)함.]

祜休( )( )〔 〕

도▸ 하늘이 내리는 복(福). 길경(吉慶).

耽羅( )( )〔 〕

도▸ 제주도(濟州道)의 옛 이름. 耽羅國.

도움글

- 潭陽(담양) : 전라남도 담양군의 군청 소재지인 읍. [영산강(榮山江) 상류 평야에 위치하고 있음.]
- **혼동하기 쉬운 한자** [1] 曺와 曹(무리 조) [2] 耽과 眈(노려볼 탐) [3] 祜와 枯(마를 고)

아래 한자의 뜻[訓]과 소리[音]를 자세히 익혀봅시다.

☆표는 人名·地名用 漢字임

艦(舟)	俸(人)	掘(手)	埃☆(土)	珥☆(玉)	晋☆(日)	晃☆(日)	淵☆(水)
큰배 함:	녹[祿] 봉:	팔[掘井] 굴	티끌 애	귀고리 이:	진나라 진:	밝을 황	못 연

아래 설명을 읽고 빈칸에 보기 와 같이 쓰세요.

보기 良書(어질 량)(글 서)[양서]

艦隊(　　)(　　)〔　　〕

도▸ 여러 척의 군함으로 조직된 해군 부대.

驅逐艦〔　　〕

(　　)(　　)(　　)

도▸ 어뢰(魚雷)를 주무기로 하여, 적의 주력함(主力艦)이나 잠수함(潛水艦)을 공격(攻擊)하는 해군 함선의 한 가지.

俸祿(　　)(　　)〔　　〕

도▸ 벼슬아치에게 연봉(年俸)으로 주는 곡식(穀食)·피륙·돈 따위를 통틀어 이르는 말.

俸給(　　)(　　)〔　　〕

도▸ 일정한 업무에 계속 근무(勤務)하는 데에 대한 대가(代價)로 받는 보수(報酬).

採掘(　　)(　　)〔　　〕

도▸ 땅을 파서 광물 따위를 파냄. 예 금을 採掘하다.

掘藏(　　)(　　)〔　　〕

도▸ '언덕을 파서 숨겨 놓은 것을 얻는다'는 뜻으로, '남이 묻어 놓은 재물을 파냄'을 이르는 말.

埃滅(　　)(　　)〔　　〕

도▸ 티끌처럼 없어짐.

李珥(　　)(　　)〔　　〕

도▸ 조선 선조(宣祖) 때의 유현(儒賢)으로, 號는 율곡(栗谷)이다.

晋鼓(　　)(　　)〔　　〕

도▸ 아악기의 한 가지. [틀에 받쳐 놓고 치는 가장 큰 북.]

晋秩(　　)(　　)〔　　〕

도▸ 품계(品階)가 오름.

盜掘(　　)(　　)〔　　〕

도▸ 고분(古墳) 따위를 몰래 파헤쳐 부장품(副葬品)을 훔치는 일.

姜世晃〔　　〕

(　　)(　　)(　　)

도▸ 조선 때의 서화가(書畫家). 號는 표암(豹庵).

淵源(　　)(　　)〔　　〕

도▸ 사물(事物)의 깊은 근원(根源).

淵衷(　　)(　　)〔　　〕

도▸ 깊은 속마음.

塵埃(　　)(　　)〔　　〕

도▸ 티끌. 먼지.

도움글

- 埃及(애급) : 이집트. [Egypt의 음역(音譯)]
- 淵岳(연악) : '깊은 못과 큰 산'이란 뜻으로, '침착(沈着)하고 흔들림이 없음'을 비유하여 이르는 말.

아래 한자의 뜻[訓]과 소리[音]를 자세히 익혀봅시다.

☆표는 人名·地名用 漢字임

赦(赤)	弦(弓)	鷗(鳥)	☆卨(卜)	☆冕(冂)	☆旌(方)	☆翊(羽)	☆倻(人)
용서할 사	시위 현	갈매기 구	사람이름 설	면류관 면	기旗 정	도울 익	가야 야

아래 설명을 읽고 빈칸에 보기 와 같이 쓰세요.

보기 良書(어질 량)(글 서)[양서]

赦免(　　)(　　)〔　　〕
도▶ 지은 죄를 용서하여 벌을 면제(免除)하는 일.

特赦(　　)(　　)〔　　〕
도▶ 형(刑)의 선고(宣告)를 받은 자에 대하여 형의 집행이 면제되거나 유죄 선고의 효력이 상실(喪失)되게 하는 사면의 한 가지. 特別赦免.

上弦(　　)(　　)〔　　〕
도▶ 매월 음력 7, 8일경에 나타나는 달의 상태. [활시위 모양이 위쪽을 향하여 있음.] 반 하현(下弦).

空弦(　　)(　　)〔　　〕
도▶ 시위에 화살을 먹이지 않고 빈 활을 쏘는 일, 또는 빈 활을 쏘아 놀라게 함.

弦影(　　)(　　)〔　　〕
도▶ 반달의 모양, 또는 그 빛.
참 顯榮(현영) ▷ 현달(顯達)하고 영화(榮華)로움.

白鷗(　　)(　　)〔　　〕
도▶ 갈매기.

鷗盟(　　)(　　)〔　　〕
도▶ '갈매기와의 맹세'라는 뜻으로, '속세를 떠나 은거하여 풍류를 즐김'을 비유하여 이르는 말.
참 舊盟(구맹) ▷ 옛날에 맹세하여 맺은 굳은 약속.

李相卨〔　　〕
(　　)(　　)(　　)
도▶ 고종(高宗) 때의 독립운동가로, 자(字)는 순오(舜五), 호(號)는 보재(溥齋)이다.

冠冕(　　)(　　)〔　　〕
도▶ 지난날, '벼슬하는 일'을 이르던 말.

冕服(　　)(　　)〔　　〕
도▶ 임금의 正服. [면류관(冕旒冠)과 곤룡포(袞龍袍)]

銘旌(　　)(　　)〔　　〕
도▶ 죽은 사람의 관직(官職)이나 성명 따위를 쓴 조기(弔旗). [보통 붉은 천에 흰 글씨로 씀.]

旌顯(　　)(　　)〔　　〕
도▶ 사람의 선행(善行)을 세상에 널리 나타내 보임.

翊戴(　　)(　　)〔　　〕
도▶ 받들어 정성스럽게 모심.

翊贊(　　)(　　)〔　　〕
도▶ 임금의 정사(政事)를 도와서 인도(引導)함.

伽倻(　　)(　　)〔　　〕
도▶ 우리나라의 고대 부족국가. [낙동강 하류에 있던 12부족의 연맹체를 통합하여 일어난 여섯 나라]

도움글

○ **혼동하기 쉬운 한자** 翊과 翌(다음날 익) ☞ 참1 翌日(이튿날. 다음날) 참2 翌夜(이튿날 밤)

○ 旌門(정문) : 충신·효자·열녀 등을 표창하기 위하여 그 집 앞에 세우던 붉은 문. 작설. 홍문.

아래 한자의 뜻[訓]과 소리[音]를 자세히 익혀봅시다.

☆표는 人名·地名用 漢字임

彫(彡)	斬(斤)	悼(心)	珽☆(玉)	皐☆(白)	莞☆(艸)	崙☆(山)	淮☆(水)
새길 조	벨 참	슬퍼할 도	옥이름 정	언덕 고	빙그레할 완 왕골 관	산이름 륜	물이름 회

아래 설명을 읽고 빈칸에 보기 와 같이 쓰세요.

보기 良書(어질 량)(글 서)[양서]

彫刻(　　　)(　　　)〔　　　〕

도▸ 나무·돌·흙·쇠붙이 따위에 그림·글씨·사람 등을 새기거나 빚는 일.

참 組閣(조각) ▹ 내각(內閣)을 조직(組織)함.

彫琢(　　　)(　　　)〔　　　〕

도▸ ①보석 따위를 새기고 쪼음. ②'詩文 따위의 字句를 아름답게 다듬음'을 이르는 말.

斬新(　　　)(　　　)〔　　　〕

도▸ (면모가 바뀌거나 처음으로 이루어져) 매우 새로움.

斬刑(　　　)(　　　)〔　　　〕

도▸ 罪人의 목을 쳐서 죽이던 형벌. 단죄(斷罪).

哀悼(　　　)(　　　)〔　　　〕

도▸ 사람의 죽음을 슬퍼하고 애석(哀惜)해 함.

⊕ 遺家族에게 哀悼의 뜻을 표하다.

追悼(　　　)(　　　)〔　　　〕

도▸ 죽은 이를 생각하며 슬퍼함. ⊕ 追悼모임

安珽(　　　)(　　　)〔　　　〕

도▸ 조선 때의 문신(文臣)이며 서화가(書畫家)로, 號는 죽창(竹窓)이다.

皐蘭寺〔　　　〕

(　　　)(　　　)(　　　)

도▸ 부여(扶餘) 백마강(白馬江) 왼쪽 절벽 위에 있는 百濟 때 창건(創建)된 조그만 암자(庵子).

皐月(　　　)(　　　)〔　　　〕

도▸ 음력(陰曆) 5월의 다른 이름.

莞留(　　　)(　　　)〔　　　〕

도▸ '웃으며 받아 달라.'는 뜻으로, 선물을 보낼 때 편지에 쓰는 말.

莞爾(　　　)(　　　)〔　　　〕

도▸ 빙그레 웃는 모양. ※爾 1級 (너 이)

河崙(　　　)(　　　)〔　　　〕

도▸ 고려·조선 때의 문신(文臣)으로, 字는 대림(大臨), 號는 호정(浩亭)이다.

淮南子〔　　　〕

(　　　)(　　　)(　　　)

도▸ 중국 前漢 때 淮南王 유안(劉安)이 막하(幕下)의 학자들에게 命하여 각각 그 道를 강론(講論)시켜 만든 책. [책이름은『淮南鴻烈』이었으나 후에『淮南子』로 고쳤다.]

도움글

○ 皐復(고복) : 초혼(招魂)하고 발상(發喪)하는 의식. [사람이 죽은 지 5~6시간이 지난 후에 그가 입던 웃옷을 가지고 지붕에 올라가서 왼손으로 깃을 잡고 오른손으로 허리를 잡아 북쪽을 향하여 '누가 몇 월 며칠날 몇 시에 별세(別世)'라고 세 번 외친 다음 그 옷을 시체 위에 덮는다.]

❀ 아래 한자의 뜻[訓]과 소리[音]를 자세히 익혀봅시다.

✩표는 人名·地名用 漢字임

釣(金)	紹(糸)	窒(穴)	崗✩(山)	埰✩(土)	釧✩(金)	淇✩(水)	彬✩(彡)
낚을 조: 낚시 조:	이을 소	막힐 질	언덕 강	사패지賜牌地 채:	팔찌 천	물이름 기	빛날 빈

❀ 아래 설명을 읽고 빈칸에 보기 와 같이 쓰세요.

보기 良書(어질 량)(글 서)[양서]

釣師(　　　)(　　　)[　　　]

도▸ 낚시꾼.

참 釣絲(조사) ▹ 낚싯줄.

참 助詞(조사) ▹ 문장에서 자립형태소(自立形態素)에 붙어서 그 말과 다른 말과의 문법적(文法的) 관계를 나타내거나 뜻을 더하여 주는 단어(單語). 토씨.

垂釣(　　　)(　　　)[　　　]

도▸ 낚시를 물속에 드리움.

紹述(　　　)(　　　)[　　　]

도▸ 전인(前人)의 사업·제도 등을 계승(繼承)하여 그를 좇아 행하는 일.

참 所述(소술) ▹ 말하는 바. 기술(記述)한 바.

紹介(　　　)(　　　)[　　　]

도▸ 모르는 사이를 알고 지내도록 중간에서 관계를 맺어줌. 예 신입 회원을 紹介하다.

窒酸(　　　)(　　　)[　　　]

도▸ 초석(硝石)에 황산(黃酸)을 섞어서 열(熱)을 가하여 만든 냄새가 심한 무색(無色)의 액체(液體). [각종 화합물 및 폭탄·질산염·셀룰로이드 제조 따위에 많이 쓰임.]

窒塞(　　　)(　　　)[　　　]

도▸ 몹시 놀라거나 싫어서 기막힐 지경에 이름. 예 추운 것은 딱 窒塞이야!

埰邑(　　　)(　　　)[　　　]

도▸ 국가에서 공신(功臣) 등에게 내려주어 조세(租稅) 등을 개인이 받아쓰도록 책정(策定)한 고을. 영지(領地). 식읍(食邑). 채지(采地).

寶釧(　　　)(　　　)[　　　]

도▸ 훌륭한 팔찌.

銀釧(　　　)(　　　)[　　　]

도▸ 은으로 만든 팔찌.

淇園長[　　　]

(　　　)(　　　)(　　　)

도▸ '대나무'의 다른 이름. 차군(此君).

彬蔚(　　　)(　　　)[　　　]

도▸ 문채(文彩)가 찬란(燦爛)함.

彬彬(　　　)(　　　)[　　　]

도▸ 글의 수식(修飾)과 내용(內容)이 서로 알맞게 갖추어져 있는 모양.

도움글

❍ 釣詩鉤(조시구) : '술은 시정(詩情)을 끌어내는 갈고리'라는 뜻으로, '술'을 달리 이르는 말.

❍「崗」자는「岡」의 속자俗字이며, 두 글자는 모양은 다르나 쓰임이 서로 같은 이체자異體字로 쓰인다.

꼭꼭 다지기

정답 ☞ 부록 8쪽

1. 다음 한자어의 독음을 쓰세요.

步哨(　　)	哨兵(　　)	哨艦(　　)	潭水(　　)	潭思(　　)
綠潭(　　)	耽讀(　　)	耽惑(　　)	艦艇(　　)	俸秩(　　)
俸銀(　　)	淵潛(　　)	初弦(　　)	餘弦(　　)	彫像(　　)
彫蟲(　　)	淇水(　　)	發掘(　　)	皐月(　　)	莞蒲(　　)
窒素(　　)	晃然(　　)	窒息(　　)	耽美(　　)	浮彫(　　)
潛水艦(　　)	巡洋艦(　　)	皐蘭寺(　　)	鴨鷗亭(　　)	

2. 다음 한자의 뜻과 소리를 쓰세요.

粟(　　)	膚(　　)	睦(　　)	埋(　　)	遣(　　)
酸(　　)	憤(　　)	茫(　　)	僚(　　)	倣(　　)
插(　　)	譜(　　)	盲(　　)	窟(　　)	除(　　)

3. 다음 글의 밑줄 친 단어 중 낱말은 한자로 한자어는 독음으로 고쳐 쓰세요.

예로부터 전해오는 속담(1)에, '정치(2)를 하는 것은 목욕하는 것과 같아서, 비록 머리털이 빠져도 반드시 머리를 감아야 한다.'라고 했다. 머리카락이 빠지는 것을 아깝게 생각하면서 머리카락이 자라는 것을 모른다면, 적절(3)한 措置(4)를 모르는 것이다. 이것은 양약고구(5)와 같다. 腫氣종기를 침으로 째면 아프고, 약을 마시면 쓰다. 아프고 쓰다고 해서 腫氣를 째지 않고 약을 마시지 않는다면, 곧 자신의 몸을 상하게 하고 병도 낫지 않는다. －「韓非子」

(1)	(2)	(3)	(4)	(5)

도움글

○ 한 글자가 둘 이상의 소리를 가진 한자[同字多音漢字]

1 差(다를 차, 어긋날 치)　2 宿(잘 숙, 별자리 수)　3 數(셈 수, 자주 삭)
4 否(아닐 부, 막힐 비)　5 龜(거북 구, 거북 귀, 터질 균)

아래 한자의 뜻[訓]과 소리[音]를 자세히 익혀봅시다.

☆표는 人名·地名用 漢字임

魔(鬼)	紳(糸)	圈(口)	晧☆(日)	崔☆(山)	惇☆(心)	巢☆(巛)	淳☆(水)
마귀 마	띠[帶] 신ː	우리[檻] 권	밝을 호ː	성姓 최 높을 최	도타울 돈	새집 소	순박할 순

아래 설명을 읽고 빈칸에 보기 와 같이 쓰세요.

보기 良書(어질 량)(글 서)[양서]

魔術(　　　)(　　　)〔　　　〕

도▸ 사람의 눈을 호리는 괴상(怪狀)한 술법(術法).

病魔(　　　)(　　　)〔　　　〕

도▸ 병을 악마(惡魔)에 비유하여 이르는 말.
用 난민들이 기아(饑餓)와 病魔에 시달리고 있다.
참 兵馬(병마) ▷ 병사(兵士)와 군마(軍馬).

紳商(　　　)(　　　)〔　　　〕

도▸ ①상도(商道)를 지키는 훌륭한 상인. ②신사(紳士)와 상인(商人).

紳帶(　　　)(　　　)〔　　　〕

도▸ 큰 띠. [문관(文官)이 의식(儀式) 때 두르는 큰 띠]

成層圈〔　　　〕
(　　　)(　　　)(　　　)

도▸ 대류권(對流圈)과 中間圈 사이에 있는 거의 안정된 대기층. [지표(地表)에서 약 12~55km]

圈點(　　　)(　　　)〔　　　〕

도▸ ①글을 맺는 끝에 찍는 둥근 점. ②글이 잘된 곳이나 중요한 곳을 표시하기 위하여 찍는 둥근 점.

卵巢(　　　)(　　　)〔　　　〕

도▸ 동물의 암컷 생식(生殖) 기관(器官)의 한 부분. [난자(卵子)를 만들어 내며 여성호르몬을 분비(分泌)함.] 반 정소(精巢).

崔錯(　　　)(　　　)〔　　　〕

도▸ 서로 뒤섞임. 뒤섞여 얽힘. 교착(交錯).

崔致遠〔　　　〕
(　　　)(　　　)(　　　)

도▸ 신라(新羅) 말기(末期)의 학자로, 字는 고운(孤雲)·해운(海雲)이다. [12세에 唐나라에 들어가 科擧에 及第하여 많은 벼슬을 지냈으며, 토황소격문(討黃巢檄文)을 지었다.]

惇信(　　　)(　　　)〔　　　〕

도▸ 믿음을 도탑게 함. 깊이 믿음.

惇惠(　　　)(　　　)〔　　　〕

도▸ 인정(人情)이 도탑고 은혜(恩惠)로움.

巢窟(　　　)(　　　)〔　　　〕

도▸ 나쁜 짓을 하는 도둑이나 악한 따위의 무리가 활동의 본거지로 삼고 있는 곳.

淳朴(　　　)(　　　)〔　　　〕

도▸ 순량하고 꾸밈이 없음. 淳樸. 醇朴.

黃一晧〔　　　〕
(　　　)(　　　)(　　　)

도▸ 조선 때의 文臣으로, 字는 익취(翼就), 號는 지소(芝所)이다. [병자호란(丙子胡亂) 때 독전어사(督戰御史)로서 남한산성 수비에 공을 세웠다.]

도움글

- 동음이의어 同音異義語 　1 紳商 ≠ 身上　2 卵巢 ≠ 難所　3 魔術 ≠ 馬術
- 혼동하기 쉬운 한자 　1 晧와 皓(흴 호)　2 卵과 卯(토끼 묘)　3 商과 啇(밑동 적)

아래 한자의 뜻[訓]과 소리[音]를 자세히 익혀봅시다.

☆표는 人名·地名用 漢字임

偵(人)	盾(目)	舶(舟)	晟☆(日)	扈☆(戶)	覓☆(見)	喆☆(口)	庾☆(广)
염탐할 정	방패 순	배[船舶] 박	밝을 성	따를 호	찾을 멱	밝을 철 쌍길吉 철	곳집 유 노적가리 유

아래 설명을 읽고 빈칸에 보기 와 같이 쓰세요.

보기 良書(어질 량)(글 서)[양서]

偵探(　　)(　　)〔　　〕

도▸ 남의 사정(事情)이나 범죄 사실 등을 몰래 조사(調査)하는 일.

密偵(　　)(　　)〔　　〕

도▸ 은밀(隱密)한 정탐꾼. 몰래 살피는 첩자(諜者).

矛盾(　　)(　　)〔　　〕

도▸ ①말이나 행동이 앞뒤가 서로 맞지 않음. ②유와 무, 참과 거짓 등과 같이 중간에 존재하는 것이 없이 대립하여 양립하지 못하는 관계.

圓盾(　　)(　　)〔　　〕

도▸ 둥근 모양의 방패(防牌).

舶賈(　　)(　　)〔　　〕

도▸ 외국에서 들어온 상인(商人).

舶來品〔　　〕

(　　)(　　)(　　)

도▸ 지난날, '서양에서 들여온 상품'을 이르는 말.

趙晟漢〔　　〕

(　　)(　　)(　　)

도▸ 조선시대의 문인으로, 자(字)는 본초(本初)이고, 호(號)는 동산(東山)·쌍괴당(雙槐堂)이다.

扈衛(　　)(　　)〔　　〕

도▸ 지난날, 궁궐을 경호하던 일. 📖扈衛대장.

참 護衛(호위)▹따라다니면서 신변을 警護함.

扈聖功臣〔　　〕

(　　)(　　)(　　)(　　)

도▸ 임진왜란 때 왕을 의주(義州)까지 호종(扈從)하는 데 특히 공이 있었던 이항복(李恒福) 등 86명에게 내린 훈호(勳號).

覓句(　　)(　　)〔　　〕

도▸ 시인(詩人)이 훌륭한 시(詩)를 지으려고 애써 좋은 글귀를 찾는 일.

木覓山〔　　〕

(　　)(　　)(　　)

도▸ 서울에 있는 '남산'을 달리 이르는 말.

趙貞喆〔　　〕

(　　)(　　)(　　)

도▸ 조선 때의 文臣으로, 號는 정헌(靜軒)이다.

金庾信〔　　〕

(　　)(　　)(　　)

도▸ 신라의 명장(名將). [삼국통일의 기반을 마련함.]

도움글

- 舶賈에서 「賈」자는 뜻에 따라 발음이 달라지는 한자이다. 여기에서는 '장사'라는 뜻으로 쓰였다.
- 庾(곳집 유, 노적가리 유)자의 뜻인 '노적露積가리'는 '한데에 쌓아 둔 곡식의 더미'를 이르는 말이다.

아래 한자의 뜻[訓]과 소리[音]를 자세히 익혀봅시다.

☆표는 人名·地名用 漢字임

尉(寸)	措(手)	梧(木)	馮☆(馬)	琦☆(玉)	悳☆(心)	揆☆(手)	欽☆(欠)
벼슬 위	둘[措置] 조	오동나무 오	탈[乘] 빙 성姓 풍	옥이름 기	큰[德] 덕	헤아릴 규	공경할 흠

아래 설명을 읽고 빈칸에 보기 와 같이 쓰세요.

보기 良書(어질 량)(글 서)[양서]

准尉(　　)(　　)[　　]

도▸ 군대 계급의 하나. [소위의 아래, 상사의 위]

尉官(　　)(　　)[　　]

도▸ 군대의 장교(將校) 계급(階級)에서, 대위·중위·소위를 통틀어 이르는 말.

措置(　　)(　　)[　　]

도▸ 조처(措處). 어떤 문제나 사태를 해결하기 위하여 필요한 대책(對策)을 강구(講究)함.

措語(　　)(　　)[　　]

도▸ 말의 뜻을 글자로 엉구어서 만듦.

참 造語(조어) ▷ ①말을 새로 만듦. 또는 이미 있는 말을 엉구어서 새로운 뜻을 지닌 말을 만듦. ②꾸며댄 말. 날조(捏造)한 말.

梧秋(　　)(　　)[　　]

도▸ '오동잎이 지는 가을'이라는 뜻으로, '음력 칠월'을 이르는 말이다. 오월(梧月).

梧桐島[　　]

(　　)(　　)(　　)

도▸ 전라남도 여수시에 위치한 섬. [섬 전체가 동백나무와 해장죽 따위로 숲을 이루고 있다.]

田琦(　　)(　　)[　　]

도▸ 조선 때의 화가(畫家)로, 字는 위공(瑋公), 號는 고람(古藍)·두당(杜堂)이다. [남종파(南宗派)의 화풍(畫風)을 계승하였으며, 山水畫에 능함.]

權秉悳[　　]

(　　)(　　)(　　)

도▸ 독립운동가. 字는 윤좌(潤佐), 號는 청암(淸菴)·정암(貞菴)이다. [민족대표 33인의 한 사람]

揆度(　　)(　　)[　　]

도▸ 헤아림. 미루어 헤아림. 헤아려 생각함.

揆策(　　)(　　)[　　]

도▸ 계책(計策)을 세움. 획책(劃策).

欽慕(　　)(　　)[　　]

도▸ 기쁜 마음으로 사모(思慕)함. 흔모(欣慕).

馮夷(　　)(　　)[　　]

도▸ 수신(水神)의 이름.

馮河(　　)(　　)[　　]

도▸ '걸어서 황하(黃河)를 건넌다'는 뜻으로, '무모(無謀)한 용기'를 비유하여 이르는 말.

도움글

- 「馮」자는 「타다, 오르다」를 뜻할 때에는 「빙」으로 읽고, 「성姓」을 뜻할 때에는 「풍」으로 읽는다.
- 欽敬閣 : 조선 세종 때, 경복궁 안에 설치했던 천문각. [그 안에 물시계와 각종 천문기구를 간직하였다.]

아래 한자의 뜻[訓]과 소리[音]를 자세히 익혀봅시다.

☆표는 人名·地名用 漢字임

軸 (車)	雇 (隹)	焦 (火)	軻☆ (車)	敞☆ (攴)	媛☆ (女)	舒☆ (舌)	舜☆ (舛)
굴대 축	품팔 고	탈[焦燥] 초	수레 가 사람이름 가	시원할 창	계집 원	펼 서:	순임금 순

아래 설명을 읽고 빈칸에 보기 와 같이 쓰세요.

보기 良書(어질 량)(글 서)[양서]

地軸(　　　)(　　　)〔　　　〕

도▸ 지구 자전의 회전축. [북극과 남극을 잇는 축]

機軸(　　　)(　　　)〔　　　〕

도▸ ①기관이나 바퀴 따위의 굴대. ②어떤 조직의 활동의 중심. ③방법이나 방식. 예 평화 통일의 새로운 機軸을 이룩하다.

참 基軸(기축) ▹ 무슨 일의 중심이 되는 부분. 예 국제 문제의 基軸

雇聘(　　　)(　　　)〔　　　〕

도▸ (학술이나 기술이 높은 이를) 예(禮)를 갖추어 모셔옴.

解雇(　　　)(　　　)〔　　　〕

도▸ 고용주(雇用主)가 고용 당한 사람을 내보냄.

焦眉之急〔　　　　　〕

(　　　)(　　　)(　　　)(　　　)

도▸ 눈썹에 불이 붙는 것과 같은 '매우 위급(危急)한 경우'를 이르는 말.

焦燥(　　　)(　　　)〔　　　〕

도▸ 불안하거나 애태우며 마음을 졸이는 모양.

참 初祖(초조) ▹ 가계(家系)나 유파(流派)의 초대(初代) 선조(先祖).

孟軻(　　　)(　　　)〔　　　〕

도▸ 중국 전국시대의 추(鄒)나라 사람인 맹자의 이름. 字는 자여(子輿)이다. 도 [공자(孔子)의 도(道)를 이어 제국(諸國)을 순회하며 왕도정치(王道政治)와 인의(仁義)를 주장하였다.]

高敞(　　　)(　　　)〔　　　〕

도▸ ①지대(地帶)가 높고 사방(四方)이 시원하게 탁 트임. ②전라북도 고창군에 있는 읍.

才媛(　　　)(　　　)〔　　　〕

도▸ 재주가 있는 젊은 여자. 비才女. 반才子.

참 財源(재원) ▹ 재화(財貨)나 자금(資金)이 나올 원천. 재본(財本).

舒眉(　　　)(　　　)〔　　　〕

도▸ '찌푸린 눈살을 펴다'는 뜻으로, '근심이 사라짐'을 이르는 말.

舒暢(　　　)(　　　)〔　　　〕

도▸ 여유(餘裕)있게 아량(雅量)을 가지고 지냄.

舜英(　　　)(　　　)〔　　　〕

도▸ 무궁화 꽃. '미인'을 비유하는 말. 순화(舜華).

堯舜(　　　)(　　　)〔　　　〕

도▸ 고대 중국의 요임금과 순임금을 이르는 말.

도움글

- 「孔子와 孟子」에서 볼 수 있듯이 남자 성(姓)의 뒤에 「子」자를 붙이는 것은 학덕(學德)이 높은 스승이나, 남자에 대한 존칭이다.
- 「字」는 예전에 이름을 소중히 여겨 함부로 부르지 않았던 관습에서 본이름 외에 부르던 이름.

아래 한자의 뜻[訓]과 소리[音]를 자세히 익혀봅시다.

☆표는 人名·地名用 漢字임

籠(竹)	硫(石)	貰(貝)	皓☆(白)	銃☆(金)	琯☆(玉)	傅☆(人)	彭☆(彡)
대바구니 롱▸	유황 류	세놓을 세:	휠[白] 호	창 윤 병기 윤	옥피리 관	스승 부:	성姓 팽

아래 설명을 읽고 빈칸에 보기 와 같이 쓰세요.

보기 良書(어질 량)(글 서)[양서]

籠絡(　　)(　　)〔　　〕

도▸ 남을 교묘(巧妙)한 꾀로 속여 제 마음대로 이용함. 뇌롱(牢籠). 用적에게 籠絡당하다.

魚籠(　　)(　　)〔　　〕

도▸ 물고기를 잡아서 담는 바구니. 어람(魚籃).

硫黃泉〔　　〕

(　　)(　　)(　　)

도▸ 많은 양의 황이 섞여 있는 광천(鑛泉). [피부병이나 신경통 등의 치료에 이용됨.]

貰赦(　　)(　　)〔　　〕

도▸ 용서(容恕)함.

참 細査(세사) ▹ 빈틈없이 세밀(細密)하게 조사함.

참 世祀(세사) ▹ 대대(代代)로 지내는 제사(祭祀).

참 世事(세사) ▹ 세상에서 일어나는 온갖 일.

참 細事(세사) ▹ 작고 자질구레한 일.

傳貰(　　)(　　)〔　　〕

도▸ 일정 금액을 맡기고, 그 이자(利子)로 부동산(不動產)을 빌려 쓰는 일. 用집을 傳貰 들다.

皓魄(　　)(　　)〔　　〕

도▸ 달, 또는 달빛.

丹脣皓齒〔　　〕

(　　)(　　)(　　)(　　)

도▸ '붉은 입술과 하얀 이'라는 뜻으로, '여자의 아름다운 얼굴'을 이르는 말.

趙琯(　　)(　　)〔　　〕

도▸ 조선시대 때, 검교금오위대장군(檢校金吾衛大將軍)을 지냈으며, 본관은 하동(河東)이다.

傅納(　　)(　　)〔　　〕

도▸ 언론을 펴서 이것을 임금이 받아들이게 함.

참 賦納(부납) ▹ 부과금(賦課金)을 냄. 用공과금(公課金)을 賦納하다.

師傅(　　)(　　)〔　　〕

도▸ ①스승. ②조선시대 때, 세자시강원(世子侍講院)의 으뜸 벼슬인 師와 傅.

참 師父(사부) ▹ '스승'을 높여 이르는 말.

참 辭賦(사부) ▹ 서정적 詩인 '辭'와 서사적 詩인 '賻'를 아울러 이르는 말.

彭湃(　　)(　　)〔　　〕

도▸ ①물결이 서로 부딪쳐서 솟구침. ②(어떤 思潮나 기운 따위가) 맹렬한 기세로 일어남. 澎湃.
※ 湃 1級 (물결 배) 用이기주의가 彭湃하다.

도움글

○「銃(총 윤)」자는「병기(兵器), 창(槍), 총(銃)」등의 뜻으로 쓰이는 이름자이다.

○ 彭祖之壽 : 팽조(彭祖)는 요(堯)임금 때부터 은(殷)나라 말년(末年)에 이르는 700여 년을 살았다는 선인(仙人)이다. 여기에서 비롯된 말로, '장수(長壽)'를 이르는 말로 쓰인다.

꼭꼭 다지기

정답 ☞ 부록 10쪽

1. 다음 한자어의 독음을 쓰세요.

魔妖( )	睡魔( )	惡魔( )	紳士( )	惇愼( )
惇德( )	巢居( )	巢穴( )	偵諜( )	偵察( )
戈盾( )	橫軸( )	密偵( )	船載( )	船舶( )
覓擧( )	焦點( )	擧措( )	揆敍( )	仰欽( )
雇傭( )	雇役( )	舒雁( )	舒縮( )	籠球( )

2. 다음 뜻에 알맞은 한자성어를 완성하세요.

(1) 安居( )思
▸ 편안하고 무사(無事)한 때일수록 어려운 일이 닥칠 때를 생각하여 미리 대비(對備)함.

(2) ( )學阿世
▸ 바른 길에서 벗어난 학문으로 시세(時勢)나 권력자에게 아첨(阿諂)하여 인기를 얻으려는 언행을 함.

(3) ( )山蓋世
▸ 힘은 산이라도 빼어 던질만하고, 기(氣)는 세상을 덮을 만큼 웅대(雄大)함.

(4) 脣( )齒寒
▸ '이해 관계가 서로 밀접하여 한쪽이 망하면 다른 한쪽도 보전하기 어려움'을 비유하여 이르는 말.

3. 다음 단어의 뜻에 반대, 또는 상대되는 한자어를 쓰세요.

(1) 富裕 ↔ ( )	(2) 異端 ↔ ( )	(3) 弔客 ↔ ( )
(4) 絶對 ↔ ( )	(5) 輕率 ↔ ( )	(6) 短縮 ↔ ( )

4. 다음 한자의 음音에 알맞은 한자어를 완성하세요. ※ 漢字의 위치는 앞 뒤 어느 쪽도 무방함.

(1) 讀 독 ( ) / 두 ( )	(2) 更 갱 ( ) / 경 ( )	(3) 識 식 ( ) / 지 ( )	(4) 說 설 ( ) / 세 ( )

도움글

○ 菽麥(숙맥) : '콩과 보리'를 뜻하는 말이기도 하지만, '콩[菽]인지 보리[麥]인지를 구별하지 못한다.'는 뜻으로, '어리석은 사람'을 비유하여 이르는 말로 쓰인다. 숙맥불변(菽麥不辨)의 준말.

아래 한자의 뜻[訓]과 소리[音]를 자세히 익혀봅시다.

☆표는 人名·地名用 漢字임

揷 (手)	帽 (巾)	菓 (艸)	琪☆ (玉)	堯☆ (土)	弼☆ (弓)	滋☆ (水)	疇☆ (田)
꽂을 삽	모자帽子 모	과자菓子 과 실과實果 과	아름다운옥 기	요임금 요	도울 필	불을[益] 자	이랑 주

아래 설명을 읽고 빈칸에 보기 와 같이 쓰세요.

보기 良書(어질 량)(글 서)[양서]

揷畫(　　　)(　　　)〔　　　〕

도▸ (신문·잡지·서적의 문장 속에서) 문장의 내용이나 뜻의 이해를 돕기 위하여 그려 넣은 그림.

揷植(　　　)(　　　)〔　　　〕

도▸ 꺾꽂이.

制帽(　　　)(　　　)〔　　　〕

도▸ 학교·관청·회사 등에서, 규정(規定)에 따라 정한 모자.

脫帽(　　　)(　　　)〔　　　〕

도▸ 모자를 벗음. 반 착모(着帽).

참 脫毛(탈모) ▹ 털이 빠짐, 또는 그 털.

茶菓(　　　)(　　　)〔　　　〕

도▸ '차'와 '과자'를 아울러 이르는 말. 예 손님들에게 茶菓를 대접(待接)하다.

乳菓(　　　)(　　　)〔　　　〕

도▸ 우유(牛乳)를 넣고 만든 과자(菓子).

琪樹(　　　)(　　　)〔　　　〕

도▸ ①옥(玉)같이 아름다운 나무. ②눈 쌓인 나무를 형용하는 말.

堯風舜雨〔　　　〕

(　　　)(　　　)(　　　)(　　　)

도▸ '요·순 두 임금의 인덕(仁德)이 널리 천하에 베풀어짐'을 비바람의 혜택에 견준 말로, '태평한 세상'을 뜻한다.

堯桀(　　　)(　　　)〔　　　〕

도▸ ①성군(聖君)인 요임금과 폭군(暴君)인 걸왕. ②착한 사람과 악한 사람.

輔弼(　　　)(　　　)〔　　　〕

도▸ 임금의 정사(政事)를 도움.

弼導(　　　)(　　　)〔　　　〕

도▸ 도와서 인도(引導)함.

滋養(　　　)(　　　)〔　　　〕

도▸ 몸에 영양(營養)이 되는 일, 또는 그런 물질.

滋味(　　　)(　　　)〔　　　〕

도▸ ①자양분(滋養分)이 많고 맛이 좋은 음식. ②재미.

疇輩(　　　)(　　　)〔　　　〕

도▸ 같은 무리. 동아리. 동배(同輩).

도움글

- 「茶」자는 쓰임에 따라 발음이 달라지는 글자이다.
  예1 茶禮(차례) 예2 茶房(다방) 예3 紅茶(홍차) 예4 茶道(다도)
- **동음이의어**同音異義語 1 制帽 ≠ 諸母 2 乳菓 ≠ 油果 3 輔弼 ≠ 補筆
- **모양은 다르지만 쓰임이 같은 이체자** 1 畫 = 畵 2 晳 = 晰 3 棋 = 碁

아래 한자의 뜻[訓]과 소리[音]를 자세히 익혀봅시다.

☆표는 人名·地名用 漢字임

傀(人)	殖(歹)	揭(手)	☆晶(日)	☆渤(水)	☆閔(門)	☆渭(水)	☆萊(艸)
허수아비 괴:	불릴 식	높이들[擧] 게: 걸[掛] 게:	맑을 정	바다이름 발	성姓 민	물이름 위	명아주 래

아래 설명을 읽고 빈칸에 보기 와 같이 쓰세요.

보기 良書(어질 량)(글 서)[양서]

傀網(　　)(　　)[　　]

도▸ 어류의 부레나 일부 포유동물에 있는 가는 혈관의 망상 구조.

繁殖(　　)(　　)[　　]

도▸ 붇고 늘어서 많이 퍼짐. 또는 퍼지게 함.

拓殖(　　)(　　)[　　]

도▸ '개척과 식민(植民)'의 뜻으로, 미개(未開)한 땅을 개척하여 사람이 살게 함. 拓植.

揭曉(　　)(　　)[　　]

도▸ (시험 성적 등을) 게시(揭示)하여 알림.

揭載(　　)(　　)[　　]

도▸ 신문·잡지 등에 글이나 그림 따위를 실음. 예 신문에 한자의 중요성을 揭載하다.

晶光(　　)(　　)[　　]

도▸ 밝은 빛. 투명(透明)한 빛.

結晶(　　)(　　)[　　]

도▸ ①일정한 평면으로 둘러싸인 물체 내부의 원자 배열이 규칙적으로 이루어진 고체. ② '노력의 결과로 얻어진 훌륭한 보람'을 비유하여 이르는 말. 예 한 톨의 쌀도 농민이 흘린 땀의 結晶이다.

渤海(　　)(　　)[　　]

도▸ 고구려 사람 대조영(大祚榮)이 세운 나라. [산둥반도와 요동반도에 둘러싸인 황해의 일부]

閔泳煥[　　]

(　　)(　　)(　　)

도▸ 조선 때의 문신(文臣)이며, 순국자(殉國者)로, 字는 문약(文若), 號는 계정(桂庭)이다.

涇渭(　　)(　　)[　　]

도▸ (중국의 涇水는 항상 흐리고, 渭水는 항상 맑아 구별이 분명한 데서 생긴 말로) '事理의 옳고 그름과 시비의 분간(分揀)'을 이르는 말. ※涇특급II(통할 경)

참 經緯(경위) ▷ ①피륙의 날과 씨. ②經緯度·經緯線의 준말. ③일이 전개되어 온 과정. 예 사건의 經緯를 알아보다.

渭陽丈[　　]

(　　)(　　)(　　)

도▸ '남의 외숙(外叔)'을 존칭하여 이르는 말.

蓬萊山[　　]

(　　)(　　)(　　)

도▸ 여름철의 '金剛山'을 이르는 이름. 참 겨울철은 '皆骨山', 가을철은 '楓嶽山'이라 이름함.

도움글

○ 萊妻(내처) : '노래자(老萊子)의 아내'를 뜻하는 말로, '남편을 충고(忠告)하여 벼슬을 하지 말고 청빈(淸貧)한 생활을 하게 한 어진 아내'이다. 따라서 '자기 아내'를 겸손(謙遜)히 이르는 말로도 쓰인다.

아래 한자의 뜻[訓]과 소리[音]를 자세히 익혀봅시다.

☆표는 人名·地名用 漢字임

傘(人)	腎(肉)	柏(木)	隋☆(阜)	湍☆(水)	筏☆(竹)	晳☆(日)	灘☆(水)
우산雨傘 산	콩팥 신:	측백[柏=栢] 백	수나라 수	여울 단	뗏목 벌	밝을 석	여울 탄

아래 설명을 읽고 빈칸에 보기 와 같이 쓰세요.

보기 良書(어질 량)(글 서)[양서]

落下傘〔 〕
( )( )( )

도▸ 비행 중인 항공기 따위에서 사람이나 물건을 안전하게 지상으로 내리는 데 쓰이는 용구.

陽傘( )( )〔 〕

도▸ 햇빛을 가리기 위하여 쓰는 우산 모양의 물건.

참 洋傘(양산) ▹'서양식 우산'이라는 뜻으로, '우산'을 달리 이르는 말.

腎臟( )( )〔 〕

도▸ 척추(脊椎)의 양쪽에 하나씩 있는 내장(內臟)의 한 가지. [몸 안의 불필요한 물질을 오줌으로 배설(排泄)하는 구실(口實)을 함.]

참 新裝(신장) ▹설비나 외관 따위를 새롭게 꾸밈.

참 伸張(신장) ▹세력이나 권리 따위가 늘어나거나 늘어나게 함. 예 국력의 伸張에 공헌하다.

副腎( )( )〔 〕

도▸ 좌우 신장(腎臟) 위에 한 쌍 있는 내분비 기관.

참 符信(부신) ▹글자를 적고 도장을 찍은 나무나 종이를 둘로 쪼개어 나누어 가졌다가 뒷날에 서로 맞추어서 증표(證票)로 삼던 물건.

冬柏( )( )〔 〕

도▸ 동백나무나 그 열매.

側柏( )( )〔 〕

도▸ 측백나무. [정원수나 울타리용으로 심으며 잎과 열매는 약용에 쓰인다.]

隋珠( )( )〔 〕

도▸ 중국 수나라의 국보였던 구슬. 隋侯之珠. [수후(隋侯)가 살려 준 뱀으로부터 받은 것으로, 화씨(和氏)의 구슬과 함께 천하의 귀중한 보배로 불림.]

激湍( )( )〔 〕

도▸ 빠르고 거세게 흐르는 여울.

懸湍( )( )〔 〕

도▸ 높은 곳에서 내리 떨어지는 물.

津筏( )( )〔 〕

도▸ ①나루를 건너는 뗏목. ②안내. 이끌어 줌.

筏橋( )( )〔 〕

도▸ 뗏목을 이어 만든 다리.

明晳( )( )〔 〕

도▸ (생각이나 판단이) 분명하고 똑똑함. 예 그의 明晳한 두뇌(頭腦)로 일을 해결(解決)하다.

灘鹽( )( )〔 〕

도▸ 소금밭에서 만든 소금.

도움글

○ 神經과 腎經 : 1 神經 : 몸 안팎의 변화를 중추에 전달하고, 또 중추로부터의 자극을 몸의 각 부분에 전하는 실 모양의 기관. 2 腎經 : 신장(腎臟), 또는 신장의 경락(經絡).

아래 한자의 뜻[訓]과 소리[音]를 자세히 익혀봅시다.

☆표는 人名·地名用 漢字임

爛(火)	款(欠)	棟(木)	湜☆(水)	琮☆(玉)	鉉☆(金)	鄒☆(邑)	蜀☆(虫)
빛날 란:	항목 관:	마룻대 동	물맑을 식	옥홀 종	솥귀 현	추나라 추	나라이름 촉

아래 설명을 읽고 빈칸에 보기 와 같이 쓰세요.

보기 良書(어질 량)(글 서)[양서]

爛漫(　　)(　　)〔　　〕

도▸ ①(꽃이) 활짝 피어 화려함. 예 百花가 爛漫하다. ②환하게 나타나 뚜렷함. 예 天眞爛漫하다.

能手能爛〔　　〕

(　　)(　　)(　　)(　　)

도▸ (일 따위에) 익숙하고 솜씨가 뛰어남.

款項(　　)(　　)〔　　〕

도▸ '款'은 가장 큰 부류, '項'은 款을 세분한 것으로 款과 項을 아울러 이르는 말. 조항(條項).

落款(　　)(　　)〔　　〕

도▸ 글씨나 그림을 완성한 뒤, 아호나 이름을 쓰고 도장을 찍는 일. 또는 그 이름이나 도장.

참 樂觀(낙관) ▹①인생이나 사물을 희망적으로 보는 태도. ②앞으로의 일이 잘될 것으로 여김.

棟宇(　　)(　　)〔　　〕

도▸ '집의 마룻대와 추녀 끝'이라는 뜻으로, '집'을 통틀어 이르는 말.

汗牛充棟〔　　〕

(　　)(　　)(　　)(　　)

도▸ '짐으로 실으면 소가 땀을 흘리고, 쌓으면 들보까지 가득 찬다'는 뜻으로, '장서(藏書)가 매우 많음'을 이르는 말.

淸湜(　　)(　　)〔　　〕

도▸ 물이 맑음.

琮花(　　)(　　)〔　　〕

도▸ 아름다운 꽃.

鉉司(　　)(　　)〔　　〕

도▸ 삼공(三公)의 직(職).

鉉席(　　)(　　)〔　　〕

도▸ 삼공(三公)의 지위(地位). 또는 그 사람.

鄒魯遺風〔　　〕

(　　)(　　)(　　)(　　)

도▸ 공자(孔子)·맹자(孟子)의 학문. 곧, 유학(儒學)을 이르는 말.

鄒査(　　)(　　)〔　　〕

도▸ 소곤거리는 말소리.

참 追賜(추사) ▹죽은 사람에게 벼슬, 칭호, 물건 따위를 내려 주던 일.

樂而思蜀〔　　〕

(　　)(　　)(　　)(　　)

도▸ '타향(他鄕)의 생활이 즐거워 고향 생각을 하지 못함'을 이르는 말로, '눈앞의 즐거움에 겨워 근본을 잊게 될 때'를 비유하기도 한다.

도움글

○ 款識(관지) : 종정(鐘鼎)에 새겨진 글, 또는 금석(金石)에 새긴 글자. 여기에서 陰文[음각한 글자]을 「款」이라 하고, 陽文[양각한 글자]을 「識」라고 한다.

아래 한자의 뜻[訓]과 소리[音]를 자세히 익혀봅시다.

☆표는 人名·地名用 漢字임

診(言)	握(手)	棋(木)	瑟☆(玉)	雉☆(隹)	滉☆(水)	暎☆(日)	煜☆(火)
진찰할 진	쥘 악	바둑 기	큰거문고 슬	꿩 치	깊을 황	비칠 영	빛날 욱

아래 설명을 읽고 빈칸에 보기 와 같이 쓰세요.

보기 良書(어질 량)(글 서)[양서]

打診(　　)(　　)〔　　〕

도▸ ①가슴이나 등을 두드려서, 그 소리로 진찰함. ②(남의 생각이나 마음을 알기 위하여) 미리 떠봄. 예 그의 심중을 打診하다.

참 打盡(타진) ▹ 모조리 잡음. 예 조직을 一網打盡하다.

觸診(　　)(　　)〔　　〕

도▸ 한방에서, 환자의 몸을 문지르거나 눌러 보고, 그 반응으로 병증을 헤아리는 진찰법.

참 促進(촉진) ▹ 재촉하여 빨리 진행하도록 함. 예 수출을 促進하다.

掌握(　　)(　　)〔　　〕

도▸ '손으로 잡아 쥔다'는 뜻으로, 판세나 권력 따위를 휘어잡음. 예 당권(黨權)을 掌握하다.

握卷(　　)(　　)〔　　〕

도▸ 책을 좋아하여 늘 손에 쥐고 있음.

棋局(　　)(　　)〔　　〕

도▸ ①바둑판. ②바둑의 승부(勝負)의 형세.

圍棋(　　)(　　)〔　　〕

도▸ 바둑을 둠, 또는 그 일.

琴瑟(　　)(　　)〔　　〕

도▸ ①거문고와 비파. ②부부(夫婦) 사이의 다정(多情)하고 화목(和睦)한 즐거움.

膠柱鼓瑟〔　　〕

(　　)(　　)(　　)(　　)

도▸ '비파(琵琶)나 거문고의 기둥을 아교풀로 고착(固着)시켜 버리면 한 가지 소리밖에 나지 않는다'는 뜻으로, '변통성(變通性)'이 없는 소견(所見)'을 이르는 말.

雉尾(　　)(　　)〔　　〕

도▸ 꿩의 꽁지깃.

雉鷄(　　)(　　)〔　　〕

도▸ '꿩과 닭'을 아울러 이르는 말. 꿩닭.

滉柱(　　)(　　)〔　　〕

도▸ 둑이 무너지는 것을 막기 위하여 심은 큰 나무.

滉洋自恣〔　　〕

(　　)(　　)(　　)(　　)

도▸ 물이 깊고 넓은 것처럼 學識 문재(文才)가 깊고 넓어서 응용하는 것이 自由自在임.

暎窓(　　)(　　)〔　　〕

도▸ 방이 밝도록 방과 마루 사이에 낸 두 쪽의 미닫이.

炳煜(　　)(　　)〔　　〕

도▸ 빛남.

도움글

- 蕭瑟바람 : 으스스하고 쓸쓸하게 부는 바람. ○ 蕭瑟하다 : (가을바람이) 으스스하고 쓸쓸하다.
- 春雉自鳴(춘치자명) : '봄철의 꿩이 스스로 운다'는 뜻으로, '시키거나 요구하지 않아도 자기 스스로 함'을 비유하여 이르는 말.

꼭꼭 다지기

정답 ☞ 부록 11쪽

1. 다음 한자어의 독음을 쓰세요.

插入( )	斜插( )	借款( )	製菓( )	氷菓( )
弼成( )	貨殖( )	揭揚( )	雨傘( )	反映( )
晶瑩( )	閔勉( )	閔惜( )	閔悔( )	雉鷄( )
往診( )	診療( )	診脈( )	診斷( )	約款( )
握手( )	把握( )	將棋( )	蓬艾( )	映像( )

2. 다음 낱말에 알맞은 한자를 쓰세요.

관청( )	규정( )	환자( )	반응( )	병증( )
진찰( )	권력( )	혜택( )	태평( )	학식( )

3. 다음 한자성어를 완성하세요.

(1)( )風( )雨	'태평(太平)한 세상(世上)'을 뜻하는 말.	(3)膠( )( )瑟	'변통성(變通性)이 없는 소견(所見)'을 이르는 말.
(2)汗( )充( )	'장서(藏書)가 매우 많음'을 이르는 말.	(4)( )而( )蜀	'눈앞의 즐거움에 겨워 근본을 잊게 될 때'를 비유하는 말.

4. 다음 글을 읽고 밑줄 친 낱말을 한자로 고쳐 쓰세요.

언어와 문자는 어릴수록 교육 <u>성과</u>(1)가 오른다는 것은 언어학자들의 실험 연구와 선인들의 <u>경험</u>(2)에 따라 이미 <u>입증</u>(3)되었다. 따라서 한자교육을 <u>별도</u>(4)로 할 것이 아니라 국어 교과서에서 자연스럽게 학습시키는 것이 <u>공교육</u>(5)에서의 의무이기도 하다.

(1)	(2)	(3)	(4)	(5)

도움글

○ 覆車之戒(복거지계) : '앞 수레가 엎어지는 것을 보고 뒤따르던 수레가 조심한다'는 뜻으로, '앞사람의 실패(失敗)가 뒤따르는 사람에게 경계(警戒)가 됨'을 뜻하는 말.

아래 한자의 뜻[訓]과 소리[音]를 자세히 익혀봅시다.

☆표는 人名·地名用 漢字임

汎(水)	絞(糸)	煉(火)	☆楡(木)	☆鈺(金)	☆溶(水)	☆頊(頁)	☆瑗(玉)
넓을 범:	목맬 교	달굴 련	느릅나무 유	보배 옥	녹을 용	삼갈 욱	구슬 원

아래 설명을 읽고 빈칸에 보기 와 같이 쓰세요.

보기 良書(어질 량)(글 서)[양서]

汎用(　　)(　　)〔　　〕

도▸ 널리 여러 방면에 씀. 예 汎用 컴퓨터.

참 犯用(범용) ▹ 남의 물건이나 잘 맡아두어야 할 물건을 써 버림. 범수(犯手).

汎野(　　)(　　)〔　　〕

도▸ 야권의 모든 사람, 또는 그 세력. 반 범여(汎與).

참 犯夜(범야) ▹ 야간 통행 금지 시간에 다니는 일.

絞殺(　　)(　　)〔　　〕

도▸ 목을 매어 죽임. 교수(絞首).

絞切(　　)(　　)〔　　〕

도▸ 남의 잘못을 가차없이 꾸짖음. 교자(絞刺).

煉藥(　　)(　　)〔　　〕

도▸ ①꿀이나 물엿 따위에 개어서 만든 약. ②한방에서, 약을 고는 일, 또는 고아서 만든 약.

참 軟弱(연약) ▹ ①무르고 약함. 반 강고(強固). ②성질이 부드럽고 의지가 굳지 못함.

煉炭(　　)(　　)〔　　〕

도▸ 무연탄(無煙炭) 가루를 점결제(粘結劑)와 함께 가압(加壓)하여 덩어리로 만든 연료.

참 聯彈(연탄) ▹ 한 대의 피아노를 두 사람이 연주하는 일. 예 피아노 聯彈.

楡塞(　　)(　　)〔　　〕

도▸ 북쪽 변방의 요새(要塞). [옛날에 느릅나무를 심어서 성채(城砦)를 삼은 데서 유래한 말.]

具允鈺〔　　〕
(　　)(　　)(　　)

도▸ 조선 때의 문신. 字는 성집(聖集), 본관은 능성(綾城)이며, 한성부판윤 宅奎의 아들.

溶媒(　　)(　　)〔　　〕

도▸ 용액(溶液)을 만들 때에 용질(溶質)을 녹이는 액체(液體).

溶解(　　)(　　)〔　　〕

도▸ ①녹거나 녹임. ②기체(氣體), 또는 고체(固體)가 액체 속에서 녹아서 용액(溶液)이 되는 현상. 예 설탕을 溶解한 물이 설탕물이다.

참 鎔解(용해) ▹ 금속이 열에 녹아 액체 상태로 됨.

許頊(　　)(　　)〔　　〕

도▸ 조선(朝鮮) 때의 문신. 字는 자고(子固), 본관은 양천(陽川)이다.

趙瑗(　　)(　　)〔　　〕

도▸ 조선 때의 문신(文臣). 字는 백옥(伯玉), 號는 운강(雲江), 본관은 임천(林川)이다.

도움글

- 「絞切」에서 「切」자는 쓰임에 따라 뜻과 소리가 달라지는 글자이다.
  예1 切實(절실) 예2 一切(일체) 예3 一切(일절) 예4 切斷(절단) 예5 嚴切(엄절)
- 汎愛(범애) : 뭇사람을 차별 없이 두루 사랑함. 박애(博愛).

아래 한자의 뜻[訓]과 소리[音]를 자세히 익혀봅시다.

☆표는 人名·地名用 漢字임

窟(穴)	預(頁)	礙(石)	葡☆(艸)	楞☆(木)	麟☆(鹿)	椿☆(木)	塘☆(土)
굴 굴	맡길 예: 미리 예:	거리낄 애:	포도 포	네모질[四角] 릉	기린 린	참죽나무 춘	못[池塘] 당

아래 설명을 읽고 빈칸에 보기 와 같이 쓰세요.

보기 良書(어질 량)(글 서)[양서]

洞窟(　　)(　　)[　　]

도▸ 안이 텅 비어, 넓고 깊은 큰 굴.

暗窟(　　)(　　)[　　]

도▸ 어두운 굴.

참 巖窟(암굴)▹바위굴. 석굴(石窟).

預置(　　)(　　)[　　]

도▸ (돈이나 물건을 금융 기관 같은 곳에) 맡겨 둠.

預託(　　)(　　)[　　]

도▸ 부탁(付託)하여 맡겨둠.

참 豫託(예탁)▹미리 부탁함.

참 豫度(예탁)▹예측(豫測).

참 禮卓(예탁)▹예식에 쓰는 탁자(卓子).

拘礙(　　)(　　)[　　]

도▸ 거리끼거나 얽매임. 예 여론에 拘礙하지 않는다.

障礙(　　)(　　)[　　]

도▸ ①(무슨 일을 하는데) 거치적거리어 방해가 되는 일. 예 통신에 障礙가 되다. ②신체상의 고장. 예 위장 障礙를 일으키다.

葡萄(　　)(　　)[　　]

도▸ 포도과의 덩굴 열매. ※ 萄 1級 (포도 도)

楞嚴經[　　]

(　　)(　　)(　　)

도▸ 불경(佛經)의 하나. [心性의 本體를 밝힌 것으로, 당(唐)나라의 반자밀제(般剌密帝)가 번역함. 모두 10권임.]

麟鳳(　　)(　　)[　　]

도▸ '기린과 봉황'이란 뜻으로, '진귀한 것이나 현인(賢人), 또는 성인(聖人)'을 이르는 말.

참 印封(인봉)▹뚜껑을 닫고 도장을 찍음. 封印.

椿府丈[　　]

(　　)(　　)(　　)

도▸ 남의 아버지의 존칭. 춘부장(春府丈). 춘당(椿堂). 춘부(春府).

椿葉菜[　　]

(　　)(　　)(　　)

도▸ 참죽나물. [참죽순을 데쳐서 소금과 기름에 무침.]

蓮塘(　　)(　　)[　　]

도▸ 연못. 연(蓮)을 심은 못.

塘報(　　)(　　)[　　]

도▸ 척후(斥候)의 임무를 띤 군사가 적의 정세를 살펴 아군에게 기(旗)로써 알리던 일.

도움글

○「洞窟」에서 「洞」자는 쓰임에 따라 뜻과 소리가 달라지는 글자이다.

예1 洞里(동리)▹(골 동)(마을 리)　예2 洞察(통찰)▹(밝을 통)(살필 찰)

아래 한자의 뜻[訓]과 소리[音]를 자세히 익혀봅시다.

☆표는 人名·地名用 漢字임

憩(心)	艇(舟)	裸(衤)	煥☆(火)	瑄☆(玉)	楨☆(木)	楸☆(木)	頓☆(頁)
쉴 게:	배 정	벗을 라:	빛날 환:	도리옥 선	광나무 정	가래 추	조아릴 돈:

아래 설명을 읽고 빈칸에 보기 와 같이 쓰세요.

보기 良書(어질 량)(글 서)[양서]

休憩(　　　)(　　　)〔　　　〕

도▸ (일을 하거나 길을 가다가) 잠깐 쉬는 일. 휴식(休息). 게휴(憩休).

憩流(　　　)(　　　)〔　　　〕

도▸ 흐름의 방향이 바뀌기에 앞서 잠시 바닷물이 흐르지 않고 있는 상태의 조류. 게조(憩潮).

艇板(　　　)(　　　)〔　　　〕

도▸ 배에서 부두에 오르내리기 편리하도록 걸쳐 놓은 널빤지.

掃海艇〔　　　〕

(　　　)(　　　)(　　　)

도▸ (항로의 안전을 위하여) 바다에 부설(敷設)된 기뢰(機雷)나, 그 밖의 위험물과 장애물을 제거(除去)하는 임무를 맡은 작은 군함.

赤裸裸〔　　　〕

(　　　)(　　　)(　　　)

도▸ '발가벗은 상태'라는 뜻으로, 숨김이 없이 있는 그대로 다 드러남, 또는 그 상태. 예 주인공의 심리적 갈등이 赤裸裸하게 묘사되었다.

裸蟲(　　　)(　　　)〔　　　〕

도▸ 몸에 털이나 깃, 또는 비늘이 없는 벌레.

煥爛(　　　)(　　　)〔　　　〕

도▸ 번쩍번쩍 빛나는 모양.

참 **患難**(환난) ▹ 근심과 재난(災難).

瑄玉(　　　)(　　　)〔　　　〕

도▸ 크기가 여섯 치인 옥.

楨幹(　　　)(　　　)〔　　　〕

도▸ '담을 쌓아 양편에 세우는 나무 기둥'이라는 뜻에서 '사물의 근본(根本)'을 이르는 말.

楸子(　　　)(　　　)〔　　　〕

도▸ ①가래나무의 열매. ②호두.

楸局(　　　)(　　　)〔　　　〕

도▸ 바둑판. 추평(楸枰). 추기(楸棋).

頓絶(　　　)(　　　)〔　　　〕

도▸ (소식이나 편지 따위가) 딱 끊어짐. 두절(杜絶). 예 그의 소식이 頓絶된 지 오래되었다.

頓首(　　　)(　　　)〔　　　〕

도▸ ①(남을 공경하는 태도로) 머리를 땅에 닿도록 하는 절. ②'경의(敬意)를 표함'의 뜻으로 편지 끝에 쓰는 말.

참 **頓修**(돈수) ▹ 오랜 수행 기간이나 단계를 거치지 아니하고 일시에 깨달음에 이르는 수행.

도움글

○「楸子」에서「子」자는「씨앗」이라는 의미로 쓰였다. 이 밖에도「子」자는 쓰임에 따라 다양한 뜻을 지니고 있는데, 예를 들면「남자의 존칭」,「아들」,「접미사」등이 있다.

아래 한자의 뜻[訓]과 소리[音]를 자세히 익혀봅시다.

☆표는 人名·地名用 漢字임

痲(疒)	熙(火)	靴(革)	貊☆(豸)	鉀☆(金)	軾☆(車)	楚☆(木)	董☆(艸)
저릴 마	빛날 희	신[履, 鞋] 화	맥국[貊國] 맥	갑옷 갑	수레가로나무 식	초나라 초	바를[正] 동

아래 설명을 읽고 빈칸에 보기 와 같이 쓰세요.

보기 良書(어질 량)(글 서)[양서]

痲醉(　　)(　　)〔　　〕

도▸ ①약물 등을 써서 생물체의 감각을 일시적으로 마비시키는 일. ②사상이나 이념에 의하여 판단력을 잃음.

痲藥(　　)(　　)〔　　〕

도▸ 마취나 환각(幻覺) 등의 작용을 하는 약물. [중독성이 있어서 여러 번 쓰면 중독 증상을 나타냄.]

隆熙(　　)(　　)〔　　〕

도▸ 대한제국의 마지막 연호(年號). [1907~1910]

廣熙(　　)(　　)〔　　〕

도▸ 조선 때, 궁중 음악에 종사하던 잡직 벼슬. [연산군 10년(1504)에 한때, 악공(樂工)을 고쳐 부른 이름.]

製靴(　　)(　　)〔　　〕

도▸ 구두를 만듦. 예 製靴 공장에서 일하다.

洋靴(　　)(　　)〔　　〕

도▸ 구두. [주로 가죽을 원료로 하여 만든 서양식 신]

참 洋畫(양화) ▹ 서양화(西洋畫)의 준말.

참 良貨(양화) ▹ 지금(地金)의 품질이 좋은 화폐. 도움

蠻貊(　　)(　　)〔　　〕

도▸ ①미개인(未開人). ['蠻'은 중국의 남쪽, '貊'은 중국의 북쪽의 이민족.] ②미개한 나라.

鉀肥(　　)(　　)〔　　〕

도▸ 칼리비료. [칼륨이 많이 들어 있는 비료.-염화칼륨·황산칼륨 등의 화학 비료와 초목의 재나 두엄·녹비 등이 있음.]

蘇軾(　　)(　　)〔　　〕

도▸ 중국 송(宋)나라 때의 문호(文豪). 당송팔대가(唐宋八大家)의 한 사람으로, 字는 자첨(子瞻), 號는 동파(東坡)이다.

楚越(　　)(　　)〔　　〕

도▸ '초나라와 월나라'라는 뜻으로, '서로 멀리 떨어져 있어 아무 상관이 없는 사이'를 이르는 말.

참 超越(초월) ▹ 어떤 한계나 표준을 뛰어넘음.

苦楚(　　)(　　)〔　　〕

도▸ 고난(苦難). 괴로움과 어려움. 예 수사(搜査)에 苦楚를 겪다.

董督(　　)(　　)〔　　〕

도▸ 바로잡아 단속(團束)함.

董其昌〔　　〕

(　　)(　　)(　　)

도▸ 중국 명(明)나라 때의 서화가(書畫家). 字는 현재(玄宰), 시호(諡號)는 문민(文敏)이다.

도움글

- 地金(지금) : 제품(製品)으로 만들거나 세공(細工)하지 않은 황금(黃金).
- 痲疹(마진) : 바이러스에 의하여 일어나는 급성 발진성(發疹性) 전염병(傳染病). 홍역(紅疫).
  ※ 疹 1級 (마마 진)

아래 한자의 뜻[訓]과 소리[音]를 자세히 익혀봅시다.

☆표는 人名·地名用 漢字임

滄(水)	傭(人)	滑(水)	塏☆(土)	雍☆(隹)	鼎☆(鼎)	瓚☆(玉)	稙☆(禾)
큰바다 창	품팔 용	미끄러울 활 익살스러울 골	높은땅 개	화和할 옹	솥 정	옥잔 찬	올벼 직

아래 설명을 읽고 빈칸에 보기 와 같이 쓰세요.

보기 良書(어질 량)(글 서)[양서]

滄海一粟〔 〕
( )( )( )( )

도▸ '큰 바다에 던져진 한 알의 좁쌀'이라는 뜻으로, (광대한 것 속의) '극히 작은 것', 또는 '보잘것없는 존재'를 비유하여 이르는 말. 대해일적(大海一滴).

滄波( )( )〔 〕

도▸ 푸른 물결. 창랑(滄浪). 用 滄波를 저어가다.

傭耕( )( )〔 〕

도▸ ①고용(雇傭)되어 논밭을 갊. ②머슴살이를 함.

傭賃( )( )〔 〕

도▸ 품삯. 용전(傭錢).

滑降( )( )〔 〕

도▸ 비탈진 곳을 미끄러져 내려옴.

滑走路〔 〕
( )( )( )

도▸ 비행기가 뜨거나 앉거나 할 때 달리는 길.

李塏( )( )〔 〕

도▸ 조선 때의 충신으로 사육신(死六臣)의 한 사람.

雍齒( )( )〔 〕

도▸ 자기가 늘 미워하고 싫어하는 사람. 옹추.

雍容( )( )〔 〕

도▸ 화락(和樂)하고 조용함.

鼎談( )( )〔 〕

도▸ (솥발처럼) 세 사람이 마주 앉아서 나누는 이야기. 세 사람의 회담.

참 情談(정담) ▷ 다정(多情)한 이야기.

참 政談(정담) ▷ 정치, 또는 정치계에 관한 담론.

鐘鳴鼎食〔 〕
( )( )( )( )

도▸ '옛날에 종을 울려 집안사람을 모아서 솥을 벌여 놓고 밥을 먹었다'는 데서, '부귀(富貴)한 집'을 비유하여 이르는 말.

玉瓚( )( )〔 〕

도▸ 자루를 옥으로 만든, 울창주(鬱鬯酒)를 담는 구기 모양의 술그릇. 규찬(圭瓚).

稙長( )( )〔 〕

도▸ 맏며느리. [볏모가 먼저 나는 것을 '稙'이라고 한데에서 생겨진 말.]

도움글

- 「滑」자와 「降」자는 쓰임에 따라 뜻과 소리가 달라지는 글자. 예1 滑稽(골계) 예2 降伏(항복)
- 「鼎」은 '세발솥'을 말하는 것으로, 처음에는 음식을 익히거나 죄인을 삶아 죽이는 데 쓰다가 뒤에 왕위 전승의 보기(寶器)로 삼은 후 국가·왕위·제업을 뜻하게 되었다.

꼭꼭 다지기

정답 ☞ 부록 13쪽

1. 다음 한자어의 독음을 쓰세요.

巢窟(　　)	掘穴(　　)	豫備(　　)	豫防(　　)	參預(　　)
椿壽(　　)	麟角(　　)	憩泊(　　)	滄桑(　　)	艦艇(　　)
裸體(　　)	煥彰(　　)	楸梧(　　)	勝塏(　　)	麒麟(　　)
康熙(　　)	短靴(　　)	圓滑(　　)	楚腰(　　)	楚痛(　　)
雇傭(　　)	傭聘(　　)	傭船(　　)	潤滑(　　)	台鼎(　　)

2. 다음 한자의 음音에 알맞은 한자어를 완성하세요. ※ 漢字의 위치는 앞뒤 어느 쪽도 무방함.

(1) 索 색 (　　) 삭 (　　)	(2) 率 솔 (　　) 률 (　　)	(3) 殺 살 (　　) 쇄 (　　)	(4) 復 부 (　　) 복 (　　)

3. 다음 한자어의 독음을 쓰세요. ※ 同字多音漢字[한 글자가 둘 이상의 음을 가진 한자] : 見, 北, 否, 糖

(1) 謁見 (　　)	(2) 敗北 (　　)	(3) 否塞 (　　)	(4) 糖尿 (　　)
(5) 見聞 (　　)	(6) 北辰 (　　)	(7) 可否 (　　)	(8) 砂糖 (　　)

4. 다음 뜻에 알맞은 한자성어를 완성하세요.

(1) 明鏡(　　)水
▸'거울 같이 맑고 잔잔한 물'이라는 뜻으로, 마음이 고요하고 잡념이나 허욕이 없이 맑고 깨끗함.

(2) 勞心(　　)思
▸'몹시 마음을 졸이고 애태우며 생각한다'는 뜻으로, '어떤 일에 걱정과 고민을 많이 하는 것'을 이르는 말.

(3) 守(　　)待兎
▸'융통성이 없이 달리 변통할 줄은 모르고 어리석게 한 가지만을 내내 고집함'을 비유하여 이르는 말.

(4) 識字憂(　　)
▸'글자를 아는 것이 근심거리가 된다'는 뜻으로, '학식이 있는 것이 도리어 근심을 사게 됨'을 이르는 말.

도움글

- 適當(적당) : ①정도(程度)나 이치에 꼭 알맞고 마땅함. 用농사에 適當한 비. ②'임시변통(臨時變通)이나 눈가림으로 대충 해 버림'을 속되게 이르는 말. [대개 '적당하게'·'적당히'의 꼴로 쓰임.]
- 「守株待兎」의 '兎'자와 '兔'자는 이체자로, '兎'자가 속자(俗字)이고, '兔'자가 정자(正字)이다.

아래 한자의 뜻[訓]과 소리[音]를 자세히 익혀봅시다.

☆표는 人名·地名用 漢字임

硯(石)	惹(心)	瓜(瓜)	賈☆(貝)	瑛☆(玉)	鷺☆(鳥)	鉢☆(金)	尹☆(尸)
벼루 연:	이끌 야:	외 과	성姓 가 장사 고	옥빛 영	해오라기 로 백로 로	바리때 발	성姓 윤:

아래 설명을 읽고 빈칸에 보기 와 같이 쓰세요.

보기 良書(어질 량)(글 서)[양서]

硯滴(　　)(　　)〔　　〕

도▸ 벼룻물을 담는 조그만 그릇. 수적(水滴).

硯池(　　)(　　)〔　　〕

도▸ 먹물이 고이는 벼루 앞쪽에 오목하게 패인 곳. 연해(硯海).

참 連枝(연지) ▹ 형제·자매.

참 蓮池(연지) ▹ 연못. 연당(蓮塘).

惹起(　　)(　　)〔　　〕

도▸ (무슨 일이나 사건 따위를) 일으킴. 예 혼란(混亂)을 惹起하다.

惹端(　　)(　　)〔　　〕

도▸ ①매우 떠들썩하게 일을 벌이거나 부산하게 법석거림. ②소리를 높여 마구 꾸짖는 일.

瓜滿(　　)(　　)〔　　〕

도▸ 벼슬의 임기(任期)가 다 참.

瓜年(　　)(　　)〔　　〕

도▸ ①여자가 혼기(婚期)에 이른 나이. 예 瓜年이 차다. ②지난날, '벼슬의 임기가 다한 해'를 이르던 말.

참 過年(과년) ▹ ①여자의 나이가 보통의 혼기를 지남. 예 瓜年한 딸. ②지난해.

商賈(　　)(　　)〔　　〕

도▸ 장수. 예 돈냥이나 있는 商賈들도 끼여 있었다.

賈島(　　)(　　)〔　　〕

도▸ 중국 唐나라 때의 詩人. [시에 능하여 한유(韓愈)에게 알려지게 된 '퇴고(推敲)'의 故事가 유명함.]

瑛瑤(　　)(　　)〔　　〕

도▸ '아름다운 옥'이라는 뜻으로, '옥처럼 아름다운 덕을 갖춘 사람'을 비유한 말. ※瑤(아름다운옥 요)

鷗鷺(　　)(　　)〔　　〕

도▸ '갈매기와 해오라기'를 아울러 이르는 말.

白鷺(　　)(　　)〔　　〕

도▸ 해오라기. 창로(蒼鷺). 해오리.

참 白露(백로) ▹ 二十四節氣의 하나.

托鉢(　　)(　　)〔　　〕

도▸ 중이 경문(經文)을 외면서 집집마다 다니며 동냥하는 일.

참 卓拔(탁발) ▹ 탁월(卓越).

府尹(　　)(　　)〔　　〕

도▸ ①조선 때, 從二品의 外官職. ②일제 때, 府의 행정을 관장하던 우두머리. [지금의 市長]

도움글

- 「賈」자는 쓰임에 따라 뜻과 소리가 달라지는 글자이다. ※ 賈 (장사 고, 성姓 가)
- 「鉢」자의 뜻인 '바리때'는 '절에서 쓰는 중의 공양(供養) 그릇'을 이르는 말이다.
- 惹起鬧端(야기요단) : 시비(是非)가 될 가탈을 일으킴. 준 야단(惹端). 야료(惹鬧).

아래 한자의 뜻[訓]과 소리[音]를 자세히 익혀봅시다.

☆표는 人名·地名用 漢字임

葛(艸)	溺(水)	纖(糸)	聚☆(耳)	亢☆(亠)	銖☆(金)	鷹☆(鳥)	允☆(儿)
칡 갈	빠질 닉	가늘 섬	모을 취:	높을 항	저울눈 수	매 응:	맏[伯] 윤:

아래 설명을 읽고 빈칸에 보기 와 같이 쓰세요.

보기 良書(어질 량)(글 서)[양서]

葛藤(　　)(　　)〔　　〕

도▶ ①칡덩굴과 등나무덩굴. ②견해·주장·이해 등이 뒤엉킨 복잡한 관계. 예 심리적 葛藤.

葛粉(　　)(　　)〔　　〕

도▶ 칡뿌리를 짓찧어 물에 앙금을 앉혀 말린 가루. [갈증과 주독을 풀며, 이뇨에도 효험이 있다고 함.]

溺死(　　)(　　)〔　　〕

도▶ 물에 빠져 죽음. 예 여름철 溺死 사고에 주의!

陷溺(　　)(　　)〔　　〕

도▶ ①(물 속에) 빠져 들어감. ②(주색 따위) 못된 일에 빠짐.

纖維(　　)(　　)〔　　〕

도▶ 가는 실 모양의 물질.

참 纖柔(섬유) ▷ 가늘고 연약(軟弱)함.

纖塵(　　)(　　)〔　　〕

도▶ 미세(微細)한 먼지.

聚落(　　)(　　)〔　　〕

도▶ 인가(人家)가 모여 있는 곳, 또는 인간이 집단(集團)으로 생활을 이어가는 곳. 예 개울을 끼고 양옆으로 聚落이 발달하였다.

聚骨(　　)(　　)〔　　〕

도▶ 한 가족의 무덤을 한군데의 산에 장사(葬事)하는 일.

亢旱(　　)(　　)〔　　〕

도▶ 큰 가뭄. 대한(大旱).

亢進(　　)(　　)〔　　〕

도▶ ①위세(威勢) 좋게 나아감. ②(기세나 병세 따위가) 높아지거나 심하여짐.

銖積寸累〔　　〕

(　　)(　　)(　　)(　　)

도▶ '조금씩 쌓는다'는 뜻으로, '적은 것이 쌓이고 쌓이면 큰 것이 됨'을 비유하여 이르는 말.

銖鈍(　　)(　　)〔　　〕

도▶ 둔함. 무딤.

鷹犬(　　)(　　)〔　　〕

도▶ ①사냥하는 데 쓰려고 길들인 매와 개. ②하수인(下手人). ③쓸만한 재능을 가진 자.

允許(　　)(　　)〔　　〕

도▶ 임금이 허가(許可)함. 예 그 일에 앞서 允許를 받아야 합니다.

도움글

○ 纖纖玉手(섬섬옥수) : 가냘프고 고운 여자의 손.

○ 亢宿(항수) : 스물여덟 개의 별자리[二十八宿(이십팔수)] 중에 둘째 별자리.

※ 宿(잘 숙, 별자리 수)

아래 한자의 뜻[訓]과 소리[音]를 자세히 익혀봅시다.

☆표는 人名·地名用 漢字임

刃 (刀)	瑞 (玉)	搬 (手)	漣 ☆ (水)	禎 ☆ (示)	兢 ☆ (儿)	睿 ☆ (目)	卞 ☆ (卜)
칼날 인	상서祥瑞 서	옮길 반	잔물결 련	상서로울 정	떨릴 긍	슬기 예	성姓 변

아래 설명을 읽고 빈칸에 보기 와 같이 쓰세요.

보기 良書(어질 량)(글 서)[양서]

刀刃(　)(　)〔　〕
도▸ ①칼날. ②'칼'을 통틀어 이르는 말.

刃傷(　)(　)〔　〕
도▸ 칼날 같은 것에 다침. 또는 그 상처.

瑞雪(　)(　)〔　〕
도▸ 상서로운 눈. 풍년의 징조(徵兆)가 되는 눈.

靈瑞(　)(　)〔　〕
도▸ 영묘(靈妙)하고 상서(祥瑞)로운 조짐(兆朕).

搬移(　)(　)〔　〕
도▸ 운반(運搬)하여 옮김.

搬弄(　)(　)〔　〕
도▸ 함부로 남의 결점(缺點)을 들어서 놀림.

漣音(　)(　)〔　〕
도▸ 꾸밈음의 하나. 잔물결처럼 떨리며 울리는 소리.
참 連音(연음) ▹ 끝 음절의 끝소리가 실사에 모음으로 시작하는 허사가 이어질 때 실사의 끝 음절의 받침이 뒤의 첫 음절의 모음으로 이어져 소리나는 현상.
참 延音(연음) ▹ 음악에서, 한 음을 본디의 박자 이상으로 길게 늘이는 일.

淸漣(　)(　)〔　〕
도▸ 물이 맑고 잔잔함. 用 淸漣한 호수의 물결.

禎祥(　)(　)〔　〕
도▸ 좋은 징조(徵兆). 경사(慶事)로운 조짐(兆朕).

禎瑞(　)(　)〔　〕
도▸ 상서(祥瑞)로운 조짐(兆朕).

戰戰兢兢〔　〕
(　)(　)(　)(　)
도▸ 매우 두려워하여 조심함.

睿旨(　)(　)〔　〕
도▸ 왕세자(王世子)가 왕의 대리로 통치(統治)할 때 내리는 명령.
참 叡智(예지) ▹ 사물의 본질(本質)을 꿰뚫는 뛰어난 지혜(智慧).
참 銳智(예지) ▹ 예민한 지식. 날카로운 지혜.

睿哲(　)(　)〔　〕
도▸ 뛰어나게 총명(聰明)함. 예명(叡明).

卞急(　)(　)〔　〕
도▸ 침착(沈着)하지 못함. 덜렁댐. 성급함.

도움글

○ 혼동하기 쉬운 한자 ① 卞과 下(아래 하) ② 搬과 般(가지 반) ③ 瑞와 端(끝 단)

○「雪」자는「눈오다. (더러움이나 치욕을) 씻다. 희다. 깨끗하다」등의 뜻으로 쓰이는 한자이다.
참 雪辱(설욕), 雪恥(설치)

아래 한자의 뜻[訓]과 소리[音]를 자세히 익혀봅시다.

☆표는 人名·地名用 漢字임

網(糸)	幻(幺)	弗(弓)	☆趙(走)	☆箕(竹)	☆瑢(玉)	☆裵(衣)	☆熊(火)
그물 망	헛보일 환	아닐 불 말[勿] 불	나라 조	키 기	패옥소리 용	성姓 배	곰 웅

아래 설명을 읽고 빈칸에 보기 와 같이 쓰세요.

보기 良書(어질 량)(글 서)[양서]

網羅( )( )[ ]

도▸ ①그물. ['網'은 물고기를 잡는 그물, '羅'는 새를 잡는 그물을 말함.] ②널리 빠짐없이 모음.
예 여러 학술계를 網羅한 모임.

網疏( )( )[ ]

도▸ '그물의 눈이 성기다'는 뜻으로, '법망(法網)이 소루(疏漏)함'을 이르는 말.

幻燈( )( )[ ]

도▸ 강한 불빛을 그림·사진·실물 등에 비추어 영사(映寫)하는 장치. 슬라이드.

幻滅( )( )[ ]

도▸ 기대(期待)나 희망이 어그러졌을 때 느끼는, 허무(虛無)하고 속절없는 심정(心情).

弗素( )( )[ ]

도▸ 충치(蟲齒) 예방(豫防)을 위하여 수돗물이나 치약(齒藥)에 넣는 할로겐 원소의 한 가지.

弗貨( )( )[ ]

도▸ 달러를 단위로 하는 화폐(貨幣).

趙翼( )( )[ ]

도▸ 중국 청대(淸代)의 사학가(史學家)이며, 시인(詩人). 字는 운송(雲松), 號는 구북(甌北).

趙光祖[ ]

( )( )( )

도▸ 조선 중종(中宗) 때의 성리학자이며, 정치가.

箕伯( )( )[ ]

도▸ 바람을 맡은 신. 풍백(風伯). 풍신(風神).

箕察( )( )[ ]

도▸ '평안도 관찰사(觀察使)'를 달리 일컫던 말.

李瑢( )( )[ ]

도▸ 안평대군(安平大君). [조선 때의 왕족이며, 서예가이다. 名은 瑢, 字는 청지(淸之), 號는 비해당(匪懈堂)·낭간거사(琅玕居士)·매죽헌(梅竹軒)이며, 세종(世宗)의 3男이다.]

裵度( )( )[ ]

도▸ 중국 중당(中唐) 때의 문인(文人)으로, 字는 중립(中立)이다. [회채(淮蔡)의 난을 평정하여 진국공(晉國公)에 피봉(被封)되었다.]

熊膽( )( )[ ]

도▸ 곰의 쓸개. [열병(熱病)·종양(腫瘍)·이질(痢)·안질(眼疾) 및 건위제(健胃劑)로 쓰임.]

熊掌( )( )[ ]

도▸ 곰의 발바닥. [팔진미(八珍味)의 하나]

도움글

○「箕(키 기)」자의 훈(訓)을 뜻하는「키」는 '곡식을 까부는 데 쓰는 기구'를 뜻한다.

○ **혼동하기 쉬운 한자** 1 能(능할 능) ≠ 熊(곰 웅) 2 綱(벼리 강) ≠ 網(그물 망)
3 幼(어릴 유) ≠ 幻(헛보일 환) 4 膽(쓸개 담) ≠ 擔(멜 담)

아래 한자의 뜻[訓]과 소리[音]를 자세히 익혀봅시다.

☆표는 人名·地名用 漢字임

琢(玉)	熔(火)	濃(水)	槐☆(木)	輔☆(車)	甄☆(瓦)	熏☆(火)	赫☆(赤)
다듬을 탁	녹을 용	짙을 농:	회화나무 괴 느티나무 괴	도울 보:	질그릇 견	불길 훈	빛날 혁

아래 설명을 읽고 빈칸에 보기 와 같이 쓰세요.

보기 良書(어질 량)(글 서)[양서]

琢磨(　　)(　　)〔　　〕

도▸ ①옥석(玉石)을 쪼고 갊. ②(학문이나 덕행을) 갈고 닦음. 마탁(磨琢). 예 切磋琢磨(절차탁마).

彫琢(　　)(　　)〔　　〕

도▸ ①보석 따위를 새기거나 쪼는 일. ②시문(詩文) 따위의 문장이나 글을 매끄럽게 다듬는 일. 예 詩語를 彫琢하다.

熔巖(　　)(　　)〔　　〕

도▸ 화산이 분화할 때 분화구(噴火口)에서 분출한 마그마. 또는 그것이 굳어서 된 암석. 鎔巖.

熔解(　　)(　　)〔　　〕

도▸ 금속(金屬)이 열에 녹아 액체(液體) 상태로 됨. 또는 그런 상태로 되게 함.

참 溶解(용해) ▹ 기체(氣體), 또는 고체(固體)가 액체 속에서 녹아서 용액(溶液)이 되는 현상.

濃縮(　　)(　　)〔　　〕

도▸ 용액(溶液) 따위의 농도(濃度)를 높임. 예 신선한 과일로 濃縮한 과즙을 선보이다.

濃霧(　　)(　　)〔　　〕

도▸ 짙은 안개. 예 한 치 앞도 분간할 수 없을 만큼 자욱한 濃霧가 사방을 뒤덮고 있다.

참 農務(농무) ▹ ①농사일. ②농업에 관한 사무.

槐鼎(　　)(　　)〔　　〕

도▸ 대신(大臣)의 지위. ['槐'는 '三公의 자리', '鼎'은 '세 발 달린 솥'을 말함. 세 발이 몸통을 떠받치고 있는 모양을 '삼공이 임금을 보좌하는 것'에 비유한 것임.]

輔佐(　　)(　　)〔　　〕

도▸ 윗사람 곁에서 그 사무(事務)를 도움. 補佐.

輔導(　　)(　　)〔　　〕

도▸ 도와서 바르게 이끎. 보익(輔翼).

참 保導(보도) ▹ 보호하여 지도함.

甄拔(　　)(　　)〔　　〕

도▸ 인재(人材)를 뽑아서 씀. 선발(選拔).

徐甄(　　)(　　)〔　　〕

도▸ 고려 때의 문신(文臣)으로, 號는 여와(麗窩), 본관은 이천(利川)이다.

南益熏〔　　〕

(　　)(　　)(　　)

도▸ 조선 때의 문신으로, 字는 훈중(熏中), 號는 파은(坡隱), 본관은 의령(宜寧)이다. [고대소설 옥루몽(玉樓夢)의 작자라는 설이 있음.]

赫赫(　　)(　　)〔　　〕

도▸ 밝고 뚜렷한 모양. 빛나는 모양.

도움글

○ 「甄(질그릇 견)」자의 뜻인 「질그릇」은 '잿물을 덮지 않고 진흙만으로 구워 만든 그릇'을 말한다.

○ **모양은 다르지만 쓰임이 같은 이체자**

1 溪 = 谿 = 磎　　2 礙 = 碍　　3 餐 = 飡　　4 裹 = 褁

꼭꼭 다지기

정답 ☞ 부록 15쪽

1. 다음 한자어의 독음을 쓰세요.

濃淡(　　) 衣鉢(　　) 銅鉢(　　) 輔弼(　　) 濃濁(　　)
弗化(　　) 葛巾(　　) 葛筆(　　) 耽溺(　　) 纖疏(　　)
纖毫(　　) 纖麗(　　) 纖細(　　) 亢龍(　　) 鷹揚(　　)
允納(　　) 允武(　　) 濃度(　　) 硯石(　　) 瓜熟(　　)
硯屛(　　) 瓜葛(　　) 卿輔(　　) 筆硯(　　) 濃湯(　　)
濃香(　　) 聚合(　　) 瑞夢(　　) 運搬(　　) 搬出(　　)
卞正(　　) 投網(　　) 網膜(　　) 幻想(　　) 幻夢(　　)
監視網(　　) 通信網(　　) 連絡網(　　) 放送網(　　)

2. 다음 단어의 뜻에 반대, 또는 상대되는 한자어를 쓰세요.

(1) 固定 ↔ (　　) (2) 都心 ↔ (　　) (3) 縮小 ↔ (　　)
(4) 感情 ↔ (　　) (5) 急性 ↔ (　　) (6) 陳腐 ↔ (　　)
(7) 興奮 ↔ (　　) (8) 開放 ↔ (　　) (9) 平凡 ↔ (　　)

3. 다음 한자어의 유의어를 쓰세요.

(1) 一毫 – (　　) (2) 折衝 – (　　) (3) 寺刹 – (　　)
(4) 俗世 – (　　) (5) 天地 – (　　) (6) 鼻祖 – (　　)

도움글

○ 「衣鉢」은 '가사(袈裟)와 바리때'를 아울러 이르는 말로, 선원(禪院)에서 이것을 법을 전하는 의미로 후계자에게 전하던 일에서, '스승으로부터 전하는 교법이나 불교의 깊은 뜻'을 이르는 말로 쓰인다.

아래 한자의 뜻[訓]과 소리[音]를 자세히 익혀봅시다.

☆표는 人名·地名用 漢字임

飼(食)	塵(土)	颱(風)	瞻☆(目)	潽☆(水)	璇☆(玉)	汀☆(水)	槿☆(木)
기를 사	티끌 진	태풍 태	볼 첨	물이름 보:	옥 선	물가 정	무궁화 근:

아래 설명을 읽고 빈칸에 보기 와 같이 쓰세요.

보기 良書(어질 량)(글 서)[양서]

飼育( )( )〔 〕

도▸ 가축(家畜)을 기름. 예 가축을 飼育하여 농가 소득(農家所得)을 증대(增大)하다.

放飼( )( )〔 〕

도▸ 가축(家畜)을 놓아먹임.

참 放射(방사)▹빛이나 열 같은 에너지를 내뿜음.

참 紡絲(방사)▹섬유를 자아서 실을 뽑음.

塵網( )( )〔 〕

도▸ '때 묻은 그물'이라는 뜻으로, '해탈(解脫)하지 못한 세계'를 이르는 말.

蒙塵( )( )〔 〕

도▸ '먼지를 뒤집어쓴다'는 뜻으로, 임금이 난리를 피하여 다른 곳으로 자리를 옮김. 예 임금께서 의주로 蒙塵하다.

颱風( )( )〔 〕

도▸ 북태평양 남서부에서 발생하여 동북아시아 내륙(內陸)으로 불어 닥치는 폭풍우(暴風雨).

槿域( )( )〔 〕

도▸ '무궁화(無窮花)가 많은 나라'라는 뜻으로, '우리나라'를 달리 이르는 말.

瞻拜( )( )〔 〕

도▸ 선현(先賢)의 묘소(墓所)나 사당(祠堂)에 우러러 절함. 예 현충사를 瞻拜하다.

참 添杯(첨배)▹따라 놓은 술잔에 술을 더 따름.

瞻望( )( )〔 〕

도▸ 아득히 바라보거나 높은 데를 바라봄.

尹潽善〔 〕

( )( )( )

도▸ 우리나라[大韓民國] 제2대 대통령(大統領).

璇閨( )( )〔 〕

도▸ 옥(玉)으로 장식한 아름다운 규방(閨房).

汀岸( )( )〔 〕

도▸ 물가.

汀洲( )( )〔 〕

도▸ 강·바다·호수·늪 등의 물이 얕고 흙·모래가 드러난 곳.

朝槿( )( )〔 〕

도▸ '무궁화(無窮花)'를 달리 이르는 말. 槿花.

도움글

○「벼리」란? '그물 위쪽 코를 꿰어 오므렸다 폈다 하는 줄'을 말한다. 이는 '벼릿줄'이라고도 하는데, '일이나 글의 가장 중심이 되는 줄거리, 또는 사물을 총괄(總括)하는 의미'를 뜻하는 말로 쓰인다.

아래 한자의 뜻[訓]과 소리[音]를 자세히 익혀봅시다.

☆표는 人名·地名用 漢字임

碩(石)	彰(彡)	蠻(虫)	劉☆(刀)	燉☆(火)	瑩☆(玉)	嬉☆(女)	潘☆(水)
클 석	드러날 창	오랑캐 만	죽일 류 묘금도 류	불빛 돈	밝을 형 옥돌 영	아름다울 희	성姓 반

아래 설명을 읽고 빈칸에 보기 와 같이 쓰세요.

보기 良書(어질 량)(글 서)[양서]

碩輔(　　　)(　　　)〔　　　〕

도▸ 보좌(輔佐)하는 어진 신하(臣下).

碩儒(　　　)(　　　)〔　　　〕

도▸ 큰 유학자(儒學者).

彰顯(　　　)(　　　)〔　　　〕

도▸ 남이 알도록 밝게 나타냄.

彰德(　　　)(　　　)〔　　　〕

도▸ 사람의 선행(善行)이나 미덕(美德) 따위를 세상에 밝힘.

蠻勇(　　　)(　　　)〔　　　〕

도▸ 사리를 분별함이 없이 함부로 날뛰는 용맹.
예 그는 무책임한 자신의 蠻勇을 후회했다.

野蠻(　　　)(　　　)〔　　　〕

도▸ ①문화 수준이 낮고 미개함. 또는 그런 종족. ②교양이 없고 예의를 모르며 사나움. 또는 그런 사람. 반 문명(文明). 예 野蠻스런 행위.

劉備(　　　)(　　　)〔　　　〕

도▸ 중국 삼국시대 촉한(蜀漢)의 시조(始祖)로, 字는 현덕(玄德)이다. [후에 제갈량(諸葛亮)을 얻어 성도(成都)에 도읍하여 한(漢)의 후계자로서 위(魏)·오(吳)와 대립(對立)하였다.]

燉煌(　　　)(　　　)〔　　　〕

도▸ 중국 甘肅省 安西縣의 서남쪽에 있는 地名.

瑩磨(　　　)(　　　)〔　　　〕

도▸ '갈고 닦는다'는 뜻으로, '친구끼리 서로 격려함'을 이르는 말.

瑩徹(　　　)(　　　)〔　　　〕

도▸ 속까지 환히 트여 밝음. 투명(透明)함.

嬉笑(　　　)(　　　)〔　　　〕

도▸ 실없이 웃음. 또는 실없는 웃음.
참 稀少(희소) ▹ 매우 드물고 적음.

嬉遊(　　　)(　　　)〔　　　〕

도▸ 즐기며 놂.
참 戱遊(희유) ▹ 실없는 짓을 하고 놂.

潘沐(　　　)(　　　)〔　　　〕

도▸ 뜨물로 머리를 감음.

潘楊之好〔　　　〕
(　　　)(　　　)(　　　)(　　　)

도▸ '인척(姻戚) 관계가 있는 오래된 친숙(親熟)한 교분(交分)'을 이르는 말. [晉의 반악(潘岳)과 양중무(楊仲武)의 고사(故事)에서 온 말.]

도움글

- 「辰」자는 뜻에 따라 훈과 음이 달라지는 글자이므로 주의! 예1 星辰(성신) 예2 辰星(진성)
- 崔瑩 : 고려 때의 명장(名將). [고려 구파 세력의 마지막 보루(堡壘)로서, 신진 세력 이성계의 군벌과 대결하였다.]

아래 한자의 뜻[訓]과 소리[音]를 자세히 익혀봅시다.

☆표는 人名·地名用 漢字임

閨(門)	僑(人)	磁(石)	樑☆(木)	獐☆(犬)	魯☆(魚)	台☆(口)	丕☆(一)
안방 규	더부살이 교	자석 자	들보 량	노루 장	노나라 로 노둔할 로	별 태	클 비

아래 설명을 읽고 빈칸에 보기 와 같이 쓰세요.

보기 良書(어질 량)(글 서)[양서]

閨房(　　　)(　　　)〔　　　〕
도▸ ①부녀자가 거처하는 방. ②부부의 침실.

閨秀(　　　)(　　　)〔　　　〕
도▸ ①'결혼할 나이가 된 남의 집 처녀'를 점잖게 이르는 말. ②학예에 뛰어난 여자.

僑胞(　　　)(　　　)〔　　　〕
도▸ 외국(外國)에 가서 사는 동포(同胞).

華僑(　　　)(　　　)〔　　　〕
도▸ 해외(海外)에 정주(定住)하는 중국인(中國人).

磁器(　　　)(　　　)〔　　　〕
도▸ 백토(白土) 따위를 원료로 하여 빚어서 높은 온도로 구운 도자기의 한 가지. 자기(瓷器).
참 磁氣(자기) ▹ 자석이 철을 끌어당기는 작용.

磁針(　　　)(　　　)〔　　　〕
도▸ 자장(磁場)의 방향을 재기 위하여, 수평으로 자유로이 회전(回轉)할 수 있도록 한 소형의 영구 자석. 나침(羅針). 지남침(指南針).

樑頭稅銀〔　　　〕
(　　　)(　　　)(　　　)(　　　)
도▸ 운해를 통행하는 한 무리의 화물선에 대하여, 그 무리의 맨 앞에 있는 배에서부터 받는 세금.

獐肝(　　　)(　　　)〔　　　〕
도▸ 노루의 간. [한약재로 쓰임.]

獐角(　　　)(　　　)〔　　　〕
도▸ 노루의 굳은 뿔. [한약재로 쓰임.]

魯鈍(　　　)(　　　)〔　　　〕
도▸ 어리석고 둔함. 헤아림이 흐리고 지닐총이 여림. 우둔(愚鈍). 도
참 老鈍(노둔) ▹ 늙어서 굼뜸.

魯魚之謬〔　　　〕
(　　　)(　　　)(　　　)(　　　)
도▸ '글자를 잘못 쓰는 일'을 말함. ['魯'와 '魚'는 글자모양이 비슷하여 틀리기 쉽기 때문에 생긴 말.]

台臨(　　　)(　　　)〔　　　〕
도▸ 지체가 높은 어른의 '출타(出他)'를 높이어 이르는 말.

台階(　　　)(　　　)〔　　　〕
도▸ '삼공(三公)의 자리'라는 뜻으로, 상대자를 높여 그의 '집'을 이르는 말.

丕構(　　　)(　　　)〔　　　〕
도▸ 큰 사업(事業). 홍업(洪業). 비업(丕業).
참 比丘(비구) ▹ 出家하여 具足戒를 받은 남자 중.

도움글

- 지닐-총 : 한번 듣거나 본 것을 잊지 않고 오래 지니는 총기(聰氣), 재주.
- 「台(별 태)」자는 '臺(대 대)'자의 약자(略字)인 '台'자와 그 모양이 같으므로, 한자어의 뜻에 따라 그 훈과 음을 구별하여야 한다.

아래 한자의 뜻[訓]과 소리[音]를 자세히 익혀봅시다. ☆표는 人名·地名用 漢字임

綜(糸)	閥(門)	沐(水)	鄧☆(邑)	鄭☆(邑)	蓬☆(艸)	奭☆(大)	澔☆(水)
모을 종	문벌 벌	머리감을 목	나라이름 등:	나라 정:	쑥 봉	클 석 쌍백 석	넓을 호:

아래 설명을 읽고 빈칸에 보기 와 같이 쓰세요. 보기 良書(어질 량)(글 서)[양서]

錯綜(　　)(　　)〔　　〕

도▸ (여러 가지 현상이) 복잡(複雜)하게 뒤섞임.

綜詳(　　)(　　)〔　　〕

도▸ 몹시 꼼꼼하고 자세함.

閥閱(　　)(　　)〔　　〕

도▸ 나라에 공로가 많고 벼슬을 많이 지낸 집안. 예 그는 閥閱 가문의 자손이다.

派閥(　　)(　　)〔　　〕

도▸ ①이해(利害) 관계에 따라 따로따로 갈라진 사람들의 집단. 예 정치적 派閥이 심화되다. ②한 파에서 갈린 가벌(家閥)이나 지벌(地閥).

冥沐(　　)(　　)〔　　〕

도▸ 가늘게 내리는 비. 조금씩 오는 비.

沐浴(　　)(　　)〔　　〕

도▸ 온몸을 씻음. ['머리를 감고 몸을 씻는다'는 뜻.]

鄭鑑錄〔　　〕

(　　)(　　)(　　)

도▸ 조선 초에 만들어진 鄭鑑과 이심(李沁)의 문답 형식으로 된, 풍수학상(風水學上)으로 역사의 변천·길흉·화복 등을 예언한 책.

鄭重(　　)(　　)〔　　〕

도▸ 점잖고 엄숙함. 은근하고 친절함. 예 鄭重한 태도로 행사를 진행하다.

鄧小平〔　　〕

(　　)(　　)(　　)

도▸ 중국의 모택동(毛澤東)의 뒤를 이은 정치 지도자.

蓬轉(　　)(　　)〔　　〕

도▸ '쑥이 뿌리째 뽑혀 바람에 굴러다닌다'는 뜻으로, '정처 없이 떠돌아다님'을 이르는 말.

참 俸錢(봉전) ▹ 관원에게 봉급으로 주던 돈. 봉은(俸銀).

蓬廬(　　)(　　)〔　　〕

도▸ '쑥대로 지붕을 인 집'이라는 뜻으로, '자기 집'을 겸손하게 이르는 말. 봉실(蓬室).

閔丙奭〔　　〕

(　　)(　　)(　　)

도▸ 조선 철종 때의 문신으로 號는 시남(詩南).

李根澔〔　　〕

(　　)(　　)(　　)

도▸ 조선 때의 무신(武臣)으로, 본관은 전주(全州).

도움글

- 「澔」자는 「浩」자와 쓰임이 같은 이름字이다.
- 沐浴齋戒(목욕재계) : (제사를 지내거나 신성한 일 따위를 할 때) 목욕하여 몸을 깨끗이 하고, 부정(不淨)을 피하여 마음을 가다듬는 일.

아래 한자의 뜻[訓]과 소리[音]를 자세히 익혀봅시다.

☆표는 人名·地名用 漢字임

厭(厂)	酷(酉)	締(糸)	蔡☆(艸)	稷☆(禾)	瑾☆(玉)	蔚☆(艸)	誾☆(言)
싫어할 염:	심할 혹	맺을 체	성姓 채:	피[穀名] 직	아름다운옥 근:	고을이름 울	향기 은

아래 설명을 읽고 빈칸에 보기 와 같이 쓰세요.

보기 良書(어질 량)(글 서)[양서]

厭症( )( )〔 〕

도▸ 싫증. 달갑지 않게 여기는 마음.

참 炎症(염증) ▹ 몸의 어떤 부분이 붉어지면서 붓고, 열이나 통증, 기능 장애 따위를 일으키는 일.

厭忌( )( )〔 〕

도▸ 싫어하고 꺼림.

慘酷( )( )〔 〕

도▸ 끔찍하고 비참함. 혹독하고 잔인(殘忍)함.

酷評( )( )〔 〕

도▸ 가혹(苛酷)하게 비평(批評)함. 또는 그 비평. 例 기대에 못 미치는 수준이라는 酷評을 받다.

締結( )( )〔 〕

도▸ ①얽어서 맺음. ②계약이나 조약을 맺음.

締盟( )( )〔 〕

도▸ 동맹(同盟)을 맺음. 또는 그 맹약(盟約).

蔡倫( )( )〔 〕

도▸ 중국 후한(後漢)의 환관(宦官)으로, 세계에서 처음으로 제지술(製紙術)을 발명함.

蔚興( )( )〔 〕

도▸ 성(盛)하게 일어남.

稷蜂( )( )〔 〕

도▸ '곡신(穀神)을 모시는 사우(祠宇)에 있는 벌[蜂]'이란 뜻으로, '임금 곁에 있는 간신'을 비유하여 이르는 말.

社稷( )( )〔 〕

도▸ ①(고대 중국에서, 나라를 세울 때 임금이 단을 쌓아 제사를 지내던) 토신(土神)과 곡신(穀神). ②나라 또는 조정(朝廷).

趙瑾( )( )〔 〕

도▸ 조선(朝鮮) 때의 문신(文臣)으로, 字는 치규(穉圭), 본관(本貫)은 양주(楊洲)이다. [문장에 뛰어났고, 글씨는 해서(楷書)에 능하여 외교문서를 많이 썼다.]

참 朝槿(조근) ▹ '무궁화'를 달리 이르는 말.

蔚然( )( )〔 〕

도▸ ①초목이 무성하게 우거짐. ②사물이 매우 흥성(興盛)함. 例 천지에는 만물이 蔚然하다.

참 鬱然(울연) ▹ ①마음이 답답함. ②초목이 무성함. 例 그는 鬱然히 먼 산을 바라보았다.

南誾( )( )〔 〕

도▸ 고려·조선 때의 문신으로, 본관은 의령(宜寧)이다. [이성계의 위화도회군(威化島回軍)에 동조하고, 이성계를 추대하여 조선 개국에 협력하였다.]

도움글

○ 懷瑾握瑜(회근악유) : '근(瑾)을 품고 유(瑜)를 쥔다'는 뜻으로, '미덕(美德)을 품고 있음'을 비유하여 이르는 말. ['瑾'과 '瑜'는 모두 옥을 뜻함.] ※ 瑜특급II(옥 유)

꼭꼭 다지기

정답 ☞ 부록 17쪽

1. 다음 한자어의 독음을 쓰세요.

微塵(　　)	塵累(　　)	旋花(　　)	殘酷(　　)	蔚珍(　　)
碩劃(　　)	蠻行(　　)	台槐(　　)	沐間(　　)	稷神(　　)
僑接(　　)	磁場(　　)	磁鐵(　　)	魯朴(　　)	鄭徹(　　)
台鼎(　　)	財閥(　　)	酷毒(　　)	蔚山(　　)	綜合(　　)

2. 다음 뜻에 알맞은 한자성어를 완성하세요.

(1) (　　)湖(　　)波
▸ 강이나 호수 위에 안개처럼 보얗게 이는 기운, 또는 그 수면의 잔물결.

(2) (　　)必有(　　)
▸ 덕스러운 사람은 (외롭지 않고) 반드시 이웃이 있게 마련이다.

(3) (　　)田(　　)海
▸ '세상일의 변천(變遷)이 심하여 사물이 바뀜'을 비유하여 이르는 말.

(4) (　　)木(　　)魚
▸ '나무에 올라가 고기를 구한다'는 뜻으로, '불가능한 일을 하고자 할 때'를 비유하여 이르는 말.

3. 다음 글의 밑줄 친 단어 중 낱말은 한자로 한자어는 독음으로 고쳐 쓰세요.

<u>철학자</u>(1) 에리히 프롬은 『사랑의 기술』에서 현대인의 '사랑'에 대하여 철학적·사회심리학적으로 <u>분석</u>(2)을 <u>시도</u>(3)하고 있다. 그는 이러한 문제도 경제 사회적인 <u>구조</u>(4)와 <u>聯關</u>(5)지어 이해해야 된다고 생각하면서, 현대 서구사회의 구조적 <u>특성</u>(6)을 먼저 분석하고 있다. 그에 따르면 현대 서구사회는 무엇보다도 교환<u>가치</u>(7)가 중심이 되는 '시장의 원리'와 욕구 충족을 위한 '소비의 <u>추구</u>(8)'로 특징지워진다고 보고, 정신적인 것도 <u>교환</u>(9)과 소비의 <u>대상</u>(10)이 되고 있음을 지적하고 있다.

(1)	(2)	(3)	(4)	(5)
(6)	(7)	(8)	(9)	(10)

도움글

○ 蓬生麻中不扶自直(봉생마중불부자직) : '꾸불꾸불하게 자라는 다북쑥도 삼[麻]밭에 나면, 손을 쓰지 않아도 삼처럼 곧게 자란다'는 뜻으로, '사람은 환경(環境)에 따라 선(善)하게도 악(惡)하게도 됨'을 비유하여 이르는 말.

아래 한자의 뜻[訓]과 소리[音]를 자세히 익혀봅시다.

☆표는 人名·地名用 漢字임

駐(馬)	箱(竹)	僻(人)	弁☆(廾)	儆☆(人)	璋☆(玉)	嬅☆(女)	澈☆(水)
머무를 주:	상자 상	궁벽할 벽	고깔 변:	경계할 경:	홀[圭] 장	탐스러울 화	맑을 철

아래 설명을 읽고 빈칸에 보기 와 같이 쓰세요.

보기 良書(어질 량)(글 서)[양서]

駐留(　　)(　　)[　　]

도▸ (군대가) 어떤 곳에 한때 머무름.

참 主流(주류) ▹ ①(강의) 원줄기가 되는 큰 흐름. ②어떤 조직(組織)이나 단체에서 영향력(影響力)이 가장 큰 세력.

駐在(　　)(　　)[　　]

도▸ 직무상 파견(派遣)된 곳에 머물러 있음. 예 미국에 駐在하며 취재(取材) 활동을 하다.

참 主宰(주재) ▹ 책임(責任)지고 맡아서 처리함.

風箱(　　)(　　)[　　]

도▸ 풀무. 불을 피울 때 바람을 일으키는 기구.

참 風霜(풍상) ▹ ①바람과 서리. ②'세상의 모진 고난(苦難)이나 고통(苦痛)'을 비유하여 이르는 말.

偏僻(　　)(　　)[　　]

도▸ 마음이 한쪽으로 치우침. 예 그는 偏僻한 사람이다.

참 便辟(편벽) ▹ 남에게 알랑거리며 그 비위(脾胃)를 잘 맞추는 일, 또는 그런 사람.

箱籠(　　)(　　)[　　]

도▸ 상자(箱子), 또는 바구니.

참 賞弄(상롱) ▹ 기리어 즐김.

僻幽(　　)(　　)[　　]

도▸ 외져서 쓸쓸한 곳.

참 僻儒(벽유) ▹ 학식이 적고 마음이 옹졸한 선비.

弁辰(　　)(　　)[　　]

도▸ 변한(弁韓). 삼한(三韓)의 하나. [지금의 경상남북도 및 경기도·강원도의 일부를 차지하는 20여 부락국가로 후에 신라에 병합됨.]

趙儆(　　)(　　)[　　]

도▸ 조선시대의 무신(1541~1609)으로, 字는 사척(士惕)이다. [임진왜란 때에 경상우도 방어사로 활약하고, 뒤에 훈련대장이 됨.]

璋瓚(　　)(　　)[　　]

도▸ '장(璋)'을 자루로 하여 강신제(降神祭)를 지낼 때 사용하는 기구.

참 粧撰(장찬) ▹ 허물을 숨기려고 꾸밈.

弄璋之慶[　　]

(　　)(　　)(　　)(　　)

도▸ '장(璋)'은 '사내아이의 장난감인 구슬'이라는 뜻으로, '아들을 낳은 경사'를 이르는 말.

瑩澈(　　)(　　)[　　]

도▸ 환하게 맑거나 사고력 따위가 밝고 투철함.

도움글

○ 「嬅(화)」자는 「여자의 모습이 준려(俊麗)하다, 탐스럽다」 등의 뜻으로 쓰이는 이름자이다.

○ 혼동하기 쉬운 한자 ① 潘과 播(뿌릴 파) ② 澈과 撤(거둘 철) ③ 楊과 揚(날릴 양)

아래 한자의 뜻[訓]과 소리[音]를 자세히 익혀봅시다. ☆표는 人名·地名用 漢字임

魅(鬼)	蔘(艸)	鋪(金)	蔣☆(艸)	璣☆(玉)	冀☆(八)	燁☆(火)	墺☆(土)
매혹할 매	삼 삼	펼 포 가게 포	성姓 장	별이름 기	바랄 기	빛날 엽	물가 오

아래 설명을 읽고 빈칸에 보기 와 같이 쓰세요. 보기 良書(어질 량)(글 서)[양서]

魅惑(　　　)(　　　)〔　　　〕

도▸ 매력(魅力)으로 사람의 마음을 호림. 예 아름다운 선율(旋律)에 魅惑되다.

魅了(　　　)(　　　)〔　　　〕

도▸ 남의 마음을 홀리어 사로잡음. 예 그의 연기(演技)에 魅了되다.

蔘毒(　　　)(　　　)〔　　　〕

도▸ 인삼(人蔘)이 체질(體質)에 맞지 않거나, 지나치게 많이 먹어서 나는 신열(身熱).

紅蔘(　　　)(　　　)〔　　　〕

도▸ 수삼을 쪄서 말린 불그레한 빛깔의 인삼.

店鋪(　　　)(　　　)〔　　　〕

도▸ ①가게를 벌인 집. 가겟집. 예 店鋪를 차리다. ②고객을 상대로 하는 지점(支店)·출장소(出張所) 따위를 이르는 말. 예 銀行店鋪.

鋪陳(　　　)(　　　)〔　　　〕

도▸ ①까는 자리. 방석·요·돗자리 따위. ②예식이나 잔치 때에 앉을 자리를 마련하여 깖.

참 布陣(포진) ▹ 진을 침. 예 국경지대에 布陣하다.

蔣茅(　　　)(　　　)〔　　　〕

도▸ 포아풀과에 속하는 다년생(多年生) 수초(水草). [어린 싹은 식용하고, 잎은 자리를 짜는 데 씀.]

蔣介石〔　　　〕

(　　　)(　　　)(　　　)

도▸ 중화민국(中華民國)의 군인·정치가. [손문(孫文)의 사후(死後), 광동정부를 개조하여 남경국민정부로 조직하고 스스로 주석(主席)이 되었다.]

璿璣玉衡〔　　　〕

(　　　)(　　　)(　　　)(　　　)

도▸ 옛날 천체(天體)를 관측(觀測)하는 데 쓰던 옥으로 장식한 기계. 혼천의(渾天儀). 기형(璣衡). [北斗七星의 第一星에서 四星까지를 '璿璣', 五星에서 七星까지를 '玉衡'이라 이름.]

冀望(　　　)(　　　)〔　　　〕

도▸ 앞일에 대해 이렇게 되었으면 하고 바람.

冀圖(　　　)(　　　)〔　　　〕

도▸ 바라던 것을 이루려고 꾀함. 계획함.

金光燁〔　　　〕

(　　　)(　　　)(　　　)

도▸ 조선 때의 문신으로, 字는 이회(而晦), 號는 죽일(竹日)이다.

墺地利〔　　　〕

(　　　)(　　　)(　　　)

도▸ '오스트리아'의 한자음(漢字音) 표기(表記).

도움글

○ 약자略字 익히기

1 參 = 参　2 蔣 = 蒋　3 圖 = 図　4 壽 = 寿　5 龜 = 亀

아래 한자의 뜻[訓]과 소리[音]를 자세히 익혀봅시다. ☆표는 人名·地名用 漢字임

賠(貝)	灣(水)	膜(肉)	遼☆(辶)	艮☆(艮)	盧☆(皿)	牟☆(牛)	羲☆(羊)
물어줄 배:	물굽이 만	꺼풀 막 막 막	멀 료	괘이름 간	성姓 로	성姓 모 보리[大麥] 모	복희伏羲 희

아래 설명을 읽고 빈칸에 보기 와 같이 쓰세요. 보기 良書(어질 량)(글 서)[양서]

賠償(　　　)(　　　)〔　　　〕

도▸ 남에게 끼친 손해(損害)를 물어줌. 예 피해(被害)를 賠償하다.

賠款(　　　)(　　　)〔　　　〕

도▸ 손해를 배상한다고 약속한 조항. 예 보험회사는 賠款에 따라 보험금을 지급하였다.

港灣(　　　)(　　　)〔　　　〕

도▸ 배가 정박(碇泊)하고, 화물 및 사람이 배로부터 육지에 오르내리기 편리한 곳. 또는 그렇게 만든 수역(水域).

灣流(　　　)(　　　)〔　　　〕

도▸ 대서양(大西洋)의 난류의 하나.

참 挽留(만류)▹붙잡고 말림. ※ 挽 1級(당길 만)

網膜(　　　)(　　　)〔　　　〕

도▸ 안구(眼球)의 가장 안쪽에 있는, 시신경(視神經)이 분포되어 있는 막. 그물막.

참 茫漠(망막)▹①그지없이 넓음. ②희미하여 또렷하지 아니함.

鼓膜(　　　)(　　　)〔　　　〕

도▸ 청각(聽覺)기관의 한 가지로, 귓구멍 안쪽에 있는 갓 모양의 둥글고 얇은 막. 귀청. [공기의 진동에 따라 이 막이 울리어 소리를 전함.]

遼隔(　　　)(　　　)〔　　　〕

도▸ 멀리 떨어져 있음. 요원(遼遠). 요절(遼絶).

참 邀擊(요격)▹공격해 오는 적을 도중에서 기다렸다가 마주 나가 침. ※ 邀 1級(맞을 요)

艮坐(　　　)(　　　)〔　　　〕

도▸ (집터나 묏자리 따위가) 간방(艮方)을 등지고 곤방(坤方)을 향한 좌향, 또는 그런 자리.

艮方(　　　)(　　　)〔　　　〕

도▸ 八方의 하나. [北東을 중심으로 한 45도 범위 이내의 방위.] 반 곤방(坤方). ②二十四 방위의 하나.

牟還(　　　)(　　　)〔　　　〕

도▸ (예전에) 관아에서 백성들에게 보리쌀을 꾸어 주었다가 이자를 붙여 돌려받던 고리대.

釋迦牟尼〔　　　　〕

(　　　)(　　　)(　　　)(　　　)

도▸ 불교(佛敎)의 개조(開祖)로, 세계 4대 성인(聖人) 가운데 한 사람. 황면노자(黃面老子).

羲獻(　　　)(　　　)〔　　　〕

도▸ 왕희지(王羲之)와 그의 아들 헌지(獻之)가 모두 명필로 이름이 난 데서, 이 두 사람을 아울러 이르는 말.

도움글

○ 伏羲氏(복희씨) : 중국 고대 전설상의 제왕으로, 삼황오제의 우두머리이며, 팔괘(八卦)를 처음으로 만들고 그물을 발명하여 고기잡이의 방법을 가르쳤다.

○ 八卦(팔괘) : 역(易)을 구성하는 64괘의 기본이 되는 8개의 도형인 건(乾), 태(兌), 이(離), 진(震), 손(巽), 감(坎), 간(艮), 곤(坤)을 이른다.

아래 한자의 뜻[訓]과 소리[音]를 자세히 익혀봅시다.

☆표는 人名·地名用 漢字임

摩(手)	敷(攴)	遮(辶)	閻☆(門)	匈☆(勹)	乭☆(乙)	踰☆(足)	暹☆(日)
문지를 마	펼 부▸	가릴 차▸	마을 염	오랑캐 흉	이름 돌	넘을 유	햇살치밀 섬 나라이름 섬

아래 설명을 읽고 빈칸에 보기 와 같이 쓰세요.

보기 良書(어질 량)(글 서)[양서]

摩耶(　　)(　　)〔　　〕

도▸ 석가불(釋迦佛)의 어머니. 마야부인.

摩天樓〔　　〕

(　　)(　　)(　　)

도▸ 아주 높은 고층(高層) 건물(建物).

敷設(　　)(　　)〔　　〕

도▸ (철도·해저·전선·기뢰 따위를) 설치함.
㉮ 철도를 敷設하다.

참 附設(부설) ▷ 딸리어 설치함. ㉮ 附設 도서관.

敷衍(　　)(　　)〔　　〕

도▸ (어떤 설명에 대하여) 덧붙여서 자세히 설명함. 부연(敷演). ㉮ 진행 과정을 敷衍 설명하였다.

참 浮煙(부연) ▷ ①연기를 띄우거나 떠 있는 연기. ②안개가 뽀얗게 낌.

遮蔽(　　)(　　)〔　　〕

도▸ ①(눈에 띄지 않게) 막고 가림. ②(일정한 공간을) 전기(電氣)나 자기(磁氣)로부터 보호하기 위하여 차단(遮斷)함.

遮陽(　　)(　　)〔　　〕

도▸ ①처마 끝에 덧대어 비나 볕을 막는 가리개. ②모자의 앞에 대어 이마를 가리거나 손잡이 구실을 하는 것.

閻羅國〔　　〕

(　　)(　　)(　　)

도▸ '염라대왕이 다스린다는 나라'로, 곧 '저승'을 뜻함.

匈奴(　　)(　　)〔　　〕

도▸ 기원전(紀元前) 3~1세기경에 몽고(蒙古) 지방에서 활약하던 유목(遊牧) 민족.

匈牙利〔　　〕

(　　)(　　)(　　)

도▸ '헝가리(Hungary)'의 한자음 표기. '洪牙利'.

申乭錫〔　　〕

(　　)(　　)(　　)

도▸ 조선 때의 의병장(義兵長). 경북 영덕 출신.

踰月(　　)(　　)〔　　〕

도▸ 달을 넘김. 그달 그믐을 지남. 유월(逾月).
㉮ 踰月하기 전에 일을 마무리해야 한다.

踰制(　　)(　　)〔　　〕

도▸ 정해진 제도를 벗어남. ㉮ 기성세대는 젊은이들이 踰制하는 행동을 쉽게 받아들일 수 없다.

暹羅(　　)(　　)〔　　〕

도▸ 태국(泰國)의 1939년 이전의 국호.

도움글

○ 손돌孫乭이 추위 : 음력 10월 20일 무렵의 심한 추위. [(고려 때) 임금이 탄 배의 사공인 손돌이가 풍파를 피하여 가자고 하였다가 의심을 받고 억울하게 죽었는데, 그 후로 이 때가 되면 그 원한으로 바람이 불고 날이 추워진다고 함.]

아래 한자의 뜻[訓]과 소리[音]를 자세히 익혀봅시다.

✡표는 人名·地名用 漢字임

輛 (車)	膠 (肉)	矛 (矛)	濊✡ (水)	憙✡ (心)	彊✡ (弓)	閼✡ (門)	熹✡ (火)
수레 량	아교 교	창 모	종족이름 예	기뻐할 희	굳셀[強] 강	막을 알	빛날 희

아래 설명을 읽고 빈칸에 보기 와 같이 쓰세요.

보기 良書(어질 량)(글 서)[양서]

車輛(　　　)(　　　)〔　　　〕

도▸ ①차 종류. ②연결된 열차의 한 칸.

膠着(　　　)(　　　)〔　　　〕

도▸ ①단단히 달라붙음. 교접(膠接). ②조금도 변동이나 진전이 없이 머묾.

예 회담이 膠着 상태에 빠지다.

참 交錯(교착) ▷ 복잡하게 엇갈려 뒤섞임.

참 交着(교착) ▷ 서로 붙음.

膠漆(　　　)(　　　)〔　　　〕

도▸ ①아교와 옻칠. ②'두 사람 사이가 떨어질 수 없을 정도로 매우 친밀한 사이임'을 비유하여 이르는 말. 예 膠漆같은 교분(交分).

戈矛(　　　)(　　　)〔　　　〕

도▸ 창.

衛矛(　　　)(　　　)〔　　　〕

도▸ 화살나무.

濊貊(　　　)(　　　)〔　　　〕

도▸ 한족(韓族)의 조상이 되는 민족.

金憙(　　　)(　　　)〔　　　〕

도▸ 조선 때의 문신(文臣). 號는 근와(芹窩)이다.

彊梧(　　　)(　　　)〔　　　〕

도▸ 고갑자(古甲子)에서, 천간(天干)의 첫째. 정(丁)의 다른 이름. 강어(彊圉/強圉).

自彊(　　　)(　　　)〔　　　〕

도▸ 스스로 힘써 몸과 마음을 가다듬어 강해짐.

單閼(　　　)(　　　)〔　　　〕

도▸ 고갑자(古甲子)에서, 천간(天干)의 넷째. 묘(卯)의 다른 이름.

金閼智〔　　　〕

(　　　)(　　　)(　　　)

도▸ 경주 김씨(慶州金氏)의 시조(始祖).

熹微(　　　)(　　　)〔　　　〕

도▸ 햇빛이 흐릿한 모양. 해질녘의 햇빛.

참 稀微(희미) ▷ 또렷하지 못하고 어렴풋함.

熹娛(　　　)(　　　)〔　　　〕

도▸ 기뻐하고 즐거워함.

朱熹(　　　)(　　　)〔　　　〕

도▸ 중국 남송(南宋) 때의 유학자(儒學者). 號는 회암(晦庵)·회옹(晦翁)이다. [주자학의 비조(鼻祖)로서 조선시대의 유학(儒學)에 큰 영향을 끼쳤다.]

도움글

○ 金閼智 : 경주 김씨의 시조(始祖). 65년[탈해왕 9년] 금성(金城) 서쪽 나무 끝에 걸려 있던 금궤(金櫃)에서 태어났다. 금궤에서 나왔다고 하여 姓을 '金'이라고 하였으며, 왕으로부터 太子로 책봉(冊封)되었으나 사양하였다. 그의 7대손이 미추왕(味鄒王)으로서, 이때부터 신라 왕족에 김씨가 등장했다.

꼭꼭 다지기

정답 ☞ 부록 18쪽

1. 다음 한자어의 독음을 쓰세요.

徽新(　　　)	窮僻(　　　)	僻村(　　　)	駐屯(　　　)	魅力(　　　)
妖魅(　　　)	人蔘(　　　)	蔘商(　　　)	蔣席(　　　)	冀幸(　　　)
灣商(　　　)	膜質(　　　)	遼東(　　　)	遼寧(　　　)	艮方(　　　)
摩震(　　　)	摩旨(　　　)	閻魔(　　　)	踰檢(　　　)	阿膠(　　　)
膠葛(　　　)	常駐(　　　)	遮斷(　　　)	敷暢(　　　)	胸膜(　　　)

2. 다음 글을 읽고 밑줄 친 낱말을 한자로 고쳐 쓰세요.

플라톤은 물질의 <u>연속적</u>(1)인 <u>분해</u>(2)는 <u>궁극적</u>(3)으로 물질이 아닌 <u>균형</u>(4) 또는 <u>대칭성</u>(5)에 의해서 <u>정의</u>(6)될 수 있는 <u>정방입체</u>(7) 및 삼각형과 같이 수학적 형태에 <u>도달</u>(8)한다고 생각하였다. 그러한 수학적 형태는 그 자신이 물질이 아니지만 물질의 모양이나 질을 결정하는 기본 <u>법칙</u>(9)과 같은 것으로써, 예를 들어 흙의 <u>구조</u>(10)는 정육면체의 형태를, 불의 구조는 정사면체를 기본으로 하고 있다고 보았다.

(1)	(2)	(3)	(4)	(5)
(6)	(7)	(8)	(9)	(10)

3. 다음 단어의 뜻에 반대, 또는 상대되는 한자어를 쓰세요.

(1) 拘禁 ↔ (　　　)	(2) 空想 ↔ (　　　)	(3) 老鍊 ↔ (　　　)
(4) 肯定 ↔ (　　　)	(5) 感情 ↔ (　　　)	(6) 權利 ↔ (　　　)
(7) 濃厚 ↔ (　　　)	(8) 否決 ↔ (　　　)	(9) 加熱 ↔ (　　　)

도움글

○ 宮商角徵羽(궁상각치우) : 동양 음악의 다섯 가지 기본음(基本音)을 아울러 이르는 말로, 군(君)·신(臣)·민(民)·사(事)·물(物)이 이에 해당된다. ※徵 : (부를 징, 화음火音 치)

아래 한자의 뜻[訓]과 소리[音]를 자세히 익혀봅시다.

☆표는 人名·地名用 漢字임

札 (木)	撤 (手)	歐 (欠)	樺☆ (木)	濂☆ (水)	价☆ (人)	錫☆ (金)	穆☆ (禾)
편지 찰	거둘 철	구라파 구 칠[毆打] 구	벚나무 화 자작나무 화	물이름 렴	클 개	주석 석	화목할 목

아래 설명을 읽고 빈칸에 보기 와 같이 쓰세요.

보기 良書(어질 량)(글 서)[양서]

鑑札(　　　)(　　　)〔　　　〕

도▸ 관청에서, 어떤 영업을 허가하는 표로 내어 주는 증표(證票). 예영업(營業) 鑑札.

참 鑑察(감찰) ▷ (한문투의 글에서) '살펴보심'의 뜻.
참 監察(감찰) ▷ 감시하고 감독함, 또는 그 직무.

落札(　　　)(　　　)〔　　　〕

도▸ 경쟁 입찰에서, 입찰한 목적물이나 권리 따위가 자기 손에 들어옴. 예공사를 落札하다.

撤廢(　　　)(　　　)〔　　　〕

도▸ (어떤 제도나 규정 따위를) 폐지(廢止)함. 철파(撤罷). 예남녀 차별의 제도를 撤廢하다.

撤市(　　　)(　　　)〔　　　〕

도▸ 시장이나 상가의 문을 닫고 장사를 하지 아니함. 철전(撤廛). 예명절이라 일찍 撤市하다.

歐美(　　　)(　　　)〔　　　〕

도▸ ①유럽주와 아메리카주. ②유럽과 미국.

歐洲(　　　)(　　　)〔　　　〕

도▸ 유럽. 육대주의 하나. 구라파주(歐羅巴洲).

樺太(　　　)(　　　)〔　　　〕

도▸ 사할린(Sakhalin)의 한자음 표기(表記).

濂溪(　　　)(　　　)〔　　　〕

도▸ ①중국 호남성에 있는 내[川]이름. ②북송(北宋)의 학자 주돈이(周敦頤)를 이르는 말.

价人(　　　)(　　　)〔　　　〕

도▸ ①갑옷을 입은 사람. ②착한 사람. 훌륭한 사람. ③큰 사람. 대인(大人).

錫鑛(　　　)(　　　)〔　　　〕

도▸ 주석(朱錫)을 파내는 광산(鑛山).

巡錫(　　　)(　　　)〔　　　〕

도▸ '석장(錫杖)을 들고 순행(巡行)한다'는 뜻으로, 중이 각지(各地)를 돌아다니며 수행(修行)하거나 도(道)를 펴는 일.

雍穆(　　　)(　　　)〔　　　〕

도▸ 서로 뜻이 맞고 화목(和睦)함. 옹목(雍睦).

肅穆(　　　)(　　　)〔　　　〕

도▸ 온화(溫和)하고 조용한 모양.

穆天子傳〔　　　〕

(　　　)(　　　)(　　　)(　　　)

도▸ 가장 오래된 전기체 소설. [주(周)나라 穆王의 서유(西遊)에 관한 고사를 기록함.]

도움글

○ 혼동하기 쉬운 한자

1 札과 礼(예도 례)　　2 傳과 傅(스승 부)　　3 濂과 廉(청렴할 렴)

○ 六大洲(육대주) : 지구상의 여섯 개의 대륙. [아시아 · 아프리카 · 유럽 · 오세아니아 · 남아메리카 · 북아메리카]

아래 한자의 뜻[訓]과 소리[音]를 자세히 익혀봅시다.

☆표는 人名·地名用 漢字임

尼(尸)	蔑(艸)	藍(艸)	鮑☆(魚)	庄☆(广)	伊☆(人)	后☆(口)	圭☆(土)
여승 니	업신여길 멸	쪽 람	절인물고기 포:	전장田莊 장	저[彼] 이	임금 후: 왕후 후:	서옥瑞玉 규 쌍토 규

아래 설명을 읽고 빈칸에 보기 와 같이 쓰세요.

보기 良書(어질 량)(글 서)[양서]

比丘尼 〔 〕
( )( )( )

도▸ 출가(出家)하여 구족계(具足戒)를 받은 여자.

참 比丘(비구) ▹ 남자 중. 비구승(比丘僧).

仲尼( )( )〔 〕

도▸ 공자(孔子)의 자(字).

侮蔑( )( )〔 〕

도▸ 업신여기고 깔봄. 구 상대에게 侮蔑을 당하다.

참 茅蔑(모멸) ▹ 도자기의 아가리 전두리에 있는 흠. 모망(茅芒).

蔑法( )( )〔 〕

도▸ 법을 업신여김.

참 滅法(멸법) ▹ 불교에서, 생멸(生滅)과 변화를 떠나고, 인연(因緣)에 의하여 생긴 것이 아닌 불법(佛法)의 진여(眞如)를 이르는 말.

伽藍( )( )〔 〕

도▸ '승가람마(僧伽藍摩)'의 준말. 승려가 살면서 불도(佛道)를 닦는 집. 절의 건물을 통틀어 이르는 말.

참 가람 ▹ '강(江)'의 옛말.

鮑魚( )( )〔 〕

도▸ ①소금에 절인 생선. 자반(佐飯). ②전복.

管鮑之交 〔 〕
( )( )( )( )

도▸ '옛날 관중(管仲)과 포숙아(鮑叔牙)의 사귐이 매우 친밀하였다'는 고사에서 생긴 말로, '매우 친한 친구 사이의 사귐'을 이르는 말.

田庄( )( )〔 〕

도▸ 개인이 가지고 있는 논과 밭. 장토(庄土).

참 傳掌(전장) ▹ 전임자가 후임자에게 맡아보던 일이나 물건을 넘겨서 맡김.

伊蘭( )( )〔 〕

도▸ '이란(Iran)'의 한자음 표기. 이랑(伊朗).

伊太利 〔 〕
( )( )( )

도▸ 나라 이름 '이탈리아(Italia)'의 한자음 표기.

皇后( )( )〔 〕

도▸ 황제(皇帝)의 정실(正室). 황비(皇妃).

母后( )( )〔 〕

도▸ 황제의 어머니. 황태후(皇太后).

圭瓚( )( )〔 〕

도▸ 지난날, 종묘(宗廟)나 문묘(文廟) 제사(祭祀) 때 쓰던 옥(玉)으로 만든 술잔.

도움글

○ 圭復(규복) : 남에게 온 편지를 몇 번이고 되풀이하여 읽는 일. [남용(南容)이 백규(白圭)의 시(詩)를 여러 번 되풀이하여 읽었다는 고사에서 생긴 말. - 「論語」에 '南容三復白圭'라는 말이 있음.]

아래 한자의 뜻[訓]과 소리[音]를 자세히 익혀봅시다.

☆표는 人名·地名用 漢字임

諮(言)	旨(日)	劑(刀)	艾☆(艸)	鴨☆(鳥)	璟☆(玉)	旭☆(日)	宋☆(宀)
물을 자:	뜻 지	약제藥劑 제	쑥 애	오리 압	옥빛 경:	아침해 욱	성姓 송:

아래 설명을 읽고 빈칸에 보기 와 같이 쓰세요.

보기 良書(어질 량)(글 서)[양서]

諮問(　　)(　　)[　　]

도▸ 학식과 경험(經驗)이 풍부한 전문가나 전문가들로 이루어진 기구에 의견을 물음.
예 문화재 관리에 대하여 諮問을 구하다.

諮議(　　)(　　)[　　]

도▸ 남에게 의견을 물어 의논하는 일.
참 恣意(자의) ▷ 제멋대로 하는 생각. 비 수의(隨意). 임의(任意).

趣旨(　　)(　　)[　　]

도▸ ①근본 목적이나 의도. 예 계획의 趣旨를 발표하다. ②(이야기나 문장의) 근본 뜻. 취의(趣意).

密旨(　　)(　　)[　　]

도▸ 임금의 비밀(祕密)스런 명령(命令).

湯劑(　　)(　　)[　　]

도▸ 탕약(湯藥). 달여서 먹는 한약(漢藥).

調劑(　　)(　　)[　　]

도▸ 여러가지 약제(藥劑)를 조합하여 약을 만듦.

艾菊菜[　　]
(　　)(　　)(　　)

도▸ 쑥갓. [밭에 재배(栽培)하는 채소(菜蔬)의 한 가지.]

鴨脚樹[　　]
(　　)(　　)(　　)

도▸ '은행나무'의 다른 이름. [은행잎이 오리발과 비슷한 데서 이르는 말.]

鴨綠江[　　]
(　　)(　　)(　　)

도▸ 우리나라와 중국과의 경계를 이루는 강. [백두산에서 발원하여 황해(黃海)로 흘러 들어간다.]

崔璟(　　)(　　)[　　]

도▸ 일명 최원(崔源)이라고 함. 고려 때의 무신.

朝旭(　　)(　　)[　　]

도▸ 아침 해. 조돈(朝暾).

旭光(　　)(　　)[　　]

도▸ 솟아오르는 아침 햇빛. 욱휘(旭暉).

宋儒(　　)(　　)[　　]

도▸ 중국 송나라 때 정주학파에 속하는 선비.

宋襄之仁[　　]
(　　)(　　)(　　)(　　)

도▸ '너무 착하기만 하여 쓸데없는 동정(同情)을 베풂'을 이르는 말.

도움글

○「崔璟」의 「璟」자는 「境」자와 쓰임이 같은 이체자(異體字)이다.

○ **약자略字 익히기**

1 關 = 関　2 擔 = 担　3 獵 = 猟　4 藝 = 芸　5 圍 = 囲　6 壓 = 圧

아래 한자의 뜻[訓]과 소리[音]를 자세히 익혀봅시다. ☆표는 人名·地名用 漢字임

輯(車)	憾(心)	壹(士)	薛☆(艸)	邢☆(邑)	呂☆(口)	吳☆(口)	鑽☆(金)
모을 집	섭섭할 감:	한 일 갖은한 일	성姓 설	성姓 형	성姓 려: 법칙 려:	성姓 오	뚫을 찬

아래 설명을 읽고 빈칸에 보기 와 같이 쓰세요. 보기 良書(어질 량)(글 서)[양서]

編輯(　　)(　　)〔　　〕

도▸ (어떤 것을 일정한 기획 아래) 정보를 수집·정리하고 구성함, 또는 그 작업이나 기술.

참 偏執(편집) ▹ 편견을 고집하여 남의 의견을 듣지 않음.

輯載(　　)(　　)〔　　〕

도▸ (글을) 편집(編輯)하여 실음.

憾情(　　)(　　)〔　　〕

도▸ 언짢게 여기는 마음. 원망하거나 성내는 마음.

참 感情(감정) ▹ 느끼어 일어나는 심정(心情).

遺憾(　　)(　　)〔　　〕

도▸ ①마음에 남아 있는 섭섭함. ②언짢은 마음.
활 그에게는 遺憾이 많다.

私憾(　　)(　　)〔　　〕

도▸ 사사로운 이해 관계로 품은 유감(遺憾).

참 私感(사감) ▹ 사사로운 감정.

참 舍監(사감) ▹ 기숙생들의 생활을 감독하는 사람.

薛聰(　　)(　　)〔　　〕

도▸ 신라 경덕왕 때의 학자. 字는 총지(聰智), 號는 빙월당(氷月堂) 경주 설씨의 시조(始祖)이며, 원효대사(元曉大師)의 아들이다.

邢祐(　　)(　　)〔　　〕

도▸ 후위(後魏) 때 사람으로, 字는 종우(宗祐).

律呂(　　)(　　)〔　　〕

도▸ 음악, 또는 그 가락. 六律과 六呂.

呂氏鄕約〔　　〕

(　　)(　　)(　　)(　　)

도▸ 송나라 여대균(呂大鈞)의 향리인 남전(藍田)에서 실시한 자치규약(自治規約). [德業相勸, 過失相規, 禮俗相交, 患難相恤]

吳越同舟〔　　〕

(　　)(　　)(　　)(　　)

도▸ '서로 사이가 나쁜 오(吳)나라와 월(越)나라 사람이 서로 배를 같이 탄다'는 뜻으로, '원수끼리 같은 처지에 있게 된 경우'를 이르는 말.

硏鑽(　　)(　　)〔　　〕

도▸ (학문 따위를) 깊이 연구(硏究)함. 활 해외(海外)에서 硏鑽을 쌓았다.

鑽刺(　　)(　　)〔　　〕

도▸ 어떤 일을 주선할 때, 가장 중요하고 빠른 방법을 써서 소개하는 일.

참 撰者(찬자) ▹ 책이나 글 따위를 지은 사람.

도움글

○ **갖은자** : '(한자에서) 흔히 쓰이는 글자보다 획을 더 많이 써서 모양과 구성을 달리한 글자'를 이르는 말로, 금전상의 증서에 고쳐 쓰는 일을 막기 위하여 쓰이기도 한다.

[一 = 壹, 二 = 貳, 三 = 參, 十 = 拾] 예 138,219(壹拾參萬八千貳百壹拾九)

아래 한자의 뜻[訓]과 소리[音]를 자세히 익혀봅시다.

☆표는 人名·地名用 漢字임

勳(力)	諜(言)	翰(羽)	串☆(丨)	鞠☆(革)	磻☆(石)	禧☆(示)	址☆(土)
공功 훈	염탐할 첩	편지 한	꿸 관 땅이름 곶	성姓 국 국문鞠問할 국	반계磻溪 반 반계磻溪 번	복[福] 희	터 지

아래 설명을 읽고 빈칸에 보기 와 같이 쓰세요.

보기 良書(어질 량)(글 서)[양서]

勳籍(　　)(　　)〔　　〕

도▸ 공훈(功勳)이 있는 신하(臣下)의 업적(業績)을 적은 기록(記錄).

殊勳(　　)(　　)〔　　〕

도▸ 뛰어난 공훈(功勳). 수공(殊功). 예 경제 개발 사업에 殊勳을 세우다.

防諜(　　)(　　)〔　　〕

도▸ 적의 첩보(諜報) 활동을 막고, 비밀(祕密)이 새어나가지 못하게 함. 예 防諜 부대.

偵諜(　　)(　　)〔　　〕

도▸ 적군(敵軍)이나 적국(敵國)의 실정(實情)을 정탐(偵探)하는 사람.

翰墨(　　)(　　)〔　　〕

도▸ ①붓과 먹. 필묵(筆墨). ②문학(文學).

書翰(　　)(　　)〔　　〕

도▸ 편지(便紙).

串童(　　)(　　)〔　　〕

도▸ 가무(歌舞)에 익숙한 아이.

親串(　　)(　　)〔　　〕

도▸ 친하여 가까워 짐.

鞠問(　　)(　　)〔　　〕

도▸ 죄(罪)를 신문(訊問)함. 국신(鞠信).

鞠養(　　)(　　)〔　　〕

도▸ 기름. 양육(養育)함. 국육(鞠育).

磻溪隨錄〔　　〕

(　　)(　　)(　　)(　　)

도▸ 조선(朝鮮) 인조(仁祖) 때 실학자(實學者) 磻溪 유형원(柳馨遠)이 지은 정경서류(政經書類).

禧賀(　　)(　　)〔　　〕

도▸ 축하(祝賀)함. 경사(慶事).

禧年(　　)(　　)〔　　〕

도▸ 천주교(天主敎)에서, 50년마다 돌아오는 복(福)된 해. [이 해에는 종도 놓아주며 빚도 탕감(蕩減)하여 준다고 함.]

址臺(　　)(　　)〔　　〕

도▸ 담이나 집채 등을 세우기 위하여 지면(地面)에 돌로 쌓은 부분.

故址(　　)(　　)〔　　〕

도▸ 옛날의 구조물(構造物)이나 성곽(城郭) 같은 것이 있었던 터, 또는 그 자취.

도움글

○ 磻溪 : 중국 섬서성(陝西省)을 東南으로 흘러 渭水로 들어가는 강. [강태공이 낚시질한 故事가 있음.]

○ 甲串(갑곶) : 인천광역시 강화군 강화읍에 있는 마을. [고려 23대 고종 때에 몽골군이 침입하자, 집권자였던 최우가 조정을 이끌고 피란한 곳으로, 군사의 갑옷만 벗어 쌓아도 건널 수 있다는 말에서 유래함.]

꼭꼭 다지기

정답 ☞ 부록 20쪽

1. 다음 한자어의 독음을 쓰세요.

簡札( )	御札( )	撤回( )	撤去( )	錫杖( )
僧尼( )	蔑視( )	藍色( )	后妃( )	后稷( )
圭復( )	諮謀( )	宣旨( )	藥劑( )	蘭艾( )
伊餐( )	黃鴨( )	旭暉( )	輯載( )	壹兆( )
鑽鐵( )	吳藍( )	鑽堅( )	勳章( )	功勳( )
諜報( )	間諜( )	貴翰( )	串戲( )	鞠治( )

2. 다음 한자의 뜻과 소리를 쓰세요.

飼( )	颱( )	璇( )	槿( )	碩( )
劉( )	潘( )	歐( )	穆( )	魯( )
丕( )	蓬( )	綜( )	締( )	蔡( )

3. 다음 뜻에 알맞은 한자성어를 완성하세요.

(1) 五( )( )中
▸ '멀리 낀 안개 속에서 길을 찾기가 어려운 것같이 일의 갈피를 잡기 어려움'을 이르는 말.

(2) 宿( )衝( )
▸ '자는 범의 코를 찌른다'는 뜻으로, '화(禍)를 스스로 불러들이는 일'을 비유하여 이르는 말.

(3) 積( )( )山
▸ '흙을 쌓아 산을 이룬다'는 뜻으로, '작은 것도 많이 쌓이면 큰 것을 이룬다'는 말.

(4) 空( )絶( )
▸ 전에도 없었고 앞으로도 있을 수 없음. 전무후무(前無後無).

도움글

- 伊餐(이찬) : 신라 때의 17관등의 둘째 등급. 참 「餐」자는 「湌」자와 쓰임이 같은 異體字이다.
- 五列(오열) : (스페인 내란 때) 적 내부에 침투하여, 모략・파괴・간첩활동을 하던 비밀요원. 제오열(第五列). 제오부대(第五部隊). 비 間諜.

아래 한자의 뜻[訓]과 소리[音]를 자세히 익혀봅시다.

☆표는 人名·地名用 漢字임

餐 (食)	融 (虫)	悽 (心)	燦☆ (火)	襄☆ (衣)	岐☆ (山)	甸☆ (田)	壕☆ (土)
밥 찬	녹을 융	슬퍼할 처:	빛날 찬:	도울 양▸	갈림길 기	경기京畿 전	해자垓字 호

아래 설명을 읽고 빈칸에 보기 와 같이 쓰세요.

보기 良書(어질 량)(글 서)[양서]

素餐(　　　)(　　　)[　　　]

도▸ 아무 일도 하지 않고 녹(祿)을 받음. 무위도식(無爲徒食)함. 시위소찬(尸位素餐). 用 충성을 다하여 素餐의 비난을 면하기를 바란다.

晩餐(　　　)(　　　)[　　　]

도▸ 특별히 잘 차려 낸 저녁 식사. 석찬(夕餐). 반조찬(朝餐). 用晩餐에 초대(招待)되다.

融資(　　　)(　　　)[　　　]

도▸ 자금(資金)을 융통(融通)함. 用은행 融資.

融和(　　　)(　　　)[　　　]

도▸ 서로 어울려 화목(和睦)하게 됨. 用融和정책.

참 融化(융화) ▹ 녹아서 아주 다른 것이 됨.

悽絶(　　　)(　　　)[　　　]

도▸ 더할 나위 없이 애처로움. 用悽絶한 사투를 벌이다.

참 凄切(처절) ▹ 몹시 처량(凄涼)함.

悽慘(　　　)(　　　)[　　　]

도▸ 슬프고 참혹(慘酷)함. 用음주 운전으로 인한 교통사고는 너무도 悽慘하였다.

참 處斬(처참) ▹ 목을 베어 죽이는 형벌에 처함. 用대역죄인을 處斬하다.

燦爛(　　　)(　　　)[　　　]

도▸ 산뜻하게 빛나는 모양. 영롱(玲瓏)하고 현란(絢爛)함. 用햇살이 燦爛하게 쏟아지다.

贊襄(　　　)(　　　)[　　　]

도▸ 도와서 성취(成就)하게 함.

참 讚揚(찬양) ▹ 훌륭함을 기리어 드러냄. 用공덕(功德)을 讚揚하다.

襄禮(　　　)(　　　)[　　　]

도▸ 장사(葬事)지내는 예절. 장례(葬禮).

多岐亡羊[　　　]

(　　　)(　　　)(　　　)(　　　)

도▸ '학문도 너무 다방면에 걸치면 도리어 진리를 얻기 어렵다'는 것을 비유하여 이르는 말.

畿甸(　　　)(　　　)[　　　]

도▸ 서울을 중심으로 하여 사방 500리 이내의 땅. 곧, 천자(天子)가 직할(直轄)하는 땅. 畿內.

참 棋戰(기전) ▹ 바둑이나 장기의 승부를 겨루는 일.

防空壕[　　　]

(　　　)(　　　)(　　　)

도▸ 적의 공습을 피하기 위해 땅속에 마련한 시설.

도움글

- 「甸」자의 뜻인 「경기(京畿)」는 서울을 중심으로 한 가까운 주위의 지방을 뜻한다.
- 「壕」자의 뜻인 「해자(垓字)」는 '능원(陵園)이나 묘(墓)의 경계', 또는 '성(城) 밖으로 둘러서 파놓은 못'을 뜻한다.

아래 한자의 뜻[訓]과 소리[音]를 자세히 익혀봅시다.

☆표는 人名·地名用 漢字임

洛(水)	妖(女)	尿(尸)	徽☆(彳)	甫☆(用)	璨☆(玉)	汪☆(水)	杏☆(木)
물이름 락	요사할 요	오줌 뇨	아름다울 휘	클 보:	옥빛 찬:	넓을 왕:	살구 행:

아래 설명을 읽고 빈칸에 보기 와 같이 쓰세요.

보기 良書(어질 량)(글 서)[양서]

洛誦(　　　)(　　　)[　　　]

도▸ 글을 되풀이하여 소리 내어 읽음.

참 落訟(낙송) ▹ 訟事에 짐. 낙과(落科). 패소(敗訴).

京洛(　　　)(　　　)[　　　]

도▸ 서울. 수도.

妖怪(　　　)(　　　)[　　　]

도▸ ①요사(妖邪)스럽고 괴상(怪狀)함. ㊀하는 짓이 妖怪하다. ②요망(妖妄)한 마귀(魔鬼).

妖妄(　　　)(　　　)[　　　]

도▸ 요사(妖邪)하고 망령(妄靈)됨. 또는 그러한 짓. ㊀妖妄스런 행동을 하다.

참 要望(요망) ▹ 어떻게 해주기를 바람. ㊀要望사항입니다. 들어주세요!

排尿(　　　)(　　　)[　　　]

도▸ 오줌을 눔.

尿管(　　　)(　　　)[　　　]

도▸ 오줌을 방광(膀胱)에서 몸 밖으로 내보내는 구실을 하는 관. 요도(尿道).

徽章(　　　)(　　　)[　　　]

도▸ 소속(所屬)·신분·직무(職務) 또는 명예 등을 나타내기 위하여 옷이나 모자에 붙이는 표.

徽琴(　　　)(　　　)[　　　]

도▸ '금(琴)'의 다른 이름. [앞판의 한쪽에 자개로 된 휘(徽)를 박은 데서 일컫는 이름.]

杜甫(　　　)(　　　)[　　　]

도▸ 중국 성당(盛唐) 때 대시인(大詩人). 字는 자미(子美), 號는 소릉(少陵)이다. [이백(李伯)을 시선(詩仙)이라고 하는 데 대하여 杜甫는 시성(詩聖)이라고 이른다.]

黃甫仁[　　　]

(　　　)(　　　)(　　　)

도▸ 조선조 세종 때, 육진(六鎭)을 개척한 사람. [六鎭 : 세종 때, 함경북도의 여섯 곳에 두었던 鎭]

璨幽(　　　)(　　　)[　　　]

도▸ 신라(新羅)·고려(高麗) 때의 스님. 字는 도광(道光), 성(姓)은 김(金)씨이다. [혜목산 고달사(高達寺) 터에 있던 그의 비(碑)는 지금 경복궁(景福宮)에 보존(保存)되어 있다.]

汪浪(　　　)(　　　)[　　　]

도▸ 눈물이 그칠 새 없이 흐르는 모양.

銀杏(　　　)(　　　)[　　　]

도▸ 은행나무의 열매.

참 銀行(은행) ▹ 예금을 맡고 대부하는 금융기관.

도움글

○ 洛東江(낙동강) : 우리나라 5대 강의 하나로, 태백산 북쪽의 함백산에서 발원하여 양산과 김해를 지나 남해로 흘러 들어간다. [낙동강 유역은 땅이 기름져 농산물이 많이 나며, 수운(水運)도 매우 편리하다.]

아래 한자의 뜻[訓]과 소리[音]를 자세히 익혀봅시다.

☆표는 人名·地名用 漢字임

酸 (酉)	鍛 (金)	趨 (走)	燮☆ (火)	駿☆ (馬)	杓☆ (木)	沃☆ (水)	玖☆ (玉)
실[味覺] 산	쇠불릴 단	달아날 추	불꽃 섭	준마 준ː	북두자루 표	기름질 옥	옥돌 구

아래 설명을 읽고 빈칸에 보기 와 같이 쓰세요.

보기 良書(어질 량)(글 서)[양서]

乳酸(　　　　)(　　　　)[　　　　]

도▸ 젖산. [젖당이나 포도당을 젖산균으로 발효(醱酵)시켜 만듦.]

참 遺産(유산) ▷ ①죽은 이가 남겨 놓은 재산. ②앞 시대의 사람들이 끼쳐 준 업적이나 사물.

참 流産(유산) ▷ ①달이 차기 전에 태아가 죽어서 나옴. 낙태(落胎). 타태(墮胎). ②(계획한 일이) 제대로 이루어지지 못함.

酸素(　　　　)(　　　　)[　　　　]

도▸ 맛·냄새·빛깔이 없는 기체(氣體) 원소(元素).

鍛鍊(　　　　)(　　　　)[　　　　]

도▸ ①쇠붙이를 불에 달구어 단단하게 함. ②몸과 마음을 굳세게 닦음. 예 心身을 鍛鍊하다.

鍛鋼(　　　　)(　　　　)[　　　　]

도▸ 불에 달구어 벼린 강철(鋼鐵).

趨勢(　　　　)(　　　　)[　　　　]

도▸ ①대세(大勢)의 흐름이나 경향(傾向). 예 시대의 趨勢에 따르다. ②권세에 아부(阿附)함.

참 抽稅(추세) ▷ 세액(稅額)을 계산하여 냄.

歸趨(　　　　)(　　　　)[　　　　]

도▸ 어떤 결과로서 귀착(歸着)하는 곳. 예 이번 사태의 歸趨가 주목(注目)된다.

燮理(　　　　)(　　　　)[　　　　]

도▸ 음양(陰陽)을 고르게 다스림.

참 攝理(섭리) ▷ ①일을 대신하여 처리함. ②자연계를 지배하고 있는 이법(理法). 예 자연의 攝理에 순응하다.

燮伐(　　　　)(　　　　)[　　　　]

도▸ 협력(協力)하고 화합하여 정벌(征伐)함.

駿馬(　　　　)(　　　　)[　　　　]

도▸ 썩 잘 달리는 좋은 말. 철제(鐵蹄). 준족(駿足).

杓建(　　　　)(　　　　)[　　　　]

도▸ 북두칠성(北斗七星)의 북단(北端)에 있는 별.

杓子(　　　　)(　　　　)[　　　　]

도▸ 구기. 국자.

沃畓(　　　　)(　　　　)[　　　　]

도▸ 땅이 기름진 논.

沃沮(　　　　)(　　　　)[　　　　]

도▸ 옛 나라 이름. [함경북도 일부에 자리 잡고 있었던 고조선의 한 부족국가]

李玖(　　　　)(　　　　)[　　　　]

도▸ 고려(高麗) 때의 문신(文臣).

도움글

○ 「杓」자는 「자루 표, 구기 작, 표적 적」 등과 같이 훈訓과 음音이 다양한 글자이다. 여기에서 「자루」는 '구기의 자루'를 뜻하고, 「구기」는 '술 따위를 푸는 기구'를 뜻한다.

아래 한자의 뜻[訓]과 소리[音]를 자세히 익혀봅시다. ✡표는 人名·地名用 漢字임

療(疒)	癌(疒)	濠(水)	阪✡(阜)	沂✡(水)	兌✡(儿)	杆✡(木)	鍵✡(金)
병고칠 료	암 암:	호주 호	언덕 판	물이름 기	바꿀 태 기쁠[悅] 태	몽둥이 간	자물쇠 건: 열쇠 건:

아래 설명을 읽고 빈칸에 보기 와 같이 쓰세요. 보기 良書(어질 량)(글 서)[양서]

療渴(　　)(　　)[　　]

도▸ 갈증(渴症)을 풀기 위하여 술이나 물을 조금 마심.

診療(　　)(　　)[　　]

도▸ 진찰(診察)하고 치료(治療)함. 回診療사업

肝癌(　　)(　　)[　　]

도▸ '간장(肝臟)에 생기는 암'을 통틀어 이르는 말.

肺癌(　　)(　　)[　　]

도▸ 폐장(肺臟)에 생기는 암종(癌腫).

濠洲(　　)(　　)[　　]

도▸ '오스트레일리아주'의 한자음(漢字音) 표기.

참 户主(호주) ▷ 한 집안의 주장이 되는 사람.

空濠(　　)(　　)[　　]

도▸ 물이 마른 해자(垓字).

阪上走丸[　　]

(　　)(　　)(　　)(　　)

도▸ '비탈 위에서 공을 굴린다'는 뜻으로, '세(勢)에 편승(便乘)하여 일을 하면 손쉬움', 또는 '일이 자연(自然)의 추세(趨勢)에 따라 이루어져 감'을 비유하여 이르는 말.

峻阪(　　)(　　)[　　]

도▸ 험(險)한 산비탈.

沂水(　　)(　　)[　　]

도▸ 중국(中國) 산동성(山東省)에 원류(原流)를 두고 사수(泗水)로 흘러드는 내.

沂垠(　　)(　　)[　　]

도▸ 가장자리. 구석. 변방(邊方).

참 棄恩(기은) ▷ '속세에 대한 집착을 끊고 진여(眞如)의 길에 듦'을 이르는 말.

兌管(　　)(　　)[　　]

도▸ 가마니 속에 든 곡식 따위를 찔러서 빼내어 보는 연장. 색대. 간색대.

兌換(　　)(　　)[　　]

도▸ ①바꿈. ②지폐(紙幣)를 금화(金貨) 따위의 정화(正貨)와 서로 바꿈.

欄杆(　　)(　　)[　　]

도▸ 계단·툇마루·다리 따위의 가장자리에, 나무나 쇠붙이 따위로 세워 놓은 살. 欄干.

關鍵(　　)(　　)[　　]

도▸ ①문빗장. ②문제를 해결(解決)하기 위하여 꼭 있어야 하는 것.

도움글

○ 뜻이 상대·반대되는 한자어

1 輕減 ↔ 加重　2 獨創 ↔ 模倣　3 質疑 ↔ 應答　4 感情 ↔ 理性

○ 혼동하기 쉬운 한자　1 濠와 壕(해자 호)　2 阪과 版(판목 판)　3 關과 闕(대궐 궐)

아래 한자의 뜻[訓]과 소리[音]를 자세히 익혀봅시다.

☆표는 人名·地名用 漢字임

呈(口)	坑(土)	謄(言)	彌☆(弓)	濬☆(水)	沖☆(水)	檜☆(木)	伽☆(人)
드릴 정	구덩이 갱	베낄 등	미륵 미 오랠 미	깊을 준:	화할[沖=冲]충	전나무 회:	절 가

아래 설명을 읽고 빈칸에 보기 와 같이 쓰세요.

보기 良書(어질 량)(글 서)[양서]

贈呈(　　　)(　　　)〔　　　〕

도▶ 남에게 선물이나 기념품 따위를 드림. 예 화환(花環)을 贈呈하다.

참 增訂(증정)▷책 따위에 잘못된 데를 고치고 모자라는 것을 보탬.

呈訴(　　　)(　　　)〔　　　〕

도▶ 소장(訴狀)을 냄. 정장(呈狀). 도움글

坑儒(　　　)(　　　)〔　　　〕

도▶ 진(秦)나라 시황제(始皇帝)가 수많은 학자를 산 채로 구덩이에 묻어서 죽인 일. 焚書坑儒.

坑陷(　　　)(　　　)〔　　　〕

도▶ 땅이 꺼져서 생긴 구덩이.

謄寫(　　　)(　　　)〔　　　〕

도▶ ①베껴 씀. ②등사판으로 박음.

謄抄(　　　)(　　　)〔　　　〕

도▶ 원본(原本)에서 옮겨 베낌. 등초(謄草).

彌縫(　　　)(　　　)〔　　　〕

도▶ (잘못된 것을) 임시변통(臨時變通)으로 이리저리 꾸며대어 맞춤.

참 彌封(미봉)▷과거(科擧)를 볼 때에 답안지 오른편 끝에 응시자의 성명, 생년월일, 주소, 사조(四祖) 따위를 쓰고 봉하던 일.

沙彌(　　　)(　　　)〔　　　〕

도▶ 십계(十戒)를 받고 구족계(具足戒)를 받기 위하여 불도(佛道)를 닦는 20세 미만의 남자 중.

濬哲(　　　)(　　　)〔　　　〕

도▶ 깊은 지혜(知慧). 깊은 지식(知識).

참 俊哲(준철)▷뛰어나게 슬기롭고 현명한 사람.

濬源(　　　)(　　　)〔　　　〕

도▶ '깊은 근원'이라는 뜻으로, '일의 기원(起源)'을 이르는 말.

沖積(　　　)(　　　)〔　　　〕

도▶ 흙이나 모래가 흐르는 물에 실려와 쌓임.

참 充積(충적)▷가득 쌓음, 또는 가득 채움.

沖虛(　　　)(　　　)〔　　　〕

도▶ 잡념을 버리고 마음을 공허(空虛)하게 함.

檜皮(　　　)(　　　)〔　　　〕

도▶ 노송(老松)나무 껍질. [약용의 재료로 씀.]

僧伽(　　　)(　　　)〔　　　〕

도▶ ①불도(佛道)를 닦는 사람. ②중.

伽藍(　　　)(　　　)〔　　　〕

도▶ '승가람마(僧伽藍摩)'의 준말. 중이 살면서 불도(佛道)를 닦는 집. 가람(迦藍).

도움글

○ 訴狀(소장) : ①소송(訴訟)을 제기(提起)하기 위하여 법원(法院)에 내는 문서(文書). ②청원(請願)할 일이 있을 때에 관청(官廳)에 내는 서면(書面).

꼭꼭 다지기

정답 ☞ 부록 22쪽

1. 다음 한자어의 독음을 쓰세요.

朝餐(　　)	渾融(　　)	金融(　　)	融解(　　)	悽然(　　)
洛黨(　　)	燦然(　　)	洛論(　　)	酸性(　　)	妖術(　　)
妖邪(　　)	妖魔(　　)	尿閉(　　)	檢尿(　　)	杆杓(　　)
鍵盤(　　)	徽旨(　　)	徽音(　　)	杏壇(　　)	杏花(　　)
胃酸(　　)	鍛造(　　)	趨迎(　　)	趨拜(　　)	燮和(　　)
駿逸(　　)	肥沃(　　)	沃壤(　　)	療養(　　)	醫療(　　)
治療(　　)	腸癌(　　)	胃癌(　　)	謹呈(　　)	坑路(　　)
炭坑(　　)	坑殺(　　)	謄本(　　)	彌留(　　)	濬池(　　)
沖天(　　)	檜風(　　)	亞黃酸(　　)	癌細胞(　　)	

2. 다음 글의 밑줄 친 단어 중 낱말은 한자로 한자어는 독음으로 고쳐 쓰세요.

문화(1)는 민족을 떠나서 생각할 수 없다. 언어 · 문학 · 음악 · 춤 · 그림, 이런 모든 것들이 민족의 삶 속에서 이루어진다. 그러나 문화는 한 민족에서 끝나지 않는다. 인류(2) 역사를 보면 서로 다른 민족을 배경(3)으로 하는 문화들이 融合(4)하기도 하고 衝突(5)하기도 하면서 어떤 문화는 자취마저 사라지는 것을 보게 된다.

(1)	(2)	(3)	(4)	(5)

3. 다음 약자略字를 정자正字로 고쳐 쓰세요.

(1) 仮 − (　　)　(2) 広 − (　　)　(3) 辺 − (　　)　(4) 証 − (　　)

도움글

○「度」자는 쓰임에 따라 뜻과 소리가 달라지는 글자이다.

예1 度支部(탁지부) ▸ (度 : 헤아릴 탁)　　예2 制度(제도) ▸ (度 : 법도 도)

아래 한자의 뜻[訓]과 소리[音]를 자세히 익혀봅시다. ✩표는 人名·地名用 漢字임

喉(口)	購(貝)	妊(女)	✩驥(馬)	✩沔(水)	✩杜(木)	✩沆(水)	✩佑(人)
목구멍 후	살 구	아이밸 임	천리마 기	물이름 면 빠질 면	막을 두	넓을 항	도울 우

아래 설명을 읽고 빈칸에 보기 와 같이 쓰세요. 보기 良書(어질 량)(글 서)[양서]

喉舌(　　)(　　)〔　　〕

도▸ '목구멍과 혀'를 아울러 이르는 말.

喉頭(　　)(　　)〔　　〕

도▸ 인두(咽頭)에 이어져 기관(氣管)을 잇는 호흡기의 한 부분. [공기가 통하고 소리를 내는 기관]

購買(　　)(　　)〔　　〕

도▸ (물건을) 사들임. 반 판매(販賣).

購讀(　　)(　　)〔　　〕

도▸ 책이나 신문·잡지 따위를 사서 읽음. 예 문학잡지(文學雜誌)를 정기(定期) 購讀하다.

妊産(　　)(　　)〔　　〕

도▸ 아이를 배거나 낳음.

懷妊(　　)(　　)〔　　〕

도▸ 아이를 뱀. 잉태(孕胎). 임신(姙娠). 회잉(懷孕).

驥足(　　)(　　)〔　　〕

도▸ '준마(駿馬)의 발'이라는 뜻으로, '뛰어난 재능(才能)'을 비유하여 이르는 말.

참 旗族(기족) ▹ 청나라 때, 만주족을 일컫던 말.

保佑(　　)(　　)〔　　〕

도▸ 보호하고 도와줌. 예 하느님이 保佑하사 우리나라 만세.

驥服鹽車〔　　〕

(　　)(　　)(　　)(　　)

도▸ '천리마가 한갓 소금 실은 수레를 끈다'는 뜻으로, '유능(有能)한 사람이 천(賤)한 일에 종사(從事)함'을 비유하여 이르는 말.

沔水(　　)(　　)〔　　〕

도▸ 중국 섬서성(陝西省)에서 발원(發源)하여 동남으로 흘러 양자강에 이르는 강 이름.

杜門不出〔　　〕

(　　)(　　)(　　)(　　)

도▸ 집안에만 들어박혀 세상(世上) 밖으로 나다니지 아니함. 예 십 년을 杜門不出 창작(創作)에 몰두(沒頭)하다.

杜絶(　　)(　　)〔　　〕

도▸ 교통이나 통신 따위가 막히거나 끊어짐. 예 며칠 째 연락이 杜絶되다.

沆茫(　　)(　　)〔　　〕

도▸ 수초(水草)가 광대(廣大)한 모양.

天佑神助〔　　〕

(　　)(　　)(　　)(　　)

도▸ 하늘과 신령(神靈)의 도움. 예 죽음의 문 앞에서 天佑神助로 살아나다.

도움글

- 「妊産」의 「妊」자는 「姙」자와 쓰임이 같은 이체자이다.
- **혼동하기 쉬운 한자** 1 沔과 汚(더러울 오) 2 杜와 社(모일 사) 3 佑과 祐(복 우)

아래 한자의 뜻[訓]과 소리[音]를 자세히 익혀봅시다.

☆표는 人名·地名用 漢字임

縫(糸)	升(十)	膽(肉)	昶☆(日)	汶☆(水)	阜☆(阜)	邱☆(邑)	燾☆(火)
꿰맬 봉	되 승	쓸개 담	해길 창	물이름 문	언덕 부	언덕 구	비칠 도

아래 설명을 읽고 빈칸에 보기 와 같이 쓰세요.

보기 良書(어질 량)(글 서)[양서]

裁縫(　　)(　　)〔　　〕

도▸ 옷감을 마름질해서 바느질함, 또는 그 일.

天衣無縫〔　　〕

(　　)(　　)(　　)(　　)

도▸ '천인(天人)이 입는 옷은 솔기가 없다'는 뜻으로, '시가(詩歌)나 문장 따위가 꾸밈이 없이 퍽 자연스러움', 또는 '사물이 완전무결함'을 이르는 말.

升鑑(　　)(　　)〔　　〕

도▸ ('드리니 보아주십시오'라는 뜻으로) 편지 겉봉 따위에, 받을 사람을 높이어 그의 이름 뒤에 쓰는 말. 승계(升啓).

斗升(　　)(　　)〔　　〕

도▸ ①마되. 말과 되. ②근소(僅少)함의 뜻.

魂膽(　　)(　　)〔　　〕

도▸ 혼백(魂魄)과 간담(肝膽), 곧 넋.

참 婚談(혼담) ▹ 혼인(婚姻)을 하기 위한 의논(議論).

汶山(　　)(　　)〔　　〕

도▸ 우리나라 경기도(京畿道)에 있는 지명(地名).

落膽(　　)(　　)〔　　〕

도▸ 일이 뜻대로 되지 않거나 실패로 돌아가 갑자기 기운이 풀림. 예 落膽하지 말고 기운내!

阜滋(　　)(　　)〔　　〕

도▸ 크게 늚. 번식(繁殖)함.

참 富者(부자) ▹ 살림이 넉넉한 사람. 반 빈자(貧者)

阜康(　　)(　　)〔　　〕

도▸ 풍족(豊足)하고 편안(便安)함.

참 富強(부강) ▹ 나라의 재정(財政)이 넉넉하고 군사력(軍事力)이 튼튼함. 부국강병(富國強兵).

大邱(　　)(　　)〔　　〕

도▸ 경상북도(慶尙北道)에 있는 지명(地名).

참 對句(대구) ▹ 짝을 맞춘 시(詩)의 글귀.

燾育(　　)(　　)〔　　〕

도▸ 덮어 보호(保護)하여 기름.

宋相燾〔　　〕

(　　)(　　)(　　)

도▸ 고종 때의 학자이며, 애국지사이다.

도움글

- 「昶(창)」자는 「밝다, 해가 길다」 등의 뜻으로 쓰이는 이름자이다.
- 臥薪嘗膽 : [일부러 섶 위에서 자고, 쓰디쓴 곰쓸개를 핥으며 패전의 굴욕을 되새겼다는 중국 춘추 시대의 오왕(吳王)의 고사에서 생긴 말로] '원수를 갚거나 어떤 목적을 이루기 위하여 괴로움을 참고 견딤'을 비유하여 이르는 말.

아래 한자의 뜻[訓]과 소리[音]를 자세히 익혀봅시다. ✩표는 人名·地名用 漢字임

戈(戈)	抛(手)	戴(戈)	靺(革)✩	鞨(革)✩	旼(日)✩	泓(水)✩	瀋(水)✩
창 과	던질 포:	일[首荷] 대:	말갈靺鞨 말	오랑캐이름 갈	화할 민	물깊을 홍	즙낼 심: 물이름 심:

아래 설명을 읽고 빈칸에 보기 와 같이 쓰세요. 보기 良書(어질 량)(글 서)[양서]

干戈(　　)(　　)[　　]

도▸ ('방패와 창'이란 뜻에서) ①'병장기(兵仗器)'를 통틀어 이르는 말. ②전쟁, 또는 병란(兵亂).

兵戈(　　)(　　)[　　]

도▸ '무기', 또는 '전쟁'을 이르는 말.

抛置(　　)(　　)[　　]

도▸ 던져 내버려 둠.

참 布置(포치) ▷ 넓게 늘어놓음.

抛棄(　　)(　　)[　　]

도▸ ①하던 일을 중도에 그만두어 버림. 예 한자능력검정시험을 抛棄하지 마세요. ②자기의 권리나 자격을 내버려 쓰지 않음. 예 출전 抛棄

推戴(　　)(　　)[　　]

도▸ 윗사람으로 떠받듦. 예 회장으로 推戴하다.

男負女戴[　　]
(　　)(　　)(　　)(　　)

도▸ '남자는 짐을 등에 지고, 여자는 짐을 머리에 인다'는 뜻으로, 가난한 사람이나 재난을 당한 사람들이 살 곳을 찾아 이리저리 떠돌아다님을 이르는 말. 예 男負女戴의 피란민(避亂民) 행렬(行列)이 끝없이 이어졌다.

靺鞨(　　)(　　)[　　]

도▸ 만주 동북지방에 살던 퉁구스족의 일족. [삼한(三韓)시대에 생긴 이름으로, 숙신(肅愼)·읍루(挹婁)·물길(勿吉)은 모두 그의 옛 이름이다. 우리나라 함경도에 걸쳐 살았던 족속으로, 여진족·만주족이 모두 이 종족의 후예이다.]

洪吉旼[　　]
(　　)(　　)(　　)

도▸ 고려·조선 때의 문신으로, 본관은 남양(南陽).

陶泓(　　)(　　)[　　]

도▸ '벼루'의 다른 이름. ['泓'은 먹물을 붓는 곳]

참 桃紅(도홍) ▷ 도홍색, 또는 도홍빛.

泓澄(　　)(　　)[　　]

도▸ 물이 깊고 맑음.

瀋脣(　　)(　　)[　　]

도▸ 입술이 오그라지고 마음대로 입을 열지 못하는 급성병(急性病).

瀋陽(　　)(　　)[　　]

도▸ 중국 요동성의 도시. [청(淸)나라의 태조(太祖)가 요양(遼陽)에서 이곳으로 도읍을 옮기고 성경(盛京)이라고 하였다.]

도움글

❍ 抛物線(포물선) : 원추(圓錐) 곡선(曲線)의 하나. [평면 위의 한 定點과 한 定直線에서부터의 같은 거리에 있는 모든 점을 연결하는 곡선. 물체를 공중으로 던졌을 때 그 물체가 지나가는 선과 같은 데서 이르는 말.]

아래 한자의 뜻[訓]과 소리[音]를 자세히 익혀봅시다.

☆표는 人名·地名用 漢字임

垈(土)	刹(刀)	拉(手)	泗☆(水)	泌☆(水)	爀☆(火)	炳☆(火)	坡☆(土)
집터 대	절 찰	끌 랍	물이름 사:	분비할 비: 스며흐를 필	불빛 혁	불꽃 병:	언덕 파

아래 설명을 읽고 빈칸에 보기 와 같이 쓰세요.

보기 良書(어질 량)(글 서)[양서]

垈田(　　　)(　　　)〔　　　〕

도▸ ①텃밭. ②집터와 밭.

垈地(　　　)(　　　)〔　　　〕

도▸ 집터.

참 貸地(대지) ▷ 세를 받고 빌려주는 땅.
반 차지(借地).

刹那(　　　)(　　　)〔　　　〕

도▸ 지극히 짧은 시간. [범어(梵語)의 음역(音譯)]

寺刹(　　　)(　　　)〔　　　〕

도▸ 절. 범찰(梵刹). 사원(寺院).

참 査察(사찰) ▷ (규정에 따라 처리되고 있는 지를) 조사(調査)하고 살핌.

被拉(　　　)(　　　)〔　　　〕

도▸ 납치를 당함. 예 被拉 어선(漁船)을 송환하라!

拉致(　　　)(　　　)〔　　　〕

도▸ (사람·선박·항공기 따위를) 강제로 끌고 감.

泗上(　　　)(　　　)〔　　　〕

도▸ ①사수(泗水) 근처의 땅. ②공자(孔子)의 학파(學派). [공자가 사수(泗水) 근처에서 제자(弟子)들을 가르친 데서 온 말.]

泌尿器〔　　　〕

(　　　)(　　　)(　　　)

도▸ 오줌의 생성과 배설(排泄)을 맡은 기관(器官).

泌水樂饑〔　　　〕

(　　　)(　　　)(　　　)(　　　)

도▸ 산수(山水)에 은거(隱居)하여 스스로 즐거워하는 일. ['泌'는 '샘물'이라는 뜻으로, '그것을 보며 즐기어 굶주림을 잊는다'는 말.] ※饑 = 飢

金尙爀〔　　　〕

(　　　)(　　　)(　　　)

도▸ 조선 때의 수학자. [철종 때, 실학파(實學派) 학자로서 수학(數學)으로 이름을 떨침.]

炳燭(　　　)(　　　)〔　　　〕

도▸ '촛불로 비춘다'는 뜻으로, '만학(晩學)'을 비유한 말. [진(晉)나라 평공(平公)이 만년(晩年)의 학문을 탄식할 때에, 사광(師曠)이 이르기를 젊어서 하는 학문은 '아침 햇살'과 같고, 만년에 하는 학문은 '촛불을 비춘 것'과 같음을 비유한 말.]

坡岸(　　　)(　　　)〔　　　〕

도▸ 강 둔덕.

참 破顔(파안) ▷ 얼굴빛을 부드럽게 하여 활짝 웃음. 개안(開顔).

도움글

○ 遼東豕(요동시) : '옛날 요동의 어느 돼지가 머리가 흰 새끼를 낳았는데, 돼지 주인은 그것을 임금에게 바치려고 하동(河東)에 갔더니 그 곳 돼지는 모두 흰 돼지였다'는 고사에서 나온 말로, '견문이 좁아서 세상에 흔한 것을 모르고 혼자 득의양양(得意揚揚)함'을 비유하여 이르는 말.

아래 한자의 뜻[訓]과 소리[音]를 자세히 익혀봅시다.

☆표는 人名·地名用 漢字임

枚 (木)	坪 (土)	玟☆ (玉)	炅☆ (火)	鎔☆ (金)	岡☆ (山)	魏☆ (鬼)
낱 매	들[野] 평	아름다운돌 민	빛날 경	쇠녹일 용	산등성이 강	성姓 위

아래 설명을 읽고 빈칸에 보기 와 같이 쓰세요.

보기 良書(어질 량)(글 서)[양서]

枚數( )( )〔 〕

도▸ 종이 같은 얇은 것의 수효(數爻).

참 買收(매수) ▹ ①물건을 사들임. 사들이기 ②남의 마음을 사서 자기편으로 만드는 일.

枚移( )( )〔 〕

도▸ 관청(官廳)끼리 공문(公文)을 서로 주고받음.

枚擧( )( )〔 〕

도▸ 하나하나 들어서 말함. 예 그 예(例)를 枚擧하려면 끝이 없다.

坪當( )( )〔 〕

도▸ 한 평에 대한 율(率).

建坪( )( )〔 〕

도▸ 건물이 차지한 터의 평수. 건축 면적(建築面積).

安玟英〔 〕
( )( )( )

도▸ 조선 때의 가인(歌人)으로, 字는 성무(聖武), 號는 주옹(周翁)이다.

鎔接( )( )〔 〕

도▸ 높은 전열이나 가스 열을 가하여 두 쇠붙이를 녹이어 서로 붙이거나 이음.

참 容接(용접) ▹ 찾아온 손님을 만나 봄.

申炅( )( )〔 〕

도▸ 조선 때의 학자이며, 字는 용회(用晦), 號는 화은(華隱)이며, 본관은 평산(平山)이다.

鎔鑛爐〔 〕
( )( )( )

도▸ 높은 온도(溫度)로 금속(金屬)·광석(鑛石)을 녹여 무쇠 따위를 제련(製鍊)해 내는 가마.

鎔融( )( )〔 〕

도▸ 고체(固體)가 열(熱)에 녹아 액체(液體) 상태로 되는 일.

岡陵( )( )〔 〕

도▸ 언덕. ['岡'은 '낮은 언덕' '陵'은 '큰 언덕'을 뜻함.]

참 江陵(강릉) ▹ 강원도 영동 지방의 중심 도시.

岡營( )( )〔 〕

도▸ 조선시대, 황해도의 병영(兵營)을 달리 이르던 말.

魏闕( )( )〔 〕

도▸ 높고 큰 문. 궁성(宮城)의 정문(正門)으로 법령(法令) 등을 게시(揭示)하던 곳. 조정(朝廷).

魏柳( )( )〔 〕

도▸ 버들잎과 같은 눈썹.

도움글

- 寒炅(한경) : 병을 앓을 때, 한기(寒氣)와 열(熱)이 번갈아 일어나는 증상(症狀). 寒熱往來(한열왕래). 한열(寒熱).
- 「魏闕」에서 「闕」자는 「대궐」을 뜻하나, 「補闕選擧」에서는 「빠뜨리다」의 뜻으로 쓰인다.

꼭꼭 다지기

정답 ☞ 부록 24쪽

1. 다음 한자어의 독음을 쓰세요.

升揚( )	購覽( )	避妊( )	駿驥( )	鎔巖( )
沔川( )	杜魄( )	保佑( )	彌縫( )	炳煜( )
喉音( )	丘岡( )	戈劍( )	抛撤( )	分泌( )
戴冠( )	佛刹( )	拉杯( )	洙泗( )	坡仙( )

2. 다음 뜻에 알맞은 한자성어를 완성하세요.

(1) 首( )( )心
▸ '여우는 죽을 때, 머리를 제 살던 굴 쪽으로 두고 죽는다'는 뜻에서, '고향을 그리워하는 마음'을 이르는 말.

(2) ( )和( )同
▸ '아무런 주견(主見)이 없이 남의 의견(意見)이나 행동(行動)에 덩달아 따름'을 이르는 말.

(3) 紅( )點( )
▸ '풀리지 않던 이치가 눈 녹듯이 문득 깨쳐짐' 또는 '큰 힘 앞에 맥을 못 추는 매우 작은 힘'을 이르는 말.

(4) 汗( )充( )
▸ '짐으로 실으면 소가 땀을 흘리고, 쌓으면 들보까지 가득 찬다'는 뜻으로, '藏書가 많음'을 이르는 말.

3. 다음 글의 밑줄 친 단어 중 낱말은 한자로 한자어는 독음으로 고쳐 쓰세요.

운동 경기가 공정(1)하게 치러지기 위해서는 경기의 규칙(2)이 성원(3) 누구에게도 차별(4)없이 적용(5)될 수 있는 공정한 것이어야 한다. 또한 경기에 참가(6)하는 선수 모두가 규칙을 충실(7)히 따르고자 하는 스포츠맨십의 소유자(8)일 필요가 있다. 그리고 정해진 규칙에 따라 경기를 했다 하더라도 때로 양편(9)의 의견(10)이 相衝(11)할 경우에 대비(12)해 공정한 審判(13)이 필요하다. 이 세 가지 요건(14)은 경기의 공정성을 보장(15)하기 위한 필수조건이라 할 수 있다.

(1)	(2)	(3)	(4)	(5)
(6)	(7)	(8)	(9)	(10)
(11)	(12)	(13)	(14)	(15)

도움글

❍ 分泌(분비) : 세포가 생명의 유지에 필요한 물질을 만들어 내거나 그것을 세포 밖으로 배출하는 현상. ※ 주의! '泌'자는 쓰임에 따라 훈과 음이 달라진다. 참 (泌 : 스며흐를 필, 분비할 비)

아래 한자의 뜻[訓]과 소리[音]를 자세히 익혀봅시다.

☆표는 人名·地名用 漢字임

繕(糸)	闕(門)	怖(心)	晙(日)☆	旺(日)☆	芮(艸)☆	沼(水)	秉(禾)☆
기울[補修] 선:	대궐 궐	두려워할 포	밝을 준:	왕성할 왕:	성姓 예:	못[沼池] 소	잡을 병:

아래 설명을 읽고 빈칸에 보기 와 같이 쓰세요.

보기 良書(어질 량)(글 서)[양서]

修繕(　　)(　　)〔　　〕

도▸ (낡거나 허름한 것을) 손보아 고침. 예 구두를 修繕하여 신다.

참 垂線(수선) ▹ 일정한 직선이나 평면과 직각을 이루는 직선. 수직선.(垂直線). 연직선(鉛直線).

營繕(　　)(　　)〔　　〕

도▸ 건축물(建築物) 따위를 새로 짓거나 수리(修理)하거나 하는 일.

闕漏(　　)(　　)〔　　〕

도▸ 새어 없어짐. 실수(失手). 또는 틈. 결루(缺漏).

補闕(　　)(　　)〔　　〕

도▸ 빈자리를 채움. 보결(補缺). 예 補闕選擧.

恐怖(　　)(　　)〔　　〕

도▸ 무서움. 예 恐怖에 떨다.

참 公布(공포) ▹ 법령이나 조약 등을 두루 알림.

참 空砲(공포) ▹ 실탄(實彈)을 재지 않고 총을 쏨.

怖伏(　　)(　　)〔　　〕

도▸ 무서워서 엎드림.

權晙(　　)(　　)〔　　〕

도▸ 독립(獨立) 운동가. 본명(本名)은 중환(重煥).

旺盛(　　)(　　)〔　　〕

도▸ 한창 성함. 盛旺. 예 거래가 旺盛하다.

興旺(　　)(　　)〔　　〕

도▸ (세력이) 매우 왕성함. 흥하고 번창(繁昌)함.

芮戈(　　)(　　)〔　　〕

도▸ 짧은 창.

李芮(　　)(　　)〔　　〕

도▸ 조선 때의 문신(文臣)으로, 字는 가성(可成), 號는 눌재(訥齋), 본관은 양성(陽城)이다.

沼池(　　)(　　)〔　　〕

도▸ 늪과 못. 소택(沼澤).

참 素地(소지) ▹ 본래의 바탕. 예 이 법은 악용될 素地가 있다.

秉軸(　　)(　　)〔　　〕

도▸ '중축(中軸)을 잡는다'는 뜻으로, '정권(政權)을 잡음'을 이름.

秉筆之任〔　　〕

(　　)(　　)(　　)(　　)

도▸ '사필(史筆)을 잡은 소임(所任)'이란 뜻으로, 예문관(藝文館)의 '검열(檢閱)'을 이르던 말.

도움글

- 「補闕(보궐)」에서 「闕」자는 「빠지다, 모자라다, 이지러지다」 등의 뜻으로 쓰였다.
- 「軸(굴대 축)」자의 「굴대」는 「바퀴를 꿰뚫는 가로나무」를 뜻하는 데에서, 「(베틀)북, 두루마리」 등의 뜻으로 쓰인다.

아래 한자의 뜻[訓]과 소리[音]를 자세히 익혀봅시다.

☆표는 人名·地名用 漢字임

炊(火)	貳(貝)	噫(口)	薰☆(艸)	旻☆(日)	璿☆(玉)	甕☆(瓦)	邯☆(邑)
불땔 취	두 이 갖은두 이	한숨쉴 희	향풀 훈	하늘 민	구슬 선	독 옹	趙나라서울 한 사람이름 감

아래 설명을 읽고 빈칸에 보기 와 같이 쓰세요.

보기 良書(어질 량)(글 서)[양서]

闕炊(　　　)(　　　)〔　　　〕

도▸ 가난하여 끼니를 거름. 가난하여 끼니를 끓이지 못함.

炊事(　　　)(　　　)〔　　　〕

도▸ 먹을 음식을 만드는 일. 밥 짓기.

참 取捨(취사) ▹ 취할 것과 버릴 것.

炊沙成飯〔　　　〕

(　　　)(　　　)(　　　)(　　　)

도▸ '모래에 불을 때어 밥을 짓는다.'는 뜻으로, '헛수고'를 비유하여 이르는 말.

携貳(　　　)(　　　)〔　　　〕

도▸ 서로 다른 마음을 가짐. 딴마음을 가짐.

貳相(　　　)(　　　)〔　　　〕

도▸ '삼정승(三政丞) 다음 가는 벼슬'이라는 뜻으로, '좌우찬성(左右贊成)'을 이르던 말.

참 異狀(이상) ▹ 평소와는 다른 상태. ㊟기체 異狀

참 異常(이상) ▹ 정상적인 상태와 다름. ㊟異常 기류.

噫嗚(　　　)(　　　)〔　　　〕

도▸ 슬프게 탄식하는 모양.

참 喜娛(희오) ▹ 실없는 짓을 놀이로 하여 즐김.

참 戲娛(희오) ▹ 놀이로 즐김.

薰蒸(　　　)(　　　)〔　　　〕

도▸ ①찜. 찜질. 증발(蒸發)함. ②찌는 듯이 더움.

朴薰(　　　)(　　　)〔　　　〕

도▸ 조선 때의 문신(文臣)으로, 字는 형지(馨之), 號는 강수(江叟)이며, 본관은 밀양(密陽)이다.

旻天(　　　)(　　　)〔　　　〕

도▸ ①가을 하늘. ②'창생(蒼生)을 사랑으로 돌보아 주는 어진 하늘'이란 뜻에서 널리 '하늘'을 이르는 말.

璿派(　　　)(　　　)〔　　　〕

도▸ 조선조 이씨 왕가(王家)의 파계(派系).

甕算(　　　)(　　　)〔　　　〕

도▸ '옛날에 옹기장수가 길에서 독을 쓰고 잠자는 중에 큰 부자가 되는 꿈을 꾸어 너무 좋아서 벌떡 일어나는 바람에 독이 깨졌다'는 고사(故事)에서, '쓸데없이 치는 셈', 또는 '헛수고로 애만 씀'을 비유하여 이르는 말.

참 甕産(옹산) ▹ 살림살이에 쓰는 옹기그릇. [독, 단지, 항아리, 동이, 자배기 따위.]

姜邯贊〔　　　〕

(　　　)(　　　)(　　　)

도▸ 고려(高麗) 때의 명장(名將).

도움글

- 噫라 : '아아 슬프다'의 뜻으로, 매우 애통할 때 하는 문어文語투의 말이다.
- 「姜邯贊」의 「邯」자는 뜻에 따라 뜻과 소리가 달라지는 글자이다.

※ 邯 : (조趙나라 서울 한, 사람이름 감)

아래 한자의 뜻[訓]과 소리[音]를 자세히 익혀봅시다.　　　☆표는 人名·地名用 漢字임

謬 (言)	沮 (水)	鎰 ☆(金)	邵 ☆(邑)	騏 ☆(馬)	怡 ☆(心)	佾 ☆(人)
그르칠　류	막을　저:	무게이름　일	땅이름　소 성姓　소	준마　기	기쁠　이	줄춤　일

아래 설명을 읽고 빈칸에 보기 와 같이 쓰세요.　　　보기 良書(어질 량)(글　서)[양서]

誤謬(　　　)(　　　)〔　　　〕

도▸ 생각이나 지식(知識) 등의 그릇된 일. 예 誤謬를 범하다.

謬習(　　　)(　　　)〔　　　〕

도▸ 그릇된 습관(習慣). 못된 버릇.

참 遺習(유습) ▹ 예로부터 전해 오는 풍습. 遺風.

沮止(　　　)(　　　)〔　　　〕

도▸ 막아서 못하게 하도록 해침. 저억(沮抑).

예 적의 침입을 沮止하다.

참 低地(저지) ▹ 지대가 낮은 땅. 반 고지(高地).

참 底止(저지) ▹ 벌어져 나가던 것이 목적한 곳에 이르러 그침.

沮害(　　　)(　　　)〔　　　〕

도▸ 막아서 못하게 하여 해침.

沮喪(　　　)(　　　)〔　　　〕

도▸ 기력(氣力)이 꺾여서 기운을 잃음. 예 사기(士氣)가 沮喪되다.

怡聲(　　　)(　　　)〔　　　〕

도▸ 기쁜 듯한 목소리. 또는 목소리를 부드럽게 하는 일.

참 理性(이성) ▹ 개념적으로 사유하는 능력을 감각적 능력에 상대하여 이르는 말.

張鎰(　　　)(　　　)〔　　　〕

도▸ 고려 때의 명신(名臣)으로, 字는 이지(弛之), 본관은 창녕(昌寧)이다. [1270년 삼별초(三別抄)가 난을 일으키자 대장군으로서 경상도(慶尙道) 수로방호사(水路防護使)가 되어 이를 진압하였다.]

邵台輔〔　　　〕

(　　　)(　　　)(　　　)

도▸ 고려(高麗) 때의 명신(名臣). [숙종(肅宗)의 묘정(廟廷)에 배향(配享), 시호(諡號)는 충겸(忠謙)]

騏驥(　　　)(　　　)〔　　　〕

도▸ ①'하루에 천리(千里)를 달린다'는 명마(名馬). 준마(駿馬). 기린(騏驎). ②'현인(賢人)'을 비유적으로 이르는 말.

참 機器(기기) ▹ 기구(器具), 기계(機械), 기계(器械) 따위를 통틀어 이르는 말.

怡悅(　　　)(　　　)〔　　　〕

도▸ 즐겁고 기쁨. 기뻐서 좋아함.

怡顔(　　　)(　　　)〔　　　〕

도▸ 기쁜 낯을 함. 안색(顔色)을 부드럽게 함.

佾舞(　　　)(　　　)〔　　　〕

도▸ 무인(舞人)을 여러 줄로 벌여 세워 추게 하는 춤의 한 가지.

도움글

○ 八佾舞 : 옛날, 나라의 큰 제사 때에 가로 세로 여덟 명씩 모두 64명을 정렬시켜 춤을 추게 하던 천자(天子)의 무악(舞樂). ※ 八佾 : 『논어(論語)』의 편명(篇名).

아래 한자의 뜻[訓]과 소리[音]를 자세히 익혀봅시다.

☆표는 人名·地名用 漢字임

歪 (止)	桐 (木)	膚 (肉)	芬☆ (艸)	瀅☆ (水)	鎬☆ (金)	芸☆ (艸)	芝☆ (艸)
기울 왜 기울 외	오동나무 동	살갗 부	향기 분	물맑을 형	호경鎬京 호	향풀 운	지초芝草 지

아래 설명을 읽고 빈칸에 보기 와 같이 쓰세요. 보기 良書(어질 량)(글 서)[양서]

歪曲(　　　)(　　　)〔　　　〕

도▸ 사실(事實)과 다르게 곱새김. 例 歪曲된 역사(歷史)를 바로잡다.

歪形(　　　)(　　　)〔　　　〕

도▸ 비뚤어진 모양.

梧桐鐵甲〔　　　〕

(　　　)(　　　)(　　　)(　　　)

도▸ '껍데기를 오동잎으로 함빡 입혔다'는 뜻으로, '때가 까맣게 낀 상태'를 이르는 말.

油桐(　　　)(　　　)〔　　　〕

도▸ 대극과의 낙엽 교목. ['桐油'라는 기름을 짬.]

참 誘動(유동)▹남을 부추겨 어떤 일이나 행동에 나서도록 함. 선동(煽動).

皮膚(　　　)(　　　)〔　　　〕

도▸ 동물의 몸 표면을 싸고 있는 겉껍질. 살가죽.

膚淺(　　　)(　　　)〔　　　〕

도▸ 언행(言行)이 천박(淺薄)함.

芬皇寺〔　　　〕

(　　　)(　　　)(　　　)

도▸ 경주시(慶州市)에 있는 절. [신라 시대에 창건되어 원효대사가 머물렀던 명찰(名刹)이었음.]

芬蘭(　　　)(　　　)〔　　　〕

도▸ '핀란드(Finland)'의 한자음 표기. 芬國.

참 紛亂(분란)▹어수선하고 떠들썩함. 例 모임에 紛亂만 일으키다.

金基瀅〔　　　〕

(　　　)(　　　)(　　　)

도▸ 독립(獨立) 운동가. 號는 직재(直齋)이다.

鎬京(　　　)(　　　)〔　　　〕

도▸ 주(周)나라 무왕(武王)이 처음 도읍(都邑)을 정했던 곳. [종주(宗周), 또는 서도(西都)라고도 함.]

참 好景(호경)▹좋은 경치.

芸窓(　　　)(　　　)〔　　　〕

도▸ '서재(書齋)'의 창, 또는 '서재'를 아름답게 이르는 말. [예전에, 좀을 막기 위하여 책장에 운초(芸草)의 잎을 넣어 둔 데서 유래한 말.]

芝蘭之室〔　　　〕

(　　　)(　　　)(　　　)(　　　)

도▸ '향초가 있어 좋은 향기가 나는 방'이란 뜻으로, '선인(善人) 군자'를 비유하여 이르는 말.

芝艾(　　　)(　　　)〔　　　〕

도▸ '영지(靈芝)와 쑥'이란 뜻으로, '귀(貴)한 것과 천(賤)한 것'을 비유하여 이르는 말.

도움글

○ 芸閣活字(운각활자) : 활자 이름. [조선 현종(顯宗) 9년에 만든 동활자(銅活字)로, 모두 5만 3천여 자이다. 이를 '실록자(實錄字)', 또는 교서관활자(校書館活字)'라고도 한다.]

아래 한자의 뜻[訓]과 소리[音]를 자세히 익혀봅시다.

☆표는 人名·地名用 漢字임

藤(艸)	型(土)	屍(尸)	岬☆(山)	謨☆(言)	杰☆(木)	采☆(釆)	馥☆(香)
등나무 등	모형 형	주검 시:	곶[串] 갑	꾀 모	뛰어날 걸	풍채 채:	향기 복

아래 설명을 읽고 빈칸에 보기 와 같이 쓰세요.

보기 良書(어질 량)(글 서)[양서]

紫藤(　　)(　　)〔　　〕

도▸ 보랏빛 꽃이 피는 등나무의 한 가지.

藤架(　　)(　　)〔　　〕

도▸ 등나무 덩굴을 올리는 시렁.

참 燈架(등가) ▹ 등잔걸이.

참 等價(등가) ▹ 가치(價値)나 가격(價格)이 같음.

模型(　　)(　　)〔　　〕

도▸ ①똑같은 물건을 만들기 위한 틀. ②원형(原形)을 줄여서 만든 본. 예 模型 비행기를 날리다.

鑄型(　　)(　　)〔　　〕

도▸ ①주물(鑄物)을 만들 때 녹인 쇠붙이를 부어 넣는 거푸집. ②활자의 몸을 만드는 거푸집.

屍帳(　　)(　　)〔　　〕

도▸ 시체를 조사(調査)한 검시(檢屍) 증명서(證明書).

참 柴場(시장) ▹ ①나뭇갓. ②땔나무를 파는 장.

屍親(　　)(　　)〔　　〕

도▸ 살해(殺害)당한 사람의 친척(親戚).

岬寺(　　)(　　)〔　　〕

도▸ 충청남도(忠淸南道) 공주시(公州市) 계룡면(鷄龍面) 계룡산(鷄龍山)에 있는 절.

謨訓(　　)(　　)〔　　〕

도▸ 국가의 대계(大計), 또는 후왕(後王)의 모범(模範)이 될 가르침과 깨우침.

睿謨(　　)(　　)〔　　〕

도▸ 임금의 뛰어난 계획(計劃).

참 禮貌(예모) ▹ 예절에 맞는 몸가짐.

金履杰〔　　〕

(　　)(　　)(　　)

도▸ 항일(抗日) 운동가. [교원(敎員)으로 있다가 이재명(李在明) 등과 함께 매국노 이완용(李完用)·이용구(李容九) 등을 암살할 것을 결의하고 권총 1정을 구입하여 이재명에게 인도했다.]

納采(　　)(　　)〔　　〕

도▸ 장가들일 아들을 가진 집에서 색시집으로 혼인(婚姻)을 청하는 의례(儀禮). [요즘은 '납폐(納幣)'와 같은 뜻으로 쓰임.]

風采(　　)(　　)〔　　〕

도▸ 사람의 드러나 보이는 의젓한 겉모양. 풍신(風神). 풍의(風儀). 풍표(風標). 풍자(風姿).

馥郁(　　)(　　)〔　　〕

도▸ 향기(香氣)가 성(盛)한 모양. 복복하다(馥馥--).

도움글

- 「杰」자는 「傑」자와 쓰임이 같은 이체자異體字이나, 「杰」자는 흔히 이름자에 쓰인다.
- 「葛藤」은 '칡과 등걸은 몸을 꼬는 방향이 서로 달라서 하나로 합칠 수 없다'고 한 데서, 개인이나 집단 사이에 이해관계가 서로 달라 적대시하거나 불화를 일으키는 상태를 이르는 말이다.

꼭꼭 다지기

정답 ☞ 부록 25쪽

1. 다음 한자어의 독음을 쓰세요.

補繕( )	赴闕( )	怖畏( )	旺運( )	謨慮( )
沼澤( )	秉燭( )	蒸炊( )	采詩( )	典型( )
膚受( )	岬城( )	磁歪( )	璿源( )	屍身( )
甕器( )	熏劑( )	錯謬( )	沮澤( )	邵陵( )
嬉怡( )	宮闕( )	貳拾( )	芝眉( )	藤床( )

2. 다음 뜻에 알맞은 한자성어를 완성하세요.

(1) ( )以( )之
▸ 하나의 이치(理致)로써 모든 일을 꿰뚫음.

(2) 凍( )( )尿
▸ '언 발에 오줌 누기'라는 뜻으로, '한때 도움이 될 뿐, 곧 효력이 없어져 더 나쁘게 되는 일'을 이르는 말.

(3) ( )從腹( )
▸ 앞에서는 순종하는 체하고 속으로는 딴 마음을 먹음.

(4) ( )首( )待
▸ '학처럼 목을 빼고 기다린다'는 뜻으로, '몹시 기다림'을 뜻하는 말.

3. 다음 단어의 뜻에 반대, 또는 상대되는 한자어를 쓰세요.

(1) 質疑 ↔ ( )	(2) 埋沒 ↔ ( )	(3) 架空 ↔ ( )
(4) 拒絶 ↔ ( )	(5) 紛爭 ↔ ( )	(6) 漂流 ↔ ( )

4. 다음 한자어의 유의어를 쓰세요.

(1) 招待 − ( )	(2) 飢死 − ( )	(3) 領土 − ( )
(4) 書簡 − ( )	(5) 背恩 − ( )	(6) 海外 − ( )

도움글

○ 혼동하기 쉬운 한자

1 眉와 尾(꼬리 미) 2 奏와 秦(성 진) 3 璿과 濬(깊을 준) 4 秒와 抄(뽑을 초)

아래 한자의 뜻[訓]과 소리[音]를 자세히 익혀봅시다.

☆표는 人名·地名用 漢字임

霸 (雨)	迴 (辶)	鏞 ☆(金)	茅 ☆(艸)	炯 ☆(火)	垠 ☆(土)	兪 ☆(入)
으뜸 패:	돌[旋] 회	쇠북 용	띠[草名] 모	빛날 형	지경 은	대답할 유 인월도[人月刀] 유

아래 설명을 읽고 빈칸에 보기 와 같이 쓰세요.

보기 良書(어질 량)(글 서)[양서]

制霸( )( )〔 〕

도▸ ①패권(霸權)을 잡음. ②운동·바둑 따위의 경기에서 우승(優勝)함. 例 세계를 制霸하다.

爭霸( )( )〔 〕

도▸ ①패자(霸者)가 되려고 다툼. ②우승을 다툼.

霸權( )( )〔 〕

도▸ 으뜸의 지위를 차지하여 가지는 권력.

輪迴( )( )〔 〕

도▸ ①차례로 돌아감. ②'輪迴生死'의 준말.

迴風( )( )〔 〕

도▸ 회오리바람.

巡迴( )( )〔 〕

도▸ (여러 곳을) 차례로 돌아다님. 돌아봄.

鏞鼓( )( )〔 〕

도▸ 종과 북. 종고(鐘鼓).

참 **龍鼓**(용고) ▹ 용을 그린 우리나라 북의 하나.

丁若鏞〔 〕

( )( )( )

도▸ 조선 때의 실학자. 號는 다산(茶山), 與猶堂이다.

茅塞( )( )〔 〕

도▸ '띠가 나서 막힌다'는 뜻으로, '마음이 욕심(慾心)으로 말미암아 막힘'을 이르는 말.

茅屋( )( )〔 〕

도▸ 띠로 지붕을 이은 집.

崔炯( )( )〔 〕

도▸ 조선 때의 천주교(天主敎) 순교자(殉敎者).

炯鑑( )( )〔 〕

도▸ 분명함, 또는 상세(詳細)한 모범. 명감(明鑑).

垠際( )( )〔 〕

도▸ 끝. 가장자리.

참 **銀製**(은제) ▹ 은으로 만들어진 물건.

郭垠( )( )〔 〕

도▸ 조선 때의 문신(文臣)으로, 字는 안부(岸夫), 본관은 청주(淸州)이다.

兪扁之門〔 〕

( )( )( )( )

도▸ '兪扁'은 고대의 명의(名醫)인 '유부(兪跗)'와 '편작(扁鵲)'을 말하는 것으로, '명의를 배출(輩出)한 가문(家門)'을 이르는 말.

도움글

- **輪迴生死** : (불교에서) 중생의 영혼은 해탈을 얻을 때까지 육체와 같이 멸하지 않고 업(業)에 의하여 다른 生을 받아 무시무종(無始無終)으로 생사(生死)를 반복한다는 말.
- 「霸」자는 「覇」자와 쓰임의 같은 이체자로, 「霸」자가 정자(正字)이고, 「覇」자는 속자(俗字)이다.

아래 한자의 뜻[訓]과 소리[音]를 자세히 익혀봅시다.

☆표는 人名·地名用 漢字임

津 (水)	胎 (肉)	盈☆ (皿)	疆☆ (田)	郁☆ (邑)	洵☆ (水)	蟾☆ (虫)
나루 진	아이밸 태	찰 영	지경 강	성할 욱	참으로 순	두꺼비 섬

아래 설명을 읽고 빈칸에 보기 와 같이 쓰세요. 보기 良書(어질 량)(글 서)[양서]

問津(　　　)(　　　)〔　　　〕

도▸ '나루터가 있는 곳을 묻는다'는 뜻으로, '학문에 들어가는 길을 물음'을 비유하여 이르는 말.

참 文鎭(문진) ▷ 책장이나 종이가 바람에 날리지 않도록 누르는 물건. 서진(書鎭).

津液(　　　)(　　　)〔　　　〕

도▸ 생물체(生物體) 안에서 생겨나는 액체(液體). [수액(樹液)이나 체액(體液) 따위.]

胎膜(　　　)(　　　)〔　　　〕

도▸ 태아를 싸서 보호하고 호흡·영양 작용을 맡은 태반을 이루는 양막(羊膜)·장막(漿膜)·요막(尿膜) 따위를 통틀어 이르는 말.

胎盤(　　　)(　　　)〔　　　〕

도▸ 포유동물에서 볼 수 있는 배(胚)의 양육기관. [임신(妊娠)하면 자궁 내벽과 태아의 사이에서 영양 공급·호흡·배출 따위의 기능을 맡은, 혈관이 풍부한 해면상(海綿狀)의 조직]

참 太半(태반) ▷ 반수 이상. 예 太半이 결석하였다.

참 殆半(태반) ▷ 거의 절반. 예 출품작은 殆半이 비슷한 내용이었다.

盈滿(　　　)(　　　)〔　　　〕

도▸ ①풍성(豊盛)하고 그득하게 함. ②(집안이) 번성(繁盛)함. 성만(盛滿). 영성(盈盛).

盈尺(　　　)(　　　)〔　　　〕

도▸ ①한 자 남짓. ②'사방 한 자 정도의 넓이'라는 뜻으로, '협소함'을 이르는 말.

疆域(　　　)(　　　)〔　　　〕

도▸ 국경(國境), 또는 경내(境內)의 땅.

참 江域(강역) ▷ 강 근처의 지역.

邊疆(　　　)(　　　)〔　　　〕

도▸ 나라와 나라의 경계가 되는 변두리 지역. 변경(邊境). 변계(邊界). 변방(邊方). 변새(邊塞).

郁烈(　　　)(　　　)〔　　　〕

도▸ 향기(香氣)가 강렬(強烈)함.

洵美(　　　)(　　　)〔　　　〕

도▸ 진실(眞實)로 아름다움.

참 純味(순미) ▷ 다른 맛이 섞이지 않은 순수한 맛.

참 淳美(순미) ▷ 풍속이 순후하고 아름다움.

蟾兔(　　　)(　　　)〔　　　〕

도▸ '달'의 다른 이름. ['달 속에 두꺼비와 옥토끼가 산다'는 전설에서 온 말.]

蟾注(　　　)(　　　)〔　　　〕

도▸ 두꺼비 모양으로 만든 벼루.

도움글

○「兔」자는「兎」자와 쓰임이 같은 이체자로,「兔」자가 정자(正字)이고,「兎」자는 속자(俗字)이다.

예1 霸 = 覇　예2 妊 = 姙　예3 昆 = 毗　예4 沖 = 冲　예5 雁 = 鴈

○ 혼동하기 쉬운 한자　1 疆과 彊(굳셀 강)　2 拘와 狗(개 구)　3 繫와 擊(칠 격)

아래 한자의 뜻[訓]과 소리[音]를 자세히 익혀봅시다. ☆표는 人名·地名用 漢字임

鬱 (鬯)	穩 (禾)	苑 (艸)	禹☆ (禸)	洙☆ (水)	彦☆ (彡)	奎☆ (大)	亮☆ (亠)
답답할 울	편안할 온	나라동산 원	성姓 우	물가 수	선비 언	별 규	밝을 량

아래 설명을 읽고 빈칸에 보기 와 같이 쓰세요. 보기 良書(어질 량)(글 서)[양서]

鬱寂( )( )〔 〕

도▸ 마음이 답답하고 쓸쓸함. 예 기분이 鬱寂하다.

참 鬱積(울적) ▷ 울화(鬱火)가 쌓임. ②불평(不平) 불만(不滿)이 쌓임.

鬱蒼( )( )〔 〕

도▸ (주로 큰 나무들이) 빽빽하게 들어서 매우 무성하고 푸름. 鬱鬱蒼蒼. 예 鬱蒼한 숲.

穩健( )( )〔 〕

도▸ (생각이나 언행 등이) 온당(穩當)하고 건전(健全)함. 예 穩健하게 일을 처리하다.

참 溫乾(온건) ▷ 따뜻하고 습기(濕氣)가 없음.

平穩( )( )〔 〕

도▸ 고요하고 안온(安穩)함. 예 마음이 平穩하다.

참 平溫(평온) ▷ ①평상시의 온도. ②평균온도.

苑墻( )( )〔 〕

도▸ 정원(庭園)의 담.

秘苑( )( )〔 〕

도▸ 궁궐(宮闕) 안의 동산과 정원. 금원(禁苑).

참 悲願(비원) ▷ 온갖 힘을 기울여서 이루려고 하는 비장(悲壯)한 소원(所願).

禹跡( )( )〔 〕

도▸ 우왕(禹王)의 발자국이 중국 전역(全域)에 미쳤다는 뜻으로 '중국(中國)'을 이르는 말.

禹甸( )( )〔 〕

도▸ 중국의 다른 이름. 禹域. [우왕이 홍수를 다스려 구주(九州)에 족적(足跡)을 남긴 구역이란 뜻]

洙泗( )( )〔 〕

도▸ ①중국 산동성(山東省)에 있는 수수(洙水)와 사수(泗水)인 두 강의 이름. ②공자(孔子)의 학(學) 및 그 학통(學統)을 이르는 말.

彦聖( )( )〔 〕

도▸ 뛰어나고 현철(賢哲)한 인물.

俊彦( )( )〔 〕

도▸ 재주와 슬기가 뛰어난 사람. 준걸(俊傑).

奎章( )( )〔 〕

도▸ 임금의 글씨. 규한(奎翰).

亮察( )( )〔 〕

도▸ (사정 따위를) 밝게 살핌.

참 諒察(양찰) ▷ 헤아려 살핌. 양촉(諒燭).

도움글

○ 정자正字와 속자俗字 1 墻 = 牆 2 祕 = 秘 3 礙 = 碍 4 柏 = 栢

○ 奎章閣(규장각) : 역대 임금의 글·서화(書畫)·고명(顧命)·유교(遺敎)·선보(璿譜)·보감(寶鑑) 등을 보관하던 관청(官廳). 내각(內閣). 이문원(摛文院). [정조(正祖) 원년(元年)에 설치]

아래 한자의 뜻[訓]과 소리[音]를 자세히 익혀봅시다. ☆표는 人名·地名用 漢字임

姬 (女)	蹴 (足)	昴☆ (日)	衍☆ (行)	炫☆ (火)	廬☆ (广)	姚☆ (女)
계집 희	찰[蹴球] 축	별이름 묘	넓을 연	밝을 현	농막農幕집 려	예쁠 요

아래 설명을 읽고 빈칸에 보기 와 같이 쓰세요. 보기 良書(어질 량)(글 서)[양서]

寵姬(　　)(　　)〔　　〕
도▸ 총애(寵愛)를 받는 여자. ※ 寵 1級 (괼 총)

幸姬(　　)(　　)〔　　〕
도▸ 특별히 사랑을 받는 여자.

舞姬(　　)(　　)〔　　〕
도▸ 춤을 추거나 춤추는 일을 업으로 하는 여자.

蹴球(　　)(　　)〔　　〕
도▸ 구기(球技)의 한 가지. [두 편이 정해진 시간 안에 발, 또는 머리를 이용하여 공을 상대편의 골 속에 넣음으로써 승부(勝負)를 겨루는 경기(競技)]

蹴踏(　　)(　　)〔　　〕
도▸ 밟고 걸어다님. 힘껏 밟음.

昴降(　　)(　　)〔　　〕
도▸ 한(漢)나라의 소하(蕭何)가 묘성(昴星)의 정기(精氣)를 타고 태어났다는 데서, '귀인(貴人)이 태어남'을 이르는 말.

昴宿(　　)(　　)〔　　〕
도▸ 이십팔수(二十八宿)의 하나. 도

炫怪(　　)(　　)〔　　〕
도▸ 기이(奇異)한 일을 하여 남을 놀라게 함.

始蹴(　　)(　　)〔　　〕
도▸ (축구에서) 시합이 시작될 때나 어느 한 팀이 득점을 하여 시합을 다시 시작할 때, 공을 중앙선의 가운데에 놓고 차는 일. 킥오프.

衍沃(　　)(　　)〔　　〕
도▸ 넓고 기름진 땅.
참 煉獄(연옥) ▹ (가톨릭에서) 죄를 범한 사람의 영혼이 천국에 들어가기 전에, 불에 의한 고통을 받음으로써 그 죄가 씻어진다는 곳.

衍義(　　)(　　)〔　　〕
도▸ ①인의(仁義)의 도(道)를 널리 폄. ②뜻을 넓혀서 설명함.

衍文(　　)(　　)〔　　〕
도▸ 문장 가운데 잘못 들어간 쓸데없는 글귀.
참 戀文(연문) ▹ 사랑의 편지. 연서(戀書).

廬幕(　　)(　　)〔　　〕
도▸ 궤연(几筵) 옆이나 무덤 가까이에 지어 상제(喪制)가 거처하는 초막(草幕).

姚江(　　)(　　)〔　　〕
도▸ ①중국 절강성 요여현 남쪽을 흐르는 강 이름. ②명(明)나라 때의 왕수인(王守仁), 또는 양명학파(陽明學派)를 이르는 말.

도움글

○ 二十八宿(이십팔수) : 고대의 인도·페르시아·중국에서 해와 달 및 행성들의 소재를 밝히기 위하여 황도(黃道)를 중심으로 나눈 천구(天球)의 스물여덟 자리. [東·西·南·北으로 각각 7개씩 자리함.] ※ 宿 (잘 숙, 별자리 수)

아래 한자의 뜻[訓]과 소리[音]를 자세히 익혀봅시다.

☆표는 人名·地名用 漢字임

虐 (虍)	姸☆ (女)	迦☆ (辶)	胤☆ (肉)	麒☆ (鹿)	峙☆ (山)	毘☆ (比)	鵬☆ (鳥)
모질 학	고울 연:	부처이름 가	자손 윤	기린 기	언덕 치	도울 비	새 붕

아래 설명을 읽고 빈칸에 보기 와 같이 쓰세요.

보기 良書(어질 량)(글 서)[양서]

侵虐(　　　)(　　　)〔　　　〕

뜻▸ 침범(侵犯)하여 포학(暴虐)스럽게 행동함. 침포(侵暴).

殘虐(　　　)(　　　)〔　　　〕

뜻▸ 잔인(殘忍)하고 포악(暴惡)함. 잔혹(殘酷).
예 殘虐한 짓을 저지르다.

姸麗(　　　)(　　　)〔　　　〕

뜻▸ 예쁘고 아름다움.

姸粧(　　　)(　　　)〔　　　〕

뜻▸ 예쁘게 화장(化粧)함, 또는 그 화장.
참 延長(연장) ▹ 시간·거리 따위를 본래보다 길게 늘임. 예 대중교통 운행 시간을 延長하다.

迦藍(　　　)(　　　)〔　　　〕

뜻▸ 절. 중이 사는 집. 가람(伽藍).

迦葉(　　　)(　　　)〔　　　〕

뜻▸ 석가의 십대제자(十代弟子)의 한 사람. [범어(梵語)의 음역(音譯)] ※ 葉(잎 엽, 성姓 섭.)

祚胤(　　　)(　　　)〔　　　〕

뜻▸ ①복(福)을 자손에게 길이 전함. ②훌륭한 자손.

胤玉(　　　)(　　　)〔　　　〕

뜻▸ '남의 아들'을 높이어 이르는 말.
참 潤屋(윤옥) ▹ ①집을 잘 꾸밈. ②재산을 이룸.

麒麟(　　　)(　　　)〔　　　〕

뜻▸ 성인(聖人)이 나올 전조(前兆)로 나타난다는 상상(想像)의 동물. [생명이 있는 것은 밟지도 먹지도 않는다고 함.]

峙糧(　　　)(　　　)〔　　　〕

뜻▸ 양식(糧食)을 쌓아 비축(備蓄)함.

對峙(　　　)(　　　)〔　　　〕

뜻▸ 서로 마주 대하여 버팀. 맞버팀. 대립(對立).
예 총칼로 對峙하고 있던 남북한이 평화국면으로 전환(轉換)하고 있다.
참 對置(대치) ▹ 마주 놓음.
참 代置(대치) ▹ 다른 것으로 바꾸어 놓음.

荼毘(　　　)(　　　)〔　　　〕

뜻▸ '불에 태운다'는 뜻으로, 불교에서 '화장(火葬)하는 일'을 달리 이르는 말.

鵬程(　　　)(　　　)〔　　　〕

뜻▸ '붕새가 날아가는 거리'란 뜻으로, '아득히 먼 길, 또는 멀고 먼 앞길'을 이르는 말. 도움

도움글

○ 鵬程萬里(붕정만리) : '붕새가 한 번 날갯짓을 하면 만 리(萬里)를 날아간다'는 뜻에서, '머나먼 노정(路程), 또는 훤히 펼쳐진 긴 앞날'을 이르는 말로 쓰인다.
예 鵬程萬里 떠나는 졸업생을 격려(激勵)하다.

꼭꼭 다지기

정답 ☞ 부록 27쪽

1. 다음 한자어의 독음을 쓰세요.

連霸( )	昴星( )	峙積( )	茅舍( )	炯燭( )
令胤( )	先蹤( )	津梁( )	胎夢( )	盈虛( )
馥郁( )	沈鬱( )	穩當( )	禹湯( )	英彦( )
奎文( )	佳姬( )	麗姬( )	敷衍( )	毘尼( )
炫轉( )	田廬( )	虐殺( )	釋迦( )	麒麟( )

2. 다음 뜻에 알맞은 한자성어를 완성하세요.

(1) ( )則多( )
▸ 오래 살면 그만큼 욕되는 일이 많다.

(2) 塗( )之( )
▸ '진구렁이나 숯불에 빠진 고통'이라는 뜻으로, '몹시 고생스러움, 또는 몹시 곤란한 경우'를 일컫는 말.

(3) ( )國( )世
▸ 나라를 다스리고 세상을 구제함.

(4) 如( )( )氷
▸ '살얼음을 밟는 것과 같다'는 뜻으로, '아슬아슬하고 불안한 지경'을 비유하여 이르는 말.

3. 다음 글의 밑줄 친 단어 중 낱말은 한자로 한자어는 독음으로 고쳐 쓰세요.

예술과 과학이 矛盾的(1)일 수밖에 없다는 생각은, 예술이 감각(2)·지각(3)들의 潛在意識的 영역(4)으로부터 유래하는 반면에 과학은 합리적인 숙고(5)로부터 유래한다고 믿기 때문에 존재한다. 그러나 과학적 창조도 예술적 창조(6)와 마찬가지로 無意識的인 것에 의해 觸發(7)된다. 또한 모든 예술 작품은 궁극적으로는 과학자가 과학적 연구에서 채용(8)하는 합리화(9)에 이르는 것과 비슷한 방법으로 객관화(10)된다.

- 김문환, 『과학과 예술의 비교』

(1)	(2)	(3)	(4)	(5)
(6)	(7)	(8)	(9)	(10)

도움글

○ 「沈鬱」에서 「沈」자는 「침」으로 읽는다. 「沈」자는 쓰임에 따라 그 뜻과 소리가 달라지므로 주의하여야 한다. 예1 沈清傳(심청전) ▸ (沈 : 성 심) 예2 沈默(침묵) ▸ (沈 : 잠길 침)

아래 한자의 뜻[訓]과 소리[音]를 자세히 익혀봅시다.

☆표는 人名·地名用 漢字임

姜☆(女)	柴☆(木)	瓊☆(玉)	珏☆(玉)	庠☆(广)	壎☆(土)	昺☆(日)	昞☆(日)
성姓 강	섶[柴薪] 시:	구슬 경	쌍옥 각	학교 상	질나팔 훈	밝을 병:	밝을 병:

아래 설명을 읽고 빈칸에 보기 와 같이 쓰세요.

보기 良書(어질 량)(글 서)[양서]

姜希顔〔 〕
( )( )( )
도▸ 조선 세조(世祖) 때의 서화가(書畫家). 號는 인재(仁齋)이다. [벼슬은 직제학(直提學)에 올랐으며, 詩·書·畫의 삼절(三絶)로 불려짐.]

柴炭( )( )〔 〕
도▸ 땔나무와 숯. 신탄(薪炭).

柴毒( )( )〔 〕
도▸ 한방에서, '나무의 가시에 찔려서 곪는 병'을 이르는 말.

瓊樓( )( )〔 〕
도▸ 달 속의 궁전(宮殿).

瓊樹( )( )〔 〕
도▸ ①'옥이 열린다'는 나무. [그 꽃을 먹으면 장수(長壽)한다고 함.] ②옥처럼 아름다운 나무. ③'인격이 고결(高潔)함'을 비유하여 이르는 말.

瓊韻( )( )〔 〕
도▸ 옥(玉)같이 아름다운 문장. 경장(瓊章).

珏庭( )( )〔 〕
도▸ 청(淸)나라 소기(邵玘)의 字.

庠校( )( )〔 〕
도▸ 학교(學校). 상효(庠斆).

庠序( )( )〔 〕
도▸ 중국 고대(古代) 지방의 학교. [은(殷)나라는 '序', 주(周)나라는 '庠'이라고 하였다.]

壎篪( )( )〔 〕
도▸ 피리의 한 가지. ['壎'은 흙으로 만든 것으로, 부르짖는 듯한 소리를 내고, '篪'는 대나무로 만든 것으로, 어린아이의 울음소리를 닮았다.] ※篪특급(저이름 지)

邢昺( )( )〔 〕
도▸ 송(宋)나라 때의 제음(濟陰) 사람이다.

다음 단어의 뜻에 반대, 또는 상대되는 한자어를 쓰세요.

(1) 直系 ↔ ( ) (2) 斬新 ↔ ( ) (3) 發掘 ↔ ( )
(4) 濫用 ↔ ( ) (5) 濕潤 ↔ ( )

도움글

- 「昺」자와 「昞」자는 원래 쓰임이 같은 이체자(異體字)이나 사람의 이름字에서는 그 뜻을 달리한다.
- 壎篪相和(훈지상화) : 壎과 篪는 피리에 속한 악기 이름으로, '형(兄)이 壎을 불면 아우[弟]는 篪를 불어, 서로 조화된 음률을 이룬다'는 뜻으로, '형제가 화합함'을 비유하여 이르는 말.

아래 한자의 뜻[訓]과 소리[音]를 자세히 익혀봅시다.

☆표는 人名·地名用 漢字임

玲☆(玉)	毖☆(比)	繩☆(糸)	珉☆(玉)	扁☆(戶)	范☆(艸)	驪☆(馬)	龐☆(龍)
옥소리 령	삼갈 비	노끈 승	옥돌 민	작을 편	성姓 범	검은말 려 검은말 리	높은집 방

아래 설명을 읽고 빈칸에 보기 와 같이 쓰세요.

보기 良書(어질 량)(글 서)[양서]

玲瓏(　　　)(　　　)〔　　　〕

도▸ ①구슬에 반사(反射)되거나 비치는 빛처럼 맑고 아름다움. 예 玲瓏한 아침 이슬. ②소리가 맑고 아름다움. 예 玲瓏한 목소리. ※ 瓏 1級

毖勞(　　　)(　　　)〔　　　〕

도▸ 삼가 위로(慰勞)함.

참 毘盧(비로) ▹ 비로자나불(毘盧遮那佛). 연화장 세계에 살며 그 몸은 법계에 두루 차서 큰 광명을 내비치어 중생을 제도하는 부처.

懲毖(　　　)(　　　)〔　　　〕

도▸ 전에 지은 잘못을 뉘우쳐 삼감. 애써 삼감.

繩墨(　　　)(　　　)〔　　　〕

도▸ ①먹줄. ②규칙(規則). 법도(法度).

捕繩(　　　)(　　　)〔　　　〕

도▸ 죄인(罪人)을 묶는 노끈. 박승(縛繩).

珉玉坑〔　　　〕

(　　　)(　　　)(　　　)

도▸ 지명(地名). [중국 하남성(河南省) 식현(息縣) 서북(西北)쪽에 있음.]

扁舟(　　　)(　　　)〔　　　〕

도▸ 작은 배. 조각배. 편주(片舟). 예 一葉片舟

扁額(　　　)(　　　)〔　　　〕

도▸ 방안이나 문 따위의 위에 거는 가로로 된 긴 액자(額子). 편제(扁題).

范世東〔　　　〕

(　　　)(　　　)(　　　)

도▸ 고려 때의 학자. 字는 여명보(汝明甫), 號는 복애(伏厓)이다. [고려가 망함에 만수산(萬壽山)에 은거하고, 조선 개국 후 벼슬에 나가지 않음.]

驪姬(　　　)(　　　)〔　　　〕

도▸ 중국 춘추시대 진(晉)나라 여융(驪戎)의 딸.

참 麗姬(여희) ▹ 아름다운 여자.

驪州(　　　)(　　　)〔　　　〕

도▸ 경기도 여주군의 군청 소재지인 읍(邑).

龐統(　　　)(　　　)〔　　　〕

도▸ 중국 삼국시대, 촉한(蜀漢)의 사람. [제갈량(諸葛亮)과 함께 유비(劉備)를 섬겨 중용(重用)됨.]

참 旁通(방통) ▹ 자세하고 분명하게 앎.

龐眉皓髮〔　　　〕

(　　　)(　　　)(　　　)(　　　)

도▸ '눈썹이 굵고 머리가 희다'는 뜻으로, '노인'을 이르는 말.

도움글

○ 繩趨尺步(승추척보) : '예절에 맞는 행동을 하는 사람'이라는 뜻으로, '유학자儒學者'를 이르는 말.

○ 혼동하기 쉬운 한자 　1 捕와 浦(개 포) 　2 扁과 篇(책 편) 　3 眉와 尾(꼬리 미)

아래 한자의 뜻[訓]과 소리[音]를 자세히 익혀봅시다.

☆표는 人名·地名用 漢字임

昱☆(日)	柄☆(木)	柯☆(木)	韋☆(韋)	俛☆(人)	醴☆(酉)	陜☆(阜)	이상 3급(1,817)을 제외한 2급 신습 한자(538)임
햇빛밝을 욱	자루 병:	가지 가	가죽 위	힘쓸 면: 구푸릴 면:	단술[甘酒] 례:	좁을 협 땅이름 합	

아래 설명을 읽고 빈칸에 보기 와 같이 쓰세요.

보기 良書(어질 량)(글 서)[양서]

昱耀(　　　　)(　　　　)〔　　　〕

도▸ 밝게 빛남. 훤히 빛남.

權柄(　　　　)(　　　　)〔　　　〕

도▸ 권력(權力)으로 사람을 마음대로 다룰 수 있는 힘. 또는 그러한 지위(地位).

참 權病(권병) ▹ 일을 면하려고 부리는 꾀병.

刑柄(　　　　)(　　　　)〔　　　〕

도▸ 사람을 단죄(斷罪)하는 권력(權力).

柯幹(　　　　)(　　　　)〔　　　〕

도▸ 가지와 줄기.

참 家間(가간) ▹ 온 집안.

伐柯(　　　　)(　　　　)〔　　　〕

도▸ '도끼자루를 도끼로 베다'는 말로, '도끼의 크기는 가지고 있는 도끼의 자루를 보면 될 것'이라는 뜻이다. 이는 '진리(眞理)는 눈앞에 있는 것이니 먼데서 구할 것이 아니라는 것'을 비유한 말이다.

韋編三絶〔　　　　　〕

(　　　)(　　　)(　　　)(　　　)

도▸ '공자(孔子)가 주역(周易)을 즐겨 읽어서 책을 묶은 가죽끈이 세 번이나 끊어졌다'는 고사(故事)에서 '독서에 힘씀'을 이르는 말.

俛仰(　　　　)(　　　　)〔　　　〕

도▸ ①아래를 내려다봄과 위를 쳐다봄. ②일상의 행동. 부앙(俯仰).

俛仰亭歌〔　　　　　〕

(　　　)(　　　)(　　　)(　　　)

도▸ 조선 중종 때, 송순(宋純)이 지은 가사(歌辭). [향리인 담양(潭陽)에 俛仰亭을 짓고, 그 주변의 아름다운 경치와 그 곳에서의 생활을 노래한 것임. 俛仰亭은 송순의 號이다.]

甘醴(　　　　)(　　　　)〔　　　〕

도▸ 맛이 좋은 술. 또는 단술. 감주(甘酒).

醴泉(　　　　)(　　　　)〔　　　〕

도▸ ①단맛이 나는 물이 솟는 샘. 감천(甘泉). 감로(甘露). ②샘물의 이름. ③경상북도 예천군의 군청 소재지.

陜川(　　　　)(　　　　)〔　　　〕

도▸ 경상남도 합천군의 군청 소재지.

陜薄(　　　　)(　　　　)〔　　　〕

도▸ 땅이 좁음. 토지가 협소(狹小)함. 협박(狹薄).

참 脅迫(협박) ▹ 해악(害惡)을 끼치겠다는 말을 하거나 태도를 지어 남에게 겁을 주는 일. 예 지주들은 소작지를 빼앗겠다고 脅迫했다.

도움글

○ 「陜」자는 「陝(땅이름 섬)」자와 혼동하기 쉬운 글자이므로, 특징을 찾아 구별해야 한다. 「陜」자는 안쪽을 「人(인)」자로 쓰고, 「陝(섬)」자는 안쪽을 「入(입)」자로 쓴다.

꼭꼭 다지기

정답 ☞ 부록 28쪽

1. 다음 한자어의 독음을 쓰세요.

柴油( )	瓦壎( )	瓊姿( )	庠校( )	韋匠( )
繩索( )	扁形( )	驪珠( )	政柄( )	柯葉( )

2. 다음 뜻에 알맞은 한자성어를 완성하세요.

(1) ( )骨難( )
▸'은혜(恩惠)를 입은 고마움이 뼛속 깊이 새겨져 잊기 어려움'을 이르는 말.

(2) 同( )異( )
▸'한 침상에 누워 다른 꿈을 꾼다'는 뜻으로, '같은 처지(處地)와 입장(立場)에서 저마다 다른 생각을 하는 것'을 비유하여 이르는 말.

(3) ( )本( )源
▸폐단(弊端)의 근원(根源)을 아주 없애 버림.

(4) 騷( )( )客
▸시문(詩文)과 서화(書畫)를 하는 풍류객(風流客).

(5) ( )強( )弱
▸강한 자를 누르고, 약한 자를 도와줌.

3. 다음 글의 밑줄 친 단어 중 낱말은 한자로 한자어는 독음으로 고쳐 쓰세요.

論述이란 오랜 시련(1)과 학습으로 이루어진 지적(2) 축적(3)을 緻密치밀한 論理를 통해 構築한 인간 內面의 표상(4)이다.

따라서 논술을 통해 개인의 창의적(5) 역량(6)과 人格과 敎養을 확인하며, 자아(7)를 成就하고자 하는 젊은 세대들의 논리와 사유(8)를 가늠해 본다.

논술은 하루아침에 축적되는 것이 아니며, 單純한 글재주만을 익히는 것이 아니다. 深度있는 학습과 오랜 고뇌(9) 속에서 點綴점철된 철학을 통해서만이 글 속에 生命力을 불어넣을 수 있으며, 창조적 지편(10)을 펼칠 수 있는 글샘이 될 수 있을 것이다.

(1)	(2)	(3)	(4)	(5)
(6)	(7)	(8)	(9)	(10)

도움글

○ 「繩索」에서 「索」자는 「삭」으로 발음한다. 「索」자는 쓰임에 따라 그 뜻과 소리가 달라지므로 주의하여야 한다. 예1 搜索(수색) ▸(索 : 찾을 색) 예2 索具(삭구) ▸(索 : 노 삭)

○ 「驪珠」는 '여의주(如意珠)'를 이르는 말로, 여기에서 「驪」자는 「리/이」로 읽는다.

한자능력검정시험 **2급**

훈음쓰기 · 한자쓰기

학습도움

훈음쓰기 · 한자쓰기

- ✔ 훈음訓音쓰기와 한자漢字쓰기는 3급(1,817자)을 제외한 2급 신습한자(538자)를 본문학습의 차례에 따라 총정리할 수 있도록 엮은 것입니다.
- ✔ 특히, 2급에 배정된 한자는 하나의 글자가 여러 가지의 훈과 음으로 쓰이는 예例가 많으므로, 별책부록에 수록된 배정한자(2,355자)를 참조하여 학습하기 바랍니다.

학습방법

[훈음쓰기 1 · 한자쓰기 1]와 [한자쓰기 2 · 훈음쓰기 2 …]를 풀이하여 서로 대조對照하여 정답을 확인한 후, 틀린 한자에 대해서는 낱말을 만들어서 반복 학습합니다.

정답확인

훈음쓰기와 한자쓰기를 서로 대조對照하면 정답을 확인할 수 있습니다.

아래 빈칸에 한자의 훈과 음을 쓰세요.

정답 ☞109쪽 ☆人名 · 地名用 漢字임 2급 훈음쓰기 1

准(冫)	孃(女)	俳(人)	荀☆(艸)	釜☆(金)	耀☆(羽)	耆☆(老)	陟☆(阜)
唆(口)	託(言)	脂(肉)	峻☆(山)	蘆☆(艸)	殷☆(殳)	祚☆(示)	桀☆(木)
峽(山)	娩(女)	匪(匚)	倭☆(人)	昊☆(日)	珪☆(玉)	祐☆(示)	馨☆(香)
衷(衣)	雎(隹)	蠶(虫)	旁☆(方)	埈☆(土)	峴☆(山)	珣☆(玉)	陜☆(阜)
倂(人)	隻(隹)	紊(糸)	礪☆(石)	烋☆(火)	秦☆(禾)	浚☆(水)	袁☆(衣)
哨(口)	潭(水)	紡(糸)	耽☆(耳)	桓☆(木)	邕☆(邑)	曺☆(曰)	祜☆(示)
艦(舟)	俸(人)	掘(手)	埃☆(土)	珥☆(玉)	晋☆(日)	晃☆(日)	淵☆(水)
赦(赤)	弦(弓)	鷗(鳥)	卨☆(卜)	冕☆(冂)	旌☆(方)	翊☆(羽)	倻☆(人)
彫(彡)	斬(斤)	悼(心)	珽☆(玉)	皐☆(白)	莞☆(艸)	崙☆(山)	淮☆(水)
釣(金)	紹(糸)	窒(穴)	崗☆(山)	埰☆(土)	釧☆(金)	淇☆(水)	彬☆(彡)

※ 훈음쓰기와 한자쓰기를 서로 대조(對照)하면 정답을 확인할 수 있습니다.

도움글

○ 다음은 틀리기 쉬운 漢字입니다. 한자의 訓과 音을 써보세요. 정답 ☞108쪽

(1) 經(　　) – 徑(　　)　(2) 困(　　) – 因(　　)　(3) 密(　　) – 蜜(　　)

아래 훈음에 알맞은 한자를 빈칸에 쓰세요. 정답 ☞ 110쪽

2급 한자쓰기 2

마귀마	띠신	우리권	밝을호	성채	도타울돈	새집소	순박할순
염탐할정	방패순	배박	밝을성	따를호	찾을멱	밝을철	곳집유/노적가리유
벼슬위	둘조	오동오	탈빙/성풍	옥이름기	큰덕	헤아릴규	공경할흠
굴대축	품팔고	탈초	수레가/사람이름가	시원할창	계집원	펼서	순임금순
대바구니롱	유황류	세놓을세	흴호	총윤	옥피리관	스승부	성팽
꽂을삽	모자모	과자과	아름다운옥기	요임금요	도울필	불을자	이랑주
허수아비괴	불릴식	높이들게/걸게	맑을정	바다이름발	성민	물이름위	명아주래
우산산	콩팥신	측백백	수나라수	여울단	뗏목벌	밝을석	여울탄
빛날란	항목관	마룻대동	물맑을식	옥홀종	솥귀현	추나라추	나라이름촉
진찰할진	쥘악	바둑기	큰거문고슬	꿩치	깊을황	비칠영	빛날욱

도움글

○ 限界狀況한계상황 : 죽음 따위와 같이 사람의 힘으로는 어찌할 수 없는 절대적 상황. 극한 상황.

○ 107쪽 정답 ☞ (1) 經(지날 경) – 徑(길 경)　(2) 困(곤할 곤) – 因(인할 인)
(3) 密(빽빽할 밀) – 蜜(꿀 밀)

아래 훈음에 알맞은 한자를 빈칸에 쓰세요. 정답 ☞ 107쪽

2급 한자쓰기 1

비준준	아가씨양	배우배	풀이름순	가마부	빛날요	늙을기	오를척
부추길사	부탁할탁	기름지	높을/준엄할준	갈대로	은나라은	복조	夏王이름걸
골짜기협	낳을만	비적비	왜나라왜	하늘호	홀규	복우	꽃다울형
속마음충	암컷자	누에잠	곁방	높을준	고개현	옥이름순	땅이름섬
아우를병	외짝척	문란할문	숫돌려	아름다울휴	성진	깊게할준	성원
망볼초	못담/깊을담	길쌈방	즐길탐	굳셀환	막힐옹	성조	복호
큰배함	녹봉	팔굴	티끌애	귀고리이	진나라진	밝을황	못연
용서할사	시위현	갈매기구	사람이름설	면류관면	기정	도울익	가야야
새길조	벨참	슬퍼할도	옥이름정	언덕고	빙그레할완/왕골관	산이름륜	물이름회
낚을조	이을소	막힐질	언덕강	사패지채	팔찌천	물이름기	빛날빈

도움글

○ 다음은 틀리기 쉬운 漢字입니다. 한자의 訓과 音을 써보세요. 정답 ☞ 110쪽

(1) 貧(　　　) − 貪(　　　)　(2) 葉(　　　) − 棄(　　　)　(3) 哀(　　　) − 衷(　　　)

아래 빈칸에 한자의 훈과 음을 쓰세요. 정답 ☞ 108쪽 2급 훈음쓰기 2

魔(鬼)	紳(糸)	圈(囗)	晧☆(日)	崔☆(山)	惇☆(心)	巢☆(巛)	淳☆(水)
偵(人)	盾(目)	舶(舟)	晟☆(日)	扈☆(戶)	覓☆(見)	喆☆(口)	庚☆(广)
尉(寸)	措(手)	梧(木)	馮☆(馬)	琦☆(玉)	悳☆(心)	揆☆(手)	欽☆(欠)
軸(車)	雇(隹)	焦(火)	軻☆(車)	敞☆(攴)	媛☆(女)	舒☆(舌)	舜☆(舛)
籠(竹)	硫(石)	貫(貝)	皓☆(白)	銑☆(金)	琯☆(玉)	傅☆(人)	彭☆(彡)
插(手)	帽(巾)	菓(艸)	琪☆(玉)	堯☆(土)	弼☆(弓)	滋☆(水)	疇☆(田)
傀(人)	殖(歹)	揭(手)	晶☆(日)	渤☆(水)	閔☆(門)	渭☆(水)	萊☆(艸)
傘(人)	胥(肉)	柏(木)	隋☆(阜)	湍☆(水)	筏☆(竹)	晳☆(日)	灘☆(水)
爛(火)	款(欠)	棟(木)	湜☆(水)	琮☆(玉)	鉉☆(金)	鄒☆(邑)	蜀☆(虫)
診(言)	握(手)	棋(木)	瑟☆(玉)	雉☆(隹)	滉☆(水)	暎☆(日)	煜☆(火)

도움글

- 脫水症勢탈수증세 : 땀을 몹시 흘리거나 소변을 자주 보아 체내의 수분 부족으로 일어나는 증세.
- 109쪽 정답 ☞ (1) 貧(가난할 빈) – 貪(탐할 탐) (2) 葉(잎 엽) – 棄(버릴 기)
  (3) 哀(슬플 애) – 衷(속마음 충)

아래 빈칸에 한자의 훈과 음을 쓰세요. 정답 ☞ 113쪽

2급 훈음쓰기 3

汎(水)	絞(糸)	煉(火)	楡(木)✩	鈺(金)✩	溶(水)✩	頊(頁)✩	瑗(玉)✩
窟(穴)	預(頁)	礙(石)	葡(艸)✩	楞(木)✩	麟(鹿)✩	椿(木)✩	塘(土)✩
憩(心)	艇(舟)	裸(衣)	煥(火)✩	瑄(玉)✩	楨(木)✩	楸(木)✩	頓(頁)✩
痲(疒)	熙(火)	靴(革)	貊(豸)✩	鉀(金)✩	軾(車)✩	楚(木)✩	董(艸)✩
滄(水)	傭(人)	滑(水)	塏(土)✩	雍(隹)✩	鼎(鼎)✩	瓚(玉)✩	稙(禾)✩
硯(石)	惹(心)	瓜(瓜)	賈(貝)✩	瑛(玉)✩	鷺(鳥)✩	鉢(金)✩	尹(尸)✩
葛(艸)	溺(水)	纖(糸)	聚(耳)✩	亢(亠)✩	銖(金)✩	鷹(鳥)✩	允(儿)✩
刃(刀)	瑞(玉)	搬(手)	漣(水)✩	禎(示)✩	兢(儿)✩	睿(目)✩	卞(卜)✩
網(糸)	幻(幺)	弗(弓)	趙(走)✩	箕(竹)✩	瑢(玉)✩	裵(衣)✩	熊(火)✩
琢(玉)	熔(火)	濃(水)	槐(木)✩	輔(車)✩	甄(瓦)✩	熏(火)✩	赫(赤)✩

도움글

○ 다음은 틀리기 쉬운 漢字입니다. 한자의 訓과 音을 써보세요. 정답 ☞112쪽

(1) 紫(　　　) － 柴(　　　)　(2) 脫(　　　) － 稅(　　　)　(3) 砲(　　　) － 胞(　　　)

아래 훈음에 알맞은 한자를 빈칸에 쓰세요.

정답 ☞ 114쪽

2급 한자쓰기 4

기를사	티끌진	태풍태	볼첨	물이름보	옥선	물가정	무궁화근
클석	드러날창	오랑캐만	죽일류/묘금도류	불빛돈	옥돌영	아름다울희	성반
안방규	더부살이교	자석자	들보량	노루장	노나라 로 노둔할 로	별태	클비
모을종	문벌벌	머리감을목	나라이름등	나라정	쑥봉	클석	넓을호
싫어할염	심할혹	맺을체	성채	피직	아름다운옥근	고을이름울	향기은
머무를주	상자상	궁벽할벽	고깔변	경계할경	홀장	탐스러울화	맑을철
매혹할매	삼삼	펼포	성장	별이름기	바랄기	빛날엽	물가오
물어줄배	물굽이만	막막	멀료	괘이름간	성로	성모/보리모	복희희
문지를마	펼부	가릴차	마을염	오랑캐흉	이름돌	넘을유	햇살치밀 섬 나라이름 섬
수레량	아교교	창모	종족이름예	기뻐할희	굳셀강	막을알	빛날희

도움글

- 促成栽培촉성재배 : 씨를 뿌리는 시기부터 수확기까지 계속 보온된 시설에서 작물을 가꾸는 방식.
- 111쪽 정답 ☞ (1) 紫(자줏빛 자) – 柴(섶 시) (2) 脫(벗을 탈) – 稅(거둘 세)
  (3) 砲(대포 포) – 胞(세포 포)

아래 훈음에 알맞은 한자를 빈칸에 쓰세요.

정답 ☞ 111쪽

2급 한자쓰기 3

넓을범	목맬교	달굴련	느릅나무유	보배옥	녹을용	삼갈욱	구슬원
굴굴	맏길예	거리낄애	포도포	모릉/네모질릉	기린린	참죽나무춘	못당
쉴게	큰배정	벗을라	빛날환	도리옥선	광나무정	가래추	조아릴돈
저릴마	빛날희	신화	맥국맥	갑옷갑	수레가로나무식	초나라초	바를동
큰바다창	품팔용	미끄러울활	높은땅개	화할옹	솥정	옥잔찬	올벼직
벼루연	이끌야	외과	성가	옥빛영	백로로/해오라기로	바리때발	성윤
칡갈	빠질닉	가늘섬	모을취	높을항	저울눈수	매응	맏윤
칼날인	상서서	운반할반	잔물결련	상서로울정	떨릴긍	슬기예	성변
그물망	헛보일환	아닐불/말불	나라조	키기	패옥소리용	성배	곰웅
다듬을탁	녹을용	짙을농	회화(느티)나무괴	도울보	질그릇견	불길훈	빛날혁

도움글

○ 다음은 틀리기 쉬운 漢字입니다. 한자의 訓과 音을 써보세요. 정답 ☞ 114쪽

(1) 鄕(　　　) － 卿(　　　)　(2) 渴(　　　) － 謁(　　　)　(3) 僑(　　　) － 矯(　　　)

佳人薄命(가인박명) ▷ '아름다운 여자는 수명(壽命)이 짧음'을 이르는 말.

아래 빈칸에 한자의 훈과 음을 쓰세요. 정답 ☞ 112쪽

2급 훈음쓰기 4

飼(食)	塵(土)	颱(風)	瞻☆(目)	潽☆(水)	璇☆(玉)	汀☆(水)	槿☆(木)
碩(石)	彰(彡)	蠻(虫)	劉☆(刀)	燉☆(火)	瑩☆(玉)	嬉☆(女)	潘☆(水)
閨(門)	僑(人)	磁(石)	樑☆(木)	獐☆(犬)	魯☆(魚)	台☆(口)	丕☆(一)
綜(糸)	閥(門)	沐(水)	鄧☆(邑)	鄭☆(邑)	蓬☆(艸)	爽☆(大)	澔☆(水)
厭(厂)	酷(酉)	締(糸)	蔡☆(艸)	稷☆(禾)	瑾☆(玉)	蔚☆(艸)	誾☆(言)
駐(馬)	箱(竹)	僻(人)	弁☆(廾)	儆☆(人)	璋☆(玉)	嬅☆(女)	澈☆(水)
魅(鬼)	蔘(艸)	鋪(金)	蔣☆(艸)	璣☆(玉)	冀☆(八)	燁☆(火)	墺☆(土)
賠(貝)	灣(水)	膜(肉)	遼☆(辶)	艮☆(艮)	盧☆(皿)	牟☆(牛)	羲☆(羊)
摩(手)	敷(攴)	遮(辶)	閻☆(門)	匈☆(勹)	乭☆(乙)	踰☆(足)	暹☆(日)
輛(車)	膠(肉)	矛(矛)	濊☆(水)	憙☆(心)	彊☆(弓)	闞☆(門)	熹☆(火)

도움글

- 仲介貿易중개무역 : 제삼국의 무역업자가 주체가 되어, 물자를 외국에서 외국으로 이동하는 무역 형태
- 113쪽 정답 ☞ (1) 鄕(시골 향) – 卿(벼슬 경) (2) 渴(목마를 갈) – 謁(뵐 알) (3) 僑(더부살이 교) – 矯(바로잡을 교)

5

아래 빈칸에 한자의 훈과 음을 쓰세요. 정답 ☞ 117쪽

2급 훈음쓰기

札(木)	撤(手)	歐(欠)	樺☆(木)	濂☆(水)	价☆(人)	錫☆(金)	穆☆(禾)
尼(尸)	蔑(艸)	藍(艸)	鮑☆(魚)	庄☆(广)	伊☆(人)	后☆(口)	圭☆(土)
諮(言)	旨(日)	劑(刀)	艾☆(艸)	鴨☆(鳥)	璟☆(玉)	旭☆(日)	宋☆(宀)
輯(車)	憾(心)	壹(士)	薛☆(艸)	邢☆(邑)	呂☆(口)	吳☆(口)	鑽☆(金)
勳(力)	諜(言)	翰(羽)	串☆(丨)	鞠☆(革)	磻☆(石)	禧☆(示)	址☆(土)
餐(食)	融(虫)	悽(心)	燦☆(火)	襄☆(衣)	岐☆(山)	甸☆(田)	壕☆(土)
洛(水)	妖(女)	尿(尸)	徽☆(彳)	甫☆(用)	璨☆(玉)	汪☆(水)	杏☆(木)
酸(酉)	鍛(金)	趨(走)	燮☆(火)	駿☆(馬)	杓☆(木)	沃☆(水)	玖☆(玉)
療(疒)	癌(疒)	濠(水)	阪☆(阜)	沂☆(水)	兑☆(儿)	杆☆(木)	鍵☆(金)
呈(口)	坑(土)	謄(言)	彌☆(弓)	濬☆(水)	沖=冲☆(水)	檜☆(木)	伽☆(人)

도움글

○ 다음은 틀리기 쉬운 漢字입니다. 한자의 訓과 音을 써보세요. 정답 ☞ 116쪽

(1) 減(　　　) - 滅(　　　)　(2) 已(　　　) - 巳(　　　)　(3) 理(　　　) - 埋(　　　)

過猶不及(과유불급) ▷ '지나침은 미치지 못함과 같다.'는 뜻으로, '중용(中庸)이 중(重)함'을 이르는 말.

아래 훈음에 알맞은 한자를 빈칸에 쓰세요. 정답 ☞118쪽

2급 한자쓰기 6

목구멍후	살구	아이밸임	천리마기	물이름면/빠질면	막을두	넓을항	도울우
꿰맬봉	되승	쓸개담	해길창	물이름문	언덕부	언덕구	비칠도
창과	던질포	일대	말갈말	오랑캐이름갈	화할민	물깊을홍	물이름심
집터대	절찰	끌랍	물이름사	스며흐를필	불빛혁	불꽃병	언덕파
날매	들평	아름다운돌민	빛날경	쇠녹일용	산등성이강	성위	기울선
대궐궐	두려워할포	밝을준	왕성할왕	성예	못소	잡을병	불땔취
두이/갖은두이	한숨쉴희	향풀훈	하늘민	구슬선	독옹	조나라서울한	그르칠류
막을저	무게이름일	땅이름소/성소	준마기	기쁠이	줄춤일	기울왜	오동나무동
살갗부	향기분	물맑을형	호경호	향풀운	지초지	등나무등	모형형
주검시	곶갑	꾀모	뛰어날걸	풍채채	향기복	으뜸패	돌회

도움글

- 定容比熱(정용비열) : 물질의 체적(體積)을 일정하게 유지한 채, 그 온도를 올리는 데 소요되는 열량.
- 115쪽 정답 ☞ (1) 減(덜 감) - 滅(멸할 멸)　(2) 已(이미 이) - 巳(뱀 사)
  (3) 理(다스릴 리) - 埋(묻을 매)

아래 훈음에 알맞은 한자를 빈칸에 쓰세요. 정답 ☞ 115쪽

2급 한자쓰기 5

편지찰	거둘철	구라파구/칠구	자작나무화	물이름렴	클개	주석석	화목할목
여승니	업신여길멸	쪽람	절인물고기포	전장장	저이	임금후/왕후후	서옥규/쌍토규
물을자	뜻지	약제제	쑥애	오리압	옥빛경	아침해욱	성송
모을집	섭섭할감	한일/갖은한일	성설	성형	성려/법칙려	성오	뚫을찬
공훈	염탐할첩	편지한	땅이름곶/꿸관	성국	반계반/반계번	복희	터지
밥찬	녹을융	슬퍼할처	빛날찬	도울양	갈림길기	경기전	해자호
물이름락	요사할요	오줌뇨	아름다울휘	클보	옥빛찬	넓을왕	살구행
실산	쇠불릴단	달아날추	불꽃섭	준마준	북두자루표	기름질옥	옥돌구
병고칠료	암암	호주호	언덕판	물이름기	바꿀태/기쁠열	몽둥이간	열쇠건/자물쇠건
드릴정	구덩이갱	베낄등	미륵미/오랠미	깊을준	화할충	전나무회	절가

도움글

○ 다음은 틀리기 쉬운 漢字입니다. 한자의 訓과 音을 써보세요. 정답 ☞ 118쪽

(1) 巨(　　) - 臣(　　)　(2) 隣(　　) - 憐(　　)　(3) 郡(　　) - 群(　　)

如鼓琴瑟(여고금슬) ▷ '부부 사이가 다정하고 화목함'을 비유하여 이르는 말.

아래 빈칸에 한자의 훈과 음을 쓰세요. 정답 ☞ 116쪽

정답 ☞ 116쪽

2급 훈음쓰기 6

喉(口)	購(貝)	妊(女)	驥(馬)☆	沔(水)☆	杜(木)☆	沆(水)☆	佑(人)☆
縫(糸)	升(十)	膽(肉)	昶(日)☆	汶(水)☆	阜(阜)☆	邱(邑)☆	燾(火)☆
戈(戈)	抛(手)	戴(戈)	鞦(革)☆	鞠(革)☆	旼(日)☆	泓(水)☆	瀋(水)☆
垈(土)	刹(刀)	拉(手)	泗(水)☆	泌(水)☆	爀(火)☆	炳(火)☆	坡(土)☆
枚(木)	坪(土)	玟(玉)☆	炅(火)☆	鎔(金)☆	岡(山)☆	魏(鬼)☆	繕(糸)
闞(門)	怖(心)	晙(日)☆	旺(日)☆	芮(艸)☆	沼(水)☆	秉(禾)☆	炊(火)
貳(貝)	噫(口)	薰(艸)☆	昊(日)☆	璿(玉)☆	甕(瓦)☆	邯(邑)☆	謬(言)
沮(水)	鎰(金)☆	邵(邑)☆	騏(馬)☆	怡(心)☆	佾(人)☆	歪(止)	桐(木)
膚(肉)	芬(艸)☆	瀅(水)☆	鎬(金)☆	芸(艸)☆	芝(艸)☆	藤(艸)	型(土)
屍(尸)	岬(山)☆	謨(言)☆	杰(木)☆	釆(釆)☆	馥(香)☆	霸(雨)	廻(廴)

도움글

- 一衣帶水일의대수 : 한 가닥의 띠와 같은 좁은 냇물이나 바닷물, 또는 그것을 사이에 둔 관계.
- 117쪽 정답 ☞ (1) 巨(클 거) – 臣(신하 신) (2) 隣(이웃 린) – 憐(불쌍히여길 련) (3) 郡(고을 군) – 群(무리 군)

아래 빈칸에 한자의 훈과 음을 쓰세요. 정답 ☞ 120쪽

鏞☆(金)	茅☆(艸)	炯☆(火)	垠☆(土)	兪☆(入)	津(水)	胎(肉)	盈☆(皿)
疆☆(田)	郁☆(邑)	洵☆(水)	蟾☆(虫)	鬱☆(鬯)	穩(禾)	苑☆(艸)	禹☆(内)
洙☆(水)	彦☆(彡)	奎☆(大)	亮☆(亠)	姬(女)	蹴(足)	昴☆(日)	衍☆(行)
炫☆(火)	廬☆(广)	姚☆(女)	虐(虍)	姸☆(女)	迦☆(辶)	胤☆(肉)	麒☆(鹿)
峙☆(山)	毘☆(比)	鵬☆(鳥)	姜☆(女)	柴☆(木)	瓊☆(玉)	珏☆(玉)	庠☆(广)
壎☆(土)	昺☆(日)	昞☆(日)	玲☆(玉)	毖☆(比)	繩☆(糸)	珉☆(玉)	扁☆(戶)
范☆(艸)	驪☆(馬)	龐☆(龍)	昱☆(日)	柄☆(木)	柯☆(木)	韋☆(韋)	俛☆(人)
醴☆(酉)	陜☆(阜)						

다음 한자성어를 완성하세요. 정답 ☞ 120쪽 하단 문제와 비교하세요.

(1)危(　　)一髮　(2)(　　)羅萬象　(3)男(　　)女戴　(4)(　　)言令色　(5)東(　　)西走

(6)勞心(　　)思　(7)雪上(　　)霜　(8)言語(　　)斷　(9)同床(　　)夢　(10)龍頭蛇(　　)

도움글

○ 다음은 틀리기 쉬운 漢字입니다. 한자의 訓과 音을 써보세요. 정답 ☞ 120쪽

(1) 辯(　　) － 辨(　　)　(2) 懷(　　) － 壞(　　)　(3) 遺(　　) － 遣(　　)

아래 훈음에 알맞은 한자를 빈칸에 쓰세요.

정답 ☞ 119쪽

2급 한자쓰기 7

쇠북용	띠모	빛날형	지경은	대답할 유 인월도 유	나루진	아이밸태	찰영
지경강	성할욱	참으로순	두꺼비섬	답답할울	편안할온	나라동산원	성우
물가수	선비언	별규	밝을량	계집희	찰축	별이름묘	넓을연
밝을현	농막집려	예쁠요	모질학	고울연	부처이름가	자손윤	기린기
언덕치	도울비	새봉	성강	섶시	구슬경	쌍옥각	학교상
질나팔훈	밝을병	밝을병	옥소리령	삼갈비	노끈승	옥돌민	작을편
성범	나귀려	높은집방	햇빛밝을욱	자루병	가지가	가죽위	구푸릴면
단술례	땅이름합						

다음 한자성어를 완성하세요.

정답 ☞ 119쪽 하단 문제와 비교하세요.

(1)(　　)機一髮 (2)森羅萬(　　) (3)男負女(　　) (4)巧言(　　)色 (5)東奔西(　　)

(6)(　　)心焦思 (7)雪上加(　　) (8)言語道(　　) (9)同(　　)異夢 (10)龍頭(　　)尾

도움글

○ 方底圓蓋방저원개 : '네모난 바닥에 둥근 뚜껑'이란 뜻으로, '사물이 서로 맞지 아니함'을 이르는 말.

○ 119쪽 정답 ☞ (1) 辯(말씀 변) – 辨(분별할 변) (2) 懷(품을 회) – 壞(무너질 괴) (3) 遺(남길 유) – 遣(보낼 견)

한자능력검정시험 2급

꾸러미

(반대자 / 유의자 / 동자다음한자)

학습도움

반대자 · 반의어(123쪽 ~ 156쪽)

✔ 반대자(反對字) : 두 개의 글자가 서로 반대, 또는 상대相對되는 뜻을 가진 낱말을 말한다.
✔ 반의어(反義語) : 두 개의 낱말이 서로 반대, 또는 상대相對되는 뜻으로 이루어진 낱말을 말한다.

유의자 · 유의어(157쪽 ~ 194쪽)

✔ 유의자(類義字) : 두 개의 글자가 서로 뜻이 비슷하고 대등對等한 뜻을 가진 낱말을 말한다.
✔ 유의어(類義語) : 뜻이 비슷한 낱말을 말하는 것으로, 이는 '비슷한 말', 또는 '유사어類似語'라고도 한다.

동자다음한자(195쪽 ~ 200쪽)

하나의 글자가 둘 이상의 소리를 가진 한자를 말하는 것으로, 이를 '전주자轉注字'라고도 한다.

정답확인

홀수 쪽과 짝수 쪽을 서로 대조對照하면 정답을 확인할 수 있습니다.

☞ **반대자**(反對字) · **상대자**(相對字)란, 두 개의 글자가 서로 뜻이 반대되거나 상대(相對)되는 뜻을 가진 낱말을 말한다.

5급加 - 4Ⅱ減(가감)
5급可 - 4급否(가부)
5급加 - 4Ⅱ除(가제)
4급干 - 2급戈(간과)
4급干 - 4Ⅱ滿(간만)
4급簡 - 4Ⅱ細(간세)
4급甘 - 6급苦(감고)
7Ⅱ江 - 8급山(강산)
6급強 - 6Ⅱ弱(강약)
3Ⅱ剛 - 3Ⅱ柔(강유)
4급開 - 4급閉(개폐)
5급去 - 7급來(거래)
5급去 - 4Ⅱ留(거류)
4급巨 - 4Ⅱ細(거세)
3Ⅱ乾 - 3급坤(건곤)
3Ⅱ乾 - 3Ⅱ濕(건습)
6급京 - 4Ⅱ鄕(경향)
5급輕 - 7급重(경중)
4Ⅱ經 - 3급緯(경위)
4Ⅱ慶 - 3급弔(경조)
3Ⅱ硬 - 3Ⅱ軟(경연)
4급繼 - 4Ⅱ絶(계절)
3Ⅱ啓 - 4급閉(계폐)
6급古 - 6Ⅱ今(고금)
6급苦 - 6Ⅱ樂(고락)

6Ⅱ高 - 3Ⅱ卑(고비)
6Ⅱ高 - 4Ⅱ低(고저)
6Ⅱ高 - 7Ⅱ下(고하)
3Ⅱ姑 - 4Ⅱ婦(고부)
5급曲 - 7Ⅱ直(곡직)
7Ⅱ空 - 5Ⅱ陸(공륙)
6Ⅱ功 - 5Ⅱ過(공과)
6Ⅱ功 - 5급罪(공죄)
6Ⅱ公 - 4급私(공사)
4급攻 - 4Ⅱ防(공방)
4급攻 - 4Ⅱ守(공수)
3Ⅱ供 - 3Ⅱ需(공수)
2급戈 - 2급盾(과순)
4Ⅱ官 - 8급民(관민)
3Ⅱ寬 - 3Ⅱ猛(관맹)
6Ⅱ光 - 4Ⅱ陰(광음)
8급敎 - 6급習(교습)
8급敎 - 8급學(교학)
3Ⅱ巧 - 3급拙(교졸)
2급購 - 3급販(구판)
4급君 - 8급民(군민)
4급君 - 5Ⅱ臣(군신)
4급屈 - 3급伸(굴신)
3Ⅱ弓 - 3급矢(궁시)
5급貴 - 3Ⅱ賤(귀천)

4급勤 - 3급慢(근만)
4급勤 - 3급怠(근태)
6Ⅱ今 - 6급古(금고)
6Ⅱ今 - 3급昔(금석)
6Ⅱ急 - 3Ⅱ緩(급완)
3Ⅱ及 - 5급落(급락)
4Ⅱ起 - 5Ⅱ結(기결)
4Ⅱ起 - 4급伏(기복)
4Ⅱ起 - 3급臥(기와)
4Ⅱ起 - 3Ⅱ陷(기함)
3급飢 - 3급飽(기포)
5급吉 - 5Ⅱ凶(길흉)
3Ⅱ諾 - 4급否(낙부)
4Ⅱ難 - 4급易(난이)
8급南 - 8급北(남북)
7Ⅱ男 - 8급女(남녀)
7Ⅱ內 - 8급外(내외)
3Ⅱ奴 - 3Ⅱ婢(노비)
2급濃 - 3Ⅱ淡(농담)
6급多 - 3Ⅱ寡(다과)
6급多 - 7급少(다소)
4Ⅱ單 - 4급複(단복)
6Ⅱ短 - 8급長(단장)
4Ⅱ斷 - 4Ⅱ續(단속)
3Ⅱ旦 - 7급夕(단석)

7Ⅱ答 - 7급問(답문)
5Ⅱ當 - 5급落(당락)
5Ⅱ當 - 4급否(당부)
8급大 - 7급小(대소)
3Ⅱ貸 - 3Ⅱ借(대차)
5급都 - 7Ⅱ農(도농)
8급東 - 8급西(동서)
7급同 - 4급異(동이)
7Ⅱ動 - 4급靜(동정)
7Ⅱ動 - 5급止(동지)
7급冬 - 7급夏(동하)
6급頭 - 3Ⅱ尾(두미)
3급鈍 - 3급敏(둔민)
4Ⅱ得 - 3Ⅱ喪(득상)
4Ⅱ得 - 6급失(득실)
7급登 - 4급降(등강)
7급登 - 5급落(등락)
3급騰 - 5급落(등락)
5Ⅱ良 - 4급否(양부)
7급來 - 4Ⅱ往(내왕)
7급來 - 5급去(내거)
5급冷 - 5급熱(냉열)
5급冷 - 4Ⅱ暖(냉난)
5급冷 - 6급溫(냉온)
7급老 - 7급少(노소)

假弄成眞(가롱성진) ▷ 장난삼아 한 것이 진심으로 한 것같이 됨. 농가성진(弄假成眞).

☞ **반대자**(反對字) · **상대자**(相對字)란, 두 개의 글자가 서로 뜻이 반대되거나 상대(相對)되는 뜻을 가진 낱말을 말한다.

7급老 - 3Ⅱ幼(노유)
7급老 - 6Ⅱ童(노동)
5Ⅱ勞 - 6급使(노사)
5Ⅱ陸 - 7Ⅱ海(육해)
6Ⅱ理 - 4급亂(이란)
6Ⅱ利 - 5Ⅱ害(이해)
4급離 - 6급合(이합)
3Ⅱ吏 - 8급民(이민)
4Ⅱ滿 - 4급干(만간)
5급賣 - 5급買(매매)
2성俛 - 3Ⅱ仰(면앙)
6Ⅱ明 - 3Ⅱ滅(명멸)
6Ⅱ明 - 4Ⅱ暗(명암)
8급母 - 7Ⅱ子(모자)
2급矛 - 2급盾(모순)
7급問 - 7Ⅱ答(문답)
7급文 - 4Ⅱ武(문무)
7급文 - 6급言(문언)
7Ⅱ物 - 7급心(물심)
6급美 - 3급醜(미추)
8급民 - 4Ⅱ官(민관)
6Ⅱ班 - 4Ⅱ常(반상)
6Ⅱ發 - 5Ⅱ着(발착)
7Ⅱ方 - 4Ⅱ圓(방원)
4Ⅱ背 - 6급向(배향)

8급白 - 5급黑(백흑)
3급煩 - 4급簡(번간)
3Ⅱ腹 - 4Ⅱ背(복배)
6급本 - 5급末(본말)
8급父 - 8급母(부모)
8급父 - 7Ⅱ子(부자)
7급夫 - 4Ⅱ婦(부부)
7급夫 - 3Ⅱ妻(부처)
3Ⅱ浮 - 3Ⅱ沈(부침)
8급北 - 8급南(북남)
6Ⅱ分 - 6급合(분합)
4Ⅱ悲 - 6Ⅱ樂(비락)
4Ⅱ悲 - 4급歡(비환)
4Ⅱ悲 - 4급喜(비희)
3Ⅱ卑 - 6Ⅱ高(비고)
4Ⅱ貧 - 4Ⅱ富(빈부)
3급賓 - 7급主(빈주)
5급氷 - 5급炭(빙탄)
6급死 - 8급生(사생)
6급死 - 7Ⅱ活(사활)
5Ⅱ士 - 8급民(사민)
4Ⅱ師 - 8급弟(사제)
3Ⅱ邪 - 7Ⅱ正(사정)
8급山 - 7급川(산천)
8급山 - 5급河(산하)

8급山 - 7Ⅱ海(산해)
4Ⅱ殺 - 7Ⅱ活(살활)
7Ⅱ上 - 7Ⅱ下(상하)
5급賞 - 4Ⅱ罰(상벌)
4Ⅱ常 - 6Ⅱ班(상반)
3Ⅱ詳 - 4급略(상략)
8급生 - 3Ⅱ滅(생멸)
8급生 - 3Ⅱ沒(생몰)
8급生 - 6급死(생사)
8급生 - 4Ⅱ殺(생살)
3급暑 - 5급寒(서한)
8급先 - 7Ⅱ後(선후)
5급善 - 5Ⅱ惡(선악)
6Ⅱ成 - 5급敗(성패)
4Ⅱ盛 - 3Ⅱ衰(성쇠)
4Ⅱ細 - 8급大(세대)
3Ⅱ疏 - 4Ⅱ密(소밀)
2급紹 - 4Ⅱ絶(소절)
4Ⅱ續 - 4Ⅱ斷(속단)
4급損 - 4Ⅱ得(손득)
4급損 - 4Ⅱ益(손익)
4Ⅱ送 - 4Ⅱ受(송수)
4Ⅱ送 - 4급迎(송영)
8급水 - 5Ⅱ陸(수륙)
8급水 - 8급火(수화)

7Ⅱ手 - 7Ⅱ足(수족)
5Ⅱ首 - 3Ⅱ尾(수미)
4Ⅱ收 - 5급給(수급)
4Ⅱ收 - 4Ⅱ支(수지)
4Ⅱ受 - 5급給(수급)
4Ⅱ受 - 4급與(수여)
4Ⅱ受 - 3Ⅱ拂(수불)
4Ⅱ授 - 4Ⅱ受(수수)
3Ⅱ需 - 5급給(수급)
4급叔 - 3급姪(숙질)
5Ⅱ順 - 4Ⅱ逆(순역)
6급勝 - 4급負(승부)
6급勝 - 5급敗(승패)
3Ⅱ昇 - 4급降(승강)
3Ⅱ乘 - 4급降(승강)
3Ⅱ乘 - 4Ⅱ除(승제)
6Ⅱ始 - 5급末(시말)
6Ⅱ始 - 5급終(시종)
4Ⅱ是 - 4급非(시비)
6Ⅱ新 - 6급古(신고)
6Ⅱ新 - 5Ⅱ舊(신구)
6Ⅱ身 - 7급心(신심)
6Ⅱ信 - 4급疑(신의)
5Ⅱ臣 - 8급民(신민)
3급伸 - 4급縮(신축)

☞ **반대자**(反對字) · **상대자**(相對字)란, 두 개의 글자가 서로 뜻이 반대되거나 상대(相對)되는 뜻을 가진 낱말을 말한다.

3급晨 - 3급昏(신혼)
6급失 - 4Ⅱ得(실득)
5Ⅱ實 - 4급否(실부)
7급心 - 6Ⅱ身(심신)
7급心 - 6Ⅱ體(심체)
4Ⅱ深 - 3Ⅱ淺(심천)
3Ⅱ雅 - 4Ⅱ俗(아속)
7Ⅱ安 - 4급否(안부)
7Ⅱ安 - 4급危(안위)
6급愛 - 5Ⅱ惡(애오)
6급愛 - 3Ⅱ憎(애증)
3Ⅱ哀 - 6Ⅱ樂(애락)
3Ⅱ哀 - 4급歡(애환)
6급陽 - 4Ⅱ陰(양음)
3Ⅱ抑 - 3Ⅱ揚(억양)
6급言 - 7급文(언문)
6급言 - 6급行(언행)
4급與 - 4Ⅱ受(여수)
4급與 - 6급野(여야)
4급與 - 4급否(여부)
7급然 - 4급否(연부)
3Ⅱ炎 - 3Ⅱ涼(염량)
2급姸 - 3급醜(연추)
4Ⅱ榮 - 3급枯(영고)
4Ⅱ榮 - 3Ⅱ辱(영욕)

4급迎 - 4Ⅱ送(영송)
2성盈 - 4Ⅱ虛(영허)
4급豫 - 5Ⅱ決(예결)
3급銳 - 3급鈍(예둔)
4Ⅱ玉 - 6급石(옥석)
6급溫 - 5급冷(온랭)
6급溫 - 3Ⅱ涼(온량)
3Ⅱ緩 - 6Ⅱ急(완급)
4Ⅱ往 - 7급來(왕래)
4Ⅱ往 - 3급返(왕반)
4Ⅱ往 - 4Ⅱ復(왕복)
6Ⅱ用 - 3급捨(용사)
7Ⅱ右 - 7Ⅱ左(우좌)
5Ⅱ雨 - 3급晴(우청)
4급優 - 3급劣(우열)
5급雄 - 2급雌(웅자)
6급遠 - 6급近(원근)
4급怨 - 4Ⅱ恩(원은)
8급月 - 8급日(월일)
7급有 - 5급無(유무)
4Ⅱ恩 - 4급怨(은원)
4급隱 - 5Ⅱ見(은견)
4급隱 - 6Ⅱ現(은현)
4급隱 - 5Ⅱ見(은현)
4급隱 - 4급顯(은현)

6Ⅱ音 - 4Ⅱ義(음의)
6Ⅱ音 - 6급訓(음훈)
4Ⅱ陰 - 6급陽(음양)
4Ⅱ陰 - 3급晴(음청)
4급異 - 7급同(이동)
5급因 - 6Ⅱ果(인과)
8급人 - 7급天(인천)
8급日 - 8급月(일월)
5Ⅱ任 - 3Ⅱ免(임면)
7급入 - 5급落(입락)
7급入 - 7급出(입출)
7Ⅱ子 - 8급女(자녀)
7Ⅱ子 - 8급母(자모)
7Ⅱ自 - 5급他(자타)
4급姉 - 4급妹(자매)
2급雌 - 5급雄(자웅)
6Ⅱ昨 - 6Ⅱ今(작금)
8급長 - 6Ⅱ短(장단)
8급長 - 3Ⅱ幼(장유)
4Ⅱ將 - 5Ⅱ兵(장병)
4Ⅱ將 - 5Ⅱ士(장사)
4Ⅱ將 - 5Ⅱ卒(장졸)
7Ⅱ前 - 7Ⅱ後(전후)
4Ⅱ田 - 3급畓(전답)
7Ⅱ正 - 6Ⅱ反(정반)

7Ⅱ正 - 4Ⅱ副(정부)
7Ⅱ正 - 4급否(정부)
7Ⅱ正 - 3Ⅱ邪(정사)
7Ⅱ正 - 4Ⅱ誤(정오)
7Ⅱ正 - 3Ⅱ僞(정위)
8급弟 - 8급兄(제형)
7급祖 - 6급孫(조손)
6급朝 - 3급暮(조모)
6급朝 - 7급夕(조석)
6급朝 - 6급野(조야)
4Ⅱ早 - 3Ⅱ晩(조만)
3급燥 - 3Ⅱ濕(조습)
4Ⅱ尊 - 3Ⅱ卑(존비)
4Ⅱ尊 - 3Ⅱ侍(존시)
4급存 - 5급亡(존망)
4급存 - 3Ⅱ滅(존멸)
4급存 - 3Ⅱ沒(존몰)
4급存 - 5급無(존무)
4급存 - 3Ⅱ廢(존폐)
5급終 - 6Ⅱ始(종시)
3Ⅱ縱 - 3Ⅱ橫(종횡)
2급綜 - 3급析(종석)
7Ⅱ左 - 7Ⅱ右(좌우)
3Ⅱ坐 - 7Ⅱ立(좌립)
3Ⅱ坐 - 3급臥(좌와)

☞ **반대자**(反對字) · **상대자**(相對字)란, 두 개의 글자가 서로 뜻이 반대되거나 상대(相對)되는 뜻을 가진 낱말을 말한다.

5급罪 - 4Ⅱ罰(죄벌)
5급罪 - 4급刑(죄형)
7급主 - 5Ⅱ客(주객)
7급主 - 4급從(주종)
6급晝 - 6급夜(주야)
8급中 - 8급外(중외)
7급重 - 5급輕(중경)
4Ⅱ衆 - 3Ⅱ寡(중과)
4Ⅱ增 - 4Ⅱ減(증감)
4Ⅱ增 - 3Ⅱ削(증삭)
4Ⅱ增 - 4급損(증손)
3Ⅱ憎 - 6급愛(증애)
3급贈 - 7Ⅱ答(증답)
7급地 - 7급天(지천)
5Ⅱ知 - 6급行(지행)
4급智 - 3Ⅱ愚(지우)
3급遲 - 6급速(지속)
4Ⅱ眞 - 4Ⅱ假(진가)
4Ⅱ眞 - 3Ⅱ僞(진위)
4Ⅱ進 - 4Ⅱ退(진퇴)
6Ⅱ集 - 4Ⅱ配(집배)
6Ⅱ集 - 4급散(집산)
3Ⅱ借 - 3Ⅱ貸(차대)
5Ⅱ着 - 6Ⅱ發(착발)
3Ⅱ贊 - 6Ⅱ反(찬반)

2성陟 - 4급降(척강)
7급天 - 3Ⅱ壤(천양)
7급天 - 7급地(천지)
3Ⅱ淺 - 4Ⅱ深(천심)
5급鐵 - 6급石(철석)
3급添 - 4Ⅱ減(첨감)
3급添 - 3Ⅱ削(첨삭)
6Ⅱ淸 - 3급濁(청탁)
3급晴 - 5Ⅱ雨(청우)
3급晴 - 4Ⅱ陰(청음)
5급初 - 5급終(초종)
4급推 - 4Ⅱ引(추인)
3급醜 - 6급美(추미)
7급春 - 7급秋(춘추)
7급出 - 4Ⅱ缺(출결)
7급出 - 4급納(출납)
7급出 - 3Ⅱ沒(출몰)
7급出 - 7급入(출입)
4Ⅱ忠 - 4Ⅱ逆(충역)
4Ⅱ取 - 3Ⅱ貸(취대)
4Ⅱ取 - 3급捨(취사)
2성聚 - 4급散(취산)
4Ⅱ治 - 4급亂(치란)
3Ⅱ沈 - 3Ⅱ浮(침부)
4Ⅱ快 - 3급鈍(쾌둔)

5급炭 - 5급氷(탄빙)
3Ⅱ吐 - 4급納(토납)
4급投 - 5급打(투타)
5급敗 - 4Ⅱ興(패흥)
3Ⅱ廢 - 7Ⅱ立(폐립)
3Ⅱ廢 - 4Ⅱ置(폐치)
6Ⅱ表 - 3Ⅱ裏(표리)
4Ⅱ豊 - 5Ⅱ凶(풍흉)
3Ⅱ皮 - 4급骨(피골)
3Ⅱ彼 - 3Ⅱ我(피아)
3Ⅱ彼 - 3Ⅱ此(피차)
7급夏 - 7급冬(하동)
8급學 - 7급問(학문)
5급寒 - 4Ⅱ暖(한란)
5급寒 - 3급暑(한서)
5급寒 - 5급熱(한열)
5급寒 - 6급溫(한온)
4급閑 - 3급忙(한망)
7Ⅱ海 - 7Ⅱ空(해공)
7Ⅱ海 - 5Ⅱ陸(해륙)
6급向 - 4Ⅱ背(향배)
4Ⅱ虛 - 5Ⅱ實(허실)
4Ⅱ賢 - 3Ⅱ愚(현우)
4급顯 - 3Ⅱ微(현미)
4급顯 - 4Ⅱ密(현밀)

3Ⅱ玄 - 4Ⅱ素(현소)
8급兄 - 8급弟(형제)
6Ⅱ形 - 3Ⅱ影(형영)
4급刑 - 5급罪(형죄)
4Ⅱ好 - 5Ⅱ惡(호오)
4Ⅱ呼 - 4Ⅱ應(호응)
4Ⅱ呼 - 4Ⅱ吸(호흡)
3급昏 - 6Ⅱ明(혼명)
6Ⅱ和 - 6Ⅱ戰(화전)
3Ⅱ禍 - 5Ⅱ福(화복)
7Ⅱ活 - 4Ⅱ殺(활살)
3Ⅱ皇 - 8급民(황민)
6Ⅱ會 - 4급散(회산)
7Ⅱ後 - 8급先(후선)
4급厚 - 3Ⅱ薄(후박)
6급訓 - 8급學(훈학)
3급毁 - 3Ⅱ譽(훼예)
5Ⅱ凶 - 5급吉(흉길)
5Ⅱ凶 - 4Ⅱ豊(흉풍)
3Ⅱ胸 - 4Ⅱ背(흉배)
5급黑 - 8급白(흑백)
4Ⅱ興 - 5급亡(흥망)
4Ⅱ興 - 5급敗(흥패)
4급喜 - 4Ⅱ怒(희로)
4급喜 - 4Ⅱ悲(희비)

☞ **반대자**(反對字) · **상대자**(相對字)란, 두 개의 글자가 서로 반대, 또는 상대(相對)되는 뜻을 가진 낱말을 말한다.

☞

多	少
많을다	적을소

아래의 훈과 음에 알맞은 반대자를 위와 같이 한자로 쓰세요.

정답 ☞ 128쪽 하단

더할 가	덜 감	방패 간	창 과	방패 간	찰 만	열 개	닫을 폐
하늘 건	땅 곤	마를 간/건	젖을 습	지날 경	씨 위	경사 경	조상할 조
시어미 고	며느리 부	높을 고	낮을 저	칠 공	막을 방	칠 공	지킬 수
부지런할근	게으를 태	미칠 급	떨어질 락	일어날 기	엎드릴 복	더불 여	아닐 부
일할 로/노	하여금 사	짙을 농	맑을 담	홑 단	겹칠 복	아침 단	저녁 석
빌릴 대	빌 차	움직일 동	고요할 정	밝을 명	어두울 암	창 모	방패 순

○ 아래는 서로 뜻이 반대, 또는 상대되는 한자입니다. 독음을 쓰세요.

정답 ☞ 128쪽 상단

文-武 (　　　) 美-醜 (　　　) 班-常 (　　　) 繁-簡 (　　　) 腹-背 (　　　)
夫-妻 (　　　) 浮-沈 (　　　) 貧-富 (　　　) 賓-主 (　　　) 師-弟 (　　　)
盛-衰 (　　　) 疏-密 (　　　) 損-益 (　　　) 送-迎 (　　　) 需-給 (　　　)
首-尾 (　　　) 收-支 (　　　) 順-逆 (　　　) 昇-降 (　　　) 是-非 (　　　)
伸-縮 (　　　) 深-淺 (　　　) 安-危 (　　　) 愛-惡 (　　　)

夏扇冬曆(하선동력) ▷ '여름의 부채와 겨울의 새해 책력'이라는 뜻으로, '선물(膳物)이 철에 맞음'을 이르는 말.

☞ **반대자**(反對字) · **상대자**(相對字)란, 두 개의 글자가 서로 반대, 또는 상대(相對)되는 뜻을 가진 낱말을 말한다.

☞

多	少
많을 다	적을 소

아래의 훈과 음에 알맞은 반대자를 위와 같이 한자로 쓰세요.

정답 ☞ 127쪽 하단

글월 문	호반 무	아름다울 미	추할 추	나눌 반	떳떳할 상	번성할 번	대쪽 간
배 복	등 배	지아비 부	아내 처	뜰 부	잠길 침	가난할 빈	부자 부
손님 빈	주인 주	스승 사	아우 제	성할 성	쇠할 쇠	소통할 소	빽빽할 밀
덜 손	더할 익	보낼 송	맞을 영	쓰일 수	줄 급	머리 수	꼬리 미
거둘 수	지탱할 지	순할 순	거스를 역	오를 승	내릴 강	이 시	아닐 비
펼 신	줄일 축	깊을 심	얕을 천	편안 안	위태할 위	사랑 애	미워할 오

○ 아래는 서로 뜻이 반대, 또는 상대되는 한자입니다. 독음을 쓰세요.

정답 ☞ 127쪽 상단

加-減 (　　)	干-戈 (　　)	干-滿 (　　)	開-閉 (　　)	乾-坤 (　　)
乾-濕 (　　)	經-緯 (　　)	慶-弔 (　　)	姑-婦 (　　)	高-低 (　　)
攻-防 (　　)	攻-守 (　　)	勤-怠 (　　)	及-落 (　　)	起-伏 (　　)
與-否 (　　)	勞-使 (　　)	濃-淡 (　　)	單-複 (　　)	旦-夕 (　　)
貸-借 (　　)	動-靜 (　　)	明-暗 (　　)	矛-盾 (　　)	

☞ **반대자**(反對字) · **상대자**(相對字)란, 두 개의 글자가 서로 반대, 또는 상대(相對)되는 뜻을 가진 낱말을 말한다.

☞

多	少
많을다	적을소

아래의 훈과 음에 알맞은 반대자를 위와 같이 한자로 쓰세요.

정답 ☞ 130쪽 하단

사랑 애	미울 증	슬플 애	기쁠 환	누를 억	날릴 양	더불 여	들 야
영화 영	욕될 욕	느릴 완	급할 급	넉넉할 우	못할 렬/열	은혜 은	원망할 원
그늘 음	볕 양	다를 이	한가지 동	떠날 리/이	합할 합	암컷 자	수컷 웅
스스로 자	이를 지	스스로 자	다를 타	긴 장	어릴 유	장수 장	마칠 졸
밭 전	논 답	바를 정	그르칠 오	일찍 조	늦을 만	맡길 임	면할 면
있을 존	망할 망	높을 존	낮을 비	있을 존	폐할 폐	세로 종	가로 횡

○ 아래는 서로 뜻이 반대, 또는 상대되는 한자입니다. 독음을 쓰세요.

정답 ☞ 130쪽 상단

主-從 ( )	衆-寡 ( )	增-減 ( )	眞-假 ( )	眞-僞 ( )
集-配 ( )	集-散 ( )	贊-反 ( )	添-削 ( )	晴-雨 ( )
出-缺 ( )	出-沒 ( )	出-納 ( )	親-疏 ( )	表-裏 ( )
彼-我 ( )	虛-實 ( )	賢-愚 ( )	好-惡 ( )	禍-福 ( )
厚-薄 ( )	興-亡 ( )	喜-怒 ( )	喜-悲 ( )	

☞ **반대자**(反對字) · **상대자**(相對字)란, 두 개의 글자가 서로 반대, 또는 상대(相對)되는 뜻을 가진 낱말을 말한다.

☞

多	少
많을다	적을소

아래의 훈과 음에 알맞은 반대자를 위와 같이 한자로 쓰세요.

정답 ☞ 129쪽 하단

주인 주	좇을 종	무리 중	적을 과	더할 증	덜 감	참 진	거짓 가
참 진	거짓 위	모을 집	나눌 배	모을 집	흩을 산	도울 찬	돌아올 반
더할 첨	깎을 삭	갤 청	비 우	날 출	이지러질결	날 출	빠질 몰
날 출	들일 납	친할 친	소통할 소	겉 표	속 리	저 피	나 아
빌 허	열매 실	어질 현	어리석을우	좋을 호	미워할 오	재앙 화	복 복
두터울 후	엷을 박	일 흥	망할 망	기쁠 희	성낼 노/로	기쁠 희	슬플 비

○ 아래는 서로 뜻이 반대, 또는 상대되는 한자입니다. 독음을 쓰세요.

정답 ☞ 129쪽 상단

愛-憎 (　　)	哀-歡 (　　)	抑-揚 (　　)	與-野 (　　)	榮-辱 (　　)
緩-急 (　　)	優-劣 (　　)	恩-怨 (　　)	陰-陽 (　　)	異-同 (　　)
離-合 (　　)	雌-雄 (　　)	自-至 (　　)	自-他 (　　)	長-幼 (　　)
將-卒 (　　)	田-畓 (　　)	正-誤 (　　)	早-晩 (　　)	任-免 (　　)
存-亡 (　　)	尊-卑 (　　)	存-廢 (　　)	縱-橫 (　　)	

遠交近攻(원교근공) ▷ 중국 전국 시대의 외교 정책으로, '먼 나라와 친교를 맺고 가까운 나라를 공격함'을 이르는 말.

☞ **반의어**(反義語) · **상대어**(相對語)란, 두 개의 낱말이 서로 반대, 또는 상대되는 뜻으로 이루어진 낱말을 말한다.

5급5Ⅱ 可決(가결)-4급5Ⅱ 否決(부결)
3Ⅱ7Ⅱ 架空(가공)-5Ⅱ6급 實在(실재)
5급5급 加熱(가열)-5급3급 冷却(냉각)
5급7급 加重(가중)-5급4Ⅱ 輕減(경감)
3급7Ⅱ 却下(각하)-4Ⅱ6Ⅱ 受理(수리)
3Ⅱ6Ⅱ 幹線(간선)-4Ⅱ6Ⅱ 支線(지선)
4급3급 干涉(간섭)-6Ⅱ5Ⅱ 放任(방임)
4급4급 干潮(간조)-4Ⅱ4급 滿潮(만조)
6급5Ⅱ 感性(감성)-6Ⅱ5Ⅱ 理性(이성)
4Ⅱ7급 減少(감소)-4Ⅱ5급 增加(증가)
6급5Ⅱ 感情(감정)-6Ⅱ5Ⅱ 理性(이성)
4Ⅱ4Ⅱ 減退(감퇴)-4Ⅱ4Ⅱ 增進(증진)
6급3Ⅱ 強硬(강경)-3Ⅱ6Ⅱ 柔和(유화)
6급3Ⅱ 強硬(강경)-3Ⅱ6Ⅱ 軟弱(연약)
6급5급 強固(강고)-3Ⅱ6Ⅱ 薄弱(박약)
6급8급 強大(강대)-6Ⅱ8급 弱小(약소)
6급4Ⅱ 強制(강제)-5Ⅱ6Ⅱ 任意(임의)
6급6Ⅱ 強風(강풍)-3Ⅱ6Ⅱ 微風(미풍)
3Ⅱ5급 剛健(강건)-4급3Ⅱ 優柔(우유)
3Ⅱ5급 剛健(강건)-3Ⅱ6Ⅱ 柔弱(유약)
4급3Ⅱ 降臨(강림)-3Ⅱ7급 昇天(승천)
6급6Ⅱ 開放(개방)-4급3Ⅱ 閉鎖(폐쇄)
4Ⅱ6급 個別(개별)-7Ⅱ6Ⅱ 全體(전체)
3Ⅱ7급 概算(개산)-4Ⅱ7급 精算(정산)
3Ⅱ7급 蓋然(개연)-5Ⅱ7급 必然(필연)

5Ⅱ5Ⅱ 客觀(객관)-7급5Ⅱ 主觀(주관)
5Ⅱ6Ⅱ 客體(객체)-7급6Ⅱ 主體(주체)
4급8급 巨大(거대)-3Ⅱ8급 微小(미소)
4급4Ⅱ 巨富(거부)-4Ⅱ4Ⅱ 極貧(극빈)
4급4급 拒否(거부)-4Ⅱ3Ⅱ 應諾(응낙)
4급4급 拒否(거부)-4Ⅱ3Ⅱ 承諾(승낙)
4급4급 拒否(거부)-4Ⅱ4급 容納(용납)
4급4급 拒否(거부)-4Ⅱ4Ⅱ 容認(용인)
4급4급 拒否(거부)-4Ⅱ4Ⅱ 承認(승인)
4급4Ⅱ 拒絶(거절)-4Ⅱ3Ⅱ 承諾(승낙)
4급4Ⅱ 拒絶(거절)-4Ⅱ4Ⅱ 承認(승인)
5급4Ⅱ 建設(건설)-4Ⅱ3Ⅱ 破壞(파괴)
3Ⅱ3급 乾燥(건조)-3Ⅱ3Ⅱ 濕潤(습윤)
4급6Ⅱ 傑作(걸작)-3급6Ⅱ 拙作(졸작)
4급4Ⅱ 儉素(검소)-3Ⅱ5급 浪費(낭비)
4급5Ⅱ 儉約(검약)-3Ⅱ5급 浪費(낭비)
5Ⅱ6Ⅱ 結果(결과)-7Ⅱ4급 動機(동기)
5Ⅱ6Ⅱ 結果(결과)-5급5급 原因(원인)
5Ⅱ3Ⅱ 決裂(결렬)-6급6Ⅱ 合意(합의)
5Ⅱ3Ⅱ 決裂(결렬)-6Ⅱ4Ⅱ 和解(화해)
5Ⅱ7급 決算(결산)-4급7급 豫算(예산)
5Ⅱ5급 決選(결선)-4급5급 豫選(예선)
5Ⅱ6급 決定(결정)-4Ⅱ4Ⅱ 留保(유보)
5Ⅱ6급 結合(결합)-6Ⅱ4급 分離(분리)
5급4Ⅱ 輕減(경감)-5급7급 加重(가중)

5급3Ⅱ 輕薄(경박)-7급4급 重厚(중후)
5급3Ⅱ 輕率(경솔)-3Ⅱ7급 愼重(신중)
5급4Ⅱ 輕視(경시)-7급4Ⅱ 重視(중시)
4Ⅱ6급 經度(경도)-3급6급 緯度(위도)
4Ⅱ4Ⅱ 經常(경상)-3Ⅱ7Ⅱ 臨時(임시)
3Ⅱ7Ⅱ 硬直(경직)-3Ⅱ3Ⅱ 柔軟(유연)
6Ⅱ3Ⅱ 高尙(고상)-3Ⅱ4Ⅱ 卑俗(비속)
6Ⅱ3Ⅱ 高尙(고상)-4Ⅱ4Ⅱ 低俗(저속)
6Ⅱ3Ⅱ 高雅(고아)-3Ⅱ4Ⅱ 卑俗(비속)
6Ⅱ3Ⅱ 高雅(고아)-4Ⅱ4Ⅱ 低俗(저속)
6Ⅱ6급 高遠(고원)-3Ⅱ6급 卑近(비근)
6Ⅱ5Ⅱ 高調(고조)-4Ⅱ5Ⅱ 低調(저조)
4Ⅱ6Ⅱ 故意(고의)-5Ⅱ6급 過失(과실)
5급6급 固定(고정)-5Ⅱ7Ⅱ 流動(유동)
6급4급 苦痛(고통)-4Ⅱ6Ⅱ 快樂(쾌락)
4급4Ⅱ 困難(곤란)-4Ⅱ4급 容易(용이)
6Ⅱ6급 公開(공개)-4급3급 隱蔽(은폐)
3Ⅱ5급 供給(공급)-3Ⅱ5Ⅱ 需要(수요)
7Ⅱ3Ⅱ 空腹(공복)-4Ⅱ3Ⅱ 滿腹(만복)
7Ⅱ4Ⅱ 空想(공상)-6Ⅱ5Ⅱ 現實(현실)
4급4Ⅱ 攻勢(공세)-4Ⅱ4Ⅱ 守勢(수세)
6Ⅱ6Ⅱ 共用(공용)-4급6Ⅱ 專用(전용)
6Ⅱ7급 共有(공유)-4급7급 專有(전유)
6Ⅱ7Ⅱ 公平(공평)-3Ⅱ3급 偏頗(편파)
5Ⅱ4급 過激(과격)-2급5급 穩健(온건)

日暮途遠(일모도원) ▷ '날은 저물고 갈 길은 멀다'는 뜻으로, '늙고 쇠약한데 앞으로 해야 할 일은 많음'을 이르는 말.

☞ **반의어**(反義語) · **상대어**(相對語)란, 두 개의 낱말이 서로 반대, 또는 상대되는 뜻으로 이루어진 낱말을 말한다.

5Ⅱ6급 過多(과다)–3급7급 僅少(근소)
5Ⅱ6급 過失(과실)–4Ⅱ6Ⅱ 故意(고의)
3Ⅱ8급 寬大(관대)–4급5Ⅱ 嚴格(엄격)
4Ⅱ4Ⅱ 官尊(관존)–8급3Ⅱ 民卑(민비)
6Ⅱ6Ⅱ 光明(광명)–4Ⅱ5급 暗黑(암흑)
3Ⅱ4급 巧妙(교묘)–3급3급 拙劣(졸렬)
3급8급 郊外(교외)–5급7급 都心(도심)
3Ⅱ4Ⅱ 拘禁(구금)–3Ⅱ6Ⅱ 釋放(석방)
3Ⅱ4Ⅱ 拘禁(구금)–6Ⅱ3Ⅱ 放免(방면)
3Ⅱ5Ⅱ 拘束(구속)–6Ⅱ3Ⅱ 放免(방면)
4Ⅱ7급 求心(구심)–6급7급 遠心(원심)
7급7급 口語(구어)–7급7급 文語(문어)
5Ⅱ6Ⅱ 具體(구체)–3급4급 抽象(추상)
4급7Ⅱ 君子(군자)–8급8급 小人(소인)
4급6급 屈服(굴복)–3Ⅱ4급 抵抗(저항)
4Ⅱ6Ⅱ 權利(권리)–4Ⅱ4Ⅱ 義務(의무)
4Ⅱ4Ⅱ 極貧(극빈)–4급4Ⅱ 巨富(거부)
3급7급 僅少(근소)–5Ⅱ6급 過多(과다)
6급4Ⅱ 近接(근접)–6급3Ⅱ 遠隔(원격)
6급7Ⅱ 近海(근해)–6급6급 遠洋(원양)
3Ⅱ6급 錦衣(금의)–4Ⅱ6급 布衣(포의)
4Ⅱ5급 禁止(금지)–5급5급 許可(허가)
4Ⅱ5급 禁止(금지)–4Ⅱ4Ⅱ 解禁(해금)
6Ⅱ4급 急激(급격)–3Ⅱ3급 緩慢(완만)
6Ⅱ5Ⅱ 急性(급성)–3급5Ⅱ 慢性(만성)

6Ⅱ4Ⅱ 急進(급진)–3Ⅱ4Ⅱ 漸進(점진)
6Ⅱ6급 急行(급행)–3Ⅱ6급 緩行(완행)
3Ⅱ6Ⅱ 及第(급제)–5급6Ⅱ 落第(낙제)
3급6급 肯定(긍정)–4급6급 否定(부정)
3급5Ⅱ 旣決(기결)–4Ⅱ5Ⅱ 未決(미결)
4Ⅱ7Ⅱ 起立(기립)–5Ⅱ6급 着席(착석)
4급3Ⅱ 奇拔(기발)–7Ⅱ3Ⅱ 平凡(평범)
4급7급 奇數(기수)–3Ⅱ7급 偶數(우수)
3급3급 飢餓(기아)–3급7Ⅱ 飽食(포식)
7Ⅱ3Ⅱ 記憶(기억)–3급3급 忘却(망각)
3Ⅱ4급 緊縮(긴축)–3Ⅱ6Ⅱ 緩和(완화)
5급3Ⅱ 吉兆(길조)–5Ⅱ3Ⅱ 凶兆(흉조)
6Ⅱ6급 樂園(낙원)–7급3Ⅱ 地獄(지옥)
5급4Ⅱ 落鄕(낙향)–7급5Ⅱ 出仕(출사)
4급4급 卵管(난관)–4Ⅱ4급 精管(정관)
4Ⅱ5Ⅱ 暖流(난류)–5급5Ⅱ 寒流(한류)
4Ⅱ4Ⅱ 難解(난해)–4Ⅱ4급 容易(용이)
3급6Ⅱ 濫讀(남독)–4Ⅱ6Ⅱ 精讀(정독)
3급6Ⅱ 濫用(남용)–5Ⅱ5Ⅱ 節約(절약)
7Ⅱ4Ⅱ 內容(내용)–8급5Ⅱ 外觀(외관)
7Ⅱ4Ⅱ 內容(내용)–6Ⅱ6급 形式(형식)
7Ⅱ3Ⅱ 內憂(내우)–8급5급 外患(외환)
7Ⅱ4Ⅱ 內包(내포)–8급4급 外延(외연)
8급6급 年頭(연두)–5Ⅱ3급 歲暮(세모)
7급3Ⅱ 老鍊(노련)–4Ⅱ3Ⅱ 未熟(미숙)

2급4급 濃厚(농후)–3Ⅱ3Ⅱ 稀薄(희박)
5Ⅱ7Ⅱ 能動(능동)–3Ⅱ7Ⅱ 被動(피동)
5Ⅱ2급 能爛(능란)–4Ⅱ3Ⅱ 未熟(미숙)
5Ⅱ3Ⅱ 能熟(능숙)–4Ⅱ3Ⅱ 未熟(미숙)
6급5Ⅱ 多元(다원)–8급5Ⅱ 一元(일원)
4Ⅱ4Ⅱ 單純(단순)–4급4급 複雜(복잡)
4Ⅱ6급 單式(단식)–4급6급 複式(복식)
6Ⅱ4급 短縮(단축)–4급8급 延長(연장)
7Ⅱ4급 答辯(답변)–5Ⅱ4급 質疑(질의)
5Ⅱ6급 當番(당번)–4급6급 非番(비번)
6Ⅱ7Ⅱ 對答(대답)–5Ⅱ4급 質疑(질의)
6Ⅱ7Ⅱ 對答(대답)–5Ⅱ7급 質問(질문)
8급3Ⅱ 大乘(대승)–8급3Ⅱ 小乘(소승)
6Ⅱ7Ⅱ 對話(대화)–5Ⅱ8급 獨白(독백)
5급7급 都心(도심)–3급8급 郊外(교외)
5Ⅱ4Ⅱ 獨創(독창)–4급3급 模倣(모방)
7급4급 同居(동거)–6급4급 別居(별거)
7Ⅱ4급 動機(동기)–5Ⅱ6Ⅱ 結果(결과)
7Ⅱ3급 動搖(동요)–7Ⅱ6급 安定(안정)
3급6급 鈍感(둔감)–3급6급 敏感(민감)
3급3급 鈍濁(둔탁)–3급6Ⅱ 銳利(예리)
4Ⅱ6Ⅱ 得意(득의)–6급6Ⅱ 失意(실의)
7급7Ⅱ 登場(등장)–4Ⅱ7Ⅱ 退場(퇴장)
6Ⅱ5Ⅱ 等質(등질)–4급5Ⅱ 異質(이질)
6Ⅱ5Ⅱ 樂觀(낙관)–4Ⅱ5Ⅱ 悲觀(비관)

☞ **반의어**(反義語)·**상대어**(相對語)란, 두 개의 낱말이 서로 반대, 또는 상대되는 뜻으로 이루어진 낱말을 말한다.

5급6Ⅱ 落第(낙제)-3Ⅱ6Ⅱ 及第(급제)
6Ⅱ7급 樂天(낙천)-2급7Ⅱ 厭世(염세)
5Ⅱ6Ⅱ 朗讀(낭독)-3Ⅱ6Ⅱ 默讀(묵독)
3Ⅱ5급 浪費(낭비)-4급4Ⅱ 儉素(검소)
3Ⅱ5급 浪費(낭비)-4급5Ⅱ 儉約(검약)
5급3급 冷却(냉각)-5급5급 加熱(가열)
4급3Ⅱ 略述(약술)-3Ⅱ3Ⅱ 詳述(상술)
3급3급 憐憫(연민)-3Ⅱ5Ⅱ 憎惡(증오)
4Ⅱ6급 連勝(연승)-4Ⅱ5급 連敗(연패)
4Ⅱ5급 連敗(연패)-4Ⅱ6급 連勝(연승)
3급5Ⅱ 劣惡(열악)-4급5Ⅱ 優良(우량)
3Ⅱ3Ⅱ 靈魂(영혼)-4Ⅱ6Ⅱ 肉體(육체)
5Ⅱ7Ⅱ 流動(유동)-5급6급 固定(고정)
4Ⅱ4Ⅱ 留保(유보)-5Ⅱ6급 決定(결정)
3Ⅱ4Ⅱ 隆盛(융성)-3Ⅱ5급 滅亡(멸망)
4급4급 危險(위험)-7Ⅱ7Ⅱ 安全(안전)
3Ⅱ7Ⅱ 臨時(임시)-4Ⅱ4Ⅱ 經常(경상)
7Ⅱ6Ⅱ 立體(입체)-7Ⅱ7급 平面(평면)
3Ⅱ7급 漠然(막연)-4Ⅱ7급 確然(확연)
4Ⅱ3Ⅱ 滿腹(만복)-7Ⅱ3Ⅱ 空腹(공복)
4Ⅱ4급 滿潮(만조)-4급4급 干潮(간조)
3급5Ⅱ 慢性(만성)-6Ⅱ5Ⅱ 急性(급성)
5급3Ⅱ 末尾(말미)-3급6급 冒頭(모두)
3급3급 忘却(망각)-7Ⅱ3Ⅱ 記憶(기억)
3급3Ⅱ 埋沒(매몰)-6Ⅱ2급 發掘(발굴)

3Ⅱ5급 滅亡(멸망)-3Ⅱ4Ⅱ 隆興(융흥)
3Ⅱ5급 滅亡(멸망)-3Ⅱ4Ⅱ 隆盛(융성)
6Ⅱ5Ⅱ 明朗(명랑)-3Ⅱ2급 憂鬱(우울)
6Ⅱ5급 明示(명시)-4Ⅱ5급 暗示(암시)
7Ⅱ6급 名目(명목)-5Ⅱ5Ⅱ 實質(실질)
7Ⅱ3Ⅱ 名譽(명예)-3Ⅱ3Ⅱ 恥辱(치욕)
3급6급 冒頭(모두)-5급3Ⅱ 末尾(말미)
4급3급 模倣(모방)-4Ⅱ4Ⅱ 創造(창조)
4급3급 模倣(모방)-5Ⅱ4Ⅱ 獨創(독창)
4급2급 模型(모형)-5급2급 原型(원형)
5급5Ⅱ 無能(무능)-7급5Ⅱ 有能(유능)
3Ⅱ6Ⅱ 默讀(묵독)-5Ⅱ6Ⅱ 朗讀(낭독)
7급6Ⅱ 文明(문명)-6급2급 野蠻(야만)
7급7급 文語(문어)-7급7급 口語(구어)
7Ⅱ5Ⅱ 物質(물질)-4Ⅱ6Ⅱ 精神(정신)
3Ⅱ4Ⅱ 微官(미관)-4급4Ⅱ 顯官(현관)
3Ⅱ8급 微小(미소)-4급8급 巨大(거대)
3Ⅱ6Ⅱ 微風(미풍)-6급6Ⅱ 強風(강풍)
4Ⅱ5Ⅱ 未決(미결)-3급5Ⅱ 旣決(기결)
4Ⅱ3Ⅱ 未熟(미숙)-4Ⅱ3Ⅱ 圓熟(원숙)
4Ⅱ3Ⅱ 未熟(미숙)-7급3Ⅱ 老鍊(노련)
4Ⅱ3Ⅱ 未熟(미숙)-5Ⅱ2급 能爛(능란)
4Ⅱ3Ⅱ 未熟(미숙)-5Ⅱ3Ⅱ 能熟(능숙)
4Ⅱ3Ⅱ 未熟(미숙)-6Ⅱ3Ⅱ 成熟(성숙)
3급6급 敏感(민감)-3급6급 鈍感(둔감)

3급6급 敏速(민속)-3급3급 遲鈍(지둔)
8급3Ⅱ 民卑(민비)-4Ⅱ4Ⅱ 官尊(관존)
4Ⅱ6Ⅱ 密集(밀집)-4급6급 散在(산재)
3Ⅱ6Ⅱ 薄弱(박약)-6급5급 強固(강고)
3Ⅱ8급 薄土(박토)-2성8급 沃土(옥토)
6Ⅱ6Ⅱ 反共(반공)-4Ⅱ6Ⅱ 容共(용공)
6Ⅱ6급 反目(반목)-6Ⅱ3Ⅱ 和睦(화목)
6Ⅱ4급 反抗(반항)-6급4급 服從(복종)
3급4Ⅱ 返濟(반제)-3Ⅱ6Ⅱ 借用(차용)
6Ⅱ2급 發掘(발굴)-3급3Ⅱ 埋沒(매몰)
6Ⅱ8급 發生(발생)-6Ⅱ3Ⅱ 消滅(소멸)
6Ⅱ6Ⅱ 發信(발신)-4Ⅱ6Ⅱ 受信(수신)
3급4급 傍系(방계)-7Ⅱ4급 直系(직계)
6Ⅱ3Ⅱ 放免(방면)-3Ⅱ5Ⅱ 拘束(구속)
6Ⅱ7급 放心(방심)-5급7급 操心(조심)
6Ⅱ5Ⅱ 放任(방임)-4급3급 干涉(간섭)
4Ⅱ4Ⅱ 背恩(배은)-4Ⅱ4Ⅱ 報恩(보은)
8급4급 白髮(백발)-4급3Ⅱ 紅顔(홍안)
8급6급 白晝(백주)-4Ⅱ6급 深夜(심야)
3Ⅱ3급 繁忙(번망)-4급4급 閑散(한산)
3Ⅱ8급 凡人(범인)-3Ⅱ8급 超人(초인)
6급4급 別居(별거)-7급4급 同居(동거)
4Ⅱ4Ⅱ 保守(보수)-4급6Ⅱ 革新(혁신)
4Ⅱ4Ⅱ 保守(보수)-4Ⅱ4Ⅱ 進步(진보)
4Ⅱ4Ⅱ 報恩(보은)-4Ⅱ4Ⅱ 背恩(배은)

☞ **반의어**(反義語) · **상대어**(相對語)란, 두 개의 낱말이 서로 반대, 또는 상대되는 뜻으로 이루어진 낱말을 말한다.

4급3급 普遍(보편)-6급3Ⅱ 特殊(특수)
4급6급 複式(복식)-4Ⅱ6급 單式(단식)
4급4급 複雜(복잡)-4Ⅱ4Ⅱ 單純(단순)
6급4급 服從(복종)-6Ⅱ4급 反抗(반항)
6급6Ⅱ 本業(본업)-4Ⅱ6Ⅱ 副業(부업)
6급5Ⅱ 本質(본질)-6Ⅱ4급 現象(현상)
4급5Ⅱ 否決(부결)-5급5Ⅱ 可決(가결)
4급4Ⅱ 否認(부인)-4Ⅱ4Ⅱ 是認(시인)
4급6급 否定(부정)-3급6급 肯定(긍정)
4Ⅱ5급 富貴(부귀)-4Ⅱ3Ⅱ 貧賤(빈천)
4Ⅱ3Ⅱ 富裕(부유)-4Ⅱ4급 貧窮(빈궁)
3Ⅱ3Ⅱ 扶桑(부상)-3급3Ⅱ 咸池(함지)
4Ⅱ6Ⅱ 副業(부업)-6급6Ⅱ 本業(본업)
2급2성 敷衍(부연)-6Ⅱ4급 省略(생략)
7Ⅱ4Ⅱ 不備(불비)-5급4Ⅱ 完備(완비)
7Ⅱ6Ⅱ 不運(불운)-6Ⅱ6Ⅱ 幸運(행운)
7Ⅱ4급 不況(불황)-4Ⅱ4급 好況(호황)
7Ⅱ5Ⅱ 不當(부당)-3급5Ⅱ 妥當(타당)
7Ⅱ5Ⅱ 不調(부조)-4Ⅱ5Ⅱ 快調(쾌조)
6Ⅱ3Ⅱ 分裂(분열)-4Ⅱ8급 統一(통일)
6Ⅱ4급 分離(분리)-6급6Ⅱ 合體(합체)
6Ⅱ4급 分離(분리)-5Ⅱ6급 結合(결합)
6Ⅱ4급 分散(분산)-6Ⅱ8급 集中(집중)
6Ⅱ3급 分析(분석)-4Ⅱ6급 統合(통합)
6Ⅱ3급 分析(분석)-2급6급 綜合(종합)

6Ⅱ4Ⅱ 分解(분해)-6급6Ⅱ 合成(합성)
3Ⅱ5급 紛爭(분쟁)-6Ⅱ4Ⅱ 和解(화해)
4Ⅱ5Ⅱ 悲觀(비관)-6Ⅱ5Ⅱ 樂觀(낙관)
4Ⅱ3Ⅱ 悲哀(비애)-4급4급 歡喜(환희)
4급4Ⅱ 非難(비난)-4급4급 稱讚(칭찬)
4급6급 非番(비번)-5Ⅱ6급 當番(당번)
4급3Ⅱ 非凡(비범)-7Ⅱ3Ⅱ 平凡(평범)
3Ⅱ6급 卑近(비근)-6Ⅱ6급 高遠(고원)
3Ⅱ4Ⅱ 卑俗(비속)-6Ⅱ3Ⅱ 高尙(고상)
3Ⅱ4Ⅱ 卑俗(비속)-6Ⅱ3Ⅱ 高雅(고아)
4Ⅱ4급 貧窮(빈궁)-4Ⅱ3Ⅱ 富裕(부유)
4Ⅱ3Ⅱ 貧賤(빈천)-4Ⅱ5급 富貴(부귀)
4급5Ⅱ 辭任(사임)-4급5Ⅱ 就任(취임)
6급3Ⅱ 死藏(사장)-7Ⅱ6Ⅱ 活用(활용)
6급7Ⅱ 死後(사후)-8급7Ⅱ 生前(생전)
3Ⅱ4Ⅱ 削減(삭감)-3급5급 添加(첨가)
3Ⅱ4Ⅱ 削除(삭제)-3급5급 添加(첨가)
4급7급 散文(산문)-3Ⅱ7급 韻文(운문)
4급6급 散在(산재)-4Ⅱ6Ⅱ 密集(밀집)
5Ⅱ6Ⅱ 相對(상대)-4Ⅱ6Ⅱ 絶對(절대)
5Ⅱ3급 相違(상위)-5Ⅱ3급 類似(유사)
3Ⅱ3Ⅱ 詳述(상술)-4급3Ⅱ 略述(약술)
7Ⅱ3Ⅱ 上昇(상승)-7Ⅱ4급 下降(하강)
3Ⅱ6급 喪失(상실)-3Ⅱ4Ⅱ 獲得(획득)
8급7Ⅱ 生家(생가)-5Ⅱ7Ⅱ 養家(양가)

8급5Ⅱ 生産(생산)-6Ⅱ5급 消費(소비)
8급6Ⅱ 生成(생성)-6Ⅱ3Ⅱ 消滅(소멸)
8급7Ⅱ 生食(생식)-8급7Ⅱ 火食(화식)
8급7Ⅱ 生前(생전)-6급7Ⅱ 死後(사후)
3Ⅱ6Ⅱ 釋放(석방)-3Ⅱ4Ⅱ 拘禁(구금)
2급8급 碩學(석학)-3Ⅱ8급 淺學(천학)
5Ⅱ6Ⅱ 仙界(선계)-4급2급 紅塵(홍진)
5급6Ⅱ 善用(선용)-5Ⅱ6Ⅱ 惡用(악용)
8급7급 先天(선천)-7Ⅱ7급 後天(후천)
5Ⅱ6Ⅱ 性急(성급)-3Ⅱ8급 悠長(유장)
6Ⅱ4급 省略(생략)-2급2성 敷衍(부연)
6Ⅱ3Ⅱ 成熟(성숙)-4Ⅱ3Ⅱ 未熟(미숙)
5Ⅱ5Ⅱ 洗練(세련)-3Ⅱ3급 稚拙(치졸)
5Ⅱ3급 歲暮(세모)-8급6급 年頭(연두)
7급4Ⅱ 所得(소득)-4급6급 損失(손실)
3급4급 騷亂(소란)-4급4급 靜肅(정숙)
6Ⅱ4Ⅱ 消極(소극)-4급4Ⅱ 積極(적극)
6Ⅱ3Ⅱ 消滅(소멸)-6Ⅱ8급 發生(발생)
6Ⅱ3Ⅱ 消滅(소멸)-8급6Ⅱ 生成(생성)
6Ⅱ5급 消費(소비)-8급5Ⅱ 生産(생산)
8급3Ⅱ 小乘(소승)-8급3Ⅱ 大乘(대승)
8급8급 小人(소인)-4급7Ⅱ 君子(군자)
4Ⅱ6급 續行(속행)-8급5급 中止(중지)
4급6급 損失(손실)-7급4Ⅱ 所得(소득)
4Ⅱ6Ⅱ 送信(송신)-4Ⅱ6Ⅱ 受信(수신)

☞ **반의어**(反義語) · **상대어**(相對語)란, 두 개의 낱말이 서로 반대, 또는 상대되는 뜻으로 이루어진 낱말을 말한다.

7Ⅱ7Ⅱ手動(수동)-7Ⅱ7Ⅱ自動(자동)
4Ⅱ6Ⅱ受理(수리)-3급7Ⅱ却下(각하)
4Ⅱ6Ⅱ受信(수신)-6Ⅱ6Ⅱ發信(발신)
4Ⅱ6Ⅱ受信(수신)-4Ⅱ6Ⅱ送信(송신)
3Ⅱ5Ⅱ需要(수요)-3Ⅱ5급供給(공급)
4Ⅱ4Ⅱ守勢(수세)-4급4Ⅱ攻勢(공세)
4Ⅱ5Ⅱ守節(수절)-3급5Ⅱ毁節(훼절)
3Ⅱ8급淑女(숙녀)-2급5Ⅱ紳士(신사)
5Ⅱ4Ⅱ順境(순경)-4Ⅱ4Ⅱ逆境(역경)
5Ⅱ6급順行(순행)-4Ⅱ6급逆行(역행)
3Ⅱ4Ⅱ拾得(습득)-4급6급遺失(유실)
3Ⅱ3Ⅱ濕潤(습윤)-3Ⅱ3급乾燥(건조)
6급6Ⅱ勝利(승리)-5급8급敗北(패배)
4Ⅱ3Ⅱ承諾(승낙)-4급4급拒否(거부)
4Ⅱ3Ⅱ承諾(승낙)-4급4Ⅱ拒絶(거절)
4Ⅱ4Ⅱ承認(승인)-4급4급拒否(거부)
4Ⅱ4Ⅱ承認(승인)-4급4Ⅱ拒絶(거절)
3Ⅱ7급昇天(승천)-4급3Ⅱ降臨(강림)
4Ⅱ4Ⅱ是認(시인)-4급4Ⅱ否認(부인)
2급5Ⅱ紳士(신사)-3Ⅱ8급淑女(숙녀)
3Ⅱ7급愼重(신중)-5급3Ⅱ輕率(경솔)
8급8급室女(실녀)-4Ⅱ6Ⅱ總角(총각)
6급6Ⅱ失意(실의)-4Ⅱ6Ⅱ得意(득의)
5Ⅱ6급實在(실재)-3Ⅱ7Ⅱ架空(가공)
5Ⅱ4Ⅱ實際(실제)-6Ⅱ4Ⅱ理論(이론)

5Ⅱ5Ⅱ實質(실질)-7Ⅱ6급名目(명목)
4Ⅱ6급深夜(심야)-8급6급白晝(백주)
5Ⅱ6Ⅱ惡用(악용)-5급6Ⅱ善用(선용)
5Ⅱ5Ⅱ惡材(악재)-4Ⅱ5Ⅱ好材(호재)
5Ⅱ4급惡評(악평)-4Ⅱ4급好評(호평)
7Ⅱ6급安定(안정)-7Ⅱ3급動搖(동요)
7Ⅱ4급安靜(안정)-4Ⅱ3Ⅱ興奮(흥분)
4Ⅱ5급暗示(암시)-6Ⅱ5급明示(명시)
4Ⅱ5급暗黑(암흑)-6Ⅱ6Ⅱ光明(광명)
6급4Ⅱ愛好(애호)-3급5Ⅱ嫌惡(혐오)
6급2급野蠻(야만)-7급6Ⅱ文明(문명)
6Ⅱ8급弱小(약소)-6급8급強大(강대)
5Ⅱ7Ⅱ養家(양가)-8급7Ⅱ生家(생가)
3Ⅱ4Ⅱ抑制(억제)-3Ⅱ4Ⅱ促進(촉진)
4급5Ⅱ嚴格(엄격)-3Ⅱ8급寬大(관대)
4Ⅱ4Ⅱ逆境(역경)-5Ⅱ4Ⅱ順境(순경)
4Ⅱ4급逆轉(역전)-4Ⅱ4급好轉(호전)
4Ⅱ6급逆行(역행)-5Ⅱ6급順行(순행)
3Ⅱ6Ⅱ軟弱(연약)-6급3Ⅱ強硬(강경)
4급8급延長(연장)-6Ⅱ4급短縮(단축)
2급7Ⅱ厭世(염세)-6Ⅱ7급樂天(낙천)
4Ⅱ4급榮轉(영전)-7Ⅱ3Ⅱ左遷(좌천)
3급6Ⅱ銳利(예리)-3급3급鈍濁(둔탁)
4급7급豫算(예산)-5Ⅱ7급決算(결산)
4급5급豫選(예선)-5Ⅱ5급決選(결선)

2성8급沃土(옥토)-3Ⅱ8급薄土(박토)
2급5급穩健(온건)-5Ⅱ4급過激(과격)
6급4Ⅱ溫暖(온난)-5급5급寒冷(한랭)
3Ⅱ3급緩慢(완만)-6Ⅱ4급急激(급격)
5급4Ⅱ完備(완비)-7Ⅱ4Ⅱ不備(불비)
3Ⅱ6급緩行(완행)-6Ⅱ6급急行(급행)
3Ⅱ6Ⅱ緩和(완화)-3Ⅱ4급緊縮(긴축)
4Ⅱ4Ⅱ往復(왕복)-3Ⅱ7Ⅱ片道(편도)
8급5Ⅱ外觀(외관)-7Ⅱ4Ⅱ內容(내용)
8급4급外延(외연)-7Ⅱ4Ⅱ內包(내포)
8급5급外患(외환)-7Ⅱ3Ⅱ內憂(내우)
4Ⅱ6Ⅱ容共(용공)-6Ⅱ6Ⅱ反共(반공)
4Ⅱ4급容納(용납)-4급4급拒否(거부)
4Ⅱ4급容易(용이)-4급4Ⅱ困難(곤란)
4Ⅱ4급容易(용이)-4Ⅱ4Ⅱ難解(난해)
4Ⅱ4Ⅱ容認(용인)-4급4급拒否(거부)
2성4Ⅱ溶解(용해)-3급5급凝固(응고)
4급6급優待(우대)-2급6급虐待(학대)
4급5Ⅱ優良(우량)-3급5Ⅱ劣惡(열악)
4급3Ⅱ優柔(우유)-3Ⅱ5급剛健(강건)
3Ⅱ7급偶數(우수)-4급7급奇數(기수)
3Ⅱ7급偶然(우연)-5Ⅱ7급必然(필연)
3Ⅱ2급憂鬱(우울)-6Ⅱ5Ⅱ明朗(명랑)
5Ⅱ4Ⅱ友好(우호)-4Ⅱ6Ⅱ敵對(적대)
3Ⅱ7급韻文(운문)-4급7급散文(산문)

☞ **반의어**(反義語) · **상대어**(相對語)란, 두 개의 낱말이 서로 반대, 또는 상대되는 뜻으로 이루어진 낱말을 말한다.

5급6Ⅱ 原理(원리)-4Ⅱ6Ⅱ 應用(응용)
4Ⅱ3Ⅱ 圓熟(원숙)-4Ⅱ3Ⅱ 未熟(미숙)
6급3Ⅱ 遠隔(원격)-6급4Ⅱ 近接(근접)
6급7급 遠心(원심)-4Ⅱ7급 求心(구심)
6급6급 遠洋(원양)-6급7Ⅱ 近海(근해)
5급5급 原因(원인)-5Ⅱ6Ⅱ 結果(결과)
5급2급 原型(원형)-4급2급 模型(모형)
4급4급 怨恨(원한)-4Ⅱ4Ⅱ 恩惠(은혜)
3급6급 緯度(위도)-4Ⅱ6급 經度(경도)
3급5Ⅱ 違法(위법)-6급5Ⅱ 合法(합법)
7급5Ⅱ 有能(유능)-5급5Ⅱ 無能(무능)
5Ⅱ3급 類似(유사)-5Ⅱ3급 相違(상위)
3Ⅱ6Ⅱ 柔弱(유약)-3Ⅱ5급 剛健(강건)
3Ⅱ3Ⅱ 柔軟(유연)-3Ⅱ7Ⅱ 硬直(경직)
3Ⅱ6Ⅱ 柔和(유화)-6급3Ⅱ 強硬(강경)
4급6급 遺失(유실)-3Ⅱ4Ⅱ 拾得(습득)
3Ⅱ8급 悠長(유장)-5Ⅱ6Ⅱ 性急(성급)
4Ⅱ6Ⅱ 肉體(육체)-3Ⅱ3Ⅱ 靈魂(영혼)
3Ⅱ4Ⅱ 隆起(융기)-3Ⅱ3Ⅱ 陷沒(함몰)
3Ⅱ4Ⅱ 隆起(융기)-3Ⅱ4급 沈降(침강)
2급4Ⅱ 融解(융해)-3급5급 凝固(응고)
3Ⅱ4Ⅱ 隆興(융흥)-3Ⅱ5급 滅亡(멸망)
4급3급 隱蔽(은폐)-6Ⅱ6급 公開(공개)
4Ⅱ4Ⅱ 恩惠(은혜)-4급4급 怨恨(원한)
3급5급 凝固(응고)-2성4Ⅱ 溶解(용해)

3급5급 凝固(응고)-2급4Ⅱ 融解(융해)
4Ⅱ3Ⅱ 應諾(응낙)-4급4급 拒否(거부)
4Ⅱ7Ⅱ 應答(응답)-5Ⅱ4급 質疑(질의)
4Ⅱ6Ⅱ 應對(응대)-5Ⅱ4급 質疑(질의)
4Ⅱ6Ⅱ 應用(응용)-5급6Ⅱ 原理(원리)
4Ⅱ4Ⅱ 義務(의무)-4Ⅱ6Ⅱ 權利(권리)
4급4급 依存(의존)-7Ⅱ7Ⅱ 自立(자립)
4급5급 依他(의타)-7Ⅱ7Ⅱ 自立(자립)
4급5Ⅱ 離陸(이륙)-5Ⅱ5Ⅱ 着陸(착륙)
4급4Ⅱ 異端(이단)-7Ⅱ4Ⅱ 正統(정통)
4급6급 異例(이례)-6급6급 通例(통례)
4급5Ⅱ 異說(이설)-6급5Ⅱ 通說(통설)
4급5Ⅱ 異說(이설)-6급5Ⅱ 定說(정설)
4급5Ⅱ 異質(이질)-6Ⅱ5Ⅱ 等質(등질)
6Ⅱ4Ⅱ 理論(이론)-5Ⅱ4Ⅱ 實際(실제)
6Ⅱ5Ⅱ 理性(이성)-6급5Ⅱ 感性(감성)
4Ⅱ5Ⅱ 理性(이성)-6급5Ⅱ 感情(감정)
8급4Ⅱ 人爲(인위)-7Ⅱ7급 自然(자연)
8급4Ⅱ 人造(인조)-7급7급 天然(천연)
8급3Ⅱ 一般(일반)-6급3Ⅱ 特殊(특수)
8급5Ⅱ 一元(일원)-6급5Ⅱ 多元(다원)
5Ⅱ6Ⅱ 任意(임의)-6급4Ⅱ 強制(강제)
7Ⅱ7Ⅱ 自動(자동)-5급7Ⅱ 他動(타동)
7Ⅱ7Ⅱ 自動(자동)-7Ⅱ7Ⅱ 手動(수동)
7Ⅱ4Ⅱ 自律(자율)-5급4Ⅱ 他律(타율)

7Ⅱ7Ⅱ 自立(자립)-4급4급 依存(의존)
7Ⅱ7Ⅱ 自立(자립)-4급5급 依他(의타)
7Ⅱ7급 自然(자연)-8급4Ⅱ 人爲(인위)
7Ⅱ6Ⅱ 自意(자의)-5급6Ⅱ 他意(타의)
7Ⅱ7Ⅱ 子正(자정)-7Ⅱ7Ⅱ 正午(정오)
4Ⅱ4Ⅱ 低俗(저속)-6Ⅱ3Ⅱ 高尙(고상)
4Ⅱ4Ⅱ 低俗(저속)-6Ⅱ3Ⅱ 高雅(고아)
4Ⅱ5Ⅱ 低調(저조)-6Ⅱ5Ⅱ 高調(고조)
4Ⅱ7Ⅱ 低下(저하)-6급7Ⅱ 向上(향상)
3Ⅱ4급 抵抗(저항)-4급6급 屈服(굴복)
3Ⅱ4급 抵抗(저항)-4급4급 投降(투항)
4급4Ⅱ 積極(적극)-6Ⅱ4Ⅱ 消極(소극)
4Ⅱ6Ⅱ 敵對(적대)-5Ⅱ4Ⅱ 友好(우호)
4급6Ⅱ 專用(전용)-6Ⅱ6Ⅱ 共用(공용)
4급7급 專有(전유)-6Ⅱ7급 共有(공유)
7Ⅱ6Ⅱ 全體(전체)-4Ⅱ6급 個別(개별)
4Ⅱ6Ⅱ 絶對(절대)-5Ⅱ6Ⅱ 相對(상대)
4Ⅱ4급 絶讚(절찬)-2급4급 酷評(혹평)
5Ⅱ5Ⅱ 節約(절약)-3급6Ⅱ 濫用(남용)
3Ⅱ4Ⅱ 漸進(점진)-6Ⅱ4Ⅱ 急進(급진)
4Ⅱ4급 精管(정관)-4급4급 卵管(난관)
4Ⅱ6Ⅱ 精讀(정독)-3급6Ⅱ 濫讀(남독)
4Ⅱ7급 精算(정산)-3Ⅱ7급 槪算(개산)
4Ⅱ6Ⅱ 精神(정신)-7Ⅱ5Ⅱ 物質(물질)
6급5Ⅱ 定說(정설)-4급5Ⅱ 異說(이설)

☞ **반의어**(反義語) · **상대어**(相對語)란, 두 개의 낱말이 서로 반대, 또는 상대되는 뜻으로 이루어진 낱말을 말한다.

6급5Ⅱ定着(정착)-3급5Ⅱ漂流(표류)

4급4급靜肅(정숙)-3급4급騷亂(소란)

7Ⅱ7Ⅱ正午(정오)-7Ⅱ7Ⅱ子正(자정)

7Ⅱ4Ⅱ正統(정통)-4급4Ⅱ異端(이단)

3급5Ⅱ弔客(조객)-3Ⅱ5Ⅱ賀客(하객)

5급7급操心(조심)-6Ⅱ7급放心(방심)

4급4Ⅱ存續(존속)-3Ⅱ5급廢止(폐지)

3급3급拙劣(졸렬)-3Ⅱ4급巧妙(교묘)

3급6Ⅱ拙作(졸작)-4급6Ⅱ傑作(걸작)

3Ⅱ4Ⅱ縱斷(종단)-3Ⅱ4Ⅱ橫斷(횡단)

2급6급綜合(종합)-6Ⅱ3급分析(분석)

7Ⅱ3Ⅱ左遷(좌천)-4Ⅱ4급榮轉(영전)

7급5Ⅱ主觀(주관)-5Ⅱ5Ⅱ客觀(객관)

7급6Ⅱ主體(주체)-5Ⅱ6Ⅱ客體(객체)

7급4Ⅱ重視(중시)-5급4Ⅱ輕視(경시)

7급4급重厚(중후)-5급3Ⅱ輕薄(경박)

8급5급中止(중지)-4Ⅱ6급續行(속행)

4Ⅱ5급增加(증가)-4Ⅱ7급減少(감소)

3Ⅱ5Ⅱ憎惡(증오)-3급3급憐憫(연민)

4Ⅱ4Ⅱ增進(증진)-4Ⅱ4Ⅱ減退(감퇴)

3급3급遲鈍(지둔)-3급6급敏速(민속)

4Ⅱ6Ⅱ支線(지선)-3Ⅱ6Ⅱ幹線(간선)

7급3Ⅱ地獄(지옥)-6Ⅱ6급樂園(낙원)

7Ⅱ4급直系(직계)-3급4급傍系(방계)

4Ⅱ4Ⅱ進步(진보)-4Ⅱ4Ⅱ保守(보수)

4Ⅱ5Ⅱ進化(진화)-4Ⅱ5Ⅱ退化(퇴화)

3Ⅱ3Ⅱ陳腐(진부)-2급6Ⅱ斬新(참신)

4Ⅱ5Ⅱ眞實(진실)-4Ⅱ3Ⅱ虛僞(허위)

3Ⅱ4급鎭靜(진정)-4Ⅱ3Ⅱ興奮(흥분)

5Ⅱ4급質疑(질의)-7Ⅱ4급答辯(답변)

5Ⅱ4급質疑(질의)-4Ⅱ6Ⅱ應對(응대)

5Ⅱ4급質疑(질의)-6Ⅱ7Ⅱ對答(대답)

5Ⅱ4급質疑(질의)-4Ⅱ7Ⅱ應答(응답)

6Ⅱ8급集中(집중)-6Ⅱ4급分散(분산)

6Ⅱ6급集合(집합)-4Ⅱ4급解散(해산)

4급6급差別(차별)-7Ⅱ6Ⅱ平等(평등)

3Ⅱ6Ⅱ借用(차용)-3급4Ⅱ返濟(반제)

5Ⅱ5Ⅱ着陸(착륙)-4급5Ⅱ離陸(이륙)

5Ⅱ6급着席(착석)-4Ⅱ7Ⅱ起立(기립)

2급6Ⅱ斬新(참신)-3Ⅱ3Ⅱ陳腐(진부)

3급5급慘敗(참패)-4Ⅱ6급快勝(쾌승)

4Ⅱ4Ⅱ創造(창조)-4급3급模倣(모방)

4Ⅱ8급處女(처녀)-4Ⅱ6Ⅱ總角(총각)

4Ⅱ7Ⅱ處子(처자)-4Ⅱ6Ⅱ總角(총각)

7급7급天然(천연)-8급4Ⅱ人造(인조)

3Ⅱ8급淺學(천학)-2급8급碩學(석학)

3급5급添加(첨가)-3Ⅱ4Ⅱ削除(삭제)

3급5급添加(첨가)-3Ⅱ4Ⅱ削減(삭감)

3Ⅱ8급超人(초인)-3Ⅱ8급凡人(범인)

3Ⅱ4Ⅱ促進(촉진)-3Ⅱ4Ⅱ抑制(억제)

4Ⅱ6Ⅱ總角(총각)-4Ⅱ8급處女(처녀)

4Ⅱ6Ⅱ總角(총각)-4Ⅱ7Ⅱ處子(처자)

4Ⅱ6Ⅱ總角(총각)-8급8급室女(실녀)

3급4급抽象(추상)-5Ⅱ6Ⅱ具體(구체)

4급8급縮小(축소)-3급8급擴大(확대)

7급5Ⅱ出仕(출사)-4Ⅱ3Ⅱ退耕(퇴경)

7급5Ⅱ出仕(출사)-4Ⅱ4Ⅱ退官(퇴관)

7급5Ⅱ出仕(출사)-5급4Ⅱ落鄕(낙향)

7급5Ⅱ出仕(출사)-4Ⅱ5Ⅱ退仕(퇴사)

4급5Ⅱ就任(취임)-4급5Ⅱ辭任(사임)

3Ⅱ3Ⅱ恥辱(치욕)-7Ⅱ3Ⅱ名譽(명예)

3Ⅱ3급稚拙(치졸)-5Ⅱ5Ⅱ洗練(세련)

3Ⅱ4급沈降(침강)-3Ⅱ4Ⅱ隆起(융기)

4급4급稱讚(칭찬)-4급4Ⅱ非難(비난)

4Ⅱ6Ⅱ快樂(쾌락)-6급4급苦痛(고통)

4Ⅱ6급快勝(쾌승)-3급5급慘敗(참패)

4Ⅱ5Ⅱ快調(쾌조)-7Ⅱ5Ⅱ不調(부조)

3급5Ⅱ妥當(타당)-7Ⅱ5Ⅱ不當(부당)

5급7Ⅱ他動(타동)-7Ⅱ7Ⅱ自動(자동)

5급4Ⅱ他律(타율)-7Ⅱ4Ⅱ自律(자율)

5급6Ⅱ他意(타의)-7Ⅱ6Ⅱ自意(자의)

6급6급通例(통례)-4급6급異例(이례)

6급5Ⅱ通說(통설)-4급5Ⅱ異說(이설)

4Ⅱ8급統一(통일)-6Ⅱ3Ⅱ分裂(분열)

4Ⅱ6급統合(통합)-6Ⅱ3급分析(분석)

天井不知(천정부지) ▷ '천장을 알지 못한다'는 뜻으로, '물가 따위가 한없이 오르기만 함'을 비유적으로 이르는 말.

☞ **반의어**(反義語) · **상대어**(相對語)란, 두 개의 낱말이 서로 반대, 또는 상대되는 뜻으로 이루어진 낱말을 말한다.

4Ⅱ3Ⅱ 退耕(퇴경)－7급5Ⅱ 出仕(출사)
4Ⅱ4Ⅱ 退官(퇴관)－7급5Ⅱ 出仕(출사)
4Ⅱ5Ⅱ 退仕(퇴사)－7급5Ⅱ 出仕(출사)
4Ⅱ7Ⅱ 退場(퇴장)－7급7Ⅱ 登場(등장)
4Ⅱ5Ⅱ 退化(퇴화)－4Ⅱ5Ⅱ 進化(진화)
4급4급 投降(투항)－3Ⅱ4급 抵抗(저항)
6급3Ⅱ 特殊(특수)－4급3급 普遍(보편)
6급3Ⅱ 特殊(특수)－8급3Ⅱ 一般(일반)
4Ⅱ3Ⅱ 破壞(파괴)－5급4Ⅱ 建設(건설)
5급8급 敗北(패배)－6급6Ⅱ 勝利(승리)
3Ⅱ7Ⅱ 片道(편도)－4Ⅱ4Ⅱ 往復(왕복)
3Ⅱ3급 偏頗(편파)－6Ⅱ7Ⅱ 公平(공평)
7Ⅱ6Ⅱ 平等(평등)－4급6급 差別(차별)
7Ⅱ7급 平面(평면)－7Ⅱ6Ⅱ 立體(입체)
7Ⅱ3Ⅱ 平凡(평범)－4급3Ⅱ 非凡(비범)
7Ⅱ3Ⅱ 平凡(평범)－4급3Ⅱ 奇拔(기발)
4급3Ⅱ 閉鎖(폐쇄)－6급6Ⅱ 開放(개방)
3Ⅱ5급 廢止(폐지)－4급4Ⅱ 存續(존속)
3급7Ⅱ 飽食(포식)－3급3급 飢餓(기아)
4Ⅱ6급 布衣(포의)－3Ⅱ6급 錦衣(금의)
4Ⅱ3급 暴騰(폭등)－4Ⅱ5급 暴落(폭락)
4Ⅱ5급 暴落(폭락)－4Ⅱ3급 暴騰(폭등)
3급5Ⅱ 漂流(표류)－6급5Ⅱ 定着(정착)
3Ⅱ7Ⅱ 被動(피동)－5Ⅱ7Ⅱ 能動(능동)
5Ⅱ7급 必然(필연)－3Ⅱ7급 偶然(우연)
5Ⅱ7급 必然(필연)－3Ⅱ7급 蓋然(개연)
7Ⅱ4급 下降(하강)－7Ⅱ3Ⅱ 上昇(상승)
3Ⅱ5Ⅱ 賀客(하객)－3급5Ⅱ 弔客(조객)
2급6급 虐待(학대)－4급6급 優待(우대)
5급5급 寒冷(한랭)－6급4Ⅱ 溫暖(온난)
5급5Ⅱ 寒流(한류)－4Ⅱ5Ⅱ 暖流(난류)
4급4급 閑散(한산)－3Ⅱ3급 繁忙(번망)
3Ⅱ3Ⅱ 陷沒(함몰)－3Ⅱ4Ⅱ 隆起(융기)
3급3Ⅱ 咸池(함지)－3Ⅱ3Ⅱ 扶桑(부상)
6급5Ⅱ 合法(합법)－3급5Ⅱ 違法(위법)
6급6Ⅱ 合成(합성)－6Ⅱ4Ⅱ 分解(분해)
6급6Ⅱ 合意(합의)－5Ⅱ3Ⅱ 決裂(결렬)
6급6Ⅱ 合體(합체)－6Ⅱ4급 分離(분리)
4Ⅱ4Ⅱ 解禁(해금)－4Ⅱ5급 禁止(금지)
4Ⅱ6Ⅱ 解放(해방)－3Ⅱ5Ⅱ 拘束(구속)
4Ⅱ4급 解散(해산)－6Ⅱ6급 集合(집합)
6Ⅱ6Ⅱ 幸運(행운)－7Ⅱ6Ⅱ 不運(불운)
6급7Ⅱ 向上(향상)－4Ⅱ7Ⅱ 低下(저하)
5급5급 許可(허가)－4Ⅱ5급 禁止(금지)
4Ⅱ3Ⅱ 虛僞(허위)－4Ⅱ5Ⅱ 眞實(진실)
4급6Ⅱ 革新(혁신)－4Ⅱ4Ⅱ 保守(보수)
4급4Ⅱ 顯官(현관)－3Ⅱ4Ⅱ 微官(미관)
6Ⅱ4급 現象(현상)－6급5Ⅱ 本質(본질)
6Ⅱ5Ⅱ 現實(현실)－7Ⅱ4Ⅱ 空想(공상)
3급5Ⅱ 嫌惡(혐오)－6급4Ⅱ 愛好(애호)
6Ⅱ6급 形式(형식)－7Ⅱ4Ⅱ 內容(내용)
4Ⅱ5Ⅱ 好材(호재)－5Ⅱ5Ⅱ 惡材(악재)
4Ⅱ4급 好轉(호전)－4Ⅱ4급 逆轉(역전)
4Ⅱ4급 好評(호평)－5Ⅱ4급 惡評(악평)
4Ⅱ4급 好況(호황)－7Ⅱ4급 不況(불황)
2급3급 酷暑(혹서)－2급5급 酷寒(혹한)
2급4급 酷評(혹평)－4Ⅱ4급 絶讚(절찬)
2급5급 酷寒(혹한)－2급3급 酷暑(혹서)
4급3Ⅱ 紅顔(홍안)－8급4급 白髮(백발)
4급2급 紅塵(홍진)－5Ⅱ6Ⅱ 仙界(선계)
8급7Ⅱ 火食(화식)－8급7Ⅱ 生食(생식)
6Ⅱ3Ⅱ 和睦(화목)－6Ⅱ6급 反目(반목)
6Ⅱ4Ⅱ 和解(화해)－3Ⅱ5급 紛爭(분쟁)
6Ⅱ4Ⅱ 和解(화해)－5Ⅱ3Ⅱ 決裂(결렬)
3급8급 擴大(확대)－4급8급 縮小(축소)
4Ⅱ7급 確然(확연)－3Ⅱ7급 漠然(막연)
4급4급 歡喜(환희)－4Ⅱ3Ⅱ 悲哀(비애)
7Ⅱ6Ⅱ 活用(활용)－6급3Ⅱ 死藏(사장)
3Ⅱ4Ⅱ 獲得(획득)－3Ⅱ6급 喪失(상실)
3Ⅱ4Ⅱ 橫斷(횡단)－3Ⅱ4Ⅱ 縱斷(종단)
7Ⅱ7급 後天(후천)－8급7급 先天(선천)
3급5Ⅱ 毁節(훼절)－4Ⅱ5Ⅱ 守節(수절)
5Ⅱ3Ⅱ 凶兆(흉조)－5급3Ⅱ 吉兆(길조)
4Ⅱ3Ⅱ 興奮(흥분)－7Ⅱ4급 安靜(안정)
4Ⅱ3Ⅱ 興奮(흥분)－3Ⅱ4급 鎭靜(진정)
3Ⅱ3Ⅱ 稀薄(희박)－2급4급 濃厚(농후)

☞ **반의어**(反義語) · **상대어**(相對語)란, 두 개의 낱말이 서로 반대, 또는 상대되는 뜻으로 이루어진 낱말을 말한다.

5급5Ⅱ6급加害者(가해자)-3Ⅱ5Ⅱ6급被害者(피해자)

6급5Ⅱ5Ⅱ感情的(감정적)-6Ⅱ5Ⅱ5Ⅱ理性的(이성적)

6급6Ⅱ5Ⅱ開放的(개방적)-4급3Ⅱ5Ⅱ閉鎖的(폐쇄적)

4급4Ⅱ5Ⅱ巨視的(거시적)-3Ⅱ4Ⅱ5Ⅱ微視的(미시적)

6Ⅱ3Ⅱ5Ⅱ高踏的(고답적)-7Ⅱ4Ⅱ5Ⅱ世俗的(세속적)

5Ⅱ6Ⅱ5Ⅱ具體的(구체적)-3급4급5Ⅱ抽象的(추상적)

6급6급5Ⅱ根本的(근본적)-2성2급5Ⅱ彌縫的(미봉적)

7Ⅱ6급4Ⅱ內在律(내재율)-8급6급4Ⅱ外在律(외재율)

8급3Ⅱ7급大丈夫(대장부)-3급3Ⅱ7급拙丈夫(졸장부)

8급8급7Ⅱ門外漢(문외한)-4급8급7Ⅱ專門家(전문가)

2성2급5Ⅱ彌縫的(미봉적)-6급6급5Ⅱ根本的(근본적)

3Ⅱ4Ⅱ5Ⅱ微視的(미시적)-4급4Ⅱ5Ⅱ巨視的(거시적)

4Ⅱ8급5Ⅱ背日性(배일성)-6급8급5Ⅱ向日性(향일성)

7Ⅱ7급4Ⅱ不文律(불문율)-6Ⅱ7급4Ⅱ成文律(성문율)

7Ⅱ5Ⅱ5Ⅱ不法化(불법화)-6급5Ⅱ5Ⅱ合法化(합법화)

5Ⅱ6Ⅱ5Ⅱ相對的(상대적)-4Ⅱ6Ⅱ5Ⅱ絶對的(절대적)

6Ⅱ7급4Ⅱ成文律(성문율)-7Ⅱ7급4Ⅱ不文律(불문율)

7Ⅱ4Ⅱ5Ⅱ世俗的(세속적)-6Ⅱ3Ⅱ5Ⅱ高踏的(고답적)

6Ⅱ4Ⅱ5Ⅱ消極的(소극적)-4급4Ⅱ5Ⅱ積極的(적극적)

8급6급4Ⅱ外在律(외재율)-7Ⅱ6급4Ⅱ內在律(내재율)

3급6Ⅱ6급劣等感(열등감)-4급3Ⅱ6급優越感(우월감)

4급3Ⅱ6급優越感(우월감)-3급6Ⅱ6급劣等感(열등감)

3급7Ⅱ4Ⅱ唯物論(유물론)-3급7급4Ⅱ唯心論(유심론)

6Ⅱ5Ⅱ5Ⅱ理性的(이성적)-6급5Ⅱ5Ⅱ感情的(감정적)

8급4급4급一點紅(일점홍)-8급8급4급靑一點(청일점)

4급4Ⅱ5Ⅱ積極的(적극적)-6Ⅱ4Ⅱ5Ⅱ消極的(소극적)

4급8급7Ⅱ專門家(전문가)-8급8급7Ⅱ門外漢(문외한)

4Ⅱ6Ⅱ5Ⅱ絶對的(절대적)-5Ⅱ6Ⅱ5Ⅱ相對的(상대적)

3급3Ⅱ7급拙丈夫(졸장부)-8급3Ⅱ7급大丈夫(대장부)

3Ⅱ4Ⅱ6급債權者(채권자)-3Ⅱ4Ⅱ6급債務者(채무자)

8급4Ⅱ4Ⅱ靑眼視(청안시)-8급4Ⅱ4Ⅱ白眼視(백안시)

8급8급4급靑一點(청일점)-4급8급4급紅一點(홍일점)

3급4급5Ⅱ抽象的(추상적)-5Ⅱ6Ⅱ5Ⅱ具體的(구체적)

4급3Ⅱ5Ⅱ閉鎖的(폐쇄적)-6급6Ⅱ5Ⅱ開放的(개방적)

3Ⅱ5Ⅱ6급被害者(피해자)-5급5Ⅱ6급加害者(가해자)

4Ⅱ6급5Ⅱ限定的(한정적)-6급6Ⅱ5Ⅱ開放的(개방적)

6급5Ⅱ5Ⅱ合法化(합법화)-7Ⅱ5Ⅱ5Ⅱ不法化(불법화)

6급8급5Ⅱ向日性(향일성)-4Ⅱ8급5Ⅱ背日性(배일성)

4급8급4급紅一點(홍일점)-8급8급4급靑一點(청일점)

☞ **반의어**(反義語)·**상대어**(相對語)란, 두 개의 낱말이 서로 반대, 또는 상대되는 뜻으로 이루어진 낱말을 말한다.

5급5급3Ⅱ7Ⅱ輕擧妄動(경거망동) – 4급3Ⅱ7Ⅱ7급隱忍自重(은인자중)

6Ⅱ3Ⅱ5Ⅱ8급高臺廣室(고대광실) – 8급7Ⅱ4Ⅱ5급一間斗屋(일간두옥)

6Ⅱ8급5Ⅱ8급高山流水(고산유수) – 7Ⅱ7Ⅱ3Ⅱ6급市道之交(시도지교)

6급4급4급7급苦盡甘來(고진감래) – 4Ⅱ4급4Ⅱ7급興盡悲來(흥진비래)

4급2성3Ⅱ6급管鮑之交(관포지교) – 7Ⅱ7Ⅱ3Ⅱ6급市道之交(시도지교)

6급3Ⅱ6급5급近墨者黑(근묵자흑) – 3Ⅱ8급3Ⅱ2성麻中之蓬(마중지봉)

3Ⅱ7Ⅱ3급7급錦上添花(금상첨화) – 6Ⅱ7Ⅱ5급3Ⅱ雪上加霜(설상가상)

3Ⅱ3Ⅱ3Ⅱ4Ⅱ弄瓦之慶(농와지경) – 3Ⅱ2성3Ⅱ4Ⅱ弄璋之慶(농장지경)

3Ⅱ5급5급6Ⅱ凍氷寒雪(동빙한설) – 6Ⅱ6Ⅱ4Ⅱ6급和風暖陽(화풍난양)

3Ⅱ8급3Ⅱ2성麻中之蓬(마중지봉) – 6급4급6급5급近朱者赤(근주자적)

8급7Ⅱ6Ⅱ7Ⅱ門前成市(문전성시) – 8급7Ⅱ5급5급門前雀羅(문전작라)

7Ⅱ7Ⅱ3Ⅱ6급市道之交(시도지교) – 2성3Ⅱ3Ⅱ6급芝蘭之交(지란지교)

6Ⅱ5급8급3Ⅱ始終一貫(시종일관) – 4급6급3Ⅱ3Ⅱ龍頭蛇尾(용두사미)

3Ⅱ4Ⅱ4Ⅱ8급我田引水(아전인수) – 4급7급5급3Ⅱ易地思之(역지사지)

4급6급3Ⅱ3Ⅱ龍頭蛇尾(용두사미) – 6Ⅱ5급8급3Ⅱ始終一貫(시종일관)

5Ⅱ3Ⅱ7급7Ⅱ流芳百世(유방백세) – 4급3급8급8급遺臭萬年(유취만년)

4급3Ⅱ7Ⅱ7급隱忍自重(은인자중) – 5급5급3Ⅱ7Ⅱ輕擧妄動(경거망동)

8급7Ⅱ4Ⅱ5급一間斗屋(일간두옥) – 6Ⅱ3Ⅱ5Ⅱ8급高臺廣室(고대광실)

4급6급8급6급智者一失(지자일실) – 7급4급8급4Ⅱ千慮一得(천려일득)

7급4급8급4Ⅱ千慮一得(천려일득) – 7급4급8급6급千慮一失(천려일실)

☞ **반의어**(反義語) · **상대어**(相對語)란, 두 개의 낱말이 서로 반대, 또는 상대되는 뜻으로 이루어진 낱말을 말한다.

上	級	⇔	下	級
윗 상	등급 급		아래 하	등급 급

아래의 훈과 음에 알맞은 반의어를 위와 같이 한자로 쓰세요.

정답 ☞ 142쪽 하단

옳을 가	결단할 결	⇔	아닐 부	결단할 결	시렁 가	빌 공	⇔	열매 실	있을 재
더할 가	더울 열	⇔	찰 랭/냉	물리칠 각	물리칠 각	아래 하	⇔	받을 수	다스릴 리
방패 간	조수 조	⇔	찰 만	조수 조	굳셀 강	굳셀 건	⇔	부드러울유	약할 약
강할 강	굳을 경	⇔	부드러울유	화할 화	열 개	놓을 방	⇔	닫을 폐	쇠사슬 쇄
느낄 감	뜻 정	⇔	다스릴리/이	성품 성	낱 개	나눌 별	⇔	온전 전	몸 체
손 객	볼 관	⇔	주인 주	볼 관	손 객	몸 체	⇔	주인 주	몸 체

○ 아래는 뜻이 서로 반대, 또는 상대되는 한자어입니다. 독음을 쓰세요.

정답 ☞ 142쪽 상단

巨大( )-微小( ) 巨富( )-極貧( ) 拒絶( )-承諾( )

建設( )-破壞( ) 乾燥( )-濕潤( ) 傑作( )-拙作( )

儉約( )-浪費( ) 抵抗( )-投降( ) 輕減( )-加重( )

經度( )-緯度( ) 輕率( )-愼重( ) 輕視( )-重視( )

割半之痛(할반지통)▷'몸의 반쪽을 베어내는 고통'이라는 뜻으로, '형제 자매가 죽은 슬픔'을 이르는 말.

☞ **반의어**(反義語) · **상대어**(相對語)란, 두 개의 낱말이 서로 반대, 또는 상대되는 뜻으로 이루어진 낱말을 말한다.

上	級	⇔	下	級
윗 상	등급 급		아래 하	등급 급

아래의 훈과 음에 알맞은 반의어를 위와 같이 한자로 쓰세요.

정답 ☞ 141쪽 하단

		⇔						⇔		
클 거	큰 대	⇔	작을 미	작을 소		클 거	부자 부	⇔	극진할 극	가난할 빈
막을 거	끊을 절	⇔	이을 승	허락할 낙		세울 건	베풀 설	⇔	깨뜨릴 파	무너질 괴
마를 간/건	마를 조	⇔	젖을 습	불을 윤		뛰어날 걸	지을 작	⇔	졸할 졸	지을 작
검소할 검	맺을 약	⇔	물결 랑/낭	쓸 비		막을 저	겨룰 항	⇔	던질 투	항복할 항
가벼울 경	덜 감	⇔	더할 가	무거울 중		지날 경	법도 도	⇔	씨 위	법도 도
가벼울 경	거느릴 솔	⇔	삼갈 신	무거울 중		가벼울 경	볼 시	⇔	무거울 중	볼 시

○ 아래는 뜻이 서로 반대, 또는 상대되는 한자어입니다. 독음을 쓰세요.

정답 ☞ 141쪽 상단

可決(　　　)-否決(　　　)	架空(　　　)-實在(　　　)	加熱(　　　)-冷却(　　　)
却下(　　　)-受理(　　　)	干潮(　　　)-滿潮(　　　)	剛健(　　　)-柔弱(　　　)
強硬(　　　)-柔和(　　　)	開放(　　　)-閉鎖(　　　)	感情(　　　)-理性(　　　)
個別(　　　)-全體(　　　)	客觀(　　　)-主觀(　　　)	客體(　　　)-主體(　　　)

☞ **반의어**(反義語) · **상대어**(相對語)란, 두 개의 낱말이 서로 반대, 또는 상대되는 뜻으로 이루어진 낱말을 말한다.

上	級	⇔	下	級
윗 상	등급 급		아래 하	등급 급

아래의 훈과 음에 알맞은 반의어를 위와 같이 한자로 쓰세요.

정답 ☞ 144쪽 하단

		⇔		
높을 고	맑을 아	⇔	낮을 비	풍속 속
연고 고	뜻 의	⇔	지날 과	잃을 실
굳을 고	정할 정	⇔	흐를 류/유	움직일 동
높을 고	고를 조	⇔	낮을 저	고를 조
이바지할공	줄 급	⇔	쓰일 수	요긴할 요
빌 공	생각 상	⇔	나타날 현	열매 실
한가지 공	쓸 용	⇔	오로지 전	쓸 용
벼슬 관	높을 존	⇔	백성 민	낮을 비
빛 광	밝을 명	⇔	어두울 암	검을 흑
공교할 교	묘할 묘	⇔	졸할 졸	못할 렬
잡을 구	금할 금	⇔	풀 석	놓을 방
잡을 구	묶을 속	⇔	놓을 방	면할 면

○ 아래는 뜻이 서로 반대, 또는 상대되는 한자어입니다. 독음을 쓰세요.

정답 ☞ 144쪽 상단

求心(　　)-遠心(　　)　君子(　　)-小人(　　)　屈辱(　　)-雪辱(　　)

權利(　　)-義務(　　)　僅少(　　)-過多(　　)　急性(　　)-慢性(　　)

急行(　　)-緩行(　　)　肯定(　　)-否定(　　)　旣決(　　)-未決(　　)

奇拔(　　)-平凡(　　)　奇數(　　)-偶數(　　)　飢餓(　　)-飽食(　　)

向陽花木(향양화목) ▷ '볕을 받은 꽃나무'라는 뜻으로, '입신출세하기 쉬운 사람'을 이르는 말.

☞ **반의어**(反義語) · **상대어**(相對語)란, 두 개의 낱말이 서로 반대, 또는 상대되는 뜻으로 이루어진 낱말을 말한다.

上	級	⇔	下	級
윗 상	등급 급		아래 하	등급 급

❁ 아래의 훈과 음에 알맞은 반의어를 위와 같이 한자로 쓰세요.

정답 ☞ 143쪽 하단

구할 구	마음 심	⇔	멀 원	마음 심
임금 군	아들 자	⇔	작을 소	사람 인
굽힐 굴	욕될 욕	⇔	눈 설	욕될 욕
권세 권	이할 리	⇔	옳을 의	힘쓸 무
겨우 근	적을 소	⇔	지날 과	많을 다
급할 급	성품 성	⇔	거만할 만	성품 성
급할 급	다닐 행	⇔	느릴 완	다닐 행
즐길 긍	정할 정	⇔	아닐 부	정할 정
이미 기	결단할 결	⇔	아닐 미	결단할 결
기특할 기	빨 발	⇔	평평할 평	무릇 범
기특할 기	셈 수	⇔	짝 우	셈 수
주릴 기	주릴 아	⇔	배부를 포	밥 식

❍ 아래는 뜻이 서로 반대, 또는 상대되는 한자어입니다. 독음을 쓰세요.

정답 ☞ 143쪽 상단

高雅(　　　)-卑俗(　　　)　故意(　　　)-過失(　　　)　固定(　　　)-流動(　　　)
高調(　　　)-低調(　　　)　供給(　　　)-需要(　　　)　空想(　　　)-現實(　　　)
共用(　　　)-專用(　　　)　官尊(　　　)-民卑(　　　)　光明(　　　)-暗黑(　　　)
巧妙(　　　)-拙劣(　　　)　拘禁(　　　)-釋放(　　　)　拘束(　　　)-放免(　　　)

☞ **반의어**(反義語) · **상대어**(相對語)란, 두 개의 낱말이 서로 반대, 또는 상대되는 뜻으로 이루어진 낱말을 말한다.

上	級	⇔	下	級
윗 상	등급 급		아래 하	등급 급

아래의 훈과 음에 알맞은 반의어를 위와 같이 한자로 쓰세요.

정답 ☞ 146쪽 하단

긴할 긴	빽빽할 밀	⇔	소통할 소	멀 원
길할 길	억조 조	⇔	흉할 흉	억조 조
즐길 락/낙	볼 관	⇔	슬플 비	볼 관
떨어질락/낙	차례 제	⇔	미칠 급	차례 제
즐길 락/낙	하늘 천	⇔	싫을 염	인간 세
따뜻할 난	흐를 류	⇔	찰 한	흐를 류
넘칠 람/남	읽을 독	⇔	자세할 정	읽을 독
넘칠 람/남	쓸 용	⇔	마디 절	맺을 약
밝을 랑/낭	읽을 독	⇔	잠잠할 묵	읽을 독
안 내	얼굴 용	⇔	모양 형	법 식
찰 랭/냉	방 방	⇔	따뜻할 난	방 방
늙을 로/노	쇠불릴 련	⇔	아닐 미	익을 숙

❍ 아래는 뜻이 서로 반대, 또는 상대되는 한자어입니다. 독음을 쓰세요.

정답 ☞ 146쪽 상단

濃厚(　　　)-稀薄(　　　)　能動(　　　)-被動(　　　)　多元(　　　)-一元(　　　)

單純(　　　)-複雜(　　　)　單式(　　　)-複式(　　　)　短縮(　　　)-延長(　　　)

大乘(　　　)-小乘(　　　)　對話(　　　)-獨白(　　　)　都心(　　　)-郊外(　　　)

獨創(　　　)-模倣(　　　)　動機(　　　)-結果(　　　)　登場(　　　)-退場(　　　)

形單影隻(형단영척) ▷ 아무 데도 의지할 곳이 없이 몸시 외로움.

☞ **반의어**(反義語) · **상대어**(相對語)란, 두 개의 낱말이 서로 반대, 또는 상대되는 뜻으로 이루어진 낱말을 말한다.

上	級	⇔	下	級
윗 상	등급 급		아래 하	등급 급

아래의 훈과 음에 알맞은 반의어를 위와 같이 한자로 쓰세요.

정답 ☞ 145쪽 하단

( )	( )	⇔	( )	( )
짙을 농	두터울 후	⇔	드물 희	엷을 박
능할 능	움직일 동	⇔	입을 피	움직일 동
많을 다	으뜸 원	⇔	한 일	으뜸 원
홑 단	순수할 순	⇔	겹칠 복	섞일 잡
홑 단	법 식	⇔	겹칠 복	법 식
짧을 단	줄일 축	⇔	늘일 연	긴 장
큰 대	탈 승	⇔	작을 소	탈 승
대할 대	말씀 화	⇔	홀로 독	흰 백
도읍 도	마음 심	⇔	들 교	바깥 외
홀로 독	비롯할 창	⇔	본뜰 모	본뜰 방
움직일 동	틀 기	⇔	맺을 결	실과 과
오를 등	마당 장	⇔	물러날 퇴	마당 장

○ 아래는 뜻이 서로 반대, 또는 상대되는 한자어입니다. 독음을 쓰세요.

정답 ☞ 145쪽 상단

緊密( )-疏遠( )	吉兆( )-凶兆( )	樂觀( )-悲觀( )
落第( )-及第( )	樂天( )-厭世( )	暖流( )-寒流( )
濫讀( )-精讀( )	濫用( )-節約( )	朗讀( )-默讀( )
內容( )-形式( )	冷房( )-暖房( )	老鍊( )-未熟( )

☞ **반의어**(反義語) · **상대어**(相對語)란, 두 개의 낱말이 서로 반대, 또는 상대되는 뜻으로 이루어진 낱말을 말한다.

上	級	⇔	下	級
윗 상	등급 급		아래 하	등급 급

아래의 훈과 음에 알맞은 반의어를 위와 같이 한자로 쓰세요. 정답 ☞ 148쪽 하단

사막 막	그럴 연	⇔	굳을 확	그럴 연	잊을 망	물리칠 각	⇔	기록할 기	생각할 억
멸할 멸	망할 망	⇔	높을 륭/융	일 흥	묻을 매	빠질 몰	⇔	필 발	팔 굴
이름 명	기릴 예	⇔	부끄러울치	욕될 욕	없을 무	능할 능	⇔	있을 유	능할 능
물건 물	바탕 질	⇔	자세할 정	귀신 신	작을 미	벼슬 관	⇔	나타날 현	벼슬 관
민첩할 민	빠를 속	⇔	더딜 지	둔할 둔	빽빽할 밀	모을 집	⇔	흩을 산	있을 재
돌아올 반	겨룰 항	⇔	옷 복	좇을 종	놓을 방	마음 심	⇔	잡을 조	마음 심

○ 아래는 뜻이 서로 반대, 또는 상대되는 한자어입니다. 독음을 쓰세요. 정답 ☞ 148쪽 상단

背恩(　　)-報恩(　　)	白髮(　　)-紅顔(　　)	凡人(　　)-超人(　　)
別居(　　)-同居(　　)	保守(　　)-革新(　　)	保守(　　)-進步(　　)
本業(　　)-副業(　　)	富貴(　　)-貧賤(　　)	富裕(　　)-貧窮(　　)
否認(　　)-是認(　　)	分析(　　)-綜合(　　)	紛爭(　　)-和解(　　)

興盡悲來(흥진비래) ▷ 즐거운 일이 다하면 슬픔이 옴. 곧 흥망과 성쇠가 엇바뀜을 일컫는 말.

☞ **반의어**(反義語) · **상대어**(相對語)란, 두 개의 낱말이 서로 반대, 또는 상대되는 뜻으로 이루어진 낱말을 말한다.

上	級	⇔	下	級
윗 상	등급 급		아래 하	등급 급

아래의 훈과 음에 알맞은 반의어를 위와 같이 한자로 쓰세요.

정답 ☞ 147쪽 하단

등 배	은혜 은	⇔	갚을 보	은혜 은	흰 백	터럭 발	⇔	붉을 홍	얼굴 안
무릇 범	사람 인	⇔	뛰어넘을초	사람 인	나눌 별	살 거	⇔	한가지 동	살 거
지킬 보	지킬 수	⇔	가죽 혁	새 신	지킬 보	지킬 수	⇔	나아갈 진	걸음 보
근본 본	업 업	⇔	버금 부	업 업	부자 부	귀할 귀	⇔	가난할 빈	천할 천
부자 부	넉넉할 유	⇔	가난할 빈	다할 궁	아닐 부	알 인	⇔	이 시	알 인
나눌 분	쪼갤 석	⇔	모을 종	합할 합	어지러울 분	다툴 쟁	⇔	화할 화	풀 해

○ 아래는 뜻이 서로 반대, 또는 상대되는 한자어입니다. 독음을 쓰세요.

정답 ☞ 147쪽 상단

漠然( )-確然( )	忘却( )-記憶( )	滅亡( )-隆興( )
埋沒( )-發掘( )	名譽( )-恥辱( )	無能( )-有能( )
物質( )-精神( )	微官( )-顯官( )	敏速( )-遲鈍( )
密集( )-散在( )	反抗( )-服從( )	放心( )-操心( )

☞ **반의어**(反義語) · **상대어**(相對語)란, 두 개의 낱말이 서로 반대, 또는 상대되는 뜻으로 이루어진 낱말을 말한다.

上	級	⇔	下	級
윗 상	등급 급		아래 하	등급 급

아래의 훈과 음에 알맞은 반의어를 위와 같이 한자로 쓰세요.

정답 ☞ 150쪽 하단

		⇔		
아닐 불	옮길 운	⇔	다행 행	옮길 운
아닐 비	차례 번	⇔	마땅 당	차례 번
슬플 비	슬플 애	⇔	기쁠 환	기쁠 희
깎을 삭	덜 감	⇔	더할 첨	더할 가
윗 상	오를 승	⇔	아래 하	내릴 강
자세할 상	펼 술	⇔	간략할략/약	펼 술

		⇔		
숨길 비	빽빽할 밀	⇔	공평할 공	열 개
아닐 비	무릇 범	⇔	평평할 평	무릇 범
죽을 사	뒤 후	⇔	날 생	앞 전
흩을 산	글월 문	⇔	운 운	글월 문
잃을 상	잃을 실	⇔	얻을 획	얻을 득
날 생	집 가	⇔	기를 양	집 가

❍ 아래는 뜻이 서로 반대, 또는 상대되는 한자어입니다. 독음을 쓰세요.

정답 ☞ 150쪽 상단

生産(　　)-消費(　　)　生食(　　)-火食(　　)　先天(　　)-後天(　　)
成熟(　　)-未熟(　　)　消極(　　)-積極(　　)　利益(　　)-損失(　　)
疏遠(　　)-親近(　　)　淑女(　　)-紳士(　　)　順行(　　)-逆行(　　)
暗示(　　)-明示(　　)　靈魂(　　)-肉體(　　)　憂鬱(　　)-明朗(　　)

天長地久(천장지구) ▷ ①하늘과 땅은 영원함. ②하늘 · 땅과 같이 오래가고 변함이 없음.

☞ **반의어**(反義語) · **상대어**(相對語)란, 두 개의 낱말이 서로 반대, 또는 상대되는 뜻으로 이루어진 낱말을 말한다.

上	級	⇔	下	級
윗 상	등급 급		아래 하	등급 급

아래의 훈과 음에 알맞은 반의어를 위와 같이 한자로 쓰세요.

정답 ☞ 149쪽 하단

날 생	낳을 산	⇔	사라질 소	쓸 비
날 생	밥 식	⇔	불 화	밥 식
먼저 선	하늘 천	⇔	뒤 후	하늘 천
이룰 성	익을 숙	⇔	아닐 미	익을 숙
사라질 소	극진할 극	⇔	쌓을 적	극진할 극
이할 리/이	더할 익	⇔	덜 손	잃을 실
소통할 소	멀 원	⇔	친할 친	가까울 근
맑을 숙	계집 녀	⇔	띠 신	선비 사
순할 순	다닐 행	⇔	거스를 역	다닐 행
어두울 암	보일 시	⇔	밝을 명	보일 시
신령 령/영	넋 혼	⇔	고기 육	몸 체
근심 우	답답할 울	⇔	밝을 명	밝을 랑

○ 아래는 뜻이 서로 반대, 또는 상대되는 한자어입니다. 독음을 쓰세요.

정답 ☞ 149쪽 상단

不運(　　　)-幸運(　　　)　祕密(　　　)-公開(　　　)　非番(　　　)-當番(　　　)

非凡(　　　)-平凡(　　　)　悲哀(　　　)-歡喜(　　　)　死後(　　　)-生前(　　　)

削減(　　　)-添加(　　　)　散文(　　　)-韻文(　　　)　上昇(　　　)-下降(　　　)

喪失(　　　)-獲得(　　　)　詳述(　　　)-略述(　　　)　生家(　　　)-養家(　　　)

☞ **반의어**(反義語) · **상대어**(相對語)란, 두 개의 낱말이 서로 반대, 또는 상대되는 뜻으로 이루어진 낱말을 말한다.

上	級	⇔	下	級
윗 상	등급 급		아래 하	등급 급

아래의 훈과 음에 알맞은 반의어를 위와 같이 한자로 쓰세요.

정답 ☞ 152쪽 하단

이을 련/연	패할 패	⇔	이을 련/연	이길 승
영화 영	구름 전	⇔	왼 좌	옮길 천
짝 우	그럴 연	⇔	반드시 필	그럴 연
은혜 은	은혜 혜	⇔	원망할 원	한할 한
의지할 의	다를 타	⇔	스스로 자	설 립
다를 이	끝 단	⇔	바를 정	거느릴 통
사람 인	할 위	⇔	스스로 자	그럴 연
설 립/입	몸 체	⇔	평평할 평	낯 면
스스로 자	움직일 동	⇔	다를 타	움직일 동
스스로 자	움직일 동	⇔	손 수	움직일 동
스스로 자	법칙 률/율	⇔	다를 타	법칙 률/율
스스로 자	뜻 의	⇔	다를 타	뜻 의

○ 아래는 뜻이 서로 반대, 또는 상대되는 한자어입니다. 독음을 쓰세요.

정답 ☞ 152쪽 상단

低俗(　　　)-高尙(　　　)　敵對(　　　)-友好(　　　)　絶對(　　　)-相對(　　　)

創造(　　　)-模倣(　　　)　漸進(　　　)-急進(　　　)　靜肅(　　　)-騷亂(　　　)

正午(　　　)-子正(　　　)　定着(　　　)-漂流(　　　)　弔客(　　　)-賀客(　　　)

增加(　　　)-減少(　　　)　直系(　　　)-傍系(　　　)　眞實(　　　)-虛僞(　　　)

推己及人(추기급인) ▷ 자기의 마음에 미루어 보아 남에게도 그렇게 행동함.

☞ **반의어**(反義語) · **상대어**(相對語)란, 두 개의 낱말이 서로 반대, 또는 상대되는 뜻으로 이루어진 낱말을 말한다.

上	級	⇔	下	級
윗 상	등급 급		아래 하	등급 급

아래의 훈과 음에 알맞은 반의어를 위와 같이 한자로 쓰세요. 정답 ☞ 151쪽 하단

낮을 저	풍속 속	⇔	높을 고	오히려 상		대적할 적	대할 대	⇔	벗 우	좋을 호
끊을 절	대할 대	⇔	서로 상	대할 대		비롯할 창	지을 조	⇔	본뜰 모	본뜰 방
점점 점	나아갈 진	⇔	급할 급	나아갈 진		고요할 정	엄숙할 숙	⇔	떠들 소	어지러울란
바를 정	낮 오	⇔	아들 자	바를 정		정할 정	붙을 착	⇔	떠다닐 표	흐를 류
조상할 조	손 객	⇔	하례할 하	손 객		더할 증	더할 가	⇔	덜 감	적을 소
곧을 직	이어맬 계	⇔	곁 방	이어맬 계		참 진	열매 실	⇔	빌 허	거짓 위

○ 아래는 뜻이 서로 반대, 또는 상대되는 한자어입니다. 독음을 쓰세요. 정답 ☞ 151쪽 상단

連敗(　　)-連勝(　　)	榮轉(　　)-左遷(　　)	偶然(　　)-必然(　　)
恩惠(　　)-怨恨(　　)	依他(　　)-自立(　　)	異端(　　)-正統(　　)
人爲(　　)-自然(　　)	立體(　　)-平面(　　)	自動(　　)-他動(　　)
自動(　　)-手動(　　)	自律(　　)-他律(　　)	自意(　　)-他意(　　)

☞ **반의어**(反義語) · **상대어**(相對語)란, 두 개의 낱말이 서로 반대, 또는 상대되는 뜻으로 이루어진 낱말을 말한다.

上	級	⇔	下	級
윗 상	등급 급		아래 하	등급 급

아래의 훈과 음에 알맞은 반의어를 위와 같이 한자로 쓰세요.

정답 ☞ 154쪽 하단

바탕 질	의심할 의	⇔	응할 응	대답 답	다를 차	나눌 별	⇔	고를 균	무리 등
벨 참	새 신	⇔	베풀 진	썩을 부	얕을 천	배울 학	⇔	클 석	배울 학
줄일 축	작을 소	⇔	넓힐 확	큰 대	쾌할 쾌	즐길 락	⇔	쓸 고	아플 통
쾌할 쾌	이길 승	⇔	참혹할 참	패할 패	던질 투	손 수	⇔	잡을 포	손 수
치우칠 편	있을 재	⇔	두루 편	있을 재	사나울 폭	떨어질 락	⇔	사나울 폭	오를 등
좋을 호	상황 황	⇔	아닐 불	상황 황	물러날 퇴	될 화	⇔	나아갈 진	될 화

○ 아래는 뜻이 서로 반대, 또는 상대되는 한자어입니다. 독음을 쓰세요.

정답 ☞ 154쪽 상단

敗北(　　　)-勝利(　　　)	虐待(　　　)-優待(　　　)	合法(　　　)-違法(　　　)
好材(　　　)-惡材(　　　)	好轉(　　　)-逆轉(　　　)	好轉(　　　)-惡化(　　　)
興奮(　　　)-安靜(　　　)	興奮(　　　)-鎭靜(　　　)	口傳(　　　)-記錄(　　　)
原始(　　　)-文明(　　　)	合理(　　　)-矛盾(　　　)	固執(　　　)-妥協(　　　)

醉生夢死(취생몽사) ▷ 아무 뜻과 이룬 일도 없이 한평생을 흐리멍텅하게 살아감.

☞ **반의어**(反義語) · **상대어**(相對語)란, 두 개의 낱말이 서로 반대, 또는 상대되는 뜻으로 이루어진 낱말을 말한다.

上	級	⇔	下	級
윗 상	등급 급		아래 하	등급 급

아래의 훈과 음에 알맞은 반의어를 위와 같이 한자로 쓰세요.

정답 ☞ 153쪽 하단

패할 패	달아날 배	⇔	이길 승	이할 리
모질 학	기다릴 대	⇔	넉넉할 우	기다릴 대
합할 합	법 법	⇔	어길 위	법 법
좋을 호	재목 재	⇔	악할 악	재목 재
좋을 호	구를 전	⇔	거스를 역	구를 전
좋을 호	구를 전	⇔	악할 악	될 화
일 흥	떨칠 분	⇔	편안 안	고요할 정
일 흥	떨칠 분	⇔	진압할 진	고요할 정
입 구	전할 전	⇔	기록할 기	기록할 록
언덕 원	비로소 시	⇔	글월 문	밝을 명
합할 합	다스릴 리	⇔	창 모	방패 순
굳을 고	잡을 집	⇔	온당할 타	화할 협

○ 아래는 뜻이 서로 반대, 또는 상대되는 한자어입니다. 독음을 쓰세요.

정답 ☞ 153쪽 상단

質疑(　　　)-應答(　　　)　差別(　　　)-均等(　　　)　斬新(　　　)-陳腐(　　　)

淺學(　　　)-碩學(　　　)　縮小(　　　)-擴大(　　　)　快樂(　　　)-苦痛(　　　)

快勝(　　　)-慘敗(　　　)　投手(　　　)-捕手(　　　)　偏在(　　　)-遍在(　　　)

暴落(　　　)-暴騰(　　　)　好況(　　　)-不況(　　　)　退化(　　　)-進化(　　　)

☞ **반의어**(反義語) · **상대어**(相對語)란, 두 개의 낱말이 서로 반대, 또는 상대되는 뜻으로 이루어진 낱말을 말한다.

求	心	力	⇔	遠	心	力
구할 구	마음 심	힘 력		멀 원	마음 심	힘 력

아래의 훈과 음에 알맞은 반의어를 위와 같이 한자로 쓰세요.

정답 ☞ 156쪽 우측

더할 가	해할 해	놈 자	⇔	입을 피	해할 해	놈 자
느낄 감	뜻 정	과녁 적	⇔	다스릴리/이	성품 성	과녁 적
열 개	놓을 방	과녁 적	⇔	닫을 폐	쇠사슬 쇄	과녁 적
갖출 구	몸 체	과녁 적	⇔	뽑을 추	코끼리 상	과녁 적
안 내	있을 재	법칙 률/율	⇔	바깥 외	있을 재	법칙 률/율
큰 대	어른 장	지아비 부	⇔	졸할 졸	어른 장	지아비 부
문 문	바깥 외	한수 한	⇔	오로지 전	문 문	집 가

背日性 ↔ 向日性(향일성)
背日性(배일성) : 식물의 뿌리 따위가 햇빛의 자극을 받았을 때, 그 반대쪽으로 굽는 성질.

不文律 ↔ 成文律(성문율)
不文律(불문율) : 불문법(不文法). 조문화(條文化)되어 있지 않으나 관례상 인정되는 법.

不法化 ↔ 合法化(합법화)
不法化(불법화) : 합법이 아닌 것으로 됨, 또는 그리되게 함.

相對的 ↔ 絶對的(절대적)
相對的(상대적) : 다른 것과의 관계나 대립·상관 등으로 존재하는 것.

唯物論 ↔ 唯心論(유심론)
唯物論(유물론) : 영혼이나 정신 따위의 실재(實在)를 부정(否定)하고, 우주 만물의 궁극적 실재는 물질뿐이라고 보는 이론.

債權者 ↔ 債務者(채무자)
債權者(채권자) : 채무자에게 재산상의 급부(給付)를 청구할 권리가 있는 사람.

革新的 ↔ 保守的(보수적)
革新的(혁신적) : 혁신하는 성질이나 경향을 띤 것.

破邪顯正(파사현정) ▷ 사견(邪見) · 사도(邪道)를 깨어버리고 정법(正法)을 창현(彰顯)함.

☞ **반의어**(反義語) · **상대어**(相對語)란, 두 개의 낱말이 서로 반대, 또는 상대되는 뜻으로 이루어진 낱말을 말한다.

求	心	力	⇔	遠	心	力
구할 구	마음 심	힘 력		멀 원	마음 심	힘 력

❀ 아래의 훈과 음에 알맞은 반의어를 위와 같이 한자로 쓰세요.

정답 ☞ 155쪽 우측

등 배	날 일	성품 성	⇔	향할 향	날 일	성품 성
아닐 불	글월 문	법칙 률/율	⇔	이룰 성	글월 문	법칙 률/율
아닐 불	법 법	될 화	⇔	합할 합	법 법	될 화
서로 상	대할 대	과녁 적	⇔	끊을 절	대할 대	과녁 적
오직 유	물건 물	논할 론	⇔	오직 유	마음 심	논할 론
빚 채	권세 권	놈 자	⇔	빚 채	힘쓸 무	놈 자
가죽 혁	새 신	과녁 적	⇔	지킬 보	지킬 수	과녁 적

加害者 ↔ 被害者(피해자)

加害者(가해자) : 남에게 손해나 상처를 입힌 사람.

感情的 ↔ 理性的(이성적)

感情的(감정적) : 쉽게 감정에 치우치는 것.

開放的 ↔ 閉鎖的(폐쇄적)

開放的(개방적) : 있는 그대로를 남에게 보이는 것.

具體的 ↔ 抽象的(추상적)

具體的(구체적) : 어떤 사물이 뚜렷한 실체를 갖추고 있는 것.

內在律 ↔ 外在律(외재율)

內在律(내재율) : 자유시에서, 그 내용이나 시어(詩語)의 배치 따위에서 느낄 수 있는 잠재적인 운율.

大丈夫 ↔ 拙丈夫(졸장부)

大丈夫(대장부) : 장하고 씩씩한 사나이.

門外漢 ↔ 專門家(전문가)

門外漢(문외한) : 그 일에 대한 전문적인 지식이 없거나 관계가 없는 사람.

☞ **유의자**(類義字)란, 두 개의 글자가 서로 뜻이 비슷하고, 대등(對等)한 뜻을 가진 낱말을 말한다.

7급歌-4Ⅱ謠(가요)	3급姦-3Ⅱ淫(간음)	2성疆-4급域(강역)	4급激-3Ⅱ衝(격충)
7급歌-5급唱(가창)	6급感-4급覺(감각)	6급開-3Ⅱ啓(개계)	4급擊-5급打(격타)
7급歌-6Ⅱ樂(가악)	4Ⅱ監-5Ⅱ觀(감관)	3Ⅱ蓋-3Ⅱ覆(개복)	3Ⅱ隔-7Ⅱ間(격간)
7급歌-3급詠(가영)	4Ⅱ監-4Ⅱ視(감시)	5Ⅱ客-5Ⅱ旅(객려)	4급堅-3Ⅱ剛(견강)
7급歌-5급曲(가곡)	4Ⅱ監-4Ⅱ察(감찰)	5급擧-7Ⅱ動(거동)	4급堅-6급強(견강)
7Ⅱ家-4Ⅱ戶(가호)	4Ⅱ減-3Ⅱ削(감삭)	4급居-7Ⅱ家(거가)	4급堅-3Ⅱ硬(견경)
7Ⅱ家-8급室(가실)	4Ⅱ減-6Ⅱ省(감생)	4급居-3Ⅱ館(거관)	4급堅-5급固(견고)
7Ⅱ家-5급屋(가옥)	4Ⅱ減-4급損(감손)	4급居-4Ⅱ留(거류)	3급牽-4Ⅱ引(견인)
7Ⅱ家-5Ⅱ宅(가택)	4급敢-6Ⅱ勇(감용)	4급居-7급住(거주)	5Ⅱ結-5Ⅱ束(결속)
5급加-4Ⅱ增(가증)	2급憾-4급怨(감원)	4급巨-8급大(거대)	5Ⅱ結-2급締(결체)
5급加-3급添(가첨)	2급憾-4급恨(감한)	3Ⅱ距-5급離(거리)	5Ⅱ結-4급構(결구)
5Ⅱ價-3Ⅱ值(가치)	7Ⅱ江-5급河(강하)	5급健-3Ⅱ剛(건강)	5Ⅱ結-5Ⅱ約(결약)
4Ⅱ街-7Ⅱ道(가도)	6급強-5급健(강건)	5급建-7Ⅱ立(건립)	5Ⅱ決-4Ⅱ斷(결단)
4Ⅱ街-3급巷(가항)	4Ⅱ講-3Ⅱ釋(강석)	3Ⅱ乾-3급枯(건고)	5Ⅱ決-4급判(결판)
4Ⅱ街-6급路(가로)	4Ⅱ講-3급誦(강송)	3Ⅱ乾-3급燥(건조)	4Ⅱ潔-8급白(결백)
4급刻-3Ⅱ銘(각명)	4Ⅱ講-4Ⅱ解(강해)	3급乞-4Ⅱ求(걸구)	4Ⅱ潔-3Ⅱ淨(결정)
4급覺-3Ⅱ悟(각오)	4Ⅱ康-3Ⅱ寧(강녕)	4Ⅱ檢-4Ⅱ督(검독)	3Ⅱ訣-6급別(결별)
7Ⅱ間-3Ⅱ隔(간격)	4급降-7Ⅱ下(강하)	4Ⅱ檢-5급査(검사)	3Ⅱ兼-2급倂(겸병)
4급簡-2급札(간찰)	3Ⅱ剛-5급健(강건)	4Ⅱ檢-3급閱(검열)	3Ⅱ謙-3Ⅱ讓(겸양)
4급簡-4급略(간략)	3Ⅱ綱-4급紀(강기)	4Ⅱ檢-4Ⅱ察(검찰)	6급京-5급都(경도)
4급簡-4급擇(간택)	3Ⅱ剛-4급堅(강견)	2급憩-4Ⅱ息(게식)	5급競-5급爭(경쟁)
3Ⅱ刊-4급刻(간각)	3Ⅱ綱-3Ⅱ維(강유)	2급憩-7급休(게휴)	5Ⅱ敬-3Ⅱ恭(경공)
3Ⅱ懇-5Ⅱ切(간절)	2성疆-6Ⅱ界(강계)	5Ⅱ格-6급式(격식)	5급景-6Ⅱ光(경광)
3Ⅱ懇-4Ⅱ誠(간성)	2성疆-4Ⅱ境(강경)	4급激-4급烈(격렬)	4Ⅱ經-5Ⅱ過(경과)

☞ **유의자**(類義字)란, 두 개의 글자가 서로 뜻이 비슷하고, 대등(對等)한 뜻을 가진 낱말을 말한다.

4Ⅱ經-5Ⅱ歷(경력)
4Ⅱ警-4급戒(경계)
4Ⅱ警-4급覺(경각)
4Ⅱ境-6Ⅱ界(경계)
4Ⅱ境-4급域(경역)
4Ⅱ經-4급營(경영)
4Ⅱ經-6Ⅱ理(경리)
4Ⅱ慶-5Ⅱ福(경복)
4Ⅱ慶-5급祝(경축)
4Ⅱ慶-3Ⅱ賀(경하)
4급鏡-3Ⅱ鑑(경감)
4급傾-3Ⅱ倒(경도)
4급傾-3Ⅱ斜(경사)
3급卿-2성尹(경윤)
2성瓊-4Ⅱ玉(경옥)
6Ⅱ界-4Ⅱ境(계경)
6Ⅱ界-4급域(계역)
6Ⅱ計-7급算(계산)
6Ⅱ計-7급數(계수)
6Ⅱ計-3Ⅱ策(계책)
4급階-6급級(계급)
4급階-4급段(계단)
4급階-4급層(계층)
4급季-5급末(계말)

4급季-5Ⅱ節(계절)
4급繼-4Ⅱ續(계속)
4급繼-4Ⅱ承(계승)
3Ⅱ溪-7급川(계천)
3Ⅱ契-5Ⅱ約(계약)
3Ⅱ契-4급券(계권)
3급繫-5Ⅱ束(계속)
6급古-3급昔(고석)
6급苦-3급辛(고신)
6급苦-4Ⅱ難(고난)
6Ⅱ高-2성峻(고준)
6Ⅱ高-2성亢(고항)
6Ⅱ高-5급卓(고탁)
5급考-4Ⅱ究(고구)
5급考-4급慮(고려)
5Ⅱ告-8급白(고백)
5Ⅱ告-5급示(고시)
4Ⅱ故-5Ⅱ舊(고구)
4급孤-5Ⅱ獨(고독)
4급孤-3Ⅱ寂(고적)
3급枯-3급渴(고갈)
2급雇-2급傭(고용)
5급曲-2성鞠(곡국)
4급穀-4급糧(곡량)

3Ⅱ哭-3급泣(곡읍)
4급困-4급窮(곤궁)
7Ⅱ工-6Ⅱ作(공작)
7Ⅱ工-4Ⅱ造(공조)
7Ⅱ空-4Ⅱ虛(공허)
6Ⅱ共-7급同(공동)
6Ⅱ功-2급勳(공훈)
4급攻-4급擊(공격)
4급攻-4Ⅱ伐(공벌)
4급攻-4급討(공토)
4급孔-3Ⅱ穴(공혈)
3Ⅱ恭-5Ⅱ敬(공경)
3Ⅱ供-4급與(공여)
3Ⅱ供-5급給(공급)
3Ⅱ貢-4급納(공납)
3Ⅱ貢-3Ⅱ獻(공헌)
3Ⅱ恐-2급怖(공포)
3Ⅱ恐-3급懼(공구)
6Ⅱ果-5Ⅱ實(과실)
6Ⅱ果-4급敢(과감)
6Ⅱ科-6급目(과목)
5Ⅱ過-4Ⅱ誤(과오)
5Ⅱ過-5급去(과거)
5Ⅱ過-2급謬(과류)

5Ⅱ過-6급失(과실)
5Ⅱ課-4Ⅱ程(과정)
3Ⅱ寡-7급少(과소)
2급戈-2급矛(과모)
5Ⅱ觀-4급覽(관람)
5Ⅱ觀-4Ⅱ視(관시)
5Ⅱ觀-4Ⅱ察(관찰)
5Ⅱ關-3Ⅱ鎖(관쇄)
5Ⅱ關-2성鍵(관건)
5Ⅱ關-4급與(관여)
4급管-6Ⅱ理(관리)
4급管-3Ⅱ掌(관장)
4Ⅱ官-2성尹(관윤)
4Ⅱ官-3급爵(관작)
3Ⅱ冠-2급帽(관모)
3Ⅱ貫-3Ⅱ徹(관철)
3Ⅱ貫-6급通(관통)
3Ⅱ慣-6급習(관습)
3Ⅱ館-3Ⅱ閣(관각)
2급款-4Ⅱ誠(관성)
2급款-3Ⅱ項(관항)
6Ⅱ光-2성耀(광요)
6Ⅱ光-6Ⅱ明(광명)
6Ⅱ光-3Ⅱ彩(광채)

☞ **유의자**(類義字)란, 두 개의 글자가 서로 뜻이 비슷하고, 대등(對等)한 뜻을 가진 낱말을 말한다.

6Ⅱ光-7급色(광색)
6Ⅱ光-3급輝(광휘)
5Ⅱ廣-3Ⅱ漠(광막)
5Ⅱ廣-4Ⅱ博(광박)
5Ⅱ廣-2성衍(광연)
3Ⅱ怪-4급奇(괴기)
3Ⅱ怪-4급異(괴이)
3급愧-3급慙(괴참)
3급愧-3Ⅱ恥(괴치)
8급敎-6급訓(교훈)
5급橋-3Ⅱ梁(교량)
5급橋-3Ⅱ脚(교각)
3Ⅱ巧-4급妙(교묘)
3급矯-7Ⅱ正(교정)
3급矯-7Ⅱ直(교직)
3급郊-6급野(교야)
6급區-6급別(구별)
6급區-4급域(구역)
6급區-6Ⅱ分(구분)
5급救-4급援(구원)
5급救-4Ⅱ濟(구제)
5Ⅱ舊-4Ⅱ故(구고)
5Ⅱ具-4Ⅱ備(구비)
4Ⅱ究-3급竟(구경)

4Ⅱ究-5급考(구고)
4Ⅱ求-3급乞(구걸)
4Ⅱ求-3Ⅱ索(구색)
4급構-4Ⅱ築(구축)
4급構-4Ⅱ造(구조)
3Ⅱ丘-3Ⅱ陵(구릉)
3Ⅱ丘-2성阜(구부)
3Ⅱ久-6급遠(구원)
3급苟-3급且(구차)
2급購-5급買(구매)
2성鞠-5Ⅱ養(국양)
2성鞠-7급育(국육)
8급軍-5Ⅱ旅(군려)
8급軍-5Ⅱ兵(군병)
8급軍-5Ⅱ士(군사)
6급郡-7급邑(군읍)
6급郡-3급縣(군현)
4급群-4Ⅱ黨(군당)
4급群-4Ⅱ衆(군중)
4급君-8급王(군왕)
4급君-7급主(군주)
4급屈-5급曲(굴곡)
4급屈-4급折(굴절)
2급窟-3Ⅱ穴(굴혈)

4Ⅱ宮-7Ⅱ家(궁가)
4Ⅱ宮-2급闕(궁궐)
4Ⅱ宮-3Ⅱ殿(궁전)
4급窮-4급困(궁곤)
4급窮-4Ⅱ究(궁구)
4급窮-4Ⅱ極(궁극)
4급窮-3Ⅱ塞(궁색)
4급窮-4급盡(궁진)
4Ⅱ權-4급稱(권칭)
4Ⅱ權-3Ⅱ衡(권형)
4급券-3Ⅱ契(권계)
4급勸-3Ⅱ勵(권려)
4급勸-4급勉(권면)
4급勸-4급奬(권장)
2급闕-6급失(궐실)
5급貴-7급重(귀중)
4급歸-3Ⅱ還(귀환)
3Ⅱ鬼-6Ⅱ神(귀신)
5급規-5Ⅱ格(규격)
5급規-6급例(규례)
5급規-4급範(규범)
5급規-6급式(규식)
5급規-4Ⅱ律(규율)
5급規-5급則(규칙)

5급規-6급度(규탁)
3급糾-6Ⅱ明(규명)
3급糾-4Ⅱ察(규찰)
3급糾-5Ⅱ結(규결)
3급糾-4급彈(규탄)
2급閨-4Ⅱ房(규방)
4급均-6Ⅱ等(균등)
4급均-5Ⅱ調(균조)
4급均-7Ⅱ平(균평)
3급龜-3Ⅱ裂(균열)
4Ⅱ極-4급窮(극궁)
4Ⅱ極-4Ⅱ端(극단)
4Ⅱ極-4급盡(극진)
4급劇-3Ⅱ甚(극심)
3Ⅱ克-6급勝(극승)
6급根-6급本(근본)
4급勤-3Ⅱ愼(근신)
8급金-5급鐵(금철)
3Ⅱ禽-4Ⅱ鳥(금조)
6Ⅱ急-3Ⅱ迫(급박)
6Ⅱ急-6급速(급속)
6Ⅱ急-3Ⅱ促(급촉)
5급給-3급賜(급사)
5급給-4급與(급여)

陵雲之志(능운지지) ▷ '높은 구름을 훨씬 넘는 높은 뜻'이라는 말로, '높은 지위에 오르고자 하는 욕망'을 이르는 말.

☞ **유의자**(類義字)란, 두 개의 글자가 서로 뜻이 비슷하고, 대등(對等)한 뜻을 가진 낱말을 말한다.

7Ⅱ記-5Ⅱ識(기지)
7Ⅱ記-4Ⅱ錄(기록)
5Ⅱ基-2성址(기지)
5급技-4Ⅱ藝(기예)
5급技-6Ⅱ術(기술)
5Ⅱ己-6Ⅱ身(기신)
4Ⅱ器-5Ⅱ具(기구)
4Ⅱ起-7Ⅱ立(기립)
4Ⅱ起-6Ⅱ發(기발)
4급奇-3Ⅱ怪(기괴)
4급寄-3Ⅱ付(기부)
4급機-3Ⅱ械(기계)
4급紀-3Ⅱ綱(기강)
3Ⅱ企-5Ⅱ望(기망)
3Ⅱ畿-2성甸(기전)
3Ⅱ祈-5급祝(기축)
3급欺-3급詐(기사)
3급旣-3Ⅱ已(기이)
3급忌-3급嫌(기혐)
3급飢-3급餓(기아)
2성冀-5급願(기원)
2성冀-5Ⅱ望(기망)
2성耆-7급老(기로)
2성麒-2성麟(기린)

3Ⅱ緊-5Ⅱ要(긴요)
4Ⅱ難-6급苦(난고)
4급納-3Ⅱ貢(납공)
4급納-7급入(납입)
4급納-3Ⅱ獻(납헌)
3Ⅱ耐-3Ⅱ忍(내인)
8급女-3Ⅱ娘(여랑)
8급年-5Ⅱ歲(연세)
5Ⅱ念-4급慮(염려)
5Ⅱ念-4Ⅱ想(염상)
3Ⅱ奴-3급隷(노예)
7Ⅱ農-3Ⅱ耕(농경)
2급濃-4급厚(농후)
2급溺-3Ⅱ沒(익몰)
5Ⅱ團-4Ⅱ圓(단원)
4Ⅱ單-5Ⅱ獨(단독)
4Ⅱ斷-4Ⅱ絶(단절)
4Ⅱ斷-5Ⅱ決(단결)
4Ⅱ斷-5Ⅱ切(단절)
4Ⅱ端-5급末(단말)
4Ⅱ端-7Ⅱ正(단정)
4급段-4급階(단계)
3Ⅱ但-3급只(단지)
2급鍛-3Ⅱ鍊(단련)

4Ⅱ達-6급通(달통)
4Ⅱ達-6Ⅱ成(달성)
5급談-6급言(담언)
5급談-5Ⅱ說(담설)
5급談-7Ⅱ話(담화)
4Ⅱ擔-5Ⅱ任(담임)
2급潭-2성沼(담소)
2급潭-2성淵(담연)
6Ⅱ堂-8급室(당실)
5Ⅱ當-3급該(당해)
8급大-4급巨(대거)
6Ⅱ代-3급替(대체)
7Ⅱ道-3급塗(도도)
7Ⅱ道-3Ⅱ途(도도)
7Ⅱ道-6급路(도로)
7Ⅱ道-6Ⅱ理(도리)
6급度-2성揆(도규)
6Ⅱ圖-6급畫(도화)
5Ⅱ到-5Ⅱ着(도착)
5Ⅱ到-4Ⅱ達(도달)
5급都-7Ⅱ市(도시)
5급都-7급邑(도읍)
4Ⅱ導-6급訓(도훈)
4Ⅱ導-4Ⅱ引(도인)

4급逃-4급避(도피)
4급逃-5급亡(도망)
4급徒-4Ⅱ黨(도당)
4급徒-3Ⅱ輩(도배)
4급盜-4급賊(도적)
4급盜-3급竊(도절)
3Ⅱ刀-3Ⅱ劍(도검)
3Ⅱ渡-3급涉(도섭)
3급跳-3급躍(도약)
2급悼-3급懼(도구)
5Ⅱ獨-4급孤(독고)
4Ⅱ毒-5Ⅱ害(독해)
3급敦-3급篤(돈독)
3급敦-4급厚(돈후)
3Ⅱ突-3Ⅱ忽(돌홀)
7급同-6Ⅱ等(동등)
7급同-8급一(동일)
7급洞-7급里(동리)
7급洞-2급窟(동굴)
7급洞-3Ⅱ穴(동혈)
7급洞-6급通(통통)
7급洞-4Ⅱ達(통달)
7Ⅱ動-3급搖(동요)
6급頭-5Ⅱ首(두수)

☞ **유의자**(類義字)란, 두 개의 글자가 서로 뜻이 비슷하고, 대등(對等)한 뜻을 가진 낱말을 말한다.

3급屯-4급陣(둔진)
7급登-2성陟(등척)
6Ⅱ等-6급級(등급)
6Ⅱ等-5Ⅱ類(등류)
2급謄-5급寫(등사)
4Ⅱ羅-4Ⅱ列(나열)
6Ⅱ樂-7급歌(악가)
5급落-3급墮(낙타)
3Ⅱ絡-4Ⅱ脈(낙맥)
3Ⅱ浪-3급漫(낭만)
5급冷-5급寒(냉한)
5급冷-3Ⅱ涼(냉량)
4급略-6Ⅱ省(약생)
3급掠-3Ⅱ奪(약탈)
5Ⅱ良-4Ⅱ好(양호)
5Ⅱ良-5급善(양선)
4급糧-4급穀(양곡)
3급楊-4급柳(양류)
3급諒-5Ⅱ知(양지)
5Ⅱ旅-5Ⅱ客(여객)
4Ⅱ麗-6급美(여미)
5Ⅱ練-6급習(연습)
4Ⅱ連-4Ⅱ續(연속)
3Ⅱ鍊-2급鍛(연단)

3Ⅱ戀-3Ⅱ慕(연모)
3Ⅱ戀-6급愛(연애)
3급憐-3급憫(연민)
2성漣-4Ⅱ波(연파)
5급領-3Ⅱ率(영솔)
5급領-4Ⅱ受(영수)
5급領-4Ⅱ統(영통)
3Ⅱ靈-6Ⅱ神(영신)
3Ⅱ靈-3Ⅱ魂(영혼)
3급零-5급落(영락)
7급老-3급翁(노옹)
5Ⅱ勞-4Ⅱ務(노무)
5Ⅱ勞-4급勤(노근)
4Ⅱ努-7Ⅱ力(노력)
6급綠-8급靑(녹청)
3Ⅱ祿-2급俸(녹봉)
4Ⅱ論-4Ⅱ議(논의)
3Ⅱ雷-3Ⅱ震(뇌진)
5급料-5급量(요량)
5급料-6급度(요탁)
2성遼-6급遠(요원)
3Ⅱ樓-3Ⅱ館(누관)
3Ⅱ樓-3Ⅱ閣(누각)
5Ⅱ流-3Ⅱ浪(유랑)

4Ⅱ留-7급住(유주)
2급謬-4Ⅱ誤(유오)
5Ⅱ陸-7급地(육지)
3Ⅱ隆-4Ⅱ盛(융성)
3Ⅱ隆-3Ⅱ昌(융창)
3Ⅱ隆-4Ⅱ興(융흥)
3Ⅱ陵-3Ⅱ丘(능구)
6Ⅱ利-4Ⅱ益(이익)
4급離-6급別(이별)
2급魔-3Ⅱ鬼(마귀)
3Ⅱ磨-4Ⅱ硏(마연)
4Ⅱ滿-2성盈(만영)
5급末-4Ⅱ端(말단)
5급末-3Ⅱ尾(말미)
3급忘-6급失(망실)
7Ⅱ每-4Ⅱ常(매상)
4Ⅱ脈-3Ⅱ絡(맥락)
3Ⅱ盟-3급誓(맹세)
3Ⅱ猛-6Ⅱ勇(맹용)
3Ⅱ猛-4Ⅱ暴(맹포)
7급面-3Ⅱ貌(면모)
7급面-3Ⅱ顔(면안)
7급面-4Ⅱ容(면용)
4급勉-3Ⅱ勵(면려)

3Ⅱ滅-5급亡(멸망)
7급命-5급令(명령)
7Ⅱ名-4급稱(명칭)
7Ⅱ名-6급號(명호)
6Ⅱ明-6Ⅱ光(명광)
6Ⅱ明-5Ⅱ朗(명랑)
6Ⅱ明-8급白(명백)
6Ⅱ明-3급輝(명휘)
4Ⅱ毛-4급髮(모발)
4급模-3급倣(모방)
4급模-4급範(모범)
3Ⅱ謀-3Ⅱ策(모책)
3Ⅱ慕-3Ⅱ戀(모련)
3Ⅱ慕-6급愛(모애)
3급侮-2급蔑(모멸)
3급募-6Ⅱ集(모집)
2성牟-3Ⅱ麥(모맥)
2급沐-5급浴(목욕)
3Ⅱ沒-2급溺(몰닉)
4급舞-2성佾(무일)
3Ⅱ茂-4Ⅱ盛(무성)
3Ⅱ貿-4급易(무역)
8급門-4Ⅱ戶(문호)
7급文-6Ⅱ書(문서)

☞ **유의자**(類義字)란, 두 개의 글자가 서로 뜻이 비슷하고, 대등(對等)한 뜻을 가진 낱말을 말한다.

7급文-6급章(문장)
7급文-3Ⅱ彩(문채)
2급紊-4급亂(문란)
7Ⅱ物-5급件(물건)
7Ⅱ物-5Ⅱ品(물품)
6급美-4Ⅱ麗(미려)
3Ⅱ尾-5급末(미말)
3Ⅱ微-4Ⅱ細(미세)
3Ⅱ微-8급小(미소)
3급迷-3Ⅱ惑(미혹)
2성彌-3Ⅱ久(미구)
3급憫-3급憐(민련)
3급敏-6급速(민속)
2성旻-7급天(민천)
6급朴-4Ⅱ素(박소)
3Ⅱ迫-6Ⅱ急(박급)
3Ⅱ迫-3Ⅱ脅(박협)
2급舶-5급船(박선)
3Ⅱ飯-7Ⅱ食(반식)
3급返-3Ⅱ還(반환)
2급搬-6Ⅱ運(반운)
6Ⅱ發-4Ⅱ起(발기)
6Ⅱ發-4급射(발사)
6Ⅱ發-5Ⅱ展(발전)

7Ⅱ方-7Ⅱ正(방정)
7Ⅱ方-7Ⅱ道(방도)
6Ⅱ放-3Ⅱ釋(방석)
4급妨-5Ⅱ害(방해)
3급邦-8급國(방국)
2급紡-4급績(방적)
2급紡-4급織(방직)
4Ⅱ配-6Ⅱ分(배분)
4Ⅱ配-3Ⅱ偶(배우)
4Ⅱ配-3급匹(배필)
3Ⅱ排-3급斥(배척)
2급俳-4급優(배우)
6급番-6Ⅱ第(번제)
6급番-4Ⅱ次(번차)
3Ⅱ繁-3Ⅱ茂(번무)
3급煩-7급數(번삭)
3급飜-3Ⅱ譯(번역)
5Ⅱ法-5급規(법규)
5Ⅱ法-6급度(법도)
5Ⅱ法-6급例(법례)
5Ⅱ法-4Ⅱ律(법률)
5Ⅱ法-6급式(법식)
5Ⅱ法-5Ⅱ典(법전)
5Ⅱ法-5급則(법칙)

3Ⅱ碧-6급綠(벽록)
3Ⅱ碧-4Ⅱ玉(벽옥)
3Ⅱ碧-8급青(벽청)
5Ⅱ變-5급改(변개)
5Ⅱ變-4급更(변경)
5Ⅱ變-4급易(변역)
5Ⅱ變-4급革(변혁)
5Ⅱ變-5Ⅱ化(변화)
4Ⅱ邊-4Ⅱ際(변제)
6급別-4급離(별리)
6급別-5급選(별선)
6급別-4급差(별차)
6급病-5급患(병환)
5Ⅱ兵-5Ⅱ士(병사)
5Ⅱ兵-5Ⅱ卒(병졸)
2급倂-3Ⅱ兼(병겸)
2급倂-6급合(병합)
4Ⅱ報-5Ⅱ告(보고)
4Ⅱ報-3Ⅱ償(보상)
4Ⅱ保-4Ⅱ衛(보위)
4Ⅱ保-4Ⅱ護(보호)
2성輔-4Ⅱ助(보조)
5Ⅱ福-4Ⅱ慶(복경)
5Ⅱ福-2성祚(복조)

3Ⅱ覆-3Ⅱ蓋(복개)
6급本-6급根(본근)
6급本-4급源(본원)
5Ⅱ奉-5Ⅱ仕(봉사)
5Ⅱ奉-4Ⅱ承(봉승)
5Ⅱ奉-3Ⅱ獻(봉헌)
3Ⅱ逢-4급遇(봉우)
2급俸-3Ⅱ祿(봉록)
6Ⅱ部-4Ⅱ隊(부대)
6Ⅱ部-5Ⅱ類(부류)
4Ⅱ副-4Ⅱ次(부차)
4급負-3Ⅱ荷(부하)
3Ⅱ附-4급屬(부속)
3Ⅱ附-5Ⅱ着(부착)
3Ⅱ賦-4급與(부여)
3Ⅱ扶-4Ⅱ助(부조)
3Ⅱ扶-4Ⅱ護(부호)
3Ⅱ付-2급託(부탁)
6Ⅱ分-4Ⅱ配(분배)
6Ⅱ分-6급區(분구)
6Ⅱ分-6급別(분별)
6Ⅱ分-3Ⅱ割(분할)
6Ⅱ分-3급析(분석)
4급憤-4Ⅱ怒(분노)

☞ **유의자**(類義字)란, 두 개의 글자가 서로 뜻이 비슷하고, 대등(對等)한 뜻을 가진 낱말을 말한다.

4급憤-3급慨(분개)
3Ⅱ奔-4Ⅱ走(분주)
3급墳-4급墓(분묘)
3급崩-3Ⅱ壞(붕괴)
3급朋-5Ⅱ友(붕우)
5급費-6Ⅱ用(비용)
5급比-3Ⅱ較(비교)
4Ⅱ悲-3급慨(비개)
4Ⅱ悲-3Ⅱ哀(비애)
4Ⅱ悲-3급慘(비참)
4급批-4급評(비평)
3Ⅱ卑-3Ⅱ賤(비천)
4Ⅱ貧-4급困(빈곤)
4Ⅱ貧-4급窮(빈궁)
3급賓-5Ⅱ客(빈객)
3급聘-3급召(빙소)
3급聘-4급招(빙초)
7Ⅱ事-6Ⅱ業(사업)
7Ⅱ事-4Ⅱ務(사무)
6급使-3Ⅱ役(사역)
6급使-5급令(사령)
6Ⅱ社-6Ⅱ會(사회)
5Ⅱ士-5Ⅱ兵(사병)
5급思-5급考(사고)

5급思-4급慮(사려)
5급思-3급惟(사유)
5급思-5Ⅱ念(사념)
5급思-3Ⅱ慕(사모)
5급思-4Ⅱ想(사상)
5급査-4Ⅱ檢(사검)
5급査-3급閱(사열)
5급査-4Ⅱ察(사찰)
4Ⅱ師-2성傅(사부)
4Ⅱ舍-5급屋(사옥)
4Ⅱ舍-5Ⅱ宅(사택)
4Ⅱ寺-2급刹(사찰)
4급辭-5Ⅱ說(사설)
4급辭-3Ⅱ讓(사양)
3Ⅱ斜-4급傾(사경)
3급詐-3급欺(사기)
3급賜-5급給(사급)
2급飼-5Ⅱ養(사양)
2급飼-7급育(사육)
3Ⅱ削-4Ⅱ減(삭감)
8급山-3Ⅱ陵(산릉)
8급山-3급岳(산악)
7급算-7급數(산수)
5Ⅱ産-8급生(산생)

4급散-3급漫(산만)
3Ⅱ森-7급林(삼림)
7Ⅱ上-3Ⅱ昇(상승)
5Ⅱ相-3급互(상호)
5Ⅱ商-2성賈(상고)
5Ⅱ商-5급量(상량)
4Ⅱ狀-4Ⅱ態(상태)
4Ⅱ想-5Ⅱ念(상념)
4Ⅱ想-5급思(상사)
3Ⅱ喪-6급失(상실)
3급祥-2급瑞(상서)
2성庠-8급校(상교)
7급色-3Ⅱ彩(색채)
8급生-5Ⅱ産(생산)
8급生-7급出(생출)
8급生-7Ⅱ活(생활)
6Ⅱ省-4Ⅱ減(생감)
6Ⅱ省-4급略(생략)
6Ⅱ書-4급冊(서책)
6Ⅱ書-4급籍(서적)
3Ⅱ徐-3Ⅱ緩(서완)
3급逝-5급去(서거)
3급誓-3Ⅱ盟(서맹)
3급暑-5급熱(서열)

2급瑞-3급祥(서상)
3Ⅱ釋-6Ⅱ放(석방)
5급選-5급擧(선거)
5급選-3Ⅱ拔(선발)
5급選-4급擇(선택)
5급船-2급舶(선박)
5급船-2급艦(선함)
5급善-5Ⅱ良(선량)
5Ⅱ鮮-4Ⅱ麗(선려)
3Ⅱ旋-4Ⅱ回(선회)
5Ⅱ說-7Ⅱ話(설화)
4Ⅱ設-4Ⅱ施(설시)
2급纖-4Ⅱ細(섬세)
3급攝-6Ⅱ理(섭리)
7Ⅱ姓-4급氏(성씨)
6Ⅱ成-4급就(성취)
6Ⅱ省-4Ⅱ察(성찰)
5Ⅱ性-7급心(성심)
4Ⅱ誠-2급款(성관)
4Ⅱ盛-2성旺(성왕)
4Ⅱ聲-6Ⅱ音(성음)
7Ⅱ世-6Ⅱ界(세계)
7Ⅱ世-6Ⅱ代(세대)
5Ⅱ洗-3급濯(세탁)

☞ **유의자**(類義字)란, 두 개의 글자가 서로 뜻이 비슷하고, 대등(對等)한 뜻을 가진 낱말을 말한다.

4Ⅱ細-3Ⅱ微(세미)
8급小-3Ⅱ微(소미)
6Ⅱ消-3Ⅱ滅(소멸)
4Ⅱ素-6급朴(소박)
4Ⅱ素-5Ⅱ質(소질)
3Ⅱ訴-3Ⅱ訟(소송)
3급蔬-3Ⅱ菜(소채)
4급損-4Ⅱ減(손감)
4급損-4급傷(손상)
4급損-6급失(손실)
4급損-5Ⅱ害(손해)
3Ⅱ訟-3Ⅱ訴(송소)
3Ⅱ衰-6Ⅱ弱(쇠약)
6급樹-8급木(수목)
6급樹-7급林(수림)
5Ⅱ首-6급頭(수두)
4Ⅱ受-5급領(수령)
4Ⅱ授-4급與(수여)
4Ⅱ守-4Ⅱ衛(수위)
4Ⅱ收-3급穫(수확)
4Ⅱ收-3Ⅱ拾(수습)
4Ⅱ修-6급習(수습)
4Ⅱ修-3Ⅱ飾(수식)
4급秀-4급傑(수걸)

3Ⅱ輸-4Ⅱ送(수송)
3Ⅱ獸-3Ⅱ畜(수축)
3Ⅱ殊-4급異(수이)
3Ⅱ殊-6급特(수특)
3Ⅱ壽-7급命(수명)
3급睡-3Ⅱ眠(수면)
5Ⅱ宿-4급寢(숙침)
4급肅-4급嚴(숙엄)
3Ⅱ熟-5Ⅱ練(숙련)
3Ⅱ淑-6Ⅱ淸(숙청)
4Ⅱ純-4Ⅱ潔(순결)
3Ⅱ巡-2급廻(순회)
6Ⅱ術-4Ⅱ藝(술예)
4급崇-6Ⅱ高(숭고)
4급崇-3Ⅱ尙(숭상)
6급習-3Ⅱ慣(습관)
6급習-5Ⅱ練(습련)
6급習-8급學(습학)
3Ⅱ濕-3Ⅱ潤(습윤)
4Ⅱ承-4급繼(승계)
4Ⅱ承-5Ⅱ奉(승봉)
7Ⅱ時-5급期(시기)
6Ⅱ始-4Ⅱ創(시창)
6Ⅱ始-5급初(시초)

4Ⅱ施-4Ⅱ設(시설)
4Ⅱ試-4Ⅱ驗(시험)
7급植-3Ⅱ栽(식재)
6급式-6급例(식례)
6급式-5Ⅱ典(식전)
3Ⅱ飾-3Ⅱ粧(식장)
6Ⅱ神-3Ⅱ靈(신령)
6Ⅱ身-6Ⅱ體(신체)
6Ⅱ神-3Ⅱ鬼(신귀)
4Ⅱ申-5Ⅱ告(신고)
3Ⅱ愼-3급謹(신근)
3Ⅱ愼-7급重(신중)
3급辛-6급苦(신고)
3급辛-4급烈(신열)
3급伸-4급張(신장)
8급室-7Ⅱ家(실가)
6급失-5급敗(실패)
5Ⅱ實-6Ⅱ果(실과)
7급心-5Ⅱ性(심성)
3Ⅱ審-5급査(심사)
3Ⅱ甚-2급酷(심혹)
3급尋-4Ⅱ訪(심방)
5Ⅱ兒-6Ⅱ童(아동)
3Ⅱ阿-3Ⅱ丘(아구)

7Ⅱ安-4Ⅱ康(안강)
7Ⅱ安-3Ⅱ寧(안녕)
7Ⅱ安-7Ⅱ平(안평)
4Ⅱ眼-6급目(안목)
3Ⅱ顔-7급面(안면)
4Ⅱ暗-3급冥(암명)
4Ⅱ壓-3Ⅱ抑(압억)
3급殃-5급災(앙재)
3급殃-3Ⅱ禍(앙화)
6급愛-3Ⅱ戀(애련)
6급愛-3Ⅱ慕(애모)
3Ⅱ哀-2급悼(애도)
3급厄-3Ⅱ禍(액화)
6Ⅱ藥-2급劑(약제)
5Ⅱ約-5Ⅱ結(약결)
5Ⅱ約-5Ⅱ束(약속)
5Ⅱ養-7급育(양육)
4급樣-4Ⅱ態(양태)
3Ⅱ壤-8급土(양토)
7급語-4급辭(어사)
3Ⅱ御-5급領(어령)
3Ⅱ抑-4Ⅱ壓(억압)
6급言-5급談(언담)
6급言-4급辭(언사)

☞ **유의자**(類義字)란, 두 개의 글자가 서로 뜻이 비슷하고, 대등(對等)한 뜻을 가진 낱말을 말한다.

6급言-5Ⅱ說(언설)
6급言-7급語(언어)
4급嚴-4급肅(엄숙)
4급嚴-2성峻(엄준)
6Ⅱ業-4Ⅱ務(업무)
6Ⅱ業-7Ⅱ事(업사)
4Ⅱ餘-4급暇(여가)
3급輿-7급地(여지)
4급域-4Ⅱ境(역경)
3Ⅱ役-6급使(역사)
4Ⅱ硏-4Ⅱ究(연구)
4Ⅱ硏-3Ⅱ磨(연마)
4Ⅱ硏-4Ⅱ修(연수)
4급燃-3Ⅱ燒(연소)
4급緣-5급因(연인)
2성淵-2급潭(연담)
2성姸-4Ⅱ麗(연려)
3Ⅱ悅-6Ⅱ樂(열락)
3급閱-4급覽(열람)
6급永-3Ⅱ久(영구)
6급永-6급遠(영원)
6급英-6급特(영특)
4Ⅱ榮-4급華(영화)
4급映-3Ⅱ照(영조)

3급詠-7급歌(영가)
3급詠-3급吟(영음)
3급詠-5급唱(영창)
2성盈-4Ⅱ滿(영만)
6급例-5급規(예규)
6급例-6급式(예식)
6급例-5Ⅱ典(예전)
6급例-5Ⅱ法(예법)
4Ⅱ藝-6Ⅱ術(예술)
3급銳-6Ⅱ利(예리)
4Ⅱ誤-2급謬(오류)
4Ⅱ誤-3Ⅱ錯(오착)
3급汚-3급濁(오탁)
3급娛-6Ⅱ樂(오락)
3급傲-3급慢(오만)
2급梧-2급桐(오동)
5급屋-4Ⅱ舍(옥사)
5급屋-3Ⅱ宇(옥우)
6급溫-4Ⅱ暖(온난)
2급穩-7Ⅱ全(온전)
2성雍-6Ⅱ和(옹화)
5급完-7Ⅱ全(완전)
3Ⅱ緩-3Ⅱ徐(완서)
2성旺-4Ⅱ盛(왕성)

2성汪-6급洋(왕양)
2성旺-4Ⅱ興(왕흥)
3급畏-3급懼(외구)
5Ⅱ要-4Ⅱ求(요구)
5Ⅱ要-3Ⅱ緊(요긴)
3급搖-7Ⅱ動(요동)
3급遙-6급遠(요원)
6Ⅱ勇-4급敢(용감)
6Ⅱ勇-3Ⅱ猛(용맹)
6Ⅱ用-5급費(용비)
4Ⅱ容-3Ⅱ貌(용모)
3급庸-4Ⅱ常(용상)
3Ⅱ憂-4급慮(우려)
3Ⅱ憂-3Ⅱ愁(우수)
3Ⅱ憂-5급患(우환)
3Ⅱ羽-3Ⅱ翼(우익)
3Ⅱ宇-3Ⅱ宙(우주)
6Ⅱ運-7Ⅱ動(운동)
6Ⅱ運-2급搬(운반)
3급云-3Ⅱ謂(운위)
5급願-5Ⅱ望(원망)
5급院-3Ⅱ宇(원우)
4급援-5급救(원구)
4급怨-4급恨(원한)

5Ⅱ偉-8급大(위대)
4급委-5Ⅱ任(위임)
4급委-2급託(위탁)
4급危-3Ⅱ殆(위태)
3급違-3Ⅱ錯(위착)
6급油-2급脂(유지)
4급遊-3Ⅱ戱(유희)
4급儒-5Ⅱ士(유사)
4급遺-6급失(유실)
3Ⅱ悠-3Ⅱ久(유구)
3Ⅱ幼-7급少(유소)
3Ⅱ幼-3Ⅱ稚(유치)
3Ⅱ裕-7Ⅱ足(유족)
7급育-2성鞠(육국)
7급育-5Ⅱ養(육양)
4Ⅱ肉-6Ⅱ身(육신)
4Ⅱ肉-6Ⅱ體(육체)
3Ⅱ潤-3Ⅱ沒(윤몰)
3Ⅱ潤-3Ⅱ濕(윤습)
3Ⅱ潤-3Ⅱ澤(윤택)
4급輪-2급廻(윤회)
4Ⅱ律-5Ⅱ法(율법)
2급融-6급通(융통)
2급融-6Ⅱ和(융화)

物外閑人(물외한인) ▷ 세상의 시끄러운 일에 관계하지 않고 한가롭게 지내는 사람.

☞ **유의자**(類義字)란, 두 개의 글자가 서로 뜻이 비슷하고, 대등(對等)한 뜻을 가진 낱말을 말한다.

6Ⅱ音-4Ⅱ聲(음성)
6Ⅱ音-3Ⅱ韻(음운)
4Ⅱ恩-4Ⅱ惠(은혜)
4급隱-4급祕(은비)
3Ⅱ淫-3급姦(음간)
3급吟-3급詠(음영)
3급泣-3Ⅱ哭(읍곡)
6급衣-6급服(의복)
6Ⅱ意-4Ⅱ義(의의)
6Ⅱ意-4급趣(의취)
6Ⅱ意-4Ⅱ志(의지)
6Ⅱ意-5급思(의사)
6급醫-2급療(의료)
4Ⅱ議-4Ⅱ論(의논)
4급依-4급據(의거)
3급宜-5Ⅱ當(의당)
4Ⅱ移-6Ⅱ運(이운)
4Ⅱ移-4급轉(이전)
2성怡-3Ⅱ悅(이열)
5급因-4급緣(인연)
4Ⅱ引-3급牽(인견)
4Ⅱ引-4Ⅱ導(인도)
4Ⅱ認-5Ⅱ知(인지)
4Ⅱ認-5Ⅱ識(인식)

4급仁-3Ⅱ慈(인자)
3Ⅱ忍-3Ⅱ耐(인내)
8급一-7급同(일동)
2성佾-4급舞(일무)
3Ⅱ賃-3Ⅱ貸(임대)
7급入-4급納(입납)
7Ⅱ自-5Ⅱ己(자기)
4급資-5Ⅱ質(자질)
4급資-4Ⅱ貨(자화)
4급資-5Ⅱ財(자재)
4급姿-3Ⅱ貌(자모)
3Ⅱ慈-6급愛(자애)
3Ⅱ慈-4급仁(자인)
3Ⅱ刺-3Ⅱ衝(자충)
2급諮-7급問(자문)
4급殘-4Ⅱ餘(잔여)
8급長-3Ⅱ久(장구)
4Ⅱ障-2급礙(장애)
4Ⅱ將-3Ⅱ帥(장수)
4급帳-3Ⅱ幕(장막)
4급奬-4급勸(장권)
4급奬-3Ⅱ勵(장려)
4급裝-3Ⅱ飾(장식)
3Ⅱ掌-4급管(장관)

3Ⅱ丈-7급夫(장부)
6Ⅱ才-6Ⅱ術(재술)
6Ⅱ才-4Ⅱ藝(재예)
5Ⅱ財-4Ⅱ貨(재화)
5급災-3급殃(재앙)
5급災-3급厄(재액)
5급災-3Ⅱ禍(재화)
3Ⅱ栽-7급植(재식)
5급爭-5급競(쟁경)
5급爭-4급鬪(쟁투)
5급貯-4급積(저적)
5급貯-4Ⅱ蓄(저축)
3Ⅱ著-6Ⅱ作(저작)
3Ⅱ抵-3Ⅱ觸(저촉)
3Ⅱ抵-4급抗(저항)
4급賊-4급盜(적도)
4급積-3Ⅱ累(적루)
4급積-5급貯(적저)
4급積-4Ⅱ蓄(적축)
3Ⅱ寂-4급靜(적정)
7Ⅱ全-5급完(전완)
6Ⅱ戰-5급爭(전쟁)
6Ⅱ戰-4급鬪(전투)
5Ⅱ典-4급範(전범)

5Ⅱ典-5Ⅱ法(전법)
5Ⅱ典-6급式(전식)
5Ⅱ典-6급例(전례)
5Ⅱ典-4Ⅱ律(전율)
5Ⅱ典-4급籍(전적)
5Ⅱ展-2성舒(전서)
4급轉-4Ⅱ移(전이)
4급轉-4Ⅱ回(전회)
4급錢-3급幣(전폐)
5Ⅱ節-4급季(절계)
5Ⅱ切-4Ⅱ斷(절단)
4Ⅱ絶-4Ⅱ斷(절단)
3급竊-4급盜(절도)
5Ⅱ店-2급鋪(점포)
4Ⅱ接-4Ⅱ續(접속)
7Ⅱ正-7Ⅱ方(정방)
7Ⅱ正-7Ⅱ直(정직)
5급停-7급住(정주)
5급停-4Ⅱ留(정류)
5급停-5급止(정지)
5급停-2급駐(정주)
5Ⅱ情-6Ⅱ意(정의)
4급整-2성頓(정돈)
4급整-3Ⅱ齊(정제)

☞ **유의자**(類義字)란, 두 개의 글자가 서로 뜻이 비슷하고, 대등(對等)한 뜻을 가진 낱말을 말한다.

4급靜-3Ⅱ寂(정적)
3Ⅱ淨-4Ⅱ潔(정결)
3Ⅱ貞-7Ⅱ直(정직)
3Ⅱ征-4Ⅱ伐(정벌)
2급偵-4급探(정탐)
2성禎-3급祥(정상)
2성旌-7급旗(정기)
6Ⅱ題-6급目(제목)
6Ⅱ第-4Ⅱ次(제차)
6Ⅱ第-5Ⅱ宅(제택)
4Ⅱ祭-3Ⅱ祀(제사)
4Ⅱ除-4Ⅱ減(제감)
4Ⅱ製-4Ⅱ造(제조)
4Ⅱ製-6Ⅱ作(제작)
4급帝-8급王(제왕)
3Ⅱ齊-4급整(제정)
5Ⅱ調-6Ⅱ和(조화)
5Ⅱ調-4급均(조균)
4Ⅱ早-6급速(조속)
4Ⅱ造-6Ⅱ作(조작)
4급組-4급織(조직)
3Ⅱ租-4Ⅱ稅(조세)
3Ⅱ租-3Ⅱ賦(조부)
3Ⅱ照-4급映(조영)

2급彫-4급刻(조각)
4Ⅱ尊-6Ⅱ高(존고)
4Ⅱ尊-5급貴(존귀)
4Ⅱ尊-4급崇(존숭)
4급存-6급在(존재)
5Ⅱ卒-5Ⅱ兵(졸병)
3급拙-3급劣(졸렬)
5급終-5Ⅱ結(종결)
5급終-4Ⅱ端(종단)
5급終-3급了(종료)
5급終-5급末(종말)
5급終-5급止(종지)
2급綜-6급合(종합)
4급座-6급席(좌석)
5급罪-5Ⅱ過(죄과)
7급住-4급居(주거)
7급主-4급君(주군)
5Ⅱ州-6급郡(주군)
4급朱-4급紅(주홍)
4급周-4급圍(주위)
3Ⅱ珠-4Ⅱ玉(주옥)
3급舟-5급船(주선)
2급駐-4Ⅱ留(주류)
3급俊-4급傑(준걸)

3급遵-4Ⅱ守(준수)
2성峻-4급嚴(준엄)
2성峻-4급險(준험)
8급中-3Ⅱ央(중앙)
7급重-4급複(중복)
4Ⅱ增-5급加(증가)
3Ⅱ憎-5Ⅱ惡(증오)
3급贈-5급給(증급)
3급贈-4급與(증여)
3급贈-2급呈(증정)
7급地-3급輿(지여)
5Ⅱ知-5Ⅱ識(지식)
4Ⅱ志-6Ⅱ意(지의)
4급智-3Ⅱ慧(지혜)
2급脂-6급油(지유)
2급旨-6Ⅱ意(지의)
4Ⅱ眞-5Ⅱ實(진실)
4Ⅱ進-7급出(진출)
4Ⅱ進-4급就(진취)
4Ⅱ進-2성陟(진척)
4급珍-4Ⅱ寶(진보)
3Ⅱ辰-5Ⅱ宿(진수)
2급塵-2성埃(진애)
3Ⅱ陳-4Ⅱ列(진열)

5Ⅱ質-6급朴(질박)
5Ⅱ質-7Ⅱ正(질정)
5Ⅱ質-4Ⅱ素(질소)
3Ⅱ疾-6급病(질병)
3Ⅱ疾-5급患(질환)
3Ⅱ秩-5급序(질서)
2급窒-3Ⅱ塞(질색)
6Ⅱ集-5Ⅱ團(집단)
6Ⅱ集-3급募(집모)
6Ⅱ集-6Ⅱ會(집회)
3Ⅱ徵-3급聘(징빙)
3Ⅱ徵-4Ⅱ收(징수)
3급懲-4급戒(징계)
7Ⅱ車-2급輛(차량)
4Ⅱ次-6Ⅱ第(차제)
4급差-6급別(차별)
4급差-4급異(차이)
3Ⅱ錯-4Ⅱ誤(착오)
4급讚-3Ⅱ譽(찬예)
2성燦-2급爛(찬란)
4Ⅱ察-5Ⅱ見(찰견)
4Ⅱ察-5Ⅱ觀(찰관)
5Ⅱ參-4급與(참여)
3급慙-3급愧(참괴)

☞ **유의자**(類義字)란, 두 개의 글자가 서로 뜻이 비슷하고, 대등(對等)한 뜻을 가진 낱말을 말한다.

3급慘-2급酷(참혹)	8급靑-6급綠(청록)	3급抽-3Ⅱ拔(추발)	3급墮-5급落(타락)
5급唱-7급歌(창가)	8급靑-3Ⅱ碧(청벽)	5급祝-4Ⅱ慶(축경)	6급度-5급量(탁량)
4Ⅱ創-6Ⅱ始(창시)	6Ⅱ淸-4Ⅱ潔(청결)	4Ⅱ築-4급構(축구)	5급卓-3Ⅱ越(탁월)
4Ⅱ創-6Ⅱ作(창작)	6Ⅱ淸-3Ⅱ淑(청숙)	4Ⅱ蓄-4급積(축적)	3급濁-3급汚(탁오)
4Ⅱ創-5급初(창초)	6Ⅱ淸-3Ⅱ淨(청정)	3Ⅱ畜-5급牛(축우)	3Ⅱ奪-3급掠(탈략)
3Ⅱ倉-4급庫(창고)	4급聽-6Ⅱ聞(청문)	7급出-7급生(출생)	4급探-3Ⅱ索(탐색)
2급滄-3Ⅱ浪(창랑)	6Ⅱ體-6Ⅱ身(체신)	5Ⅱ充-4Ⅱ滿(충만)	4급探-2급偵(탐정)
4급採-4급擇(채택)	3Ⅱ滯-3Ⅱ塞(체색)	3Ⅱ衝-4급激(충격)	3급貪-3Ⅱ慾(탐욕)
3Ⅱ彩-6Ⅱ光(채광)	3급替-3Ⅱ換(체환)	3Ⅱ衝-3Ⅱ突(충돌)	2성耽-6Ⅱ樂(탐락)
3Ⅱ彩-3Ⅱ紋(채문)	3급替-6Ⅱ代(체대)	4급趣-6Ⅱ意(취의)	4Ⅱ態-4급樣(태양)
3Ⅱ彩-7급色(채색)	2급締-5Ⅱ結(체결)	4급趣-2급旨(취지)	3Ⅱ泰-7Ⅱ平(태평)
3Ⅱ菜-3급蔬(채소)	5급初-4Ⅱ創(초창)	2성聚-6Ⅱ集(취집)	3급怠-3급慢(태만)
5Ⅱ責-5Ⅱ任(책임)	4급招-3급聘(초빙)	3Ⅱ側-3급傍(측방)	2급胎-4급胞(태포)
4급冊-6Ⅱ書(책서)	3Ⅱ超-5Ⅱ過(초과)	4Ⅱ測-6급度(측탁)	2성兌-3Ⅱ換(태환)
3Ⅱ策-3Ⅱ謀(책모)	3Ⅱ超-3Ⅱ越(초월)	4급層-4급階(층계)	5Ⅱ宅-4Ⅱ舍(택사)
2급悽-3급慘(처참)	3Ⅱ促-6Ⅱ急(촉급)	4Ⅱ治-6Ⅱ理(치리)	8급土-3Ⅱ壤(토양)
7급天-3Ⅱ覆(천부)	3Ⅱ促-3Ⅱ迫(촉박)	3Ⅱ稚-3Ⅱ幼(치유)	8급土-7급地(토지)
3Ⅱ踐-3Ⅱ踏(천답)	8급寸-5Ⅱ節(촌절)	4Ⅱ侵-3급掠(침략)	4급討-4Ⅱ伐(토벌)
3Ⅱ淺-3Ⅱ薄(천박)	7급村-5급落(촌락)	4Ⅱ侵-4급犯(침범)	6급通-4Ⅱ達(통달)
5급鐵-3Ⅱ鋼(철강)	7급村-7급里(촌리)	3Ⅱ沈-3Ⅱ沒(침몰)	6급通-3Ⅱ徹(통철)
2급撤-4Ⅱ收(철수)	3급聰-6Ⅱ明(총명)	3Ⅱ沈-3Ⅱ默(침묵)	6급通-3Ⅱ透(통투)
3급添-5급加(첨가)	3Ⅱ催-3Ⅱ促(최촉)	3Ⅱ沈-3Ⅱ潛(침잠)	6급通-3Ⅱ貫(통관)
3급尖-4Ⅱ端(첨단)	3Ⅱ追-3Ⅱ隨(추수)	3Ⅱ浸-3Ⅱ透(침투)	6급通-2급融(통융)
8급靑-3Ⅱ蒼(청창)	3Ⅱ追-4급從(추종)	5급打-4급擊(타격)	4Ⅱ統-5급領(통령)

☞ **유의자**(類義字)란, 두 개의 글자가 서로 뜻이 비슷하고, 대등(對等)한 뜻을 가진 낱말을 말한다.

4Ⅱ統-3Ⅱ率(통솔)
4Ⅱ統-3Ⅱ帥(통수)
4Ⅱ統-6급合(통합)
4Ⅱ退-3급却(퇴각)
4급鬪-5급爭(투쟁)
4급鬪-6Ⅱ戰(투전)
3Ⅱ透-3Ⅱ徹(투철)
3Ⅱ透-3Ⅱ浸(투침)
3Ⅱ透-6급通(투통)
6급特-3Ⅱ殊(특수)
6급特-4급異(특이)
4Ⅱ波-3Ⅱ浪(파랑)
3급把-2급握(파악)
4급判-5Ⅱ決(판결)
3급販-5급賣(판매)
5급敗-5급亡(패망)
5급敗-5급北(패배)
7급便-7Ⅱ安(편안)
3Ⅱ偏-2급僻(편벽)
7Ⅱ平-4급均(평균)
7Ⅱ平-6Ⅱ等(평등)
7Ⅱ平-7Ⅱ安(평안)
7Ⅱ平-6Ⅱ和(평화)
3Ⅱ廢-3급棄(폐기)

3Ⅱ廢-5급亡(폐망)
3Ⅱ弊-5Ⅱ害(폐해)
4Ⅱ包-3Ⅱ含(포함)
4Ⅱ包-4Ⅱ容(포용)
4Ⅱ包-4급圍(포위)
4Ⅱ暴-2급虐(포학)
4급胞-2급胎(포태)
3Ⅱ捕-3Ⅱ獲(포획)
3Ⅱ捕-3급捉(포착)
3급抱-3급擁(포옹)
3급抱-3Ⅱ懷(포회)
2급抛-3급棄(포기)
4Ⅱ暴-3Ⅱ露(폭로)
6Ⅱ表-3Ⅱ皮(표피)
5Ⅱ品-5급件(품건)
5Ⅱ品-7Ⅱ物(품물)
4Ⅱ豊-7Ⅱ足(풍족)
4Ⅱ豊-4급厚(풍후)
4급疲-4급困(피곤)
4급疲-5Ⅱ勞(피로)
3Ⅱ皮-2급膚(피부)
3Ⅱ皮-4급革(피혁)
3Ⅱ畢-3급竟(필경)
7Ⅱ下-4급降(하강)

5급河-7급川(하천)
3Ⅱ賀-4Ⅱ慶(하경)
8급學-6급習(학습)
5급寒-5급冷(한랭)
4급恨-4급歎(한탄)
3Ⅱ陷-3Ⅱ沒(함몰)
2급艦-5급船(함선)
2급艦-2급艇(함정)
6급合-2급倂(합병)
4Ⅱ航-5급船(항선)
4급抗-4급拒(항거)
7Ⅱ海-6급洋(해양)
5Ⅱ害-4Ⅱ毒(해독)
5Ⅱ害-4급損(해손)
4Ⅱ解-6Ⅱ放(해방)
4Ⅱ解-4급散(해산)
4Ⅱ解-3Ⅱ釋(해석)
4Ⅱ解-6Ⅱ消(해소)
3급該-5Ⅱ當(해당)
6급行-7Ⅱ動(행동)
6급行-4Ⅱ爲(행위)
4Ⅱ鄕-7급村(향촌)
5급許-5급可(허가)
5급許-3Ⅱ諾(허락)

4Ⅱ虛-7Ⅱ空(허공)
4Ⅱ虛-5급無(허무)
4Ⅱ虛-3Ⅱ僞(허위)
4급憲-5Ⅱ法(헌법)
3Ⅱ獻-4급納(헌납)
4급險-2성峻(험준)
4Ⅱ賢-5Ⅱ良(현량)
4급顯-6Ⅱ現(현현)
4급顯-3Ⅱ著(현저)
3Ⅱ玄-4급妙(현묘)
3Ⅱ懸-3급掛(현괘)
3급絃-6Ⅱ線(현선)
3급嫌-3급忌(혐기)
3급嫌-5Ⅱ惡(혐오)
4Ⅱ協-6Ⅱ和(협화)
3Ⅱ脅-3Ⅱ迫(협박)
2급峽-3Ⅱ谷(협곡)
6Ⅱ形-3Ⅱ貌(형모)
6Ⅱ形-4급象(형상)
6Ⅱ形-3Ⅱ像(형상)
6Ⅱ形-6급式(형식)
6Ⅱ形-4Ⅱ容(형용)
6Ⅱ形-4Ⅱ態(형태)
4급刑-4Ⅱ罰(형벌)

☞ **유의자**(類義字)란, 두 개의 글자가 서로 뜻이 비슷하고, 대등(對等)한 뜻을 가진 낱말을 말한다.

4Ⅱ惠-4Ⅱ恩(혜은)	4Ⅱ貨-5Ⅱ財(화재)	2급勳-6Ⅱ功(훈공)
4Ⅱ惠-3Ⅱ澤(혜택)	4Ⅱ貨-3급幣(화폐)	3급毁-3Ⅱ壞(훼괴)
3Ⅱ慧-4급智(혜지)	3Ⅱ禍-3급殃(화앙)	3급輝-6Ⅱ光(휘광)
3급毫-4Ⅱ毛(호모)	3Ⅱ禍-3급厄(화액)	3급輝-2성耀(휘요)
3급毫-4급髮(호발)	3Ⅱ禍-5급災(화재)	7급休-2급憩(휴게)
3급互-5Ⅱ相(호상)	4Ⅱ確-5급固(확고)	7급休-4Ⅱ息(휴식)
2성皓-8급白(호백)	5급患-3Ⅱ憂(환우)	3급携-4Ⅱ帶(휴대)
2성昊-7급天(호천)	4급歡-3Ⅱ悅(환열)	5Ⅱ凶-3Ⅱ猛(흉맹)
2급酷-4Ⅱ毒(혹독)	4급歡-4급喜(환희)	5Ⅱ凶-5Ⅱ惡(흉악)
2급酷-3Ⅱ甚(혹심)	3Ⅱ還-4급歸(환귀)	5Ⅱ凶-4Ⅱ暴(흉포)
4급婚-3급姻(혼인)	3Ⅱ皇-8급王(황왕)	2성欽-5Ⅱ敬(흠경)
4급混-4급亂(혼란)	3Ⅱ皇-4급帝(황제)	2성欽-3Ⅱ仰(흠앙)
4급混-4급雜(혼잡)	3Ⅱ荒-3Ⅱ廢(황폐)	4Ⅱ吸-6Ⅱ飮(흡음)
4급混-3급濁(혼탁)	6Ⅱ會-6Ⅱ社(회사)	4Ⅱ興-4Ⅱ起(흥기)
3Ⅱ魂-3Ⅱ靈(혼령)	6Ⅱ會-6Ⅱ集(회집)	4Ⅱ興-3Ⅱ隆(흥륭)
3급昏-3급冥(혼명)	4Ⅱ回-4급歸(회귀)	4Ⅱ興-2성旺(흥왕)
3급鴻-3급雁(홍안)	4Ⅱ回-3Ⅱ旋(회선)	4Ⅱ希-5Ⅱ望(희망)
7Ⅱ話-5Ⅱ說(화설)	4Ⅱ回-4급轉(회전)	4Ⅱ希-5급願(희원)
7Ⅱ話-6급言(화언)	3Ⅱ懷-3급抱(회포)	4급喜-6Ⅱ樂(희락)
6급畫-6Ⅱ圖(화도)	3Ⅱ悔-4급恨(회한)	4급喜-3Ⅱ悅(희열)
6Ⅱ和-3Ⅱ睦(화목)	3Ⅱ獲-4Ⅱ得(획득)	3Ⅱ稀-7급少(희소)
6Ⅱ和-7Ⅱ平(화평)	3급曉-3급晨(효신)	3Ⅱ稀-5급貴(희귀)
6Ⅱ和-4Ⅱ協(화협)	6급訓-8급敎(훈교)	3Ⅱ戱-4급遊(희유)
5Ⅱ化-5Ⅱ變(화변)	6급訓-4Ⅱ導(훈도)	

☞ **유의자**(類義字)란, 두 개의 글자가 서로 뜻이 비슷하고, 대등(對等)한 뜻을 가진 낱말을 말한다.

☞

身	體
몸 신	몸 체

아래의 훈과 음에 알맞은 유의자를 위와 같이 한자로 쓰세요.

정답 ☞ 172쪽 하단

깨달을 각	깨달을 오	사이 간	사이뜰 격	굳셀 건	편안 강	걸 게	날릴 양

굳을 견	굳을 고	이끌 견	끌 인	섬돌 계	층 층	외로울 고	홀로 독

품팔 고	품팔 용	공손할 공	공경 경	두려울 공	두려워할포	베풀 공	드릴 헌

꿸 관	통할 철	꿸 관	통할 통	갖출 구	갖출 비	극진할 극	끝 단

맡길 위	맡길 임	주릴 기	주릴 아	무리 도	무리 당	도망할 도	피할 피

그림 도	그림 화	도타울 돈	도타울 독	힘쓸 면	힘쓸 려	멸할 멸	망할 망

❍ 아래의 한자어는 뜻이 서로 비슷한 유의자입니다. 독음을 쓰세요.

정답 ☞ 172쪽 상단

毛-髮 (　　　)	模-範 (　　　)	茂-盛 (　　　)	返-還 (　　　)	附-屬 (　　　)
扶-助 (　　　)	副-次 (　　　)	墳-墓 (　　　)	批-評 (　　　)	貧-窮 (　　　)
釋-放 (　　　)	選-拔 (　　　)	選-擇 (　　　)	洗-濯 (　　　)	素-朴 (　　　)
純-潔 (　　　)	崇-高 (　　　)	承-繼 (　　　)	施-設 (　　　)	申-告 (　　　)
尋-訪 (　　　)	暗-黑 (　　　)	哀-悼 (　　　)	連-結 (　　　)	

☞ **유의자**(類義字)란, 두 개의 글자가 서로 뜻이 비슷하고, 대등(對等)한 뜻을 가진 낱말을 말한다.

☞

身	體
몸 신	몸 체

아래의 훈과 음에 알맞은 유의자를 위와 같이 한자로 쓰세요.

정답 ☞ 171쪽 하단

털 모	터럭 발	본뜰 모	법 범	무성할 무	성할 성	돌이킬 반	돌아올 환
붙을 부	붙일 속	도울 부	도울 조	버금 부	버금 차	무덤 분	무덤 묘
비평할 비	평할 평	가난할 빈	다할 궁	풀 석	놓을 방	가릴 선	뽑을 발
가릴 선	가릴 택	씻을 세	씻을 탁	본디 소	성 박	순수할 순	깨끗할 결
높을 숭	높을 고	이을 승	이을 계	베풀 시	베풀 설	납 신	고할 고
찾을 심	찾을 방	어두울 암	검을 흑	슬플 애	슬퍼할 도	이을 련/연	맺을 결

아래의 한자어는 뜻이 서로 비슷한 유의자입니다. 독음을 쓰세요.

정답 ☞ 171쪽 상단

覺-悟 (　　) 間-隔 (　　) 健-康 (　　) 揭-揚 (　　) 堅-固 (　　)
牽-引 (　　) 階-層 (　　) 孤-獨 (　　) 雇-傭 (　　) 恭-敬 (　　)
恐-怖 (　　) 貢-獻 (　　) 貫-徹 (　　) 貫-通 (　　) 具-備 (　　)
極-端 (　　) 委-任 (　　) 飢-餓 (　　) 徒-黨 (　　) 逃-避 (　　)
圖-畫 (　　) 敦-篤 (　　) 勉-勵 (　　) 滅-亡 (　　)

☞ **유의자**(類義字)란, 두 개의 글자가 서로 뜻이 비슷하고, 대등(對等)한 뜻을 가진 낱말을 말한다.

☞

身	體
몸 신	몸 체

아래의 훈과 음에 알맞은 유의자를 위와 같이 한자로 쓰세요.

정답 ☞ 174쪽 하단

이을 련/연	맬 계	생각 념/염	생각 려	불꽃 염	더울 서	꽃부리 영	특별할 특
따뜻할 온	따뜻할 난	근심 우	근심 수	원망할 원	한 한	높을 륭/융	성할 성
높을 륭/융	창성 창	의논할 의	논할 론	어질 인	사랑 자	사랑 자	사랑 애
모양 자	모습 태	재물 재	재물 화	쌓을 저	모을 축	깨끗할 정	깨끗할 결
자세할 정	정성 성	뜰 정	동산 원	지을 제	지을 작	지을 제	지을 조
높을 존	무거울 중	마칠 종	마칠 료	붉을 주	붉을 홍	준걸 준	뛰어날 걸

○ 아래의 한자어는 뜻이 서로 비슷한 유의자입니다. 독음을 쓰세요.

정답 ☞ 174쪽 상단

中-央 (　　　) 增-加 (　　　) 參-與 (　　　) 倉-庫 (　　　) 菜-蔬 (　　　)
尺-度 (　　　) 添-加 (　　　) 淸-潔 (　　　) 聽-聞 (　　　) 淸-淨 (　　　)
層-階 (　　　) 稱-頌 (　　　) 稱-讚 (　　　) 打-擊 (　　　) 討-伐 (　　　)
鬪-爭 (　　　) 捕-獲 (　　　) 畢-竟 (　　　) 恒-常 (　　　) 協-和 (　　　)
和-睦 (　　　) 皇-帝 (　　　) 希-望 (　　　) 希-願 (　　　)

☞ **유의자**(類義字)란, 두 개의 글자가 서로 뜻이 비슷하고, 대등(對等)한 뜻을 가진 낱말을 말한다.

☞

身	體
몸 신	몸 체

아래의 훈과 음에 알맞은 유의자를 위와 같이 한자로 쓰세요.

정답 ☞ 173쪽 하단

가운데 중	가운데 앙	더할 증	더할 가	참여할 참	더불 여	곳집 창	곳집 고
나물 채	나물 소	자 척	법도 도	더할 첨	더할 가	맑을 청	깨끗할 결
들을 청	들을 문	맑을 청	깨끗할 정	층 층	섬돌 계	일컬을 칭	칭송할 송
일컬을 칭	기릴 찬	칠 타	칠 격	칠 토	칠 벌	싸울 투	다툴 쟁
잡을 포	얻을 획	다할 필	마칠 경	항상 항	떳떳할 상	화할 협	화할 화
화할 화	화목할 목	임금 황	임금 제	바랄 희	바랄 망	바랄 희	바랄 원

○ 아래의 한자어는 뜻이 서로 비슷한 유의자입니다. 독음을 쓰세요.

정답 ☞ 173쪽 상단

連-繫 (　　) 念-慮 (　　) 炎-暑 (　　) 英-特 (　　) 溫-暖 (　　)
憂-愁 (　　) 怨-恨 (　　) 隆-盛 (　　) 隆-昌 (　　) 議-論 (　　)
仁-慈 (　　) 慈-愛 (　　) 姿-態 (　　) 財-貨 (　　) 貯-蓄 (　　)
淨-潔 (　　) 精-誠 (　　) 庭-園 (　　) 製-作 (　　) 製-造 (　　)
尊-重 (　　) 終-了 (　　) 朱-紅 (　　) 俊-傑 (　　)

☞ **유의어**(類義語)란, 서로 뜻이 비슷한 낱말을 뜻하는 것으로, 이는 '비슷한 말', 또는 '유사어(類似語)'라고도 한다.

3Ⅱ7Ⅱ 架空(가공)-4Ⅱ4급 虛構(허구)
7Ⅱ8급 家敎(가교)-6Ⅱ6급 庭訓(정훈)
7Ⅱ8급 家敎(가교)-6Ⅱ8급 庭敎(정교)
7Ⅱ8급 家敎(가교)-7Ⅱ6급 家訓(가훈)
7Ⅱ6급 家訓(가훈)-6Ⅱ6급 庭訓(정훈)
7Ⅱ6급 家訓(가훈)-6Ⅱ8급 庭敎(정교)
7Ⅱ6급 家訓(가훈)-7Ⅱ8급 家敎(가교)
6Ⅱ6급 各別(각별)-6급6급 特別(특별)
4급3Ⅱ 覺悟(각오)-5Ⅱ7급 決心(결심)
6Ⅱ3급 角逐(각축)-3급3급 逐鹿(축록)
4급6급 看病(간병)-4급4Ⅱ 看護(간호)
4급4Ⅱ 干城(간성)-2급3Ⅱ 棟梁(동량)
7Ⅱ2급 間諜(간첩)-8급4Ⅱ 五列(오열)
4급4Ⅱ 看護(간호)-4급6급 看病(간병)
4Ⅱ5급 減量(감량)-4Ⅱ7급 減少(감소)
4Ⅱ6Ⅱ 減省(감생)-4Ⅱ7급 減少(감소)
4Ⅱ7급 減少(감소)-4Ⅱ3Ⅱ 減衰(감쇠)
4Ⅱ7급 減少(감소)-4Ⅱ4Ⅱ 減殺(감쇄)
4Ⅱ7급 減少(감소)-4Ⅱ4급 減損(감손)
4Ⅱ7급 減少(감소)-4Ⅱ5급 減量(감량)
4Ⅱ7급 減少(감소)-4Ⅱ6Ⅱ 減省(감생)
4Ⅱ7급 減少(감소)-4급4Ⅱ 損減(손감)
4Ⅱ4급 減損(감손)-4Ⅱ7급 減少(감소)
4Ⅱ4Ⅱ 減殺(감쇄)-4Ⅱ7급 減少(감소)
4Ⅱ3Ⅱ 減衰(감쇠)-4Ⅱ7급 減少(감소)
6급3Ⅱ 感染(감염)-5Ⅱ3Ⅱ 傳染(전염)
6급5Ⅱ 強仕(강사)-7Ⅱ3Ⅱ 不惑(불혹)
5급3Ⅱ 改稿(개고)-3Ⅱ7급 潤文(윤문)
5급5Ⅱ 改良(개량)-5급5급 改善(개선)
5급5급 改善(개선)-5급5Ⅱ 改良(개량)
4급4급 拒否(거부)-4Ⅱ4Ⅱ 謝絶(사절)
4급4급 拒否(거부)-4급4Ⅱ 拒絶(거절)
4급4Ⅱ 巨星(거성)-8급7Ⅱ 大家(대가)
4급4Ⅱ 拒絶(거절)-4급4급 拒否(거부)
5급4급 去就(거취)-4Ⅱ4Ⅱ 進退(진퇴)
3Ⅱ3급 乾坤(건곤)-7급7급 天地(천지)
3급6Ⅱ 乞身(걸신)-4Ⅱ7급 請老(청로)
4급5Ⅱ 儉約(검약)-5Ⅱ5Ⅱ 節約(절약)
4급3Ⅱ 激勵(격려)-3Ⅱ4급 鼓舞(고무)
5Ⅱ7급 決心(결심)-4급3Ⅱ 覺悟(각오)
5Ⅱ7급 決心(결심)-5Ⅱ6Ⅱ 決意(결의)
5Ⅱ6Ⅱ 決意(결의)-5Ⅱ7급 決心(결심)
4Ⅱ4급 缺點(결점)-6Ⅱ4급 短點(단점)
4Ⅱ6Ⅱ 境界(경계)-6급3Ⅱ 區劃(구획)
4급8급 傾國(경국)-4급4Ⅱ 傾城(경성)
4급8급 傾國(경국)-8급4Ⅱ 國香(국향)
4급8급 傾國(경국)-8급7급 國色(국색)
4급4Ⅱ 傾城(경성)-4급8급 傾國(경국)
4급4Ⅱ 傾城(경성)-8급4Ⅱ 國香(국향)
4급4Ⅱ 傾城(경성)-8급7급 國色(국색)
4Ⅱ4Ⅱ 經驗(경험)-6Ⅱ4Ⅱ 體驗(체험)
3Ⅱ4급 契機(계기)-7Ⅱ4급 動機(동기)
6Ⅱ3Ⅱ 計劃(계획)-6Ⅱ6Ⅱ 意圖(의도)
4Ⅱ8급 故國(고국)-7급8급 祖國(조국)
6Ⅱ7Ⅱ 高名(고명)-7급7Ⅱ 有名(유명)
3Ⅱ4급 鼓舞(고무)-3Ⅱ3Ⅱ 鼓吹(고취)
3Ⅱ4급 鼓舞(고무)-4급3Ⅱ 激勵(격려)
6Ⅱ3Ⅱ 高尙(고상)-6Ⅱ3Ⅱ 高雅(고아)
6급7급 苦心(고심)-6급2급 苦衷(고충)
6Ⅱ3Ⅱ 高雅(고아)-6Ⅱ3Ⅱ 高尙(고상)
6급2급 苦衷(고충)-6급7급 苦心(고심)
3Ⅱ3Ⅱ 鼓吹(고취)-3Ⅱ4급 鼓舞(고무)
4Ⅱ4Ⅱ 故鄕(고향)-4Ⅱ7급 鄕里(향리)
6급3Ⅱ 古稀(고희)-3Ⅱ3Ⅱ 稀壽(희수)
6급3Ⅱ 古稀(고희)-3Ⅱ8급 稀年(희년)
6급3Ⅱ 古稀(고희)-4급7급 從心(종심)
6급3Ⅱ 古稀(고희)-8급3Ⅱ 七旬(칠순)
4급4Ⅱ 骨肉(골육)-4Ⅱ4Ⅱ 血肉(혈육)
6Ⅱ4급 共鳴(공명)-5Ⅱ3급 首肯(수긍)
6Ⅱ4급 功績(공적)-6Ⅱ4급 業績(업적)
3Ⅱ3Ⅱ 貢獻(공헌)-4급4급 寄與(기여)
5Ⅱ4급 過激(과격)-6Ⅱ4Ⅱ 急進(급진)
2급5급 瓜期(과기)-2급7Ⅱ 瓜時(과시)
2급8급 瓜年(과년)-2급4Ⅱ 瓜滿(과만)
2급8급 瓜年(과년)-4Ⅱ2급 破瓜(파과)
2급4Ⅱ 瓜滿(과만)-2급8급 瓜年(과년)
2급4Ⅱ 瓜滿(과만)-4Ⅱ2급 破瓜(파과)
2급7Ⅱ 瓜時(과시)-2급5급 瓜期(과기)
5Ⅱ6급 過失(과실)-6급5급 失敗(실패)
3Ⅱ6Ⅱ 冠省(관생)-4Ⅱ3급 除煩(제번)
3급3Ⅱ 掛冠(괘관)-3급2성 掛冕(괘면)

傷弓之鳥(상궁지조) ▷ '활에 상처를 입은 새'라는 뜻으로, '한 번 놀란 일로 늘 겁을 내어 위축됨'을 이르는 말.

☞ **유의어**(類義語)란, 서로 뜻이 비슷한 낱말을 뜻하는 것으로, 이는 '비슷한 말', 또는 '유사어(類似語)'라고도 한다.

3급2성 掛冕(괘면)-3급3Ⅱ 掛冠(괘관)
6급3급 交涉(교섭)-4급2급 折衷(절충)
6급3급 交涉(교섭)-4급3Ⅱ 折衝(절충)
3급3Ⅱ 驅迫(구박)-2급6급 虐待(학대)
8급4급 九泉(구천)-6급4급 黃泉(황천)
6급3Ⅱ 區劃(구획)-4Ⅱ6Ⅱ 境界(경계)
8급7급 國色(국색)-4급4Ⅱ 傾城(경성)
8급7급 國色(국색)-4급8급 傾國(경국)
8급7급 國色(국색)-8급4Ⅱ 國香(국향)
8급4Ⅱ 國香(국향)-4급4Ⅱ 傾城(경성)
8급4Ⅱ 國香(국향)-4급8급 傾國(경국)
8급4Ⅱ 國香(국향)-8급7급 國色(국색)
4Ⅱ7급 權數(권수)-4Ⅱ6Ⅱ 權術(권술)
4Ⅱ6Ⅱ 權術(권술)-4Ⅱ7급 權數(권수)
4급3급 勸懲(권징)-3급4급 懲勸(징권)
3급3Ⅱ 龜鑑(귀감)-4급4급 模範(모범)
4급6Ⅱ 歸省(귀성)-4급4Ⅱ 歸鄕(귀향)
4급4Ⅱ 歸鄕(귀향)-4급6Ⅱ 歸省(귀성)
4Ⅱ4Ⅱ 極貧(극빈)-4Ⅱ4Ⅱ 至貧(지빈)
4Ⅱ4Ⅱ 極貧(극빈)-5급4Ⅱ 鐵貧(철빈)
6급4급 根底(근저)-5Ⅱ3Ⅱ 基礎(기초)
3Ⅱ2성 琴瑟(금슬)-4Ⅱ6Ⅱ 連理(연리)
3Ⅱ2성 琴瑟(금슬)-5급3Ⅱ 比翼(비익)
6Ⅱ4Ⅱ 急進(급진)-5Ⅱ4급 過激(과격)
3Ⅱ6Ⅱ 企圖(기도)-3Ⅱ3Ⅱ 企劃(기획)
4Ⅱ5급 器量(기량)-6Ⅱ5Ⅱ 才能(재능)
3급6급 飢死(기사)-3급6급 餓死(아사)

4급4급 寄與(기여)-3Ⅱ3Ⅱ 貢獻(공헌)
7Ⅱ5Ⅱ 氣質(기질)-5Ⅱ5Ⅱ 性格(성격)
5Ⅱ3Ⅱ 基礎(기초)-6급4급 根底(근저)
7Ⅱ5Ⅱ 氣品(기품)-6Ⅱ5Ⅱ 風格(풍격)
3Ⅱ3Ⅱ 企劃(기획)-3Ⅱ6Ⅱ 企圖(기도)
5급2급 落膽(낙담)-6급5Ⅱ 失望(실망)
4급4Ⅱ 納得(납득)-3급4Ⅱ 了解(요해)
7Ⅱ3Ⅱ 內紛(내분)-7Ⅱ5급 內爭(내쟁)
7Ⅱ5급 內爭(내쟁)-7Ⅱ3Ⅱ 內紛(내분)
5급3Ⅱ 冷淡(냉담)-3Ⅱ5Ⅱ 薄情(박정)
5급4급 冷靜(냉정)-3Ⅱ5Ⅱ 沈着(침착)
5Ⅱ5급 勞思(노사)-2급5Ⅱ 焦勞(초로)
2급3Ⅱ 籠絡(농락)-3Ⅱ3Ⅱ 戲弄(희롱)
3Ⅱ7급 雷同(뇌동)-3Ⅱ7급 附同(부동)
3Ⅱ4급 累卵(누란)-6Ⅱ3급 風燭(풍촉)
3Ⅱ4급 累卵(누란)-6Ⅱ4Ⅱ 風燈(풍등)
5Ⅱ4급 能辯(능변)-4Ⅱ4급 達辯(달변)
4Ⅱ4급 斷腸(단장)-4Ⅱ3Ⅱ 斷魂(단혼)
6Ⅱ4급 短點(단점)-4Ⅱ4급 缺點(결점)
4Ⅱ3Ⅱ 斷魂(단혼)-4Ⅱ4급 斷腸(단장)
4Ⅱ4급 達辯(달변)-5Ⅱ4급 能辯(능변)
4Ⅱ6Ⅱ 達成(달성)-6Ⅱ4급 成就(성취)
3Ⅱ6급 淡交(담교)-5Ⅱ5Ⅱ 知己(지기)
3Ⅱ6급 淡交(담교)-5Ⅱ6Ⅱ 知音(지음)
3Ⅱ6급 淡交(담교)-7급5Ⅱ 心友(심우)
3Ⅱ6급 淡交(담교)-8급5급 水魚(수어)
8급7Ⅱ 大家(대가)-4급4Ⅱ 巨星(거성)

3Ⅱ4Ⅱ 臺論(대론)-3Ⅱ4급 臺彈(대탄)
3Ⅱ4급 臺彈(대탄)-3Ⅱ4Ⅱ 臺論(대론)
7Ⅱ5Ⅱ 道德(도덕)-3Ⅱ6Ⅱ 倫理(윤리)
3Ⅱ4급 桃源(도원)-5Ⅱ4Ⅱ 仙境(선경)
3Ⅱ4급 桃源(도원)-5Ⅱ4Ⅱ 仙鄕(선향)
3Ⅱ4급 桃源(도원)-5Ⅱ6Ⅱ 仙界(선계)
5급2급 都尉(도위)-4급3급 粉侯(분후)
5Ⅱ4급 獨占(독점)-4급7급 專有(전유)
7Ⅱ4급 動機(동기)-3Ⅱ4급 契機(계기)
7Ⅱ4급 動機(동기)-5Ⅱ5급 要因(요인)
7Ⅱ4급 動機(동기)-5급5급 原因(원인)
2급3Ⅱ 棟梁(동량)-4급4Ⅱ 干城(간성)
3Ⅱ3급 凍梨(동리)-5Ⅱ3Ⅱ 卒壽(졸수)
7급6Ⅱ 同意(동의)-3Ⅱ6Ⅱ 贊成(찬성)
3급5Ⅱ 忘德(망덕)-4Ⅱ4Ⅱ 背恩(배은)
6Ⅱ2성 明晳(명석)-3급6Ⅱ 聰明(총명)
3급6급 冒頭(모두)-4Ⅱ6급 虛頭(허두)
3Ⅱ6Ⅱ 謀反(모반)-6Ⅱ4Ⅱ 反逆(반역)
4급4급 模範(모범)-3급3Ⅱ 龜鑑(귀감)
2성5급 茅屋(모옥)-7급5급 草屋(초옥)
3Ⅱ6급 沒頭(몰두)-4급7급 專心(전심)
5급7Ⅱ 無事(무사)-7Ⅱ7Ⅱ 安全(안전)
5급4Ⅱ 無視(무시)-3Ⅱ4Ⅱ 默殺(묵살)
3Ⅱ4Ⅱ 默殺(묵살)-5급4Ⅱ 無視(무시)
4Ⅱ6급 未開(미개)-5급6Ⅱ 原始(원시)
2성4Ⅱ 彌滿(미만)-5Ⅱ4Ⅱ 充滿(충만)
4Ⅱ3Ⅱ 未熟(미숙)-3Ⅱ3Ⅱ 幼稚(유치)

☞ **유의어**(類義語)란, 서로 뜻이 비슷한 낱말을 뜻하는 것으로, 이는 '비슷한 말', 또는 '유사어(類似語)'라고도 한다.

4Ⅱ7급未然(미연)-7Ⅱ7Ⅱ事前(사전)
3Ⅱ6급尾行(미행)-3Ⅱ3Ⅱ追跡(추적)
3Ⅱ5Ⅱ薄情(박정)-5급3Ⅱ冷淡(냉담)
6Ⅱ7급半百(반백)-2성7급艾老(애로)
6Ⅱ7급半百(반백)-5Ⅱ7급知命(지명)
6Ⅱ4Ⅱ反逆(반역)-3Ⅱ6Ⅱ謀反(모반)
6Ⅱ4Ⅱ發達(발달)-4Ⅱ4Ⅱ進步(진보)
6Ⅱ5Ⅱ放念(방념)-7Ⅱ7급安心(안심)
7Ⅱ5Ⅱ方法(방법)-7Ⅱ4급手段(수단)
4Ⅱ4Ⅱ背恩(배은)-3급5Ⅱ忘德(망덕)
8급3급白眉(백미)-4Ⅱ4급壓卷(압권)
8급3급白眉(백미)-7급4Ⅱ出衆(출중)
3Ⅱ7Ⅱ碧空(벽공)-3Ⅱ7Ⅱ蒼空(창공)
5Ⅱ3Ⅱ變遷(변천)-3Ⅱ4급沿革(연혁)
4급4급伏龍(복룡)-3Ⅱ5Ⅱ鳳兒(봉아)
4급4급伏龍(복룡)-3급4급臥龍(와룡)
3Ⅱ5Ⅱ鳳兒(봉아)-3급4급臥龍(와룡)
3Ⅱ5Ⅱ鳳兒(봉아)-4급4급伏龍(복룡)
3Ⅱ7급附同(부동)-3Ⅱ7급雷同(뇌동)
4급5Ⅱ負約(부약)-3Ⅱ6급僞言(위언)
4급5Ⅱ負約(부약)-3급5Ⅱ違約(위약)
4급5Ⅱ負約(부약)-7Ⅱ6급食言(식언)
6Ⅱ6급分別(분별)-5급4급思慮(사려)
3Ⅱ4Ⅱ奔走(분주)-4급7Ⅱ盡力(진력)
6Ⅱ3급分毫(분호)-7급3급秋毫(추호)
6Ⅱ3급分毫(분호)-8급3급一毫(일호)
4급3급粉侯(분후)-5급2급都尉(도위)

7Ⅱ6Ⅱ不運(불운)-4Ⅱ6Ⅱ悲運(비운)
7Ⅱ3Ⅱ不惑(불혹)-6급5Ⅱ強仕(강사)
2성6Ⅱ鵬圖(붕도)-5급6Ⅱ雄圖(웅도)
4급7급非命(비명)-3Ⅱ6급橫死(횡사)
4Ⅱ6Ⅱ悲運(비운)-7Ⅱ6Ⅱ不運(불운)
5급3Ⅱ比翼(비익)-3Ⅱ2성琴瑟(금슬)
5급3Ⅱ比翼(비익)-4Ⅱ6Ⅱ連理(연리)
5급7급鼻祖(비조)-6Ⅱ7급始祖(시조)
5급8급氷人(빙인)-8급7급月老(월로)
5급4급思慮(사려)-6Ⅱ6급分別(분별)
6급7급使命(사명)-5Ⅱ4Ⅱ任務(임무)
8급4Ⅱ四寶(사보)-8급5Ⅱ四友(사우)
8급5Ⅱ四友(사우)-8급4Ⅱ四寶(사보)
4Ⅱ5급寺院(사원)-4Ⅱ2급寺刹(사찰)
7Ⅱ7Ⅱ事前(사전)-4Ⅱ7급未然(미연)
4Ⅱ4Ⅱ謝絶(사절)-4급4급拒否(거부)
4Ⅱ2급寺刹(사찰)-4Ⅱ5급寺院(사원)
4급6Ⅱ私和(사화)-6Ⅱ4Ⅱ和解(화해)
8급4Ⅱ山斗(산두)-3Ⅱ4Ⅱ泰斗(태두)
4급4Ⅱ散步(산보)-4급3Ⅱ散策(산책)
4급3Ⅱ散策(산책)-4급4Ⅱ散步(산보)
3Ⅱ3Ⅱ桑碧(상벽)-2급3Ⅱ滄桑(창상)
3Ⅱ3Ⅱ桑碧(상벽)-3Ⅱ7Ⅱ桑海(상해)
3Ⅱ7Ⅱ桑海(상해)-2급3Ⅱ滄桑(창상)
3Ⅱ7Ⅱ桑海(상해)-3Ⅱ3Ⅱ桑碧(상벽)
4Ⅱ4급狀況(상황)-5Ⅱ4Ⅱ情勢(정세)
6Ⅱ4급書簡(서간)-6Ⅱ2급書翰(서한)

6Ⅱ2급書翰(서한)-6Ⅱ4급書簡(서간)
5Ⅱ4Ⅱ仙境(선경)-3Ⅱ4급桃源(도원)
5Ⅱ4Ⅱ仙境(선경)-5Ⅱ6Ⅱ仙界(선계)
5Ⅱ6Ⅱ仙界(선계)-3Ⅱ4급桃源(도원)
5Ⅱ6Ⅱ仙界(선계)-5Ⅱ4Ⅱ仙境(선경)
5Ⅱ6Ⅱ仙界(선계)-5Ⅱ4Ⅱ仙鄕(선향)
8급3Ⅱ先哲(선철)-8급4Ⅱ先賢(선현)
5Ⅱ4Ⅱ仙鄕(선향)-3Ⅱ4급桃源(도원)
5Ⅱ4Ⅱ仙鄕(선향)-5Ⅱ6Ⅱ仙界(선계)
8급4Ⅱ先賢(선현)-8급3Ⅱ先哲(선철)
5Ⅱ6Ⅱ說明(설명)-4Ⅱ5Ⅱ解說(해설)
5Ⅱ5Ⅱ性格(성격)-7Ⅱ5Ⅱ氣質(기질)
6Ⅱ4급成就(성취)-4Ⅱ6Ⅱ達成(달성)
5Ⅱ7급洗面(세면)-5Ⅱ7Ⅱ洗手(세수)
5Ⅱ7Ⅱ洗手(세수)-5Ⅱ3Ⅱ洗顔(세안)
5Ⅱ7Ⅱ洗手(세수)-5Ⅱ7급洗面(세면)
5Ⅱ3Ⅱ洗顔(세안)-5Ⅱ7Ⅱ洗手(세수)
4Ⅱ6급素行(소행)-5Ⅱ6급品行(품행)
4Ⅱ7Ⅱ俗世(속세)-2급7Ⅱ塵世(진세)
4급4Ⅱ損減(손감)-4Ⅱ7급減少(감소)
3Ⅱ6Ⅱ刷新(쇄신)-2성6Ⅱ鼎新(정신)
3Ⅱ6Ⅱ刷新(쇄신)-3Ⅱ6Ⅱ維新(유신)
3Ⅱ6Ⅱ刷新(쇄신)-4급6Ⅱ革新(혁신)
3Ⅱ4급衰盡(쇠진)-3Ⅱ4Ⅱ衰退(쇠퇴)
3Ⅱ4Ⅱ衰退(쇠퇴)-3Ⅱ4급衰盡(쇠진)
5Ⅱ3급首肯(수긍)-6Ⅱ4급共鳴(공명)
3Ⅱ4급隨機(수기)-4Ⅱ5Ⅱ應變(응변)

歲寒松柏(세한송백) ▷ '추운 겨울의 소나무와 잣나무'라는 뜻으로, '지조와 절개가 굳음'을 비유하여 이르는 말.

☞ **유의어**(類義語)란, 서로 뜻이 비슷한 낱말을 뜻하는 것으로, 이는 '비슷한 말', 또는 '유사어(類似語)'라고도 한다.

7Ⅱ4급手段(수단)-7Ⅱ5Ⅱ方法(방법)
4Ⅱ6Ⅱ修理(수리)-4Ⅱ2급修繕(수선)
4Ⅱ2급修繕(수선)-4Ⅱ6Ⅱ修理(수리)
8급5급水魚(수어)-3Ⅱ6급淡交(담교)
8급5급水魚(수어)-5Ⅱ5Ⅱ知己(지기)
8급5급水魚(수어)-5Ⅱ6Ⅱ知音(지음)
8급5급水魚(수어)-7급5Ⅱ心友(심우)
4Ⅱ3Ⅱ守株(수주)-3Ⅱ4Ⅱ株守(주수)
3Ⅱ6Ⅱ熟讀(숙독)-4Ⅱ6Ⅱ精讀(정독)
5Ⅱ7급宿命(숙명)-7급7급天命(천명)
3Ⅱ7Ⅱ瞬間(순간)-2급3급刹那(찰나)
3Ⅱ7Ⅱ瞬間(순간)-3Ⅱ4Ⅱ瞬息(순식)
3Ⅱ7Ⅱ瞬間(순간)-3Ⅱ4급片刻(편각)
3Ⅱ7Ⅱ瞬間(순간)-3Ⅱ7Ⅱ瞬時(순시)
3Ⅱ7Ⅱ瞬間(순간)-4급3Ⅱ轉瞬(전순)
5Ⅱ5급順序(순서)-3Ⅱ4Ⅱ此際(차제)
3Ⅱ7Ⅱ瞬時(순시)-2급3급刹那(찰나)
3Ⅱ7Ⅱ瞬時(순시)-3Ⅱ4Ⅱ瞬息(순식)
3Ⅱ7Ⅱ瞬時(순시)-3Ⅱ4급片刻(편각)
3Ⅱ7Ⅱ瞬時(순시)-3Ⅱ7Ⅱ瞬間(순간)
3Ⅱ7Ⅱ瞬時(순시)-4급3Ⅱ轉瞬(전순)
3Ⅱ4Ⅱ瞬息(순식)-2급3급刹那(찰나)
3Ⅱ4Ⅱ瞬息(순식)-3Ⅱ4급片刻(편각)
3Ⅱ4Ⅱ瞬息(순식)-3Ⅱ7Ⅱ瞬間(순간)
3Ⅱ4Ⅱ瞬息(순식)-3Ⅱ7Ⅱ瞬時(순시)
3Ⅱ4Ⅱ瞬息(순식)-4급3Ⅱ轉瞬(전순)
4Ⅱ3Ⅱ承諾(승낙)-5급3Ⅱ許諾(허락)
4Ⅱ6Ⅱ視界(시계)-4Ⅱ6급視野(시야)
5급2급示唆(시사)-4Ⅱ5급暗示(암시)
4Ⅱ6급視野(시야)-4Ⅱ6Ⅱ視界(시계)
4Ⅱ6급視野(시야)-4Ⅱ6Ⅱ眼界(안계)
6Ⅱ7급始祖(시조)-5급7급鼻祖(비조)
7Ⅱ6급食言(식언)-3Ⅱ6급僞言(위언)
7Ⅱ6급食言(식언)-3급5Ⅱ違約(위약)
7Ⅱ6급食言(식언)-4급5Ⅱ負約(부약)
6Ⅱ6Ⅱ信音(신음)-3급2급雁札(안찰)
6Ⅱ6Ⅱ信音(신음)-3급6Ⅱ雁書(안서)
8급8급室女(실녀)-4Ⅱ7Ⅱ處子(처자)
8급8급室女(실녀)-4Ⅱ8급處女(처녀)
6급5Ⅱ失望(실망)-5급2급落膽(낙담)
6급5Ⅱ失望(실망)-6급6Ⅱ失意(실의)
5Ⅱ4Ⅱ實施(실시)-5Ⅱ6급實行(실행)
6급6Ⅱ失意(실의)-6급5Ⅱ失望(실망)
6급5급失敗(실패)-5Ⅱ6급過失(과실)
5Ⅱ6급實行(실행)-5Ⅱ4Ⅱ實施(실시)
3급4Ⅱ尋常(심상)-7Ⅱ3Ⅱ平凡(평범)
7급5Ⅱ心友(심우)-3Ⅱ6급淡交(담교)
7급5Ⅱ心友(심우)-5Ⅱ5Ⅱ知己(지기)
7급5Ⅱ心友(심우)-5Ⅱ6Ⅱ知音(지음)
7급5Ⅱ心友(심우)-8급5급水魚(수어)
3급6급餓死(아사)-3급6급飢死(기사)
2급2급握沐(악목)-2급4급握髮(악발)
2급2급握沐(악목)-3Ⅱ2급吐握(토악)
2급4급握髮(악발)-2급2급握沐(악목)
2급4급握髮(악발)-3Ⅱ2급吐握(토악)
4Ⅱ6Ⅱ眼界(안계)-4Ⅱ6급視野(시야)
3급4Ⅱ雁報(안보)-3급6Ⅱ雁書(안서)
3급6급雁使(안사)-3급6Ⅱ雁書(안서)
3급6Ⅱ雁書(안서)-3급2급雁札(안찰)
3급6Ⅱ雁書(안서)-3급4Ⅱ雁報(안보)
3급6Ⅱ雁書(안서)-3급6급雁使(안사)
3급6Ⅱ雁書(안서)-3급6Ⅱ雁信(안신)
3급6Ⅱ雁書(안서)-6Ⅱ6Ⅱ信音(신음)
3급6Ⅱ雁信(안신)-3급6Ⅱ雁書(안서)
7Ⅱ7급安心(안심)-6Ⅱ5Ⅱ放念(방념)
7Ⅱ7Ⅱ安全(안전)-5급7Ⅱ無事(무사)
3급2급雁札(안찰)-3급6Ⅱ雁書(안서)
3급2급雁札(안찰)-6Ⅱ6Ⅱ信音(신음)
4Ⅱ5급暗示(암시)-5급2급示唆(시사)
4Ⅱ4급壓卷(압권)-8급3급白眉(백미)
4Ⅱ3Ⅱ壓迫(압박)-4급4Ⅱ威壓(위압)
3급3Ⅱ殃禍(앙화)-5급3Ⅱ災禍(재화)
3급3Ⅱ殃禍(앙화)-5급3급災殃(재앙)
2성8급艾年(애년)-2성7급艾老(애로)
2성8급艾年(애년)-5Ⅱ7급知命(지명)
2성7급艾老(애로)-2성8급艾年(애년)
2성7급艾老(애로)-6Ⅱ7급半百(반백)
6Ⅱ4급業績(업적)-6Ⅱ4급功績(공적)
4Ⅱ6Ⅱ連理(연리)-3Ⅱ2성琴瑟(금슬)
4Ⅱ6Ⅱ連理(연리)-5급3Ⅱ比翼(비익)
4급3급燃眉(연미)-2급3급焦眉(초미)

☞ **유의어**(類義語)란, 서로 뜻이 비슷한 낱말을 뜻하는 것으로, 이는 '비슷한 말', 또는 '유사어(類似語)'라고도 한다.

3Ⅱ4급沿革(연혁)-5Ⅱ3Ⅱ變遷(변천)
3급5Ⅱ廉價(염가)-4Ⅱ5Ⅱ低價(저가)
6급3Ⅱ永久(영구)-6급6급永遠(영원)
6급3Ⅱ永眠(영면)-5급6Ⅱ他界(타계)
4급5Ⅱ營養(영양)-2성5Ⅱ滋養(자양)
6급6급永遠(영원)-6급3Ⅱ永久(영구)
5급8급領土(영토)-3Ⅱ6Ⅱ版圖(판도)
8급4Ⅱ五列(오열)-7Ⅱ2급間諜(간첩)
3급4급臥龍(와룡)-3Ⅱ5Ⅱ鳳兒(봉아)
3급4급臥龍(와룡)-4급4급伏龍(복룡)
8급5Ⅱ外見(외견)-8급5Ⅱ外觀(외관)
8급5Ⅱ外觀(외관)-8급5Ⅱ外見(외견)
8급8급外國(외국)-4급8급異國(이국)
5Ⅱ5급要因(요인)-7Ⅱ4급動機(동기)
3급4Ⅱ了解(요해)-4급4Ⅱ納得(납득)
6Ⅱ7급運命(운명)-6Ⅱ4Ⅱ運勢(운세)
6Ⅱ4Ⅱ運勢(운세)-6Ⅱ7급運命(운명)
6Ⅱ4Ⅱ運送(운송)-6Ⅱ3Ⅱ運輸(운수)
6Ⅱ3Ⅱ運輸(운수)-6Ⅱ4Ⅱ運送(운송)
6Ⅱ4급運營(운영)-6Ⅱ6Ⅱ運用(운용)
6Ⅱ6Ⅱ運用(운용)-6Ⅱ4급運營(운영)
5급6Ⅱ雄圖(웅도)-2성6Ⅱ鵬圖(붕도)
5급5Ⅱ願望(원망)-4Ⅱ5Ⅱ希望(희망)
5급6Ⅱ原始(원시)-4Ⅱ6급未開(미개)
5급5급原因(원인)-7Ⅱ4급動機(동기)
8급7급月老(월로)-5급8급氷人(빙인)
4급6Ⅱ威信(위신)-4급4급威嚴(위엄)

4급4Ⅱ威壓(위압)-4Ⅱ3Ⅱ壓迫(압박)
3급5Ⅱ違約(위약)-3Ⅱ6급僞言(위언)
3급5Ⅱ違約(위약)-4급5Ⅱ負約(부약)
3급5Ⅱ違約(위약)-7Ⅱ6급食言(식언)
3Ⅱ6급僞言(위언)-3급5Ⅱ違約(위약)
3Ⅱ6급僞言(위언)-4급5Ⅱ負約(부약)
3Ⅱ6급僞言(위언)-7Ⅱ6급食言(식언)
4급4급威嚴(위엄)-4급6Ⅱ威信(위신)
4급3Ⅱ威脅(위협)-3Ⅱ3Ⅱ脅迫(협박)
5Ⅱ4급流離(유리)-3급3급漂泊(표박)
7급7Ⅱ有名(유명)-6Ⅱ7Ⅱ高名(고명)
3급6급唯美(유미)-2성6급耽美(탐미)
3Ⅱ6Ⅱ維新(유신)-2성6Ⅱ鼎新(정신)
3Ⅱ6Ⅱ維新(유신)-3Ⅱ6Ⅱ刷新(쇄신)
3Ⅱ6Ⅱ維新(유신)-4급6Ⅱ革新(혁신)
3Ⅱ3Ⅱ幼稚(유치)-4Ⅱ3Ⅱ未熟(미숙)
3Ⅱ6Ⅱ倫理(윤리)-7Ⅱ5Ⅱ道德(도덕)
3Ⅱ7급潤文(윤문)-5급3Ⅱ改稿(개고)
3Ⅱ3Ⅱ潤澤(윤택)-4Ⅱ4Ⅱ豊富(풍부)
3Ⅱ3급隆替(융체)-4Ⅱ3Ⅱ盛衰(성쇠)
4Ⅱ6Ⅱ應對(응대)-4Ⅱ4Ⅱ應接(응접)
4Ⅱ5Ⅱ應變(응변)-3Ⅱ4급隨機(수기)
4Ⅱ4Ⅱ應接(응접)-4Ⅱ6Ⅱ應對(응대)
6Ⅱ6Ⅱ意圖(의도)-6Ⅱ3Ⅱ計劃(계획)
4급4급依存(의존)-4급4Ⅱ依支(의지)
4급4Ⅱ依支(의지)-4급4급依存(의존)
4급8급異國(이국)-8급8급外國(외국)

4급4Ⅱ異論(이론)-4급4Ⅱ異議(이의)
4급4급異域(이역)-7Ⅱ8급海外(해외)
6Ⅱ6Ⅱ利用(이용)-7Ⅱ6Ⅱ活用(활용)
4급4Ⅱ異議(이의)-4급4Ⅱ異論(이론)
4Ⅱ4급移轉(이전)-4급4급轉居(전거)
4Ⅱ5급認可(인가)-5급5급許可(허가)
8급4Ⅱ一律(일률)-3Ⅱ8급劃一(획일)
8급8급一門(일문)-8급6급一族(일족)
8급6급一族(일족)-8급8급一門(일문)
8급5급一致(일치)-6급5급合致(합치)
8급3급一毫(일호)-3급5급毫末(호말)
8급3급一毫(일호)-6Ⅱ3급分毫(분호)
8급3급一毫(일호)-7급3급秋毫(추호)
5Ⅱ4Ⅱ任務(임무)-6급7급使命(사명)
7Ⅱ3급自棄(자기)-4Ⅱ3급暴棄(포기)
7Ⅱ3급自棄(자기)-7Ⅱ4Ⅱ自暴(자포)
7Ⅱ4급自負(자부)-7Ⅱ6Ⅱ自信(자신)
4급5Ⅱ資産(자산)-5Ⅱ5Ⅱ財産(재산)
7Ⅱ6Ⅱ自信(자신)-7Ⅱ4급自負(자부)
2성5Ⅱ滋養(자양)-4급5Ⅱ營養(영양)
7Ⅱ7급自然(자연)-7급7급天然(천연)
7Ⅱ4급自讚(자찬)-7Ⅱ4급自稱(자칭)
7Ⅱ4급自稱(자칭)-7Ⅱ4급自讚(자찬)
7Ⅱ4Ⅱ自暴(자포)-4Ⅱ3급暴棄(포기)
7Ⅱ4Ⅱ自暴(자포)-7Ⅱ3급自棄(자기)
4Ⅱ3Ⅱ將帥(장수)-4Ⅱ5급將領(장령)
6Ⅱ5Ⅱ才能(재능)-4Ⅱ5급器量(기량)

良禽擇木(양금택목) ▷ '새도 가지를 가려 둥지를 튼다'는 뜻으로, '현명한 선비는 좋은 군주를 가려 섬김'을 이르는 말.

☞ **유의어**(類義語)란, 서로 뜻이 비슷한 낱말을 뜻하는 것으로, 이는 '비슷한 말', 또는 '유사어(類似語)'라고도 한다.

5Ⅱ5Ⅱ財産(재산)-4급5Ⅱ資産(자산)
5급3급災殃(재앙)-3급3Ⅱ殃禍(앙화)
5급3급災殃(재앙)-5급3Ⅱ災禍(재화)
5급3Ⅱ災禍(재화)-3급3Ⅱ殃禍(앙화)
5급3Ⅱ災禍(재화)-5급3급災殃(재앙)
4Ⅱ5Ⅱ低價(저가)-3급5Ⅱ廉價(염가)
4급4급轉居(전거)-4Ⅱ4급移轉(이전)
4급3Ⅱ轉瞬(전순)-2급3급刹那(찰나)
4급3Ⅱ轉瞬(전순)-3Ⅱ4Ⅱ瞬息(순식)
4급3Ⅱ轉瞬(전순)-3Ⅱ4급片刻(편각)
4급3Ⅱ轉瞬(전순)-3Ⅱ7Ⅱ瞬間(순간)
4급3Ⅱ轉瞬(전순)-3Ⅱ7Ⅱ瞬時(순시)
4급7급專心(전심)-3Ⅱ6급沒頭(몰두)
5Ⅱ3Ⅱ傳染(전염)-6급3Ⅱ感染(감염)
4급7급專有(전유)-5Ⅱ4급獨占(독점)
7Ⅱ4Ⅱ前進(전진)-4Ⅱ4Ⅱ進步(진보)
4Ⅱ3Ⅱ絶倒(절도)-3급3Ⅱ抱腹(포복)
5Ⅱ5Ⅱ節約(절약)-4급5Ⅱ儉約(검약)
4급2급折衷(절충)-6급3급交涉(교섭)
4급3Ⅱ折衝(절충)-6급3급交涉(교섭)
6Ⅱ8급庭敎(정교)-6Ⅱ6급庭訓(정훈)
6Ⅱ8급庭敎(정교)-7Ⅱ6급家訓(가훈)
6Ⅱ8급庭敎(정교)-7Ⅱ8급家敎(가교)
7Ⅱ7Ⅱ正氣(정기)-3Ⅱ7Ⅱ浩氣(호기)
7Ⅱ7Ⅱ正氣(정기)-7Ⅱ7Ⅱ活氣(활기)
4Ⅱ6Ⅱ精讀(정독)-3Ⅱ6Ⅱ熟讀(숙독)
5Ⅱ4Ⅱ情勢(정세)-4Ⅱ4급狀況(상황)

2성6Ⅱ鼎新(정신)-3Ⅱ6Ⅱ刷新(쇄신)
2성6Ⅱ鼎新(정신)-3Ⅱ6Ⅱ維新(유신)
2성6Ⅱ鼎新(정신)-4급6Ⅱ革新(혁신)
4급5Ⅱ靜養(정양)-7급5Ⅱ休養(휴양)
5Ⅱ4급情趣(정취)-6Ⅱ5Ⅱ風情(풍정)
6Ⅱ6급庭訓(정훈)-6Ⅱ8급庭敎(정교)
6Ⅱ6급庭訓(정훈)-7Ⅱ6급家訓(가훈)
6Ⅱ6급庭訓(정훈)-7Ⅱ8급家敎(가교)
4Ⅱ3급除煩(제번)-3Ⅱ6Ⅱ冠省(관생)
4Ⅱ4Ⅱ制壓(제압)-3Ⅱ4Ⅱ鎭壓(진압)
7급8급祖國(조국)-4Ⅱ8급故國(고국)
4Ⅱ7급早春(조춘)-5급7급初春(초춘)
5Ⅱ3Ⅱ卒壽(졸수)-3Ⅱ3급凍梨(동리)
4급7급從心(종심)-3Ⅱ3Ⅱ稀壽(희수)
4급7급從心(종심)-3Ⅱ8급稀年(희년)
4급7급從心(종심)-6급3Ⅱ古稀(고희)
4급7급從心(종심)-8급3Ⅱ七旬(칠순)
4급4급周甲(주갑)-3Ⅱ3Ⅱ還曆(환력)
4급4급周甲(주갑)-3Ⅱ4급還甲(환갑)
4급4급周甲(주갑)-4Ⅱ4급回甲(회갑)
4급4급周甲(주갑)-4급4급華甲(화갑)
3Ⅱ4Ⅱ株守(주수)-4Ⅱ3Ⅱ守株(수주)
8급7급中心(중심)-4급7급核心(핵심)
5Ⅱ5Ⅱ知己(지기)-3Ⅱ6급淡交(담교)
5Ⅱ5Ⅱ知己(지기)-5Ⅱ6Ⅱ知音(지음)
5Ⅱ5Ⅱ知己(지기)-5Ⅱ8급知人(지인)
5Ⅱ5Ⅱ知己(지기)-6급5Ⅱ親友(친우)

5Ⅱ5Ⅱ知己(지기)-7급5Ⅱ心友(심우)
5Ⅱ5Ⅱ知己(지기)-8급5급水魚(수어)
4Ⅱ5Ⅱ志望(지망)-4Ⅱ5급志願(지원)
5Ⅱ7급知命(지명)-2성8급艾年(애년)
5Ⅱ7급知命(지명)-6Ⅱ7급半百(반백)
4Ⅱ4Ⅱ支配(지배)-4Ⅱ4Ⅱ統治(통치)
4Ⅱ4Ⅱ至貧(지빈)-4Ⅱ4Ⅱ極貧(극빈)
4Ⅱ7Ⅱ至上(지상)-5급6Ⅱ最高(최고)
5Ⅱ5Ⅱ知友(지우)-5Ⅱ6Ⅱ知音(지음)
4Ⅱ5급志願(지원)-4Ⅱ5Ⅱ志望(지망)
5Ⅱ6Ⅱ知音(지음)-3Ⅱ6급淡交(담교)
5Ⅱ6Ⅱ知音(지음)-5Ⅱ5Ⅱ知己(지기)
5Ⅱ6Ⅱ知音(지음)-5Ⅱ5Ⅱ知友(지우)
5Ⅱ6Ⅱ知音(지음)-7급5Ⅱ心友(심우)
5Ⅱ6Ⅱ知音(지음)-8급5급水魚(수어)
5Ⅱ8급知人(지인)-5Ⅱ5Ⅱ知己(지기)
4급7Ⅱ盡力(진력)-3Ⅱ4Ⅱ奔走(분주)
4Ⅱ4Ⅱ進步(진보)-6Ⅱ4Ⅱ發達(발달)
4Ⅱ4Ⅱ進步(진보)-6급7Ⅱ向上(향상)
4Ⅱ4Ⅱ進步(진보)-7Ⅱ4Ⅱ前進(전진)
2급7Ⅱ塵世(진세)-4Ⅱ7Ⅱ俗世(속세)
3Ⅱ4Ⅱ鎭壓(진압)-4Ⅱ4Ⅱ制壓(제압)
4Ⅱ4Ⅱ進退(진퇴)-5급4급去就(거취)
5Ⅱ7급質問(질문)-5Ⅱ4급質疑(질의)
5Ⅱ4급質疑(질의)-5Ⅱ7급質問(질문)
3급4급懲勸(징권)-4급3급勸懲(권징)
3Ⅱ4Ⅱ此際(차제)-5Ⅱ5급順序(순서)

☞ **유의어**(類義語)란, 서로 뜻이 비슷한 낱말을 뜻하는 것으로, 이는 '비슷한 말', 또는 '유사어(類似語)'라고도 한다.

3Ⅱ6Ⅱ贊成(찬성)-7급6Ⅱ同意(동의)
3Ⅱ4Ⅱ贊助(찬조)-4Ⅱ3Ⅱ協贊(협찬)
2급3급刹那(찰나)-3Ⅱ4Ⅱ瞬息(순식)
2급3급刹那(찰나)-3Ⅱ4급片刻(편각)
2급3급刹那(찰나)-3Ⅱ7Ⅱ瞬間(순간)
2급3급刹那(찰나)-3Ⅱ7Ⅱ瞬時(순시)
2급3급刹那(찰나)-4급3Ⅱ轉瞬(전순)
5Ⅱ5급參考(참고)-5Ⅱ3Ⅱ參照(참조)
5Ⅱ3Ⅱ參照(참조)-5Ⅱ5급參考(참고)
3Ⅱ7Ⅱ蒼空(창공)-3Ⅱ7Ⅱ碧空(벽공)
2급3Ⅱ滄桑(창상)-3Ⅱ3Ⅱ桑碧(상벽)
2급3Ⅱ滄桑(창상)-3Ⅱ7Ⅱ桑海(상해)
4Ⅱ8급處女(처녀)-4Ⅱ7Ⅱ處子(처자)
4Ⅱ8급處女(처녀)-8급8급室女(실녀)
4Ⅱ7Ⅱ處子(처자)-4Ⅱ8급處女(처녀)
4Ⅱ7Ⅱ處子(처자)-8급8급室女(실녀)
3Ⅱ8급尺土(척토)-8급8급寸土(촌토)
7급7급天命(천명)-5Ⅱ7급宿命(숙명)
7급7급天然(천연)-7Ⅱ7급自然(자연)
7급7급天地(천지)-3Ⅱ3급乾坤(건곤)
5급4Ⅱ鐵貧(철빈)-4Ⅱ4Ⅱ極貧(극빈)
4Ⅱ7급請老(청로)-3급6Ⅱ乞身(걸신)
6Ⅱ3급淸濁(청탁)-4Ⅱ5Ⅱ好惡(호오)
3Ⅱ4Ⅱ滯留(체류)-3Ⅱ6급滯在(체재)
3Ⅱ6급滯在(체재)-3Ⅱ4Ⅱ滯留(체류)
6Ⅱ4Ⅱ體驗(체험)-4Ⅱ4Ⅱ經驗(경험)
4급6급招待(초대)-4급4Ⅱ招請(초청)

2급5Ⅱ焦勞(초로)-5Ⅱ5급勞思(노사)
2급3급焦眉(초미)-4급3급燃眉(연미)
7급5급草屋(초옥)-2성5급茅屋(모옥)
4급4Ⅱ招請(초청)-4급6급招待(초대)
5급7급初春(초춘)-4Ⅱ7급早春(조춘)
8급8급寸土(촌토)-3Ⅱ8급尺土(척토)
3급6Ⅱ聰明(총명)-6Ⅱ2성明晳(명석)
5급6Ⅱ最高(최고)-4Ⅱ7Ⅱ至上(지상)
4급5급推量(추량)-4급4Ⅱ推測(추측)
3Ⅱ3Ⅱ追跡(추적)-3Ⅱ6급尾行(미행)
4급4Ⅱ推測(추측)-4급5급推量(추량)
7급3급秋毫(추호)-3급5급毫末(호말)
7급3급秋毫(추호)-6Ⅱ3급分毫(분호)
7급3급秋毫(추호)-8급3급一毫(일호)
3급3급逐鹿(축록)-6Ⅱ3급角逐(각축)
7급4Ⅱ出衆(출중)-8급3급白眉(백미)
5Ⅱ4Ⅱ充滿(충만)-2성4Ⅱ彌滿(미만)
6급5Ⅱ親友(친우)-5Ⅱ5Ⅱ知己(지기)
8급5급七去(칠거)-8급7급七出(칠출)
8급3Ⅱ七旬(칠순)-3Ⅱ3Ⅱ稀壽(희수)
8급3Ⅱ七旬(칠순)-3Ⅱ8급稀年(희년)
8급3Ⅱ七旬(칠순)-4급7급從心(종심)
8급3Ⅱ七旬(칠순)-6급3Ⅱ古稀(고희)
8급7급七出(칠출)-8급5급七去(칠거)
3Ⅱ5Ⅱ沈着(침착)-5급4급冷靜(냉정)
5급6Ⅱ他界(타계)-6급3Ⅱ永眠(영면)
3Ⅱ2급奪胎(탈태)-3Ⅱ3Ⅱ換奪(환탈)

3Ⅱ2급奪胎(탈태)-3Ⅱ4급換骨(환골)
2성6급耽美(탐미)-3급6급唯美(유미)
3Ⅱ4Ⅱ泰斗(태두)-8급4Ⅱ山斗(산두)
3Ⅱ2급吐握(토악)-2급2급握沐(악목)
3Ⅱ2급吐握(토악)-2급4급握髮(악발)
4Ⅱ4Ⅱ統治(통치)-4Ⅱ4Ⅱ支配(지배)
6급6급特別(특별)-6Ⅱ6급各別(각별)
4Ⅱ2급破瓜(파과)-2급4Ⅱ瓜滿(과만)
4Ⅱ2급破瓜(파과)-2급8급瓜年(과년)
3Ⅱ6Ⅱ版圖(판도)-5급8급領土(영토)
3Ⅱ4급片刻(편각)-2급3급刹那(찰나)
3Ⅱ4급片刻(편각)-3Ⅱ4Ⅱ瞬息(순식)
3Ⅱ4급片刻(편각)-3Ⅱ7Ⅱ瞬間(순간)
3Ⅱ4급片刻(편각)-3Ⅱ7Ⅱ瞬時(순시)
3Ⅱ4급片刻(편각)-4급3Ⅱ轉瞬(전순)
7Ⅱ3Ⅱ平凡(평범)-3급4Ⅱ尋常(심상)
7Ⅱ4Ⅱ平常(평상)-7Ⅱ4Ⅱ平素(평소)
7Ⅱ4Ⅱ平素(평소)-7Ⅱ4Ⅱ平常(평상)
4Ⅱ3급暴棄(포기)-7Ⅱ3급自棄(자기)
4Ⅱ3급暴棄(포기)-7Ⅱ4Ⅱ自暴(자포)
3급3Ⅱ抱腹(포복)-4Ⅱ3Ⅱ絶倒(절도)
3급3급漂泊(표박)-5Ⅱ4급流離(유리)
5Ⅱ6급品行(품행)-4Ⅱ6급素行(소행)
6Ⅱ5Ⅱ風格(풍격)-7Ⅱ5Ⅱ氣品(기품)
6Ⅱ4Ⅱ風燈(풍등)-3Ⅱ4급累卵(누란)
6Ⅱ4Ⅱ風燈(풍등)-6Ⅱ3급風燭(풍촉)
4Ⅱ4Ⅱ豊富(풍부)-3Ⅱ3Ⅱ潤澤(윤택)

鉛刀一割(연도일할) ▷ '납으로 만든 칼도 한 번은 자를 수 있다'는 뜻으로, '자기의 힘이 미약함'을 겸손하게 이르는 말.

☞ **유의어**(類義語)란, 서로 뜻이 비슷한 낱말을 뜻하는 것으로, 이는 '비슷한 말', 또는 '유사어(類似語)'라고도 한다.

6Ⅱ5Ⅱ風情(풍정)-5Ⅱ4급情趣(정취)
6Ⅱ3급風燭(풍촉)-3Ⅱ4급累卵(누란)
6Ⅱ3급風燭(풍촉)-6Ⅱ4Ⅱ風燈(풍등)
3Ⅱ3Ⅱ鶴企(학기)-3Ⅱ5Ⅱ鶴望(학망)
3Ⅱ3Ⅱ鶴企(학기)-3Ⅱ5Ⅱ鶴首(학수)
3Ⅱ3Ⅱ鶴企(학기)-3Ⅱ7Ⅱ鶴立(학립)
2급6급虐待(학대)-3급3Ⅱ驅迫(구박)
3Ⅱ7Ⅱ鶴立(학립)-3Ⅱ3Ⅱ鶴企(학기)
3Ⅱ7Ⅱ鶴立(학립)-3Ⅱ5Ⅱ鶴望(학망)
3Ⅱ7Ⅱ鶴立(학립)-3Ⅱ5Ⅱ鶴首(학수)
3Ⅱ5Ⅱ鶴望(학망)-3Ⅱ3Ⅱ鶴企(학기)
3Ⅱ5Ⅱ鶴望(학망)-3Ⅱ5Ⅱ鶴首(학수)
3Ⅱ5Ⅱ鶴望(학망)-3Ⅱ7Ⅱ鶴立(학립)
3Ⅱ5Ⅱ鶴首(학수)-3Ⅱ3Ⅱ鶴企(학기)
3Ⅱ5Ⅱ鶴首(학수)-3Ⅱ5Ⅱ鶴望(학망)
3Ⅱ5Ⅱ鶴首(학수)-3Ⅱ7Ⅱ鶴立(학립)
6급5급合致(합치)-8급5급一致(일치)
4Ⅱ5Ⅱ解說(해설)-5Ⅱ6Ⅱ說明(설명)
7Ⅱ8급海外(해외)-4급4급異域(이역)
4급7급核心(핵심)-8급7급中心(중심)
4Ⅱ7급鄕里(향리)-4Ⅱ4Ⅱ故鄕(고향)
6급7Ⅱ向上(향상)-4Ⅱ4Ⅱ進步(진보)
5급5급許可(허가)-4Ⅱ5급認可(인가)
4Ⅱ4급虛構(허구)-3Ⅱ7Ⅱ架空(가공)
4Ⅱ6급虛頭(허두)-3급6급冒頭(모두)
5급3Ⅱ許諾(허락)-4Ⅱ3Ⅱ承諾(승낙)
4급6Ⅱ革新(혁신)-2성6Ⅱ鼎新(정신)

4급6Ⅱ革新(혁신)-3Ⅱ6Ⅱ刷新(쇄신)
4급6Ⅱ革新(혁신)-3Ⅱ6Ⅱ維新(유신)
4Ⅱ4Ⅱ血肉(혈육)-4급4Ⅱ骨肉(골육)
3Ⅱ3Ⅱ脅迫(협박)-4급3Ⅱ威脅(위협)
4Ⅱ3Ⅱ協贊(협찬)-3Ⅱ4Ⅱ贊助(찬조)
3Ⅱ7Ⅱ浩氣(호기)-7Ⅱ7Ⅱ正氣(정기)
3급5급毫末(호말)-7급3급秋毫(추호)
3급5급毫末(호말)-8급3급一毫(일호)
4Ⅱ5Ⅱ好惡(호오)-6Ⅱ3급淸濁(청탁)
4급4급華甲(화갑)-3Ⅱ3Ⅱ還曆(환력)
4급4급華甲(화갑)-3Ⅱ4급還甲(환갑)
4급4급華甲(화갑)-4Ⅱ4급回甲(회갑)
4급4급華甲(화갑)-4급4급周甲(주갑)
6Ⅱ4Ⅱ和解(화해)-4급6Ⅱ私和(사화)
6Ⅱ4Ⅱ和解(화해)-6Ⅱ6Ⅱ和會(화회)
6Ⅱ6Ⅱ和會(화회)-6Ⅱ4Ⅱ和解(화해)
3Ⅱ4급還甲(환갑)-3Ⅱ3Ⅱ還曆(환력)
3Ⅱ4급還甲(환갑)-4Ⅱ4급回甲(회갑)
3Ⅱ4급還甲(환갑)-4급4급周甲(주갑)
3Ⅱ4급還甲(환갑)-4급4급華甲(화갑)
3Ⅱ4급換骨(환골)-3Ⅱ2급奪胎(탈태)
3Ⅱ4급換骨(환골)-3Ⅱ3Ⅱ換奪(환탈)
3Ⅱ3Ⅱ還曆(환력)-3Ⅱ4급還甲(환갑)
3Ⅱ3Ⅱ還曆(환력)-4Ⅱ4급回甲(회갑)
3Ⅱ3Ⅱ還曆(환력)-4급4급周甲(주갑)
3Ⅱ3Ⅱ還曆(환력)-4급4급華甲(화갑)
3Ⅱ3Ⅱ換奪(환탈)-3Ⅱ2급奪胎(탈태)

3Ⅱ3Ⅱ換奪(환탈)-3Ⅱ4급換骨(환골)
7Ⅱ7Ⅱ活氣(활기)-7Ⅱ7Ⅱ正氣(정기)
7Ⅱ6Ⅱ活用(활용)-6Ⅱ6Ⅱ利用(이용)
6급4급黃泉(황천)-8급4급九泉(구천)
4Ⅱ4급回甲(회갑)-3Ⅱ3Ⅱ還曆(환력)
4Ⅱ4급回甲(회갑)-3Ⅱ4급還甲(환갑)
4Ⅱ4급回甲(회갑)-4급4급周甲(주갑)
4Ⅱ4급回甲(회갑)-4급4급華甲(화갑)
3Ⅱ8급劃一(획일)-8급4Ⅱ一律(일률)
3Ⅱ6급橫死(횡사)-4급7급非命(비명)
5Ⅱ5Ⅱ效能(효능)-5Ⅱ6Ⅱ效用(효용)
5Ⅱ6Ⅱ效用(효용)-5Ⅱ5Ⅱ效能(효능)
7급2급休憩(휴게)-7급4Ⅱ休息(휴식)
7급4Ⅱ休息(휴식)-7급2급休憩(휴게)
7급5Ⅱ休養(휴양)-4급5Ⅱ靜養(정양)
3Ⅱ8급稀年(희년)-3Ⅱ3Ⅱ稀壽(희수)
3Ⅱ8급稀年(희년)-4급7급從心(종심)
3Ⅱ8급稀年(희년)-6급3Ⅱ古稀(고희)
3Ⅱ8급稀年(희년)-8급3Ⅱ七旬(칠순)
3Ⅱ3Ⅱ戲弄(희롱)-2급3Ⅱ籠絡(농락)
4Ⅱ5Ⅱ希望(희망)-5급5Ⅱ願望(원망)
3Ⅱ3Ⅱ稀壽(희수)-3Ⅱ8급稀年(희년)
3Ⅱ3Ⅱ稀壽(희수)-4급7급從心(종심)
3Ⅱ3Ⅱ稀壽(희수)-6급3Ⅱ古稀(고희)
3Ⅱ3Ⅱ稀壽(희수)-8급3Ⅱ七旬(칠순)

☞ **유의어**(類義語)란, 서로 뜻이 비슷한 낱말을 뜻하는 것으로, 이는 '비슷한 말', 또는 '유사어(類似語)'라고도 한다.

7Ⅱ7급3급 車同軌(거동궤)-6Ⅱ7급7급 書同文(서동문)
3Ⅱ4Ⅱ3Ⅱ 姑息策(고식책)-2성2급3Ⅱ 彌縫策(미봉책)
2성7Ⅱ3Ⅱ 槐安夢(괴안몽)-8급2성3Ⅱ 南柯夢(남가몽)
8급3Ⅱ3Ⅱ 金蘭契(금란계)-8급3Ⅱ6급 金蘭交(금란교)
8급2성3Ⅱ 南柯夢(남가몽)-2성7Ⅱ3Ⅱ 槐安夢(괴안몽)
3Ⅱ4급4Ⅱ 桃源境(도원경)-3Ⅱ4급4Ⅱ 桃源鄕(도원향)
3Ⅱ4급4Ⅱ 桃源境(도원경)-6급3Ⅱ3급 別乾坤(별건곤)
3Ⅱ6급6급 戀愛病(연애병)-3Ⅱ7급6급 懷心病(회심병)
6Ⅱ4Ⅱ4Ⅱ 理想鄕(이상향)-6급7Ⅱ6Ⅱ 別世界(별세계)
2성2급3Ⅱ 彌縫策(미봉책)-3Ⅱ4Ⅱ3Ⅱ 姑息策(고식책)
4Ⅱ3Ⅱ7급 未曾有(미증유)-4Ⅱ7급3Ⅱ 破天荒(파천황)
6급3Ⅱ3급 別乾坤(별건곤)-6Ⅱ4Ⅱ4Ⅱ 理想鄕(이상향)
5급3Ⅱ4Ⅱ 比翼鳥(비익조)-4Ⅱ6Ⅱ3Ⅱ 連理枝(연리지)
5Ⅱ5급6급 相思病(상사병)-7급6Ⅱ6급 花風病(화풍병)

6Ⅱ7급7급 書同文(서동문)-7Ⅱ7급3급 車同軌(거동궤)
3Ⅱ4Ⅱ7Ⅱ 瞬息間(순식간)-8급2급3급 一刹那(일찰나)
3Ⅱ4Ⅱ7Ⅱ 瞬息間(순식간)-4급3Ⅱ7Ⅱ 轉瞬間(전순간)
5급8급6급 魚水親(어수친)-5Ⅱ6Ⅱ8급 知音人(지음인)
8급3Ⅱ4급 月旦評(월단평)-8급6급4급 月朝評(월조평)
8급3Ⅱ7Ⅱ 一瞬間(일순간)-8급2급3급 一刹那(일찰나)
8급4급4급 一點紅(일점홍)-4급8급4급 紅一點(홍일점)
7Ⅱ5급5Ⅱ 全無識(전무식)-4급5급5Ⅱ 判無識(판무식)
4급3Ⅱ7Ⅱ 轉瞬間(전순간)-3Ⅱ4Ⅱ7Ⅱ 瞬息間(순식간)
5Ⅱ6Ⅱ8급 知音人(지음인)-8급3Ⅱ3Ⅱ 金蘭契(김란계)
4Ⅱ7급3Ⅱ 破天荒(파천황)-4Ⅱ3Ⅱ7급 未曾有(미증유)
4급5급5Ⅱ 判無識(판무식)-7Ⅱ5급5Ⅱ 全無識(전무식)
4급8급4급 紅一點(홍일점)-8급4급4급 一點紅(일점홍)
7급6Ⅱ6급 花風病(화풍병)-3Ⅱ7급6급 懷心病(회심병)

遺臭萬年(유취만년) ▷ '냄새가 만 년에까지 남겨진다'는 뜻으로, '더러운 이름을 오래도록 남김'을 이르는 말.

☞ **유의어**(類義語)란, 서로 뜻이 비슷한 낱말을 뜻하는 것으로, 이는 '비슷한 말', 또는 '유사어(類似語)'라고도 한다.

4Ⅱ5급3급5Ⅱ 街談巷說(가담항설)
－7Ⅱ4급3급5Ⅱ 道聽塗說(도청도설)

3Ⅱ8급3Ⅱ7급 佳人薄命(가인박명)
－4급3Ⅱ3Ⅱ7급 紅顔薄命(홍안박명)

4급4급4Ⅱ3급 刻骨難忘(각골난망)
－5Ⅱ7급4Ⅱ4Ⅱ 結草報恩(결초보은)

4급3급4Ⅱ3Ⅱ 刻舟求劍(각주구검)
－4Ⅱ3Ⅱ6급3Ⅱ 守株待兎(수주대토)

4급4Ⅱ3Ⅱ5Ⅱ 干城之材(간성지재)
－2급3Ⅱ3Ⅱ4Ⅱ 棟梁之器(동량지기)

4급7Ⅱ8급7급 敢不生心(감불생심)
－3급4급8급7급 焉敢生心(언감생심)

4급7Ⅱ3Ⅱ8급 甲男乙女(갑남을녀)
－4급8급6급8급 張三李四(장삼이사)

3Ⅱ7Ⅱ3Ⅱ6급 隔世之感(격세지감)
－6Ⅱ3급3Ⅱ6급 今昔之感(금석지감)

5Ⅱ6Ⅱ5급4Ⅱ 見利思義(견리사의)
－5Ⅱ4급4Ⅱ7급 見危授命(견위수명)

4급3Ⅱ3Ⅱ5급 犬兎之爭(견토지쟁)
－5급7급3Ⅱ6Ⅱ 漁夫之利(어부지리)

5Ⅱ7급4Ⅱ4Ⅱ 結草報恩(결초보은)
－4급4급4Ⅱ3급 刻骨難忘(각골난망)

4급4Ⅱ3Ⅱ7급 傾城之色(경성지색)
－3Ⅱ5급5급3급 沈魚落雁(침어낙안)

4Ⅱ7Ⅱ5급6Ⅱ 經世致用(경세치용)
－6Ⅱ6Ⅱ4급8급 利用厚生(이용후생)

4급7Ⅱ5급4급 孤立無援(고립무원)
－8급7급2성7급 四面楚歌(사면초가)

6Ⅱ8급5Ⅱ8급 高山流水(고산유수)
－8급5급3Ⅱ6급 水魚之交(수어지교)

3Ⅱ4Ⅱ3Ⅱ6Ⅱ 姑息之計(고식지계)
－3Ⅱ7Ⅱ7Ⅱ7급 臨時方便(임시방편)

6Ⅱ3Ⅱ4Ⅱ3Ⅱ 高岸深谷(고안심곡)
－3Ⅱ4Ⅱ3Ⅱ7Ⅱ 桑田碧海(상전벽해)

7Ⅱ7Ⅱ4Ⅱ7Ⅱ 空前絶後(공전절후)
－7Ⅱ5급7Ⅱ5급 前無後無(전무후무)

4급2성3Ⅱ6급 管鮑之交(관포지교)
－3Ⅱ4Ⅱ3Ⅱ5Ⅱ 莫逆之友(막역지우)

2급3Ⅱ3Ⅱ6급 膠漆之交(교칠지교)
－8급3Ⅱ3Ⅱ6급 金蘭之交(금란지교)

3급5급3Ⅱ7급 狗馬之心(구마지심)
－4급5급3Ⅱ5Ⅱ 犬馬之勞(견마지로)

7급3급3Ⅱ3Ⅱ 口蜜腹劍(구밀복검)
－4Ⅱ3Ⅱ3Ⅱ3Ⅱ 笑裏藏刀(소리장도)

☞ **유의어**(類義語)란, 서로 뜻이 비슷한 낱말을 뜻하는 것으로, 이는 '비슷한 말', 또는 '유사어(類似語)'라고도 한다.

8급6급8급8급 九死一生(구사일생)
—4Ⅱ6급4Ⅱ8급 起死回生(기사회생)

8급5급8급4Ⅱ 九牛一毛(구우일모)
—2급7Ⅱ8급3급 滄海一粟(창해일속)

8급4급4Ⅱ4급 九折羊腸(구절양장)
—8급5급4Ⅱ4급 九曲羊腸(구곡양장)

6급3Ⅱ6급5급 近墨者黑(근묵자흑)
—6급4급6급5급 近朱者赤(근주자적)

8급3Ⅱ3Ⅱ6급 金蘭之交(금란지교)
—2성3Ⅱ3Ⅱ6급 芝蘭之交(지란지교)

8급4Ⅱ5급4Ⅱ 金城鐵壁(금성철벽)
—4Ⅱ4급7Ⅱ5급 難攻不落(난공불락)

8급4Ⅱ3Ⅱ3Ⅱ 金城湯池(금성탕지)
—4Ⅱ4급7Ⅱ5급 難攻不落(난공불락)

3Ⅱ2성3Ⅱ6Ⅱ 琴瑟之樂(금슬지락)
—5급3Ⅱ4Ⅱ6Ⅱ 比翼連理(비익연리)

4Ⅱ4급7Ⅱ5급 難攻不落(난공불락)
—8급4Ⅱ3Ⅱ3Ⅱ 金城湯池(금성탕지)

4Ⅱ3급3Ⅱ4Ⅱ 難忘之恩(난망지은)
—8급4급4Ⅱ3급 白骨難忘(백골난망)

4Ⅱ3Ⅱ4Ⅱ3Ⅱ 難伯難仲(난백난중)
—4Ⅱ8급4Ⅱ8급 難兄難弟(난형난제)

4Ⅱ6급3급7Ⅱ 暖衣飽食(난의포식)
—3Ⅱ6급4Ⅱ7Ⅱ 錦衣玉食(금의옥식)

4Ⅱ8급4Ⅱ8급 難兄難弟(난형난제)
—3Ⅱ3Ⅱ3Ⅱ4Ⅱ 伯仲之勢(백중지세)

8급2성8급3Ⅱ 南柯一夢(남가일몽)
—8급7Ⅱ7급3Ⅱ 一場春夢(일장춘몽)

4Ⅱ8급3Ⅱ6급 斷金之交(단금지교)
—2성3Ⅱ3Ⅱ6급 芝蘭之交(지란지교)

4Ⅱ4급3Ⅱ8급 斷機之敎(단기지교)
—8급3Ⅱ3Ⅱ8급 三遷之敎(삼천지교)

3Ⅱ3급2성4Ⅱ 丹脣皓齒(단순호치)
—8급4Ⅱ7급4Ⅱ 月態花容(월태화용)

3Ⅱ8급3Ⅱ6급 淡水之交(담수지교)
—8급3Ⅱ3Ⅱ6급 金蘭之交(금란지교)

6Ⅱ5급4급3Ⅱ 對牛彈琴(대우탄금)
—5급5급8급6Ⅱ 馬耳東風(마이동풍)

8급7Ⅱ8급3급 大海一粟(대해일속)
—2급7Ⅱ8급3급 滄海一粟(창해일속)

7Ⅱ7Ⅱ3Ⅱ4급 道不拾遺(도불습유)
—6급7Ⅱ4Ⅱ6Ⅱ 太平聖代(태평성대)

2급3Ⅱ3Ⅱ5Ⅱ 棟梁之材(동량지재)
—4급4Ⅱ3Ⅱ5Ⅱ 干城之材(간성지재)

離群索居(이군삭거) ▷ '벗들의 곁을 떠나 멀리 떨어져 홀로 쓸쓸하고 외롭게 지냄'을 이르는 말.

☞ **유의어**(類義語)란, 서로 뜻이 비슷한 낱말을 뜻하는 것으로, 이는 '비슷한 말', 또는 '유사어(類似語)'라고도 한다.

2급3Ⅱ3Ⅱ4Ⅱ 棟梁之器(동량지기)
–4급4Ⅱ3Ⅱ5Ⅱ 干城之材(간성지재)

7급6급5Ⅱ3급 同病相憐(동병상련)
–5Ⅱ5Ⅱ5Ⅱ4급 類類相從(유유상종)

8급8급6Ⅱ3급 東山高臥(동산고와)
–3Ⅱ3Ⅱ3Ⅱ7Ⅱ 梅妻鶴子(매처학자)

3Ⅱ7Ⅱ6Ⅱ2급 凍足放尿(동족방뇨)
–7Ⅱ6급7Ⅱ3Ⅱ 下石上臺(하석상대)

3Ⅱ7Ⅱ4급7Ⅱ 梁上君子(양상군자)
–6급7급3Ⅱ4급 綠林豪傑(녹림호걸)

4Ⅱ6Ⅱ5급3Ⅱ 連理比翼(연리비익)
–3Ⅱ2성5Ⅱ6Ⅱ 琴瑟相和(금슬상화)

6급7급3Ⅱ4급 綠林豪傑(녹림호걸)
–3Ⅱ7Ⅱ4급7Ⅱ 梁上君子(양상군자)

3Ⅱ4급3Ⅱ4급 累卵之危(누란지위)
–6Ⅱ7Ⅱ4Ⅱ8급 風前燈火(풍전등화)

6Ⅱ6Ⅱ4급8급 利用厚生(이용후생)
–4Ⅱ7Ⅱ5급6Ⅱ 經世致用(경세치용)

3Ⅱ7Ⅱ7Ⅱ7급 臨時方便(임시방편)
–6급7Ⅱ3Ⅱ6Ⅱ 目前之計(목전지계)

5급5급8급6Ⅱ 馬耳東風(마이동풍)
–5급5급6Ⅱ4Ⅱ 牛耳讀經(우이독경)

3Ⅱ7Ⅱ3Ⅱ7Ⅱ 莫上莫下(막상막하)
–4Ⅱ8급4Ⅱ8급 難兄難弟(난형난제)

3Ⅱ4Ⅱ3Ⅱ5Ⅱ 莫逆之友(막역지우)
–2성3Ⅱ3Ⅱ6급 芝蘭之交(지란지교)

8급6급4Ⅱ7급 萬古絶色(만고절색)
–5급5급8급7급 無比一色(무비일색)

5급8급3Ⅱ4급 亡國之歎(망국지탄)
–3Ⅱ4급3Ⅱ4급 麥秀之歎(맥수지탄)

5급4Ⅱ3Ⅱ4급 亡羊之歎(망양지탄)
–6급2성5급4Ⅱ 多岐亡羊(다기망양)

3Ⅱ3Ⅱ3Ⅱ7Ⅱ 梅妻鶴子(매처학자)
–7Ⅱ4급7Ⅱ4급 安閑自適(안한자적)

3Ⅱ4급3Ⅱ4급 麥秀之歎(맥수지탄)
–5급8급3Ⅱ4급 亡國之歎(망국지탄)

7급4급3Ⅱ4Ⅱ 面從腹背(면종복배)
–6급5Ⅱ4Ⅱ3급 陽奉陰違(양봉음위)

6Ⅱ4급5급8급 明鏡止水(명경지수)
–5Ⅱ7급8급5Ⅱ 雲心月性(운심월성)

7급7Ⅱ3Ⅱ6Ⅱ 命世之才(명세지재)
–2급3Ⅱ3Ⅱ4Ⅱ 棟梁之器(동량지기)

6Ⅱ3Ⅱ5Ⅱ8급 明若觀火(명약관화)
–7Ⅱ7급5급5Ⅱ 不問可知(불문가지)

☞ **유의어**(類義語)란, 서로 뜻이 비슷한 낱말을 뜻하는 것으로, 이는 '비슷한 말', 또는 '유사어(類似語)'라고도 한다.

7급6급3Ⅱ4급 命在頃刻(명재경각)
−7급6급6급7급 命在朝夕(명재조석)

6급7Ⅱ5Ⅱ4급 目不識丁(목불식정)
−5급2성7Ⅱ3급 魚魯不辨(어로불변)

4Ⅱ3Ⅱ3Ⅱ4급 武陵桃源(무릉도원)
−8급8급3Ⅱ8급 小國寡民(소국과민)

5급5급8급7급 無比一色(무비일색)
−7급7Ⅱ4Ⅱ7급 天下絶色(천하절색)

6급8급3Ⅱ7급 美人薄命(미인박명)
−3Ⅱ8급3Ⅱ7급 佳人薄命(가인박명)

4Ⅱ4급6급7Ⅱ 博覽強記(박람강기)
−4Ⅱ8급6급5Ⅱ 博學多識(박학다식)

3급3Ⅱ5급8급 傍若無人(방약무인)
−4Ⅱ7Ⅱ5급8급 眼下無人(안하무인)

8급4급4Ⅱ3급 白骨難忘(백골난망)
−5Ⅱ7급4Ⅱ4Ⅱ 結草報恩(결초보은)

3Ⅱ3Ⅱ3Ⅱ4Ⅱ 伯仲之勢(백중지세)
−4Ⅱ3Ⅱ4Ⅱ3Ⅱ 難伯難仲(난백난중)

3Ⅱ7Ⅱ3Ⅱ4급 覆車之戒(복거지계)
−2성3Ⅱ7Ⅱ6급 殷鑑不遠(은감불원)

7급5급4Ⅱ3Ⅱ 夫唱婦隨(부창부수)
−8급5Ⅱ4급7급 女必從夫(여필종부)

3Ⅱ6Ⅱ3Ⅱ7급 附和雷同(부화뇌동)
−5Ⅱ4Ⅱ5Ⅱ4Ⅱ 旅進旅退(여진여퇴)

7Ⅱ7급5급5Ⅱ 不問可知(불문가지)
−6Ⅱ3Ⅱ5Ⅱ8급 明若觀火(명약관화)

8급7급2성7급 四面楚歌(사면초가)
−4급7Ⅱ5급4급 孤立無援(고립무원)

3급8급4Ⅱ4Ⅱ 捨生取義(사생취의)
−4Ⅱ6Ⅱ6Ⅱ4급 殺身成仁(살신성인)

8급7Ⅱ4급4Ⅱ 山海珍味(산해진미)
−4급4Ⅱ3Ⅱ3Ⅱ 龍味鳳湯(용미봉탕)

8급8급7급7Ⅱ 三日天下(삼일천하)
−8급8급6급3Ⅱ 五日京兆(오일경조)

3Ⅱ4Ⅱ3Ⅱ7Ⅱ 桑田碧海(상전벽해)
−6Ⅱ3Ⅱ4Ⅱ3Ⅱ 高岸深谷(고안심곡)

3Ⅱ3급3Ⅱ5급 塞翁之馬(새옹지마)
−4급3Ⅱ4Ⅱ5Ⅱ 轉禍爲福(전화위복)

8급6급5Ⅱ3Ⅱ 生者必滅(생자필멸)
−6Ⅱ3Ⅱ3급2급 雪泥鴻爪(설니홍조)

6Ⅱ2급7급4Ⅱ 雪膚花容(설부화용)
−3Ⅱ3급2성4Ⅱ 丹脣皓齒(단순호치)

4Ⅱ6급5Ⅱ3Ⅱ 盛者必衰(성자필쇠)
−8급2성5급7Ⅱ 月盈則食(월영즉식)

存亡之秋(존망지추) ▷ '존속과 멸망의 위급한 때'라는 뜻으로, '생존과 사망이 결정되는 절박한 경우'를 이르는 말.

☞ **유의어**(類義語)란, 서로 뜻이 비슷한 낱말을 뜻하는 것으로, 이는 '비슷한 말', 또는 '유사어(類似語)'라고도 한다.

4Ⅱ3Ⅱ3Ⅱ3Ⅱ 笑裏藏刀(소리장도)
－7급3급3Ⅱ3Ⅱ 口蜜腹劍(구밀복검)

6급4Ⅱ4급6Ⅱ 孫康映雪(손강영설)
－7Ⅱ2성2성3급 車胤聚螢(차윤취형)

5Ⅱ3Ⅱ5급7급 首丘初心(수구초심)
－3Ⅱ5급5Ⅱ8급 胡馬望北(호마망북)

8급5급3Ⅱ6급 水魚之親(수어지친)
－2성3Ⅱ3Ⅱ6급 芝蘭之交(지란지교)

4Ⅱ3Ⅱ6급3Ⅱ 守株待兎(수주대토)
－4급3급4Ⅱ3Ⅱ 刻舟求劍(각주구검)

3Ⅱ4Ⅱ3급4Ⅱ 隨衆逐隊(수중축대)
－5Ⅱ4Ⅱ5Ⅱ4Ⅱ 旅進旅退(여진여퇴)

7급7급5Ⅱ4Ⅱ 心心相印(심심상인)
－5Ⅱ7급5Ⅱ7급 以心傳心(이심전심)

4Ⅱ7Ⅱ5급8급 眼下無人(안하무인)
－3급3Ⅱ5급8급 傍若無人(방약무인)

3급3Ⅱ3Ⅱ5급 殃及池魚(앙급지어)
－3Ⅱ7급3Ⅱ3급 橫來之厄(횡래지액)

4Ⅱ6급3급4Ⅱ 羊頭狗肉(양두구육)
－6Ⅱ3Ⅱ7Ⅱ7급 表裏不同(표리부동)

6급5Ⅱ4Ⅱ3급 陽奉陰違(양봉음위)
－7급4급3Ⅱ4Ⅱ 面從腹背(면종복배)

5급2성7Ⅱ3급 魚魯不辨(어로불변)
－8급7급5급5Ⅱ 一字無識(일자무식)

5급2성7Ⅱ3급 魚魯不辨(어로불변)
－8급7급7Ⅱ5Ⅱ 一字不識(일자불식)

5급7급3Ⅱ6Ⅱ 漁夫之利(어부지리)
－4급3Ⅱ3Ⅱ5급 犬兎之爭(견토지쟁)

4급7Ⅱ3Ⅱ3Ⅱ 與世浮沈(여세부침)
－4급7Ⅱ4급4Ⅱ 與世推移(여세추이)

4Ⅱ6Ⅱ5Ⅱ5급 如風過耳(여풍과이)
－3급7Ⅱ5Ⅱ3급 吾不關焉(오불관언)

4Ⅱ3급4Ⅱ3Ⅱ 榮枯盛衰(영고성쇠)
－4Ⅱ5급4Ⅱ3Ⅱ 興亡盛衰(흥망성쇠)

8급8급4Ⅱ7급 五十笑百(오십소백)
－8급7급8급4급 大同小異(대동소이)

8급8급6급3Ⅱ 五日京兆(오일경조)
－8급8급7급7Ⅱ 三日天下(삼일천하)

8급7Ⅱ3Ⅱ6Ⅱ 五車之書(오거지서)
－3Ⅱ5급5Ⅱ2급 汗牛充棟(한우충동)

2성2성7Ⅱ6Ⅱ 堯舜時代(요순시대)
－6급7Ⅱ4Ⅱ6Ⅱ 太平聖代(태평성대)

5급5급6Ⅱ4Ⅱ 牛耳讀經(우이독경)
－5급5급8급6Ⅱ 馬耳東風(마이동풍)

☞ **유의어**(類義語)란, 서로 뜻이 비슷한 낱말을 뜻하는 것으로, 이는 '비슷한 말', 또는 '유사어(類似語)'라고도 한다.

5Ⅱ3Ⅱ3Ⅱ4급雲泥之差(운니지차)
－7급3Ⅱ3Ⅱ4급天壤之差(천양지차)

5Ⅱ7급8급5Ⅱ雲心月性(운심월성)
－6Ⅱ4급5급8급明鏡止水(명경지수)

8급4Ⅱ7급4Ⅱ月態花容(월태화용)
－8급6급4Ⅱ7급萬古絶色(만고절색)

4급4급8급4급危機一髮(위기일발)
－6Ⅱ7Ⅱ4Ⅱ8급風前燈火(풍전등화)

2성3Ⅱ7Ⅱ6급殷鑑不遠(은감불원)
－3Ⅱ7Ⅱ3Ⅱ4급覆車之戒(복거지계)

4급7급7급4Ⅱ異口同聲(이구동성)
－4Ⅱ7급8급7급如出一口(여출일구)

5Ⅱ7급5Ⅱ7급以心傳心(이심전심)
－7급7급5Ⅱ4Ⅱ心心相印(심심상인)

5급6Ⅱ4Ⅱ4Ⅱ因果應報(인과응보)
－5Ⅱ4Ⅱ4Ⅱ4Ⅱ種豆得豆(종두득두)

8급6급4Ⅱ7Ⅱ人死留名(인사유명)
－3Ⅱ6급4Ⅱ3Ⅱ虎死留皮(호사유피)

8급8급5급4Ⅱ人生無常(인생무상)
－6Ⅱ3Ⅱ3급2급雪泥鴻爪(설니홍조)

8급5급4Ⅱ4Ⅱ一擧兩得(일거양득)
－8급6급8급4Ⅱ一石二鳥(일석이조)

8급5급6Ⅱ4Ⅱ一無消息(일무소식)
－3급4Ⅱ4급6급咸興差使(함흥차사)

8급7급7Ⅱ5Ⅱ一文不知(일문부지)
－6급7Ⅱ5Ⅱ4급目不識丁(목불식정)

8급6급4Ⅱ8급一衣帶水(일의대수)
－4Ⅱ4Ⅱ3Ⅱ7Ⅱ指呼之間(지호지간)

8급7Ⅱ7급3Ⅱ一場春夢(일장춘몽)
－8급2성8급3Ⅱ南柯一夢(남가일몽)

8급2급3Ⅱ3Ⅱ一炊之夢(일취지몽)
－4Ⅱ4급8급2급榮枯一炊(영고일취)

4급8급6급8급張三李四(장삼이사)
－3급7급3급4Ⅱ匹夫匹婦(필부필부)

4Ⅱ7급3Ⅱ6Ⅱ田夫之功(전부지공)
－4급3Ⅱ3Ⅱ5급犬兎之爭(견토지쟁)

4급3Ⅱ4Ⅱ5Ⅱ轉禍爲福(전화위복)
－3Ⅱ3급3Ⅱ5급塞翁之馬(새옹지마)

4Ⅱ7Ⅱ3Ⅱ8급絶世佳人(절세가인)
－7급4Ⅱ8급4Ⅱ花容月態(화용월태)

3Ⅱ8급5Ⅱ7급井中觀天(정중관천)
－5Ⅱ6급3Ⅱ4급望洋之歎(망양지탄)

3Ⅱ8급5Ⅱ7급井中觀天(정중관천)
－3Ⅱ3Ⅱ5Ⅱ7급坐井觀天(좌정관천)

☞ **유의어**(類義語)란, 서로 뜻이 비슷한 낱말을 뜻하는 것으로, 이는 '비슷한 말', 또는 '유사어(類似語)'라고도 한다.

5Ⅱ4Ⅱ4Ⅱ4Ⅱ種豆得豆(종두득두)
—5급6Ⅱ4Ⅱ4Ⅱ因果應報(인과응보)

5급5급6Ⅱ4Ⅱ終無消息(종무소식)
—3급4Ⅱ4급6급咸興差使(함흥차사)

6급3Ⅱ6급6Ⅱ晝耕夜讀(주경야독)
—3급3Ⅱ5Ⅱ6Ⅱ晴耕雨讀(청경우독)

5Ⅱ5Ⅱ3Ⅱ5Ⅱ知己之友(지기지우)
—3Ⅱ4Ⅱ3Ⅱ5Ⅱ莫逆之友(막역지우)

2성3Ⅱ3Ⅱ6급芝蘭之交(지란지교)
—8급3Ⅱ3Ⅱ6급金蘭之交(금란지교)

4급6급8급6급智者一失(지자일실)
—7급4급8급6급千慮一失(천려일실)

4Ⅱ4Ⅱ3Ⅱ7Ⅱ指呼之間(지호지간)
—8급6급4Ⅱ8급一衣帶水(일의대수)

4Ⅱ4Ⅱ4Ⅱ4Ⅱ進退兩難(진퇴양난)
—4Ⅱ4Ⅱ3Ⅱ3Ⅱ進退維谷(진퇴유곡)

7Ⅱ2성2성3급車胤聚螢(차윤취형)
—6급4Ⅱ4급6Ⅱ孫康映雪(손강영설)

2급7Ⅱ8급3급滄海一粟(창해일속)
—8급5급8급4Ⅱ九牛一毛(구우일모)

7급3Ⅱ3Ⅱ4급天壤之差(천양지차)
—5Ⅱ3Ⅱ3Ⅱ4급雲泥之差(운니지차)

7급7Ⅱ4Ⅱ7급天下絶色(천하절색)
—4Ⅱ7Ⅱ3Ⅱ8급絶世佳人(절세가인)

8급8급5Ⅱ8급青山流水(청산유수)
—3Ⅱ5급3Ⅱ4급懸河之辯(현하지변)

8급5Ⅱ3Ⅱ4Ⅱ青雲之志(청운지지)
—3Ⅱ5Ⅱ3Ⅱ4Ⅱ陵雲之志(능운지지)

3급7Ⅱ4Ⅱ6급飽食暖衣(포식난의)
—3Ⅱ6급4Ⅱ7Ⅱ錦衣玉食(금의옥식)

6Ⅱ3Ⅱ7Ⅱ7급表裏不同(표리부동)
—4Ⅱ6급3급4Ⅱ羊頭狗肉(양두구육)

3급7급3급4Ⅱ匹夫匹婦(필부필부)
—4급8급6급8급張三李四(장삼이사)

7Ⅱ6급7Ⅱ3Ⅱ下石上臺(하석상대)
—3Ⅱ7Ⅱ6Ⅱ2급凍足放尿(동족방뇨)

3Ⅱ5급5Ⅱ2급汗牛充棟(한우충동)
—8급7Ⅱ3Ⅱ6Ⅱ五車之書(오거지서)

3급4Ⅱ4급6급咸興差使(함흥차사)
—5급5급6Ⅱ4Ⅱ終無消息(종무소식)

3Ⅱ5급7급4급懸河口辯(현하구변)
—3Ⅱ5급5급4급懸河雄辯(현하웅변)

3Ⅱ5급3Ⅱ4급懸河之辯(현하지변)
—8급8급5Ⅱ8급青山流水(청산유수)

☞ **유의어**(類義語)란, 서로 뜻이 비슷한 낱말을 뜻하는 것으로, 이는 '비슷한 말', 또는 '유사어(類似語)'라고도 한다.

3급6Ⅱ3Ⅱ6Ⅱ螢雪之功(형설지공)
－6급4Ⅱ4급6Ⅱ孫康映雪(손강영설)

3급6Ⅱ3Ⅱ6Ⅱ螢雪之功(형설지공)
－7Ⅱ2성2성3급車胤聚螢(차윤취형)

3Ⅱ5급5Ⅱ8급胡馬望北(호마망북)
－5Ⅱ3Ⅱ5급7급首丘初心(수구초심)

3Ⅱ6급4Ⅱ3Ⅱ虎死留皮(호사유피)
－8급6급4Ⅱ7Ⅱ人死留名(인사유명)

3급6급3급6Ⅱ昏定晨省(혼정신성)
－6급7급6급6Ⅱ朝夕定省(조석정성)

4급3Ⅱ3Ⅱ7급紅顔薄命(홍안박명)
－3Ⅱ8급3Ⅱ7급佳人薄命(가인박명)

7급4Ⅱ8급4Ⅱ花容月態(화용월태)
－3Ⅱ5급5급3급沈魚落雁(침어낙안)

7급4Ⅱ8급4Ⅱ花容月態(화용월태)
－8급4Ⅱ7급4Ⅱ月態花容(월태화용)

3Ⅱ7급3Ⅱ3급橫來之厄(횡래지액)
－3급3Ⅱ3Ⅱ5급殃及池魚(앙급지어)

4Ⅱ5급4Ⅱ3Ⅱ興亡盛衰(흥망성쇠)
－4Ⅱ3급4Ⅱ3Ⅱ榮枯盛衰(영고성쇠)

足脫不及(족탈불급) ▷ '능력 · 역량 · 재질 따위의 차이가 뚜렷함'을 이르는 말.

☞ **유의어**(類義語)란, 뜻이 비슷한 낱말을 뜻하는 것으로, 이는 '비슷한 말', 또는 '유사어(類似語)'라고도 한다.

書	庫	⇔	文	庫
글 서	곳집 고		글월 문	곳집 고

아래의 훈과 음에 알맞은 유의어를 위와 같이 한자로 쓰세요.

정답 ☞ 194쪽 하단

한가지 공	울 명	=	머리 수	즐길 긍		사귈 교	건널 섭	=	꺾을 절	찌를 충
몸 구	핍박할 박	=	모질 학	기다릴 대		아홉 구	샘 천	=	누를 황	샘 천
주릴 기	죽을 사	=	주릴 아	죽을 사		등 배	은혜 은	=	잊을 망	큰 덕
절 사	집 원	=	절 사	절 찰		글 서	대쪽 간	=	글 서	편지 한
풍속 속	인간 세	=	티끌 진	인간 세		볼 시	들 야	=	눈 안	지경 계
비로소 시	할아비 조	=	코 비	할아비 조		거느릴령/영	흙 토	=	판목 판	그림 도

○ 아래의 한자어는 뜻이 서로 비슷한 유의어입니다. 독음을 쓰세요.

정답 ☞ 193쪽 상단

五列(　　)-間諜(　　)	威脅(　　)-脅迫(　　)	一毫(　　)-秋毫(　　)
將帥(　　)-將領(　　)	蒼空(　　)-碧空(　　)	天地(　　)-乾坤(　　)
滯留(　　)-滯在(　　)	招待(　　)-招請(　　)	寸土(　　)-尺土(　　)
漂泊(　　)-流離(　　)	海外(　　)-異域(　　)	戲弄(　　)-籠絡(　　)

☞ **유의어**(類義語)란, 뜻이 비슷한 낱말을 뜻하는 것으로, 이는 '비슷한 말', 또는 '유사어(類似語)'라고도 한다.

書	庫	⇔	文	庫
글 서	곳집 고		글월 문	곳집 고

아래의 훈과 음에 알맞은 유의어를 위와 같이 한자로 쓰세요.

정답 ☞ 192쪽 하단

다섯 오	벌일 렬/열	=	사이 간	염탐할 첩		위엄 위	위협할 협	=	위협할 협	핍박할 박
한 일	터럭 호	=	가을 추	터럭 호		장수 장	장수 수	=	장수 장	거느릴 령
푸를 창	빌 공	=	푸를 벽	빌 공		하늘 천	땅 지	=	하늘 건	땅 곤
막힐 체	머무를 류	=	막힐 체	있을 재		부를 초	기다릴 대	=	부를 초	청할 청
마디 촌	흙 토	=	자 척	흙 토		떠다닐 표	머무를 박	=	흐를 류/유	떠날 리
바다 해	바깥 외	=	다를 이	지경 역		놀이 희	희롱할 롱	=	대바구니 롱/농	이을 락

○ 아래의 한자어는 뜻이 서로 비슷한 유의어입니다. 독음을 쓰세요.

정답 ☞ 194쪽 상단

激勵(　　　)-鼓舞(　　　)　過激(　　　)-急進(　　　)　龜鑑(　　　)-模範(　　　)

落膽(　　　)-失望(　　　)　獨占(　　　)-專有(　　　)　謝絶(　　　)-拒否(　　　)

尋常(　　　)-平凡(　　　)　沿革(　　　)-變遷(　　　)　幼稚(　　　)-未熟(　　　)

干城(　　　)-棟梁(　　　)　除煩(　　　)-冠省(　　　)　好惡(　　　)-淸濁(　　　)

騎虎之勢(기호지세) ▷ '무슨 일을 하다가 중도에서 그만두려 하여도 그만둘 수 없는 형편'을 이르는 말.

☞ **유의어**(類義語)란, 뜻이 비슷한 낱말을 뜻하는 것으로, 이는 '비슷한 말', 또는 '유사어(類似語)'라고도 한다.

書	庫	⇔	文	庫
글 서	곳집 고		글월 문	곳집 고

아래의 훈과 음에 알맞은 유의어를 위와 같이 한자로 쓰세요.

정답 ☞ 193쪽 하단

		=					=		
격할 격	힘쓸 려	=	북 고	춤출 무	지날 과	격할 격	=	급할 급	나아갈 진
거북 귀	거울 감	=	본뜰 모	법 범	떨어질락/낙	쓸개 담	=	잃을 실	바랄 망
홀로 독	점령할 점	=	오로지 전	있을 유	사례할 사	끊을 절	=	막을 거	아닐 부
찾을 심	떳떳할 상	=	평평할 평	무릇 범	물따라갈연	가죽 혁	=	변할 변	옮길 천
어릴 유	어릴 치	=	아닐 미	익을 숙	방패 간	재 성	=	마룻대 동	들보 량
덜 제	번거로울번	=	갓 관	덜 생	좋을 호	미워할 오	=	맑을 청	흐릴 탁

○ 아래의 한자어는 뜻이 서로 비슷한 유의어입니다. 독음을 쓰세요.

정답 ☞ 192쪽 상단

共鳴( )-首肯( ) 交涉( )-折衝( ) 驅迫( )-虐待( )

九泉( )-黃泉( ) 飢死( )-餓死( ) 背恩( )-忘德( )

寺院( )-寺刹( ) 書簡( )-書翰( ) 俗世( )-塵世( )

視野( )-眼界( ) 始祖( )-鼻祖( ) 領土( )-版圖( )

☞ **동자다음한자**(同字多音漢字)란, 하나의 글자가 둘 이상의 소리를 가진 한자를 말하는 것으로, 이를 전주자(轉注字)라고도 한다.

아래 한자는 동자다음한자입니다. 한자어의 독음을 쓰세요.

정답 ☞ 196쪽 하단

降	내릴 강	昇降 ▷ (　　) 降等 ▷ (　　)
	항복할 항	投降 ▷ (　　) 降伏 ▷ (　　)
更	다시 갱	更生 ▷ (　　) 更選 ▷ (　　)
	고칠 경	更張 ▷ (　　) 三更 ▷ (　　)
車	수레 거	自轉車 ▷ (　　)
	수레 차	汽車 ▷ (　　) 電車 ▷ (　　)
見	볼 견	見聞 ▷ (　　) 見學 ▷ (　　)
	뵈올 현	謁見 ▷ (　　) 見糧 ▷ (　　)
契	맺을 계	契約 ▷ (　　) 契印 ▷ (　　)
	부족이름글	契丹 ▷ (　　) ☞ 「거란」을 지칭
	사람이름설	☞ 은(殷)나라 왕조의 시조(始祖)
洞	골 동	洞窟 ▷ (　　) 洞房 ▷ (　　)
	꿰뚫을 통	洞察 ▷ (　　) 洞開 ▷ (　　)
	통할 통	洞徹 ▷ (　　) 洞燭 ▷ (　　)
奈	어찌 나	奈落 ▷ (　　) ☞ 범어(梵語)
	어찌 내	奈何 ▷ (　　) 奈已 ▷ (　　)
內	안 내	內外 ▷ (　　) 宅內 ▷ (　　)
	여관女官 나	內人 ▷ (　　)
茶	차 다	茶菓 ▷ (　　) 茶園 ▷ (　　)
	차 차	紅茶 ▷ (　　) 茶盤 ▷ (　　)
丹	붉을 단	丹靑 ▷ (　　) 丹楓 ▷ (　　)
	꽃이름 란	牡丹 ▷ (　　)
糖	엿 당	糖尿 ▷ (　　) 製糖 ▷ (　　)
	사탕 탕	砂糖 ▷ (　　) 雪糖 ▷ (　　)
度	법도 도	度量 ▷ (　　) 制度 ▷ (　　)
	헤아릴 탁	度支部 ▷ (　　)

196쪽 정답 ☞ **동자다음한자**(同字多音漢字)

多讀(다독) 讀書(독서) 句讀(구두) 吏讀(이두) 純金(순금) 金銀(금은) 金氏(김씨) 金君(김군) 娛樂(오락) 快樂(쾌락) 樂隊(악대) 聲樂(성악) 樂山樂水(요산요수) 殺菌(살균) 殺傷(살상) 殺到(쇄도) 減殺(감쇄) 相殺(상쇄) 復活(부활) 復興(부흥) 復古(복고) 回復(회복) 可否(가부) 否票(부표) 否塞(비색) 否運(비운) 北極(북극) 南北(남북) 敗北(패배) 分斷(분단) 分裂(분열) 不可(불가) 不良(불량) 不實(부실) 不正(부정) 寺刹(사찰) 寺址(사지) 寺人(시인) 要塞(요새) 邊塞(변새) 壅塞(옹색) 閉塞(폐색) 索引(색인) 索出(색출) 鐵索(철삭) 繩索(승삭)

走馬看山(주마간산) ▷ '말을 달리면서 산을 본다'는 말로, '바빠서 자세히 보지 못하고 건성으로 지나침'을 뜻하는 말.

☞ **동자다음한자**(同字多音漢字)란, 하나의 글자가 둘 이상의 소리를 가진 한자를 말하는 것으로, 이를 전주자(轉注字)라고도 한다.

아래 한자는 동자다음어한자입니다. 한자어의 독음을 쓰세요.

정답 ☞ 195쪽 하단

讀	읽을 독	多讀 ▷ (　　) 讀書 ▷ (　　)	金	쇠 금	純金 ▷ (　　) 金銀 ▷ (　　)
	구절 두	句讀 ▷ (　　) 吏讀 ▷ (　　)		성 김	金氏 ▷ (　　) 金君 ▷ (　　)
樂	즐길 락	娛樂 ▷ (　　) 快樂 ▷ (　　)	殺	죽일 살	殺菌 ▷ (　　) 殺傷 ▷ (　　)
	풍류 악	樂隊 ▷ (　　) 聲樂 ▷ (　　)		매우 쇄	殺到 ▷ (　　)
	좋아할 요	樂山樂水 ▷ (　　)		감할 쇄	減殺 ▷ (　　) 相殺 ▷ (　　)
復	다시 부	復活 ▷ (　　) 復興 ▷ (　　)	否	아닐 부	可否 ▷ (　　) 否票 ▷ (　　)
	회복할 복	復古 ▷ (　　) 回復 ▷ (　　)		막힐 비	否塞 ▷ (　　) 否運 ▷ (　　)
北	북녘 북	北極 ▷ (　　) 南北 ▷ (　　)	分	나눌 분	分斷 ▷ (　　) 分裂 ▷ (　　)
	달아날 배	敗北 ▷ (　　)		푼 푼	☞ 1尺·1兩·1度 등의 100분의 1
不	아닐 불	不可 ▷ (　　) 不良 ▷ (　　)	寺	절 사	寺刹 ▷ (　　) 寺址 ▷ (　　)
	아닐 부	不實 ▷ (　　) 不正 ▷ (　　)		관청 시	寺人 ▷ (　　)
塞	변방 새	要塞 ▷ (　　) 邊塞 ▷ (　　)	索	찾을 색	索引 ▷ (　　) 索出 ▷ (　　)
	막힐 색	壅塞 ▷ (　　) 閉塞 ▷ (　　)		노 삭	鐵索 ▷ (　　) 繩索 ▷ (　　)

195쪽 정답 ☞ **동자다음한자**(同字多音漢字)

昇降(승강) 降等(강등) 投降(투항) 降伏(항복) 更生(갱생) 更選(갱선) 更張(경장) 三更(삼경) 自轉車(자전거) 汽車(기차) 電車(전차) 見聞(견문) 見學(견학) 謁見(알현) 見糧(현량) 契約(계약) 契印(계인) 契丹(글단) 洞窟(동굴) 洞房(동방) 洞察(통찰) 洞開(통개) 洞徹(통철) 洞燭(통촉) 奈落(나락) 奈何(내하) 奈已(내기) 內外(내외) 宅內(댁내) 內人(나인) 茶菓(다과) 茶園(다원) 紅茶(홍차) 茶盤(차반) 丹青(단청) 丹楓(단풍) 牡丹(모란) 糖尿(당뇨) 製糖(제당) 砂糖(사탕) 雪糖(설탕) 度量(도량) 制度(제도) 度支部(탁지부)

☞ **동자다음한자**(同字多音漢字)란, 하나의 글자가 둘 이상의 소리를 가진 한자를 말하는 것으로, 이를 전주자(轉注字)라고도 한다.

아래 한자는 동자다음한자입니다. 한자어의 독음을 쓰세요. 정답 ☞ 198쪽 하단

省	살필 성	省墓 ▷ (　　) 省察 ▷ (　　)	率	거느릴 솔	率直 ▷ (　　) 統率 ▷ (　　)
	덜 생	省略 ▷ (　　) 省費 ▷ (　　)		비율 률	比率 ▷ (　　) 確率 ▷ (　　)
數	셈 수	數億 ▷ (　　) 數値 ▷ (　　)	宿	잘 숙	露宿 ▷ (　　) 宿泊 ▷ (　　)
	자주 삭	頻數 ▷ (　　) 數脈 ▷ (　　)		별자리 수	星宿 ▷ (　　)
拾	주울 습	收拾 ▷ (　　) 拾得 ▷ (　　)	識	알 식	識別 ▷ (　　) 認識 ▷ (　　)
	갖은열 십	壹拾 ▷ (　　) 貳拾 ▷ (　　)		기록할 지	標識 ▷ (　　) 識記 ▷ (　　)
說	말씀 설	說明 ▷ (　　) 演說 ▷ (　　)	刺	찌를 자	刺客 ▷ (　　) 刺戟 ▷ (　　)
	달랠 세	遊說 ▷ (　　)		찌를 척	刺殺 ▷ (　　) 刺探 ▷ (　　)
	기쁠 열	喜說 ▷ (　　) 說樂 ▷ (　　)		수라 라	水刺 ▷ (　　)
惡	악할 악	善惡 ▷ (　　) 惡毒 ▷ (　　)	若	같을 약	若干 ▷ (　　) 萬若 ▷ (　　)
	미워할 오	憎惡 ▷ (　　) 惡寒 ▷ (　　)		반야 야	般若 ▷ (　　) 蘭若 ▷ (　　)
於	어조사 어	於此彼 ▷ (　　) 於中間 ▷ (　　)	易	바꿀 역	交易 ▷ (　　) 貿易 ▷ (　　)
	감탄할 오	於乎 ▷ (　　) 於戲 ▷ (　　)		쉬울 이	簡易 ▷ (　　) 容易 ▷ (　　)

198쪽 정답 ☞ **동자다음한자**(同字多音漢字)

賞狀(상장) 訴狀(소장) 狀態(상태) 狀況(상황) 懇切(간절) 適切(적절) 一切(일체) 著書(저서) 著者(저자) 著名(저명) 顯著(현저) 到著(도착) 著服(착복) 公布(공포) 布告(포고) 布木(포목) 絹布(견포) 布施(보시) 辰宿(진수) 辰方(진방) 生辰(생신) 辰夜(신야) 然則(연즉) 規則(규칙) 會則(회칙) 徵兵(징병) 徵集(징집) 宮商角徵羽(궁상각치우) 參拾(삼십) 同參(동참) 參與(참여) 誤差(오차) 差等(차등) 參差(참치) 宅內(댁내) 貴宅(귀댁) 家宅(가택) 住宅(주택) 暴惡(포악) 橫暴(횡포) 暴君(폭군) 暴力(폭력) 皮革(피혁) 皮膚(피부) 鹿皮(녹비)

支離滅裂(지리멸렬) ▷ 갈갈이 흩어지고 찢기어 갈피를 잡을 수 없음.

☞ **동자다음한자**(同字多音漢字)란, 하나의 글자가 둘 이상의 소리를 가진 한자를 말하는 것으로, 이를 전주자(轉注字)라고도 한다.

아래 한자는 동자다음한자입니다. 한자어의 독음을 쓰세요.

정답 ☞ 197쪽 하단

狀	문서 장	賞狀 ▷ (　　) 訴狀 ▷ (　　)	切	끊을 절	懇切 ▷ (　　) 適切 ▷ (　　)
	형상 상	狀態 ▷ (　　) 狀況 ▷ (　　)		온통 체	一切 ▷ (　　)

著	지을 저	著書 ▷ (　　) 著者 ▷ (　　)	布	펼 포	公布 ▷ (　　) 布告 ▷ (　　)
	나타날 저	著名 ▷ (　　) 顯著 ▷ (　　)		베 포	布木 ▷ (　　) 絹布 ▷ (　　)
	붙을 착	到著 ▷ (　　) 著服 ▷ (　　)		보시 보	布施 ▷ (　　)

辰	별 진	辰宿 ▷ (　　) 辰方 ▷ (　　)	則	곧 즉	然則 ▷ (　　)
	때 신	生辰 ▷ (　　) 辰夜 ▷ (　　)		법칙 칙	規則 ▷ (　　) 會則 ▷ (　　)

徵	부를 징	徵兵 ▷ (　　) 徵集 ▷ (　　)	參	석 삼	參拾 ▷ (　　)
	음률이름 치	宮商角徵羽 ▷ (　　)		참여할 참	同參 ▷ (　　) 參與 ▷ (　　)

差	다를 차	誤差 ▷ (　　) 差等 ▷ (　　)	宅	집 댁	宅內 ▷ (　　) 貴宅 ▷ (　　)
	어긋날 치	參差 ▷ (　　)		집 택	家宅 ▷ (　　) 住宅 ▷ (　　)

暴	모질 포	暴惡 ▷ (　　) 橫暴 ▷ (　　)	皮	가죽 피	皮革 ▷ (　　) 皮膚 ▷ (　　)
	사나울 폭	暴君 ▷ (　　) 暴力 ▷ (　　)		가죽 비	鹿皮 ▷ (　　)

197쪽 정답 ☞ **동자다음한자**(同字多音漢字)

省墓(성묘) 省察(성찰) 省略(생략) 省費(생비) 率直(솔직) 統率(통솔) 比率(비율) 確率(확률) 數億(수억) 數値(수치) 頻數(빈삭) 數脈(삭맥) 露宿(노숙) 宿泊(숙박) 星宿(성수) 收拾(수습) 拾得(습득) 壹拾(일십) 貳拾(이십) 識別(식별) 認識(인식) 標識(표지) 識記(지기) 說明(설명) 演說(연설) 遊說(유세) 喜說(희열) 說樂(열락) 刺客(자객) 刺戟(자극) 刺殺(척살) 刺探(척탐) 水剌(수라) 善惡(선악) 惡毒(악독) 憎惡(증오) 惡寒(오한) 若干(약간) 萬若(만약) 般若(반야) 蘭若(난야) 於此彼(어차피) 於中間(어중간) 於乎(오호) 於戲(오희) 交易(교역) 貿易(무역) 簡易(간이) 容易(용이)

☞ **동자다음한자**(同字多音漢字)란, 하나의 글자가 둘 이상의 소리를 가진 한자를 말하는 것으로, 이를 전주자(轉注字)라고도 한다.

아래 한자는 동자다음한자입니다. 한자어의 독음을 쓰세요.

정답 ☞ 200쪽 하단

泌	스며흐를 필 泌瀄 ▷ (　　) ☞ 瀄 : 물흐를 즐 분비할 비 分泌 ▷ (　　)	便	편할 편 便利 ▷ (　　) 便安 ▷ (　　) 똥오줌 변 便祕 ▷ (　　) 便所 ▷ (　　)
滑	미끄러울 활 潤滑 ▷ (　　) 滑降 ▷ (　　) 익살스러울 골 滑稽 ▷ (　　) 滑欲 ▷ (　　)	行	다닐 행 實行 ▷ (　　) 行進 ▷ (　　) 항렬 항 行列 ▷ (　　) 行伍 ▷ (　　)
合	합할 합 合同 ▷ (　　) 統合 ▷ (　　) 홉 홉 ☞ 한 되의 10분의 1의 양	畫	그림 화 畫家 ▷ (　　) 畫室 ▷ (　　) 그을 획 計畫 ▷ (　　) 畫順 ▷ (　　)

다음은 동자다음한자同字多音漢字로 이루어진 한자어漢字語입니다. 알맞은 독음讀音을 쓰세요.

(1) 句讀(　　)	(2) 金君(　　)	(3) 投降(　　)	(4) 謁見(　　)	(5) 省察(　　)
(6) 快樂(　　)	(7) 殺到(　　)	(8) 契印(　　)	(9) 洞燭(　　)	(10) 數脈(　　)
(11) 北極(　　)	(12) 否票(　　)	(13) 紅茶(　　)	(14) 宅內(　　)	(15) 拾得(　　)
(16) 不實(　　)	(17) 寺刹(　　)	(18) 糖尿(　　)	(19) 度量(　　)	(20) 喜說(　　)
(21) 閉塞(　　)	(22) 繩索(　　)	(23) 更生(　　)	(24) 確率(　　)	(25) 於乎(　　)

정답 ☞ 200쪽 하단

200쪽 정답 ☞ **동자다음한자**(同字多音漢字)

(1)砂糖(사탕) (2)牡丹(모란) (3)契約(계약) (4)電車(전차) (5)奈何(내하) (6)洞察(통찰) (7)更張(경장) (8)內人(나인) (9)茶菓(다과) (10)見學(견학) (11)制度(제도) (12)分裂(분열) (13)要塞(요새) (14)水刺(수라) (15)星宿(성수) (16)茶盤(차반) (17)不良(불량) (18)寺址(사지) (19)憎惡(증오) (20)標識(표지) (21)吏讀(이두) (22)索引(색인) (23)減殺(감쇄) (24)般若(반야) (25)遊說(유세) (26)殺菌(살균) (27)樂隊(악대) (28)省費(생비) (29)簡易(간이) (30)刺客(자객) (31)復古(복고) (32)敗北(패배) (33)露宿(노숙) (34)於戲(오희) (35)萬若(만약) (36)否塞(비색) (37)不正(부정) (38)貳拾(이십) (39)頻數(빈삭) (40)說樂(열락)

塵合泰山(진합태산) ▷ 작은 물건도 많이 모이면 큰 것이 된다는 말. 티끌 모아 태산.

다음은 동자다음한자同字多音漢字**로 이루어진 한자어**漢字語 **입니다. 알맞은 독음**讀音**을 쓰세요.**

(1) 砂糖(　　)	(2) 牡丹(　　)	(3) 契約(　　)	(4) 電車(　　)	(5) 奈何(　　)
(6) 洞察(　　)	(7) 更張(　　)	(8) 內人(　　)	(9) 茶菓(　　)	(10) 見學(　　)
(11) 制度(　　)	(12) 分裂(　　)	(13) 要塞(　　)	(14) 水刺(　　)	(15) 星宿(　　)
(16) 茶盤(　　)	(17) 不良(　　)	(18) 寺址(　　)	(19) 憎惡(　　)	(20) 標識(　　)
(21) 吏讀(　　)	(22) 索引(　　)	(23) 減殺(　　)	(24) 般若(　　)	(25) 遊說(　　)
(26) 殺菌(　　)	(27) 樂隊(　　)	(28) 省費(　　)	(29) 簡易(　　)	(30) 刺客(　　)
(31) 復古(　　)	(32) 敗北(　　)	(33) 露宿(　　)	(34) 於戲(　　)	(35) 萬若(　　)
(36) 否塞(　　)	(37) 不正(　　)	(38) 貳拾(　　)	(39) 頻數(　　)	(40) 說樂(　　)

정답 ☞ 199쪽 하단

199쪽 정답 ☞ **동자다음한자**(同字多音漢字)

泌瀄(필즐) 分泌(분비) 便利(편리) 便安(편안) 便祕(변비) 便所(변소) 潤滑(윤활) 滑降(활강) 滑稽(골계) 滑欲(골욕) 實行(실행) 行進(행진) 行列(항렬) 行伍(항오) 合同(합동) 統合(통합) 畫家=畵家(화가) 畫室=畵室(화실) 計畫=計劃(계획) 畫順=劃順(획순)

199쪽 정답 ☞ **동자다음한자**(同字多音漢字)

(1)句讀(구두) (2)金君(김군) (3)投降(투항) (4)謁見(알현) (5)省察(성찰) (6)快樂(쾌락) (7)殺到(쇄도) (8)契印(계인) (9)洞燭(통촉) (10)數脈(삭맥) (11)北極(북극) (12)否票(부표) (13)紅茶(홍차) (14)宅內(댁내) (15)拾得(습득) (16)不實(부실) (17)寺刹(사찰) (18)糖尿(당뇨) (19)度量(도량) (20)喜說(희열) (21)閉塞(폐색) (22)繩索(승삭) (23)更生(갱생) (24)確率(확률) (25)於乎(오호)

도움글

○ **鹿皮**(녹비) : 사슴의 가죽. 본딧말은 녹피.

㉸ **녹비에 가로왈 자** ▷ '녹비에 써 놓은 「가로 왈(曰)」자는, 녹비를 아래위로 당기면 「날 일(日)」자로도 보인다.'는 데서 생긴 말로, '일이 이리도 되고 저리도 되는 형편'을 이르는 말.

첫음 장음

학습도움

첫음 장음

한자어漢字語 첫 음절音節에서 긴 소리로 발음되는 것을 말합니다.

학습방법

먼저 한자어의 독음讀音을 이용하여 훈음訓音을 (　　) 속에 쓰면서, 그 낱말을 익히는 것이 효과적입니다.

정답확인

정답은 부록의 배정한자(39쪽 ~ 66쪽), 또는 옥편玉篇을 참조하여 확인하기 바랍니다.

다음은 첫 음절에서 긴 소리로 발음되는 한자이다. (　　)속에 훈과 음을 써보자.

佳 3Ⅱ 아름다울 가
佳宴(가연) ▷ (　　　　) (　　　　)
佳緣(가연) ▷ (　　　　) (　　　　)

架 3Ⅱ 시렁 가
架空(가공) ▷ (　　　　) (　　　　)
架設(가설) ▷ (　　　　) (　　　　)

暇 4급 겨를 가, 틈 가
暇景(가경) ▷ (　　　　) (　　　　)
暇日(가일) ▷ (　　　　) (　　　　)

假 4Ⅱ 거짓 가
假想(가상) ▷ (　　　　) (　　　　)
假稱(가칭) ▷ (　　　　) (　　　　)

可 5급 옳을 가
可決(가결) ▷ (　　　　) (　　　　)
可否(가부) ▷ (　　　　) (　　　　)

姦 3급 간음할 간
姦淫(간음) ▷ (　　　　) (　　　　)
姦通(간통) ▷ (　　　　) (　　　　)

懇 3Ⅱ 간절할 간
懇曲(간곡) ▷ (　　　　) (　　　　)
懇切(간절) ▷ (　　　　) (　　　　)

憾 2급 섭섭할 감
憾情(감정) ▷ (　　　　) (　　　　)
憾悔(감회) ▷ (　　　　) (　　　　)

敢 4급 감히 감
敢不(감불) ▷ (　　　　) (　　　　)
敢行(감행) ▷ (　　　　) (　　　　)

減 4Ⅱ 덜 감
減量(감량) ▷ (　　　　) (　　　　)
減刑(감형) ▷ (　　　　) (　　　　)

感 6급 느낄 감
感氣(감기) ▷ (　　　　) (　　　　)
感動(감동) ▷ (　　　　) (　　　　)

講 4Ⅱ 욀 강
講堂(강당) ▷ (　　　　) (　　　　)
講座(강좌) ▷ (　　　　) (　　　　)

慨 3급 슬퍼할 개
慨世(개세) ▷ (　　　　) (　　　　)
慨歎(개탄) ▷ (　　　　) (　　　　)

介 3Ⅱ 낄 개
介入(개입) ▷ (　　　　) (　　　　)
介在(개재) ▷ (　　　　) (　　　　)

概 3Ⅱ 대개 개
概念(개념) ▷ (　　　　) (　　　　)
概論(개론) ▷ (　　　　) (　　　　)

距 3Ⅱ 상거할 거
距離(거리) ▷ (　　　　) (　　　　)
距躍(거약) ▷ (　　　　) (　　　　)

據 4급 근거 거
據點(거점) ▷ (　　　　) (　　　　)
據實(거실) ▷ (　　　　) (　　　　)

拒 4급 막을 거
拒否(거부) ▷ (　　　　) (　　　　)
拒絶(거절) ▷ (　　　　) (　　　　)

巨 4급 클 거
巨富(거부) ▷ (　　　　) (　　　　)
巨額(거액) ▷ (　　　　) (　　　　)

去 5급 갈 거
去來(거래) ▷ (　　　　) (　　　　)
去就(거취) ▷ (　　　　) (　　　　)

擧 5급 들 거
擧手(거수) ▷ (　　　　) (　　　　)
擧動(거동) ▷ (　　　　) (　　　　)

鍵 2성 자물쇠 건, 열쇠 건
鍵盤(건반) ▷ (　　　　) (　　　　)
鍵層(건층) ▷ (　　　　) (　　　　)

健 5급 굳셀 건
健在(건재) ▷ (　　　　) (　　　　)
健壯(건장) ▷ (　　　　) (　　　　)

建 5급 세울 건
建立(건립) ▷ (　　　　) (　　　　)
建築(건축) ▷ (　　　　) (　　　　)

❀ 다음은 첫 음절에서 긴 소리로 발음되는 한자이다. (　　　)속에 훈과 음을 써보자.

劍 3Ⅱ 칼 검 ※ 劍 = 劒
劍舞(검무) ▷ (　　　) (　　　)
劍術(검술) ▷ (　　　) (　　　)

儉 4급 검소할 검
儉素(검소) ▷ (　　　) (　　　)
儉約(검약) ▷ (　　　) (　　　)

檢 4Ⅱ 검사할 검
檢査(검사) ▷ (　　　) (　　　)
檢討(검토) ▷ (　　　) (　　　)

揭 2급 높이들 게, 걸 게
揭揚(게양) ▷ (　　　) (　　　)
揭載(게재) ▷ (　　　) (　　　)

憩 2급 쉴 게
憩流(게류) ▷ (　　　) (　　　)
憩息(게식) ▷ (　　　) (　　　)

遣 3급 보낼 견
遣歸(견귀) ▷ (　　　) (　　　)
遣外(견외) ▷ (　　　) (　　　)

見 5급 볼 견
見聞(견문) ▷ (　　　) (　　　)
見學(견학) ▷ (　　　) (　　　)

竟 3급 마침내 경
竟夕(경석) ▷ (　　　) (　　　)
竟夜(경야) ▷ (　　　) (　　　)

鏡 4급 거울 경
鏡戒(경계) ▷ (　　　) (　　　)
鏡面(경면) ▷ (　　　) (　　　)

警 4Ⅱ 깨우칠 경
警戒(경계) ▷ (　　　) (　　　)
警察(경찰) ▷ (　　　) (　　　)

慶 4Ⅱ 경사 경
慶事(경사) ▷ (　　　) (　　　)
慶祝(경축) ▷ (　　　) (　　　)

敬 5Ⅱ 공경 경
敬老(경로) ▷ (　　　) (　　　)
敬語(경어) ▷ (　　　) (　　　)

競 5급 다툴 경
競演(경연) ▷ (　　　) (　　　)
競走(경주) ▷ (　　　) (　　　)

癸 3급 북방 계, 천간 계
癸亥(계해) ▷ (　　　) (　　　)
癸水(계수) ▷ (　　　) (　　　)

繫 3급 맬 계
繫留(계류) ▷ (　　　) (　　　)
繫牧(계목) ▷ (　　　) (　　　)

桂 3Ⅱ 계수나무 계
桂樹(계수) ▷ (　　　) (　　　)
桂皮(계피) ▷ (　　　) (　　　)

啓 3Ⅱ 열 계
啓蒙(계몽) ▷ (　　　) (　　　)
啓發(계발) ▷ (　　　) (　　　)

械 3Ⅱ 기계 계
械繫(계계) ▷ (　　　) (　　　)
械器(계기) ▷ (　　　) (　　　)

戒 4급 경계할 계
戒律(계율) ▷ (　　　) (　　　)
戒嚴(계엄) ▷ (　　　) (　　　)

系 4급 이어맬 계
系列(계열) ▷ (　　　) (　　　)
系統(계통) ▷ (　　　) (　　　)

繼 4급 이을 계
繼續(계속) ▷ (　　　) (　　　)
繼走(계주) ▷ (　　　) (　　　)

季 4급 계절 계
季春(계춘) ▷ (　　　) (　　　)
季節(계절) ▷ (　　　) (　　　)

係 4Ⅱ 맬 계
係員(계원) ▷ (　　　) (　　　)
係關(계관) ▷ (　　　) (　　　)

計 6Ⅱ 셀 계
計算(계산) ▷ (　　　) (　　　)
計略(계략) ▷ (　　　) (　　　)

다음은 첫 음절에서 긴 소리로 발음되는 한자이다. (　　)속에 훈과 음을 써보자.

界 6Ⅱ 지경 계
界標(계표) ▷ (　　) (　　)
界面調(계면조) ▷ (　　)(　　)(　　)

告 5Ⅱ 고할 고
告發(고발) ▷ (　　) (　　)
告白(고백) ▷ (　　) (　　)

古 6급 예 고
古典(고전) ▷ (　　) (　　)
古風(고풍) ▷ (　　) (　　)

困 4급 곤할 곤
困窮(곤궁) ▷ (　　) (　　)
困難(곤란) ▷ (　　) (　　)

貢 3Ⅱ 바칠 공
貢納(공납) ▷ (　　) (　　)
貢獻(공헌) ▷ (　　) (　　)

供 3Ⅱ 이바지할 공
供給(공급) ▷ (　　) (　　)
供託(공탁) ▷ (　　) (　　)

孔 4급 구멍 공
孔劇(공극) ▷ (　　) (　　)
孔方(공방) ▷ (　　) (　　)

攻 4급 칠 공
攻擊(공격) ▷ (　　) (　　)
攻勢(공세) ▷ (　　) (　　)

共 6Ⅱ 한가지 공
共感(공감) ▷ (　　) (　　)
共通(공통) ▷ (　　) (　　)

寡 3Ⅱ 적을 과
寡默(과묵) ▷ (　　) (　　)
寡婦(과부) ▷ (　　) (　　)

誇 3Ⅱ 자랑할 과
誇張(과장) ▷ (　　) (　　)
誇大(과대) ▷ (　　) (　　)

過 5Ⅱ 지날 과
過激(과격) ▷ (　　) (　　)
過程(과정) ▷ (　　) (　　)

果 6Ⅱ 실과 과
果樹(과수) ▷ (　　) (　　)
果然(과연) ▷ (　　) (　　)

款 2급 항목 관, 정성 관
款談(관담) ▷ (　　) (　　)
款識(관지) ▷ (　　) (　　)

鑛 4급 쇳돌 광
鑛脈(광맥) ▷ (　　) (　　)
鑛泉(광천) ▷ (　　) (　　)

廣 5Ⅱ 넓을 광
廣告(광고) ▷ (　　) (　　)
廣大(광대) ▷ (　　) (　　)

傀 2급 허수아비 괴
傀奇(괴기) ▷ (　　) (　　)
傀網(괴망) ▷ (　　) (　　)

愧 3급 부끄러울 괴
愧色(괴색) ▷ (　　) (　　)
愧死(괴사) ▷ (　　) (　　)

壞 3Ⅱ 무너질 괴
壞裂(괴열) ▷ (　　) (　　)
壞滅(괴멸) ▷ (　　) (　　)

矯 3급 바로잡을 교
矯正(교정) ▷ (　　) (　　)
矯導(교도) ▷ (　　) (　　)

教 8급 가르칠 교
教養(교양) ▷ (　　) (　　)
教育(교육) ▷ (　　) (　　)

校 8급 학교 교
校歌(교가) ▷ (　　) (　　)
校庭(교정) ▷ (　　) (　　)

久 3Ⅱ 오랠 구
久遠(구원) ▷ (　　) (　　)
久留(구류) ▷ (　　) (　　)

※ 장·단음은 말:의 생동감을 느끼게 함은 물론, 말:하는 이의 감:정(感情)을 효:과적으로 전달하며, 그의 품:성(稟性)을 변화시키기도 합니다.

※ 다음은 첫 음절에서 긴 소리로 발음되는 한자이다. (　　)속에 훈과 음을 써보자.

救 5급 구원할 구
救援(구원) ▷ (　　) (　　)
救濟(구제) ▷ (　　) (　　)

舊 5Ⅱ 예 구
舊面(구면) ▷ (　　) (　　)
舊正(구정) ▷ (　　) (　　)

郡 6급 고을 군
郡民(군민) ▷ (　　) (　　)
郡守(군수) ▷ (　　) (　　)

拳 3Ⅱ 주먹 권
拳銃(권총) ▷ (　　) (　　)
拳鬪(권투) ▷ (　　) (　　)

勸 4급 권할 권
勸告(권고) ▷ (　　) (　　)
勸奬(권장) ▷ (　　) (　　)

軌 3급 바퀴자국 궤
軌道(궤도) ▷ (　　) (　　)
軌範(궤범) ▷ (　　) (　　)

鬼 3Ⅱ 귀신 귀
鬼哭(귀곡) ▷ (　　) (　　)
鬼神(귀신) ▷ (　　) (　　)

歸 4급 돌아갈 귀
歸結(귀결) ▷ (　　) (　　)
歸還(귀환) ▷ (　　) (　　)

貴 5급 귀할 귀
貴賓(귀빈) ▷ (　　) (　　)
貴重(귀중) ▷ (　　) (　　)

槿 2성 무궁화 근
槿域(근역) ▷ (　　) (　　)
槿花(근화) ▷ (　　) (　　)

僅 3급 겨우 근
僅少(근소) ▷ (　　) (　　)
僅僅(근근) ▷ (　　) (　　)

謹 3급 삼갈 근
謹愼(근신) ▷ (　　) (　　)
謹弔(근조) ▷ (　　) (　　)

近 6급 가까울 근
近代(근대) ▷ (　　) (　　)
近海(근해) ▷ (　　) (　　)

錦 3Ⅱ 비단 금
錦營(금영) ▷ (　　) (　　)
錦帳(금장) ▷ (　　) (　　)

禁 4Ⅱ 금할 금
禁煙(금연) ▷ (　　) (　　)
禁止(금지) ▷ (　　) (　　)

兢 2성 떨릴 긍
兢恪(긍각) ▷ ※ 恪(삼갈 각) : 1급
兢戒(긍계) ▷ (　　) (　　)

肯 3급 즐길 긍
肯定(긍정) ▷ (　　) (　　)
肯意(긍의) ▷ (　　) (　　)

那 3급 어찌 나
那邊(나변) ▷ (　　) (　　)
那落(나락) ▷ (　　) (　　)

暖 4Ⅱ 따뜻할 난
暖流(난류) ▷ (　　) (　　)
暖帶(난대) ▷ (　　) (　　)

乃 3급 이에 내
乃父(내부) ▷ (　　) (　　)
乃至(내지) ▷ (　　) (　　)

耐 3Ⅱ 견딜 내
耐熱(내열) ▷ (　　) (　　)
耐久(내구) ▷ (　　) (　　)

內 7Ⅱ 안 내
內服(내복) ▷ (　　) (　　)
內外(내외) ▷ (　　) (　　)

念 5Ⅱ 생각 념
念慮(염려) ▷ (　　) (　　)
念頭(염두) ▷ (　　) (　　)

怒 4Ⅱ 성낼 노
怒發(노발) ▷ (　　) (　　)
怒氣(노기) ▷ (　　) (　　)

다음은 첫 음절에서 긴 소리로 발음되는 한자이다. (　　)속에 훈과 음을 써보자.

濃 2급 짙을 농
濃縮(농축) ▷ (　　) (　　)
濃厚(농후) ▷ (　　) (　　)

但 3Ⅱ 다만 단
但書(단서) ▷ (　　) (　　)
但只(단지) ▷ (　　) (　　)

斷 4Ⅱ 끊을 단
斷面(단면) ▷ (　　) (　　)
斷定(단정) ▷ (　　) (　　)

膽 2급 쓸개 담
膽囊(담낭) ▷ (　　) (　　)
膽力(담력) ▷ (　　) (　　)

戴 2급 일 대
戴天(대천) ▷ (　　) (　　)
戴冠(대관) ▷ (　　) (　　)

貸 3급 빌릴 대, 뀔 대
貸付(대부) ▷ (　　) (　　)
貸與(대여) ▷ (　　) (　　)

待 6급 기다릴 대
待遇(대우) ▷ (　　) (　　)
待接(대접) ▷ (　　) (　　)

代 6Ⅱ 대신할 대
代身(대신) ▷ (　　) (　　)
代表(대표) ▷ (　　) (　　)

對 6Ⅱ 대할 대
對答(대답) ▷ (　　) (　　)
對等(대등) ▷ (　　) (　　)

倒 3급 넘어질 도
倒産(도산) ▷ (　　) (　　)
倒置(도치) ▷ (　　) (　　)

途 3Ⅱ 길 도
途泥(도니) ▷ (　　) (　　)
途中(도중) ▷ (　　) (　　)

導 4Ⅱ 인도할 도
導入(도입) ▷ (　　) (　　)
導火(도화) ▷ (　　) (　　)

到 5Ⅱ 이를 도
到着(도착) ▷ (　　) (　　)
到處(도처) ▷ (　　) (　　)

道 7Ⅱ 길 도
道德(도덕) ▷ (　　) (　　)
道理(도리) ▷ (　　) (　　)

頓 2성 조아릴 돈
頓然(돈연) ▷ (　　) (　　)
頓挫(돈좌) ▷ (　　) (　　)

董 2성 바를 동
董督(동독) ▷ (　　) (　　)
董率(동솔) ▷ (　　) (　　)

凍 3Ⅱ 얼 동
凍結(동결) ▷ (　　) (　　)
凍傷(동상) ▷ (　　) (　　)

動 6Ⅱ 움직일 동
動産(동산) ▷ (　　) (　　)
動向(동향) ▷ (　　) (　　)

洞 7급 골 동, 밝을 통
洞口(동구) ▷ (　　) (　　)
洞察(통찰) ▷ (　　) (　　)

鈍 3급 둔할 둔
鈍角(둔각) ▷ (　　) (　　)
鈍化(둔화) ▷ (　　) (　　)

等 6Ⅱ 무리 등
等級(등급) ▷ (　　) (　　)
等數(등수) ▷ (　　) (　　)

裸 2급 벌거벗을 라
裸體(나체) ▷ (　　) (　　)
裸蟲(나충) ▷ (　　) (　　)

爛 2급 빛날 란
爛漫(난만) ▷ (　　) (　　)
爛發(난발) ▷ (　　) (　　)

卵 4급 알 란
卵生(난생) ▷ (　　) (　　)
卵巢(난소) ▷ (　　) (　　)

※ 다음은 첫 음절에서 긴 소리로 발음되는 한자이다. (　　)속에 훈과 음을 써보자.

亂 4급 어지러울 란
亂世(난세) ▷ (　　　　) (　　　　)
亂立(난립) ▷ (　　　　) (　　　　)

濫 3급 넘칠 람
濫發(남발) ▷ (　　　　) (　　　　)
濫用(남용) ▷ (　　　　) (　　　　)

朗 5Ⅱ 밝을 랑
朗讀(낭독) ▷ (　　　　) (　　　　)
朗報(낭보) ▷ (　　　　) (　　　　)

冷 5급 찰 랭
冷房(냉방) ▷ (　　　　) (　　　　)
冷水(냉수) ▷ (　　　　) (　　　　)

兩 4Ⅱ 두 량
兩親(양친) ▷ (　　　　) (　　　　)
兩極(양극) ▷ (　　　　) (　　　　)

勵 3Ⅱ 힘쓸 려
勵節(여절) ▷ (　　　　) (　　　　)
勵精(여정) ▷ (　　　　) (　　　　)

慮 4급 생각할 려
慮事(여사) ▷ (　　　　) (　　　　)
慮外(여외) ▷ (　　　　) (　　　　)

戀 3Ⅱ 그리워할 련, 그릴 련
戀愛(연애) ▷ (　　　　) (　　　　)
戀情(연정) ▷ (　　　　) (　　　　)

鍊 3Ⅱ 쇠불릴 련
鍊金(연금) ▷ (　　　　) (　　　　)
鍊磨(연마) ▷ (　　　　) (　　　　)

練 5Ⅱ 익힐 련
練兵(연병) ▷ (　　　　) (　　　　)
練習(연습) ▷ (　　　　) (　　　　)

隷 3급 종 례
隷書(예서) ▷ (　　　　) (　　　　)
隷屬(예속) ▷ (　　　　) (　　　　)

例 6급 법식 례
例事(예사) ▷ (　　　　) (　　　　)
例外(예외) ▷ (　　　　) (　　　　)

禮 6급 예도 례
禮度(예도) ▷ (　　　　) (　　　　)
禮節(예절) ▷ (　　　　) (　　　　)

路 6급 길 로
路邊(노변) ▷ (　　　　) (　　　　)
路上(노상) ▷ (　　　　) (　　　　)

老 7급 늙을 로
老人(노인) ▷ (　　　　) (　　　　)
老後(노후) ▷ (　　　　) (　　　　)

弄 3Ⅱ 희롱할 롱
弄聲(농성) ▷ (　　　　) (　　　　)
弄談(농담) ▷ (　　　　) (　　　　)

賴 3Ⅱ 의뢰할 뢰
賴德(뇌덕) ▷ (　　　　) (　　　　)
賴力(뇌력) ▷ (　　　　) (　　　　)

了 3급 마칠 료
了結(요결) ▷ (　　　　) (　　　　)
了定(요정) ▷ (　　　　) (　　　　)

屢 3급 여러 루
屢次(누차) ▷ (　　　　) (　　　　)
屢報(누보) ▷ (　　　　) (　　　　)

淚 3급 눈물 루
淚道(누도) ▷ (　　　　) (　　　　)
淚眼(누안) ▷ (　　　　) (　　　　)

累 3Ⅱ 여러 루, 자주 루
累代(누대) ▷ (　　　　) (　　　　)
累積(누적) ▷ (　　　　) (　　　　)

漏 3Ⅱ 샐 루
漏落(누락) ▷ (　　　　) (　　　　)
漏水(누수) ▷ (　　　　) (　　　　)

履 3Ⅱ 밟을 리
履歷(이력) ▷ (　　　　) (　　　　)
履行(이행) ▷ (　　　　) (　　　　)

吏 3Ⅱ 관리 리, 벼슬아치 리
吏讀(이두) ▷ (　　　　) (　　　　)
吏吐(이토) ▷ (　　　　) (　　　　)

다음은 첫 음절에서 긴 소리로 발음되는 한자이다. (　　)속에 훈과 음을 써보자.

裏 3Ⅱ 속 리
裏面(이면) ▷ (　　) (　　)
裏許(이허) ▷ (　　) (　　)

離 4급 떠날 리
離別(이별) ▷ (　　) (　　)
離陸(이륙) ▷ (　　) (　　)

李 5급 오얏 리, 성姓 리
李氏(이씨) ▷ (　　) (　　)
李花(이화) ▷ (　　) (　　)

理 6Ⅱ 다스릴 리
理事(이사) ▷ (　　) (　　)
理由(이유) ▷ (　　) (　　)

利 6Ⅱ 이할 리
利用(이용) ▷ (　　) (　　)
利益(이익) ▷ (　　) (　　)

里 7급 마을 리
里長(이장) ▷ (　　) (　　)
里許(이허) ▷ (　　) (　　)

馬 5급 말 마
馬夫(마부) ▷ (　　) (　　)
馬車(마차) ▷ (　　) (　　)

娩 2급 낳을 만
娩澤(만택) ▷ (　　) (　　)
娩痛(만통) ▷ (　　) (　　)

慢 3급 거만할 만
慢性(만성) ▷ (　　) (　　)
慢心(만심) ▷ (　　) (　　)

漫 3급 흩어질 만
漫評(만평) ▷ (　　) (　　)
漫畫(만화) ▷ (　　) (　　)

晩 3Ⅱ 늦을 만
晩秋(만추) ▷ (　　) (　　)
晩學(만학) ▷ (　　) (　　)

萬 8급 일만 만
萬歲(만세) ▷ (　　) (　　)
萬全(만전) ▷ (　　) (　　)

妄 3Ⅱ 망령될 망
妄想(망상) ▷ (　　) (　　)
妄念(망념) ▷ (　　) (　　)

望 5Ⅱ 바랄 망
望月(망월) ▷ (　　) (　　)
望鄕(망향) ▷ (　　) (　　)

買 5급 살 매
買入(매입) ▷ (　　) (　　)
買受(매수) ▷ (　　) (　　)

猛 3Ⅱ 사나울 맹
猛獸(맹수) ▷ (　　) (　　)
猛襲(맹습) ▷ (　　) (　　)

俛 2성 힘쓸 면, 구푸릴 면
俛首(면수) ▷ (　　) (　　)
俛仰(면앙) ▷ (　　) (　　)

免 3Ⅱ 면할 면 ※免 = 免
免疫(면역) ▷ (　　) (　　)
免職(면직) ▷ (　　) (　　)

勉 4급 힘쓸 면
勉學(면학) ▷ (　　) (　　)
勉行(면행) ▷ (　　) (　　)

面 7급 낯 면
面目(면목) ▷ (　　) (　　)
面會(면회) ▷ (　　) (　　)

命 7급 목숨 명
命脈(명맥) ▷ (　　) (　　)
命令(명령) ▷ (　　) (　　)

暮 3급 저물 모
暮景(모경) ▷ (　　) (　　)
暮夜(모야) ▷ (　　) (　　)

某 3급 아무 모
某種(모종) ▷ (　　) (　　)
某處(모처) ▷ (　　) (　　)

慕 3Ⅱ 그릴 모
慕戀(모련) ▷ (　　) (　　)
慕化(모화) ▷ (　　) (　　)

다음은 첫 음절에서 긴 소리로 발음되는 한자이다. (　　)속에 훈과 음을 써보자.

母 8급 어미 모
母校(모교) ▷ (　　) (　　)
母國(모국) ▷ (　　) (　　)

昴 2성 별이름 묘
昴星(묘성) ▷ (　　) (　　)
昴宿(묘수) ▷ (　　) (　　)

苗 3급 모 묘
苗脈(묘맥) ▷ (　　) (　　)
苗木(묘목) ▷ (　　) (　　)

廟 3급 사당 묘
廟堂(묘당) ▷ (　　) (　　)
廟議(묘의) ▷ (　　) (　　)

卯 3급 토끼 묘
卯睡(묘수) ▷ (　　) (　　)
卯時(묘시) ▷ (　　) (　　)

墓 4급 무덤 묘
墓碑(묘비) ▷ (　　) (　　)
墓域(묘역) ▷ (　　) (　　)

妙 4급 묘할 묘
妙技(묘기) ▷ (　　) (　　)
妙案(묘안) ▷ (　　) (　　)

霧 3급 안개 무
霧散(무산) ▷ (　　) (　　)
霧露(무로) ▷ (　　) (　　)

戊 3급 천간 무
戊戌(무술) ▷ (　　) (　　)
戊夜(무야) ▷ (　　) (　　)

茂 3Ⅱ 무성할 무
茂盛(무성) ▷ (　　) (　　)
茂林(무림) ▷ (　　) (　　)

貿 3Ⅱ 무역할 무
貿易(무역) ▷ (　　) (　　)
貿販(무판) ▷ (　　) (　　)

舞 4급 춤출 무
舞曲(무곡) ▷ (　　) (　　)
舞樂(무악) ▷ (　　) (　　)

武 4Ⅱ 호반 무
武器(무기) ▷ (　　) (　　)
武裝(무장) ▷ (　　) (　　)

務 4Ⅱ 힘쓸 무
務望(무망) ▷ (　　) (　　)
務實(무실) ▷ (　　) (　　)

問 7급 물을 문
問病(문병) ▷ (　　) (　　)
問安(문안) ▷ (　　) (　　)

尾 3Ⅱ 꼬리 미
尾蔘(미삼) ▷ (　　) (　　)
尾行(미행) ▷ (　　) (　　)

味 4Ⅱ 맛 미
味覺(미각) ▷ (　　) (　　)
味感(미감) ▷ (　　) (　　)

返 3급 돌이킬 반
返納(반납) ▷ (　　) (　　)
返還(반환) ▷ (　　) (　　)

叛 3급 배반할 반
叛亂(반란) ▷ (　　) (　　)
叛逆(반역) ▷ (　　) (　　)

伴 3급 짝 반
伴友(반우) ▷ (　　) (　　)
伴行(반행) ▷ (　　) (　　)

反 6Ⅱ 돌이킬 반
反擊(반격) ▷ (　　) (　　)
反省(반성) ▷ (　　) (　　)

半 6Ⅱ 반 반
半年(반년) ▷ (　　) (　　)
半島(반도) ▷ (　　) (　　)

旁 2성 곁 방
旁支(방지) ▷ (　　) (　　)
旁通(방통) ▷ (　　) (　　)

傍 3급 곁 방
傍觀(방관) ▷ (　　) (　　)
傍聽(방청) ▷ (　　) (　　)

다음은 첫 음절에서 긴 소리로 발음되는 한자이다. (　　)속에 훈과 음을 써보자.

訪 4Ⅱ 찾을 방
訪問(방문) ▷ ( ) ( )
訪客(방객) ▷ ( ) ( )

賠 2급 물어줄 배
賠償(배상) ▷ ( ) ( )
賠還(배환) ▷ ( ) ( )

培 3Ⅱ 북돋울 배
培養(배양) ▷ ( ) ( )
培植(배식) ▷ ( ) ( )

輩 3Ⅱ 무리 배
輩流(배류) ▷ ( ) ( )
輩出(배출) ▷ ( ) ( )

配 4Ⅱ 나눌 배, 짝 배
配慮(배려) ▷ ( ) ( )
配置(배치) ▷ ( ) ( )

背 4Ⅱ 등 배
背景(배경) ▷ ( ) ( )
背信(배신) ▷ ( ) ( )

拜 4Ⅱ 절 배
拜見(배견) ▷ ( ) ( )
拜禮(배례) ▷ ( ) ( )

汎 2급 넓을 범
汎濫(범람) ▷ ( ) ( )
汎愛(범애) ▷ ( ) ( )

犯 4급 범할 범
犯罪(범죄) ▷ ( ) ( )
犯法(범법) ▷ ( ) ( )

範 4급 법 범
範圍(범위) ▷ ( ) ( )
範例(범례) ▷ ( ) ( )

弁 2성 고깔 변
弁辰(변진) ▷ ( ) ( )
弁韓(변한) ▷ ( ) ( )

卞 2성 성 변
卞急(변급) ▷ ( ) ( )
卞正(변정) ▷ ( ) ( )

辨 3급 분별할 변
辨明(변명) ▷ ( ) ( )
辨償(변상) ▷ ( ) ( )

辯 4급 말씀 변
辯論(변론) ▷ ( ) ( )
辯護(변호) ▷ ( ) ( )

變 5Ⅱ 변할 변
變更(변경) ▷ ( ) ( )
變裝(변장) ▷ ( ) ( )

倂 2급 아우를 병
倂肩(병견) ▷ ( ) ( )
倂用(병용) ▷ ( ) ( )

炳 2성 불꽃 병
炳煜(병욱) ▷ ( ) ( )
炳映(병영) ▷ ( ) ( )

柄 2성 자루 병
柄部(병부) ▷ ( ) ( )
柄節(병절) ▷ ( ) ( )

秉 2성 잡을 병
秉權(병권) ▷ ( ) ( )
秉燭(병촉) ▷ ( ) ( )

竝 3급 나란히 병
竝設(병설) ▷ ( ) ( )
竝唱(병창) ▷ ( ) ( )

丙 3Ⅱ 남녘 병
丙夜(병야) ▷ ( ) ( )
丙子(병자) ▷ ( ) ( )

病 6급 병 병
病苦(병고) ▷ ( ) ( )
病床(병상) ▷ ( ) ( )

輔 2성 도울 보
輔國(보국) ▷ ( ) ( )
輔輪(보륜) ▷ ( ) ( )

甫 2성 클 보
甫尹(보윤) ▷ ( ) ( )
甫田(보전) ▷ ( ) ( )

五車之書(오거지서)▷'다섯 수레에 실을 만한 책'이라는 뜻으로, '많은 장서(藏書)'를 이르는 말.

다음은 첫 음절에서 긴 소리로 발음되는 한자이다. (　　)속에 훈과 음을 써보자.

譜 3Ⅱ 족보 보
譜錄(보록)▷(　　)(　　)
譜系(보계)▷(　　)(　　)

補 3Ⅱ 기울 보
補強(보강)▷(　　)(　　)
補償(보상)▷(　　)(　　)

普 4급 넓을 보
普通(보통)▷(　　)(　　)
普施(보시)▷(　　)(　　)

寶 4Ⅱ 보배 보
寶庫(보고)▷(　　)(　　)
寶貨(보화)▷(　　)(　　)

步 4Ⅱ 걸을 보
步道(보도)▷(　　)(　　)
步行(보행)▷(　　)(　　)

報 4급 갚을 보, 알릴 보
報道(보도)▷(　　)(　　)
報復(보복)▷(　　)(　　)

俸 2급 녹 봉
俸給(봉급)▷(　　)(　　)
俸祿(봉록)▷(　　)(　　)

鳳 3Ⅱ 봉새 봉
鳳尾(봉미)▷(　　)(　　)
鳳仙花(봉선화)▷(　　)(　　)(　　)

奉 5Ⅱ 받들 봉
奉仕(봉사)▷(　　)(　　)
奉養(봉양)▷(　　)(　　)

傅 2성 스승 부
傅輕(부경)▷(　　)(　　)
傅育(부육)▷(　　)(　　)

赴 3급 갈 부, 다다를 부
赴勢(부세)▷(　　)(　　)
赴任(부임)▷(　　)(　　)

簿 3Ⅱ 문서 부
簿冊(부책)▷(　　)(　　)
簿籍(부적)▷(　　)(　　)

付 3Ⅱ 부칠 부
付託(부탁)▷(　　)(　　)
付種(부종)▷(　　)(　　)

腐 3Ⅱ 썩을 부
腐植(부식)▷(　　)(　　)
腐敗(부패)▷(　　)(　　)

賦 3Ⅱ 부세 부
賦課(부과)▷(　　)(　　)
賦役(부역)▷(　　)(　　)

副 4Ⅱ 버금 부
副賞(부상)▷(　　)(　　)
副業(부업)▷(　　)(　　)

負 4급 질 부
負擔(부담)▷(　　)(　　)
負傷(부상)▷(　　)(　　)

富 4Ⅱ 부자 부
富國(부국)▷(　　)(　　)
富貴(부귀)▷(　　)(　　)

否 4급 아닐 부
否認(부인)▷(　　)(　　)
否定(부정)▷(　　)(　　)

奮 3Ⅱ 떨칠 분
奮鬪(분투)▷(　　)(　　)
奮發(분발)▷(　　)(　　)

憤 4급 분할 분
憤怒(분노)▷(　　)(　　)
憤痛(분통)▷(　　)(　　)

匪 2급 비적 비
匪石(비석)▷(　　)(　　)
匪賊(비적)▷(　　)(　　)

卑 3Ⅱ 낮을 비
卑屈(비굴)▷(　　)(　　)
卑賤(비천)▷(　　)(　　)

肥 3Ⅱ 살찔 비
肥料(비료)▷(　　)(　　)
肥滿(비만)▷(　　)(　　)

다음은 첫 음절에서 긴 소리로 발음되는 한자이다. (　　)속에 훈과 음을 써보자.

婢 3Ⅱ 계집종 비
婢子(비자) ▷ (　　) (　　)
婢妾(비첩) ▷ (　　) (　　)

批 4급 비평할 비
批判(비판) ▷ (　　) (　　)
批評(비평) ▷ (　　) (　　)

祕 4급 숨길 비 ※ 祕 = 秘
祕密(비밀) ▷ (　　) (　　)
祕書(비서) ▷ (　　) (　　)

備 4Ⅱ 갖출 비
備置(비치) ▷ (　　) (　　)
備品(비품) ▷ (　　) (　　)

悲 4Ⅱ 슬플 비
悲觀(비관) ▷ (　　) (　　)
悲鳴(비명) ▷ (　　) (　　)

費 5급 쓸 비
費用(비용) ▷ (　　) (　　)
費目(비목) ▷ (　　) (　　)

比 5급 견줄 비
比等(비등) ▷ (　　) (　　)
比例(비례) ▷ (　　) (　　)

鼻 5급 코 비
鼻孔(비공) ▷ (　　) (　　)
鼻音(비음) ▷ (　　) (　　)

赦 2급 용서할 사
赦免(사면) ▷ (　　) (　　)
赦罪(사죄) ▷ (　　) (　　)

泗 2성 물이름 사
泗上(사상) ▷ (　　) (　　)
泗川(사천) ▷ (　　) (　　)

捨 3급 버릴 사
捨戒(사계) ▷ (　　) (　　)
捨身(사신) ▷ (　　) (　　)

似 3급 닮을 사
似類(사류) ▷ (　　) (　　)
似而非(사이비) ▷ (　　)(　　)(　　)

賜 3급 줄 사
賜額(사액) ▷ (　　) (　　)
賜給(사급) ▷ (　　) (　　)

巳 3급 뱀 사
巳時(사시) ▷ (　　) (　　)
巳座(사좌) ▷ (　　) (　　)

謝 4Ⅱ 사례할 사
謝禮(사례) ▷ (　　) (　　)
謝罪(사죄) ▷ (　　) (　　)

史 5Ⅱ 사기 사
史官(사관) ▷ (　　) (　　)
史記(사기) ▷ (　　) (　　)

士 5Ⅱ 선비 사
士官(사관) ▷ (　　) (　　)
士兵(사병) ▷ (　　) (　　)

死 6급 죽을 사
死活(사활) ▷ (　　) (　　)
死後(사후) ▷ (　　) (　　)

使 6급 하여금 사
使命(사명) ▷ (　　) (　　)
使用(사용) ▷ (　　) (　　)

事 7Ⅱ 일 사
事實(사실) ▷ (　　) (　　)
事由(사유) ▷ (　　) (　　)

四 8급 넉 사
四角(사각) ▷ (　　) (　　)
四季(사계) ▷ (　　) (　　)

散 4급 흩을 산
散步(산보) ▷ (　　) (　　)
散在(산재) ▷ (　　) (　　)

産 5Ⅱ 낳을 산
産卵(산란) ▷ (　　) (　　)
産母(산모) ▷ (　　) (　　)

算 7급 셈 산
算數(산수) ▷ (　　) (　　)
算出(산출) ▷ (　　) (　　)

다음은 첫 음절에서 긴 소리로 발음되는 한자이다. (　　)속에 훈과 음을 써보자.

想 4Ⅱ 생각 상
想起(상기)▷(　　)(　　)
想念(상념)▷(　　)(　　)

上 7Ⅱ 윗 상
上部(상부)▷(　　)(　　)
上體(상체)▷(　　)(　　)

瑞 2급 상서 서
瑞光(서광)▷(　　)(　　)
瑞玉(서옥)▷(　　)(　　)

舒 2성 펼 서
舒雁(서안)▷(　　)(　　)
舒暢(서창)▷(　　)(　　)

逝 3급 갈 서
逝去(서거)▷(　　)(　　)
逝世(서세)▷(　　)(　　)

暑 3급 더울 서
暑濕(서습)▷(　　)(　　)
暑寒(서한)▷(　　)(　　)

誓 3급 맹세할 서
誓盟(서맹)▷(　　)(　　)
誓約(서약)▷(　　)(　　)

庶 3급 여러 서
庶務(서무)▷(　　)(　　)
庶民(서민)▷(　　)(　　)

敍 3급 펼 서
敍述(서술)▷(　　)(　　)
敍情(서정)▷(　　)(　　)

署 3Ⅱ 마을[官廳] 서
署名(서명)▷(　　)(　　)
署理(서리)▷(　　)(　　)

緖 3Ⅱ 실마리 서
緖正(서정)▷(　　)(　　)
緖論(서론)▷(　　)(　　)

恕 3Ⅱ 용서할 서
恕諒(서량)▷(　　)(　　)
恕免(서면)▷(　　)(　　)

序 5급 차례 서
序列(서열)▷(　　)(　　)
序頭(서두)▷(　　)(　　)

繕 2급 기울 선
繕補(선보)▷(　　)(　　)
繕寫(선사)▷(　　)(　　)

選 5급 가릴 선
選擧(선거)▷(　　)(　　)
選擇(선택)▷(　　)(　　)

善 5급 착할 선
善良(선량)▷(　　)(　　)
善處(선처)▷(　　)(　　)

聖 4Ⅱ 성인 성
聖堂(성당)▷(　　)(　　)
聖域(성역)▷(　　)(　　)

盛 4Ⅱ 성할 성
盛大(성대)▷(　　)(　　)
盛況(성황)▷(　　)(　　)

性 5Ⅱ 성품 성
性質(성질)▷(　　)(　　)
性品(성품)▷(　　)(　　)

姓 7Ⅱ 성 성
姓名(성명)▷(　　)(　　)
姓氏(성씨)▷(　　)(　　)

貰 2급 세놓을 세
貰房(세방)▷(　　)(　　)
貰牛(세우)▷(　　)(　　)

細 4Ⅱ 가늘 세
細密(세밀)▷(　　)(　　)
細胞(세포)▷(　　)(　　)

稅 4Ⅱ 세금 세
稅關(세관)▷(　　)(　　)
稅務(세무)▷(　　)(　　)

勢 4Ⅱ 형세 세
勢道(세도)▷(　　)(　　)
勢力(세력)▷(　　)(　　)

다음은 첫 음절에서 긴 소리로 발음되는 한자이다. (　　)속에 훈과 음을 써보자.

洗 5II 씻을 세
洗面(세면) ▷ (　　) (　　)
洗練(세련) ▷ (　　) (　　)

歲 5II 해 세
歲拜(세배) ▷ (　　) (　　)
歲月(세월) ▷ (　　) (　　)

世 7II 인간 세
世間(세간) ▷ (　　) (　　)
世俗(세속) ▷ (　　) (　　)

笑 4II 웃음 소
笑劇(소극) ▷ (　　) (　　)
笑談(소담) ▷ (　　) (　　)

所 7급 바 소
所聞(소문) ▷ (　　) (　　)
所在(소재) ▷ (　　) (　　)

少 7급 적을 소
少年(소년) ▷ (　　) (　　)
少女(소녀) ▷ (　　) (　　)

小 8급 작을 소
小食(소식) ▷ (　　) (　　)
小兒(소아) ▷ (　　) (　　)

損 4급 덜 손
損傷(손상) ▷ (　　) (　　)
損害(손해) ▷ (　　) (　　)

宋 2성 성 송
宋詩(송시) ▷ (　　) (　　)
宋錢(송전) ▷ (　　) (　　)

誦 3급 욀 송
誦經(송경) ▷ (　　) (　　)
誦詠(송영) ▷ (　　) (　　)

訟 3II 송사할 송
訟事(송사) ▷ (　　) (　　)
訟案(송안) ▷ (　　) (　　)

頌 4급 기릴 송, 칭송할 송
頌德(송덕) ▷ (　　) (　　)
頌辭(송사) ▷ (　　) (　　)

送 4II 보낼 송
送舊(송구) ▷ (　　) (　　)
送別(송별) ▷ (　　) (　　)

鎖 3II 쇠사슬 쇄
鎖骨(쇄골) ▷ (　　) (　　)
鎖國(쇄국) ▷ (　　) (　　)

刷 3II 인쇄할 쇄
刷馬(쇄마) ▷ (　　) (　　)
刷新(쇄신) ▷ (　　) (　　)

順 5II 순할 순
順理(순리) ▷ (　　) (　　)
順從(순종) ▷ (　　) (　　)

屍 2급 주검 시
屍身(시신) ▷ (　　) (　　)
屍帳(시장) ▷ (　　) (　　)

柴 2성 섶 시
柴毒(시독) ▷ (　　) (　　)
柴糧(시량) ▷ (　　) (　　)

矢 3급 화살 시
矢言(시언) ▷ (　　) (　　)
矢石(시석) ▷ (　　) (　　)

侍 3II 모실 시
侍飮(시음) ▷ (　　) (　　)
侍女(시녀) ▷ (　　) (　　)

施 4II 베풀 시
施賞(시상) ▷ (　　) (　　)
施設(시설) ▷ (　　) (　　)

視 4II 볼 시
視力(시력) ▷ (　　) (　　)
視線(시선) ▷ (　　) (　　)

是 4II 이 시, 옳을 시
是非(시비) ▷ (　　) (　　)
是認(시인) ▷ (　　) (　　)

示 5급 보일 시
示範(시범) ▷ (　　) (　　)
示威(시위) ▷ (　　) (　　)

❀ 다음은 첫 음절에서 긴 소리로 발음되는 한자이다. (　　)속에 훈과 음을 써보자.

始 6Ⅱ 비로소 시
始動(시동) ▷ (　　) (　　)
始祖(시조) ▷ (　　) (　　)

市 7Ⅱ 저자 시
市民(시민) ▷ (　　) (　　)
市場(시장) ▷ (　　) (　　)

紳 2급 띠 신
紳士(신사) ▷ (　　) (　　)
紳商(신상) ▷ (　　) (　　)

腎 2급 콩팥 신
腎臟(신장) ▷ (　　) (　　)
腎管(신관) ▷ (　　) (　　)

愼 3Ⅱ 삼갈 신
愼重(신중) ▷ (　　) (　　)
愼獨(신독) ▷ (　　) (　　)

信 6Ⅱ 믿을 신
信用(신용) ▷ (　　) (　　)
信任(신임) ▷ (　　) (　　)

瀋 2성 즙낼 심, 물이름 심
瀋脣(심순) ▷ (　　) (　　)
瀋陽(심양) ▷ (　　) (　　)

甚 3Ⅱ 심할 심
甚急(심급) ▷ (　　) (　　)
甚難(심난) ▷ (　　) (　　)

餓 3급 주릴 아
餓鬼(아귀) ▷ (　　) (　　)
餓死(아사) ▷ (　　) (　　)

我 3Ⅱ 나 아
我執(아집) ▷ (　　) (　　)
我軍(아군) ▷ (　　) (　　)

雁 3급 기러기 안 ※雁 = 鴈
雁行(안항) ▷ (　　) (　　)
雁陣(안진) ▷ (　　) (　　)

岸 3Ⅱ 언덕 안
岸壁(안벽) ▷ (　　) (　　)
岸忽(안홀) ▷ (　　) (　　)

顔 3Ⅱ 낯 안
顔色(안색) ▷ (　　) (　　)
顔面(안면) ▷ (　　) (　　)

眼 4Ⅱ 눈 안
眼目(안목) ▷ (　　) (　　)
眼鏡(안경) ▷ (　　) (　　)

案 5급 책상 안
案件(안건) ▷ (　　) (　　)
案內(안내) ▷ (　　) (　　)

癌 2급 암 암
癌的(암적) ▷ (　　) (　　)
癌性(암성) ▷ (　　) (　　)

暗 4Ⅱ 어두울 암
暗殺(암살) ▷ (　　) (　　)
暗黑(암흑) ▷ (　　) (　　)

仰 3Ⅱ 우러를 앙
仰祝(앙축) ▷ (　　) (　　)
仰望(앙망) ▷ (　　) (　　)

礙 2급 거리낄 애
礙産(애산) ▷ (　　) (　　)
礙眼(애안) ▷ (　　) (　　)

惹 2급 이끌 야
惹起(야기) ▷ (　　) (　　)
惹端(야단) ▷ (　　) (　　)

也 3급 이끼 야, 어조사 야
也帶(야대) ▷ (　　) (　　)
也無妨(야무방) ▷ (　　)(　　)(　　)

野 6급 들 야
野球(야구) ▷ (　　) (　　)
野黨(야당) ▷ (　　) (　　)

夜 6급 밤 야
夜間(야간) ▷ (　　) (　　)
夜行(야행) ▷ (　　) (　　)

讓 3Ⅱ 사양할 양
讓渡(양도) ▷ (　　) (　　)
讓步(양보) ▷ (　　) (　　)

◈ 다음은 첫 음절에서 긴 소리로 발음되는 한자이다. (　　)속에 훈과 음을 써보자.

壤 3Ⅱ 흙덩이 양
壤地(양지) ▷ (　　) (　　)
壤土(양토) ▷ (　　) (　　)

養 5Ⅱ 기를 양
養育(양육) ▷ (　　) (　　)
養成(양성) ▷ (　　) (　　)

御 3Ⅱ 거느릴 어
御命(어명) ▷ (　　) (　　)
御用(어용) ▷ (　　) (　　)

語 7급 말씀 어
語感(어감) ▷ (　　) (　　)
語學(어학) ▷ (　　) (　　)

彦 2성 선비 언
彦士(언사) ▷ (　　) (　　)
彦聖(언성) ▷ (　　) (　　)

輿 3급 수레 여
輿論(여론) ▷ (　　) (　　)
輿望(여망) ▷ (　　) (　　)

汝 3급 너 여
汝等(여등) ▷ (　　) (　　)
汝輩(여배) ▷ (　　) (　　)

與 4급 더불 여
與野(여야) ▷ (　　) (　　)
與否(여부) ▷ (　　) (　　)

硯 2급 벼루 연
硯屛(연병) ▷ (　　) (　　)
硯滴(연적) ▷ (　　) (　　)

衍 2성 넓을 연
衍文(연문) ▷ (　　) (　　)
衍義(연의) ▷ (　　) (　　)

姸 2급 고울 연
姸麗(연려) ▷ (　　) (　　)
姸粧(연장) ▷ (　　) (　　)

軟 3Ⅱ 연할 연
軟弱(연약) ▷ (　　) (　　)
軟質(연질) ▷ (　　) (　　)

宴 3Ⅱ 잔치 연
宴會(연회) ▷ (　　) (　　)
宴需(연수) ▷ (　　) (　　)

演 4Ⅱ 펼 연
演劇(연극) ▷ (　　) (　　)
演說(연설) ▷ (　　) (　　)

硏 4Ⅱ 갈 연
硏究(연구) ▷ (　　) (　　)
硏修(연수) ▷ (　　) (　　)

厭 2급 싫어할 염
厭症(염증) ▷ (　　) (　　)
厭世(염세) ▷ (　　) (　　)

染 3Ⅱ 물들 염
染料(염료) ▷ (　　) (　　)
染色(염색) ▷ (　　) (　　)

暎 2성 비칠 영
暎發(영발) ▷ (　　) (　　)
暎湖(영호) ▷ (　　) (　　)

泳 3급 헤엄칠 영
泳法(영법) ▷ (　　) (　　)
泳涯(영애) ▷ (　　) (　　)

詠 3급 읊을 영
詠歎(영탄) ▷ (　　) (　　)
詠懷(영회) ▷ (　　) (　　)

影 3Ⅱ 그림자 영
影印(영인) ▷ (　　) (　　)
影響(영향) ▷ (　　) (　　)

永 6급 길 영
永遠(영원) ▷ (　　) (　　)
永住(영주) ▷ (　　) (　　)

預 2급 맡길 예, 미리 예
預金(예금) ▷ (　　) (　　)
預託(예탁) ▷ (　　) (　　)

睿 2성 슬기 예
睿德(예덕) ▷ (　　) (　　)
睿旨(예지) ▷ (　　) (　　)

悠悠自適(유유자적) ▷ 속세(俗世)를 떠나 아무 속박(束縛) 없이 조용하고 편안하게 삶.

다음은 첫 음절에서 긴 소리로 발음되는 한자이다. (　　)속에 훈과 음을 써보자.

濊 2성 종족이름 예
濊國(예국) ▷ (　　　) (　　　)
濊貊(예맥) ▷ (　　　) (　　　)

銳 3급 날카로울 예
銳敏(예민) ▷ (　　　) (　　　)
銳利(예리) ▷ (　　　) (　　　)

譽 3Ⅱ 기릴 예, 명예 예
譽聲(예성) ▷ (　　　) (　　　)
譽望(예망) ▷ (　　　) (　　　)

豫 4급 미리 예
豫想(예상) ▷ (　　　) (　　　)
豫測(예측) ▷ (　　　) (　　　)

藝 4Ⅱ 재주 예
藝能(예능) ▷ (　　　) (　　　)
藝術(예술) ▷ (　　　) (　　　)

傲 3급 거만할 오
傲慢(오만) ▷ (　　　) (　　　)
傲視(오시) ▷ (　　　) (　　　)

汚 3급 더러울 오
汚染(오염) ▷ (　　　) (　　　)
汚辱(오욕) ▷ (　　　) (　　　)

娛 3급 즐길 오
娛樂(오락) ▷ (　　　) (　　　)
娛遊(오유) ▷ (　　　) (　　　)

悟 3Ⅱ 깨달을 오
悟性(오성) ▷ (　　　) (　　　)
悟道(오도) ▷ (　　　) (　　　)

誤 4Ⅱ 그르칠 오
誤算(오산) ▷ (　　　) (　　　)
誤差(오차) ▷ (　　　) (　　　)

午 7Ⅱ 낮 오
午前(오전) ▷ (　　　) (　　　)
午後(오후) ▷ (　　　) (　　　)

五 8급 다섯 오
五常(오상) ▷ (　　　) (　　　)
五色(오색) ▷ (　　　) (　　　)

甕 2성 독 옹
甕器(옹기) ▷ (　　　) (　　　)
甕匠(옹장) ▷ (　　　) (　　　)

擁 3급 낄 옹
擁護(옹호) ▷ (　　　) (　　　)
擁壁(옹벽) ▷ (　　　) (　　　)

臥 3급 누울 와
臥料(와료) ▷ (　　　) (　　　)
臥病(와병) ▷ (　　　) (　　　)

瓦 3Ⅱ 기와 와
瓦當(와당) ▷ (　　　) (　　　)
瓦解(와해) ▷ (　　　) (　　　)

緩 3Ⅱ 느릴 완
緩急(완급) ▷ (　　　) (　　　)
緩慢(완만) ▷ (　　　) (　　　)

旺 2성 왕성할 왕
旺盛(왕성) ▷ (　　　) (　　　)
旺運(왕운) ▷ (　　　) (　　　)

往 4Ⅱ 갈 왕
往來(왕래) ▷ (　　　) (　　　)
往復(왕복) ▷ (　　　) (　　　)

畏 3급 두려워할 외
畏敬(외경) ▷ (　　　) (　　　)
畏愼(외신) ▷ (　　　) (　　　)

外 8급 바깥 외
外交(외교) ▷ (　　　) (　　　)
外面(외면) ▷ (　　　) (　　　)

曜 5급 빛날 요
曜日(요일) ▷ (　　　) (　　　)
曜威(요위) ▷ (　　　) (　　　)

勇 6Ⅱ 날랠 용
勇氣(용기) ▷ (　　　) (　　　)
勇斷(용단) ▷ (　　　) (　　　)

用 6Ⅱ 쓸 용
用意(용의) ▷ (　　　) (　　　)
用紙(용지) ▷ (　　　) (　　　)

다음은 첫 음절에서 긴 소리로 발음되는 한자이다. (　　)속에 훈과 음을 써보자.

佑 2성 도울 우
佑啓(우계) ▷ (　　　) (　　　)
佑助(우조) ▷ (　　　) (　　　)

又 3급 또 우
又況(우황) ▷ (　　　) (　　　)
又重之(우중지) ▷ (　　)(　　)(　　)

羽 3Ⅱ 깃 우
羽蓋(우개) ▷ (　　　) (　　　)
羽緞(우단) ▷ (　　　) (　　　)

宇 3Ⅱ 집 우
宇內(우내) ▷ (　　　) (　　　)
宇宙(우주) ▷ (　　　) (　　　)

偶 3Ⅱ 짝 우
偶像(우상) ▷ (　　　) (　　　)
偶感(우감) ▷ (　　　) (　　　)

遇 4급 만날 우
遇難(우난) ▷ (　　　) (　　　)
遇害(우해) ▷ (　　　) (　　　)

友 5Ⅱ 벗 우
友愛(우애) ▷ (　　　) (　　　)
友情(우정) ▷ (　　　) (　　　)

雨 5Ⅱ 비 우
雨水(우수) ▷ (　　　) (　　　)
雨備(우비) ▷ (　　　) (　　　)

右 7Ⅱ 오를 우, 오른(쪽) 우
右邊(우변) ▷ (　　　) (　　　)
右便(우편) ▷ (　　　) (　　　)

韻 3Ⅱ 운 운
韻致(운치) ▷ (　　　) (　　　)
韻字(운자) ▷ (　　　) (　　　)

運 6Ⅱ 옮길 운
運動(운동) ▷ (　　　) (　　　)
運命(운명) ▷ (　　　) (　　　)

苑 2급 나라동산 원
苑臺(원대) ▷ (　　　) (　　　)
苑池(원지) ▷ (　　　) (　　　)

援 4급 도울 원
援助(원조) ▷ (　　　) (　　　)
援軍(원군) ▷ (　　　) (　　　)

願 5급 원할 원
願書(원서) ▷ (　　　) (　　　)
願力(원력) ▷ (　　　) (　　　)

遠 6급 멀 원
遠近(원근) ▷ (　　　) (　　　)
遠洋(원양) ▷ (　　　) (　　　)

裕 3Ⅱ 넉넉할 유
裕福(유복) ▷ (　　　) (　　　)
裕寬(유관) ▷ (　　　) (　　　)

有 6급 있을 유
有名(유명) ▷ (　　　) (　　　)
有用(유용) ▷ (　　　) (　　　)

允 2성 맏 윤
允恭(윤공) ▷ (　　　) (　　　)
允許(윤허) ▷ (　　　) (　　　)

閏 3급 윤달 윤
閏朔(윤삭) ▷ (　　　) (　　　)
閏月(윤월) ▷ (　　　) (　　　)

潤 3Ⅱ 불을 윤
潤色(윤색) ▷ (　　　) (　　　)
潤澤(윤택) ▷ (　　　) (　　　)

凝 3급 엉길 응
凝視(응시) ▷ (　　　) (　　　)
凝固(응고) ▷ (　　　) (　　　)

應 4Ⅱ 응할 응
應試(응시) ▷ (　　　) (　　　)
應援(응원) ▷ (　　　) (　　　)

義 4Ⅱ 옳을 의
義務(의무) ▷ (　　　) (　　　)
義理(의리) ▷ (　　　) (　　　)

意 6Ⅱ 뜻 의
意圖(의도) ▷ (　　　) (　　　)
意向(의향) ▷ (　　　) (　　　)

※ 다음은 첫 음절에서 긴 소리로 발음되는 한자이다. (　　)속에 훈과 음을 써보자.

貳 2급 두 이, 갖은두 이
- 貳心(이심) ▷ (　　) (　　)
- 貳拾(이십) ▷ (　　) (　　)

已 3Ⅱ 이미 이
- 已決(이결) ▷ (　　) (　　)
- 已往(이왕) ▷ (　　) (　　)

異 4급 다를 이
- 異端(이단) ▷ (　　) (　　)
- 異常(이상) ▷ (　　) (　　)

耳 5급 귀 이
- 耳目(이목) ▷ (　　) (　　)
- 耳鳴(이명) ▷ (　　) (　　)

以 5Ⅱ 써 이
- 以上(이상) ▷ (　　) (　　)
- 以前(이전) ▷ (　　) (　　)

二 8급 두 이
- 二重(이중) ▷ (　　) (　　)
- 二世(이세) ▷ (　　) (　　)

刃 2급 칼날 인
- 刃器(인기) ▷ (　　) (　　)
- 刃傷(인상) ▷ (　　) (　　)

妊 2급 아이밸 임 ※妊 = 姙
- 姙娠(임신) ▷ (　　) (　　)
- 姙産婦(임산부) ▷ (　　)(　　)(　　)

賃 3Ⅱ 품삯 임
- 賃貸(임대) ▷ (　　) (　　)
- 賃借(임차) ▷ (　　) (　　)

壬 3Ⅱ 북방 임
- 壬辰(임진) ▷ (　　) (　　)
- 壬公(임공) ▷ (　　) (　　)

諮 2급 물을 자
- 諮問(자문) ▷ (　　) (　　)
- 諮議(자의) ▷ (　　) (　　)

恣 3급 방자할 자, 마음대로 자
- 恣放(자방) ▷ (　　) (　　)
- 恣行(자행) ▷ (　　) (　　)

姿 4급 모양 자
- 姿勢(자세) ▷ (　　) (　　)
- 姿態(자태) ▷ (　　) (　　)

掌 3Ⅱ 손바닥 장
- 掌握(장악) ▷ (　　) (　　)
- 掌篇(장편) ▷ (　　) (　　)

藏 3Ⅱ 감출 장
- 藏書(장서) ▷ (　　) (　　)
- 藏拙(장졸) ▷ (　　) (　　)

丈 3Ⅱ 어른 장
- 丈夫(장부) ▷ (　　) (　　)
- 丈母(장모) ▷ (　　) (　　)

臟 3Ⅱ 오장 장
- 臟器(장기) ▷ (　　) (　　)
- 臟度(장도) ▷ (　　) (　　)

葬 3Ⅱ 장사지낼 장
- 葬禮(장례) ▷ (　　) (　　)
- 葬儀(장의) ▷ (　　) (　　)

壯 4급 장할 장
- 壯觀(장관) ▷ (　　) (　　)
- 壯士(장사) ▷ (　　) (　　)

宰 3급 재상 재
- 宰相(재상) ▷ (　　) (　　)
- 宰官(재관) ▷ (　　) (　　)

栽 3Ⅱ 심을 재
- 栽培(재배) ▷ (　　) (　　)
- 栽植(재식) ▷ (　　) (　　)

載 3Ⅱ 실을 재
- 載錄(재록) ▷ (　　) (　　)
- 載送(재송) ▷ (　　) (　　)

再 5급 두 재
- 再拜(재배) ▷ (　　) (　　)
- 再次(재차) ▷ (　　) (　　)

在 6급 있을 재
- 在美(재미) ▷ (　　) (　　)
- 在中(재중) ▷ (　　) (　　)

다음은 첫 음절에서 긴 소리로 발음되는 한자이다. ( )속에 훈과 음을 써보자.

沮 2급 막을 저
沮止(저지) ▷ ( ) ( )
沮害(저해) ▷ ( ) ( )

抵 3Ⅱ 막을[抗] 저
抵抗(저항) ▷ ( ) ( )
抵觸(저촉) ▷ ( ) ( )

底 4급 밑 저
底邊(저변) ▷ ( ) ( )
底止(저지) ▷ ( ) ( )

低 4Ⅱ 낮을 저
低價(저가) ▷ ( ) ( )
低空(저공) ▷ ( ) ( )

貯 5급 쌓을 저
貯金(저금) ▷ ( ) ( )
貯蓄(저축) ▷ ( ) ( )

殿 3Ⅱ 전각 전
殿閣(전각) ▷ ( ) ( )
殿堂(전당) ▷ ( ) ( )

轉 4급 구를 전
轉學(전학) ▷ ( ) ( )
轉向(전향) ▷ ( ) ( )

錢 4급 돈 전
錢票(전표) ▷ ( ) ( )
錢貨(전화) ▷ ( ) ( )

典 5Ⅱ 법 전
典據(전거) ▷ ( ) ( )
典籍(전적) ▷ ( ) ( )

展 5Ⅱ 펼 전
展覽(전람) ▷ ( ) ( )
展示(전시) ▷ ( ) ( )

電 6Ⅱ 번개 전
電報(전보) ▷ ( ) ( )
電話(전화) ▷ ( ) ( )

戰 7Ⅱ 싸움 전
戰術(전술) ▷ ( ) ( )
戰爭(전쟁) ▷ ( ) ( )

漸 3Ⅱ 점점 점
漸增(점증) ▷ ( ) ( )
漸次(점차) ▷ ( ) ( )

店 5Ⅱ 가게 점
店房(점방) ▷ ( ) ( )
店員(점원) ▷ ( ) ( )

鄭 2성 나라 정
鄭音(정음) ▷ ( ) ( )
鄭重(정중) ▷ ( ) ( )

整 4급 가지런할 정
整理(정리) ▷ ( ) ( )
整備(정비) ▷ ( ) ( )

定 6급 정할 정
定價(정가) ▷ ( ) ( )
定着(정착) ▷ ( ) ( )

帝 4급 임금 제
帝國(제국) ▷ ( ) ( )
帝王(제왕) ▷ ( ) ( )

濟 4Ⅱ 건널 제
濟世(제세) ▷ ( ) ( )
濟州(제주) ▷ ( ) ( )

制 4Ⅱ 절제할 제
制度(제도) ▷ ( ) ( )
制裁(제재) ▷ ( ) ( )

際 4Ⅱ 즈음 제, 가 제
際遇(제우) ▷ ( ) ( )
際會(제회) ▷ ( ) ( )

祭 4Ⅱ 제사 제
祭器(제기) ▷ ( ) ( )
祭壇(제단) ▷ ( ) ( )

製 4Ⅱ 지을 제
製圖(제도) ▷ ( ) ( )
製造(제조) ▷ ( ) ( )

第 6Ⅱ 차례 제
第一(제일) ▷ ( ) ( )
第五(제오) ▷ ( ) ( )

❀ 다음은 첫 음절에서 긴 소리로 발음되는 한자이다. (　　)속에 훈과 음을 써보자.

弟 6급 아우 제
弟婦(제부)▷(　　)(　　)
弟子(제자)▷(　　)(　　)

釣 2급 낚을 조, 낚시 조
釣臺(조대)▷(　　)(　　)
釣船(조선)▷(　　)(　　)

弔 3급 조상할 조
弔喪(조상)▷(　　)(　　)
弔旗(조기)▷(　　)(　　)

照 3Ⅱ 비칠 조
照準(조준)▷(　　)(　　)
照覽(조람)▷(　　)(　　)

助 4Ⅱ 도울 조
助敎(조교)▷(　　)(　　)
助味(조미)▷(　　)(　　)

早 4Ⅱ 이를 조
早期(조기)▷(　　)(　　)
早退(조퇴)▷(　　)(　　)

造 4Ⅱ 지을 조
造成(조성)▷(　　)(　　)
造作(조작)▷(　　)(　　)

佐 3급 도울 좌
佐飯(자반)▷(　　)(　　)
佐命(좌명)▷(　　)(　　)

坐 3Ⅱ 앉을 좌
坐禪(좌선)▷(　　)(　　)
坐像(좌상)▷(　　)(　　)

座 4급 자리 좌
座談(좌담)▷(　　)(　　)
座右銘(좌우명)▷(　　)(　　)(　　)

左 7Ⅱ 왼 좌
左相(좌상)▷(　　)(　　)
左便(좌편)▷(　　)(　　)

罪 5급 허물 죄
罪狀(죄상)▷(　　)(　　)
罪責(죄책)▷(　　)(　　)

駐 2급 머무를 주
駐在(주재)▷(　　)(　　)
駐屯(주둔)▷(　　)(　　)

宙 3Ⅱ 집 주
宙合(주합)▷(　　)(　　)
宙水(주수)▷(　　)(　　)

注 6Ⅱ 부을 주
注目(주목)▷(　　)(　　)
注意(주의)▷(　　)(　　)

住 7급 살 주
住民(주민)▷(　　)(　　)
住所(주소)▷(　　)(　　)

准 2급 비준 준
准將(준장)▷(　　)(　　)
准行(준행)▷(　　)(　　)

浚 2성 깊게할 준
浚井(준정)▷(　　)(　　)
浚照(준조)▷(　　)(　　)

濬 2성 깊을 준
濬潭(준담)▷(　　)(　　)
濬源(준원)▷(　　)(　　)

峻 2성 높을 준, 준엄할 준
峻嶺(준령)▷(　　)(　　)
峻嚴(준엄)▷(　　)(　　)

駿 2성 준마 준
駿馬(준마)▷(　　)(　　)
駿逸(준일)▷(　　)(　　)

遵 3급 좇을 준
遵法(준법)▷(　　)(　　)
遵守(준수)▷(　　)(　　)

俊 3급 준걸 준
俊傑(준걸)▷(　　)(　　)
俊秀(준수)▷(　　)(　　)

準 4Ⅱ 준할 준
準備(준비)▷(　　)(　　)
準則(준칙)▷(　　)(　　)

다음은 첫 음절에서 긴 소리로 발음되는 한자이다. (　　)속에 훈과 음을 써보자.

衆 4Ⅱ 무리 중
衆論(중론)▷(　　)(　　)
衆生(중생)▷(　　)(　　)

重 7급 무거울 중
重力(중력)▷(　　)(　　)
重病(중병)▷(　　)(　　)

晋 2급 진나라 진
晋鼓(진고)▷(　　)(　　)
晋秩(진질)▷(　　)(　　)

振 3Ⅱ 떨칠 진
振作(진작)▷(　　)(　　)
振興(진흥)▷(　　)(　　)

震 3Ⅱ 우레 진
震怒(진노)▷(　　)(　　)
震度(진도)▷(　　)(　　)

進 4Ⅱ 나아갈 진
進路(진로)▷(　　)(　　)
進就(진취)▷(　　)(　　)

盡 4급 다할 진
盡力(진력)▷(　　)(　　)
盡言(진언)▷(　　)(　　)

且 3급 또 차
且月(차월)▷(　　)(　　)
且置(차치)▷(　　)(　　)

借 3Ⅱ 빌 차, 빌릴 차
借名(차명)▷(　　)(　　)
借用(차용)▷(　　)(　　)

燦 2성 빛날 찬
燦爛(찬란)▷(　　)(　　)
燦然(찬연)▷(　　)(　　)

贊 3Ⅱ 도울 찬
贊成(찬성)▷(　　)(　　)
贊助(찬조)▷(　　)(　　)

讚 4급 기릴 찬
讚頌(찬송)▷(　　)(　　)
讚歌(찬가)▷(　　)(　　)

暢 3급 화창할 창
暢達(창달)▷(　　)(　　)
暢敍(창서)▷(　　)(　　)

創 4Ⅱ 비롯할 창
創始(창시)▷(　　)(　　)
創造(창조)▷(　　)(　　)

唱 5급 부를 창
唱歌(창가)▷(　　)(　　)
唱劇(창극)▷(　　)(　　)

采 2성 풍채 채
采緞(채단)▷(　　)(　　)
采戱(채희)▷(　　)(　　)

菜 3Ⅱ 나물 채
菜蔬(채소)▷(　　)(　　)
菜食(채식)▷(　　)(　　)

債 3Ⅱ 빚 채
債券(채권)▷(　　)(　　)
債務(채무)▷(　　)(　　)

彩 3Ⅱ 채색 채
彩色(채색)▷(　　)(　　)
彩雲(채운)▷(　　)(　　)

採 4급 캘 채
採集(채집)▷(　　)(　　)
採擇(채택)▷(　　)(　　)

悽 2급 슬퍼할 처
悽絶(처절)▷(　　)(　　)
悽慘(처참)▷(　　)(　　)

處 4Ⅱ 곳 처
處理(처리)▷(　　)(　　)
處世(처세)▷(　　)(　　)

薦 3급 천거할 천
薦擧(천거)▷(　　)(　　)
薦新(천신)▷(　　)(　　)

遷 3Ⅱ 옮길 천
遷都(천도)▷(　　)(　　)
遷善(천선)▷(　　)(　　)

❀ 다음은 첫 음절에서 긴 소리로 발음되는 한자이다. (　　)속에 훈과 음을 써보자.

淺 3Ⅱ 얕을 천
淺見(천견) ▷ (　　) (　　)
淺薄(천박) ▷ (　　) (　　)

踐 3Ⅱ 밟을 천
踐歷(천력) ▷ (　　) (　　)
踐祚(천조) ▷ (　　) (　　)

賤 3Ⅱ 천할 천
賤待(천대) ▷ (　　) (　　)
賤職(천직) ▷ (　　) (　　)

村 7급 마을 촌
村家(촌가) ▷ (　　) (　　)
村落(촌락) ▷ (　　) (　　)

寸 8급 마디 촌
寸劇(촌극) ▷ (　　) (　　)
寸陰(촌음) ▷ (　　) (　　)

總 4Ⅱ 다 총
總務(총무) ▷ (　　) (　　)
總額(총액) ▷ (　　) (　　)

催 3Ⅱ 재촉할 최
催告(최고) ▷ (　　) (　　)
催眠(최면) ▷ (　　) (　　)

最 5급 가장 최
最高(최고) ▷ (　　) (　　)
最低(최저) ▷ (　　) (　　)

炊 2급 불땔 취
炊事(취사) ▷ (　　) (　　)
炊婦(취부) ▷ (　　) (　　)

聚 2성 모을 취
聚結(취결) ▷ (　　) (　　)
聚落(취락) ▷ (　　) (　　)

臭 3급 냄새 취
臭敗(취패) ▷ (　　) (　　)
臭味(취미) ▷ (　　) (　　)

醉 3Ⅱ 취할 취
醉客(취객) ▷ (　　) (　　)
醉歌(취가) ▷ (　　) (　　)

吹 3Ⅱ 불 취
吹浪(취랑) ▷ (　　) (　　)
吹雪(취설) ▷ (　　) (　　)

趣 4급 뜻 취
趣味(취미) ▷ (　　) (　　)
趣向(취향) ▷ (　　) (　　)

就 4급 나아갈 취
就寢(취침) ▷ (　　) (　　)
就航(취항) ▷ (　　) (　　)

取 4Ⅱ 가질 취
取得(취득) ▷ (　　) (　　)
取消(취소) ▷ (　　) (　　)

置 4Ⅱ 둘 치
置先(치선) ▷ (　　) (　　)
置重(치중) ▷ (　　) (　　)

致 5급 이를 치
致誠(치성) ▷ (　　) (　　)
致謝(치사) ▷ (　　) (　　)

枕 3급 베개 침
枕頭(침두) ▷ (　　) (　　)
枕屛(침병) ▷ (　　) (　　)

浸 3Ⅱ 잠길 침
浸水(침수) ▷ (　　) (　　)
浸透(침투) ▷ (　　) (　　)

寢 4급 잘 침
寢具(침구) ▷ (　　) (　　)
寢室(침실) ▷ (　　) (　　)

墮 3급 떨어질 타
墮落(타락) ▷ (　　) (　　)
墮淚(타루) ▷ (　　) (　　)

妥 3급 온당할 타
妥當(타당) ▷ (　　) (　　)
妥協(타협) ▷ (　　) (　　)

打 5급 칠 타
打字(타자) ▷ (　　) (　　)
打者(타자) ▷ (　　) (　　)

다음은 첫 음절에서 긴 소리로 발음되는 한자이다. (　　)속에 훈과 음을 써보자.

誕 3급 낳을 탄, 거짓 탄
誕辰(탄신)▷(　　)(　　)
誕生(탄생)▷(　　)(　　)

歎 4급 탄식할 탄
歎息(탄식)▷(　　)(　　)
歎聲(탄성)▷(　　)(　　)

彈 4급 탄알 탄
彈壓(탄압)▷(　　)(　　)
彈藥(탄약)▷(　　)(　　)

炭 5급 숯 탄
炭鑛(탄광)▷(　　)(　　)
炭素(탄소)▷(　　)(　　)

湯 3Ⅱ 끓을 탕
湯飯(탕반)▷(　　)(　　)
湯藥(탕약)▷(　　)(　　)

態 4Ⅱ 모습 태
態度(태도)▷(　　)(　　)
態勢(태세)▷(　　)(　　)

痛 4급 아플 통
痛感(통감)▷(　　)(　　)
痛烈(통렬)▷(　　)(　　)

統 4Ⅱ 거느릴 통
統制(통제)▷(　　)(　　)
統治(통치)▷(　　)(　　)

退 4Ⅱ 물러날 퇴
退勤(퇴근)▷(　　)(　　)
退色(퇴색)▷(　　)(　　)

罷 3급 마칠 파
罷免(파면)▷(　　)(　　)
罷場(파장)▷(　　)(　　)

把 3급 잡을 파
把守(파수)▷(　　)(　　)
把握(파악)▷(　　)(　　)

破 4Ⅱ 깨뜨릴 파
破局(파국)▷(　　)(　　)
破損(파손)▷(　　)(　　)

霸 2급 으뜸 패
霸權(패권)▷(　　)(　　)
霸者(패자)▷(　　)(　　)

貝 3급 조개 패
貝物(패물)▷(　　)(　　)
貝甲(패갑)▷(　　)(　　)

敗 5급 패할 패
敗北(패배)▷(　　)(　　)
敗戰(패전)▷(　　)(　　)

評 4급 평할 평
評論(평론)▷(　　)(　　)
評判(평판)▷(　　)(　　)

蔽 3급 덮을 폐
蔽塞(폐색)▷(　　)(　　)
蔽蒙(폐몽)▷(　　)(　　)

幣 3급 화폐 폐
幣帛(폐백)▷(　　)(　　)
幣物(폐물)▷(　　)(　　)

肺 3Ⅱ 허파 폐
肺肝(폐간)▷(　　)(　　)
肺臟(폐장)▷(　　)(　　)

廢 3급 폐할 폐, 버릴 폐
廢止(폐지)▷(　　)(　　)
廢倫(폐륜)▷(　　)(　　)

弊 3Ⅱ 폐단 폐, 해질 폐
弊端(폐단)▷(　　)(　　)
弊害(폐해)▷(　　)(　　)

閉 4급 닫을 폐
閉業(폐업)▷(　　)(　　)
閉會(폐회)▷(　　)(　　)

抛 2급 던질 포
抛棄(포기)▷(　　)(　　)
抛物線(포물선)▷(　　)(　　)(　　)

抱 3급 안을 포
抱負(포부)▷(　　)(　　)
抱擁(포옹)▷(　　)(　　)

一片丹心(일편단심) ▷ '한 조각 붉은 마음'이라는 뜻으로, 곧 '참된 정성'을 이르는 말.

다음은 첫 음절에서 긴 소리로 발음되는 한자이다. (　　)속에 훈과 음을 써보자.

飽 3급 배부를 포
飽滿(포만) ▷ (　　) (　　)
飽和(포화) ▷ (　　) (　　)

捕 3II 잡을 포
捕捉(포착) ▷ (　　) (　　)
捕獲(포획) ▷ (　　) (　　)

砲 4II 대포 포
砲手(포수) ▷ (　　) (　　)
砲彈(포탄) ▷ (　　) (　　)

品 5II 물건 품
品評(품평) ▷ (　　) (　　)
品類(품류) ▷ (　　) (　　)

被 3II 입을 피
被害(피해) ▷ (　　) (　　)
被襲(피습) ▷ (　　) (　　)

彼 3II 저 피
彼岸(피안) ▷ (　　) (　　)
彼此(피차) ▷ (　　) (　　)

避 4급 피할 피
避難(피난) ▷ (　　) (　　)
避身(피신) ▷ (　　) (　　)

賀 3II 하례할 하
賀禮(하례) ▷ (　　) (　　)
賀客(하객) ▷ (　　) (　　)

下 7II 아래 하
下降(하강) ▷ (　　) (　　)
下級(하급) ▷ (　　) (　　)

夏 7급 여름 하
夏服(하복) ▷ (　　) (　　)
夏節(하절) ▷ (　　) (　　)

翰 2급 편지 한
翰林(한림) ▷ (　　) (　　)
翰墨(한묵) ▷ (　　) (　　)

旱 3급 가물 한
旱害(한해) ▷ (　　) (　　)
旱熱(한열) ▷ (　　) (　　)

恨 4급 한 한
恨歎(한탄) ▷ (　　) (　　)
恨事(한사) ▷ (　　) (　　)

限 4II 한할 한
限界(한계) ▷ (　　) (　　)
限度(한도) ▷ (　　) (　　)

漢 7II 한수 한
漢文(한문) ▷ (　　) (　　)
漢藥(한약) ▷ (　　) (　　)

艦 2급 큰배 함
艦隊(함대) ▷ (　　) (　　)
艦砲(함포) ▷ (　　) (　　)

陷 3II 빠질 함
陷落(함락) ▷ (　　) (　　)
陷沒(함몰) ▷ (　　) (　　)

巷 3급 거리 항
巷說(항설) ▷ (　　) (　　)
巷間(항간) ▷ (　　) (　　)

項 3II 항목 항
項目(항목) ▷ (　　) (　　)
項領(항령) ▷ (　　) (　　)

抗 4급 겨룰 항
抗拒(항거) ▷ (　　) (　　)
抗議(항의) ▷ (　　) (　　)

航 4II 배 항
航空(항공) ▷ (　　) (　　)
航路(항로) ▷ (　　) (　　)

港 4II 항구 항
港口(항구) ▷ (　　) (　　)
港都(항도) ▷ (　　) (　　)

解 4II 풀 해
解放(해방) ▷ (　　) (　　)
解說(해설) ▷ (　　) (　　)

害 5II 해할 해
害蟲(해충) ▷ (　　) (　　)
害惡(해악) ▷ (　　) (　　)

다음은 첫 음절에서 긴소리로 발음되는 한자이다. (　　) 속에 알맞은 훈과 음을 쓰세요.

海 7Ⅱ 바다 해
海洋(해양) ▷ (　　　) (　　　)
海外(해외) ▷ (　　　) (　　　)

杏 2성 살구 행
杏壇(행단) ▷ (　　　) (　　　)
杏仁(행인) ▷ (　　　) (　　　)

幸 6Ⅱ 다행 행
幸福(행복) ▷ (　　　) (　　　)
幸運(행운) ▷ (　　　) (　　　)

享 3급 누릴 향
享祀(향사) ▷ (　　　) (　　　)
享年(향년) ▷ (　　　) (　　　)

響 3Ⅱ 울릴 향
響應(향응) ▷ (　　　) (　　　)
響效(향효) ▷ (　　　) (　　　)

向 6급 향할 향
向方(향방) ▷ (　　　) (　　　)
向上(향상) ▷ (　　　) (　　　)

獻 3Ⅱ 드릴 헌
獻納(헌납) ▷ (　　　) (　　　)
獻花(헌화) ▷ (　　　) (　　　)

憲 4급 법 헌
憲法(헌법) ▷ (　　　) (　　　)
憲兵(헌병) ▷ (　　　) (　　　)

險 4급 험할 험
險談(험담) ▷ (　　　) (　　　)
險路(험로) ▷ (　　　) (　　　)

驗 4Ⅱ 시험 험
驗算(험산) ▷ (　　　) (　　　)
驗左(험좌) ▷ (　　　) (　　　)

縣 3급 고을 현
縣監(현감) ▷ (　　　) (　　　)
縣令(현령) ▷ (　　　) (　　　)

懸 3Ⅱ 달 현
懸案(현안) ▷ (　　　) (　　　)
懸賞(현상) ▷ (　　　) (　　　)

顯 4급 나타날 현
顯官(현관) ▷ (　　　) (　　　)
顯達(현달) ▷ (　　　) (　　　)

現 6Ⅱ 나타날 현
現實(현실) ▷ (　　　) (　　　)
現場(현장) ▷ (　　　) (　　　)

慧 3Ⅱ 슬기로울 혜
慧性(혜성) ▷ (　　　) (　　　)
慧眼(혜안) ▷ (　　　) (　　　)

惠 4Ⅱ 은혜 혜
惠存(혜존) ▷ (　　　) (　　　)
惠澤(혜택) ▷ (　　　) (　　　)

扈 2성 따를 호
扈駕(호가) ▷ (　　　) (　　　)
扈衛(호위) ▷ (　　　) (　　　)

互 3급 서로 호
互換(호환) ▷ (　　　) (　　　)
互選(호선) ▷ (　　　) (　　　)

浩 3Ⅱ 넓을 호
浩歌(호가) ▷ (　　　) (　　　)
浩歎(호탄) ▷ (　　　) (　　　)

護 4Ⅱ 도울 호
護國(호국) ▷ (　　　) (　　　)
護衛(호위) ▷ (　　　) (　　　)

好 4Ⅱ 좋을 호
好感(호감) ▷ (　　　) (　　　)
好意(호의) ▷ (　　　) (　　　)

戶 4Ⅱ 집 호
戶籍(호적) ▷ (　　　) (　　　)
戶主(호주) ▷ (　　　) (　　　)

混 4급 섞을 혼
混同(혼동) ▷ (　　　) (　　　)
混雜(혼잡) ▷ (　　　) (　　　)

禍 3Ⅱ 재앙 화
禍難(화난) ▷ (　　　) (　　　)
禍福(화복) ▷ (　　　) (　　　)

藥籠中物(약롱중물) ▷ '약 상자 속의 약품'이라는 뜻으로, '꼭 필요한 사람'을 비유하여 이르는 말.

다음은 첫 음절에서 긴 소리로 발음되는 한자이다. (　　)속에 훈과 음을 써보자.

貨 4Ⅱ 재물 화
貨物(화물) ▷ (　　　　) (　　　　)
貨寶(화보) ▷ (　　　　) (　　　　)

幻 2급 헛보일 환
幻覺(환각) ▷ (　　　　) (　　　　)
幻聽(환청) ▷ (　　　　) (　　　　)

換 3Ⅱ 바꿀 환
換率(환율) ▷ (　　　　) (　　　　)
換拂(환불) ▷ (　　　　) (　　　　)

患 5급 근심 환
患難(환난) ▷ (　　　　) (　　　　)
患部(환부) ▷ (　　　　) (　　　　)

況 4급 상황 황
況且(황차) ▷ (　　　　) (　　　　)
況榮(황영) ▷ (　　　　) (　　　　)

檜 2성 전나무 회
檜木(회목) ▷ (　　　　) (　　　　)
檜皮(회피) ▷ (　　　　) (　　　　)

悔 3Ⅱ 뉘우칠 회
悔改(회개) ▷ (　　　　) (　　　　)
悔恨(회한) ▷ (　　　　) (　　　　)

會 6Ⅱ 모일 회
會計(회계) ▷ (　　　　) (　　　　)
會話(회화) ▷ (　　　　) (　　　　)

曉 3급 새벽 효
曉鷄(효계) ▷ (　　　　) (　　　　)
曉旦(효단) ▷ (　　　　) (　　　　)

效 5Ⅱ 본받을 효
效果(효과) ▷ (　　　　) (　　　　)
效驗(효험) ▷ (　　　　) (　　　　)

孝 7Ⅱ 효도 효
孝道(효도) ▷ (　　　　) (　　　　)
孝婦(효부) ▷ (　　　　) (　　　　)

后 2성 임금 후, 왕후 후
后蜂(후봉) ▷ (　　　　) (　　　　)
后妃(후비) ▷ (　　　　) (　　　　)

候 4급 기후 후
候鳥(후조) ▷ (　　　　) (　　　　)
候風(후풍) ▷ (　　　　) (　　　　)

厚 4급 두터울 후
厚待(후대) ▷ (　　　　) (　　　　)
厚德(후덕) ▷ (　　　　) (　　　　)

後 7Ⅱ 뒤 후
後代(후대) ▷ (　　　　) (　　　　)
後孫(후손) ▷ (　　　　) (　　　　)

訓 6급 가르칠 훈
訓戒(훈계) ▷ (　　　　) (　　　　)
訓示(훈시) ▷ (　　　　) (　　　　)

毁 3급 헐 훼
毁謗(훼방) ▷ (　　　　) (　　　　)
毁損(훼손) ▷ (　　　　) (　　　　)

장음을 익히는 방법은 특별한 묘안이 없습니다. 자주 읽고 쓰는 것이 최상의 방법입니다.

장음은 예로부터 일상생활에서 사용되었으나, 어느 순간 발음체계가 무너지면서 그 규칙성을 잃어버렸습니다. 현재 많은 수험생들이 장음문제에 대하여 난감해하는 것은 사실이지만, 장음이 없어지면 우리말의 발음체계는 영원히 그 자취를 감출 것입니다. 우리말 · 우리글을 지키는 일환으로 힘들어도 반복하여 익혀봅시다.

현재 여러 학자들이 그 규칙과 체계에 관하여 연구 중에 있습니다.

◈ 다음은 한 글자가 첫 음절에서 장長단短 두 가지로 발음되는 한자이다. (　　)속에 독음을 쓰세요.

街 4Ⅱ 거리 가
:街道(　　) :街頭(　　)
街路燈(　　) 街路樹(　　)

肝 3Ⅱ 간 간
:肝膽(　　) :肝臟(　　)
肝氣(　　) 肝腸(　　)

簡 4급 간략할 간, 대쪽 간
:簡易(　　) :簡紙(　　)
簡略(　　) 簡單(　　)

間 7Ⅱ 사이 간
:間食(　　) :間接(　　)
間數(　　) 間隔(　　)

降 4급 내릴 강, 항복할 항 ※'강'으로 읽을 때만 장음
:降等(　　) :降臨(　　)
降伏(　　) 降書(　　)

強 6급 강할 강 ※強=强
:強盜(　　) :強制(　　)
強國(　　) 強力(　　)

蓋 3Ⅱ 덮을 개
:蓋頭(　　) :蓋然(　　)
蓋草(　　)

個 4Ⅱ 낱 개
:個別(　　) :個性(　　)
個人(　　)

改 5급 고칠 개
:改良(　　) :改作(　　)
改畫(　　) 改札(　　)

更 4급 다시 갱, 고칠 경 ※'갱'으로 읽을 때만 장음.
:更生(　　) :更紙(　　)
更任(　　) 更正(　　)

景 5급 볕 경
:景仰(　　) :景福(　　)
景氣(　　) 景致(　　)

契 3Ⅱ 맺을 계, 종족이름 글, 애쓸 결
:契機(　　) :契約(　　)
契丹(글안/거란) 契闊(결활)

故 4Ⅱ 연고 고
:故事(　　) :故人(　　)
故鄕(　　)

固 5급 굳을 고
:固城(　　)
固辭(　　) 固着(　　)

考 5급 생각할 고
:考査(　　) :考試(　　)
考案(　　) 考察(　　)

恐 3Ⅱ 두려울 공
:恐龍(　　) :恐妻(　　)
恐怖(　　)

菓 2급 과자 과, 실과 과
:菓品(　　)
菓子(　　) ※'과자'의 뜻에서는 단음

課 5Ⅱ 공부할 과, 과정 과
:課稅(　　)
課程(　　) 課題(　　)

貫 3Ⅱ 꿸 관
:貫珠(　　)
貫通(　　) 貫徹(　　)

怪 3Ⅱ 괴이할 괴
:怪物(　　) :怪變(　　)
怪常(　　) 怪異(　　)

具 5Ⅱ 갖출 구
:具氏(　　)
具備(　　) 具體的(　　)

口 7급 입 구
:口頭(　　) :口號(　　)
口文(　　) 口錢(　　)

卷 4급 책 권
:卷煙(　　)
卷頭(　　) 卷數(　　)

勤 4급 부지런할 근
:勤勞(　　) :勤務(　　)
勤苦(　　) 勤念(　　)

難 4Ⅱ 어려울 난
:難色(　　) :難處(　　)
難關(　　) 難局(　　)

短 6Ⅱ 짧을 단
:短文(　　) :短髮(　　)
短點(　　) 短縮(　　)

❀ 다음은 한 글자가 첫 음절에서 장長단短 두 가지로 발음되는 한자이다. (　　)속에 독음을 쓰세요.

唐 3II 당나라 당, 당황할 당
: 唐突(　　)
唐書(　　)　唐詩(　　)

帶 4II 띠　대
: 帶劍(　　) : 帶同(　　)
帶狀(　　)　帶率(　　)

大 8급 큰　대
: 大國(　　) : 大小(　　)
大斗(　　)　大田(　　)

盜 4급 도둑　도
: 盜跖(　　)
盜用(　　)　盜賊(　　)

度 6급 법도 도, 헤아릴 탁 ※'도'로 읽을 때만 장단음
: 度量(　　) : 度數(　　)
度外(　　)　度支(　　)

童 6II 아이　동
: 童心(　　) : 童話(　　)
童이(　　) ※'둥이'의 잘못.

冬 7급 겨울　동
: 冬期(　　) : 冬服(　　)
冬至(　　)

浪 3II 물결　랑
: 浪費(　　) : 浪說(　　)
浪太(　　)

來 7급 올　래
: 來客(　　) : 來往(　　)
來年(　　)　來日(　　)

令 5급 하여금　령
: 令監(　　)
令狀(　　)　令夫人(　　)

露 3II 이슬　로
: 露積(　　)
露骨(　　)　露出(　　)

籠 2급 대바구니　롱
: 籠球(　　) : 籠絡(　　)
籠鳥(　　)

料 5급 헤아릴　료
: 料金(　　) : 料給(　　)
料食(　　)　料理(　　)

柳 4급 버들　류
: 柳車(　　) : 柳器(　　)
柳綠(　　)　柳氏(　　)

類 5II 무리　류
: 類例(　　) : 類別(　　)
類달리(　　)

麻 3II 삼　마
: 麻雀(　　)※ 雀 1급 (참새 작)
盜掘(　　)　盜賊(　　)

滿 4II 찰　만
: 滿面(　　) : 滿發(　　)
滿期(　　)　滿足(　　)

賣 5급 팔　매
: 賣上(　　) : 賣店(　　)
賣買(　　)

每 7II 매양　매 ※ 매양 : 언제나, 늘, 번번이
: 每年(　　) : 每事(　　)
每日(　　)

孟 3II 맏　맹
: 孟春(　　) : 孟子(　　)
孟浪(　　)

侮 3급 업신여길 모
: 侮慢(　　) : 侮蔑(　　)
侮辱(　　)

木 8급 나무　목
: 木工(　　) : 木馬(　　)
木瓜(모과)

聞 6II 들을　문
: 聞見(　　) : 聞一知十(　　)
聞慶(　　)

迷 3급 미혹할　미
: 迷宮(　　) : 迷信(　　)
迷兒(　　)　迷惑(　　)

未 4II 아닐　미
: 未開(　　) : 未來(　　)
未安(　　)

美 6급 아름다울 미
: 美男(　　) : 美術(　　)
美國(　　)　美軍(　　)

다음은 한 글자가 첫 음절에서 장長단短 두 가지로 발음되는 한자이다. (　　)속에 독음을 쓰세요.

放 6Ⅱ 놓을 방
: 放送(　　) : 放心(　　)
放學(　　)

倍 5급 곱 배
: 倍數(　　) : 倍率(　　)
倍達民族(　　)

凡 3Ⅱ 무릇 범
: 凡例(　　) : 凡夫(　　)
凡節(　　)

屛 3급 병풍 병
: 屛迹(　　)
屛風(　　)

保 4Ⅱ 지킬 보
: 保健(　　) : 保護(　　)
保證(　　)

敷 2급 펼 부
: 敷設(　　) : 敷衍(　　)
敷地(　　)

符 3Ⅱ 부호 부
: 符合(　　) : 符號(　　)
符節(　　)

附 3Ⅱ 붙을 부
: 附錄(　　) : 附設(　　)
附子(　　)

府 4Ⅱ 마을[官廳] 부
: 府君(　　)
府庫(　　) 府使(　　)

復 4Ⅱ 다시 부, 회복할 복 ※'부'로 읽을 때만 장음
: 復活(　　) : 復興(　　)
復古(　　) 復歸(　　)

粉 4급 가루 분
: 粉紅(　　)
粉骨(　　) 粉食(　　)

分 6Ⅱ 나눌 분
: 分量(　　) : 分數(　　)
分家(　　) 分校(　　)

非 4Ⅱ 아닐 비
: 非常(　　) : 非情(　　)
非但(　　) 非才(　　)

泌 2성 분비할 비, 스며흐를 필 ※'비'만 장음
: 泌尿(　　) : 泌乳(　　)
※첫 음절에서 '필'로 읽는 한자 없음.

射 4급 쏠 사
: 射亭(　　) : 射臺(　　)
射擊(　　) 射手(　　)

仕 5Ⅱ 섬길 사
: 仕宦(　　) ※ 宦1급(벼슬 환)
仕官(　　) 仕記(　　)

思 5급 생각 사
: 思想(　　)
思考(　　) 思念(　　)

殺 4Ⅱ 죽일 살, 감할 쇄 ※'쇄'로 읽을 때만 장음
: 殺到(　　) : 殺下(　　)
殺伐(　　) 殺傷(　　)

狀 4Ⅱ 형상 상, 문서 장 ※'장'으로 읽을 때만 장음
: 狀啓(　　) : 狀頭(　　)
狀態(　　) 狀況(　　)

喪 3Ⅱ 잃을 상
: 喪配(　　) : 喪妻(　　)
喪家(　　) 喪服(　　)

尙 3Ⅱ 오히려 상
: 尙古(　　) : 尙武(　　)
尙宮(　　) 尙今(　　)

徐 3Ⅱ 천천할 서
: 徐步(　　) : 徐行(　　)
徐氏(　　) 徐羅伐(　　)

說 5Ⅱ 말씀 설, 달랠 세 ※'세'로 읽을 때만 장음
: 說客(　　) : 說伏(　　)
說敎(　　) 說明(　　)

燒 3급 사를 소
: 燒紙(　　)
燒却(　　) 燒失(　　)

掃 4Ⅱ 쓸 소
: 掃除(　　) : 掃地(　　)
掃蕩(　　) 掃海(　　)

素 4Ⅱ 본디 소
: 素服(　　) : 素食(　　)
素朴(　　) 素材(　　)

다음은 한 글자가 첫 음절에서 장長단短 두 가지로 발음되는 한자이다. (　　)속에 독음을 쓰세요.

孫 6급 손자 손
: 孫世(　　　)
孫女(　　　)　孫婦(　　　)

手 7Ⅱ 손 수
: 手巾(　　　) ※ 巾 1급 (수건 건)
手段(　　　)　手足(　　　)

數 7급 셈 수, 자주 삭 ※ '수'로 읽을 때만 장음
: 數量(　　　)　: 數學(　　　)
數脈(　　　)　數飛(　　　)

受 4Ⅱ 받을 수
: 受苦(　　　)
受講(　　　)　受信(　　　)

宿 5Ⅱ 잘 숙, 별자리 수 ※ '수'로 읽을 때만 장음
: 宿曜(　　　)
宿命(　　　)　宿泊(　　　)

試 4Ⅱ 시험 시
: 試圖(　　　)　: 試食(　　　)
試驗(　　　)

審 3Ⅱ 살필 심
: 審議(　　　)　: 審判(　　　)
審理(　　　)　審査(　　　)

雅 3Ⅱ 맑을 아
: 雅俗(　　　)　: 雅趣(　　　)
雅淡(　　　) ※ 淡 = 澹

亞 3Ⅱ 버금 아
: 亞流(　　　)　: 亞聖(　　　)
亞鉛(　　　)　亞洲(　　　)

愛 6급 사랑 애
: 愛煙(　　　)
愛國(　　　)　愛誦(　　　)

襄 2성 도울 양
: 襄禮(　　　)
襄公(　　　)　襄陽(　　　)

易 4급 바꿀 역, 쉬울 이 ※ '이'로 읽을 때만 장음
: 易融(　　　)　: 易行(　　　)
易書(　　　)　易學(　　　)

燕 3급 제비 연
: 燕子(　　　)　: 燕雀(　　　)
燕京(　　　)　燕山君(　　　)

沿 3Ⅱ 물따라갈 연, 따를 연
: 沿革(　　　)
沿岸(　　　)　沿海(　　　)

映 4급 비칠 영
: 映窓(　　　)
映寫(　　　)　映畫(　　　)

梧 2급 오동나무 오
: 梧島(　　　)
梧桐(　　　)　梧月(　　　)

汪 2성 넓을 왕 ※ '왕'이 '姓'으로 쓰일 때만 장음
: 汪洋(　　　)　: 汪然(　　　)
汪兆銘(왕자오밍)

要 5Ⅱ 요긴할 요
: 要求(　　　)　: 要點(　　　)
要領(　　　)　要素(　　　)

禹 2성 성姓 우
: 禹氏(　　　)
禹貢(　　　)　禹域(　　　)

怨 4급 원망할 원
: 怨望(　　　)　: 怨聲(　　　)
怨讐(　　　) ※ 讐=讎 1급 (원수 수)

爲 4Ⅱ 하 위, 할 위
: 爲國(　　　)　: 爲先(　　　)
爲始(　　　)　爲主(　　　)

飮 6Ⅱ 마실 음
: 飮福(　　　)　: 飮食(　　　)
飮毒(　　　)　飮料(　　　)

鷹 2성 매 응
: 鷹峯(　　　)　: 鷹岩洞(　　　)
鷹犬(　　　)　鷹視(　　　)

議 4Ⅱ 의논할 의
: 議政(　　　)
議決(　　　)　議員(　　　)

任 5Ⅱ 맡길 임
: 任期(　　　)　: 任命(　　　)
任氏(　　　)

刺 3급 찌를 자, 찌를 척 ※ '자'로 읽을 때만 장음
: 刺客(　　　)　: 刺傷(　　　)
刺殺(　　　)

다음은 한 글자가 첫 음절에서 장長단短 두 가지로 발음되는 한자이다. (　　)속에 독음을 쓰세요.

暫 3Ⅱ 잠깐 잠
: 暫時(　　)
暫間(　　) 暫定(　　)

奬 4급 장려할 장
: 奬勵(　　) : 奬學(　　)
奬忠壇(　　) 奬忠洞(　　)

將 4Ⅱ 장수 장
: 將校(　　) : 將兵(　　)
將來(　　) 將次(　　)

長 7급 긴 장
: 長官(　　) : 長者(　　)
長短(　　) 長篇(　　)

著 3Ⅱ 나타날 저
: 著書(　　) : 著述(　　)
著押(　　) 著銜(착함)

占 4급 점령할 점
: 占據(　　) : 占領(　　)
占卜(　　) 占術(　　)

點 4급 점 점
: 點心(　　)
點檢(　　) 點線(　　)

井 3Ⅱ 우물 정
: 井邑詞(　　)
井間(　　) 井華水(　　)

正 7Ⅱ 바를 정
: 正義(　　) : 正直(　　)
正月(　　) 正初(　　)

操 5급 잡을 조
: 操心(　　) : 操鍊(　　)
操作(　　) 操縱(　　)

從 4급 좇을 종
: 從祖(　　) : 從兄(　　)
從軍(　　) 從事(　　)

種 5Ⅱ 씨 종
: 種類(　　) : 種別(　　)
種子(　　) 種族(　　)

奏 3Ⅱ 아뢸 주
: 奏功(　　) : 奏請(　　)
奏效(　　)

酒 4급 술 주
: 酒酊(　　) ※ 酊 1급 (술취할 정)
酒類(　　) 酒店(　　)

仲 3Ⅱ 버금 중
: 仲氏(　　) : 仲兄(　　)
仲媒(　　) 仲秋(　　)

症 3Ⅱ 증세 증
: 症(火症)나다(　　)
症狀(　　) 症勢(　　)

津 2급 나루 진
: 津氣(　　)
津渡(　　) 津夫(　　)

陳 3Ⅱ 베풀 진, 묵을 진
: 陳列(　　) : 陳述(　　)
陳久(　　) 陳腐(　　)

鎭 3Ⅱ 진압할 진
: 鎭壓(　　) : 鎭痛(　　)
鎭靜(　　) 鎭魂(　　)

遮 2급 가릴 차
: 遮斷(　　) : 遮燈(　　)
遮額(　　) 遮陽(　　)

斬 2급 벨 참
: 斬殺(　　) : 斬首(　　)
斬級(　　) 斬新(　　)

昌 3Ⅱ 창성할 창
: 昌盛(　　) : 昌德宮(　　)
昌寧(　　) 昌平(　　)

倉 3Ⅱ 곳집 창
: 倉卒(　　)
倉庫(　　)

沈 3Ⅱ 잠길 침, 성 심
: 沈默(　　) : 沈淸(　　)
沈降(　　) 沈着(　　)

針 4급 바늘 침
: 針母(　　) : 針線(　　)
針形(　　) 針葉樹(　　)

吐 3Ⅱ 토할 토
: 吐根(　　) : 吐血(　　)
吐露(　　)

捨生取義(사생취의) ▷ '목숨을 버릴지언정 의(義)를 좇는다'는 말.

※ 다음은 한 글자가 첫 음절에서 장長단短 두 가지로 발음되는 한자이다. (　　)속에 독음을 쓰세요.

討 4급 칠 토
: 討論(　　) : 討議(　　)
討伐(　　) 討破(　　)

播 3급 뿌릴 파
: 播種(　　) : 播說(　　)
播多(　　) 播植(　　)

片 3II 조각 편
: 片紙(　　)
片影(　　) 片肉(　　)

便 7급 편할 편
: 便紙(　　)
便利(　　) 便安(　　)

胞 4급 세포 포
: 胞胎(　　)
胞衣(　　) 胞子(　　)

包 4II 쌀 포
: 包容(　　) : 包圍(　　)
包裝(　　) 包含(　　)

布 4II 베 포
: 布告(　　) : 布敎(　　)
布木(　　) 布帳(　　)

暴 4II 사나울 폭, 모질 포 ※'포'로 읽을 때만 장음
: 暴惡(　　) : 暴慢(　　)
暴君(　　) 暴露(　　)

荷 3급 멜 하
: 荷物(　　) : 荷役(　　)
荷香(　　) 荷花(　　)

汗 3II 땀 한
: 汗馬(　　) : 汗蒸(　　)
汗國(　　) 汗黨(　　)

韓 8급 나라 한
: 韓國(　　) : 韓食(　　)
韓氏(　　) 韓山(　　)

行 6급 다닐 행, 항렬 항 ※'행'으로 읽을 때만 장단음
행 : 行實(　　)
행/항 行動(행동) 行進(행진) 行列(항렬)

虎 3II 범 호
: 虎口(　　) : 虎患(　　)
虎班(　　)

號 6급 이름 호
: 號哭(　　) : 號外(　　)
號角(　　)

化 5II 될 화
: 化石(　　) : 化身(　　)
化粧(　　) 化學(　　)

畫 6급 그림 화, 그을 획 ※'화'로 읽을 때만 장음
: 畫家(　　) : 畫幅(　　)
畫順(　　) 畫策(　　)

火 8급 불 화
: 火氣(　　) : 火葬(　　)
火曜日(　　)

環 4급 고리 환
: 環境(　　)
環狀(　　) 環形(　　)

興 4II 일 흥
: 興味(　　) : 興趣(　　)
興亡(　　) 興盛(　　)

장長 · 단음短音 한자, 또는 긴:소리 표기는 한:국어:문교:육연:구회 안案:으로서 일반 국어사전과 약간 다른 것도 있습니다.

한자능력검정시험 **2급**

약자쓰기

학습도움

약자쓰기

- ✔ 한자漢字는 실용화實用化를 위해 예전부터 획을 줄여서 흐름을 연결하여 필기체筆記體로 사용하던 글자입니다. 한자의 서체書體는 모양에 따라 전서篆書, 예서隸書, 행서行書, 초서草書, 해서楷書 등으로 구별합니다. 약자略字는 초서草書의 서체를 정형화定型化시킨 것으로 이해할 수 있습니다.
- ✔ 중국中國에서는 현재 우리가 보편적으로 사용하고 있는 한자를 번체자繁體字라 하고, 획을 줄여서 만든 한자를 간체자簡體字라고 합니다. 하지만 간체자와 약자는 간혹 같은 모양을 지닌 것도 있지만 본래 전혀 다른 의미에서 형성된 글자입니다.

학습방법

- ✔ 빈칸에 약자를 써가면서 뜻이 통하는 한자어漢字語를 만들어 그와 관련된 문장을 지어봅니다. 약자를 실용화實用化하는 데에 많은 도움이 될 것입니다.
- ✔ 약자로 사용되는 한자를 먼저 백지白紙에 옮겨 쓴 후, 스스로 약자로 옮겨 쓰는 받아쓰기 형식의 연습을 하면 효과적으로 기억할 수 있습니다.

다음은 한자의 약자를 나열한 것입니다. 본래의 글자와 약자를 서로 비교하여 익히도록 하세요.

仮				
假(거짓 가) 4Ⅱ				
価				
價(값 가) 5Ⅱ				
覚				
覺(깨달을 각) 4급				
鑑				
鑑(거울 감) 3Ⅱ				
监				
監(볼 감) 4Ⅱ				
减				
減(덜 감) 4Ⅱ				
溉				
漑(물댈 개) 3급				
慨				
慨(슬퍼할 개) 3급				
概				
槪(대개 개) 3Ⅱ				

盖				
蓋(덮을 개) 3Ⅱ				
个				
個(낱 개) 4Ⅱ				
拠				
據(근거 거) 4급				
挙				
擧(들 거) 5급				
剣				
劍(칼 검) 3Ⅱ				
倹				
儉(검소할 검) 4급				
検				
檢(검사할 검) 4Ⅱ				
撃				
擊(칠 격) 4급				
坚				
堅(굳을 견) 4급				

背水之陣(배수지진) ▷ '필승을 기하여 목숨을 걸고 펼친 진이나 그러한 싸움 자세'를 이르는 말.

다음은 한자의 약자를 나열한 것입니다. 본래의 글자와 약자를 서로 비교하여 익히도록 하세요.

약자	본래의 글자
欠	缺(이지러질 결) 4Ⅱ
径	徑(지름길 경) 3급
経	經(지날 경) 4Ⅱ
軽	輕(가벼울 경) 5급
繋	繫(맬 계) 3급
継	繼(이을 계) 4급
穀	穀(곡식 곡) 4급
寛	寬(너그러울 관) 3Ⅱ
舘	館(집 관) 3Ⅱ
观 観	觀(볼 관) 5Ⅱ
関	關(관계할 관) 5Ⅱ
鉱	鑛(쇳돌 광) 4급
広	廣(넓을 광) 5Ⅱ
壊	壞(무너질 괴) 3Ⅱ
欧	歐(구라파 구) 2급
鴎	鷗(갈매기 구) 2급
駆	驅(몰 구) 3급
亀	龜(거북 구) 3급

다음은 한자의 약자를 나열한 것입니다. 본래의 글자와 약자를 서로 비교하여 익히도록 하세요.

약자	본자
勾	句(글귀 구) 4Ⅱ
旧	舊(예 구) 5Ⅱ
区	區(구분할 구) 6급
国	國(나라 국) 8급
劝	勸(권할 권) 4급
权	權(권세 권) 4Ⅱ
帰	歸(돌아갈 귀) 4급
既	旣(이미 기) 3급
弃	棄(버릴 기) 3급
器	器(그릇 기) 4Ⅱ
気	氣(기운 기) 7Ⅱ
紧	緊(긴할 긴) 3Ⅱ
寍 寕	寧(편안 녕) 3Ⅱ
悩	惱(번뇌할 뇌) 3급
脳	腦(골 뇌) 3Ⅱ
断	斷(끊을 단) 4Ⅱ
単	單(홑 단) 4Ⅱ
団	團(둥글 단) 5Ⅱ

百戰老卒(백전노졸) ▷ '세상일을 많이 치러서 모든 일에 노련한 사람'을 비유하여 이르는 말.

다음은 한자의 약자를 나열한 것입니다. 본래의 글자와 약자를 서로 비교하여 익히도록 하세요.

胆				
膽(쓸개 담) 2급				
担				
擔(멜 담) 4Ⅱ				
党				
黨(무리 당) 4Ⅱ				
当				
當(마땅 당) 5Ⅱ				
台	臺			
臺(대 대) 3Ⅱ				
対				
對(대할 대) 6Ⅱ				
徳				
德(큰 덕) 5Ⅱ				
焘				
燾(비칠 도) 2급				
図				
圖(그림 도) 6Ⅱ				

毒				
毒(독 독) 4Ⅱ				
独				
獨(홀로 독) 5Ⅱ				
読				
讀(읽을 독) 6Ⅱ				
灯				
燈(등 등) 4Ⅱ				
楽				
樂(즐길 락) 6Ⅱ				
乱				
亂(어지러울 란) 4급				
蓝				
藍(쪽 람) 2급				
滥				
濫(넘칠 람) 3급				
覧	覽			
覽(볼 람) 4급				

다음은 한자의 약자를 나열한 것입니다. 본래의 글자와 약자를 서로 비교하여 익히도록 하세요.

약자	본래 글자
来	來(올 래) 7급
輌	輛(수레 량) 2급
凉	涼(서늘할 량) 3Ⅱ
両	兩(두 량) 4Ⅱ
庐	廬(농막집 려) 2급
励	勵(힘쓸 려) 3Ⅱ
麗	麗(고울 려) 4Ⅱ
恋	戀(그리워할 련) 3Ⅱ
联	聯(연이을 련) 3Ⅱ
錬	鍊(쇠불릴 련) 3Ⅱ
練	練(익힐 련) 5Ⅱ
獵, 猎	獵(사냥 렵) 3급
灵, 霊	靈(신령 령) 3Ⅱ
礼	禮(예도 례) 6급
芦	蘆(갈대 로) 2급
炉	爐(화로 로) 3Ⅱ
労	勞(일할 로) 5Ⅱ
录	錄(기록할 록) 4Ⅱ

破邪顯正(파사현정) ▷ '그릇된 것을 깨고 바른 것을 드러냄'을 이르는 말.

다음은 한자의 약자를 나열한 것입니다. 본래의 글자와 약자를 서로 비교하여 익히도록 하세요.

약자	본자			
篭	籠(대바구니 롱) 2급			
竜	龍(용 룡) 4급			
涙	淚(눈물 루) 3급			
楼	樓(다락 루) 3II			
难	離(떠날 리) 4급			
临	臨(임할 림) 3II			
湾	灣(물굽이 만) 2급			
蛮	蠻(오랑캐 만) 2급			
満	滿(찰 만) 4II			

약자	본자			
万	萬(일만 만) 8급			
売	賣(팔 매) 5급			
麦	麥(보리 맥) 3급			
皃	貌(모양 모) 3II			
梦	夢(꿈 몽) 3II			
庿 庙	廟(사당 묘) 3급			
墨	墨(먹 묵) 3II			
黙	默(잠잠할 묵) 3II			
弥	彌(미륵 미) 2급			

다음은 한자의 약자를 나열한 것입니다. 본래의 글자와 약자를 서로 비교하여 익히도록 하세요.

廹				
迫(핍박할 박) 3Ⅱ				
発				
發(필 발) 6Ⅱ				
軰				
輩(무리 배) 3Ⅱ				
拝				
拜(절 배) 4Ⅱ				
緐				
繁(많을 번) 3Ⅱ				
辺	边			
邊(가 변) 4Ⅱ				
変				
變(변할 변) 5Ⅱ				
併				
倂(아우를 병) 2급				
屏				
屛(병풍 병) 3급				

並				
竝(나란히 병) 3급				
宝				
寶(보배 보) 4Ⅱ				
尃				
敷(펼 부) 2급				
冨				
富(부자 부) 4Ⅱ				
払				
拂(떨칠 불) 3급				
仏				
佛(부처 불) 4Ⅱ				
辞				
辭(말씀 사) 4급				
师				
師(스승 사) 4Ⅱ				
写	㝍			
寫(베낄 사) 5급				

다음은 한자의 약자를 나열한 것입니다. 본래의 글자와 약자를 서로 비교하여 익히도록 하세요.

殺				
殺(죽일 살) 4II				
挿				
插(꽂을 삽) 2급				
甞				
嘗(맛볼 상) 3급				
桒				
桑(뽕나무 상) 3II				
状				
狀(형상 상) 4II				
叙	敍			
敍(펼 서) 3급				
緒				
緖(실마리 서) 3II				
釈				
釋(풀 석) 3II				
禅				
禪(선 선) 3II				

舩				
船(배 선) 5급				
繊				
纖(가늘 섬) 2급				
変				
燮(불꽃 섭) 2급				
摂				
攝(다스릴 섭) 3급				
声				
聲(소리 성) 4II				
岁	嵗			
歲(해 세) 5II				
焼				
燒(사를 소) 3II				
属				
屬(붙일 속) 4급				
続				
續(이을 속) 4II				

다음은 한자의 약자를 나열한 것입니다. 본래의 글자와 약자를 서로 비교하여 익히도록 하세요.

捜				
搜(찾을 수) 3급				
寿				
壽(목숨 수) 3Ⅱ				
獣				
獸(짐승 수) 3Ⅱ				
随				
隨(따를 수) 3Ⅱ				
帅				
帥(장수 수) 3Ⅱ				
収				
收(거둘 수) 4Ⅱ				
数				
數(셈 수) 7급				
粛	肃			
肅(엄숙할 숙) 4급				
湿				
濕(젖을 습) 3급				

縄				
繩(노끈 승) 2급				
乗				
乘(탈 승) 3Ⅱ				
肾				
腎(콩팥 신) 2급				
実				
實(열매 실) 5Ⅱ				
双				
雙(두 쌍) 3Ⅱ				
亜				
亞(버금 아) 3Ⅱ				
児				
兒(아이 아) 5Ⅱ				
悪				
惡(악할 악) 5Ⅱ				
岩				
巖(바위 암) 3Ⅱ				

다음은 한자의 약자를 나열한 것입니다. 본래의 글자와 약자를 서로 비교하여 익히도록 하세요.

약자	본래의 글자	급수
圧	壓(누를 압)	4Ⅱ
碍	礙(거리낄 애)	2급
薬	藥(약 약)	6Ⅱ
嬢	孃(아가씨 양)	2급
壌	壤(흙덩이 양)	3Ⅱ
譲	讓(사양할 양)	3Ⅱ
厳	嚴(엄할 엄)	4급
与	與(더불 여)	4급
余	餘(남을 여)	4Ⅱ
駅	驛(역 역)	3Ⅱ
訳	譯(번역할 역)	3Ⅱ
渕 渊	淵(못 연)	2급
妍	姸(고울 연)	2급
鈆	鉛(납 연)	4급
研	硏(갈 연)	4Ⅱ
塩	鹽(소금 염)	3급
営	營(경영할 영)	4급
栄	榮(영화 영)	4Ⅱ

다음은 한자의 약자를 나열한 것입니다. 본래의 글자와 약자를 서로 비교하여 익히도록 하세요.

약자	본자	급수
誉	譽(기릴 예)	3II
予	豫(미리 예)	4급
芸 藝	藝(재주 예)	4II
穏 稳	穩(편안할 온)	2급
温	溫(따뜻할 온)	6급
尭	堯(요임금 요)	2급
遥	遙(멀 요)	3급
揺	搖(흔들 요)	3급
謡	謠(노래 요)	4II

약자	본자	급수
欝	鬱(답답할 울)	2급
貟	員(인원 원)	4II
逺	遠(멀 원)	6급
偽	僞(거짓 위)	3급
囲	圍(에워쌀 위)	4급
為	爲(하 위)	4II
隠 隐	隱(숨을 은)	4급
応	應(응할 응)	4II
宜	宜(마땅 의)	3급

般鑑不遠(은감불원) ▷ '남의 실패를 자신의 본보기로 삼아야 함'을 이르는 말.

다음은 한자의 약자를 나열한 것입니다. 본래의 글자와 약자를 서로 비교하여 익히도록 하세요.

약자	본래의 글자	약자	본래의 글자
医	醫(의원 의) 6급	蔵	藏(감출 장) 3Ⅱ
弐 弍	貳(두 이) 2급	荘	莊(씩씩할 장) 3Ⅱ
壱	壹(한 일) 2급	壮	壯(장할 장) 4급
者	者(놈 자) 6급	奨	奬(장려할 장) 4급
残	殘(남을 잔) 4급	装	裝(꾸밀 장) 4급
蚕	蠶(누에 잠) 2급	将	將(장수 장) 4Ⅱ
雑	雜(섞일 잡) 4급	𢦏	哉(어조사 재) 3급
蒋	蔣(성 장) 2급	争	爭(다툴 쟁) 5급
臓	臟(오장 장) 3Ⅱ	転	轉(구를 전) 4급

다음은 한자의 약자를 나열한 것입니다. 본래의 글자와 약자를 서로 비교하여 익히도록 하세요.

銭					剤				
錢(돈 전) 4급					劑(약제 제) 2급				
伝					斉				
傳(전할 전) 5II					齊(가지런할 제) 3II				
战	戦				済				
戰(싸움 전) 6II					濟(건널 제) 4II				
窃					条				
竊(훔칠 절) 3급					條(가지 조) 4급				
節					卆				
節(마디 절) 5II					卒(마칠 졸) 5II				
点	奌				縦				
點(점 점) 4급					縱(세로 종) 3II				
浄					从	従			
淨(깨끗할 정) 3II					從(좇을 종) 4급				
静					鋳				
靜(고요할 정) 4급					鑄(쇠불릴 주) 3II				
㝎					昼				
定(정할 정) 6급					晝(낮 주) 6급				

다음은 한자의 약자를 나열한 것입니다. 본래의 글자와 약자를 서로 비교하여 익히도록 하세요.

약자	본자	약자	본자
准	準(준할 준) 4II	貭	質(바탕 질) 5II
即	卽(곧 즉) 3II	徴	徵(부를 징) 3II
曽	曾(일찍 증) 3II	瓉	瓚(옥잔 찬) 2급
[illegible]	蒸(찔 증) 3II	鑚	鑽(뚫을 찬) 2급
証	證(증거 증) 4급	賛	贊(도울 찬) 3II
増	增(더할 증) 4II	讃	讚(기릴 찬) 4급
遅	遲(더딜 지) 3급	惨	慘(참혹할 참) 3급
尽	盡(다할 진) 4급	参	參(참여할 참) 5II
珎	珍(보배 진) 4급	処	處(곳 처) 4II

다음은 한자의 약자를 나열한 것입니다. 본래의 글자와 약자를 서로 비교하여 익히도록 하세요.

약자	본래의 글자	급수
浅	淺(얕을 천)	3Ⅱ
賎	賤(천할 천)	3Ⅱ
践	踐(밟을 천)	3Ⅱ
迁	遷(옮길 천)	3Ⅱ
鉄	鐵(쇠 철)	5급
聴	聽(들을 청)	4급
庁	廳(관청 청)	4급
逓	遞(갈릴 체)	3급
体	體(몸 체)	6Ⅱ

약자	본래의 글자	급수
触	觸(닿을 촉)	3Ⅱ
聡 聦	聰(귀밝을 총)	3급
総 緫	總(다 총)	4Ⅱ
冲	沖(화할 충)	2급
虫	蟲(벌레 충)	4Ⅱ
酔	醉(취할 취)	3Ⅱ
歯	齒(이 치)	4Ⅱ
柒	漆(옻 칠)	3급
称	稱(일컬을 칭)	4급

다음은 한자의 약자를 나열한 것입니다. 본래의 글자와 약자를 서로 비교하여 익히도록 하세요.

堕					艦				
墮(떨어질 타) 3급					艦(큰배 함) 2급				
弾					虚				
彈(탄알 탄) 4급					虛(빌 허) 4II				
兊					献				
兌(바꿀 태) 2급					獻(드릴 헌) 3II				
沢					険				
澤(못 택) 3II					險(험할 험) 4급				
択					験				
擇(가릴 택) 4급					驗(시험 험) 4II				
兎					県				
兔(토끼 토) 3II					縣(고을 현) 3급				
覇					顕				
霸(으뜸 패) 2급					顯(나타날 현) 4급				
廃					賢				
廢(폐할 폐) 3급					賢(어질 현) 4II				
学					峡				
學(배울 학) 8급					峽(골짜기 협) 2급				

다음은 한자의 약자를 나열한 것입니다. 본래의 글자와 약자를 서로 비교하여 익히도록 하세요.

陕	陜(좁을 협) 2급	会	會(모일 회) 6Ⅱ
蛍	螢(반딧불 형) 3급	暁	曉(새벽 효) 3급
恵	惠(은혜 혜) 4Ⅱ	効	效(본받을 효) 5Ⅱ
号	號(이름 호) 6급	勲	勳(공 훈) 2급
画	畫(그림 화) 6급	黒	黑(검을 흑) 5급
拡	擴(넓힐 확) 3급	兴	興(일 흥) 4Ⅱ
欢 歓	歡(기쁠 환) 4급	戯 戱	戲(놀이 희) 3Ⅱ
郷	鄕(시골 향) 4Ⅱ	経 営	經營(경영)
懐	懷(품을 회) 3Ⅱ	国 权	國權(국권)

支離滅裂(지리멸렬) ▷ '체계가 없이 마구 흩어져 갈피를 잡을 수 없음'을 이르는 말.

다음은 한자의 약자를 나열한 것입니다. 본래의 글자와 약자를 서로 비교하여 익히도록 하세요.

転	学			
轉學(전학)				
鉄	鉱			
鐵鑛(철광)				
党	争			
黨爭(당쟁)				
証	拠			
證據(증거)				
継	続			
繼續(계속)				
薬	剤			
藥劑(약제)				
仮	称			
假稱(가칭)				
応	当			
應當(응당)				
触	覚			
觸覺(촉각)				

虫	歯			
蟲齒(충치)				
双	関			
雙關(쌍관)				
残	廃			
殘廢(잔폐)				
経	済			
經濟(경제)				
虚	実			
虛實(허실)				
献	辞			
獻辭(헌사)				
体	験			
體驗(체험)				
旧	懐			
舊懷(구회)				
余	興			
餘興(여흥)				

한자능력검정시험 2급

한자성어 · 고사성어

학습도움

한자성어 · 고사성어

✔ 한자성어漢字成語란 우리말의 속담俗談이나 격언格言을 한자로 옮겨 쓴 것을 말합니다.

✔ 고사성어故事成語란 옛날부터 전해 내려오는 내력來歷있는 일, 또는 그것을 나타낸 어구語句로써 옛 사람의 지혜와 가르침이 담겨 있습니다.

정답확인

앞면에 나열된 한자성어를 충분히 익힌 후에 뒷면에 제시된 문제를 풀어보고, 틀린 것은 반복하여 익히도록 하세요.

다음 한자성어漢字成語를 익혀, 문제를 풀어보도록 하세요.

※문제 ☞ 뒤쪽

- 加減乘除(가감승제) : '더하기 · 빼기 · 곱하기 · 나누기'를 아울러 이르는 말.
- 家給人足(가급인족) : 집집마다 먹고 사는 것에 부족함이 없이 넉넉함.
- 街談巷說(가담항설) : 거리나 항간에 떠도는 소문. 뜬소문. 가담항어(街談巷語). 가담항의(街談巷議). 가설항담(街說巷談). 도청도설(道聽塗說). 유언비어(流言蜚語).
- 佳人薄命(가인박명) : '여자의 용모(容貌)가 아름다우면 운명이 짧거나 기구하다.'는 뜻으로 쓰는 말.
- 刻骨難忘(각골난망) : 은혜를 입은 고마움이 뼈 속 깊이 새겨져 잊기 어려움.
- 角者無齒(각자무치) : '한 사람이 모든 복(福)이나 재주를 겸하지 못함'을 이르는 말.
- 刻舟求劍(각주구검) : '미련하고 융통성(融通性)이 없이 현실에 맞지 않는 낡은 생각을 고집하는 어리석음'을 비유하여 이르는 말. 각선구검(刻船求劍).
- 肝腦塗地(간뇌도지) : '참혹한 죽음을 당하여 간장(肝臟)과 뇌수(腦髓)가 땅에 널려 있다.'는 뜻으로, '나라를 위하여 목숨을 돌보지 않고 애를 씀'을 이르는 말.
- 肝膽相照(간담상조) : '간과 쓸개를 서로 비춰준다.'는 뜻으로, '서로의 가슴속까지 이해하는 친함'을 말함.
- 間於齊楚(간어제초) : 중국의 주나라 말엽 등나라가 제나라와 초나라 사이에 끼어서 괴로움을 겪었다는 데서 유래한 말로, '약자(弱者)가 강자(強者)들 틈에 끼어서 괴로움을 겪음'을 이르는 말.
- 甘言利說(감언이설) : 남의 비위(脾胃)를 맞추는 달콤한 말과 이로운 조건만 들어 그럴듯하게 꾸미는 말.
- 甲男乙女(갑남을녀) : 보통의 평범(平凡)한 사람들을 이르는 말. 善男善女. 匹夫匹婦. 장삼이사(張三李四). 우부우부(愚夫愚婦). 초동급부(樵童汲婦).
- 綱常之變(강상지변) : 삼강(三綱)과 오상(五常)의 도리에 어그러진 재앙(災殃)이나 변고(變故).
- 江湖煙波(강호연파) : '강이나 호수 위에 안개처럼 뽀얗게 이는 기운이나 그 수면의 잔물결'을 뜻하는 말로, '대자연의 풍경'을 이르기도 한다.
- 改過遷善(개과천선) : 지나간 잘못을 고치고 착하게 됨. 개과자신(改過自新).
- 開門納賊(개문납적) : '문을 열어 도둑이 들어오게 한다.'는 뜻으로, '제 스스로 화를 불러들임'을 이르는 말.
- 客反爲主(객반위주) : '손이 도리어 주인 노릇을 한다.'는 뜻으로, '부수적인 것을 주된 것보다 오히려 더 중요하게 여김'을 이르는 말. 주객전도(主客顚倒).
- 蓋世之才(개세지재) : 세상을 뒤덮을 만큼 뛰어난 재주, 또는 그런 재주를 가진 사람.
- 擧案齊眉(거안제미) : '밥상을 눈썹 높이까지 들어 올려 남편에게 바친다는 뜻으로, '남편을 깍듯이 공경함'을 이르는 말.
- 車載斗量(거재두량) : '수레에 싣고 말로 된다.'는 뜻으로, '물건이나 인재 따위가 아주 흔하여 귀하지 않음'을 이르는 말.
- 乾木水生(건목수생) : '마른나무에서 물이 난다.'는 뜻으로, '아무것도 없는 사람에게 무리하게 무엇을 내라고 요구함'을 이르는 말. 간목수생(乾木水生). 강목수생(剛木水生). 건목생수(乾木生水).
- 乞人憐天(걸인연천) : '거지가 하늘을 불쌍히 여긴다.'는 뜻으로, '격에 맞지 않는 걱정을 함'을 이르는 말.
- 格物致知(격물치지) : 실제 사물의 이치를 연구하여 지식을 완전하게 함. 격치(格致).
- 隔世之感(격세지감) : 많은 변화가 있어 다른 세대인 것처럼 느끼게 됨을 비유하는 말.

다음 글을 읽고 한자성어漢字成語를 완성하세요.

정답 ☞ 앞쪽 참조

	世	之	

☞ 많은 변화가 있어 다른 세대인 것처럼 느끼게 됨을 비유하는 말.

	膽	相	

☞ '간과 쓸개를 서로 비춰준다.'는 뜻으로, '서로의 가슴속까지 이해(理解)하는 친함'을 말함.

	人		天

☞ '거지가 하늘을 불쌍히 여긴다.'는 뜻으로, '격에 맞지 않는 걱정을 함'을 이르는 말.

	物		知

☞ 실제 사물의 이치를 연구하여 지식을 완전하게 함. 격치(格致).

街		巷	

☞ 거리나 항간에 떠도는 소문. 뜬소문.

車			量

☞ '수레에 싣고 말로 된다.'는 뜻으로, '물건이나 인재 따위가 아주 흔하여 귀하지 않음'을 이르는 말.

	者	無	

☞ 한 사람이 모든 복(福)이나 재주를 겸(兼)하지 못함을 이르는 말.

	門		賊

☞ '문을 열어 도둑이 들어오게 한다.'는 뜻으로, '제 스스로 화를 불러들임'을 이르는 말.

	常	之	

☞ 삼강과 오상의 도리에 어그러진 변고.

擧			眉

☞ '밥상을 눈썹 높이까지 들어 올려 남편에게 바친다는 뜻으로, '남편을 깍듯이 공경함'을 이르는 말.

加		乘	

☞ '더하기 · 빼기 · 곱하기 · 나누기'를 아울러 이르는 말.

江			波

☞ 강이나 호수 위에 안개처럼 뽀얗게 이는 잔물결.

	世	之	

☞ 세상을 뒤덮을 만큼 뛰어난 재주. 또는, 그런 재주를 가진 사람.

	人		命

☞ '여자의 용모(容貌)가 아름다우면 운명(運命)이 짧거나 기구하다.'는 뜻으로 쓰는 말.

改		遷	

☞ 지나간 잘못을 고치고 착하게 됨.

	骨		

☞ 은혜를 입은 고마움이 뼈 속 깊이 새겨져 잊기 어려움.

	言		

☞ 남의 비위를 맞추는 달콤한 말과 이로운 조건만 들어 그럴듯하게 꾸미는 말.

	舟		

☞ '미련하고 융통성(融通性)이 없음'을 비유하여 이르는 말.

다음 한자성어漢字成語를 익혀, 문제를 풀어보도록 하세요.

※문제 ☞ 뒤쪽

- 牽強附會(견강부회) : 이치에 맞지 않는 말을 억지로 끌어 붙여 자기의 주장하는 건에 맞도록 함.
- 見利忘義(견리망의) : 이끗만 보고 의리(義理)를 생각하지 아니함.
- 見利思義(견리사의) : 눈앞에 이익이 보일 때, 의리를 먼저 생각함.
- 犬馬之勞(견마지로) : '개나 말의 하찮은 힘'이란 뜻으로, '자기의 노력을 낮추어 하는 말, 또는 임금이나 나라에 충성을 다하는 노력'을 이르는 말. 견마지역(犬馬之役).
- 犬馬之齒(견마지치) : '개나 말의 나이'라는 뜻으로, 남에게 '자기의 나이'를 겸손하게 이르는 말. 견마지년(犬馬之年).
- 見物生心(견물생심) : 물건을 보면 욕심이 생긴다는 말.
- 見事生風(견사생풍) : '일거리를 대하면 손바람이 난다.'는 뜻으로, '일을 시원시원하게 빨리 처리해 냄'을 이르는 말.
- 見危授命(견위수명) : 나라가 위태로울 때 자기의 목숨을 나라에 바침. 견위치명(見危致命).
- 堅忍不拔(견인불발) : 굳게 참고 견디어 마음이 흔들리지 아니함.
- 犬兔之爭(견토지쟁) : '두 사람의 싸움에서 제삼자가 이익을 봄'을 이르는 말, '전국책(戰國策)'의 '제책(齊策)'에 나오는 말로, 개가 토끼를 쫓다가 둘 다 지쳐서 죽자 농부가 이것을 얻었다는 고사에서 유래함.] 방휼지쟁(蚌鷸之爭). 어부지리(漁父之利).
- 結者解之(결자해지) : '맺은 사람이 그것을 푼다.'는 뜻으로, '일을 시작한 사람이 끝맺음, 혹은 원인을 제공한 사람이 해결을 해야 한다.'는 말.
- 結草報恩(결초보은) : '풀을 맺어 은혜를 갚는다.'는 뜻으로, '죽어 혼령이 되어서라도 은혜를 잊지 않고 갚음'을 이르는 말.
- 兼人之勇(겸인지용) : 능히 몇 사람을 당해 낼 만한 용기(勇氣).
- 經國濟世(경국제세) : 나라 일을 경륜(經綸)하고 세상을 구제(救濟)함 → '경제(經濟)'의 본말.
- 傾國之色(경국지색) : '한 나라를 위기에 빠뜨리게 할 만한 미인'이라는 뜻으로, '썩 뛰어난 미인'을 이르는 말.
- 驚天動地(경천동지) : '하늘을 놀라게 하고 땅을 들썩거리게 한다.'는 뜻으로, '세상을 몹시 놀라게 함'을 이르는 말.
- 敬天愛人(경천애인) : 하늘을 숭배하고 인간을 사랑함.
- 鷄卵有骨(계란유골) : '달걀에 뼈가 있다.'는 뜻으로, '운수가 나쁜 사람은 좋은 기회를 만나도 역시 일이 잘 안됨'을 이르는 말.
- 鷄鳴狗盜(계명구도) : '닭의 울음소리를 잘 내는 자와 개로 변장하여 도둑질을 잘 하는 자의 도움으로 맹상군이 위기를 모면한' 고사에서 비롯된 말로, '작은 재주가 뜻밖에 큰 구실을 함'을 비유하여 이르는 말.
- 孤立無援(고립무원) : 고립되어 구원을 받을 데가 없음.
- 高山流水(고산유수) : '높은 산에 흘러내리는 물'이라는 뜻으로, '극히 미묘(微妙)한 거문고의 가락, 또는 지기(知己)'를 비유하여 이르는 말.
- 高岸深谷(고안심곡) : '높은 언덕이 골짜기가 된다.'는 뜻으로, '산천이나 세상이 크게 변함'을 이르는 말.
- 苦肉之策(고육지책) : 적(敵)을 속이기 위해서, 또는 어려운 사태에서 벗어나기 위한 수단으로 제 몸을 괴롭히면서까지 짜내는 계책. 고육지계(苦肉之計).
- 孤掌難鳴(고장난명) : '손바닥 하나로는 소리가 나지 않는다.'는 뜻으로, '혼자 힘으로 일하기 어렵다.', 또는 '서로 같으니까 싸움이 난다.'는 말로 쓰인다.
- 曲學阿世(곡학아세) : '학문을 왜곡(歪曲)하여 세속에 아부(阿附)한다.'는 뜻으로, '의연하게 진실하지 못한 학자의 양심과 태도'를 비판하여 이르는 말.

다음 글을 읽고 한자성어漢字成語를 완성하세요.

정답 ☞ 앞쪽 참조

	學		世

☞ '의연하게 진실하지 못한 학자의 양심과 태도'를 비판하여 이르는 말.

	者		之

☞ '원인을 제공한 사람이 해결을 해야 한다.'는 뜻으로 쓰이는 말.

見		生	

☞ '일을 시원시원하게 빨리 처리해 냄'을 이르는 말.

	國		世

☞ 나라 일을 경륜(經綸)하고 세상을 구제(救濟)함

鷄		狗	

☞ '작은 재주가 뜻밖에 큰 구실을 함'을 비유하여 이르는 말

	國	之	

☞ '한 나라를 위기에 빠뜨리게 할 만한 미인'이라는 뜻으로, '썩 뛰어난 미인'이라는 말.

	肉	之	

☞ 어려운 사태에서 벗어나기 위한 수단으로 제 몸을 괴롭히면서까지 짜내는 계책.

堅		不	

☞ 굳게 참고 견디어 마음이 흔들리지 아니함.

	天		地

☞ '하늘을 놀라게 하고 땅을 들썩거리게 한다.'는 뜻으로, '세상을 몹시 놀라게 함'을 이르는 말.

	人	之	

☞ 능히 몇 사람을 당해 낼 만한 용기.

		有	骨

☞ '운수가 나쁜 사람은 좋은 기회를 만나도 역시 일이 잘 안 됨'을 이르는 말.

見			心

☞ 물건을 보면 욕심이 생긴다는 말.

	山		水

☞ '극히 미묘한 거문고의 가락, 또는 지기(知己)'를 비유하여 이르는 말.

見			命

☞ 나라가 위태로울 때 자기의 목숨을 나라에 바침.

牽			會

☞ 이치에 맞지 않는 말을 억지로 끌어 붙여 자기의 주장하는 건에 맞도록 함.

	草		恩

☞ '죽어 혼령이 되어서라도 은혜를 잊지 않고 갚음'을 이르는 말.

	天		人

☞ 하늘을 숭배(崇拜)하고 인간을 사랑함.

	掌	難	

☞ '혼자 힘으로 일하기 어렵다.', 또는 '서로 같으니까 싸움이 난다.'는 말로 쓰인다.

다음 한자성어漢字成語를 익혀, 문제를 풀어보도록 하세요.

※문제 ☞ 뒤쪽

- 苦盡甘來(고진감래) : '쓴 것이 다하면 단 것이 온다.'는 뜻으로, '괴로움이 다하면 즐거움이 옴'을 이르는 말.
- 高枕安眠(고침안면) : 베개를 높이 하여 편안히 잘 잠. 근심 없이 편안히 잘 지냄.
- 骨肉相殘(골육상잔) : 같은 혈족끼리 서로 다투고 해(害)하는 것 → 골육상쟁(骨肉相爭).
- 公明正大(공명정대) : 하는 일이나 행동에 사사로움이 없이 떳떳하고 바름.
- 空前絶後(공전절후) : 전무후무(前無後無).
- 公平無私(공평무사) : 공평하여 사사로움이 없음.
- 過猶不及(과유불급) : 지나친 것은 오히려 그 정도에 미치지 못한 것과 같다.
- 瓜田李下(과전이하) : '오이 밭과 오얏나무 아래'라는 뜻으로, '혐의(嫌疑) 받기 쉬운 곳', 또는 '남의 의심을 받기 쉬운 일'을 이르는 말.
- 官尊民卑(관존민비) : '관리는 높고 귀하며 백성은 낮고 천하다는 사고(思考) 방식.
- 矯角殺牛(교각살우) : '뿔을 고치려다 소를 죽인다.'는 뜻으로, '작은 일에 힘쓰다가 일을 망친다.'는 말.
- 巧言令色(교언영색) : 남의 환심을 사려고 아첨하는 교묘한 말과 보기 좋게 꾸미는 얼굴 빛.
- 膠柱鼓瑟(교주고슬) : '거문고의 기러기발 아교로 붙여 놓고 거문고를 탄다.'는 뜻으로, '고지식하여 융통성이 없는 꼭 막힌 사람'을 이르는 말.
- 教學相長(교학상장) : 남을 가르치는 일과 스승에게서 배우는 일은 다 함께 자기의 학업을 증진(增進)시키는 것임을 이르는 말.
- 九曲肝腸(구곡간장) : 굽이굽이 깊이 서린 마음속. 깊은 마음속.
- 九折羊腸(구절양장) : '산길 따위가 몹시 험하게 꼬불꼬불한 것'을 이르는 말.
- 救國干城(구국간성) : 나라를 지키는 군대나 인물.
- 口蜜腹劍(구밀복검) : '입으로는 달콤한 말을 하면서 뱃속에는 칼을 지녔다.'는 뜻으로, '겉으로는 친절한 체하나 속으로는 해칠 생각을 지님'을 이르는 말.
- 九死一生(구사일생) : '죽을 고비를 아홉 번이나 넘긴다.'는 뜻으로, '여러 차례 죽을 고비를 겪고 겨우 살아남'
- 口尙乳臭(구상유취) : '나이가 어리고 경험이 적은 철부지'를 이르는 말.
- 九牛一毛(구우일모) : '아홉 마리 소 가운데의 털 한 개'라는 뜻으로, '많은 수 가운데에서 아주 적은 수' 즉, '아무것도 아닌 하찮은 일'을 비유하여 이르는 말.
- 群輕折軸(군경절축) : '가벼운 것도 많이 모이면 수레의 굴대를 부러뜨린다.'는 뜻으로, '작은 힘도 합치면 큰 힘이 됨'을 이르는 말.
- 群鷄一鶴(군계일학) : '평범한 사람 가운데의 뛰어난 한 사람'을 일컫는 말.
- 群雄割據(군웅할거) : 많은 영웅(英雄)들이 각지에 자리잡고 세력을 떨치며 서로 맞섬.
- 窮餘一策(궁여일책) : 궁박(窮迫)한 나머지 생각다 못하여 짜낸 꾀.
- 窮餘之策(궁여지책) : 막다른 골목에서 그 국면을 타개하려고 생각다 못해 짜낸 꾀.
- 權謀術數(권모술수) : 인정이나 도덕을 가리지 않고 권세와 중상 모략 등 갖은 방법과 수단을 쓰는 술책.
- 近朱者赤(근주자적) : '붉은 것에 가까이 하는 사람은 붉게 된다.'는 뜻으로, '사람은 그가 가까이 하는 사람에 따라, 그 영향을 받아 변하게 됨' 이르는 말.

다음 글을 읽고 한자성어漢字成語를 완성하세요.

정답 ☞ 앞쪽 참조

	學	相		☞ 남을 가르치는 일과 스승에게서 배우는 일은 다 함께 자기의 학업을 증진시키는 것임을 이르는 말.
	言		色	☞ 남의 환심을 사려고 아첨하는 교묘한 말과 보기 좋게 꾸미는 얼굴 빛.
	猶	不		☞ 지나친 것은 오히려 그 정도에 미치지 못한 것과 같다.
	謀		數	☞ 목적 달성을 위해서는 인정이나 도덕을 가리지 않고 권세와 모략 등 갖은 방법과 수단을 쓰는 술책.
		之	策	☞ 막다른 골목에서 그 국면을 타개하려고 생각다 못해 짜낸 꾀
口			臭	☞ '입에서 아직 젖내가 난다.'는 뜻으로, '나이가 어리고 경험이 적은 철부지'를 이르는 말.
	輕		軸	☞ '가벼운 것도 많이 모이면 수레의 굴대를 부러뜨린다.'는 뜻으로, '작은 힘도 합치면 큰 힘이 됨'을 말함.
	鷄	一		☞ '닭 무리 속에 있는 한 마리의 학'이란 뜻으로 '평범한 사람 가운데서 뛰어난 사람'을 일컫는 말.
	盡		來	☞ 괴로움이 다하면 즐거움이 온다.
	角		牛	☞ '뿔을 고치려다 소를 죽인다.'는 뜻으로, '작은 일에 힘쓰다가 일을 망친다.'는 말로 쓰인다.
	平	無		☞ 공평하여 사사로움이 없음.
	國		城	☞ 나라를 지키는 미더운 군대(軍隊)나 인물(人物).
	田		下	☞ '오이 밭과 오얏나무 밑'이란 뜻으로, '남의 의심을 받기 쉬운 일'을 이르는 말.
九		一		☞ 많은 것 가운데에서 극히 적은 것을 말함.
口		腹		☞ '겉으로는 친절한 체하나 속으로는 해칠 생각을 지님'을 비유하여 이르는 말.
九			腸	☞ '산길 따위가 몹시 험하게 꼬불꼬불한 것'을 이르는 말.
	明		大	☞ 하는 일이나 행동에 사사로움이 없이 떳떳하고 바름.
高		安		☞ 베개를 높이 하여 편안히 잘 잠. 근심 없이 편안히 잘 지냄.

다음 한자성어漢字成語를 익혀, 문제를 풀어보도록 하세요.

※ 문제 ☞ 뒤쪽

- 權不十年(권불십년) : 아무리 높은 권세(權勢)라도 10년을 지속(持續)하기 어렵다.
- 勸善懲惡(권선징악) : 착한 행실을 권장(勸奬)하고 악한 행실을 징계(懲戒)함.
- 克己復禮(극기복례) : '자기의 욕심(慾心)을 버리고 예의(禮儀) 범절(凡節)을 따름'을 이르는 말.
- 近墨者黑(근묵자흑) : '먹을 가까이 하는 사람은 검어진다.'는 뜻으로 '나쁜 사람과 사귀면 그 버릇에 물들기 쉬움'을 비유하여 이르는 말.
- 金蘭之契(금란지계) : '두 사람이 마음이 같으니 그 예리함이 쇠를 자를 만 하고, 같은 마음에서 나오는 말은 그 향기가 난과 같다.'는 뜻으로, '친구 사이의 매우 도타운 우정'을 이르는 말. 금란지교(金蘭之交).
- 錦上添花(금상첨화) : 좋고 아름다운 것 위에 더 좋은 것을 더함.
- 今昔之感(금석지감) : 지금을 옛적과 비교함에 변함이 심하여 저절로 일어나는 느낌.
- 金石之約(금석지약) : 쇠나 돌처럼 굳고 변함없는 약속. 금석뇌약(金石牢約). 금석맹약(金石盟約). 금석상약(金石相約).
- 金城湯池(금성탕지) : '쇠붙이로 만든 것과 같은 견고한 성(城)과 끓는 못과 같이 감히 건너 올 수 없는 해자(垓字)'라는 뜻으로, '방비(防備)가 견고하여 쉽게 접근하여 쳐부수기 어려운 성지(城地)'를 이르는 말.
- 琴瑟相和(금슬상화) : '거문고와 비파의 조화로운 화음'이라는 뜻으로, '부부 사이가 다정하고 화목함'을 이르는 말. 금슬지락(琴瑟之樂).
- 錦衣玉食(금의옥식) : '좋은 옷과 좋은 음식, 또는 사치스러운 생활'을 일컫는 말.
- 錦衣夜行(금의야행) : '비단옷을 입고 밤에 다닌다.'는 뜻으로, '아무리 잘 하여도 남이 알아주지 못함'을 이르는 말.
- 錦衣還鄕(금의환향) : 비단옷을 입고 고향으로 돌아온다는 뜻이니 타향에서 크게 성공하여 자기 집으로 돌아감을 말함.
- 金枝玉葉(금지옥엽) : 임금의 자손이나 집안 또는 귀여운 자손을 소중하게 일컫는 말.
- 起死回生(기사회생) : 중병이 들어 죽을 뻔하다가 다시 살아남.
- 奇想天外(기상천외) : 보통 사람이 쉽게 짐작할 수 없을 정도로 엉뚱하고 기발(奇拔)한 생각.
- 騎虎之勢(기호지세) : '호랑이를 타고 달리다 도중에 내릴 수도 없는 형세'라는 뜻으로, '무슨 일을 하다가 중도에서 그만두려 하여도 그만둘 수 없는 형편'을 비유하여 이르는 말.
- 落花流水(낙화유수) : '흐르는 물에 떨어지는 꽃'이라는 뜻으로, '가는 봄의 경치, 또는 세력이 약해져 보잘것없이 쇠퇴해감'을 비유하여 이르는 말.
- 難攻不落(난공불락) : 공격하기가 어려워 좀처럼 함락(陷落)되지 아니함.
- 亂臣賊子(난신적자) : '임금을 죽이는 신하와 어버이를 해하는 자식'이라는 뜻으로, '극악무도한 자'를 이르는 말.
- 難兄難弟(난형난제) : '형 노릇 하기도 어렵고, 동생 노릇 하기도 어렵다.'는 뜻으로, '둘 중에 어느 쪽이 낫다고 우열(優劣)을 가리기 어려움'을 이르는 말.
- 男負女戴(남부여대) : '남자는 지고 여자는 머리에 인다.'는 뜻으로, '가난하거나 재난을 당한 사람들이 살 곳을 찾아 떠돌아다님'을 이르는 말.
- 內憂外患(내우외환) : 나라 안팎의 근심과 걱정.
- 怒甲移乙(노갑이을) : 어떤 사람에게서 당한 노여움을 다른 사람에게 화풀이하다.
- 勞心焦思(노심초사) : 몹시 마음을 졸이고 애를 태움.

和光同塵(화광동진) ▷ '자기의 뛰어난 지덕(智德)을 자랑함이 없이 세속의 티끌에 동화함'을 이르는 말.

다음 글을 읽고 한자성어漢字成語를 완성하세요.

정답 ☞ 앞쪽 참조

	衣		行

☞ '비단옷을 입고 밤에 다닌다.'는 뜻으로, '성공은 했지만 아무런 효과를 내지 못함'을 이르는 말.

難		不	

☞ 공격하기가 어려워 좀처럼 함락되지 아니함.

	甲		乙

☞ 어떤 사람에게서 당한 노여움을 다른 사람에게 화풀이하다.

	不	十	

☞ 아무리 높은 권세라도 10년을 지속하기 어렵다.

	死		生

☞ 중병이 들어 죽을 뻔하다가 다시 살아남.

	善		惡

☞ 착한 행실을 권장하고 악한 행실을 징계함.

內		外	

☞ 나라 안팎의 여러 가지 근심과 걱정.

	臣		子

☞ '임금을 죽이는 신하와 어버이를 해하는 자식'이라는 뜻으로, '극악무도한 자'를 이르는 말.

金		之	

☞ '친구 사이의 매우 도타운 우정'을 이르는 말.

	己		禮

☞ '자기의 욕심(慾心)을 버리고 예의(禮儀) 범절(凡節)을 따름'을 이르는 말.

	衣		鄕

☞ '비단옷을 입고 고향으로 돌아온다.'는 뜻으로, '타향에서 크게 성공하여 자기 집으로 돌아감'을 말함.

難		難	

☞ '사물의 우열(優劣)을 가리기 어려움'을 이르는 말.

金		玉	

☞ 임금의 자손이나 집안, 또는 귀여운 자손을 소중하게 일컫는 말.

	虎	之	

☞ '무슨 일을 하다가 중도에서 그만두려 하여도 그만둘 수 없는 형편'을 비유하여 이르는 말.

	心		思

☞ '어떤 일에 걱정과 고민을 심하게 많이 하는 것'을 이르는 말.

今		之	

☞ 지금을 옛적과 비교함에 변함이 심하여 저절로 일어나는 느낌.

金		湯	

☞ '방비가 견고하여 쉽게 접근하여 쳐부수기 어려운 성지'를 이르는 말.

	墨	者	

☞ '나쁜 사람과 사귀면 그 버릇에 물들기 쉬움'을 비유하여 이르는 말.

다음 한자성어漢字成語를 익혀, 문제를 풀어보도록 하세요.

※문제 ☞ 뒤쪽

- 怒發大發(노발대발) : 몹시 노하거나 성을 냄.
- 累卵之危(누란지위) : '달걀을 쌓아 놓은 것과 같이 매우 위태로움'을 이르는 말. 누란지세(累卵之勢).
- 陵遲處斬(능지처참) : 대역죄를 범한 자에게 내리던 극형. [죄인을 죽인 뒤 시신의 머리, 몸, 팔, 다리를 잘라내어 각지에 돌려 보이는 형벌]
- 多岐亡羊(다기망양) : '여러 갈래로 갈림길에서 양을 잃는다.'는 뜻으로, '학문의 길이 많아 진리를 찾기 어렵다.'는 말.
- 多多益善(다다익선) : 많으면 많을수록 좋다.
- 多錢善賈(다전선고) : '돈이 많으면 장사를 잘한다.'는 뜻으로, '무슨 일이든지 조건이 나은 사람이 큰 성과를 거둘 수 있음'을 이르는 말.
- 斷金之交(단금지교) : '쇠라도 자를 수 있는 사귐'이라는 뜻으로, '사귀는 정이 매우 깊은 벗'을 일컫는 말. 단금지계(斷金之契).
- 單刀直入(단도직입) : '홀몸으로 칼을 휘두르며 적진(敵陣)으로 거침없이 쳐들어간다.'는 뜻으로, '요점을 바로 풀이해간다.'는 말.
- 堂狗風月(당구풍월) : '서당개가 풍월을 읊는다.'는 말로, '무식한 사람이라도 유식한 사람과 같이 있으면 다소 유식해짐'을 비유하여 이르는 말.
- 黨同伐異(당동벌이) : '일의 옳고 그름은 따지지 않고 한 무리에 속한 사람들이 다른 무리의 사람을 배격하는 것'을 이르는 말.
- 大驚失色(대경실색) : 몹시 놀라 얼굴빛이 변함.
- 大器晩成(대기만성) : '남달리 뛰어난 큰 인물은 보통 사람보다 늦게 성공한다.'는 말.
- 大同小異(대동소이) : '크게 보면 서로 같지만 작게 보면 각각 다름'을 이르는 말.
- 道不拾遺(도불습유) : '길에 떨어진 것을 줍지 않는다.'는 뜻으로, '나라가 잘 다스려지고 풍속이 아름다워서 태평함'을 이르는 말.
- 塗炭之苦(도탄지고) : '진흙 수렁에 빠지고 숯불에 타는 듯한 고통'이라는 뜻으로, '몹시 고생스러움, 몹시 곤란(困難)한 경우'를 일컫는 말.
- 獨不將軍(독불장군) : '따돌림을 당하는 외로운 사람'이라는 뜻으로, '무슨 일이나 제 생각대로 혼자 처리하는 사람'을 이르는 말.
- 讀書三到(독서삼도) : 독서를 하는 데에 이르는 세 가지 방법으로, '구도(口到) · 심도(心到) · 안도(眼到)'에 있음을 이르는 말.
- 讀書亡羊(독서망양) : '책을 읽다가 양을 잃었다.'는 뜻으로, '다른 생각만 하다가 중요한 일을 소홀히 함'을 이르는 말.
- 同價紅裳(동가홍상) : '같은 값이면 다홍치마'라는 뜻으로, '기왕이면 좋은 것을 택한다.'는 의미.
- 東問西答(동문서답) : '동쪽에서 묻는 데 서쪽에다 대답한다.'는 뜻으로, '묻는 말에 대하여 전혀 엉뚱한 대답을 하는 것'을 의미하는 말.
- 東奔西走(동분서주) : '동쪽으로 뛰고 서쪽으로 달린다.'는 뜻으로, '사방으로 이리저리 부산하게 돌아다님'을 뜻하는 말.
- 同病相憐(동병상련) : 처지가 서로 비슷한 사람끼리 서로 동정(同情)하고 도움.
- 同床異夢(동상이몽) : '한 침상에 누워 다른 꿈을 꾼다.'는 뜻으로, '같은 처지와 입장에서 저마다 다른 생각을 하는 것'을 비유하여 이르는 말.
- 凍足放尿(동족방뇨) : '언 발에 오줌을 눈다.'는 뜻으로, '효력이 잠시 있을 뿐 곧 사라짐'을 이르는 말.
- 登高自卑(등고자비) : '높은 곳에 이르기 위하여서는 낮은 곳부터 밟아야 한다.'는 뜻으로, '일을 하는 데는 반드시 차례를 밟아야 한다.'는 의미로 쓰이기도 하고, '지위가 높아질수록 스스로를 낮춘다.'는 의미로 쓰이기도 함.

號曰百萬(호왈백만) ▷ '말로만 백만을 일컫다'는 뜻으로, 실상은 얼마 안 되는 것을 많은 것처럼 과장하여 말함.

다음 글을 읽고 한자성어漢字成語를 완성하세요.

정답 ☞ 앞쪽 참조

	岐		羊

☞ '여러 갈래로 갈림길에서 양을 잃는다.'는 뜻으로, '학문의 길이 많아 진리를 찾기 어렵다.'는 말.

同			異

☞ '일의 옳고 그름은 따지지 않고 한 무리에 속한 사람들이 다른 무리의 사람을 배격하는 것'을 이르는 말.

同		紅	

☞ '같은 값이면 다홍치마'라는 뜻으로, '기왕이면 좋은 것을 택한다.'는 의미.

	不	拾	

☞ '나라가 잘 다스려지고 풍속이 아름다워서 태평함'을 이르는 말.

塗		之	

☞ '진구렁이나 숯불에 빠진 고통'이라는 뜻으로, '몹시 고생스러움, 몹시 곤란한 경우'를 일컫는 말.

堂			月

☞ '무식한 사람이라도 유식한 사람과 같이 있으면 다소 유식해짐'을 비유하여 이르는 말.

	刀		入

☞ '홀몸으로 칼을 휘두르며 적진으로 거침없이 쳐들어간다.'는 뜻으로, '요점을 바로 풀이해간다.'는 말.

	不	將	

☞ '무슨 일이나 제 생각대로 혼자 처리하는 사람'을 이르는 말.

大			成

☞ '남달리 뛰어난 큰 인물은 보통 사람보다 늦게 성공한다.'는 말.

	高	自	

☞ '일을 하는 데는 반드시 차례를 밟아야 한다.', 또는 '지위가 높아질수록 스스로를 낮춘다.'는 말.

	金	之	

☞ 둘이 마음을 합하면 쇠라도 자를 수 있는 사이. 사귀는 정이 매우 깊은 벗을 일컫는 말.

東		西	

☞ '동쪽으로 뛰고 서쪽으로 달린다.'는 뜻으로, '사방으로 이리저리 부산하게 돌아다님'을 뜻하는 말.

同		相	

☞ 처지가 서로 비슷한 사람끼리 서로 동정하고 도움.

	書	三	

☞ 독서를 하는 데에 이르는 세 가지 방법으로, '구도·심도·안도'에 있음을 이르는 말.

		之	危

☞ 달걀을 쌓아 놓은 것과 같이 매우 위태로움.

凍			尿

☞ '언 발에 오줌을 눈다.'는 뜻으로, '효력이 잠시 있을 뿐 곧 사라짐'을 이르는 말.

	書		羊

☞ '책을 읽다가 양을 잃었다.'는 뜻으로, '다른 생각만 하다가 중요한 일을 소홀히 함'을 이르는 말.

同		異	

☞ '같은 처지와 입장에서 저마다 다른 생각을 하는 것'을 비유하여 이르는 말.

다음 한자성어漢字成語를 익혀, 문제를 풀어보도록 하세요.

※ 문제 ☞ 뒤쪽

- 燈下不明(등하불명) : '등잔 밑이 어둡다.'는 뜻으로, '가까이 있는 것을 오히려 잘 모름'을 이르는 말.
- 燈火可親(등화가친) : 가을이 되어 서늘하면 밤에 불을 가까이 하여 글 읽기에 좋다는 말.
- 馬耳東風(마이동풍) : '말의 귓가를 스치는 동풍'이라는 뜻으로, '남의 말을 귀담아듣지 않고 흘려버림'을 일컫는 말.
- 麻中之蓬(마중지봉) : '삼밭에서 자라는 쑥은 붙들어 주지 않아도 곧게 자란다.'는 뜻으로, '선한 사람과 사귀면 그 감화를 받아 자연히 선해짐'을 이르는 말.
- 莫上莫下(막상막하) : '어느 쪽이 더 낫고 못함이 없이 실력의 차이가 비슷함'을 이르는 말.
- 莫逆之友(막역지우) : 참된 마음으로 서로 거역(拒逆)할 수 없이 매우 친한 벗을 말함. 백중지세(伯仲之勢). 백중지간(伯仲之間). 난형난제(難兄難弟). 춘란추국(春蘭秋菊).
- 萬古風霜(만고풍상) : 오랜 세월 동안 겪어 온 많은 고생. 만고풍설(萬古風雪).
- 萬事休矣(만사휴의) : '더 손쓸 방도가 없이 모든 것이 헛수고로 돌아감'을 이르는 말.
- 萬壽無疆(만수무강) : 수명(壽命)이 끝이 없음.
- 晩時之歎(만시지탄) : 시기에 뒤늦었음을 원통(寃痛)해 하는 탄식(歎息).
- 晩食當肉(만식당육) : '배가 고플 때 먹는 것은 무엇을 먹든지 고기 맛과 같음'을 이르는 말.
- 忘年之交(망년지교) : 노인이 나이에 거리끼지 아니하고 사귀는 젊은 벗. 망년지우(忘年之友).
- 望梅解渴(망매해갈) : '매실은 생각하여도 침이 돌아 목마름이 해소된다.'는 뜻으로, '매실의 맛이 아주 좋음', 또는 '공상으로 마음의 위안을 얻음'을 이르는 말.
- 亡羊之歎(망양지탄) : '달아난 양을 찾다가 길이 여러 갈래로 갈려 마침내 양을 잃었다.'는 고사에서 생긴 말로, '학문의 길이 다방면이어서 진리를 깨치기 어려움'을 뜻하기도 하고, '방침이 많아서 어찌할 바를 모름'을 뜻하기도 한다. 다기망양(多岐亡羊).
- 望雲之情(망운지정) : '중국 당(唐)나라 적인걸(狄仁傑)이 타향(他鄕)에서 산에 올라가 고향 쪽 하늘의 구름을 바라보며 어버이를 그리워했다.'는 고사에서, '어버이를 그리워하는 마음'을 이르는 말.
- 麥秀之歎(맥수지탄) : '옛 궁궐터에는 보리만이 무성하다.'는 말에서 '조국이 멸망한 것을 한탄함'을 이르는 말.
- 孟母斷機(맹모단기) : 맹자가 학업을 중단하고 돌아왔을 때, 그 어머니가 짜던 베를 칼로 끊어 학업의 중단을 훈계하였다는 고사.
- 孟母三遷(맹모삼천) : '맹자의 어머니가 아들의 교육을 위해 집을 세 번이나 옮겼다.'는 말로, '어린아이의 교육에는 환경이 매우 중요함'을 이르는 말.
- 盲者正門(맹자정문) : '소경이 정문을 바로 찾아 들어간다.'는 뜻으로, '어리석은 사람이 어쩌다 한 일이 이치에 들어맞음'을 비유하여 이르는 말
- 面從腹背(면종복배) : 앞에서는 순종(順從)하는 체하고 속으로는 딴 마음을 먹음.
- 命在頃刻(명재경각) : '목숨이 경각에 달렸다.'는 뜻으로, '숨이 끊어질 지경에 이름'을 이르는 말. 命在朝夕.
- 明鏡止水(명경지수) : '밝은 거울과 잔잔한 물'이라는 뜻으로, '마음이 고요하고 잡념이나 허욕(虛慾)이 없이 맑고 깨끗한 마음'을 비유하여 이르는 말.
- 明若觀火(명약관화) : 불을 보듯이 명백함. 뻔함
- 目不識丁(목불식정) : '낫 놓고 기역자도 모른다.'는 뜻으로, '아주 무식(無識)함'을 이르는 말.
- 目不忍見(목불인견) : 차마 눈뜨고 볼 수 없는 참상(慘狀)이나 꼴불견.

犬猿之間(견원지간) ▷ '개와 원숭이 사이'라는 뜻으로, '서로 사이가 나쁜 두 사람의 관계'를 비유하여 이르는 말.

다음 글을 읽고 한자성어漢字成語를 완성하세요.

정답 ☞ 앞쪽 참조

馬		東	

☞ '말의 귓가를 스치는 동풍'이라는 뜻으로, '남의 말을 귀담아 듣지 않고 흘려 버림'을 일컫는 말.

		之	蓬

☞ '선한 사람과 사귀면 그 감화를 받아 자연히 선해짐'을 이르는 말.

莫		之	

☞ 참된 마음으로 서로 거역(拒逆)할 수 없이 매우 친한 벗을 말함.

	時	之	

☞ 시기에 뒤늦었음을 원통(寃痛)해하는 탄식(歎息).

	母	三	

☞ '어린아이의 교육에는 환경이 매우 중요함'을 이르는 말.

	雲	之	

☞ '어버이를 그리워하는 마음'을 이르는 말.

	事		矣

☞ 더 손쓸 방도가 없이 모든 것이 끝장남. 무슨 수를 쓴다 해도 도무지 가망이 없음.

明			水

☞ '마음이 고요하고 잡념이나 허욕(虛慾)이 없이 맑고 깨끗한 마음'을 비유하여 이르는 말.

	火	可	

☞ 가을이 되어 서늘하면 밤에 불을 가까이 하여 글 읽기에 좋다는 말.

	年	之	

☞ 노인이 나이에 거리끼지 아니하고 사귀는 젊은 벗.

明			火

☞ 불을 보는 것처럼 분명(分明)함.

		之	歎

☞ '옛 궁궐터에는 보리만이 무성하다.'는 말에서 '조국이 멸망한 것을 한탄함'을 이르는 말.

	母		機

☞ 맹자가 학업을 중단(中斷)하고 돌아왔을 때 그 어머니가 짜던 베를 자름으로써 아들을 훈계한 일.

	下	不	

☞ '등잔 밑이 어둡다.'는 뜻으로, '가까이 있는 것이 오히려 알아내기 어려움'을 이르는 말.

目	不		

☞ '낫 놓고 기역자도 모른다.'는 뜻으로, '아주 무식함'을 이르는 말.

亡		之	

☞ '학문의 길이 다방면이어서 진리를 깨치기 어려움', 또는 '방침이 많아서 어찌할 바를 모름'을 이르는 말.

	梅		渴

☞ '매실의 맛이 아주 좋음', 또는 '공상으로 마음의 위안을 얻음'을 이르는 말.

	從	腹	

☞ 앞에서는 순종(順從)하는 체하고 속으로는 딴 마음을 먹음.

다음 한자성어漢字成語를 익혀, 문제를 풀어보도록 하세요.

※ 문제 ☞ 뒤쪽

- 武陵桃源(무릉도원) : '복숭아꽃 피는 아름다운 곳'이란 말로, '속세를 떠난 별천지'를 뜻함. 도원경(桃源境).
- 無不通知(무불통지) : '무슨 일이든지 환히 통하여 모르는 것이 없음'을 뜻함. 무소부지(無所不知). 박학다식(博學多識).
- 無爲而化(무위이화) : '아무것도 하지 않음으로써 교화한다.'는 뜻으로, '성인의 덕이 크면 억지로 힘들이지 않아도 백성들이 진심으로 따르게 됨'을 이르는 말.
- 文房四友(문방사우) : 서재(書齋)에 꼭 있어야 할 네 벗, 즉 '종이 · 붓 · 벼루 · 먹'을 말함.
- 聞一知十(문일지십) : '한 가지를 들으면 열 가지를 미루어 안다.'는 뜻으로, '총명하고 영특함'을 이르는 말.
- 門前成市(문전성시) : '문 앞에 마치 시장이 선 것 같다.'는 뜻으로, '세력이 있어 찾아오는 손님이 매우 많음'을 이르는 말.
- 門前沃畓(문전옥답) : 집 가까이에 있는 기름진 논.
- 勿失好機(물실호기) : 좋은 기회를 놓치지 아니함.
- 尾生之信(미생지신) : '미생의 믿음'이라는 뜻으로, '융통성이 없이 약속만을 굳게 지킴'을 비유하여 이르는 말.
- 博覽強記(박람강기) : 책을 널리 읽고 기억을 잘함.
- 博學多識(박학다식) : 학문이 넓고 식견이 많음.
- 盤溪曲徑(반계곡경) : '서려 있는 계곡과 구불구불한 길'이라는 뜻으로, '일을 정당하게 하지 아니 하고 그릇된 수단을 써서 억지로 함'을 이르는 말.
- 盤根錯節(반근착절) : '서린 뿌리와 뒤틀린 마디'라는 뜻으로, '해결하기 매우 어려운 사건'을 이르는 말.
- 拔本塞源(발본색원) : '나무를 뿌리째 뽑고 물의 근원을 없앤다.'는 뜻으로, '폐단(弊端)의 근원을 아주 뽑아서 없애 버림'을 이르는 말.
- 發憤忘食(발분망식) : '끼니마저 잊을 정도로 어떤 일에 열중하여 노력함'을 이르는 말.
- 拔山蓋世(발산개세) : '힘은 산을 뽑고 기운은 세상을 덮을 만큼 웅대함'을 이르는 말. 力拔山氣蓋勢.
- 旁岐曲徑(방기곡경) : 반계곡경(盤溪曲徑).
- 傍若無人(방약무인) : '곁에 아무도 없는 것처럼 여긴다.'는 뜻으로, '주위에 있는 다른 사람을 의식하지 않고 제멋대로 행동하는 것'을 이르는 말.
- 背水之陣(배수지진) : '물을 등지고 진을 친다.'는 뜻으로, '후퇴를 포기하고 결사적인 각오로 임하는 자세'를 이르는 말. 배수진(背水陣).
- 百家爭鳴(백가쟁명) : 많은 학자 · 문화인 등의 논쟁, 또는 여러 사람이 서로 자기주장을 내세우는 일.
- 百計無策(백계무책) : 있는 꾀를 다 써 보아도 달리 뾰족한 수가 없음.
- 白骨難忘(백골난망) : '죽어서 백골이 되어도 잊기 어렵다.'는 뜻으로, '큰 은혜를 입음'을 이르는 말.
- 百年河淸(백년하청) : '백 년 동안 황하의 물이 맑아지기를 기다린다.'는 뜻으로, '아무리 세월이 가도 일을 해결할 희망이 없음'을 이르는 말. 하대세월(何待歲月).
- 白頭如新(백두여신) : '백발이 되도록 오래 사귀었어도 서로 마음을 알지 못하면 새로 사귄 사람과 다름이 없다.'는 뜻.
- 白面書生(백면서생) : '한갓 글만 읽고 세상일에 경험이 없는 어두운 사람'을 이르는 말.
- 百發百中(백발백중) : 총 · 활 같은 것이 겨눈 곳에 꼭꼭 맞음. 미리 생각한 일들이 꼭꼭 들어맞음.
- 白首北面(백수북면) : '늙어서도 북쪽을 향하여 스승의 가르침을 받아야 함'을 이르는 말.
- 伯牙絶絃(백아절현) : '백아가 거문고 줄을 끊었다.'는 뜻으로, '자기를 알아주는 참다운 벗의 죽음을 슬퍼함'을 이르는 말.
- 百折不屈(백절불굴) : 백 번 꺾일지언정 결코 굴복하지 않음. 위무불굴(威武不屈). 백절불요(百折不撓).

다음 글을 읽고 한자성어漢字成語를 완성하세요.

정답 ☞ 앞쪽 참조

	骨		忘

☞ '백골이 되어도 잊기 어렵다.'는 뜻으로, '죽어도 잊지 못할 큰 은혜를 입음'을 이르는 말.

門		成	

☞ 권세가 드날리거나 부자가 되어 집 앞이 찾아오는 손님들로 마치 시장을 이룬 것 같음을 이르는 말.

	水	之	

☞ '필승을 기하여 목숨을 걸고 펼친 진(陣)이나 그러한 싸움 자세'를 말함.

無			知

☞ 무슨 일이든지 다 통하여 모르는 것이 없음.

百		無	

☞ 있는 꾀를 다 써 보아도 달리 뾰족한 수가 없음.

文		四	

☞ 서재(書齋)에 꼭 있어야 할 네 벗, 즉 '종이·붓·벼루·먹'을 말함.

	面		生

☞ '한갓 글만 읽고 세상일에 경험이 없는 어두운 사람'을 이르는 말.

伯		絶	

☞ '자기를 알아주는 참다운 벗의 죽음을 슬퍼함'을 이르는 말.

百		爭	

☞ 많은 학자·문화인 등의 논쟁, 또는 여러 사람이 서로 자기 주장을 내세우는 일.

博		強	

☞ 여러 가지의 책을 많이 읽고 기억(記憶)을 잘함.

勿		好	

☞ 좋은 기회를 놓치지 아니함.

	陵		源

☞ '복숭아꽃 피는 아름다운 곳'이란 말로, '속세를 떠난 별천지'를 뜻함.

	若		人

☞ '언행이 방자(放恣)하고 제멋대로 행동하는 것 또는 그러한 사람'을 이르는 말.

發			食

☞ '끼니마저 잊을 정도로 어떤 일에 열중하여 노력함'을 이르는 말.

百		河	

☞ '아무리 세월이 가도 일을 해결할 희망이 없음'을 말함.

	根		節

☞ '서린 뿌리와 뒤틀린 마디'라는 뜻으로, '해결하기 매우 어려운 사건'을 이르는 말.

	本		源

☞ 폐단(弊端)의 근원을 아주 뽑아서 없애 버림.

	學	多	

☞ 학문(學問)이 넓고 식견(識見)이 많음.

다음 한자성어漢字成語를 익혀, 문제를 풀어보도록 하세요.

※ 문제 ☞ 뒤쪽

- 伯仲之間(백중지간) : '형과 아우는 보통 외모나 품성이 비슷하다.'는 뜻으로, '인물 · 기량 · 지식 등이 비슷해서 우열을 가릴 수 없음'을 이르는 말. 백중지세(伯仲之勢).
- 兵不厭詐(병불염사) : '전쟁에서는 적을 속이는 간사한 꾀도 꺼리지 아니함'을 이르는 말.
- 步武堂堂(보무당당) : 걸음걸이가 활발하고 당당함.
- 覆車之戒(복거지계) : '앞의 수레가 엎어지는 것을 보고 뒤의 수레가 경계한다.'는 뜻으로, '남의 실패를 거울삼아 경계함'을 이르는 말. 전차복철(前車覆轍).
- 不知其數(부지기수) : 헤아릴 수 없을 만큼 많음.
- 夫唱婦隨(부창부수) : 남편이 주장하고 아내가 이에 잘 따르는 부부 사이의 도리.
- 附和雷同(부화뇌동) : '우레 소리에 만물이 함께 울린다.'는 뜻으로, '아무런 견식이 없이 남의 의견이나 행동에 동조함'을 이르는 말. 뇌동부화(雷同附和). 부화공명(附和共鳴). 부화수행(附和隨行).
- 北窓三友(북창삼우) : 거문고와 시와 술을 일컬음.
- 不共戴天(불공대천) : '하늘을 함께 이지 못한다.'는 뜻으로, '이 세상에서는 함께 살 수 없을 만큼 큰 원한(怨恨)을 가짐'을 비유적으로 이르는 말.
- 不俱戴天(불구대천) : 세상을 함께 살 수 없는 원수, 즉 어버이의 원수. 불구대천지수(不俱戴天之讎).
- 不問曲直(불문곡직) : 옳고 그름을 따지지 아니함.
- 不遠千里(불원천리) : '아무리 천 리 길이라도 멀다고 여기지 않음'을 이르는 말. 불원만리(不遠萬里).
- 不恥下問(불치하문) : 아랫사람이나 자기보다 못한 사람에게 묻는 것을 부끄러워하지 아니함.
- 鵬程萬里(붕정만리) : '붕새를 타고 만리를 난다.'는 뜻으로, '양양한 장래'를 이르는 말.
- 非一非再(비일비재) : 같은 종류의 현상이 한두 번이나 한둘이 아님.
- 貧者一燈(빈자일등) : '가난한 사람이 부처에게 바치는 등 하나는 부자의 등 만 개보다도 더 공덕이 있다.'는 뜻으로, '참마음의 소중함'을 이르는 말.
- 氷姿玉質(빙자옥질) : '얼음같이 깨끗한 살결과 구슬같이 아름다운 자질', 또는 '매화'를 이르는 말.
- 四面楚歌(사면초가) : '사방이 적으로 둘러싸여 아무에게도 도움을 받지 못하는 상태'를 이르는 말.
- 死生決斷(사생결단) : 죽고 사는 것을 돌보지 아니하고 끝장을 냄.
- 捨生取義(사생취의) : '목숨을 버릴지언정 의(義)를 좇는다.'는 말.
- 死而後已(사이후이) : '죽은 뒤에야 일을 그만둔다.'는 뜻으로, '살아있는 한 끝까지 힘씀'을 이르는 말.
- 師弟三世(사제삼세) : '스승과 제자와의 인연은 전세(前世) · 현세(現世) · 내세(來世)에 이르기까지 계속된다.'는 말로, '그 관계가 매우 깊고 밀접함'을 이르는 말.
- 四通五達(사통오달) : 이리저리 사방으로 통함. 사통팔달(四通八達).
- 事必歸正(사필귀정) : 모든 잘잘못은 반드시 바른 길로 돌아옴.
- 山紫水明(산자수명) : '산은 자줏빛이고 물은 맑다.'는 뜻으로, '산수의 경치가 좋음'을 일컫는 말.
- 山窮水盡(산궁수진) : '산이 막히고 물줄기가 끊어져 더 갈 길이 없다.'는 뜻으로, '막다른 경우에 이름'을 이르는 말. 산진수궁(山盡水窮). 산진해갈(山盡海渴).
- 殺身成仁(살신성인) : '목숨을 버리고 어진 일을 이룬다.'는 뜻으로, '절개(節槪)를 지켜 목숨을 버림'을 이르는 말.

다음 글을 읽고 한자성어漢字成語를 완성하세요.

정답 ☞ 앞쪽 참조

山		水	

☞ 산은 자줏빛을 비추고 물은 하염없이 맑다. 산수의 경치가 좋음을 일컫는 말.

不		下	

☞ 아랫사람이나 자기보다 못한 사람에게 묻는 것을 부끄러워하지 아니함.

	生	取	

☞ '목숨을 버릴지언정 의(義)를 좇는다.'는 말.

	和		同

☞ '그것이 옳은지 그른지 생각해보지도 않고서 경솔(輕率)하게 따라가는 것'을 비유하여 이르는 말.

	弟	三	

☞ '그 관계가 매우 깊고 밀접(密接)함'을 이르는 말.

不			天

☞ 세상을 같이 살 수 없는 원수, 즉 어버이의 원수.

不		曲	

☞ 옳고 그름을 따지지 아니함.

	姿	玉	

☞ '얼음같이 깨끗한 살결과 구슬같이 아름다운 자질', 또는 '매화'를 이르는 말.

	者	一	

☞ '참마음의 소중함'을 이르는 말.

夫		婦	

☞ 남편이 주장하고 아내가 이에 잘 따르는 부부 사이의 도리.

四		楚	

☞ '사방이 적으로 둘러싸여 아무에게도 도움을 받지 못하는 상태'를 이르는 말.

		之	間

☞ '인물・기량・지식 등이 비슷해서 우열을 가릴 수 없음'을 이르는 말.

四		五	

☞ 이리저리 사방을 통함.

	車	之	

☞ '남의 실패를 거울삼아 경계함'을 이르는 말.

	一	非	

☞ 같은 종류의 현상이 한두 번이나 한둘이 아님.

	身	成	

☞ 목숨을 버리고 어진 일을 이룸. 절개(節槪)를 지켜 목숨을 버림.

	必		正

☞ 모든 잘잘못은 반드시 바른 길로 돌아옴.

北		三	

☞ 거문고와 시(詩)와 술을 일컬음.

다음 한자성어漢字成語를 익혀, 문제를 풀어보도록 하세요.

※ 문제 ☞ 뒤쪽

- 三顧草廬(삼고초려) : '초가집을 세 번 찾아간다.'는 뜻으로, '인재를 맞이하기 위하여 예를 갖추어 참을성 있게 노력함'을 이르는 말.
- 森羅萬象(삼라만상) : 우주(宇宙) 사이에 벌여 있는 온갖 사물과 현상.
- 三旬九食(삼순구식) : '한 달에 아홉 번 식사를 한다.'는 뜻으로, '집안이 가난하여 먹을 것이 적음'을 일컫는 말.
- 三遷之敎(삼천지교) : '맹자의 어머니가 아들의 교육을 위하여 묘지 앞, 시장거리, 서당 앞으로 세 번 거처를 옮겼다.'는 고사에서 생긴 말로, '생활환경이 교육에 있어 큰 구실을 함'을 이르는 말.
- 傷弓之鳥(상궁지조) : '화살에 다친 새'라는 뜻으로, '한 번 놀란 일로 그 뒤에 어떤 일도 두려워하며 경계하는 것'을 이르는 말.
- 桑田碧海(상전벽해) : '뽕나무밭이 변하여 푸른 바다가 된다.'는 말로, '세상일의 변천이 심하여 사물이 바뀜'을 비유하는 말. 상전창해(桑田滄海).
- 塞翁之馬(새옹지마) : '인생에 있어서의 길흉화복은 항상 바뀌어 미리 헤아릴 수가 없다.'는 말. ['옛날, 변방의 한 노인이 기르던 말이 달아났다가 준마를 데려왔는데, 그의 아들이 말을 타다가 다리가 부러져 전쟁에 나가지 않게 되어 목숨을 구했다.'는 고사]
- 生不如死(생불여사) : '몹시 어려운 형편(形便)에 빠져 있음'을 이르는 말.
- 生而知之(생이지지) : 배우지 아니하여도 스스로 깨달아 앎.
- 先見之明(선견지명) : 앞일을 미리 보아서 판단하는 총명함.
- 雪膚花容(설부화용) : '눈처럼 흰 피부와 꽃처럼 고운 얼굴'이라는 뜻으로, '미인의 용모'를 이르는 말.
- 雪上加霜(설상가상) : '눈 위에 또 서리가 덮인다.'는 뜻으로 '불행(不幸)이 엎친 데 덮친 격으로 거듭 생김'을 말함.
- 說往說來(설왕설래) : 서로 변론(辯論)을 주고받으며 옥신각신함.
- 勢不十年(세불십년) : 아무리 높은 권세라도 10년을 지속하기 어렵다. 권불십년(權不十年).
- 歲寒松柏(세한송백) : '추운 겨울의 소나무와 잣나무'라는 뜻으로, '어떤 역경 속에서도 지조를 굽히지 않음'을 비유적으로 이르는 말.
- 小國寡民(소국과민) : '작은 나라에 적은 백성'이라는 뜻으로, '문명의 발달이 없는 무위(無爲)와 무욕(無慾)의 이상사회'를 이르는 말. 무릉도원(武陵桃源).
- 騷人墨客(소인묵객) : 시문과 서화를 일삼는 사람.
- 小貪大失(소탐대실) : 작은 것을 탐내다가 큰 것을 잃음.
- 束手無策(속수무책) : 어찌할 도리가 없어 꼼짝 못하고 있는 형편.
- 送舊迎新(송구영신) : 묵은해를 보내고 새해를 맞이함.
- 首丘初心(수구초심) : 고향을 그리워하는 마음을 일컫는 말. 수구초심(首邱初心).
- 隨機應變(수기응변) : 그때 그때의 기회에 맞추어 일을 적절히 처리함. 임기응변(臨機應變).
- 手不釋卷(수불석권) : '손에서 책을 놓지 않는다.'는 뜻으로, 즉, '부지런히 학문에 힘씀'을 이르는 말.
- 水魚之交(수어지교) : 촉한(蜀漢)의 유비(劉備)가 "내가 제갈공명을 만난 것은 물고기가 물을 만난 것과 같다"고 말한 데에서 생긴 말로, '교분이 매우 깊은 것'을 이르는 말.
- 守株待兎(수주대토) : '토끼가 나무에 와서 부딪치는 것을 우연히 한 번 목격하고, 다시 그런 일이 일어나기를 바라며 나무를 지키고 있다.'는 고사에서 생긴 말로, '노력은 하지도 않고 좋은 일이 다시 생기기를 기다리며 불가능한 일을 바라는 것'을 비유하여 이르는 말.

拔山蓋世(발산개세) ▷ 항우(項羽)의 힘을 비유. 산을 무너뜨리고 세상을 뒤엎을만한 힘과 기운.

다음 글을 읽고 한자성어漢字成語를 완성하세요.

정답 ☞ 앞쪽 참조

	上	加	

☞ '눈 위에 또 서리가 덮인다.'는 뜻으로 '불행(不幸)이 엎친 데 덮친 격으로 거듭 생김'을 말함.

	手	無	

☞ 어찌할 도리가 없어 꼼짝 못하고 있는 형편.

	不		卷

☞ '손에서 책을 놓지 않는다.'는 뜻으로, 즉, '부지런히 학문에 힘씀'을 이르는 말.

守		待	

☞ '노력은 하지도 않고 좋은 일이 다시 생기기를 기다리며 불가능한 일을 바라는 것'을 이르는 말.

	機		變

☞ 그때그때의 기회에 맞추어 일을 적절히 처리함.

	翁	之	

☞ '세상일은 복이 될지 화가 될지 예측(豫測)할 수 없다.'는 비유로 쓰인다.

雪		花	

☞ '눈처럼 흰 피부와 꽃처럼 고운 얼굴'이라는 뜻으로, '미인의 용모'를 이르는 말.

	不	十	

☞ 아무리 높은 권세라도 10년을 지속하기 어렵다.

生		如	

☞ '몹시 어려운 형편(形便)에 빠져 있음'을 이르는 말.

	羅	萬	

☞ 우주(宇宙) 사이에 벌여 있는 온갖 사물과 현상.

說		說	

☞ 서로 변론(辯論)을 주고받으며 옥신각신 함.

	田		海

☞ '세상일의 변천이 심하여 사물이 바뀜'을 비유하는 말.

	邱		心

☞ 고향을 그리워하는 마음을 일컫는 말.

三		九	

☞ '한 달에 아홉 번 식사를 한다.'는 뜻으로, '집안이 가난하여 먹을 것이 적음'을 일컫는 말.

送		迎	

☞ 묵은해를 보내고 새해를 맞음.

三		之	

☞ '생활 환경이 교육에 있어 큰 구실을 함'을 이르는 말.

	弓	之	

☞ '한 번 놀란 일로 그 뒤에 어떤 일도 두려워하며 경계하는 것'을 이르는 말.

	人		客

☞ 시문(詩文)과 서화(書畫)를 일삼는 사람.

다음 한자성어漢字成語를 익혀, 문제를 풀어보도록 하세요.

※ 문제 ☞ 뒤쪽

- 壽則多辱(수즉다욕) : '오래 살면 그만큼 욕됨도 많다.'는 뜻.
- 隋侯之珠(수후지주) : '수후가 뱀을 살려 준 뒤 뱀으로부터 받은 보주(寶珠)'라는 뜻으로, '변화(卞和)의 화씨벽(和氏璧)과 함께 천하의 귀중한 보배'로 불림.
- 宿虎衝鼻(숙호충비) : 공연히 건드려서 화를 입거나 일을 불리하게 만듦.
- 脣亡齒寒(순망치한) : '입술이 없으면 이가 시리다.'는 뜻으로, '서로 돕던 사람이 망하면 다른 한쪽 사람도 함께 위험하다.'는 뜻으로 쓰이는 말.
- 視死如歸(시사여귀) : '죽음을 고향에 돌아가는 것처럼 여긴다.'는 뜻으로, '죽음을 조금도 두려워하지 않는다.'는 말.
- 視死如生(시사여생) : '죽음을 삶과 같이 보아 두려워하지 않는다.'는 뜻으로, '죽음을 조금도 두려워하지 아니함, 또는 생사를 초월하는 일'을 이르는 말.
- 是是非非(시시비비) : 옳고 그름을 가림.
- 識字憂患(식자우환) : '글자를 아는 것이 오히려 근심거리가 된다.'는 뜻으로, '너무 많이 알기 때문에 쓸데없는 걱정도 그만큼 많음'을 이르는 말.
- 信賞必罰(신상필벌) : 상벌(賞罰)을 규정대로 공정(公正)하고 엄중(嚴重)하게 하는 일.
- 身言書判(신언서판) : '사람됨을 판단하는 네 가지 기준'을 말한 것으로, 곧 '신수(身手)와 말씨와 문필(文筆)과 판단력(判斷力)'을 일컬음.
- 神出鬼沒(신출귀몰) : '귀신처럼 홀연히 나타났다가 홀연히 사라진다.'는 뜻으로, '자유자재로 출몰하여 그 변화를 헤아릴 수 없는 일이나 사람'을 이르는 말.
- 實事求是(실사구시) : 있는 그대로의 사실, 즉 실제(實際)에 입각(立脚)해서 그 일의 진상(眞相)을 찾고 구하는 것을 말함.
- 深思熟考(심사숙고) : 깊이 생각하고 고찰함. 심사숙려(深思熟慮).
- 心心相印(심심상인) : 말없이 마음과 마음으로 뜻을 전함. 이심전심(以心傳心).
- 十目所視(십목소시) : '여러 사람이 다 같이 보고 있다.'는 뜻으로, '세상 사람을 아주 속일 수 없음'을 비유하여 이르는 말.
- 十伐之木(십벌지목) : '열 번 찍어 안 넘어가는 나무가 없다.'는 뜻으로, '아무리 심지가 굳은 사람이라도 여러 번 말을 하면 결국은 마음을 돌려 따르게 됨'을 이르는 말.
- 十常八九(십상팔구) : '열 가운데 여덟이나 아홉이 그러하다.'는 뜻으로, '거의 예외 없이 그러할 것이라는 추측'을 나타내는 말. 십중팔구(十中八九).
- 十日之菊(십일지국) : '한창때가 지난 9월 10일의 국화'라는 뜻으로, '이미 때가 늦은 일'을 이르는 말.
- 十指不動(십지부동) : '열 손가락을 꼼짝하지 아니한다.'는 뜻으로, '게을러서 아무 일도 하지 아니함'을 비유하여 이르는 말.
- 我田引水(아전인수) : '제 논에 물대기'라는 뜻으로, '자기에게 이롭게 되도록 생각하거나 행동함'을 이르는 말.
- 惡衣惡食(악의악식) : '거친 옷과 맛없는 음식'이라는 뜻으로, '변변치 못한 옷과 음식'을 이르는 말. 조의악식(粗衣惡食). 조의조식(粗衣粗食).
- 安居危思(안거위사) : '편안한 때일수록 어려움이 닥칠 때를 생각하여 미리 대비하여야 함'을 이르는 말.
- 眼高手卑(안고수비) : '눈은 높으나 손은 낮다.'는 뜻으로, '이상만 높고 실력이 미치지 못함'을 이르는 말. 안고수저(眼高手低).
- 安分知足(안분지족) : 편안한 마음으로 제 분수를 지키며 만족을 앎.

白骨難忘(백골난망) ▷ '백골이 되어도 잊기 어렵다'는 뜻으로, '죽어도 잊지 못할 큰 은혜를 입음'을 이르는 말.

다음 글을 읽고 한자성어漢字成語를 완성하세요.

정답 ☞ 앞쪽 참조

宿			鼻

☞ 공연히 건드려서 화를 입거나 일을 불리하게 만듦.

信		必	

☞ 상벌을 규정대로 공정(公正)하고 엄중(嚴重)하게 하는 일.

十		所	

☞ '여러 사람이 다 같이 보고 있다.'는 뜻으로, '세상 사람을 아주 속일 수 없음'을 이르는 말.

	亡		寒

☞ '서로 돕던 사람이 망하면 다른 한쪽 사람도 함께 위험하다.'는 뜻으로 쓰이는 말.

	高	手	

☞ '눈은 높으나 손은 낮다.'는 뜻으로, '이상만 높고 실력이 미치지 못함'을 이르는 말.

	死	如	

☞ '죽음을 고향에 돌아가는 것처럼 여긴다.'는 뜻으로, '죽음을 조금도 두려워하지 않는다.'는 말.

十		之	

☞ '아무리 심지가 굳은 사람이라도 여러 번 말을 하면 결국은 마음을 돌려 따르게 됨'을 이르는 말.

	則	多	

☞ 장수(長壽)를 하면 욕됨도 많이 당한다.

	事		是

☞ 있는 그대로의 사실 즉, 실제(實際)에 입각(立脚)해서 그 일의 진상(眞相)을 찾고 구하는 것을 말함.

	田		水

☞ '제 논에 물대기'라는 뜻으로, '자기에게 이롭게 되도록 생각하거나 행동함'을 이르는 말.

	是	非	

☞ 옳고 그름을 가림.

	思	熟	

☞ 깊이 잘 생각함.

	言		判

☞ '몸과 말씨와 문필(文筆)과 판단력(判斷力)'을 일컬음.

安			思

☞ '편안한 때일수록 어려움이 닥칠 때를 생각하여 미리 대비하여야 함'을 이르는 말.

十		八	

☞ '거의 예외 없이 그러할 것이라는 추측'을 나타내는 말.

	字		患

☞ '아는 것이 탈'이라는 말, 또는 '학식(學識)이 있는 것이 도리어 근심을 사게 됨'을 이르는 말.

	出		沒

☞ '자유자재(自由自在)로 출몰(出沒)하여 그 변화를 헤아릴 수 없는 일이나 사람'을 이르는 말.

心		相	

☞ 말없이 마음과 마음으로 뜻을 전함.

다음 한자성어漢字成語를 익혀, 문제를 풀어보도록 하세요.

※ 문제 ☞ 뒤쪽

- 安貧樂道(안빈낙도) : 가난한 생활 가운데서도 편안한 마음으로 도(道)를 즐김.
- 安心立命(안심입명) : 생사(生死)의 도리를 깨달아 몸을 천명(天命)에 맡김.
- 眼下無人(안하무인) : '눈 아래에 사람이 없다.'는 뜻으로, '교만하여 남을 업신여김'을 이르는 말. 眼中無人.
- 殃及池魚(앙급지어) : '성문에 난 불을 연못의 물로 끄니 물고기가 다 죽었다.'는 데에서, '아무런 잘못이 없는데도 뜻밖의 재난을 당함'을 이르는 말. 池魚之殃.
- 藥籠中物(약롱중물) : '약장 속의 약'이라는 뜻으로, '없어서는 안 될 필요한 사람'을 이르는 말. 藥籠之物.
- 弱肉強食(약육강식) : 약한 자는 강한 자에게 먹힘.
- 羊頭狗肉(양두구육) : '양(羊)의 머리를 내걸고 개고기를 판다.'는 뜻으로, '겉모양은 훌륭하나 속은 변변치 않음'을 이르는 말.
- 梁上君子(양상군자) : '들보 위에 있는 군자(君子)'라는 뜻으로, '도둑'을 미화(美化)하여 이르는 말.
- 良藥苦口(양약고구) : '좋은 약은 입에 쓰다.'는 뜻으로, '충고의 말은 귀에 거슬리나 자신에게는 이롭다.'는 말.
- 養虎遺患(양호유환) : '범을 길러 근심을 남긴다.'는 뜻으로, '남을 도와주었다가 오히려 화근(禍根)을 남기게 됨'을 이르는 말.
- 魚魯不辨(어로불변) : '魚자와 魯자를 구별하지 못한다.'는 뜻으로, '아주 무식함'을 이르는 말.
- 魚網鴻離(어망홍리) : '물고기 그물에 기러기가 걸렸다.'는 뜻으로, '구하는 것은 얻지 못하고 엉뚱한 것을 얻음', 또는 '남의 일로 화를 입게 됨'을 이르는 말.
- 魚目燕石(어목연석) : '물고기의 눈과 연산의 돌'이라는 뜻으로, 두 가지 모두 구슬처럼 보이나 구슬이 아닌 데에서, '진짜와 비슷하나 본질은 다른 것'을 이르는 말.
- 魚變成龍(어변성룡) : '물고기가 변하여서 용이 된다.'는 뜻으로, '곤궁하던 사람이 부귀를 누리게 되거나 신통하지 못하던 사람이 훌륭하게 됨'을 이르는 말.
- 漁父之利(어부지리) : '황새와 조개가 서로 물리어 다투고 있을 때, 어부가 둘 다 잡아갔다.'는 고사에서, '둘이 싸우는 사이에 제삼자가 이득을 보는 것'을 이르는 말.
- 語不成說(어불성설) : '말이 조금도 이치에 맞지 아니함. 불성설(不成說).
- 魚遊釜中(어유부중) : '물고기가 솥 안에서 논다.'는 뜻으로, '살아 있으나 오래 가지 못할 것'을 이르는 말.
- 抑強扶弱(억강부약) : 강한 자를 누르고, 약한 자를 도와줌.
- 焉敢生心(언감생심) : 감히 그런 마음을 품을 수 없음.
- 言語道斷(언어도단) : '말할 길이 막혔다.'는 뜻으로, '어처구니가 없어 할 말이 없음'을 말함.
- 言中有骨(언중유골) : '말속에 뼈가 있다.'는 뜻으로, '예사로운 말 속에 또 다른 뜻이 들어 있음'을 이르는 말.
- 如鼓琴瑟(여고금슬) : '거문고와 비파를 타는 것과 같다.'는 뜻으로, '부부 사이가 화락함'을 이르는 말.
- 如履薄氷(여리박빙) : '엷은 얼음을 밟는 듯 매우 위험한 것'을 뜻함.
- 與民同樂(여민동락) : 임금이 백성과 함께 즐김.
- 旅進旅退(여진여퇴) : '나란히 나아가고 나란히 물러선다.'는 뜻으로, '일정한 주견 없이 남의 의견에 어울려 함께 행동함'을 이르는 말. 부화뇌동(附和雷同).
- 如出一口(여출일구) : 이구동성(異口同聲).
- 易地思之(역지사지) : 입장을 바꾸어서 생각해 봄.
- 連理比翼(연리비익) : '부부의 화목함'을 이르는 말.

다음 글을 읽고 한자성어漢字成語를 완성하세요.

정답 ☞ 앞쪽 참조

		思	之

☞ 입장을 바꾸어서 생각해 봄.

如			瑟

☞ '거문고와 비파를 타는 것과 같다.'는 뜻으로, '부부 사이가 화락함'을 이르는 말.

殃			魚

☞ '아무런 잘못이 없는데도 뜻밖의 재난을 당함'을 이르는 말.

魚		成	

☞ '곤궁하던 사람이 부귀를 누리게 되거나 신통하지 못하던 사람이 훌륭하게 됨'을 이르는 말.

	藥		口

☞ '좋은 약은 입에 쓰다.'는 뜻으로, '충언(忠言)은 귀에 거슬리지만 자신에게는 이롭다.'는 말.

	理	比	

☞ '부부의 화목함'을 이르는 말.

	上		子

☞ '들보 위에 있는 군자'라는 뜻으로, '도둑'을 미화(美化)하여 이르는 말.

焉			心

☞ 감히 그런 마음을 품을 수도 없음.

如		薄	

☞ '엷은 얼음을 밟는 듯 매우 위험한 것'을 뜻함.

	中	有	

☞ 예사로운 말속에 단단한 뼈 같은 속뜻이 있다는 말.

羊		狗	

☞ '양의 머리를 내걸고 개고기를 판다.'는 뜻으로, '겉모양은 훌륭하나 속은 변변치 않음'을 이르는 말.

言		道	

☞ 말할 길이 막혔다. 어처구니가 없어 할 말이 없음.

	強		弱

☞ 강한 자를 누르고, 약한 자를 도와줌.

旅		旅	

☞ '일정한 주견 없이 남의 의견에 어울려 함께 행동함'을 이르는 말.

	下		人

☞ '눈 아래에 사람이 없다.'는 뜻으로, '교만하여 남을 업신여김'을 이르는 말.

安			道

☞ 가난에 구애받지 않고 도(道)를 즐김을 일컫는 말.

	父	之	

☞ '둘이 다투는 사이에 제삼자(第三者)가 이득(利得)을 보는 것'을 비유하는 말.

魚		不	

☞ '아주 무식함'을 이르는 말.

다음 한자성어漢字成語를 익혀, 문제를 풀어보도록 하세요.

※ 문제 ☞ 뒤쪽

- 緣木求魚(연목구어) : '나무에 올라가 고기를 구한다.'는 뜻으로, '불가능한 일을 하고자 할 때를 이르는 말.
- 燕雁代飛(연안대비) : '제비가 날아올 때쯤이면 기러기가 날아간다.'는 뜻으로, '일이 서로 어긋남'을 이르는 말.
- 炎涼世態(염량세태) : 권세가 있을 때는 아부(阿附)하고, 몰락(沒落)하면 푸대접하는 세상인심.
- 五里霧中(오리무중) : '5리나 계속되는 안개 속에 있다.'는 뜻으로, '멀리 낀 안개 속에서 길을 찾기가 어려운 것같이 일의 갈피를 잡기 어려움'을 이르는 말.
- 吾鼻三尺(오비삼척) : '내 코가 석 자'라는 뜻으로, '내 일도 감당 못해 남을 도울 여유가 없음'을 뜻하는 말.
- 烏飛梨落(오비이락) : '까마귀 날자 배 떨어진다.'는 뜻으로, '공교롭게도 어떤 일이 같은 때에 일어나 남의 의심을 받게 됨'을 이르는 말.
- 五車之書(오거지서) : '다섯 수레에 실을 만한 책'이라는 뜻으로, '많은 장서(藏書)'를 이르는 말.
- 吳越同舟(오월동주) : '서로 적대 관계인 오나라와 월나라가 함께 배를 탔다.'는 뜻으로, '서로 적의를 품고 있으면서도 공통의 어려움에 대해서 서로 협력하여야 하는 상황'을 이르는 말.
- 烏合之卒(오합지졸) : 까마귀 떼와 같이 조직도 훈련(訓練)도 없이 모인 병사(兵士).
- 溫故知新(온고지신) : 옛 것을 익히고 그것을 미루어 새로운 것을 앎.
- 瓦釜雷鳴(와부뇌명) : '기왓가마가 우레와 같은 소리를 내면서 끓는다.'는 뜻으로, '별로 아는 것도 없는 사람이 과장해서 말함'을 비유하여 이르는 말.
- 外剛內柔(외강내유) : 겉으로는 강하게 보이나 속은 부드러움. 내유외강(內柔外剛).
- 外柔內剛(외유내강) : 겉으로는 부드럽고 순하게 보이나 마음속은 단단하고 굳셈. 내강외유(內剛外柔).
- 樂山樂水(요산요수) : '지혜로운 자는 사리에 통달하여 물과 같이 막힘이 없으므로 물을 좋아하고, 어진 자는 의리에 밝고 산과 같이 중후하여 변하지 않으므로 산을 좋아한다.'는 말.
- 欲速不達(욕속부달) : 일을 급히 하고자 서두르면 도리어 이루지 못함.
- 龍頭蛇尾(용두사미) : '용의 머리에 뱀의 꼬리'라는 뜻으로, '야단스럽게 시작하여 흐지부지 끝남'을 비유하여 이르는 말.
- 龍味鳳湯(용미봉탕) : '맛이 좋은 음식'을 이르는 말.
- 愚公移山(우공이산) : '어리석은 영감이 산을 옮긴다.'는 뜻으로, '무슨 일이든지 꾸준히 노력하면 마침내 이룰 수 있음'을 이르는 말.
- 牛耳讀經(우이독경) : '쇠귀에 경 읽기'라는 뜻으로, '아무리 말해봐야 소용없는 일, 또는 그처럼 무지한 사람'을 이르는 말. 우이송경(牛耳誦經). 우이탄금(牛耳彈琴).
- 雲泥之差(운니지차) : '구름과 진흙의 차이'라는 뜻으로, '사정(事情)이 크게 다름'을 이르는 말. 天地之差.
- 遠交近攻(원교근공) : '먼 나라와 친교를 맺고 가까운 나라를 공격한다.'는 뜻으로, '이해가 긴밀하지 않더라도 거리가 멀리 떨어져 있는 국가와 친교를 맺는 것'을 이르는 말.
- 危機一髮(위기일발) : 위태로움이 몹시 절박한 순간.
- 韋編三絶(위편삼절) : '책을 맨 가죽 끈이 세 번이나 닳아 끊어졌다.'는 뜻으로, '독서에 힘씀'을 이르는 말.
- 柔能制剛(유능제강) : 부드러운 것이 단단한 것을 이기고 약한 것이 강한 것을 이김. 유능승강(柔能勝剛).
- 有口無言(유구무언) : '입은 있으나 말이 없다.'는 뜻으로, '변명이나 항변할 말이 없음'을 이르는 말.
- 流芳百世(유방백세) : '향기가 백대에 걸쳐 흐른다.'는 뜻으로, '꽃다운 이름이 후세에 길이 전함'을 이르는 말.

不恥下問(불치하문) ▷ 아랫사람이나 자기보다 못한 사람에게 묻는 것을 부끄러워하지 아니함.

다음 글을 읽고 한자성어漢字成語를 완성하세요.

정답 ☞ 앞쪽 참조

	頭	蛇	

☞ '야단스럽게 시작하여 흐지부지 끝남'을 비유하여 이르는 말.

	交	近	

☞ '이해가 긴밀하지 않더라도 거리가 멀리 떨어져 있는 국가와 친교를 맺는 것'을 이르는 말.

	木		魚

☞ '나무에 올라가 고기를 구한다.'는 뜻으로, '불가능한 일을 하고자 할 때를 이르는 말.

	合	之	

☞ 까마귀 떼와 같이 조직도 훈련(訓練)도 없이 모인 병사(兵士).

雲		之	

☞ '사정(事情)이 크게 다름'을 이르는 말.

吾		三	

☞ '내 코가 석 자'라는 뜻으로, '내 일도 감당 못해 남을 도울 여유가 없음'을 뜻하는 말.

欲		不	

☞ 일을 급히 하고자 서두르면 도리어 이루지 못함.

外		內	

☞ 겉으로는 부드럽고 순하게 보이나 마음속은 단단하고 굳셈.

	機	一	

☞ 위태로움이 몹시 절박(切迫)한 순간.

吳		同	

☞ '서로 적의를 품고 있으면서도 공통의 어려움에 대해서 서로 협력하여야 하는 상황'을 이르는 말.

	公		山

☞ '무슨 일이든지 꾸준히 노력하면 성공함'을 비유하여 이르는 말.

炎		世	

☞ 권세가 있을 때는 아부(阿附)하고, 몰락(沒落)하면 푸대접하는 세상 인심.

	口		言

☞ '입은 있으나 말이 없다.'는 뜻으로, '변명(辨明)이나 항변(抗辯)할 말이 없음'을 이르는 말.

	故		新

☞ 옛 것을 익히고 그것을 미루어 새로운 것을 앎.

韋		三	

☞ '책을 맨 가죽 끈이 세 번이나 닳아 끊어졌다.'는 뜻으로, '독서에 힘씀'을 이르는 말.

五		之	

☞ '다섯 수레에 실을 만한 책'이라는 뜻으로, '많은 장서(藏書)'를 이르는 말.

	耳		經

☞ '아무리 말해봐야 소용없는 일, 또는 그처럼 무지한 사람'을 이르는 말.

五			中

☞ '멀리 낀 안개 속에서 길을 찾기가 어려운 것같이 일의 갈피를 잡기 어려움'을 이르는 말.

다음 한자성어漢字成語를 익혀, 문제를 풀어보도록 하세요.

※ 문제 ☞ 뒤쪽

- 有備無患(유비무환) : 준비가 있으면 근심이 없음.
- 類類相從(유유상종) : '같은 패끼리는 서로 따르고 좇으며 왕래하여 사귄다.'는 뜻으로, '비슷한 사람끼리 모이게 됨'을 비유하는 말.
- 悠悠自適(유유자적) : 속세(俗世)를 떠나 아무 속박(束縛) 없이 조용하고 편안하게 삶.
- 遺臭萬年(유취만년) : 더러운 이름을 후세에 남김.
- 殷鑑不遠(은감불원) : '은나라의 거울은 먼 데 있지 않다.'는 뜻으로, '남의 실패를 자신의 본보기로 삼아야 함'을 이르는 말.
- 隱忍自重(은인자중) : 마음속으로 참으며, 몸가짐을 신중히 함.
- 陰德陽報(음덕양보) : '남이 모르게 덕행을 쌓은 사람은 뒤에 그 보답을 저절로 받음'을 이르는 말.
- 吟風弄月(음풍농월) : 바람을 읊고 달을 보며 시를 짓고 흥취를 자아내어 즐김을 이르는 말.
- 異口同聲(이구동성) : '여러 사람의 말이 한결같다.'는 뜻으로, '여러 사람이 똑같음'을 말함. 異口同音.
- 離群索居(이군삭거) : 벗들의 곁을 떠나 홀로 외롭게 사는 것을 이르는 말.
- 以卵擊石(이란격석) : '달걀로 바위를 친다.'는 뜻으로, '턱없이 약한 것으로 엄청나게 강한 것을 당해 내려는 어리석음'을 이르는 말. 이란투석(以卵投石).
- 以心傳心(이심전심) : 말이나 글을 쓰지 않더라도 마음에서 마음으로 서로 뜻을 전함. 심심상인(心心相印).
- 以熱治熱(이열치열) : '열은 열로써 다스린다.'는 뜻으로, '힘은 힘으로써 물리침'을 이르는 말.
- 利用厚生(이용후생) : 경제를 풍요롭게 하고 의·식·주 생활을 넉넉하게 함.
- 因果應報(인과응보) : '원인과 결과는 서로의 행위에 응하여 그 갚음이 나타난다.'는 뜻으로, '선한 일에는 좋은 결과가, 악한 일에는 나쁜 결과가 따름'을 이르는 말.
- 引過自責(인과자책) : 자기의 잘못을 깨닫고 스스로 자신을 꾸짖음.
- 人琴俱亡(인금구망) : '왕헌지가 죽자 그가 쓰던 거문고도 가락이 맞지 않았다.'는 데서, '사람의 죽음을 몹시 슬퍼함'을 이르는 말. 인금지탄(人琴之歎).
- 人面獸心(인면수심) : '사람의 얼굴을 하였으나 마음은 짐승과 같다.'는 뜻으로, '사람의 도리를 지키지 못하고 행동이 흉악(凶惡)한 사람'을 이르는 말.
- 人命在天(인명재천) : '목숨의 길고 짧음은 하늘에 매여 있다.'는 말.
- 人死留名(인사유명) : 사람은 죽어도 그 삶이 헛되지 않도록 이름을 길이 남겨야 한다는 말.
- 仁者無敵(인자무적) : '어진 사람은 모든 사람을 사랑하므로 적대하는 사람이 없음'을 이르는 말.
- 一刻千金(일각천금) : 극히 짧은 시각(時刻)도 천금의 값어치가 나갈 만큼 매우 귀중함.
- 一擧兩得(일거양득) : 한 가지 일로써 두 가지 이익을 얻음. 일석이조(一石二鳥). 일거양획(一擧兩獲).
- 日久月深(일구월심) : 세월이 갈수록 더하여짐.
- 一諾千金(일낙천금) : '한 번 승낙한 일은 천금같이 귀중하다.'는 뜻으로, '확실한 승낙'을 뜻하는 말.
- 一刀兩斷(일도양단) : '한 칼로 두 동강이를 낸다.'는 뜻으로, '어떤 일을 머뭇거리지 않고 선뜻 결정함'을 이르는 말. 일도할단(一刀割斷).
- 一蓮托生(일련탁생) : '죽은 뒤에도 함께 극락정토에서 같은 연꽃 위에 다시 태어난다.'는 뜻으로, '선악이나 결과에 관계없이 끝까지 운명을 함께 함'을 이르는 말.

貧者一燈(빈자일등) ▷ 물질이 많고 적음보다 정성(精誠)이 소중(所重)하다는 뜻.

다음 글을 읽고 한자성어漢字成語를 완성하세요.

정답 ☞ 앞쪽 참조

	臭	萬	

☞ 더러운 이름을 만대(萬代)에까지 남김.

	者	無	

☞ '어진 사람은 모든 사람을 사랑하므로 천하에 적대하는 사람이 없음'을 이르는 말.

人			名

☞ 사람은 죽어도 그 삶이 헛되지 않도록 이름을 길이 남겨야 한다는 말.

	卵		石

☞ '턱없이 약한 것으로 엄청나게 강한 것을 당해 내려는 어리석음'을 이르는 말.

殷		不	

☞ '남의 실패를 자신의 본보기로 삼아야 함'을 이르는 말.

隱		自	

☞ 마음속으로 참으며, 몸가짐을 신중히 함.

一		兩	

☞ 한 가지 일로써 두 가지 이익을 얻음.

	口	同	

☞ '여러 사람의 말이 한결같다.'는 뜻으로, '여러 사람이 똑같음'을 말함.

	熱		熱

☞ '열은 열로써 다스린다.'는 뜻으로, '힘은 힘으로써 물리침'을 이르는 말.

	心		心

☞ 말이나 글을 쓰지 않더라도 마음에서 마음으로 서로 뜻을 전함.

因		應	

☞ '선과 악에 따라 반드시 업보(業報)가 있음'을 이르는 말.

一		千	

☞ 극히 짧은 시각(時刻)도 천금의 값어치가 나갈 만큼 매우 귀중함.

引		自	

☞ 자기 잘못을 깨닫고 스스로 자신을 꾸짖음.

人			心

☞ 마음이나 행동이 몹시 흉악(凶惡)함, 또는 그런 사람.

	德		報

☞ '남이 모르게 덕행을 쌓은 사람은 뒤에 그 보답을 저절로 받음'을 이르는 말.

利			生

☞ 백성이 사용하는 기구 따위를 편리하게 하고, 의식(衣食)을 풍부하게 하여 생활을 윤택하게 함.

有		無	

☞ 미리 준비해 두면 근심될 것이 없음.

一		兩	

☞ '어떤 일을 머뭇거리지 않고 선뜻 결정함'을 이르는 말.

다음 한자성어漢字成語를 익혀, 문제를 풀어보도록 하세요.

※ 문제 ☞ 뒤쪽

- 一罰百戒(일벌백계) : 타의 경각심을 불러일으키기 위하여 본보기로 무거운 처벌을 하는 일.
- 一石二鳥(일석이조) : 일거양득(一擧兩得).
- 一魚濁水(일어탁수) : '물고기 한 마리가 큰물을 흐리게 한다.'는 뜻으로, '한 사람의 악행으로 인하여 여러 사람이 그 해를 받게 되는 것'을 이르는 말.
- 一葉知秋(일엽지추) : '나뭇잎 하나가 떨어지는 것을 보고 가을이 온 것을 안다.'는 뜻으로, '하찮은 조짐을 보고 앞으로 일어날 일을 미리 안다.'는 말.
- 一衣帶水(일의대수) : 한 줄기의 띠와 같은 작은 냇물이나 바닷물, 또는 그것을 사이에 둔 관계.
- 一以貫之(일이관지) : 한 이치로써 모든 것을 일관함.
- 一日三秋(일일삼추) : '하루가 3년 같다.'는 뜻으로, '몹시 애태우며 초조하게 기다림'을 이르는 말.
- 一日之長(일일지장) : '하루 먼저 태어나서 나이가 조금 위가 된다.'는 뜻으로, '조금 나음'을 이르는 말.
- 一長一短(일장일단) : 장점도 있고 단점도 있음, 또는 하나의 장점과 하나의 단점.
- 一場春夢(일장춘몽) : '한바탕의 봄꿈'이란 뜻으로, '헛된 영화(榮華)나 덧없는 일'을 비유하여 이르는 말.
- 日進月步(일진월보) : 나날이 다달이 끊임없이 진보하고 발전함.
- 一觸卽發(일촉즉발) : 조금 건드리기만 하여도 곧 폭발(爆發)할 것 같은 몹시 위험한 상태.
- 日就月將(일취월장) : '날로 달로 자라거나 진보하여 나날이 나아간다.'는 뜻으로, '나날이 다달이 발전해 나아감'을 이르는 말.
- 一敗塗地(일패도지) : '싸움에 한 번 패하여 간과 뇌가 땅바닥에 으깨어진다.'는 뜻으로, '여지(餘地)없이 패하여 재기불능하게 되는 것'을 일컫는 말.
- 一片丹心(일편단심) : '한 조각 붉은 마음'이라는 뜻으로, 곧 '참된 정성'을 이르는 말.
- 一筆揮之(일필휘지) : 글씨를 단숨에 힘차고 시원하게 죽 써 내림.
- 一喜一悲(일희일비) : 기쁜 일과 슬픈 일이 번갈아 일어남.
- 臨機應變(임기응변) : 그때그때의 사정과 형편을 보아 그에 알맞게 그 자리에서 처리함. 隨機應變.
- 立身揚名(입신양명) : 입신(立身) 출세(出世)하여 세상에 이름을 드날림.
- 自强不息(자강불식) : 스스로 힘써 쉬지 아니함.
- 自激之心(자격지심) : 제가 한 일에 대하여 스스로 미흡한 생각을 가짐.
- 自業自得(자업자득) : 자기가 저지른 일의 과보(果報)를 자기 자신이 받음.
- 自中之亂(자중지란) : 같은 패 안에서 일어나는 싸움.
- 自暴自棄(자포자기) : 자기 자신을 스스로 버려서 돌아보지 않음.
- 自畫自讚(자화자찬) : 제 일을 스스로 자랑함.
- 張三李四(장삼이사) : '張氏의 三男과 李氏의 四男'이란 뜻으로, '평범한 사람'을 가리켜 이르는 말.
- 赤手空拳(적수공권) : '맨손과 맨주먹'이라는 뜻으로, '아무것도 가진 것이 없음'을 이르는 말.
- 積土成山(적토성산) : '흙이 쌓여 산을 이룬다.'는 뜻으로, '작은 것을 힘써 모아서 큰 것을 이룸'을 뜻하는 말.
- 電光石火(전광석화) : '번개가 치거나 부싯돌이 부딪칠 때의 번쩍이는 빛'이라는 뜻으로, '매우 짧은 시간'을 비유하여 이르는 말.

山紫水明(산자수명) ▷ '산은 자줏빛을 비추고 물은 하염없이 맑다'는 뜻으로, '산수의 경치가 좋음'을 일컫는 말.

다음 글을 읽고 한자성어漢字成語를 완성하세요.

정답 ☞ 앞쪽 참조

一			之

☞ 한 이치(理致)로써 모든 것을 일관함.

自		之	

☞ 같은 패 안에서 일어나는 싸움.

	手	空	

☞ '맨손과 맨주먹'이라는 뜻으로, '아무것도 가진 것이 없음'을 이르는 말.

一		三	

☞ '하루가 3년처럼 길게 느껴진다.'는 뜻으로, 즉 '몹시 애태우며 기다림'을 비유하여 이르는 말.

	三		四

☞ '장씨의 삼남과 이씨의 사남'이란 뜻으로, '평범한 사람'을 가리켜 이르는 말.

一		春	

☞ '한바탕의 봄꿈'이란 뜻으로, '헛된 영화(榮華)나 덧없는 일'을 비유하여 이르는 말.

自		自	

☞ 제 일을 스스로 자랑함.

	土		山

☞ '흙이 쌓여 산을 이룬다.'는 뜻으로, '작은 것을 힘써 모아서 큰 것을 이룸'을 뜻하는 말.

自		不	

☞ 스스로 힘써 쉬지 아니함.

一		卽	

☞ 조금 건드리기만 하여도 곧 폭발(爆發)할 것 같은 몹시 위험한 상태.

日		月	

☞ '나날이 다달이 발전해 나아감'을 이르는 말.

一		知	

☞ '하찮은 조짐을 보고 앞으로 일어날 일을 미리 안다.'는 말.

一			之

☞ 글씨를 단숨에 힘차고 시원하게 죽 써 내림.

一			地

☞ '여지(餘地)없이 패하여 재기불능(再起不能)하게 되는 것'을 일컫는 말.

一			心

☞ '한 조각 붉은 마음'이라는 뜻으로, 곧 '참된 정성'을 이르는 말.

自		自	

☞ 자기 자신을 스스로 버려서 돌아보지 않음.

	光		火

☞ '매우 짧은 시간'을 비유하여 이르는 말.

一			水

☞ 한 줄기의 띠와 같은 작은 냇물이나 바닷물, 또는 그것을 사이에 둔 관계.

다음 한자성어漢字成語를 익혀, 문제를 풀어보도록 하세요.

※ 문제 ☞ 뒤쪽

- 前無後無(전무후무) : 전에도 없었고 앞으로도 없음.
- 戰戰兢兢(전전긍긍) : '戰戰은 겁을 먹고 떠는 모양, 兢兢은 몸을 삼가고 조심하는 것'을 뜻하는 말로, '몹시 두려워하며 몸을 움추림'을 이르는 말.
- 前瞻後顧(전첨후고) : '일을 당하여 결단하지 못하고 앞뒤를 재며 어물어물함'을 이르는 말.
- 轉禍爲福(전화위복) : '화가 변하여 복이 된다.'는 뜻으로, '궂은일을 당하였을 때 잘 처리하여서 좋은 일이 되게 하는 것'을 일컫는 말.
- 絶長補短(절장보단) : '긴 것을 잘라 짧은 것에 보탠다.'는 뜻으로, '알맞게 맞춤, 또는 장점으로 부족한 점이나 나쁜 점을 보충함'을 이르는 말.
- 切齒腐心(절치부심) : '분을 못 이겨 이를 갈고 속을 썩인다.'는 뜻으로, '몹시 노함'을 비유하여 이르는 말.
- 漸入佳境(점입가경) : '경치나 문장, 또는 어떤 일의 상황이 갈수록 재미있게 전개됨'을 이르는 말.
- 點鐵成金(점철성금) : '쇠를 달구어 황금을 만든다.'는 뜻으로, '나쁜 것을 고쳐서 좋은 것으로 만듦'을 이르는 말.
- 朝令暮改(조령모개) : '아침에 명령을 내렸다가 저녁에 다시 고친다.'는 뜻으로, '법령을 자꾸 고쳐서 갈피를 잡기가 어려움'을 이르는 말.
- 朝不慮夕(조불려석) : '아침에 저녁 일을 헤아리지 못한다.'는 뜻으로, '당장을 걱정할 뿐, 앞일을 생각할 겨를이 없음'을 이르는 말. 조불모석(朝不謀夕).
- 朝三暮四(조삼모사) : '아침에 4개를 주고 저녁에 3개를 준다.'는 뜻으로, '간사한 꾀로 남을 농락(籠絡)함'을 이르는 말.
- 鳥足之血(조족지혈) : '새발의 피'라는 뜻으로, '아주 보잘것 없음'을 비유하는 말.
- 足脫不及(족탈불급) : '맨발로 뛰어도 따라가지 못한다.'는 뜻으로, '능력 따위가 두드러져 다른 사람이 따라가지 못할 정도임'을 이르는 말.
- 存亡之秋(존망지추) : 존속(存續)과 멸망(滅亡), 또는 삶과 죽음이 결정되는 절박한 때.
- 種豆得豆(종두득두) : '콩을 심으면 콩이 난다.'는 뜻으로, '뿌린 대로 거두게 됨'을 이르는 말.
- 左顧右眄(좌고우면) : '이쪽저쪽을 돌아본다.'는 뜻으로, '앞뒤를 재고 망설임'을 이르는 말. 左右顧眄.
- 坐井觀天(좌정관천) : '우물 안에서 하늘을 본다.'는 뜻으로, '견문이 아주 좁음'을 이르는 말.
- 左之右之(좌지우지) : '제 마음대로 자유롭게 처리함, 또는 일이나 사람을 마음대로 지휘함'을 이르는 말.
- 左衝右突(좌충우돌) : 이리저리 마구 치고 받음.
- 晝耕夜讀(주경야독) : '낮에는 일하고 밤에는 글을 읽는다.'는 뜻으로, '바쁜 틈을 타서 어렵게 공부함'을 이르는 말.
- 走馬看山(주마간산) : '말을 달리면서 산을 본다.'는 뜻으로, '바빠서 자세히 보지 못하고 건성으로 지나침'을 이르는 말. 수박 겉 핥기.
- 朱脣皓齒(주순호치) : '붉은 입술과 하얀 이'라는 뜻으로, '아름다운 여자'를 이르는 말. 단순호치(丹脣皓齒).
- 酒池肉林(주지육림) : '술로 이루어진 연못과 고기로 이루어진 숲'이라는 뜻으로, '호화로운 술잔치, 또는 호화로운 생활'을 이르는 말.
- 竹馬故友(죽마고우) : 죽마를 타고 놀던 벗, 곧 어릴 때 같이 놀던 친한 친구.
- 衆寡不敵(중과부적) : 적은 수효로는 많은 수효를 대적하지 못함. 과부적중(寡不適中).
- 衆口難防(중구난방) : '뭇 사람의 말을 이루 다 막기는 어렵다.'는 뜻으로, '의견이 모아지지 않고 저마다의 소견을 펼치기만 하는 상황'을 이르는 말.
- 知己之友(지기지우) : 자기의 속마음과 자기의 가치를 잘 알아주는 참다운 친구.

다음 글을 읽고 한자성어漢字成語를 완성하세요.

정답 ☞ 앞쪽 참조

足		不	

☞ '능력·역량·재질 따위의 차이가 뚜렷함'을 이르는 말.

朝			改

☞ '법령을 자꾸 고쳐서 갈피를 잡기가 어려움'을 이르는 말.

		之	秋

☞ 존속과 멸망, 또는 삶과 죽음이 결정되는 절박한 때.

	口	難	

☞ '의견이 모아지지 않고 저마다의 소견을 펼치기만 하는 상황'을 이르는 말.

	禍	爲	

☞ '궂은일을 당하였을 때 잘 처리하여서 좋은 일이 되게 하는 것'을 일컫는 말.

	之		之

☞ '제 마음대로 자유롭게 처리함, 또는 어떤 일이나 사람을 마음대로 지휘함'을 이르는 말.

	三		四

☞ '간사한 꾀로 남을 농락(籠絡)함'을 이르는 말.

	足	之	

☞ '새발의 피'라는 뜻으로, '아주 보잘것없음'을 비유하는 말.

	入	佳	

☞ '경치나 문장, 또는 어떤 일의 상황이 갈수록 재미있게 전개됨'을 이르는 말.

	豆		豆

☞ '콩심은 데 콩난다.'는 뜻으로, '뿌린 대로 거두게 됨'을 이르는 말.

晝		夜	

☞ '낮에는 밭을 갈고 밤에는 책을 읽는다.'는 뜻으로, '낮에는 일하고 밤에 공부하는 것'을 이르는 말.

	馬		山

☞ '바빠서 자세히 보지 못하고 건성으로 지나침'을 뜻하는 말.

竹			友

☞ 죽마를 타고 놀던 벗, 곧 어릴 때 같이 놀던 친한 친구.

	齒		心

☞ '분을 못 이겨 이를 갈고 속을 썩인다.'는 뜻으로, '몹시 노함'을 비유하여 이르는 말.

	井		天

☞ '우물 안에서 하늘을 본다.'는 뜻으로, '견문이 아주 좁음'을 이르는 말.

	寡	不	

☞ 적은 수효로는 많은 수효를 대적하지 못함.

	長		短

☞ '알맞게 맞춤, 또는 장점으로 부족한 점이나 나쁜 점을 보충함'을 이르는 말.

	池		林

☞ '호화로운 술잔치, 또는 호화로운 생활'을 이르는 말.

다음 한자성어漢字成語를 익혀, 문제를 풀어보도록 하세요.

※ 문제 ☞ 뒤쪽

- 指鹿爲馬(지록위마) : '사슴을 가리켜 말이라고 한다.'는 뜻으로, '윗사람을 농락하고 권세를 마음대로 부리는 것'을 이르는 말.
- 支離滅裂(지리멸렬) : '이리저리 흩어지고 찢기어 갈피를 잡을 수 없다.'는 뜻으로, '체계가 없이 마구 흩어져 갈피를 잡을 수 없음'을 이르는 말.
- 知命之年(지명지년) : '천명(天命)을 아는 나이'라는 뜻으로, '쉰 살이 된 나이'를 뜻하는 말.
- 指呼之間(지호지간) : 부르면 곧 대답할 만한 거리
- 進退維谷(진퇴유곡) : '앞으로도 뒤로도 나아가거나 물러 설 수도 없는 처지'라는 뜻으로, '이러기도 어렵고 저러기도 어려운 처지, 즉 궁지에 빠진 상태'를 이르는 말. 진퇴양난(進退兩難).
- 塵合泰山(진합태산) : 작은 물건도 많이 모이면 큰 것이 된다는 말. 티끌 모아 태산.
- 此日彼日(차일피일) : '오늘 내일 하며 기한(期限)을 자꾸 미루는 모양'을 이르는 말.
- 借廳入室(차청입실) : '대청을 빌려 쓰다가 점점 안방까지 들어간다.'는 뜻으로, '남에게 의지하다가 점차 그의 권리까지 침범함'을 이르는 말.
- 滄海一粟(창해일속) : '푸른 바다에 떠있는 한 톨의 좁쌀'이라는 뜻으로, '아주 큰 물건 속에 있는 아주 작고 보잘것없는 물건'을 이르는 말.
- 隻手空拳(척수공권) : 적수공군(赤手空拳).
- 天高馬肥(천고마비) : '하늘은 높고 말이 살찐다.'는 뜻으로, '가을철'을 일컫는 말.
- 千慮一得(천려일득) : '천 번 생각하면 한 가지는 얻는다.'는 뜻으로, '바보도 한 가지쯤은 좋은 생각이 있다.'는 뜻으로 쓰이는 말.
- 千慮一失(천려일실) : 여러 번 생각하여 신중하고 조심스럽게 한 일에도 때로는 한 가지 실수가 있음.
- 天方地軸(천방지축) : 어리석은 사람이 종작없이 덤벙대는 일.
- 千辛萬苦(천신만고) : 갖은 애를 쓰며 고생을 함.
- 天壤之差(천양지차) : 하늘과 땅같이 엄청난 차이.
- 天壤之判(천양지판) : '하늘과 땅처럼 큰 차이'라는 뜻으로, '사물이 서로 엄청나게 다름'을 이르는 말.
- 天衣無縫(천의무봉) : '천사의 옷은 바느질한 흔적이 없다.'는 뜻으로, '문장이나 경관(景觀)이 훌륭하여 손댈 곳이 없을 만큼 잘 되었음'을 가리키는 말.
- 千載一遇(천재일우) : 천 년에나 한 번 만날 수 있는 기회, 곧 '좀처럼 얻기 어려운 기회'를 말함.
- 千篇一律(천편일률) : '여러 시문(詩文)의 글귀가 모두 비슷비슷하다.'는 뜻으로, '사물이 모두 한결같아서 변화가 없음'을 비유하여 이르는 말.
- 晴耕雨讀(청경우독) : '맑은 날은 논밭을 갈고, 비오는 날은 책을 읽는다.'는 뜻으로, '부지런히 일하며 여가(餘暇)를 헛되이 보내지 않고 공부함'을 이르는 말.
- 青雲之志(청운지지) : 입신(立身) 출세(出世)하려는 의지(意志).
- 青出於藍(청출어람) : '쪽에서 우러난 푸른빛이 쪽보다 더 푸르다.'는 말로, '제자가 스승보다 낫다.'는 뜻으로 쓰이는 말. 출람지예(出藍之譽).
- 草綠同色(초록동색) : '풀빛과 녹색은 같은 빛깔'이라는 뜻으로, '같은 처지에 있는 무리와 함께 어울려 지내는 것'을 이르는 말.
- 寸鐵殺人(촌철살인) : '조그만 쇠붙이로 사람을 죽인다.'는 뜻으로, '짧은 경구(警句)나 간단한 말로 사람의 마음을 찔러 듣는 사람을 감동(感動)시킴'을 이르는 말.
- 忠言逆耳(충언역이) : 충고(忠告)하는 말은 귀에 거슬린다. 충언역어이(忠言逆於耳).

다음 글을 읽고 한자성어漢字成語를 완성하세요.

정답 ☞ 앞쪽 참조

草		同	

☞ '어울려 같이 지내는 것들은 모두 같은 성격의 무리'라는 뜻으로 쓰이는 말.

千		一	

☞ '사물이 모두 한결같아서 변화가 없음'을 비유하여 이르는 말.

	鹿	爲	

☞ '윗사람을 농락하고 권세를 마음대로 부리는 것'을 이르는 말.

天			縫

☞ '문장이나 경관이 훌륭하여 손댈 곳이 없을 만큼 잘 되었음'을 가리키는 말.

千		一	

☞ 여러 번 생각하여 신중하고 조심스럽게 한 일에도 때로는 한 가지 실수가 있음.

進		維	

☞ 앞으로 나아갈 수도 뒤로 물러 설 수도 없이 꼼짝할 수 없는 궁지에 빠짐.

	合		山

☞ 작은 물건도 많이 모이면 큰 것이 된다는 말. 티끌 모아 태산.

天		地	

☞ 어리석은 사람이 종작없이 덤벙대는 일.

	離	滅	

☞ '체계가 없이 마구 흩어져 갈피를 잡을 수 없음'을 이르는 말.

	言		耳

☞ 충고하는 말은 귀에 거슬린다.

	耕	雨	

☞ '부지런히 일하며 여가(餘暇)를 헛되이 보내지 않고 공부함'을 이르는 말.

	海	一	

☞ 넓은 바다에 떠있는 한 알의 좁쌀. 아주 큰 물건 속에 있는 아주 작은 물건을 말한다.

	出	於	

☞ '제자가 스승보다 낫다.'는 뜻으로 쓰이는 말.

寸			人

☞ '짧은 경구(警句)나 간단한 말로 사람의 마음을 찔러 듣는 사람을 감동시킴'을 이르는 말.

千		一	

☞ '바보도 한 가지쯤은 좋은 생각이 있다.'는 뜻으로 쓰이는 말.

天			肥

☞ '하늘은 높고 말이 살찐다.'는 뜻으로, '가을철'을 일컫는 말.

千		一	

☞ 천 년에나 한번 만날 수 있는 기회, 곧 좀처럼 얻기 어려운 기회를 말함.

天		之	

☞ '하늘과 땅처럼 큰 차이'라는 뜻으로, '사물이 서로 엄청나게 다름'을 이르는 말.

다음 한자성어漢字成語를 익혀, 문제를 풀어보도록 하세요.

※ 문제 ☞ 뒤쪽

- 秋風落葉(추풍낙엽) : '가을바람에 흩어져 떨어지는 나뭇잎'이라는 말로, '어떤 형세나 세력이 갑자기 기울어지거나 단번에 헤어져 흩어짐'을 이르는 말.
- 春雉自鳴(춘치자명) : '봄날의 꿩이 스스로 운다.'는 뜻으로, '봄날의 꿩이 스스로 울어 자기가 있는 곳을 노출시켜 화를 자초함'을 이르는 말.
- 出將入相(출장입상) : 전시에는 싸움터에 나가서 장군이 되고 평시(平時)에는 재상이 되어 정치를 함.
- 醉生夢死(취생몽사) : 아무 뜻과 이룬 일도 없이 한평생을 흐리멍덩하게 살아감.
- 置之度外(치지도외) : 내버려두고 상대하지 않음.
- 沈魚落雁(침어낙안) : '놀던 물고기는 부끄러워 연못 속으로 숨고, 하늘 높이 날던 기러기는 땅으로 떨어졌다.'는 뜻으로, '아름다운 여인의 모습'을 이르는 말.
- 快刀亂麻(쾌도난마) : '어지럽게 뒤얽힌 사물이나 말썽거리를 단번에 시원스럽게 처리함'을 비유하여 이르는 말.
- 他山之石(타산지석) : '다른 산의 돌이라도 자신의 옥을 가는 데 도움이 된다.'는 뜻으로, '남의 하찮은 언행도 자신의 지식과 인격을 닦는 데 도움이 된다.'는 말.
- 卓上空論(탁상공론) : '탁자 위에서만 펼치는 헛된 이론'이라는 뜻으로, '실현성이 없는 허황된 이론'을 일컫는 말.
- 貪官汚吏(탐관오리) : 탐욕(貪慾)이 많고 마음이 깨끗하지 못한 관리(官吏).
- 泰山北斗(태산북두) : '태산과 북두칠성'이라는 뜻으로, '여러 사람이 우러러보고 존경받는 뛰어난 존재'를 일컫는 말.
- 破鏡重圓(파경중원) : '반으로 쪼갠 거울이 다시 둥글게 되어 본모습을 찾게 되었다.'는 뜻으로, '이별한 부부가 다시 만남'을 비유하여 이르는 말.
- 破瓜之年(파과지년) : '瓜'자를 파자(破字)하면 '八八'이 되는 데서, 여자의 나이 '열여섯 살', 남자의 나이 '예순네 살'을 이르는 말.
- 破邪顯正(파사현정) : '그릇된 것을 깨고 바른 것을 드러냄'을 이르는 말.
- 破顔大笑(파안대소) : 즐거운 표정으로 크게 웃음.
- 破竹之勢(파죽지세) : '대나무를 쪼갤 때와 같은 형세'라는 뜻으로, '감히 대적할 수 없을 정도로 걷잡을 수 없이 나아가는 세력'을 형용하여 이르는 말.
- 八方美人(팔방미인) : '어느 모로 보나 아름다운 사람'이라는 뜻으로, '여러 방면에 능통한 사람'을 이르는 말.
- 廢寢忘餐(폐침망찬) : 침식을 잊고 일에 몰두함.
- 抱腹絶倒(포복절도) : 배를 안고 몸을 가누지 못할 정도로 몹시 웃음.
- 暴虎馮河(포호빙하) : '맨손으로 범을 때려잡고 황허강(黃河江)을 걸어서 건넌다.'는 뜻으로, '용기는 있으나 무모함'을 비유하여 이르는 말.
- 表裏不同(표리부동) : 마음씨가 음충맞아서 겉과 속이 다름. 속 다르고 겉 다름.
- 風樹之歎(풍수지탄) : '나무는 조용히 있고 싶어도 바람이 멎지 않으니 뜻대로 되지 않는다(樹欲靜而風不止)'는 말로, '효도를 다하지 못한 채 부모를 잃은 자식의 슬픔'을 이르는 말.
- 風雲之會(풍운지회) : '용이 바람과 구름을 얻어서 기운을 얻었다.'는 뜻에서, '총명한 임금과 어진 신하가 서로 만남', 또는 '영웅호걸이 뜻을 이룰 수 있는 좋은 기회를 만남'을 비유하여 이르는 말.
- 風前燈火(풍전등화) : 바람 앞에 켠 등불처럼 매우 위급한 경우에 놓여 있음을 가리키는 말.
- 匹夫匹婦(필부필부) : 평범한 남자와 평범한 여자.

다음 글을 읽고 한자성어漢字成語를 완성하세요.

정답 ☞ 앞쪽 참조

	上	空	

☞ '탁자 위에서만 펼치는 헛된 이론'이라는 뜻으로, '실현성이 없는 허황된 이론'을 일컫는 말.

出		入	

☞ 전시(戰時)에는 싸움터에 나가서 장군이 되고 평시(平時)에는 재상이 되어 정치를 함.

	竹	之	

☞ '감히 대적할 수 없을 정도로 걷잡을 수 없이 나아가는 세력'을 형용하여 이르는 말.

風		之	

☞ '효도를 다하지 못한 채 부모를 잃은 자식의 슬픔'을 이르는 말.

	魚	落	

☞ '아름다운 여인의 모습'을 이르는 말.

	鏡	重	

☞ '이별한 부부가 다시 만남'을 비유하여 이르는 말.

	顏	大	

☞ 매우 즐거운 표정으로 크게 웃음.

	裏	不	

☞ 마음씨가 음충맞아서 겉과 속이 다름.

	前		火

☞ 바람 앞에 켠 등불처럼 매우 위급한 경우에 놓여 있음을 가리키는 말.

	風	落	

☞ '어떤 형세나 세력이 갑자기 기울어지거나 단번에 헤어져 흩어짐'을 비유하여 이르는 말.

八			人

☞ '여러 방면의 일에 능통한 사람'을 가리키는 말.

破		之	

☞ 여자의 나이 '열여섯 살', 남자의 나이 '예순네 살'을 이르는 말.

	生		死

☞ 아무 뜻과 이룬 일도 없이 한평생을 흐리멍덩하게 살아감.

抱		絕	

☞ 배를 안고 몸을 가누지 못할 정도로 몹시 웃음.

	山	北	

☞ '여러 사람이 우러러보는 존경받는 뛰어난 존재'를 일컫는 말.

	官		吏

☞ 탐욕이 많고 마음이 깨끗하지 못한 관리.

	之		外

☞ 내버려두고 상대하지 않음.

	刀		麻

☞ '어지럽게 뒤얽힌 사물이나 말썽거리를 단번에 시원스럽게 처리함'을 비유하여 이르는 말.

다음 한자성어漢字成語를 익혀, 문제를 풀어보도록 하세요.

※ 문제 ☞ 뒤쪽

- 必有曲折(필유곡절) : 반드시 무슨 까닭이 있음. 필유사단(必有事端).
- 下問不恥(하문불치) : '아랫사람에게 묻는 것이 수치가 아니라'는 뜻으로, '모르는 것은 누구에게든지 물어서 식견을 넓혀야 함'을 이르는 말.
- 下石上臺(하석상대) : '아랫돌 빼서 윗돌 괴고, 윗돌 빼서 아랫돌 괸다.'는 뜻으로, '임시변통으로 이리저리 둘러맞춤'을 이르는 말. 上石下臺. 상하탱석(上下撐石).
- 下愚不移(하우불이) : 아주 어리석고 못난 사람의 기질이나 버릇은 변하지 아니함.
- 下學上達(하학상달) : '아래를 배워 위에 달한다.'는 뜻으로, '낮고 쉬운 것을 배워 깊고 어려운 이치를 깨달음'을 이르는 말.
- 鶴首苦待(학수고대) : '학처럼 목을 빼고 기다린다.'는 뜻으로, '몹시 기다림'을 뜻하는 말.
- 學而知之(학이지지) : '三知의 하나'로, '배워서 앎에 이르는 것'을 이르는 말. [三知는 道를 깨닫게 되는 知의 세 단계로, 나면서 아는 생지(生知), 배워서 아는 학지(學知), 애를 써서 아는 곤지(困知)를 이른다].
- 漢江投石(한강투석) : '한강에 돌 던지기'라는 뜻으로, '아무리 애를 써도 아무런 보람이 없거나 효과를 미치지 못함'을 비유하여 이르는 말.
- 邯鄲之夢(한단지몽) : '한단에서 노생이 여옹도사의 베개를 베고 꾼 꿈'이라는 뜻으로, '일생의 영고성쇠(榮枯盛衰)는 한바탕 꿈에 지나지 않음'을 비유한 말.
- 汗牛充棟(한우충동) : '수레에 실으면 소가 땀을 흘리고, 쌓으면 들보에까지 닿는다.'는 뜻으로, '책이 많음'을 이르는 말.
- 閑雲野鶴(한운야학) : '하늘에 한가히 떠도는 구름과 들에 노니는 학'이라는 뜻으로, '아무 구속이 없이 한가한 생활을 하며 유유자적(悠悠自適)하는 경지'를 이르는 말.
- 閑話休題(한화휴제) : '쓸데없는 이야기는 그만둔다.'는 뜻으로, 어떤 내용을 써 내려갈 때 한동안 다른 내용으로 쓰다가 다시 본론으로 돌아갈 때 쓰는 말.
- 割席分坐(할석분좌) : '자리를 갈라서 따로 앉는다.'는 뜻으로, '교제를 끊고 자리에 함께 앉지 아니함'을 비유하여 이르는 말.
- 咸興差使(함흥차사) : '조선시대 태조가 선위(禪位)하고 함흥에 있을 때, 태종(太宗)이 아버지의 노여움을 풀고자 사신을 보내도 전혀 소식이 없었다.'는 고사에서 생긴 말로, '심부름을 간 사람이 돌아오지 않거나 아무 소식이 없음'을 비유하여 이르는 말.
- 恒茶飯事(항다반사) : 일상(日常) 있는 일. 예사(例事)로운 일. 回 거짓말을 恒茶飯事로 한다.
- 虛無孟浪(허무맹랑) : 거짓되어 터무니없음.
- 解衣推食(해의추식) : '옷을 벗어주고 음식을 건네다.'는 뜻으로, '남에게 따뜻하게 베푸는 것'을 이르는 말.
- 虛張聲勢(허장성세) : '헛되이 과장(誇張)된 형세로 소리를 낸다.'는 뜻으로, '실력이 없으면서 허세(虛勢)를 부림'을 이르는 말.
- 虛虛實實(허허실실) : 적의 허(虛)를 찌르고 실을 꾀하는 등, 서로 계략(計略)을 다하여 싸우는 모습'을 이르는 말.
- 軒軒丈夫(헌헌장부) : 외모가 준수(俊秀)하고 풍채(風采)가 당당한 남자. 헌헌대장부(軒軒大丈夫).
- 賢問愚答(현문우답) : 현명(賢明)한 물음에 대한 어리석은 대답.
- 懸河口辯(현하구변) : 물이 거침없이 흐르듯이 능하게 잘하는 말. 현하웅변(懸河雄辯). 현하지변(懸河之辯).
- 血肉之親(혈육지친) : '피와 살을 나눈 친함'이라는 뜻으로, '부모, 자식, 형제, 자매 등과 같이 한 혈통으로 맺어진 육친'을 이르는 말. 혈육(血肉).

視死如歸(시사여귀) ▷ '죽음을 고향에 돌아가는 것처럼 여긴다'는 뜻으로, '죽음을 조금도 두려워하지 않는다'는 말.

다음 글을 읽고 한자성어漢字成語를 완성하세요.

정답 ☞ 앞쪽 참조

恒			事

☞ 일상 있는 일. 예사로운 일.

咸			使

☞ '심부름을 간 사람이 돌아오지 않거나 아무 소식이 없음'을 이르는 말.

	雲	野	

☞ '아무 구속이 없이 한가한 생활을 하며 유유자적하는 경지'를 이르는 말.

	問		答

☞ 현명한 물음에 대한 어리석은 대답.

	江		石

☞ '아무리 애를 써도 아무런 보람이 없거나 효과를 미치지 못함'을 비유하여 이르는 말.

	衣		食

☞ '옷을 벗어주고 음식을 건네다.'는 뜻으로, '남에게 따뜻하게 베푸는 것'을 이르는 말.

虛		實	

☞ '적의 허를 찌르고 실을 피하는 등, 서로 계략을 다하여 싸우는 모습'을 이르는 말.

	牛	充	

☞ '짐을 실으면 소가 땀을 흘리고, 쌓으면 들보에까지 미친다.'는 뜻으로, '책이 많음'을 이르는 말.

割		分	

☞ '교제를 끊고 자리에 함께 앉지 아니함'을 이르는 말.

虛			勢

☞ '헛되이 과장된 형세로 소리를 낸다.'는 뜻으로, '실력이 없으면서 허세를 부림'을 이르는 말.

下		上	

☞ '낮고 쉬운 것을 배워 깊고 어려운 이치를 깨달음'을 이르는 말.

	河	口	

☞ 물이 거침없이 흐르듯이 능하게 잘 하는 말.

下		上	

☞ '임시변통으로 이리저리 둘러맞춤'을 이르는 말.

		之	親

☞ '부모, 자식, 형제, 자매 등과 같이 한 혈통으로 맺어진 육친'을 이르는 말.

	鄲	之	

☞ '인생과 영화의 덧없음'을 비유하여 이르는 말.

	首	苦	

☞ '학처럼 목을 빼고 기다린다.'는 뜻으로, '몹시 기다림'을 뜻하는 말.

下		不	

☞ 아주 어리석고 못난 사람의 기질이나 버릇은 변하지 아니함.

	而		之

☞ '배워서 앎에 이르는 것'을 이르는 말.

다음 한자성어漢字成語를 익혀, 문제를 풀어보도록 하세요.

※ 문제 ☞ 뒤쪽

- 螢雪之功(형설지공) : '반딧불과 눈빛으로 글을 읽었다.'는 뜻으로 '갖은 고생을 하며 부지런하고 꾸준히 학문을 닦음'을 이르는 말. 손강영설(孫康映雪). 차윤취형(車胤聚螢).
- 虎口餘生(호구여생) : 여러 차례 죽을 고비를 겪고 겨우 살아남은 목숨.
- 豪氣萬丈(호기만장) : 꺼드럭거리며 뽐내는 기세가 매우 높음. 기고만장(氣高萬丈).
- 胡馬望北(호마망북) : '호나라의 말은 호나라 쪽에서 불어오는 북풍이 불 때마다 고향을 그리워한다.'는 뜻으로, '고향을 몹시 그리워함'을 이르는 말. 호마의북풍(胡馬依北風).
- 好事多魔(호사다마) : 좋은 일에는 방해(妨害)가 되는 일이 많다는 뜻.
- 虎死留皮(호사유피) : 호랑이가 죽으면 가죽을 남김과 같이 사람도 죽은 뒤 이름을 남겨야 한다는 말.
- 浩然之氣(호연지기) : ①하늘과 땅 사이에 가득 찬 넓고 큰 정기(精氣). ②공명정대(公明正大)하여 조금도 부끄러울 바 없는 도덕적 용기. ③잡다(雜多)한 일에서 벗어난 자유롭고 느긋한 마음.
- 號曰百萬(호왈백만) : '말로만 백만을 일컫는다.'는 뜻으로, '실상은 얼마 되지 않는 것을 많은 것처럼 과장하여 말함'을 이르는 말.
- 胡蝶之夢(호접지몽) : '장자가 꿈속에서 나비가 자신인지 자신이 나비인지 분간하지 못했다.'는 고사에서, '물아일체의 경지', 또는 '인생의 무상함'을 이르는 말.
- 昏定晨省(혼정신성) : 저녁이면 부모님의 자리를 정해드리고 아침이면 주무신 자리를 돌보아 살핌.
- 紅爐點雪(홍로점설) : '벌겋게 단 화로에 떨어지는 한 점 눈'이라는 뜻으로, ①'풀리지 않던 이치가 눈 녹듯이 문득 깨쳐짐', 또는 ②'큰 힘 앞에 맥을 못 추는 매우 작은 힘'을 이르는 말.
- 和光同塵(화광동진) : '빛을 감추고 속세의 티끌에 같이 한다.'는 뜻으로, '자신의 뛰어난 지덕을 자랑하지 않고 세속을 따름'을 이르는 말.
- 畫蛇添足(화사첨족) : '뱀을 그리는데, 실물에 없는 발을 그려 원래의 모양과 다르게 되었다.'는 뜻으로, '쓸데없는 짓을 덧붙여 하다가 도리어 실패함'을 이르는 말.
- 花容月態(화용월태) : '꽃다운 얼굴과 달 같은 자태'라는 뜻으로, '아름다운 여인'을 이르는 말.
- 花朝月夕(화조월석) : ①'꽃피는 아침과 달 밝은 밤'이라는 뜻으로, 곧 '경치가 좋은 시절', 또는 ②'음력 2월 보름(花朝)과 8월 보름(月夕)'을 이르는 말.
- 畫虎類狗(화호유구) : '범을 그리려다 개를 그린다.'는 뜻으로, '훌륭한 사람의 언행을 모방하려다 도리어 경박하여 망신을 당함'을 이르는 말. 화호불성(畫虎不成).
- 換骨奪胎(환골탈태) : '모든 뼈가 다시 맞추어지며 다시 태어난다.'는 뜻으로, '얼굴이 이전보다 더 아름다워짐, 또는 남의 문장을 본떴으나 완전히 새로운 형식을 만들어 낸 것'을 가리켜 이르는 말.
- 會者定離(회자정리) : '만나는 것은 반드시 헤어진다.'는 뜻으로, '인생의 무상함'을 이르는 말.
- 後生可畏(후생가외) : '뒤에 태어난 사람은 두려워할 만하다.'는 뜻으로, '후배는 나이가 젊고 의기가 씩씩하므로 학문과 덕을 닦으면 선배를 능가할 수 있는 경지에 이를 수 있음'을 이르는 말.
- 厚顔無恥(후안무치) : '얼굴이 두껍고 부끄러움이 없다.'라는 뜻으로, '뻔뻔스러워 부끄러움이 없음'을 이르는 말.
- 興亡盛衰(흥망성쇠) : 흥하고 망함과 성하고 쇠함.
- 興盡悲來(흥진비래) : '즐거운 일이 다하면 슬픔이 온다.'는 뜻으로, '흥망과 성쇠가 엇바뀜'을 일컫는 말.
- 喜怒哀樂(희로애락) : 기쁨과 노여움과 슬픔과 즐거움.

十盲一杖(십맹일장)▷'열 명의 소경에 하나의 막대'라는 뜻으로, '여러 곳에 요긴하게 쓰이는 물건'을 비유하여 이르는 말.

다음 글을 읽고 한자성어漢字成語를 완성하세요.

정답 ☞ 앞쪽 참조

	者	定	

☞ '만나는 것은 반드시 헤어진다.'는 말.

		無	恥

☞ '얼굴이 두껍고 부끄러움이 없다.'라는 뜻으로, '뻔뻔스러워 부끄러움이 없음'을 이르는 말.

	蛇		足

☞ '쓸데없는 짓을 덧붙여 하다가 도리어 실패함'을 이르는 말.

		之	功

☞ '반딧불과 눈빛으로 글을 읽었다.'는 고사에서, '갖은 고생을 하며 꾸준히 학문을 닦음'을 이르는 말.

	骨	奪	

☞ '남의 문장을 본떴으나 완전히 새로운 형식을 만들어 낸 것'을 가리켜 이르는 말.

	蝶	之	

☞ '물아일체(物我一體)의 경지', 또는 '인생의 무상함'을 이르는 말.

	馬		北

☞ '고향을 몹시 그리워함'을 이르는 말.

	死		皮

☞ 호랑이가 죽으면 가죽을 남김과 같이 사람도 죽은 뒤 이름을 남겨야 한다는 말.

花		月	

☞ '경치가 좋은 시절', 또는 '음력 2월 보름과 8월 보름'을 이르는 말.

		之	氣

☞ 사물에서 해방된 자유로운 마음. 하늘과 땅 사이에 넘치게 가득 찬 넓고도 큰 원기.

	事	多	

☞ 좋은 일에는 방해가 되는 일이 많다는 뜻.

	盡		來

☞ '즐거운 일이 다하면 슬픔이 온다.'는 뜻으로, '흥망과 성쇠가 엇바뀜'을 일컫는 말.

和		同	

☞ '자기의 지덕과 재기를 자랑하지 않고 세속을 따름'을 이르는 말.

紅		點	

☞ '풀리지 않던 이치가 눈 녹듯이 문득 깨쳐지거나 큰 힘 앞에 맥을 못 추는 매우 작은 힘'을 이르는 말.

畫		類	

☞ '훌륭한 사람의 언행을 모방하려다 도리어 경박하여 망신을 당함'을 이르는 말.

	怒		樂

☞ 기쁨과 노여움과 슬픔과 즐거움.

	定	晨	

☞ 부모 모신 사람이 저녁이면 자리를 정해드리고 아침이면 주무신 자리를 정성껏 돌보아 살핌.

	生	可	

☞ '후배가 학문과 덕을 닦으면 선배를 능가할 수 있는 경지에 이를 수 있음'을 이르는 말.

한자능력검정시험 **2**급

평가문제

학습도움

평가방법

평가문제란 본문학습을 응용하여 엮은 출제예상문제입니다.

학습방법

✔ 평가문제는 본문학습[1 ~ 5 , 6 ~ 10 , 11 ~ 15] … 을 묶어서 엮은 것이므로, 제시된 범위를 충분히 익힌 후에 문제를 풀어보면 학습에 도움이 될 것입니다.

✔ 2급(2,355자)에 대한 종합적인 평가는 본 교재에 제시된 평가문제만으로는 부족한 감이 없지 않으므로, 별도로 기출 · 예상문제집을 풀이해 보는 것이 확실한 자기평가가 될 것입니다.

정답확인

정답은 문제해답(부록 29쪽 ~ 37쪽)에 있습니다.

1 ~ 5

1 다음 한자어漢字語의 독음讀音을 쓰시오.

1 批准 [ ]　2 隻脚 [ ]
3 示唆 [ ]　4 享祐 [ ]
5 陝塞 [ ]　6 雌雄 [ ]
7 俳優 [ ]　8 寶祚 [ ]
9 委託 [ ]　10 峽灣 [ ]
11 兼併 [ ]　12 養蠶 [ ]
13 耆宿 [ ]　14 婉娩 [ ]
15 蘆笛 [ ]　16 馨香 [ ]
17 紊亂 [ ]　18 倭夷 [ ]
19 陟罰 [ ]　20 衷懇 [ ]

2 다음 한자漢字의 훈訓과 음音을 쓰세요.

21 驅 [ ]　22 孃 [ ]
23 匪 [ ]　24 耀 [ ]
25 珪 [ ]　26 袁 [ ]
27 礪 [ ]　28 脂 [ ]
29 峴 [ ]　30 殷 [ ]

3 다음 한자어漢字語의 반대反對 또는 상대相對되는 2음절音節 한자어漢字語를 한자漢字로 쓰세요.

31 求心 ↔ [ ]　32 名譽 ↔ [ ]
33 樂天 ↔ [ ]　34 保守 ↔ [ ]

4 다음 한자어漢字語 중에서 앞 글자가 장음長音으로 소리나는 한자어漢字語를 가려 그 번호를 쓰세요.

35 [ ] : ①蒼空 ②滄海 ③昌盛 ④昌原
36 [ ] : ①薦擧 ②天生 ③天恩 ④千字

5 다음 한자성어漢字成語의 빈칸에 들어갈 알맞은 한자漢字를 쓰세요.

37 [ ]木求魚　38 東[ ]西走
39 雪上加[ ]　40 [ ]衣夜行

6 다음 한자어漢字語의 유의어類義語를 쓰세요.

41 漂泊 - [ ]　42 [ ] - 忘德
43 始祖 - [ ]　44 [ ] - 折衝

7 다음 한자漢字의 반대자反對字를 쓰세요.

45 乾 ↔ [ ]　46 浮 ↔ [ ]
47 貸 ↔ [ ]　48 任 ↔ [ ]

8 다음 한자漢字의 유의자類義字를 쓰세요.

49 倉 - [ ]　50 [ ] - 獻
51 慈 - [ ]　52 [ ] - 悼

9 다음 한자漢字의 약자略字를 쓰세요.

53 團 - [ ]　54 寫 - [ ]

10 다음 글을 읽고, 밑줄 친 한자어漢字語는 독음讀音으로, 낱말은 한자漢字로 고쳐 쓰세요.

미 해양대기국[NOAA]이 촬영한 남극 상공의 사진은 지구의 오존층(ozone層) 파괴가 어느 정도로 심각한지를 단적[55]으로 보여 주었다. 말 그대로 하늘에 구멍이 뚫려 있는 것이다. 오존층은 태양의 자외선[56]으로부터 지구의 생물들을 보호하는 역할[57]을 하는 것으로, 이 오존층이 파괴[58]된다면 지구의 생태계[59]는 급속도로 파괴될 것이다.

그런데 오존층을 없애 버리는 주범은 역설적[60]이게도 인간이 개발한 최고의 인공 물질이라는 프레온가스이다. 이것은 세척제(洗滌劑)와 冷媒[61] 등 그 쓰임새가 다양하여 산업 현장에서 감초와 같은 구실을 하는 것인데, 무엇보다도 인체에 전혀 해가 없을 뿐만 아니라 생산비용도 저렴[62]하다는 장점을 지니고 있어 그 사용량이 해마다 급증했다. 그래서 성층권[63]의 오존층도 해마다 눈에 띌 정도로 엷어지고 있는 것이다. 사태의 심각성이 이에 이르자 세계 각국은 프레온가스의 사용을 규제하는 국제 협약을 締結[64]하게 되었다.

55 [ ]　56 [ ]
57 [ ]　58 [ ]
59 [ ]　60 [ ]
61 [ ]　62 [ ]
63 [ ]　64 [ ]

11 다음 빈칸에 알맞은 한자를 넣어 뜻이 통하는 한자어를 만들어 보세요.

65

付	
	送

66

	扶
補	

12 다음 한자漢字의 부수部首를 쓰세요.

67 者 - [ ]　68 匪 - [ ]
69 衷 - [ ]　70 馨 - [ ]

6 ~ 10

1 다음 한자어漢字語의 독음讀音을 쓰세요.

1 垂釣 [ ]　2 斬新 [ ]
3 艦隊 [ ]　4 採掘 [ ]
5 混紡 [ ]　6 赦免 [ ]
7 窒酸 [ ]　8 潭淵 [ ]
9 彫琢 [ ]　10 鷗盟 [ ]
11 俸祿 [ ]　12 銘旌 [ ]
13 窒塞 [ ]　14 追悼 [ ]
15 祜休 [ ]　16 巡哨 [ ]
17 埃滅 [ ]　18 莞爾 [ ]
19 紹介 [ ]　20 耽羅 [ ]

2 다음 한자漢字의 훈訓과 음音을 쓰세요.

21 鼓 [ ]　22 翊 [ ]
23 晋 [ ]　24 阜 [ ]
25 溺 [ ]　26 述 [ ]
27 熙 [ ]　28 桓 [ ]
29 邕 [ ]　30 戴 [ ]

3 다음 한자어漢字語의 반대反對 또는 상대相對되는 2음절音節 한자어漢字語를 한자漢字로 쓰세요.

31 開放 ↔ [ ]　32 獨創 ↔ [ ]
33 權利 ↔ [ ]　34 淑女 ↔ [ ]

4 다음 한자어漢字語 중에서 앞 글자가 장음長音으로 소리나는 한자어漢字語를 가려 그 번호를 쓰세요.

35 [ ] : ①禮服 ②銳利 ③映寫 ④營養
36 [ ] : ①災殃 ②財産 ③才俊 ④栽培

5 다음 한자성어漢字成語의 빈칸에 들어갈 알맞은 한자를 쓰세요.

37 過[ ]不及　38 以卵[ ]石
39 [ ]興差使　40 言語道[ ]

6 다음 한자어漢字語의 유의어類義語를 쓰세요.

41 視野 - [ ]　42 [ ] - 虐待
43 招待 - [ ]　44 [ ] - 寺刹

7 다음 한자漢字의 반대자反對字를 쓰세요.

45 濃 ↔ [ ]　46 哀 ↔ [ ]
47 慶 ↔ [ ]　48 眞 ↔ [ ]

8 다음 한자漢字의 유의자類義字를 쓰세요.

49 釋 - [ ]　50 [ ] - 徹
51 敦 - [ ]　52 [ ] - 竟

9 다음 한자漢字의 약자略字를 쓰세요.

53 驛 - [ ]　54 應 - [ ]

10 다음 글을 읽고, 밑줄 친 한자어漢字語는 독음讀音으로, 낱말은 한자漢字로 고쳐 쓰세요.

평등에 대한 요청이 거의 무제한[55]적 평등, 즉 전체 국민에 대한 획일적[56] 평등으로 나타나고, 그 결과 평등의 대상이 극도로 확대될 때 평등은 절대적인 평등의 형태를 띠게 된다. 이러한 확대된 평등 개념은 정의라는 普遍的[57] 요청과 관련하여 의미가 있다. 하지만 이와 같이 일반화[58]된 절대적 평등 개념이 모든 경우에 적용[59]될 수는 없다. 현실적으로 각기 맡은 바 역할·지위 또는 구체적[60] 상황 등에 의해 서로 다른 요소[61]들이 많이 작용하기 때문에 모든 사람을 획일적으로 평등하게 취급할 수 없는 것이다.

따라서 사실상 존재하고 있는 공통점과 차이점[62]들 가운데에서 일정한 것을 평등한 것과 불평등한 것으로 취급하는 기준[63]을 어디에서 찾을 것인가라는 상대적 평등의 문제가 일반화된 절대적 평등 개념과는 별도로 제기[64]될 수밖에 없다.

55 [ ]　56 [ ]

57 [ ]　58 [ ]

59 [ ]　60 [ ]

61 [ ]　62 [ ]

63 [ ]　64 [ ]

11 다음 빈칸에 알맞은 한자를 넣어 뜻이 통하는 한자어를 만들어 보세요.

65

浮	
	刻

66

	發
盜	

12 다음 한자漢字의 부수部首를 쓰세요.

67 邕 - [ ]　68 卨 - [ ]

69 弦 - [ ]　70 斬 - [ ]

11 ~ 15

1 다음 한자어漢字語의 독음讀音을 쓰세요.

1 梧秋 [ ]　2 基軸 [ ]
3 舒暢 [ ]　4 病魔 [ ]
5 籠絡 [ ]　6 揆策 [ ]
7 卵巢 [ ]　8 偵探 [ ]
9 舶賈 [ ]　10 雇聘 [ ]
11 傳貰 [ ]　12 惇惠 [ ]
13 堯舜 [ ]　14 措置 [ ]
15 覓句 [ ]　16 矛盾 [ ]
17 焦燥 [ ]　18 欽慕 [ ]
19 傅納 [ ]　20 准尉 [ ]

2 다음 한자漢字의 훈訓과 음音을 쓰세요.

21 窟 [ ]　22 晟 [ ]
23 彭 [ ]　24 圈 [ ]
25 扈 [ ]　26 庾 [ ]
27 硫 [ ]　28 敞 [ ]
29 紳 [ ]　30 喆 [ ]

3 다음 한자어漢字語의 반대反對 또는 상대相對되는 2음절音節 한자어漢字語를 한자漢字로 쓰세요.

31 自律 ↔ [ ]　32 架空 ↔ [ ]
33 好戰 ↔ [ ]　34 陳腐 ↔ [ ]

4 다음 한자어漢字語 중에서 앞 글자가 장음長音으로 소리나는 한자어漢字語를 가려 그 번호를 쓰세요.

35 [ ] : ①民泊 ②飛仙 ③娛樂 ④師團
36 [ ] : ①波動 ②波狀 ③播種 ④播多

5 다음 한자성어漢字成語의 빈칸에 들어갈 알맞은 한자를 쓰세요.

37 壽則多[ ]　38 口蜜[ ]劍
39 登高[ ]卑　40 焦[ ]之急

6 다음 한자어漢字語의 유의어類義語를 쓰세요.

41 書簡 - [ ]　42 [ ] - 塵世
43 寸土 - [ ]　44 [ ] - 鼻祖

7 다음 한자漢字의 반대자反對字를 쓰세요.

45 矛 ↔ [ ]　46 伸 ↔ [ ]
47 需 ↔ [ ]　48 添 ↔ [ ]

8 다음 한자漢字의 유의자類義字를 쓰세요.

49 覺 - [ ]　50 [ ] - 盛
51 菜 - [ ]　52 [ ] - 獲

9 다음 한자漢字의 약자略字를 쓰세요.

53 證 - [ ] 54 轉 - [ ]

10 다음 글을 읽고, 밑줄 친 한자어漢字語는 독음讀音으로, 낱말은 한자漢字로 고쳐 쓰세요.

우리말은 한자와 국문으로 교직[55]할 때 문자의 무늬가 優雅[56]하고 燦爛[57]하게 빛난다. 그러기에 훈민정음[58]이 나온 뒤에도 일상[59] 생활이나 학문에는 한자·한문이 여전히 쓰이어, 오늘날 국어사전 어휘語彙의 70%가 한자어이다.

따라서 한자어는 국어의 등뼈를 이루고 있는 것이다. 문명국[60] 어린이는 초등학교에 입학하기까지 6,000단어를 귀를 통해 익혀 일상생활에 자유롭게 쓰고 있다는 것이 언어학자들의 공통[61]된 의견이다. 학교에서는 교과서를 통하여 각 분야의 전문용어 내지 술어[62]를 배우는 것이다. 역사며 지리[63], 과학, 문학 등에 쓰이는 그러한 관념어[64]들은 대부분이 한자어로 되어 있다.

55 [ ] 56 [ ]

57 [ ] 58 [ ]

59 [ ] 60 [ ]

61 [ ] 62 [ ]

63 [ ] 64 [ ]

11 다음 빈칸에 알맞은 한자를 넣어 뜻이 통하는 한자어를 만들어 보세요.

65

包	
	蓄

66

	省
策	

12 다음 한자漢字의 부수部首를 쓰세요.

67 馮 - [ ] 68 巢 - [ ]

69 舒 - [ ] 70 覓 - [ ]

16 ~ 20

1 다음 한자어漢字語의 독음讀音을 쓰세요.

1 掌握 [ ]　2 副腎 [ ]
3 落款 [ ]　4 茶菓 [ ]
5 渤海 [ ]　6 激湍 [ ]
7 挿畫 [ ]　8 疇輩 [ ]
9 觸診 [ ]　10 側柏 [ ]
11 蓬萊 [ ]　12 繁殖 [ ]
13 鄒査 [ ]　14 爛漫 [ ]
15 圍棋 [ ]　16 輔弼 [ ]
17 脫帽 [ ]　18 揭載 [ ]
19 琴瑟 [ ]　20 津筏 [ ]

2 다음 한자漢字의 훈訓과 음音을 쓰세요.

21 傘 [ ]　22 魯 [ ]
23 滋 [ ]　24 晶 [ ]
25 琪 [ ]　26 渭 [ ]
27 炳 [ ]　28 鉉 [ ]
29 曉 [ ]　30 雉 [ ]

3 다음 한자어漢字語의 반대反對 또는 상대相對되는 2음절音節 한자어漢字語를 한자漢字로 쓰세요.

31 革新 ↔ [ ]　32 依他 ↔ [ ]
33 單式 ↔ [ ]　34 削減 ↔ [ ]

4 다음 한자어漢字語 중에서 앞 글자가 장음長音으로 소리나는 한자어漢字語를 가려 그 번호를 쓰세요.

35 [ ] : ①倉庫 ②倉卒 ③窓鏡 ④窓門
36 [ ] : ①鎭壓 ②鎭靜 ③眞本 ④眞實

5 다음 한자성어漢字成語의 빈칸에 들어갈 알맞은 한자를 쓰세요.

37 [ ]不十年　38 脣亡齒[ ]
39 拔山[ ]世　40 衆[ ]不敵

6 다음 한자어漢字語의 유의어類義語를 쓰세요.

41 共鳴 - [ ]　42 [ ] - 版圖
43 美辭 - [ ]　44 [ ] - 碧空

7 다음 한자漢字의 반대자反對字를 쓰세요.

45 表 ↔ [ ]　46 尊 ↔ [ ]
47 榮 ↔ [ ]　48 禍 ↔ [ ]

8 다음 한자漢字의 유의자類義字를 쓰세요.

49 淨 - [ ]　50 [ ] - 傭
51 洗 - [ ]　52 [ ] - 揚

9 다음 한자漢字의 약자略字를 쓰세요.

53 膽 - [ ] 54 龍 - [ ]

10 다음 글을 읽고, 밑줄 친 낱말을 한자漢字로 고쳐 쓰세요.

물의 실제적인 모습은 늘 두 개의 덩어리로 이루어져 있다. 하나는 산악[55] 같고, 다른 하나는 빙설[56] 같다. 이 두 가지가 앞서거니 뒤지거니 하면서 늘 달과 함께 대지의 허리 부분을 끝없이 잇따라 돌고 또 돈다. 산악의 형세[57]와 빙설의 광채[58]는 그 길이가 몇천 리나 되는데, 이것들이 언제나 대지의 허리 부분을 감돌고 있다. 이 물들이 도는 데 따라 태산이 무너지는 듯한 강한 소용돌이가 일어나며, 그 여파[59]가 차츰 낮아지고 미약[60]한 상태로 물이 얕은 항구[61]로까지 이르게 된다. 사람들은 이것을 보고 조수[62]라고 부른다. 그렇지만 그들은 지엽적[63]인 현상[64]만을 보는 것이다.

- 정약용, 『與猶堂全書』 中

55 [ ] 56 [ ]

57 [ ] 58 [ ]

59 [ ] 60 [ ]

61 [ ] 62 [ ]

63 [ ] 64 [ ]

11 다음 빈칸에 알맞은 한자를 넣어 뜻이 통하는 한자어를 만들어 보세요.

65

通	
	幣

66

	査
診	

12 다음 한자漢字의 부수部首를 쓰세요.

67 晳 - [ ] 68 雉 - [ ]

69 蜀 - [ ] 70 瑟 - [ ]

21 ~ 25

1 다음 한자어漢字語의 독음讀音을 쓰세요.

1 痲醉 [ ]　2 滄波 [ ]
3 絞殺 [ ]　4 雍齒 [ ]
5 預託 [ ]　6 傭賃 [ ]
7 隆熙 [ ]　8 煉藥 [ ]
9 稙長 [ ]　10 溶媒 [ ]
11 麟鳳 [ ]　12 滑降 [ ]
13 蠻貊 [ ]　14 製靴 [ ]
15 汎野 [ ]　16 楞嚴 [ ]
17 拘礙 [ ]　18 鼎談 [ ]
19 董督 [ ]　20 赤裸裸 [ ]

2 다음 한자漢字의 훈訓과 음音을 쓰세요.

21 耕 [ ]　22 頓 [ ]
23 艇 [ ]　24 項 [ ]
25 瓚 [ ]　26 棄 [ ]
27 瑗 [ ]　28 塘 [ ]
29 盟 [ ]　30 肥 [ ]

3 다음 한자어漢字語의 반대反對 또는 상대相對되는 2음절音節 한자어漢字語를 한자漢字로 쓰세요.

31 拘禁 ↔ [ ]　32 輕率 ↔ [ ]
33 加熱 ↔ [ ]　34 空想 ↔ [ ]

4 다음 한자어漢字語 중에서 앞 글자가 장음長音으로 소리나는 한자어漢字語를 가려 그 번호를 쓰세요.

35 [ ] : ①暫時 ②暫間 ③自歎 ④自祝
36 [ ] : ①臨終 ②臨床 ③林山 ④賃貸

5 다음 한자성어漢字成語의 빈칸에 들어갈 알맞은 한자를 쓰세요.

37 鶴首[ ]待　38 一[ ]兩得
39 自暴自[ ]　40 [ ]刀直入

6 다음 한자어漢字語의 유의어類義語를 쓰세요.

41 甘言 – [ ]　42 [ ] – 餓死
43 蒼空 – [ ]　44 [ ] – 間諜

7 다음 한자漢字의 반대자反對字를 쓰세요.

45 盛 ↔ [ ]　46 贊 ↔ [ ]
47 緩 ↔ [ ]　48 厚 ↔ [ ]

8 다음 한자漢字의 유의자類義字를 쓰세요.

49 勉 – [ ]　50 [ ] – 助
51 間 – [ ]　52 [ ] – 常

9 다음 한자漢字의 약자略字를 쓰세요.

53 辭 - [ ] 54 變 - [ ]

10 다음 글을 읽고, 밑줄 친 한자어漢字語는 독음讀音으로, 낱말은 한자漢字로 고쳐 쓰세요.

예술은 구성[55], 창조[56]일 뿐 아니라 발견이기도 하다. 서로 다른 시대와 장소로부터 나온 논리들 사이의 유사성은 비슷한 원형의 발견을 보여 주고자 하거나, 아니면 적어도 인간의 마음과 손이 해낸 공통 작업의 증거[57]이다. 형태와 색채의 특정한 상상적[58]인 排列[59]을 다른 排列과 달리 '옳다'고 보는 감정은, 그 排列이 창조라는 단어에 含蓄[60]된 것처럼 작위적[61]이지 않고, 발견될 수 있는 무엇인가에 상응[62]하는 것임을 보여 준다. 예술가가 형태를 상상해 내고 '옳게 느껴질 때'까지 그것을 수정[63]해 가는 절차는 상징적[64]인 실험과 비슷하다. 왜냐하면 모든 과학자는 그들의 사고가 가장 깊은 수준에서 비언어적임을 아마도 알고 있을 것이기 때문이다.

55 [ ] 56 [ ]

57 [ ] 58 [ ]

59 [ ] 60 [ ]

61 [ ] 62 [ ]

63 [ ] 64 [ ]

11 다음 빈칸에 알맞은 한자를 넣어 뜻이 통하는 한자어를 만들어 보세요.

65

解	
	出

66

	投
乘	

12 다음 한자漢字의 부수部首를 쓰세요.

67 雍 - [ ] 68 預 - [ ]

69 鼎 - [ ] 70 楚 - [ ]

26 ~ 30

1 다음 한자어漢字語의 독음讀音을 쓰세요.

1 瑞雪 [ ]　　2 陷溺 [ ]
3 幻滅 [ ]　　4 鎔巖 [ ]
5 硯滴 [ ]　　6 箕察 [ ]
7 聚落 [ ]　　8 葛藤 [ ]
9 甄拔 [ ]　　10 鷹犬 [ ]
11 睿旨 [ ]　　12 允許 [ ]
13 弗素 [ ]　　14 刃傷 [ ]
15 搬移 [ ]　　16 熊膽 [ ]
17 纖維 [ ]　　18 網羅 [ ]
19 濃霧 [ ]　　20 卞急 [ ]

2 다음 한자漢字의 훈訓과 음音을 쓰세요.

21 延 [ ]　　22 銖 [ ]
23 旱 [ ]　　24 粉 [ ]
25 裵 [ ]　　26 翼 [ ]
27 宣 [ ]　　28 亢 [ ]
29 郵 [ ]　　30 漣 [ ]

3 다음 한자어漢字語의 반대反對 또는 상대相對되는 2음절音節 한자어漢字語를 한자漢字로 쓰세요.

31 過激 ↔ [ ]　　32 樂觀 ↔ [ ]
33 急性 ↔ [ ]　　34 異端 ↔ [ ]

4 다음 한자어漢字語 중에서 앞 글자가 장음長音으로 소리나는 한자어漢字語를 가려 그 번호를 쓰세요.

35 [ ] : ①別莊 ②辨明 ③別味 ④邊方
36 [ ] : ①寒暖 ②寒帶 ③汗黨 ④汗蒸

5 다음 한자성어漢字成語의 빈칸에 들어갈 알맞은 한자를 쓰세요.

37 隔[ ]之感　　38 百[ ]不屈
39 [ ]心焦思　　40 五里[ ]中

6 다음 한자어漢字語의 유의어類義語를 쓰세요.

41 海外 – [ ]　　42 [ ] – 眼界
43 架空 – [ ]　　44 [ ] – 招請

7 다음 한자漢字의 반대자反對字를 쓰세요.

45 存 ↔ [ ]　　46 縱 ↔ [ ]
47 親 ↔ [ ]　　48 好 ↔ [ ]

8 다음 한자漢字의 유의자類義字를 쓰세요.

49 尺 – [ ]　　50 [ ] – 屬
51 終 – [ ]　　52 [ ] – 睦

9 다음 한자漢字의 약자略字를 쓰세요.

53 壽 - [ ]　54 圍 - [ ]

10 다음 글을 읽고, 밑줄 친 낱말을 한자漢字로 고쳐 쓰세요.

우리는 오천년의 문화 <u>전통</u>[55]을 지닌 민족이라 <u>자부</u>[56]한다. 민족의 형성과 때를 같이했을 한국어는 불행히 <u>표기</u>[57] <u>수단</u>[58]인 문자를 갖지 못해 우리 선인들은 <u>구구전승</u>[59]하면서 생활의 지혜를 열어 <u>허다</u>[60]한 수준 높은 <u>고고유물</u>[61]들을 우리에게 남겼다.

그러다가 2,000여년 전에 한자가 들어와 높은 수준의 중국 문화를 누에가 뽕을 먹듯 차근차근 <u>흡수</u>[62] 소화하고, 우리의 문화를 형성 <u>축적</u>[63]시키면서 한문으로 기록된 수준 높은 <u>문헌</u>[64]을 후세에 끼쳤다.

55 [ ]　56 [ ]

57 [ ]　58 [ ]

59 [ ]　60 [ ]

61 [ ]　62 [ ]

63 [ ]　64 [ ]

11 다음 빈칸에 알맞은 한자를 넣어 뜻이 통하는 한자어를 만들어 보세요.

65

彫	
	磨

66

	配
宣	

12 다음 한자漢字의 부수部首를 쓰세요.

67 賈 - [ ]　68 兢 - [ ]

69 聚 - [ ]　70 赫 - [ ]

31 ~ 35

1 다음 한자어漢字語의 독음讀音을 쓰세요.

1 蠻勇 [ ]　2 蔚興 [ ]

3 飼育 [ ]　4 彰顯 [ ]

5 錯綜 [ ]　6 槿域 [ ]

7 閨秀 [ ]　8 締結 [ ]

9 冥沐 [ ]　10 蒙塵 [ ]

11 瑩磨 [ ]　12 厭症 [ ]

13 慘酷 [ ]　14 碩儒 [ ]

15 僑胞 [ ]　16 魯鈍 [ ]

17 蓬廬 [ ]　18 社稷 [ ]

19 汀岸 [ ]　20 丕構 [ ]

2 다음 한자漢字의 훈訓과 음音을 쓰세요.

21 誾 [ ]　22 瞻 [ ]

23 嬉 [ ]　24 忌 [ ]

25 台 [ ]　26 璇 [ ]

27 劉 [ ]　28 閥 [ ]

29 磁 [ ]　30 閏 [ ]

3 다음 한자어漢字語의 반대反對 또는 상대相對되는 2음절音節 한자어漢字語를 한자漢字로 쓰세요.

31 眞實 ↔ [ ]　32 低俗 ↔ [ ]

33 定着 ↔ [ ]　34 直系 ↔ [ ]

4 다음 한자어漢字語 중에서 앞 글자가 장음長音으로 소리나는 한자어漢字語를 가려 그 번호를 쓰세요.

35 [ ] : ①開校 ②開放 ③個別 ④個人

36 [ ] : ①明暗 ②免罪 ③模寫 ④無量

5 다음 한자성어漢字成語의 빈칸에 들어갈 알맞은 한자를 쓰세요.

37 孤立無[ ]　38 貧者一[ ]

39 凍足[ ]尿　40 指[ ]爲馬

6 다음 한자어漢字語의 유의어類義語를 쓰세요.

41 寺院 - [ ]　42 [ ] - 脅迫

43 交涉 - [ ]　44 [ ] - 秋毫

7 다음 한자漢字의 반대자反對字를 쓰세요.

45 需 ↔ [ ]　46 [ ] ↔ 弔

47 出 ↔ [ ]　48 [ ] ↔ 淡

8 다음 한자漢字의 유의자類義字를 쓰세요.

49 揭 - [ ]　50 貫 - [ ]

51 茂 - [ ]　52 附 - [ ]

31 ~ 35

9 다음 한자漢字의 약자略字를 쓰세요.

53 與 - [ ] 54 遷 - [ ]

10 다음 글을 읽고, 밑줄 친 낱말을 한자漢字로 고쳐 쓰세요.

프롬의 모든 저서[55]의 근본 주제[56]는 '인간은 자연 및 타인과 격리[57]되어 있기 때문에 고독감[58]과 소외감[59]을 느낀다'는 것이다. 이 고립의 상태는 다른 어떤 동물에서도 찾아볼 수 없기 때문에 이것은 인간만의 독특[60]한 현상이라고 할 수 있다. 예컨대 어린이는 부모와의 유대紐帶에서 해방[61]되면서 결과적으로 고독과 무력[62]을 느끼게 된다. 마침내 자유를 찾은 이 노예는 몹시 낯선 세계에서 헤매고 있는 자신을 발견하게 된다. 노예로 있을 때는 비록 자유롭지 않지만 누구에겐가 소속[63]되어 있었고 세계나 타인과 관련을 가지고 있었다고 느꼈다. 연령年齡과 더불어 자유를 더 많이 얻게 됨에 따라서 인간은 그것에서부터 도피[64]하려는 부정적인 상태가 되는 것이다.

이 딜레마에 대한 프롬의 대답은 인간은 사랑과 분업의 정신 속에서 다른 사람들과의 우애이다

55 [ ] 56 [ ]

57 [ ] 58 [ ]

59 [ ] 60 [ ]

61 [ ] 62 [ ]

63 [ ] 64 [ ]

11 다음 빈칸에 알맞은 한자를 넣어 뜻이 통하는 한자어를 만들어 보세요.

65

盟	
	約

66

	症
賞	

12 다음 한자漢字의 부수部首를 쓰세요.

67 塵 - [ ] 68 魯 - [ ]

69 瑩 - [ ] 70 奭 - [ ]

36 ~ 40

1 다음 한자어漢字語의 독음讀音을 쓰세요.

1 衛矛 [ ] 2 網膜 [ ]

3 遮陽 [ ] 4 膠漆 [ ]

5 單闕 [ ] 6 店鋪 [ ]

7 偏僻 [ ] 8 閻羅 [ ]

9 摩耶 [ ] 10 冀望 [ ]

11 濊貊 [ ] 12 熹微 [ ]

13 遼隔 [ ] 14 弁辰 [ ]

15 澄澈 [ ] 16 艮坐 [ ]

17 敷衍 [ ] 18 賠償 [ ]

19 魅惑 [ ] 20 釋迦 [ ]

2 다음 한자漢字의 훈訓과 음音을 쓰세요.

21 駐 [ ] 22 輛 [ ]

23 侈 [ ] 24 踰 [ ]

25 璋 [ ] 26 彊 [ ]

27 匈 [ ] 28 鼓 [ ]

29 燁 [ ] 30 娛 [ ]

3 다음 한자어漢字語의 반대反對 또는 상대相對되는 2음절音節 한자어漢字語를 한자漢字로 쓰세요.

31 富貴 ↔ [ ] 32 敵對 ↔ [ ]

33 緊密 ↔ [ ] 34 喪失 ↔ [ ]

4 다음 한자어漢字語 중에서 앞 글자가 장음長音으로 소리나는 한자어漢字語를 가려 그 번호를 쓰세요.

35 [ ] : ①管理 ②觀念 ③科學 ④誇張

36 [ ] : ①痲雀 ②痲浦 ③同點 ④同伴

5 다음 한자성어漢字成語의 빈칸에 들어갈 알맞은 한자를 쓰세요.

37 虎死[ ]皮 38 甘[ ]先渴

39 酒[ ]肉林 40 德必有[ ]

6 다음 한자어漢字語의 유의어類義語를 쓰세요.

41 驅迫 - [ ] 42 [ ] - 尺土

43 一毫 - [ ] 44 [ ] - 弄絡

7 다음 한자漢字의 반대자反對字를 쓰세요.

45 親 ↔ [ ] 46 抑 ↔ [ ]

47 昇 ↔ [ ] 48 安 ↔ [ ]

8 다음 한자漢字의 유의자類義字를 쓰세요.

49 哀 - [ ] 50 憂 - [ ]

51 俊 - [ ] 52 恒 - [ ]

36 ~ 40

9 다음 한자漢字의 약자略字를 쓰세요.

53 黨 - [ ] 54 實 - [ ]

10 다음 글을 읽고, 밑줄 친 낱말을 한자漢字로 고쳐 쓰세요.

시인의 임무는 실제로 일어난 일을 이야기하는 것이 아니라, 일어날 수 있는 일, 즉 개연성[55]이나 필연성에 따라 가능한 일을 이야기하는 데 있다. 역사가와 시인의 차이는 산문[56]으로 이야기하느냐 운문으로 이야기하느냐에 있는 것이 아니라 (왜냐하면 헤로투스의 작품은 운문으로 고쳐 쓸 수도 있을 것이나 운율[57]이 있든 없든 간에 역시 일종의 역사임에는 변함이 없기 때문에) 전자는 실제로 일어난 것을 이야기하고, 후자는 일어날 수 있는 것을 이야기한다는 점에 있다. 따라서 시는 역사보다 더 철학적[58]이고 더 진지眞摯하다. 보편적[59]인 것을 이야기한다 함은 (비록 시가 등장[60] 인물들에게 어떤 특정한 이름을 부여[61]한다고 하더라도) 이런 또는 저런 유형[62]의 인간이 개연적으로, 또는 필연적으로 말하거나 행할 수 있는 일을 이야기함을 의미한다. 개별적[63]인 것을 이야기 한다함은 이를테면 알키비아데스가 무엇을 행하였으며 무엇을 경험[64]하였는가를 이야기함을 말한다.

- 아리스토텔레스, 『詩學』 中

55 [ ] 56 [ ]
57 [ ] 58 [ ]
59 [ ] 60 [ ]
61 [ ] 62 [ ]
63 [ ] 64 [ ]

11 다음 빈칸에 알맞은 한자를 넣어 뜻이 통하는 한자어를 만들어 보세요.

65

有	
	單

66

	補
辨	

12 다음 한자漢字의 부수部首를 쓰세요.

67 盧 - [ ] 68 弁 - [ ]
69 矛 - [ ] 70 冀 - [ ]

41 ~ 45

1 다음 한자어漢字語의 독음讀音을 쓰세요.

1 編輯 [ ] 2 串柿 [ ]
3 諮問 [ ] 4 撤廢 [ ]
5 皇后 [ ] 6 伽藍 [ ]
7 址臺 [ ] 8 湯劑 [ ]
9 巡錫 [ ] 10 偵諜 [ ]
11 遺憾 [ ] 12 侮蔑 [ ]
13 肅穆 [ ] 14 鑑札 [ ]
15 趣旨 [ ] 16 殊勳 [ ]
17 壹萬 [ ] 18 律呂 [ ]
19 薛聰 [ ] 20 鴨脚樹 [ ]

2 다음 한자漢字의 훈訓과 음音을 쓰세요.

21 鮑 [ ] 22 歐 [ ]
23 鑽 [ ] 24 禧 [ ]
25 艾 [ ] 26 价 [ ]
27 翰 [ ] 28 鞠 [ ]
29 旭 [ ] 30 尼 [ ]

3 다음 한자어漢字語의 반대反對 또는 상대相對되는 2음절音節 한자어漢字語를 한자漢字로 쓰세요.

31 屈服 ↔ [ ] 32 濫用 ↔ [ ]
33 都心 ↔ [ ] 34 固定 ↔ [ ]

4 다음 한자어漢字語 중에서 앞 글자가 장음長音으로 소리나는 한자어漢字語를 가려 그 번호를 쓰세요.

35 [ ] : ①燒紙 ②燒失 ③紹介 ④疏忽
36 [ ] : ①單獨 ②端午 ③膽力 ④擔保

5 다음 한자성어漢字成語의 빈칸에 들어갈 알맞은 한자를 쓰세요.

37 堂狗[ ]月 38 結者[ ]之
39 手不釋[ ] 40 莫[ ]之友

6 다음 한자어漢字語의 유의어類義語를 쓰세요.

41 五列 – [ ] 42 [ ] – 塵世
43 滯留 – [ ] 44 [ ] – 乾坤

7 다음 한자漢字의 반대자反對字를 쓰세요.

45 美 ↔ [ ] 46 愛 ↔ [ ]
47 疏 ↔ [ ] 48 雌 ↔ [ ]

8 다음 한자漢字의 유의자類義字를 쓰세요.

49 捕 – [ ] 50 飢 – [ ]
51 連 – [ ] 52 墳 – [ ]

9 다음 한자漢字의 약자略字를 쓰세요.

53 亂 - [ ]　54 壓 - [ ]

10 다음 글을 읽고, 밑줄 친 낱말을 한자漢字로 고쳐 쓰세요.

茶山은 문자가 발생하게 된 근본 이유를 문자를 통한 사물의 분류에 두었다. 다산은 『千字文』이 故事를 아동들에게 쉽게 주입[55] 시키기 위하여 암기[56]에 편하도록 韻을 달아 엮었기 때문에 글자를 익히고도 그 글자가 가리키는 구체적 사물을 알지 못하게 된다고 보았다. 다산이 「千字評」에서 밝힌 그의 비평[57]내용을 살펴보면 "문자를 유별하여 가르치고 이를 통하여 구체적 사물을 인지[58]한다"는 다산의 文字敎育觀을 알 수 있다. 곧, 문자교육에 類別分類體系의 중요성을 강조[59]한 것으로 이해된다. 유별 분류에 근거한 문자학습은 『兒學編』의 문자 구성에 적용[60]되어 天倫, 人倫, 身體, 天文, 地理, 都邑, 草卉, 植物, 動物, 飮食 등 같은 類의 글자를 항목[61]별로 분류하여 편찬編纂하였다. 이와 같은 문자교육관은 그의 경험을 중시하는 철학체계[62]와 관련이 있으며, 이 시대의 정신적 지향[63]의식을 일정하게 반영[64]한 결과라고 볼 수 있다.

55 [ ]　56 [ ]

57 [ ]　58 [ ]

59 [ ]　60 [ ]

61 [ ]　62 [ ]

63 [ ]　64 [ ]

11 다음 빈칸에 알맞은 한자를 넣어 뜻이 통하는 한자어를 만들어 보세요.

65

巡	
	問

66

	祝
慶	

12 다음 한자漢字의 부수部首를 쓰세요.

67 歐 - [ ]　68 翰 - [ ]

69 庄 - [ ]　70 輯 - [ ]

46 ~ 50

1 다음 한자어漢字語의 독음讀音을 쓰세요.

1 診療 [ ]　2 坑陷 [ ]
3 悽慘 [ ]　4 沂垠 [ ]
5 歸趨 [ ]　6 晩餐 [ ]
7 肺癌 [ ]　8 彌縫 [ ]
9 兌換 [ ]　10 燦爛 [ ]
11 伽藍 [ ]　12 排尿 [ ]
13 鍛鍊 [ ]　14 沖積 [ ]
15 沃畓 [ ]　16 融資 [ ]
17 謄寫 [ ]　18 關鍵 [ ]
19 塹壕 [ ]　20 徽琴 [ ]

2 다음 한자漢字의 훈訓과 음音을 쓰세요.

21 杆 [ ]　22 妖 [ ]
23 伴 [ ]　24 阪 [ ]
25 訴 [ ]　26 甫 [ ]
27 杓 [ ]　28 渴 [ ]
29 濬 [ ]　30 酸 [ ]

3 다음 한자어漢字語의 반대反對 또는 상대相對되는 2음절音節 한자어漢字語를 한자漢字로 쓰세요.

31 僅少 ↔ [ ]　32 強硬 ↔ [ ]
33 光明 ↔ [ ]　34 弔客 ↔ [ ]

4 다음 한자어漢字語 중에서 앞 글자가 장음長音으로 소리나는 한자어漢字語를 가려 그 번호를 쓰세요.

35 [ ] : ①居處 ②距離 ③難破 ④欄干
36 [ ] : ①移住 ②移動 ③逢變 ④逢着

5 다음 한자성어漢字成語의 빈칸에 들어갈 알맞은 한자를 쓰세요.

37 見危[ ]命　38 明鏡[ ]水
39 積[ ]成山　40 識字憂[ ]

6 다음 한자어漢字語의 유의어類義語를 쓰세요.

41 天地 – [ ]　42 [ ] – 忘德
43 九泉 – [ ]　44 [ ] – 流離

7 다음 한자漢字의 반대자反對字를 쓰세요.

45 田 ↔ [ ]　46 [ ] ↔ 濕
47 夫 ↔ [ ]　48 [ ] ↔ 橫

8 다음 한자漢字의 유의자類義字를 쓰세요.

49 返 – [ ]　50 和 – [ ]
51 雇 – [ ]　52 隆 – [ ]

9 다음 한자漢字의 약자略字를 쓰세요.

53 壹 - [ ] 54 爐 - [ ]

10 다음 글을 읽고, 밑줄 친 낱말을 한자漢字로 고쳐 쓰세요.

생명체에 대한 기계론적 견해[55]와 그 결과로 유래된 건강에 대한 공식적 접근[56]의 중요한 면은 수술이나 방사[57] 같은 물리적인 것이나 투약[58]과 같은 화학적인 것이거나 간에, 의사의 외부로부터의 관여[59]와 병의 치료에는 필요하다는 신념이다. 현재의 의료 요법[60]은 환자 내부에 있는 잠재적[61] 치유력은 고려[62]에 넣지 않고, 치료 또는 적어도 고통과 불편을 감소시키는 데 외부적 힘에 의존하는 의학적 관여의 원리를 근거로 하고 있다. 이것은 고장이 났을 때는 누군가가 수리[63]를 해야 하는 데카르트의 기계론적 인체관에서 직접 유래된 것이다. 따라서 의학적 관여는 몸의 특정 부분이 생물학적 기능을 교정[64]하는 것을 목적으로 각기의 부분의 각기 다른 전문가에 의해서 치료되어 왔다.

- 카프라, 『새로운 과학과 문명의 전환』 中

55 [ ] 56 [ ]

57 [ ] 58 [ ]

59 [ ] 60 [ ]

61 [ ] 62 [ ]

63 [ ] 64 [ ]

11 다음 빈칸에 알맞은 한자를 넣어 뜻이 통하는 한자어를 만들어 보세요.

65

平		
	等	

66

		轉
	交	

12 다음 한자漢字의 부수部首를 쓰세요.

67 甫 - [ ] 68 襄 - [ ]

69 燮 - [ ] 70 呈 - [ ]

51 ~ 55

1 다음 한자어漢字語의 독음讀音을 쓰세요.

1 刹那 [ ] 2 藩屛 [ ]
3 兵戈 [ ] 4 喉舌 [ ]
5 阜康 [ ] 6 岡陵 [ ]
7 陶泓 [ ] 8 燾育 [ ]
9 裁縫 [ ] 10 抛棄 [ ]
11 升鑑 [ ] 12 鎔融 [ ]
13 被拉 [ ] 14 購買 [ ]
15 炳燭 [ ] 16 推戴 [ ]
17 魂膽 [ ] 18 懷妊 [ ]
19 靺鞨 [ ] 20 泌尿器 [ ]

2 다음 한자漢字의 훈訓과 음音을 쓰세요.

21 沆 [ ] 22 坪 [ ]
23 坡 [ ] 24 启 [ ]
25 滋 [ ] 26 魏 [ ]
27 驥 [ ] 28 枚 [ ]
29 垈 [ ] 30 邱 [ ]

3 다음 한자어漢字語의 반대反對 또는 상대相對되는 2음절音節 한자어漢字語를 한자漢字로 쓰세요.

31 靈魂 ↔ [ ] 32 忘却 ↔ [ ]
33 順行 ↔ [ ] 34 乾燥 ↔ [ ]

4 다음 한자어漢字語 중에서 앞 글자가 장음長音으로 소리나는 한자어漢字語를 가려 그 번호를 쓰세요.

35 [ ] : ①掃除 ②掃蕩 ③消極 ④消毒
36 [ ] : ①分布 ②扶養 ③補充 ④福券

5 다음 한자성어漢字成語의 빈칸에 들어갈 알맞은 한자를 쓰세요.

37 [ ]門不出 38 天[ ]神助
39 面從[ ]背 40 自[ ]自讚

6 다음 한자어漢字語의 유의어類義語를 쓰세요.

41 戲弄 – [ ] 42 [ ] – 鼻祖
43 俗世 – [ ] 44 [ ] – 碧空

7 다음 한자漢字의 반대자反對字를 쓰세요.

45 首 ↔ [ ] 46 [ ] ↔ 妻
47 早 ↔ [ ] 48 [ ] ↔ 憎

8 다음 한자漢字의 유의자類義字를 쓰세요.

49 恐 – [ ] 50 皇 – [ ]
51 畢 – [ ] 52 淸 – [ ]

51 ~ 55

9 다음 한자漢字의 약자略字를 쓰세요.

53 舊 – [ ]　54 假 – [ ]

10 다음 글을 읽고, 밑줄 친 낱말을 한자漢字로 고쳐 쓰세요.

동서간의 냉전[55] 체제[56]가 와해[57]되는 과정에서 분단[58]된 독일이 통일을 이룩하였고, 남북한간에도 고위급[59] 회담 등 각종 교류가 서서히 활기를 띠게 되는 기화[60]로 상당히 낙관적[61]인 기대에서 나온 것이긴 하지만, 통일의 가능성이 과거보다 상당히 많아졌고, 그 기간도 앞당겨지리라고 예상[62]된다. 따라서 2000년대를 맞으면서 우리는 통일에 대비하는 준비가 긴요[63]하며, 특히 경제[64]면에서도 많은 준비를 하고 있어야 한다.

55 [ ]　56 [ ]

57 [ ]　58 [ ]

59 [ ]　60 [ ]

61 [ ]　62 [ ]

63 [ ]　64 [ ]

11 다음 빈칸에 알맞은 한자漢字를 넣어 뜻이 통하는 한자어漢字語를 만들어 보세요.

65

掌	
	手

66

	融
投	

12 다음 한자漢字의 부수部首를 쓰세요.

67 阜 – [ ]　68 罔 – [ ]

69 戴 – [ ]　70 魏 – [ ]

56 ~ 60

1 다음 한자어漢字語의 독음讀音을 쓰세요.

1 怡悅 [ ]　2 補闕 [ ]
3 芸窓 [ ]　4 携貳 [ ]
5 秉軸 [ ]　6 恐怖 [ ]
7 風采 [ ]　8 薰蒸 [ ]
9 佾舞 [ ]　10 芬蘭 [ ]
11 噫嗚 [ ]　12 旺盛 [ ]
13 油桐 [ ]　14 皮膚 [ ]
15 誤謬 [ ]　16 歪曲 [ ]
17 睿謨 [ ]　18 芮戈 [ ]
19 紫藤 [ ]　20 沼池 [ ]

2 다음 한자漢字의 훈訓과 음音을 쓰세요.

21 繕 [ ]　22 甕 [ ]
23 派 [ ]　24 鎰 [ ]
25 炊 [ ]　26 璿 [ ]
27 杰 [ ]　28 馥 [ ]
29 旻 [ ]　30 沮 [ ]

3 다음 한자어漢字語의 반대反對 또는 상대相對되는 2음절音節 한자어漢字語를 한자漢字로 쓰세요.

31 紛爭 ↔ [ ]　32 感情 ↔ [ ]
33 密集 ↔ [ ]　34 經度 ↔ [ ]

4 다음 한자어漢字語 중에서 앞 글자가 장음長音으로 소리나는 한자어漢字語를 가려 그 번호를 쓰세요.

35 [ ] : ①年輪 ②聯立 ③沿海 ④沿革
36 [ ] : ①靜寂 ②精進 ③付託 ④部數

5 다음 한자성어漢字成語의 빈칸에 들어갈 알맞은 한자를 쓰세요.

37 角者無[ ]　38 [ ]禍爲福
39 如履[ ]氷　40 虛[ ]聲勢

6 다음 한자어漢字語의 유의어類義語를 쓰세요.

41 領土 – [ ]　42 [ ] – 首肯
43 交涉 – [ ]　44 [ ] – 眼界

7 다음 한자漢字의 반대자反對字를 쓰세요.

45 深 ↔ [ ]　46 [ ] ↔ 沈
47 干 ↔ [ ]　48 [ ] ↔ 背

8 다음 한자漢字의 유의자類義字를 쓰세요.

49 英 – [ ]　50 [ ] – 淨
51 貢 – [ ]　52 [ ] – 徹

9 다음 한자漢字의 약자略字를 쓰세요.

53 貳 - [ ]　54 學 - [ ]

10 다음 글을 읽고, 밑줄 친 한자어漢字語는 독음讀音으로, 낱말은 한자漢字로 고쳐 쓰세요.

교사가 가르치려고 마음을 먹고 나서 제일 먼저 해야 할 일은 '가르침이란 무엇을 의미하는가'하는 것을 자신에게 묻는 것이다. <u>관습적</u>[55]인 방법으로 <u>통상적</u>[56]이고 <u>陳腐</u>[57]한 교과목의 내용들을 가르칠 것인가?

아이가 사회라는 기계 속의 톱니바퀴가 되도록 <u>제약</u>[58]할 것인가? 아니면 그를 도와 그릇된 <u>가치</u>[59]에 <u>대항</u>[60]하는 <u>融化</u>[61]되고 창조적인 인간이 되게 할 것인가? 만일 학생이 자기 둘레와 자기가 일부분인 주변의 가치와 <u>영향력</u>[62]을 조사하고 이해하고자 할 때 도움을 주려면, 그러한 것들을 교육자 자신도 인식해야 하지 않겠는가? 장님이 어떻게 다른 사람들이 물을 건너게 할 수 있겠는가?

분명히 교사 자신이 먼저 눈을 뜨기 시작해야 한다. 늘 깨어 있어야 하며, 자신의 생각과 느낌, 제약을 받던 방법, 그리고 자신의 행동과 <u>반응</u>[63]을 <u>진정</u>[64]으로 인식해야 한다. 이렇듯 깨어 있음에서 지성이 얻어지고, 그럼으로써 그 자신과 사람, 사물과의 관계에 근본적으로 변화가 일어나게 된다.

-「교육, 그리고 삶의 의미」中

55 [ ]　56 [ ]
57 [ ]　58 [ ]
59 [ ]　60 [ ]
61 [ ]　62 [ ]
63 [ ]　64 [ ]

11 다음 빈칸에 알맞은 한자를 넣어 뜻이 통하는 한자어를 만들어 보세요.

65

補	
	理

66

	薦
選	

12 다음 한자漢字의 부수部首를 쓰세요.

67 秉 - [ ]　68 歪 - [ ]
69 薰 - [ ]　70 采 - [ ]

61 ~ 65

1 다음 한자어漢字語의 독음讀音을 쓰세요.

1 姸粧 [ ]	2 制覇 [ ]
3 巡廻 [ ]	4 鵬程 [ ]
5 垠際 [ ]	6 津液 [ ]
7 荼毘 [ ]	8 蹴踏 [ ]
9 鏞鼓 [ ]	10 胎膜 [ ]
11 昴降 [ ]	12 禹跡 [ ]
13 祕苑 [ ]	14 盈滿 [ ]
15 殘虐 [ ]	16 寵姬 [ ]
17 茅塞 [ ]	18 邊疆 [ ]
19 廬幕 [ ]	20 穩健 [ ]

2 다음 한자漢字의 훈訓과 음音을 쓰세요.

21 祚 [ ]	22 衍 [ ]
23 盤 [ ]	24 郁 [ ]
25 胤 [ ]	26 舞 [ ]
27 跡 [ ]	28 墻 [ ]
29 拘 [ ]	30 炫 [ ]

3 다음 한자어漢字語의 반대反對 또는 상대相對되는 2음절音節 한자어漢字語를 한자漢字로 쓰세요.

31 恩惠 ↔ [ ]	32 否認 ↔ [ ]
33 偶然 ↔ [ ]	34 儉約 ↔ [ ]

4 다음 한자어漢字語 중에서 앞 글자가 장음長音으로 소리나는 한자어漢字語를 가려 그 번호를 쓰세요.

35 [ ] : ①亞洲 ②亞流 ③鐵路 ④鐵甲

36 [ ] : ①周邊 ②駐車 ③證據 ④增加

5 다음 한자성어漢字成語의 빈칸에 들어갈 알맞은 한자를 쓰세요.

37 矯[ ]殺牛	38 博[ ]強記
39 輕擧[ ]動	40 龍味鳳[ ]

6 다음 한자어漢字語의 유의어類義語를 쓰세요.

41 威脅 – [ ]	42 [ ] – 滯在
43 驅迫 – [ ]	44 [ ] – 書翰

7 다음 한자漢字의 반대자反對字를 쓰세요.

45 彼 ↔ [ ]	46 賢 ↔ [ ]
47 晴 ↔ [ ]	48 優 ↔ [ ]

8 다음 한자漢字의 유의자類義字를 쓰세요.

49 康 – [ ]	50 [ ] – 助
51 尋 – [ ]	52 [ ] – 獲

9 다음 한자漢字의 약자略字를 쓰세요.

53 獨 - [ ] 54 價 - [ ]

10 다음 글을 읽고, 밑줄 친 한자어漢字語는 독음讀音으로, 낱말은 한자漢字로 고쳐 쓰세요.

지성은 시험에 합격하는 것과 아무런 관계가 없다. 자발적[55]인 지각인 지성은 인간을 강하고 자유롭게 만든다. 어린아이 속에 지성을 일깨우려면 우리 자신이 지성이 무엇인가 이해하여야만 한다. 우리 자신이 여러 면에서 지성스럽지 못하면서 어떻게 아이에게 지성인이 되라고 요구할 수 있겠는가? 학생에게 어려운 일은 우리 자신에게도 역시 어려운 일이다. 우리가 헤어나지 못하고 있는 누적[56]된 불안, 불행, 그리고 挫折[57]이 그것이다. 아이가 지성인이 되도록 도와주려면, 우리 자신이 우리를 둔하고 무분별[58]하게 만드는 자기 내부의 여러 장애물[59]을 부숴야 한다.

우리 자신이 개인적인 안일[60]을 추구하면서 어떻게 아이에게 그것을 찾지 말라고 가르칠 수 있겠는가? 부모이며 교사인 우리가 인생에서 전혀 상처 입을 것 같지도 않다면, 우리 자신의 둘레에 방어벽을 꼿꼿이 세워 놓는다면 아이들은 어떤 희망을 가지겠는가? 이 세상에 혼란을 惹起[61]시키는 안락함을 위한 투쟁[62]의 진정한 의미를 발견하려면, 우리 자신의 심리적[63]인 과정을 인식하고 우리 자신의 지성[64]을 일깨우는 일부터 시작해야 한다.

-「교육, 그리고 삶의 의미」 中

55 [ ] 56 [ ]

57 [ ] 58 [ ]

59 [ ] 60 [ ]

61 [ ] 62 [ ]

63 [ ] 64 [ ]

11 다음 빈칸에 알맞은 한자를 넣어 뜻이 통하는 한자어를 만들어 보세요.

65

寶	
	賞

66

	韻
景	

12 다음 한자漢字의 부수部首를 쓰세요.

67 兪 - [ ] 68 禹 - [ ]

69 疆 - [ ] 70 衍 - [ ]

66 ~ 68

1 다음 한자어漢字語의 독음讀音을 쓰세요.

1 繩墨 [ ]　2 伐柯 [ ]
3 庠序 [ ]　4 權柄 [ ]
5 陜川 [ ]　6 點綴 [ ]
7 乾燥 [ ]　8 瓊韻 [ ]
9 扁額 [ ]　10 昱耀 [ ]
11 濫用 [ ]　12 驪州 [ ]
13 柴毒 [ ]　14 蓄積 [ ]
15 甘醴 [ ]　16 俛仰 [ ]
17 懲毖 [ ]　18 陳腐 [ ]
19 韋柔 [ ]　20 毘盧 [ ]

2 다음 한자漢字의 훈訓과 음音을 쓰세요.

21 龐 [ ]　22 珉 [ ]
23 珏 [ ]　24 邢 [ ]
25 斡 [ ]　26 統 [ ]
27 壎 [ ]　28 捕 [ ]
29 昪 [ ]　30 玲 [ ]

3 다음 한자어漢字語의 반대反對 또는 상대相對되는 2음절音節 한자어漢字語를 한자漢字로 쓰세요.

31 却下 ↔ [ ]　32 分析 ↔ [ ]
33 供給 ↔ [ ]　34 快樂 ↔ [ ]

4 다음 한자어漢字語 중에서 앞 글자가 장음長音으로 소리나는 한자어漢字語를 가려 그 번호를 쓰세요.

35 [ ] : ①常識 ②常習 ③喪妻 ④喪主
36 [ ] : ①藏書 ②裝備 ③切實 ④絶對

5 다음 한자성어漢字成語의 빈칸에 들어갈 알맞은 한자를 쓰세요.

37 [ ]牛充棟　38 韋[ ]三絶
39 曲學[ ]世　40 支離滅[ ]

6 다음 한자어漢字語의 유의어類義語를 쓰세요.

41 漂泊 – [ ]　42 [ ] – 首肯
43 招待 – [ ]　44 [ ] – 異域

7 다음 한자漢字의 반대자反對字를 쓰세요.

45 腹 ↔ [ ]　46 姑 ↔ [ ]
47 伸 ↔ [ ]　48 經 ↔ [ ]

8 다음 한자漢字의 유의자類義字를 쓰세요.

49 牽 – [ ]　50 [ ] – 慈
51 層 – [ ]　52 [ ] – 亡

9 다음 한자漢字의 약자略字를 쓰세요.

53 對 - [ ]　54 樓 - [ ]

10 다음 글을 읽고, 밑줄 친 낱말을 한자漢字로 고쳐 쓰세요.

화폐는 다음과 같은 네 가지 기능을 수행한다.

첫째, 화폐는 일반적인 교환[55]의 매개[56]수단으로서의 기능을 수행[57]한다. 화폐가 없었던 원시사회에서의 교환은 상품과 상품을 맞바꾸는 직접의 교환, 즉 물물교환이었었다. 물물교환이 지니는 가장 어려운 문제는 교환에 참여하는 쌍방의 '욕구가 동시에 일치[58]하여야만 한다는 것'이다.

둘째, 화폐는 회계의 단위 혹은 가치의 척도[59]로서의 기능을 수행한다. 화폐적 교환경제에서는 상품들의 가치가 모두 화폐단위[60]로 표시되기 때문에 사람들은 특별한 노력을 기울이지 않더라도 여러 상품들의 가치를 쉽게 비교할 수 있다.

셋째, 화폐는 장래 지불의 표준으로서의 기능을 수행한다. 상품을 외상으로 사거나 돈을 빌리는 경우, 장래[61]에 지불[62]할 대가는 대개 화폐 단위로 표시되기 때문에 화폐는 장래 지불의 표준이 되는 것이다.

넷째, 화폐는 가치의 저장[63]수단으로서의 기능을 수행한다. 교환의 매개수단으로 화폐를 받은 후, 다른 물품을 매입[64]할 때까지 보유하고 있을 때에 화폐는 가치의 저장 수단이 되는 것이다.

-「현대경제학원론」中

55 [ ]　56 [ ]
57 [ ]　58 [ ]
59 [ ]　60 [ ]
61 [ ]　62 [ ]
63 [ ]　64 [ ]

11 다음 빈칸에 알맞은 한자를 넣어 뜻이 통하는 한자어를 만들어 보세요.

65

順	
	列

66

	展
希	

12 다음 한자漢字의 부수部首를 쓰세요.

67 昱 - [ ]　68 扁 - [ ]
69 姜 - [ ]　70 毖 - [ ]

한자능력검정시험 **2급**

기출 · 예상문제

학습도움

기출 · 예상문제

기출 · 예상문제란 그동안 출제되었던 문제와 앞으로 출제 가능한 문제들을 모아 엮은 것으로, 출제 경향과 문제의 난이도를 측정해 보는 데에 도움이 될 것입니다.

정답확인

정답은 문제해답(부록 29쪽 ~ 37쪽)에 있습니다.

01회 한자능력검정시험 2급 기출·예상문제

- 채점방식 · 1문제 : 1점
- 합격점수 · 105점 이상

1 다음 한자어漢字語의 독음讀音을 쓰시오.

1 艮坐 [ ]	2 俳優 [ ]
3 添削 [ ]	4 勉勵 [ ]
5 絞殺 [ ]	6 匪賊 [ ]
7 慙愧 [ ]	8 紊亂 [ ]
9 凝固 [ ]	10 鬱寂 [ ]
11 治療 [ ]	12 牽引 [ ]
13 李滉 [ ]	14 酷毒 [ ]
15 殺到 [ ]	16 陝西 [ ]
17 纖細 [ ]	18 抱擁 [ ]
19 購買 [ ]	20 葛藤 [ ]
21 阿膠 [ ]	22 遺憾 [ ]
23 搜索 [ ]	24 尖銳 [ ]
25 昇天 [ ]	26 老鈍 [ ]
27 惹起 [ ]	28 可憐 [ ]
29 鑄型 [ ]	30 侮辱 [ ]
31 官僚 [ ]	32 脫帽 [ ]
33 揭載 [ ]	34 祿俸 [ ]
35 落款 [ ]	36 魔鬼 [ ]
37 賠償 [ ]	38 推戴 [ ]
39 放誕 [ ]	40 飼育 [ ]
41 旌旗 [ ]	42 雇傭 [ ]
43 腎臟 [ ]	44 跳躍 [ ]
45 迷妄 [ ]	

2 다음 한자漢字의 훈訓과 음音을 쓰시오.

46 塵 [ ]	47 繫 [ ]
48 逮 [ ]	49 廣 [ ]
50 傀 [ ]	51 測 [ ]
52 痲 [ ]	53 蔑 [ ]
54 膽 [ ]	55 鐵 [ ]
56 坑 [ ]	57 奎 [ ]
58 呈 [ ]	59 炎 [ ]
60 維 [ ]	

3 다음 한자漢字를 [보기]에서 찾아 그 번호番號를 쓰시오.

보기

① 隻	② 綠	③ 俊	④ 秩
⑤ 耆	⑥ 祐	⑦ 桓	⑧ 蘆
⑨ 卓	⑩ 盧	⑪ 誓	⑫ 雙
⑬ 恒	⑭ 珠	⑮ 唆	⑯ 株
⑰ 邕	⑱ 悼	⑲ 疾	⑳ 簿

61 문서 부 [ ]	62 부추길 사 [ ]
63 막힐 옹 [ ]	64 맹세할 서 [ ]
65 복 우 [ ]	66 구슬 주 [ ]
67 차례 질 [ ]	68 갈대 로 [ ]
69 늙을 기 [ ]	70 외짝 척 [ ]
71 굳셀 환 [ ]	72 슬퍼할 도 [ ]

※ 다음 글을 읽고 물음에 답하시오.

ㄱ 漢字와 한글을 적당[73]히 병용 또는 혼용[74]함으로 문장[75]의 맛을 더해주며 자연히 그 묘미[76]를 실감[77]케 해준다. 예[78]를 든다면 골격[79]과 비육[80]을 골고루 살려주고 있다고 본다. 세계[81] 어느 나라나 민족[82]이 이렇듯 위대[83]한 문화를 향유[84]하는 나라는 없으며 고유의 우리 문화에 긍지를 가지고 자족[85]함을 느끼게 한다.

ㄴ 한글과 漢字를 적절히 섞으면 한글의 장점과 漢字의 시각성[86], 표의성[87], 축약력[88] 등 장점들이 잘 어우러져서 보기도 경쾌[89]하고 읽기도 빠르며 또 이해도 용이[90]한 것이다.

ㄷ 漢字는 우리말의 인식력[91], 어휘력, 조어력[92]을 풍부[93]하게 하고 기록[94] 내용도 시공[95]을 초월[96]하여 길이 보존하는 뛰어난 장점이 있음을 잊어서는 안 된다.

ㄹ 같은 유교[97]문화권에 속하면서도 중국과 일본에서는 이제 그 잔영[98]으로밖에는 찾아볼 수 없는 효 사상[99]이 유독[100] 우리 민족에게만 꺼지지 않는 영원[101]한 불꽃으로 남을 수 있었던 것은 결코 우연이 아니다. 여기서 새삼 효 사상이 갖는 현대적 의미[102]를 살펴보는 것은 언제나 뜻 있는 일이 아닐 수 없다.

4 밑줄 친 73 ~ 102의 한자漢字를 정자正字로 쓰시오.

73 적당 [ ] 74 혼용 [ ]
75 문장 [ ] 76 묘미 [ ]
77 실감 [ ] 78 예 [ ]
79 골격 [ ] 80 비육 [ ]
81 세계 [ ] 82 민족 [ ]
83 위대 [ ] 84 향유 [ ]
85 자족 [ ] 86 시각성 [ ]
87 표의성 [ ] 88 축약력 [ ]
89 경쾌 [ ] 90 용이 [ ]
91 인식력 [ ] 92 조어력 [ ]
93 풍부 [ ] 94 기록 [ ]
95 시공 [ ] 96 초월 [ ]
97 유교 [ ] 98 잔영 [ ]
99 사상 [ ] 100 유독 [ ]
101 영원 [ ] 102 의미 [ ]

5 다음 한자어漢字語의 밑줄 친 자字를 약자略字로 쓰시오.

103 辭讓 – [ ] 104 醫院 – [ ]
105 邊塞 – [ ]

6 다음 한자漢字와 대립되는 뜻의 한자漢字를 쓰시오.

106 貸 ↔ [ ] 107 [ ] ↔ 濕
108 早 ↔ [ ] 109 [ ] ↔ 愚
110 喜 ↔ [ ]

7 다음 한자어漢字語의 상대어相對語를 한자漢字로 쓰시오.

111 獲得 ↔ [ ] 112 助長 ↔ [ ]

113 低俗 ↔ [ ] 114 連結 ↔ [ ]

115 同居 ↔ [ ]

8 다음 한자어漢字語의 동음이의어同音異義語를 문맥文脈에 맞게 한자漢字로 쓰시오.

116 景氣 : (기량과 기술을 겨룸) .... [ ]

117 優秀 : (근심과 걱정) .... [ ]

118 鑑賞 : (느낌이나 생각) ...... [ ]

119 受信 : (몸과 마음을 닦음) .... [ ]

120 病魔 : (병사와 군마) .... [ ]

9 다음 한자어漢字語의 뜻을 쓰시오.

121 創製 : [ ]

122 相異 : [ ]

10 밑줄 친 한자어漢字語 73 ~ 85에서 첫소리가 장음長音인 것을 골라 순서대로 5개만 그 번호를 쓰시오.

123 [ ] 124 [ ]

125 [ ] 126 [ ]

127 [ ]

11 다음 한자漢字의 부수部首를 쓰시오.

128 泳 - [ ] 129 能 - [ ]

130 持 - [ ] 131 題 - [ ]

132 猛 - [ ]

12 다음 한자어漢字語를 순우리말로 쓰시오.

133 於焉 : [ ]

134 針線 : [ ]

135 露天 : [ ]

13 다음 ①~④의 짝지은 두 한자어漢字語에서 뜻의 연결이 다른 것 하나를 찾아 그 번호를 쓰시오.

136 [ ] ① 漂泊 - 流離 ② 領土 - 版圖 ③ 背恩 - 忘德 ④ 供給 - 需要

137 [ ] ① 五列 - 間諜 ② 消極 - 積極 ③ 敗北 - 勝利 ④ 保守 - 革新

138 [ ] ① 合法 - 違法 ② 疏遠 - 親近
③ 富裕 - 貧窮 ④ 一毫 - 秋毫

139 [ ] ① 好轉 - 逆轉 ② 順行 - 逆行
③ 蒼空 - 碧空 ④ 本業 - 副業

140 [ ] ① 興奮 - 安靜 ② 靈魂 - 肉體
③ 滯留 - 滯在 ④ 分析 - 綜合

14 다음에서 비슷한 뜻의 한자漢字가 아닌 것끼리 짝지어진 것을 찾아 그 번호를 쓰시오.

141 [ ] ① 徒黨 ② 攻防 ③ 恭敬 ④ 敦篤

142 [ ] ① 覺悟 ② 階層 ③ 起伏 ④ 間隔

143 [ ] ① 逃避 ② 貫徹 ③ 牽引 ④ 乾濕

144 [ ] ① 堅固 ② 具備 ③ 及落 ④ 極端

145 [ ] ① 美醜 ② 孤獨 ③ 揭揚 ④ 雇傭

15 다음 [ ] 안을 채워 사자성어四字成語를 완성하시오.

146 外柔內[ ] 147 騷人[ ]客

148 般若心[ ] 149 群雄[ ]據

150 泥田[ ]狗

02회 한자능력검정시험 2급 기출·예상문제

- 채점방식 · 1문제 : 1점
- 합격점수 · 105점 이상

1 다음 한자어漢字語의 독음讀音을 쓰시오.

1 紛糾 [ ]　2 纖維 [ ]

3 麒麟 [ ]　4 魅惑 [ ]

5 殖産 [ ]　6 槿域 [ ]

7 腎臟 [ ]　8 葛藤 [ ]

9 星宿 [ ]　10 示唆 [ ]

11 干涉 [ ]　12 編輯 [ ]

13 拘礙 [ ]　14 禁獵 [ ]

15 殷鑑 [ ]　16 謁見 [ ]

17 措置 [ ]　18 衣鉢 [ ]

19 臺灣 [ ]　20 巡哨 [ ]

21 叔行 [ ]　22 桓雄 [ ]

23 運搬 [ ]　24 推戴 [ ]

25 耽溺 [ ]　26 憎惡 [ ]

27 坑儒 [ ]　28 颱風 [ ]

29 採掘 [ ]　30 牽引 [ ]

31 把握 [ ]　32 巢窟 [ ]

33 漁網 [ ]　34 哀悼 [ ]

35 抑鬱 [ ]　36 斬新 [ ]

37 殉職 [ ]　38 苦衷 [ ]

39 蔑視 [ ]　40 障壁 [ ]

41 垂釣 [ ]　42 窒酸 [ ]

43 肝膽 [ ]　44 關鍵 [ ]

45 購買 [ ]

2 다음 한자漢字의 훈訓과 음音을 쓰시오.

46 深 [ ]　47 淫 [ ]

48 攝 [ ]　49 狂 [ ]

50 俸 [ ]　51 騰 [ ]

52 秉 [ ]　53 憫 [ ]

54 旨 [ ]　55 艦 [ ]

56 罔 [ ]　57 醴 [ ]

58 愈 [ ]　59 垈 [ ]

60 圈 [ ]

3 다음 한자漢字를 [보기]에서 찾아 그 번호를 쓰시오.

보기

① 彫	② 煤	③ 篤	④ 謄
⑤ 端	⑥ 淵	⑦ 惇	⑧ 媒
⑨ 挿	⑩ 搜	⑪ 調	⑫ 覓
⑬ 傅	⑭ 紹	⑮ 傳	⑯ 滋
⑰ 澤	⑱ 弁	⑲ 湍	⑳ 玆

61 스승 부 [ ]　62 꽂을 삽 [ ]

63 불을 자 [ ]　64 이을 소 [ ]

65 못 연 [ ]　66 여울 단 [ ]

67 찾을 멱 [ ]　68 도타울 돈 [ ]

69 새길 조 [ ]　70 중매 매 [ ]

71 베낄 등 [ ]　72 고깔 변 [ ]

※ 다음 글을 읽고 물음에 답하시오.

ㄱ 국토교통부[73]의 이번 조사[74] 결과는 그린벨트를 대폭적으로 해제[75]하는 것이 명분상 설득력[76]이 약함을 대변[77]해 주고 있다. 그린벨트 지정 이후 절반[78]에 가까운 토지가 외지인 소유로 바뀌었다는 것은 이들이 언젠가는 개발 제한[79] 해제로 땅값이 치솟을 것이란 기대[80]하에 투기[81]를 한 것으로 볼 수 있으며, 따라서 이들 토지에 대한 규제[82] 완화[83]는 곧 투기 조장[84]으로 연결[85]될 가능성[86]이 높다. 역대[87] 정권[88]이 27년간 온갖 고충과 문제점에도 불구하고 이들 지역을 서울 등 대도시의 허파로 보존[89]해 온 노력과 비교[90]해 볼 때 어떤 것이 정책적[91] 배려의 대상이 돼야 하는지는 자명[92]하다.

ㄴ 거주민[93]들의 경우도 마찬가지다. 그린벨트 지정[94] 이전부터 거주해 온 20.6%의 주민들에 대해 어떤 방법으로든 피해[95] 보상[96]을 할 필요는 있다. 그동안 재건축 완화 등으로 초기의 경직[97]된 정책을 개선하기는 했지만 개발제한으로 인해 땅값이 인근[98] 지역에 비해 턱없이 낮고 토지활용도 제대로 할 수 없는 등 원천[99]적인 문제점을 해결해 주지 못한 것이 사실이다. 그렇지만 그린벨트 지정 이후에 전입[100]한 주민들에게도 그 이전의 원주민과 똑같은 배려[101]를 할 것인지는 신중[102]히 검토할 필요가 있다.

4 밑줄 친 73 ~ 102의 한자漢字를 정자正字로 쓰시오.

73 교통부 [ ]　74 조사 [ ]
75 해제 [ ]　76 설득력 [ ]
77 대변 [ ]　78 절반 [ ]
79 제한 [ ]　80 기대 [ ]
81 투기 [ ]　82 규제 [ ]
83 완화 [ ]　84 조장 [ ]
85 연결 [ ]　86 가능성 [ ]
87 역대 [ ]　88 정권 [ ]
89 보존 [ ]　90 비교 [ ]
91 정책적 [ ]　92 자명 [ ]
93 거주민 [ ]　94 지정 [ ]
95 피해 [ ]　96 보상 [ ]
97 경직 [ ]　98 인근 [ ]
99 원천 [ ]　100 전입 [ ]
101 배려 [ ]　102 신중 [ ]

5 다음 한자어漢字語의 밑줄 친 자字를 약자略字로 쓰시오.

103 經<u>濟</u> – [ ]　104 崇<u>佛</u> – [ ]
105 <u>假</u>想 – [ ]

6 다음 한자漢字와 대립되는 뜻의 한자漢字를 쓰시오.

106 表 ↔ [ ]　107 [ ] ↔ 削
108 乾 ↔ [ ]　109 [ ] ↔ 卒
110 贊 ↔ [ ]

7 다음 한자어漢字語의 상대어相對語를 한자漢字로 쓰시오.

111 縮小 ↔ [ ] 112 劃一 ↔ [ ]

113 開放 ↔ [ ] 114 感情 ↔ [ ]

115 後退 ↔ [ ]

8 다음 한자어漢字語의 동음이의어同音異義語를 문맥文脈에 맞게 한자漢字로 쓰시오.

116 記事 : (운전기사) ············· [ ]

117 乳脂 : (기름종이) ············· [ ]

118 辭典 : (개인 소유의 논밭) ······································ [ ]

119 思考 : (뜻밖의 불행한 일) ······································ [ ]

120 氣球 : (세간 · 그릇 · 연장 따위) ······································ [ ]

9 다음 한자어漢字語의 뜻을 쓰시오.

121 享有 : [ ]

122 時空 : [ ]

10 밑줄 친 한자어漢字語 73 ~ 85에서 첫소리가 장음長音인 것을 골라 순서대로 5개만 그 번호를 쓰시오.

123 [ ] 124 [ ]

125 [ ] 126 [ ]

127 [ ]

11 다음 한자漢字의 부수部首를 쓰시오.

128 盟 - [ ] 129 也 - [ ]

130 整 - [ ] 131 都 - [ ]

132 擧 - [ ]

12 다음 한자어漢字語를 순우리말로 쓰시오.

133 雌雄 : [ ]

134 午睡 : [ ]

135 都是 : [ ]

13 다음 ①～④의 짝지은 두 한자어漢字語에서 뜻의 연결이 다른 것 하나를 찾아 그 번호를 쓰시오.

136 [ ] ① 天地 - 乾坤 ② 海外 - 異域 ③ 却下 - 受理 ④ 五列 - 間諜

137 [ ] ① 寸土 - 尺土 ② 連敗 - 連勝 ③ 口傳 - 記錄 ④ 白髮 - 紅顔

138 [ ] ① 合理 - 矛盾 ② 海外 - 異域 ③ 偶然 - 必然 ④ 別居 - 同居

139 [ ] ① 虐待 - 優待 ② 成熟 - 未熟
③ 威脅 - 脅迫 ④ 保守 - 進步

140 [ ] ① 好材 - 惡材 ② 所得 - 損失
③ 富貴 - 貧賤 ④ 將帥 - 將領

14 다음에서 비슷한 뜻의 한자漢字가 아닌 것끼리 짝지어진 것을 찾아 그 번호를 쓰시오.

141 [ ] ① 毛髮 ② 釋放 ③ 精誠 ④ 需給

142 [ ] ① 伸縮 ② 素朴 ③ 姿態 ④ 純潔

143 [ ] ① 附屬 ② 煩簡 ③ 憂愁 ④ 炎暑

144 [ ] ① 批評 ② 施設 ③ 盛衰 ④ 怨恨

145 [ ] ① 哀歡 ② 哀悼 ③ 議論 ④ 仁慈

15 다음 [ ] 안을 채워 사자성어四字成語를 완성하시오.

146 安[ ]樂道 147 [ ]角殺牛

148 龍頭蛇[ ] 149 拔本塞[ ]

150 信[ ]必罰

03회 한자능력검정시험 2급 기출 · 예상문제

- 채점방식 · 1문제 : 1점
- 합격점수 · 105점 이상

1 다음 한자어漢字語의 독음讀音을 쓰시오.

1 惹起 [ ]
2 謄寫 [ ]
3 揭揚 [ ]
4 拓植 [ ]
5 軌跡 [ ]
6 抱擁 [ ]
7 津筏 [ ]
8 涉獵 [ ]
9 打診 [ ]
10 頻尿 [ ]
11 麟鳳 [ ]
12 滑降 [ ]
13 謁見 [ ]
14 睿宗 [ ]
15 船舶 [ ]
16 跳躍 [ ]
17 雍齒 [ ]
18 把握 [ ]
19 塗炭 [ ]
20 竊盜 [ ]
21 曲阜 [ ]
22 聚落 [ ]
23 薰陶 [ ]
24 療養 [ ]
25 暴惡 [ ]
26 財閥 [ ]
27 沈滯 [ ]
28 運搬 [ ]
29 醉客 [ ]
30 幻燈 [ ]
31 洗濯 [ ]
32 港灣 [ ]
33 啓蒙 [ ]
34 編輯 [ ]
35 娼婦 [ ]
36 錯綜 [ ]
37 缺陷 [ ]
38 逮捕 [ ]
39 明哲 [ ]
40 魅惑 [ ]
41 敷衍 [ ]
42 紡織 [ ]
43 比率 [ ]
44 厭症 [ ]
45 拉致 [ ]

2 다음 한자漢字의 훈訓과 음音을 쓰시오.

46 刹 [ ]
47 壕 [ ]
48 尖 [ ]
49 膠 [ ]
50 沮 [ ]
51 亂 [ ]
52 札 [ ]
53 奏 [ ]
54 震 [ ]
55 旭 [ ]
56 穆 [ ]
57 乞 [ ]
58 遮 [ ]
59 緩 [ ]
60 倂 [ ]

3 다음 한자漢字를 [보기]에서 찾아 그 번호를 쓰시오.

보기

① 膽	② 預	③ 塵	④ 廷
⑤ 窟	⑥ 隔	⑦ 端	⑧ 屈
⑨ 熊	⑩ 靴	⑪ 得	⑫ 肥
⑬ 瑞	⑭ 履	⑮ 礙	⑯ 延
⑰ 態	⑱ 溺	⑲ 瞻	⑳ 弱

61 상서 서 [ ]
62 거리낄 애 [ ]
63 굴 굴 [ ]
64 맡길 예 [ ]
65 신 화 [ ]
66 티끌 진 [ ]
67 곰 웅 [ ]
68 사이뜰 격 [ ]
69 살찔 비 [ ]
70 늘일 연 [ ]
71 볼 첨 [ ]
72 빠질 닉 [ ]

※ 다음 글을 읽고 물음에 답하시오.

광복[73]되던 해 겨울 직장[74]에서 노변[75]에 둘러앉아 한담[76]하던 중, 화제[77]는 自然 日本의 殘虐性과 침략[78]行爲로 쏠렸는데, 史學을 전공[79]한 동료[80] 한 분은 이렇게 말하였다. "동남아[81] 여러 나라에 민족적 자각[82]을 일깨워 준 공로[83]는 인정[84]해줘야 합니다."

日本의 殘虐性은 아무리 되뇌어도 치떨리는 일이지만 果然 태평양[85] 연안[86]의 여러 민족은 모두가 태평양전쟁과 일본의 패망[87]을 계기[88]로 先後하여 독립[89]했는데 해방[90]되자 그날로 대학에서 제 나라 글로 된 교재[91]를 들고 自己네 말로 강의[92]를 시작한 것은 우리 韓國뿐이다.

그것은 오랫동안 구축[93]해 온 두터운 한자문화층 위에 우리가 서 있었기 때문이다. 지금 동남아의 신흥[94]國家들은 의욕[95]은 크건만, 고등학교 이상[96]에서는 수업용어조차 自由롭지 못한 실정[97]이다.

장기간[98] 시달려 온 원수 나라의 말인 영어나 프랑스어가 아니고는, 이 정도[99] 수준[100]의 의사도 전달[101]할 길이 없는 것이다. 그래서 저들은 제 나라 국어를 확립[102]하기에 열을 올리고 있다.

4 밑줄 친 73 ~ 102의 한자漢字를 정자正字로 쓰시오.

73 광복 [ ] 74 직장 [ ]
75 노변 [ ] 76 한담 [ ]
77 화제 [ ] 78 침략 [ ]
79 전공 [ ] 80 동료 [ ]
81 동남아 [ ] 82 자각 [ ]
83 공로 [ ] 84 인정 [ ]
85 태평양 [ ] 86 연안 [ ]
87 패망 [ ] 88 계기 [ ]
89 독립 [ ] 90 해방 [ ]
91 교재 [ ] 92 강의 [ ]
93 구축 [ ] 94 신흥 [ ]
95 의욕 [ ] 96 이상 [ ]
97 실정 [ ] 98 장기간 [ ]
99 정도 [ ] 100 수준 [ ]
101 전달 [ ] 102 확립 [ ]

5 다음 한자어漢字語의 밑줄 친 자字를 약자略字로 쓰시오.

103 蠶業 - [ ] 104 與野 - [ ]
105 親舊 - [ ]

6 다음 한자漢字와 대립되는 뜻의 한자漢字를 쓰시오.

106 添 ↔ [ ] 107 [ ] ↔ 橫
108 彼 ↔ [ ] 109 [ ] ↔ 急
110 晴 ↔ [ ]

7 다음 한자어漢字語의 상대어相對語를 한자漢字로 쓰시오.

111 供給 ↔ [ ] 112 服從 ↔ [ ]

113 消費 ↔ [ ] 114 密集 ↔ [ ]

115 建設 ↔ [ ]

8 다음 한자어漢字語의 동음이의어同音異義語를 문맥文脈에 맞게 한자漢字로 쓰시오.

116 彫刻 : (내각을 조직함) ····· [ ]

117 議事 : (병을 고치는 사람) ······································ [ ]

118 火葬 : (얼굴을 곱게 꾸밈) ······································ [ ]

119 示唆 : (여러 가지 사회적 사건) ······································ [ ]

120 良識 : (일정한 모양이나 형식) ······································ [ ]

9 다음 한자어漢字語의 뜻을 쓰시오.

121 遊說 : [ ]

122 行列 : [ ]

10 밑줄 친 한자어漢字語 73 ~ 91에서 첫 소리가 장음長音인 것을 골라 순서대로 5개만 그 번호를 쓰시오.

123 [ ] 124 [ ]

125 [ ] 126 [ ]

127 [ ]

11 다음 한자漢字의 부수部首를 쓰시오.

128 産 - [ ] 129 居 - [ ]

130 點 - [ ] 131 愚 - [ ]

132 距 - [ ]

12 다음 한자어漢字語를 순우리말로 쓰시오.

133 必是 : [ ]

134 可憎 : [ ]

135 思料 : [ ]

13 다음 ①~④의 짝지은 두 한자어漢字語에서 뜻의 연결이 다른 것 하나를 찾아 그 번호를 쓰시오.

136 [ ] ① 興奮 - 鎭靜 ② 暗示 - 明示 ③ 否認 - 是認 ④ 天地 - 乾坤

137 [ ] ① 招待 - 招請 ② 憂鬱 - 明朗
③ 原始 - 文明 ④ 紛爭 - 和解

138 [ ] ① 固執 - 妥協 ② 依他 - 自立
③ 漂泊 - 流離 ④ 漠然 - 確然

139 [ ] ① 質疑 - 應答 ② 戱弄 - 籠絡
③ 人爲 - 自然 ④ 滅亡 - 隆興

140 [ ] ① 共鳴 - 首肯 ② 自律 - 他律
③ 斬新 - 腐敗 ④ 物質 - 精神

14 다음에서 비슷한 뜻의 한자漢字가 아닌 것끼리 짝지어진 것을 찾아 그 번호를 쓰시오.

141 [ ] ① 選擇 ② 返還 ③ 優劣 ④ 貯蓄

142 [ ] ① 崇高 ② 尊卑 ③ 財貨 ④ 製作

143 [ ] ① 縱橫 ② 墳墓 ③ 庭園 ④ 朱紅

144 [ ] ① 尋訪 ② 選別 ③ 英特 ④ 抑揚

145 [ ] ① 模範 ② 昇降 ③ 淨潔 ④ 添加

15 다음 [ ] 안을 채워 사자성어四字成語를 완성하시오.

146 森[ ]萬象 147 天佑神[ ]

148 同價[ ]裳 149 宗[ ]社稷

150 [ ]過遷善

04회 한자능력검정시험 2급 기출·예상문제

- 채점방식 · 1문제 : 1점
- 합격점수 · 105점 이상

1 다음 한자어漢字語의 독음讀音을 쓰시오.

1 祥瑞 [ ]　2 潔白 [ ]
3 溺死 [ ]　4 蔚山 [ ]
5 營繕 [ ]　6 膽石 [ ]
7 奏請 [ ]　8 渴症 [ ]
9 湯劑 [ ]　10 陜川 [ ]
11 窮僻 [ ]　12 碩學 [ ]
13 軌跡 [ ]　14 賠償 [ ]
15 嫌疑 [ ]　16 內需 [ ]
17 詐欺 [ ]　18 措置 [ ]
19 被拉 [ ]　20 鑄物 [ ]
21 蠶室 [ ]　22 紹介 [ ]
23 赦免 [ ]　24 布施 [ ]
25 融資 [ ]　26 抛棄 [ ]
27 殺到 [ ]　28 肝癌 [ ]
29 艮峴 [ ]　30 遮陽 [ ]
31 批准 [ ]　32 菜蔬 [ ]
33 播植 [ ]　34 崩壞 [ ]
35 諮問 [ ]　36 彫琢 [ ]
37 旌善 [ ]　38 硯滴 [ ]
39 屍身 [ ]　40 霸王 [ ]
41 尼僧 [ ]　42 糖尿 [ ]
43 沐浴 [ ]　44 暴雪 [ ]
45 憩息 [ ]

2 다음 한자漢字의 훈訓과 음音을 쓰시오.

46 闕 [ ]　47 繫 [ ]
48 珠 [ ]　49 怖 [ ]
50 軸 [ ]　51 塵 [ ]
52 淮 [ ]　53 勳 [ ]
54 駐 [ ]　55 苑 [ ]
56 僅 [ ]　57 娩 [ ]
58 衷 [ ]　59 探 [ ]
60 博 [ ]

3 다음 한자漢字를 [보기]에서 찾아 그 번호를 쓰시오.

보기

① 循	② 憾	③ 畿	④ 綱
⑤ 甄	⑥ 塗	⑦ 聚	⑧ 落
⑨ 衍	⑩ 侈	⑪ 綜	⑫ 煙
⑬ 移	⑭ 幾	⑮ 聰	⑯ 巡
⑰ 網	⑱ 幅	⑲ 取	⑳ 淵

61 돌　순 [ ]　62 넓을　연 [ ]
63 모을 종 [ ]　64 귀밝을 총 [ ]
65 칠할 도 [ ]　66 섭섭할 감 [ ]
67 그물 망 [ ]　68 질그릇 견 [ ]
69 모을 취 [ ]　70 옮길　이 [ ]
71 폭　폭 [ ]　72 경기　기 [ ]

※ 다음 글을 읽고 물음에 답하시오.

한글애용[73][한글전용[74]이 아님]의 정신은 좋고 되도록 순우리말을 많이 개발[75]해서 外國語·外來語의 남용을 삼가고 같은 값이면 다홍치마[동가홍상[76]]로 漢字말을 덜 쓰는 노력[77]은 해봄직하다. 근원적[78]으로 문화민족의 긍지 국어사랑의 정신[79]이 긴요[80]한 것이다.

그러나 걱정할 일은 지나친 국수주의적인 사고[81]방식인데 이는 금물이다. 근래[82]에 와서 한자의 창시[83]에 동이족이 주역이었다는 설이 유력하게 거론되고 있고 그러리라는 심증[84]을 굳혀가고 있다. 실상 한자는 외국 글자 아닌 國字다.

漢字를 利用한 향찰·이두[85]·구결 등 오랜 세월 불완전[86]하게나마 우리말을 적어온 글자요, 한글이 없었던 시절[87]에 너무도 많은 漢字語들이 생겨났고, 우리 文化가 漢字文化라 해도 좋을 정도로 우리 文化의 축적[88]은 漢字로 이루어진 것이다.

뿐인가. 훈민정음[89] 제정 후 첫 작품인 용비어천가 「해동[90] 六龍이 ᄂᆞᄅᆞ샤 일마다 천복[91]이시니 古聖이 동부[92]ᄒᆞ시니」와 같은 國漢 혼용문[93]이요 그 이후로 소설[94]이나 언간 등 순한글로 된 것이 없는 것이 아니나, 漢籍이나 국한혼용의 고문헌[95]이 많은 것이 또한 사실이요, 무엇보다도 오늘날 국어의 70%가 漢字말이라는 엄연한 현실, 유구[96]한 漢字사용의 역사(三國이전부터 二千數百年 써 옴), 고유[97]한 漢字音, 1920년대의 「조선일보」, 「동아일보」의 두 신문이나 개화기[98]의 모든 교과서[99]도 국한혼용이었고 국산[100] 漢字語가 많은 상황[101] 등 어느 모로 보나 한자를 國字로 보는 것이 타당[102]한 것이다.

4 밑줄 친 73 ~ 102의 한자漢字를 정자正字로 쓰시오.

73 애용	[ ]	74 전용	[ ]
75 개발	[ ]	76 동가홍상	[ ]
77 노력	[ ]	78 근원적	[ ]
79 정신	[ ]	80 긴요	[ ]
81 사고	[ ]	82 근래	[ ]
83 창시	[ ]	84 심증	[ ]
85 이두	[ ]	86 불완전	[ ]
87 시절	[ ]	88 축적	[ ]
89 훈민정음	[ ]	90 해동	[ ]
91 천복	[ ]	92 동부	[ ]
93 혼용문	[ ]	94 소설	[ ]
95 고문헌	[ ]	96 유구	[ ]
97 고유	[ ]	98 개화기	[ ]
99 교과서	[ ]	100 국산	[ ]
101 상황	[ ]	102 타당	[ ]

5 다음 한자어漢字語의 밑줄 친 자字를 약자略字로 쓰시오.

103 龜裂 - [ ]　104 禮式 - [ ]

105 廣告 - [ ]

6 다음 한자漢字와 대립되는 뜻의 한자漢字를 쓰시오.

106 抑 ↔ [ ] 107 [ ] ↔ 廢

108 及 ↔ [ ] 109 [ ] ↔ 淡

110 經 ↔ [ ]

7 다음 한자어漢字語의 상대어相對語를 한자漢字로 쓰시오.

111 富貴 ↔ [ ] 112 悲觀 ↔ [ ]

113 愼重 ↔ [ ] 114 直接 ↔ [ ]

115 異端 ↔ [ ]

8 다음 한자어漢字語의 동음이의어同音異義語를 문맥文脈에 맞게 한자漢字로 쓰시오.

116 會意 : (의심을 품음) ········· [ ]

117 架空 : (원료나 재료에 손을 대어 새로운 물건을 만드는 일) ··········· [ ]

118 車道 : (병이 나아지는 정도) ······································· [ ]

119 景祚 : (경사와 불행한 일) ······································· [ ]

120 浮上 : (따로 덧붙여 주는 상) ······································· [ ]

9 다음 한자어漢字語의 뜻을 쓰시오.

121 對辯 : [ ]

122 硬直 : [ ]

10 밑줄 친 한자어漢字語 73 ~ 85에서 첫소리가 장음長音인 것을 골라 순서대로 5개만 그 번호를 쓰시오.

123 [ ] 124 [ ]

125 [ ] 126 [ ]

127 [ ]

11 다음 한자漢字의 부수部首를 쓰시오.

128 野 - [ ] 129 銳 - [ ]

130 企 - [ ] 131 突 - [ ]

132 腹 - [ ]

12 다음 한자어漢字語를 순우리말로 쓰시오.

133 所以 : [ ]

134 輕視 : [ ]

135 故意 : [ ]

13

다음 ①~④의 짝지은 두 한자어漢字語에서 뜻의 연결이 다른 것 하나를 찾아 그 번호를 쓰시오.

136 [ ] ① 淺學 - 碩學 ② 自意 - 他意 ③ 背恩 - 忘德 ④ 忘却 - 記憶

137 [ ] ① 快樂 - 苦痛 ② 視野 - 眼界 ③ 不運 - 幸運 ④ 濃厚 - 稀薄

138 [ ] ① 寺院 - 寺刹 ② 凡人 - 超人 ③ 暴落 - 暴騰 ④ 單式 - 複式

139 [ ] ① 生産 - 消費 ② 都邑 - 郊外 ③ 登場 - 退場 ④ 九天 - 黃泉

140 [ ] ① 饑死 - 餓死 ② 短縮 - 延長 ③ 先天 - 後天 ④ 能動 - 被動

14

다음에서 비슷한 뜻의 한자漢字가 아닌 것끼리 짝지어진 것을 찾아 그 번호를 쓰시오.

141 [ ] ① 厚薄 ② 純潔 ③ 俊傑 ④ 討伐

142 [ ] ① 扶助 ② 眞假 ③ 終了 ④ 倉庫

143 [ ] ① 貧窮 ② 申告 ③ 親疏 ④ 鬪爭

144 [ ] ① 洗濯 ② 連結 ③ 中央 ④ 彼我

145 [ ] ① 賢愚 ② 溫暖 ③ 菜蔬 ④ 尺度

15

다음 [ ] 안을 채워 사자성어四字成語를 완성하시오.

146 道聽[ ]說 147 [ ]出於藍

148 宿虎衝[ ] 149 脣亡[ ]寒

150 勸善[ ]惡

05회

한자능력검정시험 2급 기출·예상문제

- 채점방식 · 1문제 : 1점
- 합격점수 · 105점 이상

1 다음 한자어漢字語의 독음讀音을 쓰시오.

1 磨耗 [ ]
2 焦燥 [ ]
3 紊亂 [ ]
4 淮陽 [ ]
5 閱覽 [ ]
6 輸送 [ ]
7 演奏 [ ]
8 稷神 [ ]
9 駐屯 [ ]
10 沈沒 [ ]
11 俛仰 [ ]
12 推戴 [ ]
13 脅迫 [ ]
14 鍛錬 [ ]
15 懲毖 [ ]
16 沮害 [ ]
17 瓊韻 [ ]
18 闕漏 [ ]
19 把握 [ ]
20 排尿 [ ]
21 燦爛 [ ]
22 蜜蠟 [ ]
23 捕繩 [ ]
24 膠着 [ ]
25 薛聰 [ ]
26 鏞鼓 [ ]
27 迦葉 [ ]
28 沖積 [ ]
29 熱狂 [ ]
30 蔽傘 [ ]
31 懸針 [ ]
32 枚移 [ ]
33 昴宿 [ ]
34 誕辰 [ ]
35 震幅 [ ]
36 裁縫 [ ]
37 貰赦 [ ]
38 睿謨 [ ]
39 奎章 [ ]
40 覆啓 [ ]
41 鑑札 [ ]
42 歪曲 [ ]
43 坑儒 [ ]
44 兌管 [ ]
45 郁烈 [ ]

2 다음 한자漢字의 훈訓과 음音을 쓰시오.

46 隔 [ ]
47 斡 [ ]
48 姬 [ ]
49 彰 [ ]
50 刃 [ ]
51 脂 [ ]
52 扁 [ ]
53 虐 [ ]
54 塹 [ ]
55 蹴 [ ]
56 融 [ ]
57 涉 [ ]
58 濃 [ ]
59 廻 [ ]
60 尼 [ ]

3 다음 한자漢字를 [보기]에서 찾아 그 번호를 쓰시오.

보기

① 翰	② 禮	③ 刹	④ 胤
⑤ 擁	⑥ 燮	⑦ 購	⑧ 允
⑨ 甕	⑩ 紫	⑪ 燾	⑫ 寺
⑬ 柴	⑭ 講	⑮ 謄	⑯ 燈
⑰ 秉	⑱ 霸	⑲ 醴	⑳ 壽

61 베낄 등 [ ]
62 으뜸 패 [ ]
63 살 구 [ ]
64 자손 윤 [ ]
65 비칠 도 [ ]
66 섶 시 [ ]
67 절 찰 [ ]
68 편지 한 [ ]
69 잡을 병 [ ]
70 불꽃 섭 [ ]
71 독 옹 [ ]
72 단술 례 [ ]

※ 다음 글을 읽고 물음에 답하시오.

> 한자어에는 중국산, 한국산, 일본산이 있는 바 한자 전래[73] 이래 중세어[74], 근세어[75]까지에는 중국산, 國産 漢字語가 주류[76]를 이루었으나 특히 19세기[77] 후반기[78]에 이르러 日本産 漢字語의 유입[79]으로 문화[80]用語, 학술[81]用語 대부분[82]이 그대로 中國이나 韓國에서도 통용[83]되는 것이다.
>
> 학교, 문학, 철학[84], 과학[85], 심리학[86], 사회학[87], 대표[88], 표준[89], 보험[90], 보증[91], 전화[92], 영화[93], 냉장고[94] 등이 日産인데 이들은 그대로 한국은 물론이요 중국에서도 쓰이고 있는 것들이다. 다만 그 발음이 다를 뿐이다. 이들을 한국 漢字音으로 쓰면 韓·中·日이 같은 뜻으로 이해[95]하는 것이다. 그러므로 漢字는 우리말을 적는 國字인 동시[96]에 한자문화권에서 통용되는 공통[97]문자인 것이다. 세계화[98] 시대, 아·태[99]시대에 中·日語의 기초[100]도 되는 漢字이기도 하다.
>
> 「한글과 漢字는 두 날개다」라는 구호[101]는 진리[102]다.

4 밑줄 친 73～102의 한자漢字를 정자正字로 쓰시오.

73 전래 [ ] 74 중세어 [ ]

75 근세어 [ ] 76 주류 [ ]

77 세기 [ ] 78 후반기 [ ]

79 유입 [ ] 80 문화 [ ]

81 학술 [ ] 82 대부분 [ ]

83 통용 [ ] 84 철학 [ ]

85 과학 [ ] 86 심리학 [ ]

87 사회학 [ ] 88 대표 [ ]

89 표준 [ ] 90 보험 [ ]

91 보증 [ ] 92 전화 [ ]

93 영화 [ ] 94 냉장고 [ ]

95 이해 [ ] 96 동시 [ ]

97 공통 [ ] 98 세계화 [ ]

99 아·태 [ ] 100 기초 [ ]

101 구호 [ ] 102 진리 [ ]

5 다음 한자어漢字語의 밑줄 친 자字를 약자略字로 쓰시오.

103 軍<u>團</u> - [ ] 104 脫<u>黨</u> - [ ]

105 <u>寶</u>物 - [ ]

6 다음 한자漢字와 대립되는 뜻의 한자漢字를 쓰시오.

106 雌 ↔ [ ] 107 [ ] ↔ 武

108 勤 ↔ [ ] 109 [ ] ↔ 縮

110 優 ↔ [ ]

7 다음 한자어漢字語의 상대어相對語를 한자漢字로 쓰시오.

111 肯定 ↔ [ ] 112 密集 ↔ [ ]

113 光明 ↔ [ ] 114 閉鎖 ↔ [ ]

115 動機 ↔ [ ]

8 다음 한자어漢字語의 동음이의어同音異義語를 문맥文脈에 맞게 한자漢字로 쓰시오.

116 政府 : (바른 것과 그른 것) ······························· [ ]

117 邊境 : (바꾸어 고침) ········ [ ]

118 遺棄 : (어린 시기) ············ [ ]

119 對峙 : (다른 것으로 바꾸어 놓음) ······························· [ ]

120 調査 : (일찍 죽음) ············ [ ]

9 다음 한자어漢字語의 뜻을 쓰시오.

121 容認 : [ ]

122 角逐 : [ ]

10 밑줄 친 한자어漢字語 73 ~ 85에서 첫 소리가 장음長音인 것을 골라 순서대로 5개만 그 번호를 쓰시오.

123 [ ] 124 [ ]

125 [ ] 126 [ ]

127 [ ]

11 다음 한자漢字의 부수部首를 쓰시오.

128 福 - [ ] 129 歸 - [ ]

130 補 - [ ] 131 掌 - [ ]

132 情 - [ ]

12 다음 한자어漢字語를 순우리말로 쓰시오.

133 秋夕 : [ ]

134 間或 : [ ]

135 貢獻 : [ ]

13 다음 ①～④의 짝지은 두 한자어漢字語에서 뜻의 연결이 다른 것 하나를 찾아 그 번호를 쓰시오.

136 [ ] ① 固定 - 流動 ② 高雅 - 卑俗 ③ 儉約 - 浪費 ④ 交涉 - 折衝

137 [ ] ① 縮小 - 擴大 ② 驅迫 - 虐待 ③ 榮轉 - 左遷 ④ 名譽 - 恥辱

138 [ ] ① 快勝 - 慘敗 ② 反抗 - 服從 ③ 恩惠 - 怨望 ④ 領土 - 版圖

139 [ ] ① 始祖 - 鼻祖 ② 異端 - 正統
③ 好況 - 不況 ④ 放心 - 操心

140 [ ] ① 差別 - 均等 ② 立體 - 平面
③ 書簡 - 書翰 ④ 密集 - 散在

14 다음에서 비슷한 뜻의 한자漢字가 아닌 것끼리 짝지어진 것을 찾아 그 번호를 쓰시오.

141 [ ] ① 承繼 ② 連繫 ③ 禍福 ④ 打擊

142 [ ] ① 暗黑 ② 早晩 ③ 聽聞 ④ 畢竟

143 [ ] ① 茂盛 ② 隆昌 ③ 收支 ④ 皇帝

144 [ ] ① 深淺 ② 念慮 ③ 捕獲 ④ 稱頌

145 [ ] ① 副次 ② 尊重 ③ 和睦 ④ 浮沈

15 다음 [ ] 안을 채워 사자성어四字成語를 완성하시오.

146 日暖風[ ] 147 桑田[ ]海

148 有備無[ ] 149 [ ]池肉林

150 牽強[ ]會

《부수일람표》

【1 획】		
一	하나	일
丨	뚫다	곤
丶	구절 찍다	주
丿	삐치다	별
乙	새	을
亅	갈고리	궐
【2 획】		
二	둘	이
亠	윗부분	두
人·亻	사람	인
儿	어진사람	인
入	들어가다	입
八	여덟	팔
冂	멀다·들밖	경
冖	덮다	멱
冫	얼음	빙
几	책상	궤
凵	입벌리다	감
刀·刂	칼	도
力	힘	력
勹	감싸다	포
匕	숟가락·비수	비
匚	모진그릇	방
匸	감추다	혜
十	열	십
卜	점	복
卩·㔾	병부	절
厂	기슭	엄
厶	사사	사
又	또	우
【3 획】		
口	입	구
囗	에워싸다	위
土	흙	토
士	선비	사
夂	뒤에 오다	치
夊	편안히 걷다	쇠
夕	저녁	석
大	크다	대
女	계집	녀
子	아들	자
宀	집	면
寸	마디	촌
小	작다	소
尢·兀	절뚝발이	왕
尸	주검	시
屮	움이나다	철
山	메	산
川·巛	내	천
工	장인	공
己	몸	기
巾	수건	건
干	방패	간
幺	작다	요
广	돌집	엄
廴	길게 걷다	인
廾	손 맞잡다	공
弋	주살	익
弓	활	궁
彐·彑	돼지머리	계
彡	터럭	삼
彳	자축거리다	척
【4 획】		
心·忄·㣺	마음	심
戈	창	과
戶	집·지게문	호
手·扌	손·재방변	수
支	지탱하다	지
攴·攵	치다	복
文	글월	문
斗	말	두
斤	도끼	근
方	모	방
无·旡	없다	무
日	날·해	일
曰	가로되	왈
月	달	월
木	나무	목
欠	하품	흠
止	그치다	지
歹·歺	뼈 앙상하다	알
殳	창·치다	수
毋	없다	무
比	견주다	비
毛	털	모
氏	각시·성씨	씨
气	기운	기
水·氵·氺	물	수
火·灬	불	화
爪·爫	손톱	조
父	아버지	부
爻	사귀다	효
爿	조각널	장
片	조각	편
牙	어금니	아
牛·牜	소	우
犬·犭	개	견
【5 획】		
玉·王	구슬	옥
玄	검다	현
瓜	오이	과
瓦	기와·질그릇	와
甘	(맛이)달다	감
生	낳다·살다	생
用	사용하다	용
田	밭	전
疋	발	소
疒	질병	녁
癶	걷다·가다	발
白	희다·아뢰다	백
皮	가죽·껍질	피
皿	그릇	명
目	눈	목
矛	창	모
矢	화살	시
石	돌·섬	석
示·礻	보이다	시
禸	짐승 발자국	유
禾	벼·곡식	화
穴	구멍	혈
立	서다·세우다	립
【6 획】		
竹	대나무	죽
米	쌀	미
糸	실	사
缶	장군	부
网·罒·罓	그물	망
羊	양	양
羽	깃	우
老·耂	늙다	로
而	말을 잇다	이
耒	쟁기	뢰
耳	귀	이
聿	붓	율
肉·月	고기	육
臣	신하	신
自	스스로	자
至	이르다	지
臼	절구	구
舌	혀	설
舛	어그러지다	천
舟	배	주
艮	그치다	간
色	빛	색
艸·艹	풀	초
虍	범의 문채	호
虫	벌레	충
血	피	혈
行	다니다	행
衣·衤	옷	의
襾·西	덮다	아
【7 획】		
見	보다	견
角	뿔	각
言	말씀	언
谷	골짜기	곡
豆	콩	두
豕	돼지	시
豸	발없는벌레	치
貝	조개	패
赤	붉다	적
走	달리다	주
足	발	족
身	몸	신
車	수레	거
辛	맵다	신
辰	별	진
辵·辶	쉬엄쉬엄가다	착
邑·阝	고을	읍
酉	닭	유
釆	분별하다	변
里	마을	리
【8 획】		
金	쇠	금
長·镸	길다	장
門	문	문
阜·阝	언덕	부
隶	미치다	이
隹	새	추
雨	비	우
靑	푸르다	청
非	아니다	비
【9 획】		
面	얼굴	면
革	가죽	혁
韋	다룬가죽	위
韭	부추	구
音	소리	음
頁	머리	혈
風	바람	풍
飛	날다	비
食	먹다·밥	식
首	머리	수
香	향기	향
【10 획】		
馬	말	마
骨	뼈	골
高	높다	고
髟	머리늘어지다	표
鬥	싸우다	투
鬯	술이름	창
鬲	막다	격
鬼	귀신	귀
【11 획】		
魚	물고기	어
鳥	새	조
鹵	소금밭	로
鹿	사슴	록
麥	보리	맥
麻	삼	마
【12 획】		
黃	누른빛	황
黍	기장	서
黑	검다	흑
黹	바느질하다	치
【13 획】		
黽	맹꽁이	맹
鼎	솥	정
鼓	북	고
鼠	쥐	서
【14 획】		
鼻	코	비
齊	가지런하다	제
【15 획】		
齒	이·나이	치
【16 획】		
龍	용	룡
龜	거북	귀
【17 획】		
龠	피리	약

한자(漢字) 부수(部首)

☞ 부수는 한자를 구성하는 기본 글자로, 모두 214자입니다.

一	丨	丶	丿	乙	亅	二	亠	人	儿	入
八	冂	冖	冫	几	凵	刀	力	勹	匕	匚
匸	十	卜	卩	厂	厶	又	口	囗	土	士
夂	夊	夕	大	女	子	宀	寸	小	尢	尸
屮	山	巛	工	己	巾	干	幺	广	廴	廾
弋	弓	彐	彡	彳	心	戈	戶	手	支	攴
文	斗	斤	方	无	日	曰	月	木	欠	止
歹	殳	毋	比	毛	氏	气	水	火	爪	父
爻	爿	片	牙	牛	犬	玄	玉	瓜	瓦	甘
生	用	田	疋	疒	癶	白	皮	皿	目	矛
矢	石	示	禸	禾	穴	立	竹	米	糸	缶
网	羊	羽	老	而	耒	耳	聿	肉	臣	自
至	臼	舌	舛	舟	艮	色	艸	虍	虫	血
行	衣	襾	見	角	言	谷	豆	豕	豸	貝
赤	走	足	身	車	辛	辰	辵	邑	酉	釆
里	金	長	門	阜	隶	隹	雨	靑	非	面
革	韋	韭	音	頁	風	飛	食	首	香	馬
骨	高	髟	鬥	鬯	鬲	鬼	魚	鳥	鹵	鹿
麥	麻	黃	黍	黑	黹	黽	鼎	鼓	鼠	鼻
齊	齒	龍	龜	龠						

(사)한국어문회 주관 | 공인급수 지침서

한자능력 검정시험

2급

부록 · 쓰기연습 포함

- 본문학습 해답
- 평가문제 / 기출·예상문제 해답
- 2급 배정한자(2,355자 – 가나다순)
- 쓰기연습

한자능력검정시험 **2급**

본문학습 해답

학습도움

본문학습

본문학습(21쪽 ~ 104쪽)에서 제시된 2급 한자활용의 훈음訓音 · 독음讀音과 꼭꼭다지기 문제의 해답을 수록한 것입니다.

본문학습 1

※ 본문학습 한자어의 훈음과 독음을 확인하세요.

認准 : (알 인) (비준 준) ▷ (인준)
批准 : (비평할 비) (비준 준) ▷ (비준)
令孃 : (하여금 령) (아가씨 양) ▷ (영양)
俳優 : (배우 배) (넉넉할 우) ▷ (배우)
俳諧 : (배우 배) (화할 해) ▷ (배해)
荀況 : (풀이름 순) (상황 황) ▷ (순황)
孟荀 : (맏 맹) (풀이름 순) ▷ (맹순)
瓦釜 : (기와 와) (가마 부) ▷ (와부)
釜底抽薪 : (부저추신) ······
(가마 부)(밑 저)(뽑을 추)(섶 신)
照耀 : (비칠 조) (빛날 요) ▷ (조요)
耀渡星 : (요도성) ······
(빛날 요) (건널 도) (별 성)
耆宿 : (늙을 기) (잘 숙) ▷ (기숙)
陟罰 : (오를 척) (벌할 벌) ▷ (척벌)
進陟 : (나아갈 진) (오를 척) ▷ (진척)

본문학습 2

※ 본문학습 한자어의 훈음과 독음을 확인하세요.

示唆 : (보일 시) (부추길 사) ▷ (시사)
教唆 : (가르칠 교) (부추길 사) ▷ (교사)
託送 : (부탁할 탁) (보낼 송) ▷ (탁송)
委託 : (맡길 위) (부탁할 탁) ▷ (위탁)
脂汗 : (기름 지) (땀 한) ▷ (지한)
油脂 : (기름 유) (기름 지) ▷ (유지)
險峻 : (험할 험) (높을 준) ▷ (험준)
蘆笛 : (갈대 로) (피리 적) ▷ (노적)
蘆溪 : (갈대 로) (시내 계) ▷ (노계)
殷鑑 : (은나라 은) (거울 감) ▷ (은감)
殷盛 : (은나라 은) (성할 성) ▷ (은성)
景祚 : (볕 경) (복 조) ▷ (경조)
寶祚 : (보배 보) (복 조) ▷ (보조)
姦桀 : (간음할 간) (하왕이름 걸) ▷ (간걸)
桀步 : (하왕이름 걸) (걸음 보) ▷ (걸보)

본문학습 3

※ 본문학습 한자어의 훈음과 독음을 확인하세요.

峽灣 : (골짜기 협) (물굽이 만) ▷ (협만)
海峽 : (바다 해) (골짜기 협) ▷ (해협)
分娩 : (나눌 분) (낳을 만) ▷ (분만)
順娩 : (순할 순) (낳을 만) ▷ (순만)
匪席 : (비적 비) (자리 석) ▷ (비석)
匪賊 : (비적 비) (도둑 적) ▷ (비적)
倭夷 : (왜나라 왜) (오랑캐 이) ▷ (왜이)
蒼昊 : (푸를 창) (하늘 호) ▷ (창호)
昊天罔極 : (호천망극) ······
(하늘 호)(하늘 천)(없을 망)(극진할 극)
珪璋 : (홀 규) (홀 장) ▷ (규장)
祐福 : (복 우) (복 복) ▷ (우복)
享祐 : (누릴 향) (복 우) ▷ (향우)
馨香 : (꽃다울 형) (향기 향) ▷ (형향)
倭亂 : (왜나라 왜) (어지러울 란) ▷ (왜란)

본문학습 4

※ 본문학습 한자어의 훈음과 독음을 확인하세요.

衷懇 : (속마음 충) (간절한 간) ▷ (충간)
折衷 : (꺾을 절) (속마음 충) ▷ (절충)
雌性 : (암컷 자) (성품 성) ▷ (자성)
雌雄 : (암컷 자) (수컷 웅) ▷ (자웅)
養蠶 : (기를 양) (누에 잠) ▷ (양잠)
蠶食 : (누에 잠) (먹을 식) ▷ (잠식)
偏旁 : (치우칠 편) (곁 방) ▷ (편방)
李埈鎔 : (이준용) ······
(오얏 리)(높을 준)(쇠녹일 용)
炭峴 : (숯 탄) (고개 현) ▷ (탄현)
李珣 : (오얏 리) (구슬 순) ▷ (이순)
陜塞 : (땅이름 섬) (변방 새) ▷ (섬새)

陜西省 : (섬서성) ……………………………………
(땅이름 섬)(서녘 서)(살필 성)
陜輸 : (땅이름 섬) (보낼 수) ▷ (섬수)

본문학습 5

※ 본문학습 한자어의 훈음과 독음을 확인하세요.

幷倂 : (겸할 겸) (아우를 병) ▷ (겸병)
倂驅 : (아우를 병) (몰 구) ▷ (병구)
隻脚 : (외짝 척) (다리 각) ▷ (척각)
隻輪不返 : (척륜불반) ……………………………
(외짝 척)(바퀴 륜)(아닐 불)(돌이킬 반)
紊亂 : (문란할 문) (어지러울 란) ▷ (문란)
礪山帶河 : (여산대하) ……………………………
(숫돌 려)(메 산)(띠 대)(물 하)
金宗烋 : (김종휴) ……………………………………
(성 김)(마루 종)(아름다울 휴)
秦鏡 : (성 진) (거울 경) ▷ (진경)
秦始皇 : (진시황) ……………………………………
(성 진)(비로소 시)(임금 황)
浚井 : (깊게할 준) (우물 정) ▷ (준정)
袁紹 : (성 원) (이을 소) ▷ (원소)
磨礪 : (갈 마) (숫돌 려) ▷ (마려)

꼭꼭 다지기 …… 28쪽

1. 다음 한자어의 독음을 쓰세요.

准尉(준위)	准將(준장)	釜鼎(부정)	耆蒙(기몽)
耆壽(기수)	耆儒(기유)	被拉(피랍)	寄託(기탁)
結託(결탁)	倂力(병력)	付託(부탁)	請託(청탁)
峻嶺(준령)	峻急(준급)	隻窓(척창)	蘆雁(노안)
殷雷(은뢰)	福祚(복조)	寶祚(보조)	峽村(협촌)
峽路(협로)	雌蜂(자봉)	雌犬(자견)	蠶農(잠농)
旁通(방통)	倂合(병합)	隻眼(척안)	蠶絲(잠사)
蠶桑(잠상)	雌花(자화)		

2. 다음 뜻에 알맞은 한자성어를 완성하세요.

(1)北(窓)三友 (3)苦(肉)之策
(2)獨不(將)軍 (4)快刀(亂)麻

3. 다음 한자어의 독음을 쓰세요.

(1)洞窟(동굴) (2)星宿(성수) (3)昇降(승강)
(4)復權(복권) (5)洞察(통찰) (6)宿泊(숙박)
(7)投降(투항) (8)復興(부흥)
참 洞(골 동, 밝을 통) 참 宿(잘 숙, 별자리 수)
참 降(내릴 강, 항복할 항) 참 復(다시 부, 회복할 복)

4. 다음 한자의 훈음과 부수를 쓰세요.

(1)瓦(기와 와)(瓦) (2)胤(자손 윤)(肉=月)
(3)卿(벼슬 경)(卩) (4)炭(숯 탄)(火)

본문학습 6

※ 본문학습 한자어의 훈음과 독음을 확인하세요.

哨戒艇 : (초계정) ……………………………………
(망볼 초)(경계할 계)(큰배 정)
巡哨 : (돌 순) (망볼 초) ▷ (순초)
潭淵 : (못 담) (못 연) ▷ (담연)
潭深 : (못 담) (깊을 심) ▷ (담심)
紡織 : (길쌈 방) (짤 직) ▷ (방직)
混紡 : (섞을 혼) (길쌈 방) ▷ (혼방)
耽溺 : (즐길 탐) (빠질 닉) ▷ (탐닉)
桓雄 : (굳셀 환) (수컷 웅) ▷ (환웅)
桓因 : (굳셀 환) (인할 인) ▷ (환인)
蔡邕 : (성 채) (막힐 옹) ▷ (채옹)
邕熙 : (막힐 옹) (밝을 희) ▷ (옹희)
曹植 : (성 조) (심을 식) ▷ (조식)
祜休 : (복 호) (쉴 휴) ▷ (호휴)
耽羅 : (즐길 탐) (벌릴 라) ▷ (탐라)

본문학습 7

※ 본문학습 한자어의 훈음과 독음을 확인하세요.

艦隊 : (큰배 함) (무리 대) ▷ (함대)
驅逐艦 : (구축함) ……
(몰 구)(쫓을 축)(큰배 함)
俸祿 : (녹 봉) (녹봉 록) ▷ (봉록)
俸給 : (녹 봉) (줄 급) ▷ (봉급)
採掘 : (캘 채) (팔 굴) ▷ (채굴)
掘藏 : (팔 굴) (감출 장) ▷ (굴장)
埃滅 : (티끌 애) (멸할 멸) ▷ (애멸)
李珥 : (오얏 리) (귀고리 이) ▷ (이이)
晋鼓 : (진나라 진) (북 고) ▷ (진고)
晋秩 : (진나라 진) (차례 질) ▷ (진질)
盜掘 : (도둑 도) (팔 굴) ▷ (도굴)
姜世晃 : (강세황) ……
(성 강)(인간 세)(밝을 황)
淵源 : (못 연) (근원 원) ▷ (연원)
淵衷 : (못 연) (속마음 충) ▷ (연충)
塵埃 : (티끌 진) (티끌 애) ▷ (진애)

본문학습 8

※ 본문학습 한자어의 훈음과 독음을 확인하세요.

赦免 : (용서할 사) (면할 면) ▷ (사면)
特赦 : (특별할 특) (용서할 사) ▷ (특사)
上弦 : (윗 상) (시위 현) ▷ (상현)
空弦 : (빌 공) (시위 현) ▷ (공현)
弦影 : (시위 현) (그림자 영) ▷ (현영)
白鷗 : (흰 백) (갈매기 구) ▷ (백구)
鷗盟 : (갈매기 구) (맹세 맹) ▷ (구맹)
李相卨 : (이상설) ……
(오얏 리)(서로 상)(사람이름 설)
冠冕 : (갓 관) (면류관 면) ▷ (관면)
冕服 : (면류관 면) (옷 복) ▷ (면복)
銘旌 : (새길 명) (기 정) ▷ (명정)
旌顯 : (기 정) (나타날 현) ▷ (정현)
翊戴 : (도울 익) (일 대) ▷ (익대)
翊贊 : (도울 익) (도울 찬) ▷ (익찬)
伽倻 : (절 가) (가야 야) ▷ (가야)

본문학습 9

※ 본문학습 한자어의 훈음과 독음을 확인하세요.

彫刻 : (새길 조) (새길 각) ▷ (조각)
彫琢 : (새길 조) (다듬을 탁) ▷ (조탁)
斬新 : (벨 참) (새 신) ▷ (참신)
斬刑 : (벨 참) (형벌 형) ▷ (참형)
哀悼 : (슬플 애) (슬퍼할 도) ▷ (애도)
追悼 : (쫓을 추) (슬퍼할 도) ▷ (추도)
安珽 : (편안 안) (옥이름 정) ▷ (안정)
皐蘭寺 : (고란사) ……
(언덕 고)(난초 란)(절 사)
皐月 : (언덕 고) (달 월) ▷ (고월)
莞留 : (빙그레할 완) (머무를 류) ▷ (완류)
莞爾 : (빙그레할 완) (너 이) ▷ (완이)
河崙 : (물 하) (산이름 륜) ▷ (하륜)
淮南子 : (회남자) ……
(물이름 회)(남녘 남)(아들 자)

본문학습 10

※ 본문학습 한자어의 훈음과 독음을 확인하세요.

釣師 : (낚을 조) (스승 사) ▷ (조사)
垂釣 : (드리울 수) (낚을 조) ▷ (수조)
紹述 : (이을 소) (펼 술) ▷ (소술)

紹介 : (이을 소) (낄 개) ▷ (소개)
窒酸 : (막힐 질) (실 산) ▷ (질산)
窒塞 : (막힐 질) (막힐 색) ▷ (질색)
埰邑 : (사패지 채) (고을 읍) ▷ (채읍)
寶釧 : (보배 보) (팔찌 천) ▷ (보천)
銀釧 : (은 은) (팔찌 천) ▷ (은천)
淇園長 : (기원장) ………………………………
(물이름 기)(동산 원)(긴 장)
彬蔚 : (빛날 빈) (고을이름 울) ▷ (빈울)
彬彬 : (빛날 빈) (빛날 빈) ▷ (빈빈)

꼭꼭 다지기

34쪽

1. 다음 한자어의 독음을 쓰세요.

步哨(보초) 哨兵(초병) 哨艦(초함) 潭水(담수)
潭思(담사) 綠潭(녹담) 耽讀(탐독) 耽惑(탐혹)
艦艇(함정) 俸秩(봉질) 俸銀(봉은) 淵潛(연잠)
初弦(초현) 餘弦(여현) 彫像(조상) 彫蟲(조충)
淇水(기수) 發掘(발굴) 皐月(고월) 莞蒲(완포)
窒素(질소) 晃然(황연) 窒息(질식) 耽美(탐미)
浮彫(부조) 潛水艦(잠수함) 巡洋艦(순양함)
皐蘭寺(고란사) 鴨鷗亭(압구정)

2. 다음 한자의 뜻과 소리를 쓰세요.

粟(조 속) 膚(살갗 부) 睦(화목할 목)
埋(묻을 매) 遣(보낼 견) 酸(실 산)
憤(분할 분) 茫(아득할 망) 僚(동료 료)
倣(본뜰 방) 插(꽂을 삽) 譜(족보 보)
盲(소경 맹) 窟(굴 굴) 除(덜 제)

3. 다음 글의 밑줄 친 단어 중 낱말은 한자로 한자어는 독음으로 고쳐 쓰세요.

(1)俗談 (2)政治 (3)適切 (4)조치 (5)良藥苦口

본문학습 11

※ 본문학습 한자어의 훈음과 독음을 확인하세요.

魔術 : (마귀 마) (재주 술) ▷ (마술)
病魔 : (병 병) (마귀 마) ▷ (병마)
紳商 : (띠 신) (장사 상) ▷ (신상)
紳帶 : (띠 신) (띠 대) ▷ (신대)
成層圈 : (성층권) ………………………………
(이룰 성)(층 층)(우리 권)
圈點 : (우리 권) (점 점) ▷ (권점)
卵巢 : (알 란) (새집 소) ▷ (난소)
崔錯 : (성 최) (어긋날 착) ▷ (최착)
崔致遠 : (최치원) ………………………………
(성 최)(이를 치)(멀 원)
惇信 : (도타울 돈) (믿을 신) ▷ (돈신)
惇惠 : (도타울 돈) (은혜 혜) ▷ (돈혜)
巢窟 : (새집 소) (굴 굴) ▷ (소굴)
淳朴 : (순박할 순) (성 박) ▷ (순박)
黃一晧 : (황일호) ………………………………
(누를 황)(한 일)(밝을 호)

본문학습 12

※ 본문학습 한자어의 훈음과 독음을 확인하세요.

偵探 : (염탐할 정) (찾을 탐) ▷ (정탐)
密偵 : (빽빽할 밀) (염탐할 정) ▷ (밀정)
矛盾 : (창 모) (방패 순) ▷ (모순)
圓盾 : (둥글 원) (방패 순) ▷ (원순)
舶賈 : (배 박) (장사 고) ▷ (박고)
舶來品 : (박래품) ………………………………
(배 박)(올 래)(물건 품)
趙晟漢 : (조성한) ………………………………
(나라 조)(밝을 성)(한수 한)
扈衛 : (따를 호) (지킬 위) ▷ (호위)

扈聖功臣 : (호성공신) ………………………………
(따를 호)(성인 성)(공 공)(신하 신)
覓句 : (찾을 멱) (글귀 구) ▷ (멱구)
木覓山 : (목멱산) ………………………………
(나무 목)(찾을 멱)(뫼 산)
趙貞喆 : (조정철) ………………………………
(나라 조)(곧을 정)(밝을 철)
金庾信 : (김유신) ………………………………
(성 김)(곳집 유)(믿을 신)

본문학습 13

※ 본문학습 한자어의 훈음과 독음을 확인하세요.
准尉 : (비준 준) (벼슬 위) ▷ (준위)
尉官 : (벼슬 위) (벼슬 관) ▷ (위관)
措置 : (둘 조) (둘 치) ▷ (조치)
措語 : (둘 조) (말씀 어) ▷ (조어)
梧秋 : (오동 오) (가을 추) ▷ (오추)
梧桐島 : (오동도) ………………………………
(오동 오)(오동나무 동)(섬 도)
田琦 : (밭 전) (구슬 기) ▷ (전기)
權秉悳 : (권병덕) ………………………………
(권세 권)(잡을 병)(큰 덕)
揆度 : (헤아릴 규) (헤아릴 탁) ▷ (규탁)
揆策 : (헤아릴 규) (꾀 책) ▷ (규책)
欽慕 : (공경할 흠) (그릴 모) ▷ (흠모)
馮夷 : (성 풍) (오랑캐 이) ▷ (풍이)
馮河 : (탈 빙) (물 하) ▷ (빙하)

본문학습 14

※ 본문학습 한자어의 훈음과 독음을 확인하세요.
地軸 : (땅 지) (굴대 축) ▷ (지축)
機軸 : (틀 기) (굴대 축) ▷ (기축)
雇聘 : (품팔 고) (부를 빙) ▷ (고빙)
解雇 : (풀 해) (품팔 고) ▷ (해고)
焦眉之急 : (초미지급) ………………………………
(탈 초)(눈썹 미)(갈 지)(급할 급)
焦燥 : (탈 초) (마를 조) ▷ (초조)
孟軻 : (맏 맹) (사람이름 가) ▷ (맹가)
高敞 : (높을 고) (시원할 창) ▷ (고창)
才媛 : (재주 재) (계집 원) ▷ (재원)
舒眉 : (펼 서) (눈썹 미) ▷ (서미)
舒暢 : (펼 서) (화창할 창) ▷ (서창)
舜英 : (순임금 순) (꽃부리 영) ▷ (순영)
堯舜 : (요임금 요) (순임금 순) ▷ (요순)

본문학습 15

※ 본문학습 한자어의 훈음과 독음을 확인하세요.
籠絡 : (대바구니 롱) (이을 락) ▷ (농락)
魚籠 : (고기 어) (대바구니 롱) ▷ (어롱)
硫黃泉 : (유황천) ………………………………
(유황 류)(누를 황)(샘 천)
貰赦 : (세놓을 세) (용서할 사) ▷ (세사)
傳貰 : (전할 전) (세놓을 세) ▷ (전세)
皓魄 : (흴 호) (넋 백) ▷ (호백)
丹脣皓齒 : (단순호치) ………………………………
(붉을 단)(입술 순)(흴 호)(이 치)
趙琯 : (나라 조) (피리 관) ▷ (조관)
傅納 : (스승 부) (들일 납) ▷ (부납)
師傅 : (스승 사) (스승 부) ▷ (사부)
彭湃 : (성 팽) (물결 배) ▷ (팽배)

讀書三到 ☞ 心到 · 眼到 · 口到
'글을 읽는 데에 도달하는 세 가지 요소'를 뜻하는 것으로, '마음이 도달하는 것과, 눈이 미치는 것과, 입으로써 읽는 것'을 말한다.

畫虎類狗(화호유구) ▷ '훌륭한 사람의 언행을 모방하려다 도리어 경박하여 망신을 당함'을 이르는 말.

꼭꼭 다지기 40쪽

1. 다음 한자어의 독음을 쓰세요.

魔妖(마요)	睡魔(수마)	惡魔(악마)	紳士(신사)
惇愼(돈신)	惇德(돈덕)	巢居(소거)	巢穴(소혈)
偵諜(정첩)	偵察(정찰)	戈盾(과순)	橫軸(횡축)
密偵(밀정)	舶載(박재)	船舶(선박)	覓擧(멱거)
焦點(초점)	擧措(거조)	揆敍(규서)	仰欽(앙흠)
雇傭(고용)	雇役(고역)	舒雁(서안)	舒縮(서축)
籠球(농구)			

2. 다음 뜻에 알맞은 한자성어를 완성하세요.

(1)安居(危)思　(3)(拔)山蓋世
(2)(曲)學阿世　(4)脣(亡)齒寒

3. 다음 단어의 뜻에 반대, 또는 상대되는 한자어를 쓰세요.

(1)富裕 ↔ (貧窮빈궁)　(2)異端 ↔ (正統정통)
(3)弔客 ↔ (賀客하객)　(4)絶對 ↔ (相對상대)
(5)輕率 ↔ (愼重신중)　(6)短縮 ↔ (延長연장)

4. 다음 한자의 음에 알맞은 한자어를 완성하세요.

(1)讀 - 독(讀書 : 독서), 두(吏讀 : 이두)
(2)更 - 갱(更生 : 갱생), 경(更張 : 경장)
(3)識 - 식(知識 : 지식), 지(標識 : 표지)
(4)說 - 설(說明 : 설명), 세(遊說 : 유세)

본문학습 16

※ 본문학습 한자어의 훈음과 독음을 확인하세요.

挿畫 : (꽂을 삽) (그림 화) ▷ (삽화)
挿植 : (꽂을 삽) (심을 식) ▷ (삽식)
制帽 : (절제할 제) (모자 모) ▷ (제모)
脫帽 : (벗을 탈) (모자 모) ▷ (탈모)
茶菓 : (차 다) (과자 과) ▷ (다과)
乳菓 : (젖 유) (과자 과) ▷ (유과)
琪樹 : (아름다운옥기) (나무 수) ▷ (기수)
堯風舜雨 : (요풍순우) ……
(요임금 요)(바람 풍)(순임금 순)(비 우)
堯桀 : (요임금 요) (하왕이름 걸) ▷ (요걸)
輔弼 : (도울 보) (도울 필) ▷ (보필)
弼導 : (도울 필) (인도할 도) ▷ (필도)
滋養 : (불을 자) (기를 양) ▷ (자양)
滋味 : (불을 자) (맛 미) ▷ (자미)
疇輩 : (이랑 주) (무리 배) ▷ (주배)

본문학습 17

※ 본문학습 한자어의 훈음과 독음을 확인하세요.

傀網 : (허수아비 괴) (그물 망) ▷ (괴망)
繁殖 : (번성할 번) (불릴 식) ▷ (번식)
拓殖 : (넓힐 척) (불릴 식) ▷ (척식)
揭曉 : (높이들 게) (새벽 효) ▷ (게효)
揭載 : (높이들 게) (실을 재) ▷ (게재)
晶光 : (맑을 정) (빛 광) ▷ (정광)
結晶 : (맺을 결) (맑을 정) ▷ (결정)
渤海 : (바다이름 발) (바다 해) ▷ (발해)
閔泳煥 : (민영환) ……
(성 민)(헤엄칠 영)(빛날 환)
涇渭 : (통할 경) (물이름 위) ▷ (경위)
渭陽丈 : (위양장) ……
(물이름 위)(볕 양)(어른 장)
蓬萊山 : (봉래산) ……
(쑥 봉)(명아주 래)(메 산)

德不孤必有隣(덕불고필유린)
☞ 덕은 외롭지 않으니 반드시 이웃이 있다.
- 덕을 쌓는 사람이 난세에는 외롭게 보이기 때문.

본문학습 18

※ 본문학습 한자어의 훈음과 독음을 확인하세요.

落下傘 : (낙하산)
(떨어질 락)(아래 하)(우산 산)
陽傘 : (볕 양) (우산 산) ▷ (양산)
腎臟 : (콩팥 신) (오장 장) ▷ (신장)
副腎 : (버금 부) (콩팥 신) ▷ (부신)
冬柏 : (겨울 동) (측백 백) ▷ (동백)
側柏 : (곁 측) (측백 백) ▷ (측백)
隋珠 : (수나라 수) (구슬 주) ▷ (수주)
激湍 : (격할 격) (여울 단) ▷ (격단)
懸湍 : (달 현) (여울 단) ▷ (현단)
津筏 : (나루 진) (뗏목 벌) ▷ (진벌)
筏橋 : (뗏목 벌) (다리 교) ▷ (벌교)
明晳 : (밝을 명) (밝을 석) ▷ (명석)
灘鹽 : (여울 탄) (소금 염) ▷ (탄염)

본문학습 19

※ 본문학습 한자어의 훈음과 독음을 확인하세요.

爛漫 : (빛날 란) (흩어질 만) ▷ (난만)
能手能爛 : (능수능란)
(능할 능)(손 수)(능할 능)(빛날 란)
款項 : (항목 관) (항목 항) ▷ (관항)
落款 : (떨어질 락) (항목 관) ▷ (낙관)
棟宇 : (마룻대 동) (집 우) ▷ (동우)
汗牛充棟 : (한우충동)
(땀 한)(소 우)(채울 충)(마룻대 동)
淸湜 : (맑을 청) (물맑을 식) ▷ (청식)
琮花 : (옥홀 종) (꽃 화) ▷ (종화)
鉉司 : (솥귀 현) (맡을 사) ▷ (현사)
鉉席 : (솥귀 현) (자리 석) ▷ (현석)
鄒魯遺風 : (추로유풍)
(추나라 추)(노나라 로)(남길 유)(바람 풍)
鄒查 : (추나라 추) (조사할 사) ▷ (추사)
樂而思蜀 : (낙이사촉)
(즐길 락)(말이을 이)(생각 사)(나라이름 촉)

본문학습 20

※ 본문학습 한자어의 훈음과 독음을 확인하세요.

打診 : (칠 타) (진찰할 진) ▷ (타진)
觸診 : (닿을 촉) (진찰할 진) ▷ (촉진)
掌握 : (손바닥 장) (쥘 악) ▷ (장악)
握卷 : (쥘 악) (책 권) ▷ (악권)
棋局 : (바둑 기) (판 국) ▷ (기국)
圍棋 : (에워쌀 위) (바둑 기) ▷ (위기)
琴瑟 : (거문고 금) (비파 슬) ▷ (금슬)
膠柱鼓瑟 : (교주고슬)
(아교 교)(기둥 주)(북 고)(비파 슬)
雉尾 : (꿩 치) (꼬리 미) ▷ (치미)
雉鷄 : (꿩 치) (닭 계) ▷ (치계)
滉柱 : (깊을 황) (기둥 주) ▷ (황주)
滉洋自恣 : (황양자자)
(깊을 황)(큰바다 양)(스스로 자)(방자할 자)
暎窓 : (비칠 영) (창 창) ▷ (영창)
炳煜 : (불꽃 병) (빛날 욱) ▷ (병욱)

꼭꼭 다지기 46쪽

1. 다음 한자어의 독음을 쓰세요.

插入(삽입)	斜插(사삽)	借款(차관)	製菓(제과)
氷菓(빙과)	弼成(필성)	貨殖(화식)	揭揚(게양)
雨傘(우산)	反映(반영)	晶瑩(정영)	閔勉(민면)
閔惜(민석)	閔悔(민회)	雉鷄(치계)	往診(왕진)
診療(진료)	診脈(진맥)	診斷(진단)	約款(약관)
握手(악수)	把握(파악)	將棋(장기)	蓬艾(봉애)
映像(영상)			

康衢煙月(강구연월) ▷ ①태평(太平)한 시대의 평화(平和)로운 거리 풍경(風景). ②태평스러운 시대.

2. 다음 낱말에 알맞은 한자를 쓰세요.

관청(官廳) 규정(規定) 환자(患者) 반응(反應) 병증(病症) 진찰(診察) 권력(權力) 혜택(惠澤) 태평(泰平) 학식(學識)

3. 다음 뜻에 알맞은 한자성어를 완성하세요.

(1)(堯)風(舜)雨　(3)膠(柱)(鼓)瑟
(2)汗(牛)充(棟)　(4)(樂)而(思)蜀

4. 다음 글을 읽고 밑줄 친 낱말을 한자로 고쳐 쓰세요.

(1)成果 (2)經驗 (3)立證 (4)別途 (5)公敎育

본문학습 21

※ 본문학습 한자어의 훈음과 독음을 확인하세요.

汎用 : (넓을 범) (쓸 용) ▷ (범용)
汎野 : (넓을 범) (들 야) ▷ (범야)
絞殺 : (목맬 교) (죽일 살) ▷ (교살)
絞切 : (목맬 교) (끊을 절) ▷ (교절)
煉藥 : (달굴 련) (약 약) ▷ (연약)
煉炭 : (달굴 련) (숯 탄) ▷ (연탄)
楡塞 : (느릅나무 유) (변방 새) ▷ (유새)
具允鈺 : (구윤옥) ……
(갖출 구)(만 윤)(보배 옥)
溶媒 : (녹일 용) (중매 매) ▷ (용매)
溶解 : (녹일 용) (풀 해) ▷ (용해)
許頊 : (허락할 허) (삼갈 욱) ▷ (허욱)
趙瑗 : (나라 조) (구슬 원) ▷ (조원)

不入虎穴不得虎子(불입호혈부득호자)
☞ 범의 굴에 들어가지 않으면 범의 새끼를 얻지 못한다. - 모험이 있어야 성과를 기대할 수 있다.

본문학습 22

※ 본문학습 한자어의 훈음과 독음을 확인하세요.

洞窟 : (골 동) (굴 굴) ▷ (동굴)
暗窟 : (어두울 암) (굴 굴) ▷ (암굴)
預置 : (맡길 예) (둘 치) ▷ (예치)
預託 : (맡길 예) (부탁할 탁) ▷ (예탁)
拘礙 : (잡을 구) (거리낄 애) ▷ (구애)
障礙 : (막을 장) (거리낄 애) ▷ (장애)
葡萄 : (포도 포) (포도 도) ▷ (포도)
楞嚴經 : (능엄경) ……
(네모질 릉)(엄할 엄)(지날 경)
麟鳳 : (기린 린) (새 봉) ▷ (인봉)
椿府丈 : (춘부장) ……
(참죽나무 춘)(마을 부)(어른 장)
椿葉菜 : (춘엽채) ……
(참죽나무 춘)(잎 엽)(나물 채)
蓮塘 : (연꽃 련) (못 당) ▷ (연당)
塘報 : (못 당) (갚을 보) ▷ (당보)

본문학습 23

※ 본문학습 한자어의 훈음과 독음을 확인하세요.

休憩 : (쉴 휴) (쉴 게) ▷ (휴게)
憩流 : (쉴 게) (흐를 류) ▷ (게류)
艇板 : (큰배 정) (널 판) ▷ (정판)
掃海艇 : (소해정) ……
(쓸 소)(바다 해)(큰배 정)
赤裸裸 : (적나라) ……
(붉을 적)(벗을 라)(벗을 라)
裸蟲 : (벗을 라) (벌레 충) ▷ (나충)
煥爛 : (빛날 환) (빛날 란) ▷ (환란)
瑄玉 : (도리옥 선) (구슬 옥) ▷ (선옥)
楨幹 : (광나무 정) (줄기 간) ▷ (정간)
楸子 : (가래나무 추) (아들 자) ▷ (추자)
楸局 : (가래나무 추) (판 국) ▷ (추국)

頓絶 : (조아릴 돈) (끊을 절) ▷ (돈절)
頓首 : (조아릴 돈) (머리 수) ▷ (돈수)

본문학습 24

※ 본문학습 한자어의 훈음과 독음을 확인하세요.
痲醉 : (저릴 마) (취할 취) ▷ (마취)
痲藥 : (저릴 마) (약 약) ▷ (마약)
隆熙 : (높을 륭) (빛날 희) ▷ (융희)
廣熙 : (넓을 광) (빛날 희) ▷ (광희)
製靴 : (지을 제) (신 화) ▷ (제화)
洋靴 : (큰바다 양) (신 화) ▷ (양화)
蠻貊 : (오랑캐 만) (맥국 맥) ▷ (만맥)
鉀肥 : (갑옷 갑) (살찔 비) ▷ (갑비)
蘇軾 : (되살아날 소) (수레가로나무 식) ▷ (소식)
楚越 : (초나라 초) (넘을 월) ▷ (초월)
苦楚 : (쓸 고) (초나라 초) ▷ (고초)
董督 : (바를 동) (감독할 독) ▷ (동독)
董其昌 : (동기창) ……………………
(바를 동)(그 기)(창성 창)

본문학습 25

※ 본문학습 한자어의 훈음과 독음을 확인하세요.
滄海一粟 : (창해일속) ……………………
(큰바다 창)(바다 해)(한 일)(조 속)
滄波 : (큰바다 창) (물결 파) ▷ (창파)
傭耕 : (품팔 용) (밭갈 경) ▷ (용경)
傭賃 : (품팔 용) (품삯 임) ▷ (용임)
滑降 : (미끄러울 활) (내릴 강) ▷ (활강)
滑走路 : (활주로) ……………………
(미끄러울 활)(달릴 주)(길 로)
李塏 : (오얏 리) (높은땅 개) ▷ (이개)
雍齒 : (화할 옹) (이 치) ▷ (옹치)
雍容 : (화할 옹) (얼굴 용) ▷ (옹용)

鼎談 : (솥 정) (말씀 담) ▷ (정담)
鐘鳴鼎食 : (종명정식) ……………………
(쇠북 종)(울 명)(솥 정)(밥 식)
玉瓚 : (구슬 옥) (옥잔 찬) ▷ (옥찬)
稙長 : (올벼 직) (긴 장) ▷ (직장)

꼭꼭 다지기 — 52쪽

1. 다음 한자어의 독음을 쓰세요.

巢窟(소굴) 掘穴(굴혈) 豫備(예비) 豫防(예방)
參預(참예) 椿壽(춘수) 麟角(인각) 憩泊(게박)
滄桑(창상) 艦艇(함정) 裸體(나체) 煥彰(환창)
楸梧(추오) 勝塏(승개) 麒麟(기린) 康熙(강희)
短靴(단화) 圓滑(원활) 楚腰(초요) 楚痛(초통)
雇傭(고용) 傭聘(용빙) 傭船(용선) 潤滑(윤활)
台鼎(태정)

2. 다음 한자의 음에 알맞은 한자어를 쓰세요.

(1) 索 – 색(索引 : 색인), 삭(鐵索 : 철삭)
(2) 率 – 솔(引率 : 인솔), 률(能率 : 능률)
(3) 殺 – 살(殺生 : 살생), 쇄(相殺 : 상쇄)
(4) 復 – 부(復活 : 부활), 복(回復 : 회복)

3. 다음 한자어의 독음을 쓰세요.

(1) 謁見(알현) (2) 敗北(패배) (3) 否塞(비색)
(4) 糖尿(당뇨) (5) 見聞(견문) (6) 北辰(북신)
(7) 可否(가부) (8) 砂糖(사탕)
참 見(볼 견, 뵈올 현) 참 北(북녘 북, 달아날 배)
참 否(아닐 부, 막힐 비) 참 糖(엿 당, 사탕 탕)

4. 다음 뜻에 알맞은 한자성어를 완성하세요.

(1) 明鏡(止)水 (3) 守(株)待兎
(2) 勞心(焦)思 (4) 識字憂(患)

본문학습 26

※ 본문학습 한자어의 훈음과 독음을 확인하세요.

硯滴 : (벼루 연) (물방울 적) ▷ (연적)
硯池 : (벼루 연) (못 지) ▷ (연지)
惹起 : (이끌 야) (일어날 기) ▷ (야기)
惹端 : (이끌 야) (끝 단) ▷ (야단)
瓜滿 : (외 과) (찰 만) ▷ (과만)
瓜年 : (외 과) (해 년) ▷ (과년)
商賈 : (장사 상) (장사 고) ▷ (상고)
賈島 : (성 가) (섬 도) ▷ (가도)
瑛瑤 : (옥빛 영) (아름다운옥 요) ▷ (영요)
鷗鷺 : (갈매기 구) (백로 로) ▷ (구로)
白鷺 : (흰 백) (백로 로) ▷ (백로)
托鉢 : (맡길 탁) (바리때 발) ▷ (탁발)
府尹 : (마을 부) (성 윤) ▷ (부윤)

본문학습 27

※ 본문학습 한자어의 훈음과 독음을 확인하세요.

葛藤 : (칡 갈) (등나무 등) ▷ (갈등)
葛粉 : (칡 갈) (가루 분) ▷ (갈분)
溺死 : (빠질 닉) (죽을 사) ▷ (익사)
陷溺 : (빠질 함) (빠질 닉) ▷ (함닉)
纖維 : (가늘 섬) (벼리 유) ▷ (섬유)
纖塵 : (가늘 섬) (티끌 진) ▷ (섬진)
聚落 : (모을 취) (떨어질 락) ▷ (취락)
聚骨 : (모을 취) (뼈 골) ▷ (취골)
亢旱 : (높을 항) (가물 한) ▷ (항한)
亢進 : (높을 항) (나아갈 진) ▷ (항진)
銖積寸累 : (수적촌루) ……………………………
(저울눈 수)(쌓을 적)(마디 촌)(여러 루)
銖鈍 : (저울눈 수) (둔할 둔) ▷ (수둔)
鷹犬 : (매 응) (개 견) ▷ (응견)
允許 : (맏 윤) (허락할 허) ▷ (윤허)

본문학습 28

※ 본문학습 한자어의 훈음과 독음을 확인하세요.

刀刃 : (칼 도) (칼날 인) ▷ (도인)
刃傷 : (칼날 인) (다칠 상) ▷ (인상)
瑞雪 : (상서 서) (눈 설) ▷ (서설)
靈瑞 : (신령 령) (상서 서) ▷ (영서)
搬移 : (옮길 반) (옮길 이) ▷ (반이)
搬弄 : (옮길 반) (희롱할 롱) ▷ (반롱)
漣音 : (잔물결 련) (소리 음) ▷ (연음)
清漣 : (맑을 청) (잔물결 련) ▷ (청련)
禎祥 : (상서로울 정) (상서 상) ▷ (정상)
禎瑞 : (상서로울 정) (상서 서) ▷ (정서)
戰戰兢兢 : (전전긍긍) ……………………………
(싸움 전)(싸움 전)(떨릴 긍)(떨릴 긍)
睿旨 : (슬기 예) (뜻 지) ▷ (예지)
睿哲 : (슬기 예) (밝을 철) ▷ (예철)
卞急 : (성 변) (급할 급) ▷ (변급)

본문학습 29

※ 본문학습 한자어의 훈음과 독음을 확인하세요.

網羅 : (그물 망) (벌릴 라) ▷ (망라)
網疏 : (그물 망) (드물 소) ▷ (망소)
幻燈 : (헛보일 환) (등 등) ▷ (환등)
幻滅 : (헛보일 환) (멸할 멸) ▷ (환멸)
弗素 : (아닐 불) (본디 소) ▷ (불소)
弗貨 : (아닐 불) (재물 화) ▷ (불화)
趙翼 : (나라 조) (날개 익) ▷ (조익)
趙光祖 : (조광조) ……………………………
(나라 조)(빛 광)(할아버지 조)
箕伯 : (키 기) (맏 백) ▷ (기백)

箕察 : (키 기) (살필 찰) ▷ (기찰)
李瑢 : (오얏 리) (패옥소리 용) ▷ (이용)
裵度 : (성 배) (법도 도) ▷ (배도)
熊膽 : (곰 웅) (쓸개 담) ▷ (웅담)
熊掌 : (곰 웅) (손바닥 장) ▷ (웅장)

본문학습 30

※ 본문학습 한자어의 훈음과 독음을 확인하세요.

琢磨 : (다듬을 탁) (갈 마) ▷ (탁마)
彫琢 : (새길 조) (다듬을 탁) ▷ (조탁)
熔巖 : (녹을 용) (바위 암) ▷ (용암)
熔解 : (녹을 용) (풀 해) ▷ (용해)
濃縮 : (짙을 농) (줄일 축) ▷ (농축)
濃霧 : (짙을 농) (안개 무) ▷ (농무)
槐鼎 : (회화나무 괴) (솥 정) ▷ (괴정)
輔佐 : (도울 보) (도울 좌) ▷ (보좌)
輔導 : (도울 보) (인도할 도) ▷ (보도)
甄拔 : (질그릇 견) (뺄 발) ▷ (견발)
徐甄 : (천천할 서) (질그릇 견) ▷ (서견)
南益熏 : (남익훈) ....
(남녘 남)(더할 익)(불길 훈)
赫赫 : (빛날 혁) (빛날 혁) ▷ (혁혁)

꼭꼭 다지기 58쪽

1. 다음 한자어의 독음을 쓰세요.

濃淡(농담) 衣鉢(의발) 銅鉢(동발) 輔弼(보필)
濃濁(농탁) 弗化(불화) 葛巾(갈건) 葛筆(갈필)
耽溺(탐닉) 纖疏(섬소) 纖毫(섬호) 纖麗(섬려)
纖細(섬세) 亢龍(항룡) 鷹揚(응양) 允納(윤납)
允武(윤무) 濃度(농도) 硯石(연석) 瓜熟(과숙)
硯屛(연병) 瓜葛(과갈) 卿輔(경보) 筆硯(필연)
濃湯(농탕) 濃香(농향) 聚合(취합) 瑞夢(서몽)
運搬(운반) 搬出(반출) 卞正(변정) 投網(투망)
網膜(망막) 幻想(환상) 幻夢(환몽)
監視網(감시망) 通信網(통신망)
連絡網(연락망) 放送網(방송망)

2. 다음 단어의 뜻에 반대, 또는 상대되는 한자어를 쓰세요.

(1)固定 ↔ (流動유동)	(2)都心 ↔ (郊外교외)
(3)縮小 ↔ (擴大확대)	(4)感情 ↔ (理性이성)
(5)急性 ↔ (慢性만성)	(6)陳腐 ↔ (斬新참신)
(7)興奮 ↔ (安靜안정)	(8)開放 ↔ (閉鎖폐쇄)
(9)平凡 ↔ (非凡비범)/(奇拔기발)	

3. 다음 한자어의 유의어를 쓰세요.

(1)一毫 — (秋毫추호)	(2)折衝 — (交涉교섭)
(3)寺刹 — (寺院사원)	(4)俗世 — (塵世진세)
(5)天地 — (乾坤건곤)	(6)鼻祖 — (始祖시조)

본문학습 31

※ 본문학습 한자어의 훈음과 독음을 확인하세요.

飼育 : (기를 사) (기를 육) ▷ (사육)
放飼 : (놓을 방) (기를 사) ▷ (방사)
塵網 : (티끌 진) (그물 망) ▷ (진망)
蒙塵 : (어두울 몽) (티끌 진) ▷ (몽진)
颱風 : (태풍 태) (바람 풍) ▷ (태풍)
槿域 : (무궁화 근) (지경 역) ▷ (근역)
瞻拜 : (볼 첨) (절 배) ▷ (첨배)
瞻望 : (볼 첨) (바랄 망) ▷ (첨망)
尹潽善 : (윤보선) ....
(성 윤)(물넓을 보)(착할 선)
璇閨 : (옥 선) (안방 규) ▷ (선규)

汀岸 : (물가 정) (언덕 안) ▷ (정안)
汀洲 : (물가 정) (물가 주) ▷ (정주)
朝槿 : (아침 조) (무궁화 근) ▷ (조근)

본문학습 32

※ 본문학습 한자어의 훈음과 독음을 확인하세요.

碩輔 : (클 석) (도울 보) ▷ (석보)
碩儒 : (클 석) (선비 유) ▷ (석유)
彰顯 : (드러날 창) (나타날 현) ▷ (창현)
彰德 : (드러날 창) (큰 덕) ▷ (창덕)
蠻勇 : (오랑캐 만) (날랠 용) ▷ (만용)
野蠻 : (들 야) (오랑캐 만) ▷ (야만)
劉備 : (죽일 류) (갖출 비) ▷ (유비)
燉煌 : (불빛 돈) (빛날 황) ▷ (돈황)
瑩磨 : (옥돌 영) (갈 마) ▷ (영마)
瑩徹 : (옥돌 영) (통할 철) ▷ (영철)
嬉笑 : (아름다울 희) (웃음 소) ▷ (희소)
嬉遊 : (아름다울 희) (놀 유) ▷ (희유)
潘沐 : (성 반) (머리감을 목) ▷ (반목)
潘楊之好 : (반양지호) ……………………
(성 반)(버들 양)(갈 지)(좋을 호)

본문학습 33

※ 본문학습 한자어의 훈음과 독음을 확인하세요.

閨房 : (안방 규) (방 방) ▷ (규방)
閨秀 : (안방 규) (빼어날 수) ▷ (규수)
僑胞 : (더부살이 교) (세포 포) ▷ (교포)
華僑 : (빛날 화) (더부살이 교) ▷ (화교)
磁器 : (자석 자) (그릇 기) ▷ (자기)
磁針 : (자석 자) (바늘 침) ▷ (자침)
樑頭稅銀 : (양두세은) ……………………
(들보 량)(머리 두)(세금 세)(은 은)
獐肝 : (노루 장) (간 간) ▷ (장간)
獐角 : (노루 장) (뿔 각) ▷ (장각)
魯鈍 : (노나라 로) (둔할 둔) ▷ (노둔)
魯魚之謬 : (노어지류) ……………………
(노나라 로)(고기 어)(갈 지)(그르칠 류)
台臨 : (별 태) (임할 림) ▷ (태림)
台階 : (별 태) (섬돌 계) ▷ (태계)
丕構 : (클 비) (얽을 구) ▷ (비구)

본문학습 34

※ 본문학습 한자어의 훈음과 독음을 확인하세요.

錯綜 : (어긋날 착) (모을 종) ▷ (착종)
綜詳 : (모을 종) (자세할 상) ▷ (종상)
閥閱 : (문벌 벌) (볼 열) ▷ (벌열)
派閥 : (갈래 파) (문벌 벌) ▷ (파벌)
冥沐 : (어두울 명) (머리감을 목) ▷ (명목)
沐浴 : (머리감을 목) (목욕할 욕) ▷ (목욕)
鄭鑑錄 : (정감록) ……………………
(나라 정)(거울 감)(기록할 록)
鄭重 : (나라 정) (무거울 중) ▷ (정중)
鄧小平 : (등소평) ……………………
(나라이름 등)(작을 소)(평평할 평)
蓬轉 : (쑥 봉) (구를 전) ▷ (봉전)
蓬廬 : (쑥 봉) (농막집 려) ▷ (봉려)
閔丙奭 : (민병석) ……………………
(성 민)(남녘 병)(클 석)
李根澔 : (이근호) ……………………
(오얏 리)(뿌리 근)(넓을 호)

본문학습 35

※ 본문학습 한자어의 훈음과 독음을 확인하세요.

厭症 : (싫어할 염) (증세 증) ▷ (염증)
厭忌 : (싫어할 염) (꺼릴 기) ▷ (염기)

慘酷 : (참혹할 참) (심할 혹) ▷ (참혹)
酷評 : (심할 혹) (평할 평) ▷ (혹평)
締結 : (맺을 체) (맺을 결) ▷ (체결)
締盟 : (맺을 체) (맹세 맹) ▷ (체맹)
蔡倫 : (성 채) (인륜 륜) ▷ (채륜)
蔚興 : (고을이름 울) (일 흥) ▷ (울흥)
稷蜂 : (피 직) (벌 봉) ▷ (직봉)
社稷 : (모일 사) (피 직) ▷ (사직)
趙瑾 : (나라 조) (아름다운옥 근) ▷ (조근)
蔚然 : (고을이름 울) (그럴 연) ▷ (울연)
南誾 : (남녘 남) (향기 은) ▷ (남은)

꼭꼭 다지기 64쪽

1. 다음 한자어의 독음을 쓰세요.

微塵(미진)	塵累(진루)	旋花(선화)	殘酷(잔혹)
蔚珍(울진)	碩劃(석획)	蠻行(만행)	台槐(태괴)
沐間(목간)	稷神(직신)	僑接(교접)	磁場(자장)
磁鐵(자철)	魯朴(노박)	鄭徹(정철)	台鼎(태정)
財閥(재벌)	酷毒(혹독)	蔚山(울산)	綜合(종합)

2. 다음 뜻에 알맞은 한자성어를 완성하세요.

(1)(江)湖(煙)波	(3)(桑)田(碧)海
(2)(德)必有(隣)	(4)(緣)木(求)魚

3. 다음 글의 밑줄 친 단어 중 낱말은 한자로 한자어는 독음으로 고쳐 쓰세요.

(1)哲學者	(2)分析	(3)試圖	(4)構造	(5)연관
(6)特性	(7)價値	(8)追求	(9)交換	(10)對象

道吾善者是吾賊이오 道吾惡者是吾師니라
☞ 나의 좋은 점만을 말하는 사람은 나의 도적이오, 나의 잘못을 말해주는 사람은 나의 스승이다.

본문학습 36

※ 본문학습 한자어의 훈음과 독음을 확인하세요.
駐留 : (머무를 주) (머무를 류) ▷ (주류)
駐在 : (머무를 주) (있을 재) ▷ (주재)
風箱 : (바람 풍) (상자 상) ▷ (풍상)
偏僻 : (치우칠 편) (궁벽할 벽) ▷ (편벽)
箱籠 : (상자 상) (대바구니 롱) ▷ (상롱)
僻幽 : (궁벽할 벽) (그윽할 유) ▷ (벽유)
弁辰 : (고깔 변) (별 진) ▷ (변진)
趙儆 : (나라 조) (경계할 경) ▷ (조경)
璋瓚 : (홀 장) (옥잔 찬) ▷ (장찬)
弄璋之慶 : (농장지경) ……
(희롱할 롱)(홀 장)(갈 지)(경사 경)
瑩澈 : (밝을 형) (맑을 철) ▷ (형철)

본문학습 37

※ 본문학습 한자어의 훈음과 독음을 확인하세요.
魅惑 : (매혹할 매) (미혹할 혹) ▷ (매혹)
魅了 : (매혹할 매) (마칠 료) ▷ (매료)
蔘毒 : (삼 삼) (독 독) ▷ (삼독)
紅蔘 : (붉을 홍) (삼 삼) ▷ (홍삼)
店鋪 : (가게 점) (가게 포) ▷ (점포)
鋪陳 : (가게 포) (베풀 진) ▷ (포진)
蔣茅 : (성 장) (띠 모) ▷ (장모)
蔣介石 : (장개석) ……
(성 장)(낄 개)(돌 석)
璿璣玉衡 : (선기옥형) ……
(구슬 선)(별이름 기)(구슬 옥)(저울대 형)
冀望 : (바랄 기) (바랄 망) ▷ (기망)
冀圖 : (바랄 기) (그림 도) ▷ (기도)
金光燁 : (김광엽) ……
(성 김)(빛 광)(빛날 엽)
墺地利 : (오지리) ……
(물가 오)(땅 지)(이할 리)

본문학습 38

※ 본문학습 한자어의 훈음과 독음을 확인하세요.

賠償 : (물어줄 배) (갚을 상) ▷ (배상)
賠款 : (물어줄 배) (항목 관) ▷ (배관)
港灣 : (항구 항) (물굽이 만) ▷ (항만)
灣流 : (물굽이 만) (흐를 류) ▷ (만류)
網膜 : (그물 망) (막 막) ▷ (망막)
鼓膜 : (북 고) (막 막) ▷ (고막)
遼隔 : (멀 료) (사이뜰 격) ▷ (요격)
艮坐 : (괘이름 간) (앉을 좌) ▷ (간좌)
艮方 : (괘이름 간) (모 방) ▷ (간방)
牟還 : (성 모) (돌아올 환) ▷ (모환)
釋迦牟尼 : (석가모니) ……………………………
(풀 석)(부처이름 가)(성 모)(여승 니)
羲獻 : (복희 희) (드릴 헌) ▷ (희헌)

본문학습 39

※ 본문학습 한자어의 훈음과 독음을 확인하세요.

摩耶 : (문지를 마) (어조사 야) ▷ (마야)
摩天樓 : (마천루) ……………………………
(문지를 마)(하늘 천)(다락 루)
敷設 : (펼 부) (베풀 설) ▷ (부설)
敷衍 : (펼 부) (넓을 연) ▷ (부연)
遮蔽 : (가릴 차) (덮을 폐) ▷ (차폐)
遮陽 : (가릴 차) (볕 양) ▷ (차양)
閻羅國 : (염라국) ……………………………
(마을 염)(벌릴 라)(나라 국)
匈奴 : (오랑캐 흉) (종 노) ▷ (흉노)
匈牙利 : (흉아리) ……………………………
(오랑캐 흉)(어금니 아)(이할 리)
申乭錫 : (신돌석) ……………………………
(납 신)(이름 돌)(주석 석)
踰月 : (넘을 유) (달 월) ▷ (유월)
踰制 : (넘을 유) (절제할 제) ▷ (유제)
暹羅 : (나라이름 섬) (벌릴 라) ▷ (섬라)

본문학습 40

※ 본문학습 한자어의 훈음과 독음을 확인하세요.

車輛 : (수레 차) (수레 량) ▷ (차량)
膠着 : (아교 교) (붙을 착) ▷ (교착)
膠漆 : (아교 교) (옻 칠) ▷ (교칠)
戈矛 : (창 과) (창 모) ▷ (과모)
衛矛 : (지킬 위) (창 모) ▷ (위모)
濊貊 : (종족이름 예) (맥국 맥) ▷ (예맥)
金憙 : (성 김) (기뻐할 희) ▷ (김희)
彊梧 : (굳셀 강) (오동나무 오) ▷ (강오)
自彊 : (스스로 자) (굳셀 강) ▷ (자강)
單閼 : (홑 단) (막을 알) ▷ (단알)
金閼智 : (김알지) ……………………………
(성 김)(막을 알)(지혜 지)
熹微 : (빛날 희) (작을 미) ▷ (희미)
熹娛 : (빛날 희) (즐길 오) ▷ (희오)
朱熹 : (붉을 주) (빛날 희) ▷ (주희)

꼭꼭 다지기 …… 70쪽

1. 다음 한자어의 독음을 쓰세요.

儆新(경신)	窮僻(궁벽)	僻村(벽촌)	駐屯(주둔)
魅力(매력)	妖魅(요매)	人蔘(인삼)	蔘商(삼상)
蔣席(장석)	冀幸(기행)	灣商(만상)	膜質(막질)
遼東(요동)	遼寧(요령)	艮方(간방)	摩震(마진)
摩旨(마지)	閻魔(염마)	踰檢(유검)	阿膠(아교)
膠葛(교갈)	常駐(상주)	遮斷(차단)	敷暢(부창)
胸膜(흉막)			

2. 다음 글을 읽고 밑줄 친 낱말을 한자로 고쳐 쓰세요.

(1)連續的 (2)分解 (3)窮極的 (4)均衡 (5)對稱性
(6)定義 (7)正方立體 (8)到達 (9)法則 (10)構造

3. 다음 단어의 뜻에 반대, 또는 상대되는 한자어를 쓰세요.

(1)拘禁 ↔ (釋放석방) (2)空想 ↔ (現實현실)
(3)老鍊 ↔ (未熟미숙) (4)肯定 ↔ (否定부정)
(5)感情 ↔ (理性이성) (6)權利 ↔ (義務의무)
(7)濃厚 ↔ (稀薄희박) (8)否決 ↔ (可決가결)
(9)加熱 ↔ (冷却냉각)

본문학습 41

※ 본문학습 한자어의 훈음과 독음을 확인하세요.

鑑札 : (거울 감) (편지 찰) ▷ (감찰)
落札 : (떨어질 락) (편지 찰) ▷ (낙찰)
撤廢 : (거둘 철) (폐할 폐) ▷ (철폐)
撤市 : (거둘 철) (저자 시) ▷ (철시)
歐美 : (구라파 구) (아름다울 미) ▷ (구미)
歐洲 : (구라파 구) (물가 주) ▷ (구주)
樺太 : (자작나무 화) (클 태) ▷ (화태)
濂溪 : (물이름 렴) (시내 계) ▷ (염계)
价人 : (클 개) (사람 인) ▷ (개인)
錫鑛 : (주석 석) (쇳돌 광) ▷ (석광)
巡錫 : (돌 순) (주석 석) ▷ (순석)
雍穆 : (화할 옹) (화목할 목) ▷ (옹목)
肅穆 : (엄숙할 숙) (화목할 목) ▷ (숙목)
穆天子傳 : (목천자전) ....
(화목할 목)(하늘 천)(아들 자)(전할 전)

본문학습 42

※ 본문학습 한자어의 훈음과 독음을 확인하세요.

比丘尼 : (비구니) ....
(견줄 비)(언덕 구)(여승 니)
仲尼 : (버금 중) (여승 니) ▷ (중니)
侮蔑 : (업신여길 모) (업신여길 멸) ▷ (모멸)
蔑法 : (업신여길 멸) (법 법) ▷ (멸법)
伽藍 : (절 가) (쪽 람) ▷ (가람)
鮑魚 : (절인물고기 포) (고기 어) ▷ (포어)
管鮑之交 : (관포지교) ....
(대롱 관)(절인물고기 포)(갈 지)(사귈 교)
田庄 : (밭 전) (전장 장) ▷ (전장)
伊蘭 : (저 이) (난초 란) ▷ (이란)
伊太利 : (이태리) ....
(저 이)(클 태)(이할 리)
皇后 : (임금 황) (왕후 후) ▷ (황후)
母后 : (어미 모) (왕후 후) ▷ (모후)
圭瓚 : (서옥 규) (옥잔 찬) ▷ (규찬)

본문학습 43

※ 본문학습 한자어의 훈음과 독음을 확인하세요.

諮問 : (물을 자) (물을 문) ▷ (자문)
諮議 : (물을 자) (의논할 의) ▷ (자의)
趣旨 : (뜻 취) (뜻 지) ▷ (취지)
密旨 : (빽빽할 밀) (뜻 지) ▷ (밀지)
湯劑 : (끓을 탕) (약제 제) ▷ (탕제)
調劑 : (고를 조) (약제 제) ▷ (조제)
艾菊菜 : (애국채) ....
(쑥 애)(국화 국)(나물 채)
鴨脚樹 : (압각수) ....
(오리 압)(다리 각)(나무 수)
鴨綠江 : (압록강) ....
(오리 압)(푸를 록)(강 강)

崔璟 : (성 최) (옥빛 경) ▷ (최경)
朝旭 : (아침 조) (아침해 욱) ▷ (조욱)
旭光 : (아침해 욱) (빛 광) ▷ (욱광)
宋儒 : (성 송) (선비 유) ▷ (송유)
宋襄之仁 : (송양지인) ……………………
(성 송)(도울 양)(갈 지)(어질 인)

본문학습 44

※ 본문학습 한자어의 훈음과 독음을 확인하세요.
編輯 : (엮을 편) (모을 집) ▷ (편집)
輯載 : (모을 집) (실을 재) ▷ (집재)
憾情 : (섭섭할 감) (뜻 정) ▷ (감정)
遺憾 : (남길 유) (섭섭할 감) ▷ (유감)
私憾 : (사사 사) (섭섭할 감) ▷ (사감)
薛聰 : (성 설) (귀밝을 총) ▷ (설총)
邢祐 : (성 형) (복 우) ▷ (형우)
律呂 : (법칙 률) (법칙 려) ▷ (율려)
呂氏鄕約 : (여씨향약) ……………………
(성 려)(각시 씨)(시골 향)(맺을 약)
吳越同舟 : (오월동주) ……………………
(성 오)(넘을 월)(한가지 동)(배 주)
硏鑽 : (갈 연) (뚫을 찬) ▷ (연찬)
鑽刺 : (뚫을 찬) (찌를 자) ▷ (찬자)

본문학습 45

※ 본문학습 한자어의 훈음과 독음을 확인하세요.
勳籍 : (공 훈) (문서 적) ▷ (훈적)
殊勳 : (다를 수) (공 훈) ▷ (수훈)
防諜 : (막을 방) (염탐할 첩) ▷ (방첩)
偵諜 : (염탐할 정) (염탐할 첩) ▷ (정첩)
翰墨 : (편지 한) (먹 묵) ▷ (한묵)
書翰 : (글 서) (편지 한) ▷ (서한)
串童 : (꿸 관) (아이 동) ▷ (관동)

親串 : (친할 친) (꿸 관) ▷ (친관)
鞠問 : (성 국) (물을 문) ▷ (국문)
鞠養 : (성 국) (기를 양) ▷ (국양)
磻溪隨錄 : (반계수록) ……………………
(반계 반)(시내 계)(따를 수)(기록할 록)
禧賀 : (복 희) (하례할 하) ▷ (희하)
禧年 : (복 희) (해 년) ▷ (희년)
址臺 : (터 지) (대 대) ▷ (지대)
故址 : (연고 고) (터 지) ▷ (고지)

꼭꼭 다지기 76쪽

1. 다음 한자어의 독음을 쓰세요.

簡札(간찰) 御札(어찰) 撤回(철회) 撤去(철거)
錫杖(석장) 僧尼(승니) 蔑視(멸시) 藍色(남색)
后妃(후비) 后稷(후직) 圭復(규복) 諮謀(자모)
宣旨(선지) 藥劑(약제) 蘭艾(난애) 伊餐(이찬)
黃鴨(황압) 旭暉(욱휘) 輯載(집재) 壹兆(일조)
鑽鐵(찬철) 吳藍(오람) 鑽堅(찬견) 勳章(훈장)
功勳(공훈) 諜報(첩보) 間諜(간첩) 貴翰(귀한)
串戱(관희) 鞠治(국치)

2. 다음 한자의 뜻과 소리를 쓰세요.

飼(기를 사) 颱(태풍 태) 璇(옥 선)
槿(무궁화 근) 碩(클 석) 劉(죽일 류, 묘금도 류)
潘(성 반) 歐(구라파 구, 칠 구) 穆(화목할 목)
魯(노나라 로, 노둔할 로) 丕(클 비) 蓬(쑥 봉)
綜(모을 종) 締(맺을 체) 蔡(성 채)

3. 다음 뜻에 알맞은 한자성어를 완성하세요.

(1) 五(里)(霧)中 (3) 積(土)(成)山
(2) 宿(虎)衝(鼻) (4) 空(前)絶(後)

본문학습 46

※ 본문학습 한자어의 훈음과 독음을 확인하세요.

素餐 : (본디 소) (밥 찬) ▷ (소찬)
晩餐 : (늦을 만) (밥 찬) ▷ (만찬)
融資 : (녹을 융) (재물 자) ▷ (융자)
融和 : (녹을 융) (화할 화) ▷ (융화)
悽絶 : (슬퍼할 처) (끊을 절) ▷ (처절)
悽慘 : (슬퍼할 처) (참혹할 참) ▷ (처참)
燦爛 : (빛날 찬) (빛날 란) ▷ (찬란)
贊襄 : (도울 찬) (도울 양) ▷ (찬양)
襄禮 : (도울 양) (예도 례) ▷ (양례)
多岐亡羊 : (다기망양) ……………………
(많을 다)(갈림길 기)(망할 망)(양 양)
畿甸 : (경기 기) (경기 전) ▷ (기전)
防空壕 : (방공호) ……………………
(막을 방)(빌 공)(해자 호)

본문학습 47

※ 본문학습 한자어의 훈음과 독음을 확인하세요.

洛誦 : (물이름 락) (욀 송) ▷ (낙송)
京洛 : (서울 경) (물이름 락) ▷ (경락)
妖怪 : (요사할 요) (괴이할 괴) ▷ (요괴)
妖妄 : (요사할 요) (망령될 망) ▷ (요망)
排尿 : (밀칠 배) (오줌 뇨) ▷ (배뇨)
尿管 : (오줌 뇨) (대롱 관) ▷ (요관)
徽章 : (아름다울 휘) (글 장) ▷ (휘장)
徽琴 : (아름다울 휘) (거문고 금) ▷ (휘금)
杜甫 : (막을 두) (클 보) ▷ (두보)
黃甫仁 : (황보인) ……………………
(누를 황)(클 보)(어질 인)
璨幽 : (옥빛 찬) (그윽할 유) ▷ (찬유)
汪浪 : (넓을 왕) (물결 랑) ▷ (왕랑)
銀杏 : (은 은) (살구 행) ▷ (은행)

본문학습 48

※ 본문학습 한자어의 훈음과 독음을 확인하세요.

乳酸 : (젖 유) (실 산) ▷ (유산)
酸素 : (실 산) (본디 소) ▷ (산소)
鍛鍊 : (쇠불릴 단) (쇠불릴 련) ▷ (단련)
鍛鋼 : (쇠불릴 단) (강철 강) ▷ (단강)
趨勢 : (달아날 추) (형세 세) ▷ (추세)
歸趨 : (돌아갈 귀) (달아날 추) ▷ (귀추)
燮理 : (불꽃 섭) (다스릴 리) ▷ (섭리)
燮伐 : (불꽃 섭) (칠 벌) ▷ (섭벌)
駿馬 : (준마 준) (말 마) ▷ (준마)
杓建 : (북두자루 표) (세울 건) ▷ (표건)
杓子 : (북두자루 표/작) (아들 자) ▷ (작자)
沃畓 : (기름질 옥) (논 답) ▷ (옥답)
沃沮 : (기름질 옥) (막을 저) ▷ (옥저)
李玖 : (오얏 리) (옥돌 구) ▷ (이구)

본문학습 49

※ 본문학습 한자어의 훈음과 독음을 확인하세요.

療渴 : (병고칠 료) (목마를 갈) ▷ (요갈)
診療 : (진찰할 진) (병고칠 료) ▷ (진료)
肝癌 : (간 간) (암 암) ▷ (간암)
肺癌 : (허파 폐) (암 암) ▷ (폐암)
濠洲 : (호주 호) (물가 주) ▷ (호주)
空濠 : (빌 공) (호주 호) ▷ (공호)
阪上走丸 : (판상주환) ……………………
(언덕 판)(윗 상)(달릴 주)(둥글 환)
峻阪 : (높을 준) (언덕 판) ▷ (준판)
沂水 : (물이름 기) (물 수) ▷ (기수)
沂垠 : (물이름 기) (지경 은) ▷ (기은)
兌管 : (바꿀 태) (대롱 관) ▷ (태관)
兌換 : (바꿀 태) (바꿀 환) ▷ (태환)

欄杆 : (난간 란) (몽둥이 간) ▷ (난간)
關鍵 : (관계할 관) (열쇠 건) ▷ (관건)

본문학습 50

※ 본문학습 한자어의 훈음과 독음을 확인하세요.

贈呈 : (줄 증) (드릴 정) ▷ (증정)
呈訴 : (드릴 정) (호소할 소) ▷ (정소)
坑儒 : (구덩이 갱) (선비 유) ▷ (갱유)
坑陷 : (구덩이 갱) (빠질 함) ▷ (갱함)
騰寫 : (베낄 등) (베낄 사) ▷ (등사)
謄抄 : (베낄 등) (뽑을 초) ▷ (등초)
彌縫 : (미륵 미) (꿰맬 봉) ▷ (미봉)
沙彌 : (모래 사) (미륵 미) ▷ (사미)
濬哲 : (깊을 준) (밝을 철) ▷ (준철)
濬源 : (깊을 준) (근원 원) ▷ (준원)
沖積 : (화할 충) (쌓을 적) ▷ (충적)
沖虛 : (화할 충) (빌 허) ▷ (충허)
檜皮 : (전나무 회) (가죽 피) ▷ (회피)
僧伽 : (중 승) (절 가) ▷ (승가)
伽藍 : (절 가) (쪽 람) ▷ (가람)

꼭꼭 다지기 82쪽

1. 다음 한자어의 독음을 쓰세요.

朝餐(조찬)	渾融(혼융)	金融(금융)	融解(융해)
悽然(처연)	洛黨(낙당)	燦然(찬연)	洛論(낙론)
酸性(산성)	妖術(요술)	妖邪(요사)	妖魔(요마)
尿閉(요폐)	檢尿(검뇨)	杆杓(간표)	鍵盤(건반)
徽旨(휘지)	徽音(휘음)	杏壇(행단)	杏花(행화)
胃酸(위산)	鍛造(단조)	趨迎(추영)	趨拜(추배)
燮和(섭화)	駿逸(준일)	肥沃(비옥)	沃壤(옥양)
療養(요양)	醫療(의료)	治療(치료)	腸癌(장암)
胃癌(위암)	謹呈(근정)	坑路(갱로)	炭坑(탄갱)
坑殺(갱살)	謄本(등본)	彌留(미류)	濬池(준지)
沖天(충천)	檜風(회풍)		
亞黃酸(아황산)	癌細胞(암세포)		

2. 다음 글의 밑줄 친 단어 중 낱말은 한자로 한자어는 독음으로 고쳐 쓰세요.

(1)文化 (2)人類 (3)背景 (4)융합 (5)충돌

3. 다음 약자를 정자로 고쳐 쓰세요.

(1)仮-(假) (2)広-(廣) (3)辺-(邊) (4)証-(證)

본문학습 51

※ 본문학습 한자어의 훈음과 독음을 확인하세요.

喉舌 : (목구멍 후) (혀 설) ▷ (후설)
喉頭 : (목구멍 후) (머리 두) ▷ (후두)
購買 : (살 구) (살 매) ▷ (구매)
購讀 : (살 구) (읽을 독) ▷ (구독)
妊産 : (아이밸 임) (낳을 산) ▷ (임산)
懷妊 : (품을 회) (아이밸 임) ▷ (회임)
驥足 : (천리마 기) (발 족) ▷ (기족)
保佑 : (지킬 보) (도울 우) ▷ (보우)
驥服鹽車 : (기복염거) ……………………………………
(천리마 기)(옷 복)(소금 염)(수레 거)
沔水 : (물이름 면) (물 수) ▷ (면수)
杜門不出 : (두문불출) ……………………………………
(막을 두)(문 문)(아닐 불)(날 출)
杜絶 : (막을 두) (끊을 절) ▷ (두절)
沆茫 : (넓을 항) (아득할 망) ▷ (항망)
天佑神助 : (천우신조) ……………………………………
(하늘 천)(도울 우)(귀신 신)(도울 조)

본문학습 52

※ 본문학습 한자어의 훈음과 독음을 확인하세요.

裁縫 : (옷마를 재) (꿰맬 봉) ▷ (재봉)

天衣無縫 : (천의무봉)

(하늘 천)(옷 의)(없을 무)(꿰맬 봉)

升鑑 : (되 승) (거울 감) ▷ (승감)

斗升 : (말 두) (되 승) ▷ (두승)

魂膽 : (넋 혼) (쓸개 담) ▷ (혼담)

汶山 : (물이름 문) (뫼 산) ▷ (문산)

落膽 : (떨어질 락) (쓸개 담) ▷ (낙담)

阜滋 : (언덕 부) (불을 자) ▷ (부자)

阜康 : (언덕 부) (편안 강) ▷ (부강)

大邱 : (큰 대) (언덕 구) ▷ (대구)

燾育 : (비칠 도) (기를 육) ▷ (도육)

宋相燾 : (송상도)

(성 송)(서로 상)(비칠 도)

본문학습 53

※ 본문학습 한자어의 훈음과 독음을 확인하세요.

干戈 : (방패 간) (창 과) ▷ (간과)

兵戈 : (병사 병) (창 과) ▷ (병과)

抛置 : (던질 포) (둘 치) ▷ (포치)

抛棄 : (던질 포) (버릴 기) ▷ (포기)

推戴 : (밀 추) (일 대) ▷ (추대)

男負女戴 : (남부여대)

(사내 남)(질 부)(계집 녀)(일 대)

靺鞨 : (말갈 말) (오랑캐이름 갈) ▷ (말갈)

洪吉旼 : (홍길민)

(넓을 홍)(길할 길)(화할 민)

陶泓 : (질그릇 도) (물깊을 홍) ▷ (도홍)

泓澄 : (물깊을 홍) (맑을 징) ▷ (홍징)

瀋脣 : (물이름 심) (입술 순) ▷ (심순)

瀋陽 : (물이름 심) (볕 양) ▷ (심양)

본문학습 54

※ 본문학습 한자어의 훈음과 독음을 확인하세요.

垈田 : (집터 대) (밭 전) ▷ (대전)

垈地 : (집터 대) (땅 지) ▷ (대지)

刹那 : (절 찰) (어찌 나) ▷ (찰나)

寺刹 : (절 사) (절 찰) ▷ (사찰)

被拉 : (입을 피) (끌 랍) ▷ (피랍)

拉致 : (끌 랍) (이를 치) ▷ (납치)

泗上 : (물이름 사) (윗 상) ▷ (사상)

泌尿器 : (비뇨기)

(분비할 비)(오줌 뇨)(그릇 기)

泌水樂饑 : (비수낙기)

(분비할 비)(물 수)(즐길 락)(주릴 기)

金尚爀 : (김상혁)

(성 김)(오히려 상)(불빛 혁)

炳燭 : (불꽃 병) (촛불 촉) ▷ (병촉)

坡岸 : (언덕 파) (언덕 안) ▷ (파안)

본문학습 55

※ 본문학습 한자어의 훈음과 독음을 확인하세요.

枚數 : (낱 매) (셈 수) ▷ (매수)

枚移 : (낱 매) (옮길 이) ▷ (매이)

枚擧 : (낱 매) (들 거) ▷ (매거)

坪當 : (들 평) (마땅 당) ▷ (평당)

建坪 : (세울 건) (들 평) ▷ (건평)

安玟英 : (안민영)

(편안 안)(아름다운돌 민)(꽃부리 영)

鎔接 : (쇠녹일 용) (이을 접) ▷ (용접)

申炅 : (납 신) (빛날 경) ▷ (신경)

鎔鑛爐 : (용광로)

(쇠녹일 용)(쇳돌 광)(화로 로)

鎔融 : (쇠녹일 용) (녹을 융) ▷ (용융)

岡陵 : (산등성이 강) (언덕 릉) ▷ (강릉)

岡營 : (산등성이 강) (경영할 영) ▷ (강영)
魏闕 : (성 위) (대궐 궐) ▷ (위궐)
魏柳 : (성 위) (버들 류) ▷ (위류)

꼭꼭 다지기 88쪽

1. 다음 한자어의 독음을 쓰세요.

升揚(승양)	購覽(구람)	避妊(피임)	駿驥(준기)
鎔巖(용암)	沔川(면천)	杜魄(두백)	保佑(보우)
彌縫(미봉)	炳煜(병욱)	喉音(후음)	丘岡(구강)
戈劍(과검)	抛撤(포철)	分泌(분비)	戴冠(대관)
佛刹(불찰)	拉杯(납배)	洙泗(수사)	坡仙(파선)

2. 다음 뜻에 알맞은 한자성어를 완성하세요.

(1)首(邱)(初)心	(3)紅(爐)點(雪)
(2)(附)和(雷)同	(4)汗(牛)充(棟)

3. 다음 글의 밑줄 친 단어 중 낱말은 한자로 한자어는 독음으로 고쳐 쓰세요.

(1)公正	(2)規則	(3)成員	(4)差別	(5)適用
(6)參加	(7)忠實	(8)所有者	(9)兩便	(10)意見
(11)상충	(12)對備	(13)심판	(14)要件	(15)保障

본문학습 56

※ 본문학습 한자어의 훈음과 독음을 확인하세요.
修繕 : (닦을 수) (기울 선) ▷ (수선)
營繕 : (경영할 영) (기울 선) ▷ (영선)
闕漏 : (대궐 궐) (샐 루) ▷ (궐루)
補闕 : (기울 보) (대궐 궐) ▷ (보궐)
恐怖 : (두려울 공) (두려워할 포) ▷ (공포)
怖伏 : (두려울 포) (엎드릴 복) ▷ (포복)

權畯 : (권세 권) (밝을 준) ▷ (권준)
旺盛 : (왕성할 왕) (성할 성) ▷ (왕성)
興旺 : (일 흥) (왕성할 왕) ▷ (흥왕)
芮戈 : (성 예) (창 과) ▷ (예과)
李芮 : (오얏 리) (성 예) ▷ (이예)
沼池 : (늪 소) (못 지) ▷ (소지)
秉軸 : (잡을 병) (굴대 축) ▷ (병축)
秉筆之任 : (병필지임) ……………………
(잡을 병)(붓 필)(갈 지)(맡길 임)

본문학습 57

※ 본문학습 한자어의 훈음과 독음을 확인하세요.
闕炊 : (대궐 궐) (불땔 취) ▷ (궐취)
炊事 : (불땔 취) (일 사) ▷ (취사)
炊沙成飯 : (취사성반) ……………………
(불땔 취)(모래 사)(이룰 성)(밥 반)
携貳 : (이끌 휴) (두 이) ▷ (휴이)
貳相 : (두 이) (서로 상) ▷ (이상)
噫嗚 : (한숨쉴 희) (슬플 오) ▷ (희오)
薰蒸 : (향풀 훈) (찔 증) ▷ (훈증)
朴薰 : (성 박) (향풀 훈) ▷ (박훈)
旻天 : (하늘 민) (하늘 천) ▷ (민천)
璿派 : (구슬 선) (갈래 파) ▷ (선파)
甕算 : (독 옹) (셈 산) ▷ (옹산)
姜邯贊 : (강감찬) ……………………
(성 강)(사람이름 감)(옥잔 찬)

본문학습 58

※ 본문학습 한자어의 훈음과 독음을 확인하세요.
誤謬 : (그르칠 오) (그르칠 류) ▷ (오류)
謬習 : (그르칠 류) (익힐 습) ▷ (유습)
沮止 : (막을 저) (그칠 지) ▷ (저지)
沮害 : (막을 저) (해할 해) ▷ (저해)

沮喪 : (막을 저) (잃을 상) ▷ (저상)
怡聲 : (기쁠 이) (소리 성) ▷ (이성)
張鎰 : (베풀 장) (무게이름 일) ▷ (장일)
邵台輔 : (소태보) ·······························
(성 소)(별 태)(도울 보)
騏驥 : (준마 기) (천리마 기) ▷ (기기)
怡悅 : (기쁠 이) (기쁠 열) ▷ (이열)
怡顔 : (기쁠 이) (얼굴 안) ▷ (이안)
佾舞 : (줄춤 일) (춤출 무) ▷ (일무)

본문학습 59

※ 본문학습 한자어의 훈음과 독음을 확인하세요.
歪曲 : (기울 왜) (굽을 곡) ▷ (왜곡)
歪形 : (기울 왜) (모양 형) ▷ (왜형)
梧桐鐵甲 : (오동철갑) ·······························
(오동 오)(오동나무 동)(쇠 철)(갑옷 갑)
油桐 : (기름 유) (오동나무 동) ▷ (유동)
皮膚 : (가죽 피) (살갗 부) ▷ (피부)
膚淺 : (살갗 부) (얕을 천) ▷ (부천)
芬皇寺 : (분황사) ·······························
(향기 분)(임금 황)(절 사)
芬蘭 : (향기 분) (난초 란) ▷ (분란)
金基瀅 : (김기형) ·······························
(성 김)(터 기)(맑을 형)
鎬京 : (호경 호) (서울 경) ▷ (호경)
芸窓 : (향풀 운) (창 창) ▷ (운창)
芝蘭之室 : (지란지실) ·······························
(지초 지)(난초 란)(갈 지)(집 실)
芝艾 : (지초 지) (쑥 애) ▷ (지애)

본문학습 60

※ 본문학습 한자어의 훈음과 독음을 확인하세요.
紫藤 : (자줏빛 자) (등나무 등) ▷ (자등)
藤架 : (등나무 등) (시렁 가) ▷ (등가)
模型 : (본뜰 모) (모형 형) ▷ (모형)
鑄型 : (쇠불릴 주) (모형 형) ▷ (주형)
屍帳 : (주검 시) (장막 장) ▷ (시장)
屍親 : (주검 시) (친할 친) ▷ (시친)
岬寺 : (곶 갑) (절 사) ▷ (갑사)
謨訓 : (꾀 모) (가르칠 훈) ▷ (모훈)
睿謨 : (슬기 예) (꾀 모) ▷ (예모)
金履杰 : (김이걸) ·······························
(성 김)(밟을 리)(뛰어날 걸)
納采 : (들일 납) (풍채 채) ▷ (납채)
風采 : (바람 풍) (풍채 채) ▷ (풍채)
馥郁 : (향기 복) (성할 욱) ▷ (복욱)

꼭꼭 다지기 ··············· 94쪽

1. 다음 한자어의 독음을 쓰세요.

補繕(보선) 赴闕(부궐) 怖畏(포외) 旺運(왕운)
謨慮(모려) 沼澤(소택) 秉燭(병촉) 蒸炊(증취)
采詩(채시) 典型(전형) 膚受(부수) 岬城(갑성)
磁歪(자왜) 璿源(선원) 屍身(시신) 甕器(옹기)
熏劑(훈제) 錯謬(착류) 沮澤(저택) 邵陵(소릉)
嬉怡(희이) 宮闕(궁궐) 貳拾(이십) 芝眉(지미)
藤床(등상)

2. 다음 뜻에 알맞은 한자성어를 완성하세요.

(1)(一)以(貫)之　(3)(面)從腹(背)
(2)凍(足)(放)尿　(4)(鶴)首(苦)待

3. 다음 단어의 뜻에 반대, 또는 상대되는 한자어를 쓰세요.

(1)質疑 ↔ (應答응답)　(2)埋沒 ↔ (發掘발굴)
(3)架空 ↔ (實在실재)　(4)拒絶 ↔ (承諾승낙)
(5)紛爭 ↔ (和解화해)　(6)漂流 ↔ (定着정착)

4. 다음 한자어의 유의어를 쓰세요.

(1)招待 – (招請초청)	(2)飢死 – (餓死아사)
(3)領土 – (版圖판도)	(4)書簡 – (書翰서한)
(5)背恩 – (忘德망덕)	(6)海外 – (異域이역)

본문학습 61

※ 본문학습 한자어의 훈음과 독음을 확인하세요.

制霸 : (절제할 제) (으뜸 패) ▷ (제패)

爭霸 : (다툴 쟁) (으뜸 패) ▷ (쟁패)

霸權 : (으뜸 패) (권세 권) ▷ (패권)

輪廻 : (바퀴 륜) (돌 회) ▷ (윤회)

廻風 : (돌 회) (바람 풍) ▷ (회풍)

巡廻 : (돌 순) (돌 회) ▷ (순회)

鏞鼓 : (쇠북 용) (북 고) ▷ (용고)

丁若鏞 : (정약용) ……………………………………………
(장정 정)(같을 약)(쇠북 용)

茅塞 : (띠 모) (막힐 색) ▷ (모색)

茅屋 : (띠 모) (집 옥) ▷ (모옥)

崔炯 : (성 최) (밝을 형) ▷ (최형)

炯鑑 : (밝을 형) (거울 감) ▷ (형감)

垠際 : (지경 은) (즈음 제) ▷ (은제)

郭垠 : (둘레 곽) (지경 은) ▷ (곽은)

兪扁之門 : (유편지문) ……………………………………
(인월도 유)(작을 편)(갈 지)(문 문)

본문학습 62

※ 본문학습 한자어의 훈음과 독음을 확인하세요.

問津 : (물을 문) (나루 진) ▷ (문진)

津液 : (나루 진) (진 액) ▷ (진액)

胎膜 : (아이밸 태) (막 막) ▷ (태막)

胎盤 : (아이밸 태) (소반 반) ▷ (태반)

盈滿 : (찰 영) (찰 만) ▷ (영만)

盈尺 : (찰 영) (자 척) ▷ (영척)

疆域 : (지경 강) (지경 역) ▷ (강역)

邊疆 : (가 변) (지경 강) ▷ (변강)

郁烈 : (성할 욱) (매울 렬) ▷ (욱렬)

洵美 : (참으로 순) (아름다울 미) ▷ (순미)

蟾兎 : (두꺼비 섬) (토끼 토) ▷ (섬토)

蟾注 : (두꺼비 섬) (부을 주) ▷ (섬주)

본문학습 63

※ 본문학습 한자어의 훈음과 독음을 확인하세요.

鬱寂 : (답답할 울) (고요할 적) ▷ (울적)

鬱蒼 : (답답할 울) (푸를 창) ▷ (울창)

穩健 : (편안할 온) (굳셀 건) ▷ (온건)

平穩 : (평평할 평) (편안할 온) ▷ (평온)

苑墻 : (나라동산 원) (담 장) ▷ (원장)

秘苑 : (숨길 비) (나라동산 원) ▷ (비원)

禹跡 : (성 우) (자취 적) ▷ (우적)

禹甸 : (성 우) (경기 전) ▷ (우전)

洙泗 : (물가 수) (물이름 사) ▷ (수사)

彦聖 : (선비 언) (성인 성) ▷ (언성)

俊彦 : (준걸 준) (선비 언) ▷ (준언)

奎章 : (별 규) (글 장) ▷ (규장)

亮察 : (밝을 량) (살필 찰) ▷ (양찰)

본문학습 64

※ 본문학습 한자어의 훈음과 독음을 확인하세요.

寵姬 : (괼 총) (계집 희) ▷ (총희)

幸姬 : (다행 행) (계집 희) ▷ (행희)

舞姬 : (춤출 무) (계집 희) ▷ (무희)

蹴球 : (찰 축) (공 구) ▷ (축구)
蹴踏 : (찰 축) (밟을 답) ▷ (축답)
昴降 : (묘별 묘) (내릴 강) ▷ (묘강)
昴宿 : (묘별 묘) (별자리 수) ▷ (묘수)
炫怪 : (밝을 현) (괴이할 괴) ▷ (현괴)
始蹴 : (비로소 시) (찰 축) ▷ (시축)
衍沃 : (넘칠 연) (기름질 옥) ▷ (연옥)
衍義 : (넘칠 연) (옳을 의) ▷ (연의)
衍文 : (넘칠 연) (글월 문) ▷ (연문)
廬幕 : (농막집 려) (장막 막) ▷ (여막)
姚江 : (예쁠 요) (강 강) ▷ (요강)

본문학습 65

※ 본문학습 한자어의 훈음과 독음을 확인하세요.

侵虐 : (침노할 침) (모질 학) ▷ (침학)
殘虐 : (남을 잔) (모질 학) ▷ (잔학)
姸麗 : (고울 연) (고울 려) ▷ (연려)
姸粧 : (고울 연) (단장할 장) ▷ (연장)
迦藍 : (부처이름 가) (쪽 람) ▷ (가람)
迦葉 : (부처이름 가) (성 섭) ▷ (가섭)
祚胤 : (복 조) (자손 윤) ▷ (조윤)
胤玉 : (자손 윤) (구슬 옥) ▷ (윤옥)
麒麟 : (기린 기) (기린 린) ▷ (기린)
峙糧 : (언덕 치) (양식 량) ▷ (치량)
對峙 : (대할 대) (언덕 치) ▷ (대치)
茶毘 : (차 다) (도울 비) ▷ (다비)
鵬程 : (새 붕) (길 정) ▷ (붕정)

順水推舟 - 물길을 따라 배를 저어라.
☞ 남의 힘을 빌려 자신을 도와라. 자연의 순리에 따르듯이 물길을 따라가면 순조롭게 목적지에 이를 수 있기 때문이다.

꼭꼭 다지기 100쪽

1. 다음 한자어의 독음을 쓰세요.

連霸(연패) 昴星(묘성) 峙積(치적) 茅舍(모사)
炯燭(형촉) 令胤(영윤) 先蹴(선축) 津梁(진량)
胎夢(태몽) 盈虛(영허) 馥郁(복욱) 沈鬱(침울)
穩當(온당) 禹湯(우탕) 英彦(영언) 奎文(규문)
佳姬(가희) 麗姬(여희) 敷衍(부연) 毘尼(비니)
炫轉(현전) 田廬(전려) 虐殺(학살) 釋迦(석가)
麒麟(기린)

2. 다음 뜻에 알맞은 한자성어를 완성하세요.

(1)(壽)則多(辱) (3)(經)國(濟)世
(2)塗(炭)之(苦) (4)如(履)(薄)氷

3. 다음 글의 밑줄 친 단어 중 날말은 한자로 한자어는 독음으로 고쳐 쓰세요.

(1)모순적 (2)感覺 (3)知覺 (4)領域 (5)熟考
(6)創造 (7)촉발 (8)採用 (9)合理化 (10)客觀化

본문학습 66

※ 본문학습 한자어의 훈음과 독음을 확인하세요.

姜希顔 : (강희안) ……………………………
(성 강)(바랄 희)(얼굴 안)
柴炭 : (섶 시) (숯 탄) ▷ (시탄)
柴毒 : (섶 시) (독 독) ▷ (시독)
瓊樓 : (구슬 경) (다락 루) ▷ (경루)
瓊樹 : (구슬 경) (나무 수) ▷ (경수)
瓊韻 : (구슬 경) (운 운) ▷ (경운)
珏庭 : (쌍옥 각) (뜰 정) ▷ (각정)
庠校 : (학교 상) (학교 교) ▷ (상교)
庠序 : (학교 상) (차례 서) ▷ (상서)

壎篪 : (질나팔 훈) (저이름 지) ▷ (훈지)
邢昺 : (성 형) (밝을 병) ▷ (형병)

※ 다음 단어의 뜻에 반대, 또는 상대되는 한자어를 쓰세요.

(1)直系 ↔ (傍系방계)	(2)斬新 ↔ (陳腐진부)
(3)發掘 ↔ (埋沒매몰)	(4)濫用 ↔ (節約절약)
(5)濕潤 ↔ (乾燥건조)	

본문학습 67

※ 본문학습 한자어의 훈음과 독음을 확인하세요.
玲瓏 : (옥소리 령) (옥소리 롱) ▷ (영롱)
毖勞 : (삼갈 비) (일할 로) ▷ (비로)
懲毖 : (징계할 징) (삼갈 비) ▷ (징비)
繩墨 : (노끈 승) (먹 묵) ▷ (승묵)
捕繩 : (잡을 포) (노끈 승) ▷ (포승)
珉玉坑 : (민옥갱) ……………………
(옥돌 민)(구슬 옥)(구덩이 갱)
扁舟 : (작을 편) (배 주) ▷ (편주)
扁額 : (작을 편) (이마 액) ▷ (편액)
范世東 : (범세동) ……………………
(성 범)(인간 세)(동녘 동)
驪姬 : (검은말 려) (계집 희) ▷ (여희)
驪州 : (검은말 려) (고을 주) ▷ (여주)
龐統 : (높은집 방) (거느릴 통) ▷ (방통)
龐眉皓髮 : (방미호발) ……………………
(높은집 방)(눈썹 미)(흴 호)(터럭 발)

본문학습 68

※ 본문학습 한자어의 훈음과 독음을 확인하세요.
昱耀 : (햇빛밝을 욱) (빛날 요) ▷ (욱요)
權柄 : (권세 권) (자루 병) ▷ (권병)
刑柄 : (형벌 형) (자루 병) ▷ (형병)
柯幹 : (가지 가) (줄기 간) ▷ (가간)
伐柯 : (칠 벌) (가지 가) ▷ (벌가)
韋編三絶 : (위편삼절) ……………………
(가죽 위)(엮을 편)(석 삼)(끊을 절)
俛仰 : (구푸릴 면) (우러를 앙) ▷ (면앙)
俛仰亭歌 : (면앙정가) ……………………
(구푸릴 면)(우러를 앙)(정자 정)(노래 가)
甘醴 : (달 감) (단술 례) ▷ (감례)
醴泉 : (단술 례) (샘 천) ▷ (예천)
陜川 : (땅이름 합) (내 천) ▷ (합천)
陜薄 : (좁을 협) (엷을 박) ▷ (협박)

꼭꼭 다지기 104쪽

1. 다음 한자어의 독음을 쓰세요.

柴油(시유) 瓦壎(와훈) 瓊姿(경자) 庠校(상교)
韋匠(위장) 繩索(승삭) 扁形(편형) 驪珠(이주)
政柄(정병) 柯葉(가엽)

2. 다음 뜻에 알맞은 한자성어를 완성하세요.

(1)(刻)骨難(忘)	(3)(拔)本(塞)源
(2)同(床)異(夢)	(4)騷(人)(墨)客
	(5)(抑)強(扶)弱

3. 다음 글의 단어 중 밑줄 친 낱말은 한자로 한자어는 독음으로 고쳐 쓰세요.

(1)試鍊	(2)知的	(3)蓄積	(4)表象	(5)創意的
(6)力量	(7)自我	(8)思惟	(9)苦惱	(10)紙片

安分이면 身無辱이오 知機면 心自閑이라
☞ 본분에 편안하면 몸에 욕됨이 없고, 기회를 알면 마음이 저절로 한가롭다.

한자능력검정시험 2급

문제해답

학습도움

평가문제 해답

평가문제 해답(총14회) : 본문학습(21쪽 ~ 104쪽)[1 ~ 5, 6 ~ 10, 11 ~ 15] …을 묶어서 엮은 평가문제(295쪽 ~ 324쪽)의 해답을 모은 것입니다.

기출 · 예상문제 해답

기출 · 예상문제(325쪽 ~ 346쪽)의 해답을 모은 것입니다.

(297쪽)

평가문제 1 ~ 5

1.비준 2.척각 3.시사 4.향우 5.섬새 6.자웅 7.배우 8.보조 9.위탁 10.협만 11.겸병 12.양잠 13.기숙 14.완만 15.노적 16.형향 17.문란 18.왜이 19.척벌 20.충간 21.몰 구 22.아가씨 양 23.비적 비 24.빛날 요 25.홀 규 26.성 원 27.숫돌 려 28.기름 지 29.고개 현 30.은나라 은 31.遠心 32.恥辱 33.厭世 34.革新 35.③ 36.① 37.緣 38.奔 39.霜 40.錦 41.流離 42.背恩 43.鼻祖 44.交涉 45.坤, 濕 46.沈 47.借 48.免 49.庫 50.貢 51.愛 52.哀 53.団 54.写 55.端的 56.紫外線 57.役割 58.破壞 59.生態系 60.逆說的 61.냉매 62.低廉 63.成層圈 64.체결 65.託 : 付託, 託送 66.助 : 補助, 扶助 67.老 68.匚 69.衣 70.香

(299쪽)

평가문제 6 ~ 10

1.수조 2.참신 3.함대 4.채굴 5.혼방 6.사면 7.질산 8.담연 9.조탁 10.구맹 11.봉록 12.명정 13.질색 14.추도 15.호휴 16.순초 17.애별 18.완이 19.소개 20.탐라 21.북 고 22.도울 익 23.진나라 진 24.언덕 고 25.빠질 닉 26.펼 술 27.빛날 희 28.굳셀 환 29.막힐 옹 30.일 대 31.閉鎖 32.模倣 33.義務 34.紳士 35.② 36.④ 37.猶 38.擊, 投 39.戚 40.斷 41.眼界 42.驅迫 43.招請 44.寺院 45.淡, 濟 46.歡 47.弔 48.假, 僞 49.放 50.貫 51.篤 52.畢 53.駅 54.応 55.無制限 56.劃一的 57.보편적 58.一般化 59.適用 60.具體的 61.要素 62.差異點 63.基準 64.提起 65.彫 : 浮彫, 彫刻 66.掘 : 盜掘, 發掘 67.邑 68.卜 69.弓 70.斤

(301쪽)

평가문제 11 ~ 15

1.오추 2.기축 3.서창 4.병마 5.농락 6.규책 7.난소 8.정탐 9.박고 10.고빙 11.전세 12.돈혜 13.요순 14.조치 15.멱구 16.모순 17.초조 18.흠모 19.부납 20.준위 21.굴 굴 22.밝을 성 23.성 팽 24.우리 권 25.따를 호 26.곳집 유, 노적가리 유 27.유황 류 28.시원할 창 29.띠 신 30.밝을 철, 쌍길 철 31.他律 32.實在 33.惡化 34.斬新 35.③ 36.③ 37.辱 38.腹 39.自 40.眉 41.書翰 42.俗世 43.尺土 44.始祖 45.盾 46.縮 47.給 48.削 49.悟 50.茂, 隆 51.蔬 52.捕 53.証 54.転 55.交織 56.우아 57.찬란 58.訓民正音 59.日常 60.文明國 61.共通 62.述語 63.地理 64.觀念語 65.含 : 包含, 含蓄 66.略 : 策略, 省略 67.馬 68.巛 69.舌 70.見

(303쪽)

평가문제 16 ~ 20

1.장악 2.부신 3.낙관 4.다과 5.발해 6.격단 7.삽화 8.주배 9.촉진 10.측백 11.봉래 12.번식 13.추사 14.난만 15.위기 16.보필 17.탈모 18.게재 19.금슬 20.진벌 21.우산 산 22.노나라 로, 노둔할 로 23.불을 자 24.맑을 정 25.아름다운옥 기 26.물이름 위 27.불꽃 병 28.솥귀

현 29.새벽 효 30.꿩 치 31.保守 32.自立 33.複式 34.添加 35.② 36.① 37.權, 勢 38.寒 39.蓋 40.寡 41.首肯 42.領土 43.麗句 44.蒼空 45.裏 46.卑 47.辱 48.福 49.潔 50.雇 51.濯 52.揭 53.胆 54.竜 55.山岳, 山嶽 56.氷雪 = 冰雪 57.形勢 58.光彩 59.餘波 60.微弱 61.港口 62.潮水 63.枝葉的 64.現象 65.貨 : 通貨, 貨幣 66.察 : 診察, 查察 67.日 68.隹 69.虫 70.玉

(305쪽)

평가문제 21 ~ 25

1.마취 2.창파 3.교살 4.옹치 5.예탁 6.용임 7.융희 8.연약 9.직장 10.용매 11.인봉 12.활강 13.만맥 14.제화 15.범야 16.능엄 17.구애 18.정담 19.동독 20.적나라 21.밭갈 경 22.조아릴 돈 23.큰배 정 24.삼갈 욱 25.옥잔 찬 26.버릴 기 27.구슬 원 28.못 당 29.맹세 맹 30.살찔 비 31.釋放 32.愼重 33.冷却 34.現實 35.① 36.④ 37.苦 38.學 39.棄 40.單 41.利說 42.饑死 = 飢死 43.碧空 44.五列 45.衰 46.反 47.急 48.薄 49.勵 50.扶 51.隔 52.恒 53.辞 54.変 55.構成 56.創造 57.證據 58.想像的 59.배열 60.함축 61.作爲的 62.相應 63.修正 64.象徵的 65.脫 : 解脫, 脫出, 解放, 放出 66.降 : 乘降(승강), 投降(투항) 67.隹 68.頁 69.鼎 70.木

(307쪽)

평가문제 26 ~ 30

1.서설 2.함닉 3.환멸 4.용암 5.연적 6.기찰 7.취락 8.갈등 9.견발 10.응견 11.예지 12.윤허 13.불소 14.인상 15.반이 16.응담 17.섬유 18.망라 19.농무 20.변급 21.늘일 연 22.저울눈 수 23.가물 한 24.가루 분 25.성 배 26.날개 익 27.베풀 선 28.높을 항 29.우편 우 30.잔물결 련 31.穩健 32.悲觀 33.慢性 34.正統 35.② 36.④ 37.世 38.折 39.勞 40.霧 41.異域 42.視野 43.虛構 44.招待 45.亡 46.橫 47.疏 48.惡(好惡 호오) 49.度 50.附 51.了 52.和 53.寿 54.囲 55.傳統 56.自負 57.表記 58.手段 59.口口傳承 60.許多 61.高古遺物 62.吸收 63.蓄積 64.文獻 65.琢 : 彫琢, 琢磨 66.布 : 宣布, 配布 67.貝 68.儿 69.耳 70.赤

(309쪽)

평가문제 31 ~ 35

1.만용 2.울홍 3.사육 4.창현 5.착종 6.근역 7.규수 8.체결 9.명목 10.몽진 11.영마 12.염증 13.참혹 14.석유 15.교포 16.노둔 17.봉려 18.사직 19.정안 20.비구 21.향기 은 22.볼 첨 23.아름다울 희 24.꺼릴 기 25.별 태 26.옥 선 27.죽일 류, 묘금도 류 28.문벌 벌 29.자석 자 30.안방 규 31.虛僞 32.高尙 33.漂流 34.傍系 35.③ 36.② 37.援 38.燈 39.放 40.鹿 41.寺刹 42.威脅 43.折衝 44.一毫 45.給 46.慶 47.入, 缺, 沒, 納 48.濃 49.揚 50.徹 51.盛 52.屬 53.与 54.迁 55.著書 56.主題 57.隔離 58.孤獨感 59.疏外感 60.獨特 61.解放 62.無力 63.所屬 64.逃避 65.誓 : 盟誓, 誓約 66.狀 : 賞狀(상장), 症狀(증상) 67.土 68.魚 69.玉 70.大

(311쪽)

평가문제 36 ~ 40

1.위모 2.망막 3.차양 4.교칠 5.단알 6.점포 7.편벽 8.염라 9.마야 10.기망 11.예맥 12.희미 13.요격 14.변진 15.징칠 16.간좌 17.부연 18.배상 19.매혹 20.석가 21.머무를 주 22.수레 량 23.사치할 치 24.넘을 유 25.홀 장 26.굳셀 강 27.오랑캐 흉 28.북 고 29.빛날 엽 30.즐길 오 31.貧賤 32.友好 33.疏遠 34.獲得 35.④ 36.① 37.留 38.井, 泉 39.池 40.隣, 鄰 41.虐待 42.寸土 43.秋毫 44.戲弄 45.疏 46.揚 47.降 48.危 49.悼 50.愁 51.傑 52.常 53.党 54.実 55.蓋然性 56.散文 57.韻律 58.哲學的 59.普遍的 60.登場 61.附與 62.類型 63.個別的 64.經驗 65.名 : 有名, 名單 66.償 : 辨償, 補償 67.皿 68.廾 69.矛 70.八

(313쪽)

평가문제 41 ~ 45

1.편집 2.관시 3.자문 4.철폐 5.황후 6.가람 7.지대 8.탕제 9.순석 10.정첩 11.유감 12.모멸 13.숙목 14.감찰 15.취지 16.수훈 17.일만 18.율려 19.설총 20.압각수 21.절인물고기 포 22.구라파 구, 칠 구 23.뚫을 찬 24.복 희 25.쑥 애 26.클 개 27.편지 한 28.성 국, 기를 국 29.아침해 욱 30.여승 니 31.抵抗 32.節約 33.郊外 34.流動 35.① 36.③ 37.風 38.解 39.卷 40.逆 41.間諜 42.俗世 43.滯在 44.天地 45.醜 46.惡, 憎 47.密, 親 48.雄 49.獲 50.饉, 餓 51.結 52.墓 53.乱 54.圧 55.注入 56.暗記 57.批評 58.認知 59.強調 60.適用 61.項目 62.體系 63.志向 64.反映 65.訪 : 巡訪, 訪問 66.賀 : 慶賀, 祝賀 67.欠 68.羽 69.广 70.車

(315쪽)

평가문제 46 ~ 50

1.진료 2.갱함 3.처참 4.기은 5.귀추 6.만찬 7.폐암 8.미봉 9.태환 10.찬란 11.가람 12.배뇨 13.단련 14.충적 15.옥답 16.융자 17.등사 18.관건 19.참호 20.휘금 21.몽둥이 간 22.요사할 요 23.짝 반 24.언덕 판 25.호소할 소 26.클 보 27.북두자루 표 28.목마를 갈 29.깊을 준 30.실 산 31.過多 32.柔和 33.暗黑 34.賀客 35.② 36.④ 37.授 38.止 39.土 40.患 41.乾坤 42.背恩 43.黃泉 44.漂泊 45.畓 46.乾 47.妻, 婦 48.縱 49.還 50.睦 51.傭 52.盛, 昌 53.壱 54.炉 55.見解 56.接近 57.放射 58.投藥 59.關與 60.療法 61.潛在的 62.考慮 63.修理 64.矯正 65.均 : 平均, 均等 66.換 : 交換, 轉換 67.用 68.衣 69.火 70.口

(317쪽)

평가문제 51 ~ 55

1.찰나 2.심순 3.병과 4.후설 5.부강 6.강릉 7.도홍 8.도육 9.재봉 10.포기 11.승감 12.용융 13.피랍 14.구매 15.병촉 16.추대 17.혼담 18.회임 19.말갈 20.비뇨기 21.넓을 항 22.들 평 23.언덕 파 24.열 계 25.불을 자 26.성 위 27.천리마 기 28.날 매 29.집터 대 30.언덕 구

31.肉體 32.記憶 33.逆行 34.濕潤 35.① 36.③ 37.杜 38.佑 39.腹 40.畫 = 畵 41.弄絡 42.始祖 43.塵世 44.蒼空 45.尾 46.夫 47.晚, 夕 48.愛 49.怖 50.帝 51.竟 52.潔, 淨 53.旧 54.仮 55.冷戰 56.體制 57.瓦解 58.分斷 59.高位級 60.奇貨 61.樂觀的 62.豫想 63.緊要 64.經濟 65.握 : 掌握, 握手 66.資 : 投資, 融資 67.阜 68.山 69.戈 70.鬼

(319쪽)

평가문제 56 ~ 60

1.이열 2.보궐 3.운창 4.휴이 5.병축 6.공포 7.풍채 8.훈증 9.일무 10.분란 11.희오 12.왕성 13.유동 14.피부 15.오류 16.왜곡 17.예모 18.예과 19.자등 20.소지 21.기울 선 22.독 옹 23.갈래 파 24.무게이름 일 25.불땔 취 26.구슬 선 27.뛰어날 걸 28.향기 복 29.하늘 민 30.막을 저 31.和解 32.理性 33.散在 34.緯度 35.④ 36.③ 37.齒 38.轉 39.薄 40.張 41.版圖 42.共鳴 43.折衝 44.視野 45.淺 46.浮 47.戈, 滿 48.腹 49.特 50.淸 51.獻 52.貫 53.弍 54.挙 55.慣習的 56.通常的 57.진부 58.制約 59.價値 60.對抗 61.융화 62.影響力 63.反應 64.眞正 65.修 : 補修, 修理 66.學 : 選學, 薦學 67.禾 68.止 69.艸 70.釆

(321쪽)

평가문제 61 ~ 65

1.연장 2.제패 3.순회 4.붕정 5.은제 6.진액 7.다비 8.축답 9.용고 10.태막 11.묘강 12.우적 13.비원 14.영만 15.잔학 16.총회 17.모색 18.변강 19.여막 20.온건 21.복 조 22.넓을 연 23.소반 반 24.성할 욱 25.자손 윤 26.춤출 무 27.발자취 적 28.담 장 29.잡을 구 30.밝을 현 31.怨恨 32.是認 33.必然 34.浪費 35.② 36.② 37.角 38.覽 39.妄 40.湯 41.脅迫 42.滯留 43.虐待 44.便紙, 書簡, 書信, 札翰 45.我, 此 46.愚 47.雨 48.劣 49.健 50.扶 51.訪 52.捕 53.独 54.価 55.自發的 56.累積 57.좌절 58.無分別 59.障礙物 60.安逸 61.야기 62.鬪爭 63.心理的 64.知性 65.鑑 : 寶鑑, 鑑賞 66.致 : 景致, 韻致 67.入 68.内 69.田 70.行

(323쪽)

평가문제 66 ~ 68

1.승묵 2.벌가 3.상서 4.권병 5.합천 6.점철 7.건조 8.경운 9.편액 10.욱요 11.남용 12.여주 13.시독 14.축적 15.감례 16.면앙 17.징비 18.진부 19.위유 20.비로 21.높은집 방 22.옥돌 민 23.쌍옥 각 24.성 형 25.줄기 간 26.거느릴 통 27.질나팔 훈 28.잡을 포 29.밝을 병 30.영롱할 령 31.受理 32.綜合 33.需要 34.苦痛 35.③ 36.① 37.汗 38.編 39.阿 40.裂 41.流離 42.共鳴 43.招請 44.海外 45.背 46.婦 47.縮 48.緯 49.引 50.仁 51.階 52.滅 53.対 54.楼 55.交換 56.媒介 57.遂行 58.一致 59.尺度 60.單位 61.將來 62.支拂 63.貯藏 64.買入 65.序 : 順序, 序列 66.望 : 希望, 展望 67.日 68.戶 69.女 70.比

(327쪽~330쪽)

2급 기출 · 예상문제 1회

1.간좌 2.배우 3.첨삭 4.면려 5.교살 6.비적 7.참괴 8.문란 9.응고 10.울적 11.치료 12.견인 13.이황 14.혹독 15.쇄도 16.섬서 17.섬세 18.포옹 19.구매 20.갈등 21.아교 22.유감 23.수색 24.첨예 25.승천 26.노둔 27.야기 28.가련 29.주형 30.모욕 31.관료 32.탈모 33.게재 34.녹봉 35.낙관 36.마귀 37.배상 38.추대 39.방탄 40.사육 41.정기 42.고용 43.신장 44.도약 45.미망 46.티끌 진 47.맬 계 48.잡을 체 49.넓을 광 50.허수아비 괴 51.헤아릴 측 52.저릴 마 53.업신여길 멸 54.쓸개 담 55.쇠 철 56.구덩이 갱 57.별 규 58.드릴 정 59.불꽃 염 60.벼리 유 61.⑳ 62.⑮ 63.⑰ 64.⑪ 65.⑥ 66.⑭ 67.④ 68.⑧ 69.⑤ 70.① 71.⑦ 72.⑱ 73.適當 74.混用 75.文章 76.妙味 77.實感 78.例 79.骨格 80.肥肉 81.世界 82.民族 83.偉大 84.享有 85.自足 86.視覺性 87.表意性 88.縮約力 89.輕快 90.容易 91.認識力 92.造語力 93.豊富 94.記錄 95.時空 96.超越 97.儒敎 98.殘影 99.思想 100.惟獨 101.永遠 102.意味 103.辞 104.医 105.辺 106.借 107.乾 108.晩, 夕 109.賢 110.悲 111.喪失 112.抑制 113.高尙 114.斷絕 115.別居 116.競技 117.憂愁 118.感想 119.修身 120.兵馬 121.전에 없던 것을 처음으로 만들거나 제정함 122.서로 다름 123. 124. 125. 126. 127.(※123~127 ☞ 74, 76, 78, 81, 84) 128.氵= 水 129.月 = 肉 130.扌= 手 131.頁 132.犬 133.어느덧, 어느새 134.바느질 135.한데 136.④ 137.① 138.④ 139.③ 140.③ 141.② 142.③ 143.④ 144.③ 145.① 146.剛 147.墨 148.經 149.割 150.鬪

(331쪽~334쪽)

2급 기출 · 예상문제 2회

1.분규 2.섬유 3.기린 4.매혹 5.식산 6.근역 7.신장 8.갈등 9.성수 10.시사 11.간섭 12.편집 13.구애 14.금렵 15.은감 16.알현 17.조치 18.의발 19.대만 20.순초 21.숙항 22.환웅 23.운반 24.추대 25.탐닉 26.증오 27.갱유 28.태풍 29.채굴 30.견인 31.파악 32.소굴 33.어망 34.애도 35.억울 36.참신 37.순직 38.고충 39.멸시 40.장벽 41.수조 42.질산 43.간담 44.관건 45.구매 46.깊을 심 47.음란할 음 48.다스릴 섭, 잡을 섭 49.미칠 광 50.녹 봉 51.오를 등 52.잡을 병 53.민망할 민 54.뜻 지 55.큰배 함 56.없을 망 57.단술 례 58.나을 유 59.집터 대 60.우리 권 61.⑬ 62.⑨ 63.⑯ 64.⑭ 65.⑥ 66.⑲ 67.⑫ 68.⑦ 69.① 70.⑧ 71.④ 72.⑱ 73.交通部 74.調査 75.解除 76.說得力 77.代辯 78.折半 79.制限 80.期待 81.投機 82.規制 83.緩和 84.助長 85.連結 86.可能性 87.歷代 88.政權 89.保存 90.比較 91.政策的 92.自明 93.居住民 94.指定 95.被害 96.補償 97.硬直 98.隣近 99.源泉 100.轉入 101.配慮 102.愼重 103.済 104.仏 105.仮 106.裏 107.添 108.坤 109.將 110.反 111.擴大 112.多樣 113.閉鎖 114.理性 115.前進 116.技士 117.油紙 118.私田 119.事故 120.器具 121.누리어 가짐 122.시간과 공간 123. 124. 125. 126. 127.(※123~127 ☞ 73, 75, 77, 79, 83, 84) 128.皿 129.乙 130.攴 131.阝= 邑 132.手 133.암수 134.낮잠 135.도무지 136.③ 137.① 138.② 139.③ 140.④ 141.④ 142.① 143.② 144.③ 145.① 146.貧 147.矯 148.尾 149.源 150.賞

(335쪽~338쪽)

2급 기출 · 예상문제 3 회

1.야기 2.등사 3.게양 4.척식 5.궤적 6.포옹 7.진벌 8.섭렵 9.타진 10.빈뇨 11.인봉 12.활강 13.알현 14.예종 15.선박 16.도약 17.옹치 18.파악 19.도탄 20.절도 21.곡부 22.취락 23.훈도 24.요양 25.포악 26.재벌 27.침체 28.운반 29.취객 30.환등 31.세탁 32.항만 33.계몽 34.편집 35.임부 36.착종 37.결함 38.체포 39.명철 40.매혹 41.부연 42.방직 43.비율 44.염증 45.납치 46.절 찰 47.해자 호 48.뾰족할 첨 49.아교 교 50.막을 저 51.어지러울 란 52.편지 찰 53.아뢸 주 54.우레 진 55.아침해 욱 56.화목할 목 57.빌 걸 58.가릴 차 59.느릴 완 60.아우를 병 61.⑬ 62.⑮ 63.⑤ 64.② 65.⑩ 66.③ 67.⑨ 68.⑥ 69.⑫ 70.⑯ 71.⑲ 72.⑱ 73.光復 74.職場 75.爐邊 76.閑談 77.話題 78.侵略 79.專攻 80.同僚 81.東南亞 82.自覺 83.功勞 84.認定 85.太平洋 86.沿岸 87.敗亡 88.契機 89.獨立 90.解放 91.教材 92.講義 93.構築 94.新興 95.意慾 96.以上 97.實情 98.長期間 99.程度 100.水準 101.傳達 102.確立 103.蚕 104.与 105.旧 106.削 107.縱 108.我, 此 109.緩 110.雨 111.需要 112.反抗 113.生産 114.散在 115.破壞 116.組閣 117.醫師 118.化粧 119.時事 120.樣式 121.(자기 의견, 또는 자기 소속 정당의) 주장을 선전하며 돌아다님 122.혈족의 방계에 대한 대수(代數) 관계(를 나타내는 말) 123. 124. 125. 126. 127.(※123~127 ☞ 75, 86, 87, 90, 91) 128.生 129.尸 130.黑 131.心 132.足 133.반드시, 어김없이 134.알미움 135.생각 136.④ 137.① 138.③ 139.② 140.① 141.③ 142.② 143.① 144.④ 145.② 146.羅 147.助 148.紅 149.廟 150.改

(339쪽~342쪽)

2급 기출 · 예상문제 4 회

1.상서 2.결백 3.익사 4.울산 5.영선 6.담석 7.주청 8.갈증 9.탕제 10.합천 11.궁벽 12.석학 13.궤적 14.배상 15.혐의 16.내수 17.사기 18.조치 19.피랍 20.주물 21.잠실 22.소개 23.사면 24.보시 25.융자 26.포기 27.쇄도 28.간암 29.간현 30.차양 31.비준 32.채소 33.파식 34.붕괴 35.자문 36.조탁 37.정선 38.연적 39.시신 40.패왕 41.이승 42.당뇨 43.목욕 44.폭설 45.게식 46.대궐 궐 47.맬 계 48.구슬 주 49.두려워할 포 50.굴대 축 51.티끌 진 52.물이름 회 53.공훈 54.머무를 주 55.나라동산 원 56.겨우 근 57.낳을 만 58.속마음 충 59.찾을 탐 60.넓을 박 61.⑯ 62.⑨ 63.⑪ 64.⑮ 65.⑥ 66.② 67.⑰ 68.⑤ 69.⑦ 70.⑬ 71.⑱ 72.③ 73.愛用 74.專用 75.開發 76.同價紅裳 77.努力 78.根源的 79.精神 80.緊要 81.思考 82.近來 83.創始 84.心證 85.吏讀 86.不完全 87.時節 88.蓄積 89.訓民正音 90.海東 91.天福 92.同符 93.混用文 94.小說 95.古文獻 96.悠久 97.固有 98.開化期 99.教科書 100.國産 101.狀況 102.妥當 103.亀 104.礼 105.広 106.揚 107.存 108.落 109.濃 110.緯 111.貧賤 112.樂觀 113.輕率 114.間接 115.正統 116.懷疑 117.加工 118.差度 119.慶弔 120.副賞 121.맞서서 말함. 맞서서 변호함 122.굳어서 꼿꼿해짐. 생각이나 태도 등이 매우 딱딱함 123. 124. 125. 126. 127.(※123~127 ☞ 73, 79, 81, 83, 85) 128.里 129.金 130.人 131.穴 132.月 = 肉 133.까닭 134.대수롭지 않게 봄. 가볍게 봄. 깔봄 135.일부러 136.③ 137.② 138.① 139.④ 140.① 141.① 142.② 143.③ 144.④ 145.① 146.塗 147.青 148.鼻 149.齒 150.懲

(343쪽~346쪽)

2급 기출 · 예상문제 5 회

1.마모 2.초조 3.문란 4.회양 5.열람 6.수송 7.연주 8.직신 9.주둔 10.침몰 11.면앙 12.추대 13.협박 14.단련 15.징비 16.저해 17.경운 18.궐루 19.파악 20.배뇨 21.찬란 22.밀랍 23.포승 24.교착 25.설총 26.용고 27.가섭 28.충적 29.열광 30.폐산 31.현침 32.매이 33.묘수 34.탄신 35.진폭 36.재봉 37.세사 38.예모 39.규장 40.복계 41.감찰 42.왜곡 43.갱유 44.태관 45.욱렬 46.사이뜰 격 47.줄기 간 48.계집 희 49.드러날 창 50.칼날 인 51.기름 지 52.작을 편 53.모질 학 54.부끄러울 참 55.찰 축 56.녹을 융 57.건널 섭 58.짙을 농 59.돌 회 60.여승 니 61.⑮ 62.⑱ 63.⑦ 64.④ 65.⑪ 66.⑬ 67.③ 68.① 69.⑰ 70.⑥ 71.⑨ 72.⑲ 73.傳來 74.中世語 75.近世語 76.主流 77.世紀 78.後半期 79.流入 80.文化 81.學術 82.大部分 83.通用 84.哲學 85.科學 86.心理學 87.社會學 88.代表 89.標準 90.保險 91.保證 92.電話 93.映畫 = 映畵 94.冷藏庫 95.理解 96.同時 97.共通 98.世界化 99.亞・太 100.基礎 101.口號 102.眞理 103.団 104.党 105.宝 106.雄 107.文 108.怠 109.伸 110.劣 111.否定 112.散在 113.暗黑 114.開放 115.結果 116.正否 117.變更 118.幼期 119.代置 120.早死 121.용납하여 인정함 122.서로 이기려고 다투며 덤벼듦 123. 124. 125. 126. 127.(※123~127 ☞ 75, 77, 78, 82, 83)128.示 / 礻 129.止 130.衤 / 衣 131.手 132.忄 / 心 133.한가위 134.이따금 135.이바지 136.④ 137.② 138.④ 139.① 140.③ 141.③ 142.② 143.③ 144.① 145.④ 146.和 147.碧 148.患 149.酒 150.附

명시감상

作者 : 남이南怡

長劍을 빼여 들고 白頭山에 올라 보니
一葉 제잠鯷岑이 호월胡越에 ᄌᆞᆷ겨셰라
언제나 南北 風塵을 헤쳐 볼고 ᄒᆞ노라

설 명

- 작자 남이南怡는 조선 전기의 武臣으로 태종의 外孫으로, 世祖 3년에 武科에 壯元 及第하여 27세에 兵曹判書에 올랐다. 이시애李施愛가 北關에서 난을 일으키자 이를 平定하여 적개공신敵愾功臣 1등에 올라 의산군宜山君에 봉해졌으나 유자광柳子光의 모함으로 죽음을 맞이하였다.
- 윗시는 작자가 여러 난을 平定하고 돌아오던 길에 읊은 노래로서, 젊은 장군의 豪氣와 抱負를 맘껏 드러내 보이고 있다.
- 제잠(鯷岑) → 우리나라의 별칭.
- 호월(胡越) → '北胡南越'이라는 말로, 南北으로 멀리 떨어진 지역을 이르는 말.

한자능력검정시험 2급

배정한자

(2급 : 2,355자 – 가나다순)

《범례》 ※ 2성 : 2급 성명姓名 · 지명地名용 한자漢字 350자를 말함.

※ 3급 1,817자는 3급Ⅱ 1,500자와 신습한자 317자를 합하여 말한 것임. (교육인적자원부가 공표公表한 한문 교육용 기초한자 중학교용 900자 + 고등학교용 900자 + 하위 급수한자 17자)

※ 3급 1,817자 중 하위급수 17자 : 5급 4자(汽, 朗, 曜, 週), 4급Ⅱ 2자(液, 砲), 4급 2자(筋, 灰), 3급Ⅱ 9자(訣, 紋, 森, 阿, 笛, 蹟, 稚, 免, 楓)

명시감상

作者 : 변계량卞季良

내해 좋다 하고 남 슳은 일 하지 말고

남이 한다고 의義 아녀든 좇지 마라

우리는 천성天性을 지키어 삼긴 대로 하리라

설 명

- 나에게는 좋은 일이지만 남들이 싫어하면 하지 말라
  남들이 하더라도 옳은 일이 아니라면 따르지 말라
  우리는 천성을 지켜가며 생긴 대로 살아가야 하리라

- 윗시는, 무슨 일이든지 남의 말에 뇌동부화雷同附和하지 말고, 옳고 그름을 잘 가려서 해 나가야 됨을 경계하여 노래한 것이다.

- 작자 변계량의 자字는 거경巨卿이며, 아호雅號는 춘정春亭으로, 태종太宗 때에 대제학大提學을 지냈다.

ː표는 長音, ▸표는 長·短音 漢字임

배정한자 ㄱ

표시	한자	급수	훈	음	부수-총획
	柯	2성	가지	가	木-총 9획
	迦	2성	부처이름	가	辶-총 9획
	賈	2성	성姓	가	
			장사	고	貝-총13획
	軻	2성	수레	가	
			사람이름	가	車-총12획
	伽	2성	절	가	人-총 7획
ː	架	3II	시렁	가	木-총 9획
ː	佳	3II	아름다울	가	人-총 8획
ː	暇	4급	틈	가	
			겨를	가	日-총13획
▸	街	4II	거리	가	行-총12획
ː	假	4II	거짓	가	人-총11획
	價	5II	값	가	人-총15획
	加	5급	더할	가	力-총 5획
ː	可	5급	옳을	가	口-총 5획
	歌	7급	노래	가	欠-총14획
	家	7II	집	가	宀-총10획
	珏	2성	쌍옥	각	玉-총 9획
	却	3급	물리칠	각	卩-총 7획
	脚	3II	다리	각	肉-총11획
	閣	3II	집	각	門-총14획
	覺	4급	깨달을	각	見-총20획
	刻	4급	새길	각	刀-총 8획
	各	6II	각각	각	口-총 6획
	角	6II	뿔	각	角-총 7획
	艮	2성	괘이름	간	艮-총 6획
	杆	2성	몽둥이	간	木-총 7획
ː	姦	3급	간음할	간	女-총 9획
▸	肝	3II	간	간	肉-총 7획
ː	懇	3II	간절할	간	心-총17획
	刊	3II	새길	간	刀-총 5획
	幹	3II	줄기	간	干-총13획
▸	簡	4급	간략할	간	
			대쪽	간	竹-총18획
	干	4급	방패	간	干-총 3획
	看	4급	볼	간	目-총 9획
▸	間	7II	사이	간	門-총12획
	葛	2급	칡	갈	艸-총13획
	鞨	2성	오랑캐이름	갈	革-총18획
	渴	3급	목마를	갈	水-총12획
ː	憾	2급	섭섭할	감	心-총16획
	鑑	3II	거울	감	金-총22획
ː	敢	4급	감히	감	
			구태여	감	攴-총12획
	甘	4급	달	감	甘-총 5획
ː	減	4II	덜	감	水-총12획
	監	4II	볼	감	皿-총14획
ː	感	6급	느낄	감	心-총13획
	鉀	2성	갑옷	갑	金-총13획
	岬	2성	곶[串]	갑	山-총 8획
	甲	4급	갑옷	갑	田-총 5획
	彊	2성	굳셀[強]	강	弓-총16획
	岡	2성	산등성이	강	山-총 8획
	姜	2성	성姓	강	女-총 9획
	崗	2성	언덕	강	山-총11획
	疆	2성	지경	강	田-총19획
	鋼	3II	강철	강	金-총16획
	剛	3II	굳셀[剛毅]	강	刀-총10획
	綱	3II	벼리	강	糸-총14획
▸	降	4급	내릴	강	※'강'만 장음
			항복할	항	阜-총 9획
ː	講	4II	욀	강	言-총17획
	康	4II	편안	강	广-총11획
▸	強	6급	강할[強=强]	강	弓-총12획
	江	7II	강	강	水-총 6획
ː	塏	2성	높은 땅	개	土-총13획
ː	价	2성	클	개	人-총 6획
	皆	3급	다	개	白-총 9획
ː	慨	3급	슬퍼할	개	心-총14획
ː	介	3II	낄	개	人-총 4획
ː	概	3II	대개	개	木-총15획
▸	蓋	3II	덮을	개	艸-총14획
▸	個	4II	낱	개	人-총10획
▸	改	5급	고칠	개	攴-총 7획
	開	6급	열	개	門-총12획
	客	5II	손	객	宀-총 9획
	坑	2급	구덩이	갱	土-총 7획
▸	更	4급	다시	갱	※'갱'만 장음
			고칠	경	曰-총 7획
ː	距	3II	상거할	거	足-총12획
ː	據	4급	근거	거	手-총16획
ː	拒	4급	막을	거	手-총 8획
	居	4급	살	거	尸-총 8획
ː	巨	4급	클	거	工-총 5획
ː	去	5급	갈	거	厶-총 5획
ː	擧	5급	들	거	手-총18획
	車	7II	수레	거	
			수레	차	車-총 7획
ː	鍵	2성	자물쇠	건	
			열쇠	건	金-총17획
	乾	3II	하늘	건	
			마를	간/건	乙-총11획
ː	健	5급	굳셀	건	人-총11획
	件	5급	물건	건	人-총 6획
ː	建	5급	세울	건	廴-총 9획
	杰	2성	뛰어날	걸	木-총 8획

桀 2성 夏王이름 걸 木-총10획
乞 3급 빌 걸 乙-총 3획
傑 4급 뛰어날 걸 人-총12획
:劍 3Ⅱ 칼 검 刀-총15획
:檢 4Ⅱ 검사할 검 木-총17획
:儉 4급 검소할 검 人-총15획
:揭 2급 높이들[擧] 게
걸[掛] 게 手-총12획
:憩 2급 쉴 게 心-총16획
隔 3Ⅱ 사이뜰 격 阜-총13획
激 4급 격할 격 水-총16획
擊 4급 칠[打擊] 격 手-총17획
格 5Ⅱ 격식 격 木-총10획
甄 2성 질그릇 견 瓦-총14획
牽 3급 이끌 견
끌 견 牛-총11획
:遣 3급 보낼 견 辶-총14획
絹 3급 비단 견 糸-총13획
肩 3급 어깨 견 肉-총 8획
犬 4급 개 견 犬-총 4획
堅 4급 굳을 견 土-총11획
:見 5Ⅱ 볼 견
뵈올 현 見-총 7획
訣 3Ⅱ 이별할 결 言-총11획
潔 4Ⅱ 깨끗할 결 水-총15획
缺 4Ⅱ 이지러질 결 缶-총10획
決 5Ⅱ 결단할 결 水-총 7획
結 5Ⅱ 맺을 결 糸-총12획
謙 3Ⅱ 겸손할 겸 言-총17획
兼 3Ⅱ 겸할 겸 八-총10획
:儆 2성 경계할 경 人-총15획
瓊 2성 구슬 경 玉-총19획
炅 2성 빛날 경 火-총 8획
:璟 2성 옥빛 경 玉-총16획

:竟 3급 마침내 경 立-총11획
卿 3급 벼슬 경 卩-총12획
庚 3급 별 경 广-총 8획
硬 3Ⅱ 굳을 경 石-총12획
徑 3Ⅱ 길 경
지름길 경 彳-총10획
耕 3Ⅱ 밭갈[犁田] 경 耒-총10획
頃 3Ⅱ 이랑 경
잠깐 경 頁-총11획
:鏡 4급 거울 경 金-총19획
傾 4급 기울 경 人-총13획
驚 4급 놀랄 경 馬-총23획
:慶 4Ⅱ 경사 경 心-총15획
:警 4Ⅱ 깨우칠 경 言-총20획
境 4Ⅱ 지경 경 土-총14획
經 4Ⅱ 지날 경
글 경 糸-총13획
輕 5급 가벼울 경 車-총14획
:敬 5Ⅱ 공경 경 攴-총13획
:競 5급 다툴 경 立-총20획
▸景 5급 볕 경 日-총12획
京 6급 서울 경 亠-총 8획
:繫 3급 맬 계 糸-총19획
:癸 3급 북방 계
천간 계 癶-총 9획
:桂 3Ⅱ 계수나무 계 木-총10획
:械 3Ⅱ 기계 계 木-총11획
▸契 3Ⅱ 맺을 계 大-총 9획
溪 3Ⅱ 시내 계 水-총13획
:啓 3Ⅱ 열 계 口-총11획
:戒 4급 경계할 계 戈-총 7획
:季 4급 계절 계 子-총 8획
鷄 4급 닭 계 鳥-총21획
階 4급 섬돌 계 阜-총12획

:系 4급 이어맬 계 糸-총 7획
:繼 4급 이을 계 糸-총20획
:係 4Ⅱ 맬 계 人-총 9획
:計 6Ⅱ 셀 계 言-총 9획
:界 6Ⅱ 지경 계 田-총 9획
雇 2급 품팔 고 隹-총12획
皐 2성 언덕 고 白-총11획
顧 3급 돌아볼 고 頁-총21획
枯 3급 마를 고 木-총 9획
鼓 3Ⅱ 북 고 鼓-총13획
姑 3Ⅱ 시어미 고 女-총 8획
稿 3Ⅱ 원고 고
볏짚 고 禾-총15획
庫 4급 곳집 고 广-총10획
孤 4급 외로울 고 子-총 8획
▸故 4Ⅱ 연고 고 攴-총 9획
:告 5Ⅱ 고할 고 口-총 7획
▸固 5급 굳을 고 囗-총 8획
▸考 5급 생각할 고 老-총 6획
高 6Ⅱ 높을 고 高-총10획
苦 6급 쓸[味覺] 고 艸-총 9획
:古 6급 예 고 口-총 5획
谷 3Ⅱ 골 곡 谷-총 7획
哭 3Ⅱ 울 곡 口-총10획
穀 4급 곡식 곡 禾-총15획
曲 5급 굽을 곡 曰-총 6획
坤 3급 땅[따] 곤 土-총 8획
:困 4급 곤할 곤 囗-총 7획
骨 4급 뼈 골 骨-총10획
恭 3Ⅱ 공손할 공 心-총10획
▸恐 3Ⅱ 두려울 공 心-총10획
:貢 3Ⅱ 바칠 공 貝-총10획
:供 3Ⅱ 이바지할 공 人-총 8획

:孔	4급	구멍	공	子-총 4획
:攻	4급	칠[攻擊]	공	攴-총 7획
功	6Ⅱ	공[功勳]	공	力-총 5획
公	6Ⅱ	공평할	공	八-총 4획
:共	6Ⅱ	한가지	공	八-총 6획
空	7Ⅱ	빌[虛空]	공	穴-총 8획
工	7Ⅱ	장인	공	工-총 3획
▸菓	2급	과자	과	
		실과	과	艸-총12획
瓜	2급	외	과	瓜-총 5획
戈	2급	창	과	戈-총 4획
:誇	3Ⅱ	자랑할	과	言-총13획
:寡	3Ⅱ	적을	과	宀-총14획
▸課	5Ⅱ	공부할	과	
		과정	과	言-총15획
:過	5Ⅱ	지날	과	辶-총13획
科	6Ⅱ	과목	과	禾-총 9획
:果	6Ⅱ	실과	과	木-총 8획
郭	3급	둘레	곽	
		외성外城	곽	邑-총11획
串	2성	꿸	관	
		땅이름	곶	丨-총 7획
:款	2급	항목	관	欠-총12획
琯	2성	옥피리	관	玉-총12획
冠	3Ⅱ	갓	관	冖-총 9획
▸貫	3Ⅱ	꿸	관	貝-총11획
寬	3Ⅱ	너그러울	관	宀-총15획
慣	3Ⅱ	익숙할	관	心-총14획
館	3Ⅱ	집	관	食-총17획
管	4급	대롱	관	
		주관할	관	竹-총14획
官	4Ⅱ	벼슬	관	宀-총 8획
關	5Ⅱ	관계할	관	門-총19획
觀	5Ⅱ	볼	관	見-총25획
狂	3Ⅱ	미칠	광	犬-총 7획
:鑛	4급	쇳돌	광	金-총23획
:廣	5Ⅱ	넓을	광	广-총15획
光	6Ⅱ	빛	광	儿-총 6획
掛	3급	걸[懸掛]	괘	手-총11획
:傀	2급	허수아비	괴	人-총12획
槐	2성	회화나무	괴	
		느티나무	괴	木-총14획
:愧	3급	부끄러울	괴	心-총13획
塊	3급	흙덩이	괴	土-총13획
▸怪	3Ⅱ	괴이할	괴	心-총 8획
:壞	3Ⅱ	무너질	괴	土-총19획
僑	2급	더부살이	교	人-총14획
絞	2급	목맬	교	糸-총12획
膠	2급	아교	교	肉-총15획
郊	3급	들[郊野]	교	邑-총 9획
:矯	3급	바로잡을	교	矢-총17획
巧	3Ⅱ	공교할	교	工-총 5획
較	3Ⅱ	견줄	교	
		비교할	교	車-총13획
橋	5급	다리	교	木-총16획
交	6급	사귈	교	亠-총 6획
:敎	8급	가르칠	교	攴-총11획
:校	8급	학교	교	木-총10획
鷗	2급	갈매기	구	鳥-총22획
歐	2급	구라파	구	
		칠[毆打]	구	欠-총15획
購	2급	살	구	貝-총17획
邱	2성	언덕	구	邑-총 8획
玖	2성	옥돌	구	玉-총 7획
狗	3급	개	구	犬-총 8획
龜	3급	거북	구	
		거북	귀	
		터질	균	龜-총16획
苟	3급	구차할	구	
		진실로	구	艸-총 9획
懼	3급	두려워할	구	心-총21획
驅	3급	몰	구	馬-총21획
俱	3급	함께	구	人-총10획
丘	3Ⅱ	언덕	구	一-총 5획
:久	3Ⅱ	오랠	구	丿-총 3획
拘	3Ⅱ	잡을	구	手-총 8획
構	4급	얽을	구	木-총14획
求	4Ⅱ	구할[求索]	구	水-총 7획
句	4Ⅱ	글귀	구	口-총 5획
究	4Ⅱ	연구할	구	穴-총 7획
▸具	5Ⅱ	갖출	구	八-총 8획
:救	5급	구원할	구	攴-총11획
:舊	5Ⅱ	예	구	臼-총18획
球	6Ⅱ	공	구	玉-총11획
區	6급	구분할	구	
		지경	구	匚-총11획
▸口	7급	입	구	口-총 3획
九	8급	아홉	구	乙-총 2획
鞠	2성	성姓	국	
		국문할鞠問	국	革-총17획
菊	3Ⅱ	국화	국	艸-총12획
局	5Ⅱ	판[形局]	국	尸-총 7획
國	8급	나라	국	囗-총11획
群	4급	무리	군	羊-총13획
君	4급	임금	군	口-총 7획
:郡	6급	고을	군	邑-총10획
軍	8급	군사	군	車-총 9획
窟	2급	굴	굴	穴-총13획
掘	2급	팔[掘井]	굴	手-총11획
屈	4급	굽힐	굴	尸-총 8획
弓	3Ⅱ	활	궁	弓-총 3획

窮 4급 다할 궁
궁할 궁 穴-총15획
宮 4Ⅱ 집 궁 宀-총10획
圈 2급 우리[梐] 권 口-총11획
:拳 3Ⅱ 주먹 권 手-총10획
:勸 4급 권할 권 力-총20획
券 4급 문서 권 刀-총 8획
▸卷 4급 책 권 卩-총 8획
權 4Ⅱ 권세 권 木-총22획
闕 2급 대궐 궐 門-총18획
厥 3급 그[其] 궐 厂-총12획
:軌 3급 바퀴자국 궤 車-총 9획
:鬼 3Ⅱ 귀신 귀 鬼-총10획
:歸 4급 돌아갈 귀 止-총18획
:貴 5급 귀할 귀 貝-총12획
閨 2급 안방 규 門-총14획
奎 2성 별 규 大-총 9획
圭 2성 서옥瑞玉 규
쌍토 규 土-총 6획
揆 2성 헤아릴 규 手-총12획
珪 2성 홀 규 玉-총10획
叫 3급 부르짖을 규 口-총 5획
糾 3급 얽힐 규 糸-총 8획
規 5급 법 규 見-총11획
菌 3Ⅱ 버섯 균 艸-총12획
均 4급 고를 균 土-총 7획
克 3Ⅱ 이길 극 儿-총 7획
劇 4급 심할 극 刀-총15획
極 4Ⅱ 극진할 극
다할 극 木-총12획
:槿 2성 무궁화 근 木-총15획
:瑾 2성 아름다운옥 근 玉-총15획
:僅 3급 겨우 근 人-총13획
斤 3급 근[무게단위] 근
날[刃] 근 斤-총 4획

:謹 3급 삼갈 근 言-총18획
筋 4급 힘줄 근 竹-총12획
▸勤 4급 부지런할 근 力-총13획
:近 6급 가까울 근 辶-총 8획
根 6급 뿌리 근 木-총10획
琴 3Ⅱ 거문고 금 玉-총12획
:錦 3Ⅱ 비단 금 金-총16획
禽 3Ⅱ 새 금 内-총13획
:禁 4Ⅱ 금할 금 示-총13획
今 6Ⅱ 이제 금 人-총 4획
金 8급 쇠 금
성姓 김 金-총 8획
及 3Ⅱ 미칠 급 又-총 4획
給 5급 줄 급 糸-총12획
急 6Ⅱ 급할 급 心-총 9획
級 6급 등급 급 糸-총10획
:兢 2성 떨릴 긍 儿-총14획
:肯 3급 즐길 긍 肉-총 8획
棋 2급 바둑 기 木-총12획
岐 2성 갈림길 기 山-총 7획
麒 2성 기린 기 鹿-총19획
耆 2성 늙을 기 老-총10획
沂 2성 물이름 기 水-총 7획
淇 2성 물이름 기 水-총11획
冀 2성 바랄 기 八-총16획
璣 2성 별이름 기 玉-총16획
琪 2성 아름다운옥 기 玉-총12획
琦 2성 옥이름 기 玉-총12획
騏 2성 준마 기 馬-총18획
驥 2성 천리마 기 馬-총26획
箕 2성 키 기 竹-총14획
忌 3급 꺼릴 기 心-총 7획
幾 3급 몇 기 幺-총12획

棄 3급 버릴 기 木-총12획
欺 3급 속일 기 欠-총12획
豈 3급 어찌 기 豆-총10획
旣 3급 이미 기 无-총11획
飢 3급 주릴 기 食-총11획
畿 3Ⅱ 경기京畿 기 田-총15획
其 3Ⅱ 그 기 八-총 8획
企 3Ⅱ 꾀할 기 人-총 6획
騎 3Ⅱ 말탈 기 馬-총18획
祈 3Ⅱ 빌[祈願] 기 示-총 9획
奇 4급 기특할 기 大-총 8획
紀 4급 벼리 기 糸-총 9획
寄 4급 부칠[寄書] 기 宀-총11획
機 4급 틀 기 木-총16획
器 4Ⅱ 그릇 기 口-총16획
起 4Ⅱ 일어날 기 走-총10획
汽 5급 물끓는김 기 水-총 7획
期 5급 기약할 기 月-총12획
己 5Ⅱ 몸 기 己-총 3획
技 5급 재주 기 手-총 7획
基 5Ⅱ 터 기 土-총11획
旗 7급 기 기 方-총14획
記 7Ⅱ 기록할 기 言-총10획
氣 7Ⅱ 기운 기 气-총10획
緊 3Ⅱ 긴할 긴 糸-총14획
吉 5급 길할 길 口-총 6획

배정한자 ㄴ

:那 3급 어찌 나 邑-총 7획
諾 3Ⅱ 허락할 낙 言-총16획
:暖 4Ⅱ 따뜻할 난 日-총13획
▸難 4Ⅱ 어려울 난 隹-총19획

男	7Ⅱ	사내	남	田-총 7획
南	8급	남녘	남	十-총 9획
納	4급	들일	납	糸-총10획
娘	3Ⅱ	계집	낭	女-총10획
:乃	3급	이에	내	丿-총 2획
奈	3급	어찌	내	大-총 8획
:耐	3Ⅱ	견딜	내	而-총 9획
:內	7Ⅱ	안	내	入-총 4획
女	8급	계집	녀	女-총 3획
年	8급	해	년	干-총 6획
:念	5Ⅱ	생각	념	心-총 8획
寧	3Ⅱ	편안	녕	宀-총14획
奴	3Ⅱ	종[奴僕]	노	女-총 5획
努	4Ⅱ	힘쓸	노	力-총 7획
:怒	4Ⅱ	성낼	노	心-총 9획
:濃	2급	짙을	농	水-총16획
農	7Ⅱ	농사	농	辰-총13획
惱	3급	번뇌할	뇌	心-총12획
腦	3Ⅱ	골	뇌	
		뇌수	뇌	肉-총13획
尿	2급	오줌	뇨	尸-총 7획
能	5Ⅱ	능할	능	肉-총10획
尼	2급	여승	니	尸-총 5획
泥	3Ⅱ	진흙	니	水-총 8획
溺	2급	빠질	닉	水-총13획

배정한자 ㄷ

茶	3Ⅱ	차	다	
		차	차	艸-총10획
多	6급	많을	다	夕-총 6획
鍛	2급	쇠불릴	단	金-총17획
湍	2성	여울	단	水-총12획
:但	3Ⅱ	다만	단	人-총 7획
丹	3Ⅱ	붉을	단	丶-총 4획
旦	3Ⅱ	아침	단	日-총 5획
段	4급	층계	단	殳-총 9획
:斷	4Ⅱ	끊을	단	斤-총18획
端	4Ⅱ	끝	단	立-총14획
檀	4Ⅱ	박달나무	단	木-총17획
單	4Ⅱ	홑	단	口-총12획
壇	5급	단	단	土-총16획
團	5Ⅱ	둥글	단	囗-총14획
▸短	6Ⅱ	짧을	단	矢-총12획
達	4Ⅱ	통달할	달	辶-총13획
潭	2급	못[池]	담	水-총15획
:膽	2급	쓸개	담	肉-총17획
淡	3Ⅱ	맑을	담	水-총11획
擔	4Ⅱ	멜	담	手-총16획
談	5급	말씀	담	言-총15획
畓	3급	논	답	田-총 9획
踏	3Ⅱ	밟을	답	足-총15획
答	7Ⅱ	대답	답	竹-총12획
塘	2성	못[池塘]	당	土-총13획
▸唐	3Ⅱ	당나라	당	
		당황할	당	口-총10획
糖	3Ⅱ	엿	당	米-총16획
黨	4Ⅱ	무리	당	黑-총20획
當	5Ⅱ	마땅	당	田-총13획
堂	6Ⅱ	집	당	土-총11획
:戴	2급	일[首荷]	대	戈-총17획
垈	2급	집터	대	土-총 8획
臺	3Ⅱ	대[돈대]	대	至-총14획
:貸	3Ⅱ	빌릴	대	
		뀔[꾸이다]	대	貝-총12획
▸帶	4Ⅱ	띠	대	巾-총11획
隊	4Ⅱ	무리	대	阜-총12획
:待	6급	기다릴	대	彳-총 9획
:代	6Ⅱ	대신할	대	人-총 5획
:對	6Ⅱ	대할	대	寸-총14획
▸大	8급	큰	대	大-총 3획
悳	2성	큰	덕	心-총12획
德	5Ⅱ	큰	덕	彳-총15획
悼	2급	슬퍼할	도	心-총11획
燾	2성	비칠	도	火-총18획
挑	3급	돋울	도	手-총 9획
跳	3급	뛸	도	足-총13획
稻	3급	벼	도	禾-총15획
塗	3급	칠할	도	土-총13획
渡	3Ⅱ	건널	도	水-총12획
:途	3Ⅱ	길[行中]	도	辶-총11획
:倒	3Ⅱ	넘어질	도	人-총10획
桃	3Ⅱ	복숭아	도	木-총10획
陶	3Ⅱ	질그릇	도	阜-총11획
刀	3Ⅱ	칼	도	刀-총 2획
▸盜	4급	도둑	도	皿-총12획
逃	4급	도망할	도	辶-총10획
徒	4급	무리	도	彳-총10획
:導	4Ⅱ	인도할	도	寸-총16획
都	5급	도읍	도	邑-총12획
島	5급	섬	도	山-총10획
:到	5Ⅱ	이를	도	刀-총 8획
圖	6Ⅱ	그림	도	囗-총14획
▸度	6급	법도	도	※'도'만 장단음
		헤아릴	탁	广-총 9획
:道	7Ⅱ	길	도	
		말할	도	辶-총13획
篤	3급	도타울	독	竹-총16획
督	4Ⅱ	감독할	독	目-총13획
毒	4Ⅱ	독[毒藥]	독	毋-총 8획

獨 5Ⅱ 홀로 독 犬-총16획
讀 6Ⅱ 읽을 독
구절 두 言-총22획
惇 2성 도타울 돈 心-총11획
燉 2성 불빛 돈 火-총16획
:頓 2성 조아릴 돈 頁-총13획
敦 3급 도타울 돈 攴-총12획
豚 3급 돼지 돈 豕-총11획
乭 2성 이름 돌 乙-총 6획
突 3Ⅱ 갑자기 돌 穴-총 9획
棟 2급 마룻대 동 木-총12획
桐 2급 오동나무 동 木-총10획
:董 2성 바를[正] 동 艸-총13획
:凍 3Ⅱ 얼 동 冫-총10획
銅 4Ⅱ 구리 동 金-총14획
▸童 6Ⅱ 아이 동 立-총12획
▸冬 7급 겨울 동 冫-총 5획
:洞 7급 골 동
밝을 통 水-총 9획
:動 7Ⅱ 움직일 동 力-총11획
同 7급 한가지 동 口-총 6획
東 8급 동녘 동 木-총 8획
杜 2성 막을 두 木-총 7획
斗 4Ⅱ 말 두 斗-총 4획
豆 4Ⅱ 콩 두 豆-총 7획
頭 6급 머리 두 頁-총16획
:鈍 3급 둔할 둔 金-총12획
屯 3급 진칠 둔 屮-총 4획
得 4Ⅱ 얻을 득 彳-총11획
藤 2급 등나무 등 艸-총19획
謄 2급 베낄 등 言-총17획
:鄧 2성 나라이름 등 邑-총15획
騰 3급 오를[騰貴] 등 馬-총20획
燈 4Ⅱ 등 등 火-총16획
:等 6Ⅱ 무리 등 竹-총12획
登 7급 오를[登壇] 등 癶-총12획

배정한자 ㄹ

:裸 2급 벗을 라 衣-총13획
羅 4Ⅱ 벌릴 라 网-총19획
洛 2급 물이름 락 水-총 9획
絡 3Ⅱ 얽을 락
이을 락 糸-총12획
落 5급 떨어질 락 艸-총13획
樂 6Ⅱ 즐길 락
노래 악
좋아할 요 木-총15획
:爛 2급 빛날 란 火-총21획
蘭 3Ⅱ 난초 란 艸-총21획
欄 3Ⅱ 난간 란 木-총21획
:亂 4급 어지러울 란 乙-총13획
:卵 4급 알 란 卩-총 7획
藍 2급 쪽 람 艸-총18획
:濫 3급 넘칠 람 水-총17획
覽 4급 볼 람 見-총21획
拉 2급 끌 랍 手-총 8획
▸浪 3Ⅱ 물결 랑 水-총10획
郞 3Ⅱ 사내 랑 邑-총10획
廊 3Ⅱ 사랑채 랑
행랑 랑 广-총13획
:朗 5Ⅱ 밝을 랑 月-총11획
萊 2성 명아주 래 艸-총12획
▸來 7급 올 래 人-총 8획
:冷 5급 찰 랭 冫-총 7획
掠 3급 노략질 략 手-총11획
略 4급 간략할 략
약할 략 田-총11획
:輛 2급 수레 량 車-총15획
樑 2성 들보 량 木-총15획
亮 2성 밝을 량 亠-총 9획
諒 3급 살펴알 량
믿을 량 言-총15획
涼 3Ⅱ 서늘할[涼=凉] 량 冫-총11획
梁 3Ⅱ 들보 량
돌다리 량 木-총11획
糧 4급 양식 량 米-총18획
:兩 4Ⅱ 두 량 入-총 8획
量 5급 헤아릴 량 里-총12획
良 5Ⅱ 어질 량 艮-총 7획
:呂 2성 성姓 려
법칙 려 口-총 7획
廬 2성 농막農幕집 려 广-총19획
驪 2성 검은말 려
검은말 리 馬-총29획
:礪 2성 숫돌 려 石-총20획
:勵 3Ⅱ 힘쓸 려 力-총17획
:慮 4급 생각할 려 心-총15획
麗 4Ⅱ 고울 려 鹿-총19획
旅 5Ⅱ 나그네 려 方-총10획
曆 3Ⅱ 책력 력 日-총16획
歷 5Ⅱ 지날 력 止-총16획
力 7Ⅱ 힘 력 力-총 2획
煉 2급 달굴 련 火-총13획
漣 2성 잔물결 련 水-총14획
憐 3급 불쌍히여길 련 心-총15획
聯 3Ⅱ 연이을 련 耳-총17획
蓮 3Ⅱ 연꽃 련 艸-총15획
:鍊 3Ⅱ 쇠불릴 련
단련할 련 金-총17획
:戀 3Ⅱ 그리워할 련
그릴 련 心-총23획
連 4Ⅱ 이을 련 辶-총11획

:練	5Ⅱ	익힐	련	糸-총15획
劣	3급	못할	렬	力-총 6획
裂	3Ⅱ	찢어질	렬	衣-총12획
烈	4급	매울	렬	火-총10획
列	4Ⅱ	벌일	렬	刀-총 6획
濂	2성	물이름	렴	水-총16획
廉	3급	청렴할	렴	广-총13획
獵	3급	사냥	렵	犬-총18획
玲	2성	옥소리	령	玉-총 9획
零	3급	떨어질	령	
		영[數字]	령	雨-총13획
嶺	3Ⅱ	고개	령	山-총17획
靈	3Ⅱ	신령	령	雨-총24획
▸令	5급	하여금	령	人-총 5획
領	5급	거느릴	령	頁-총14획
:醴	2성	단술[甘酒]	례	酉-총20획
:隷	3급	종[奴隷]	례	隶-총16획
:禮	6급	예도	례	示-총18획
:例	6급	법식	례	人-총 8획
魯	2성	노나라	로	
		노둔할	로	魚-총15획
鷺	2성	해오라기	로	
		백로	로	鳥-총24획
蘆	2성	갈대	로	艸-총20획
盧	2성	성姓	로	皿-총16획
▸露	3Ⅱ	이슬	로	雨-총21획
爐	3Ⅱ	화로	로	火-총20획
勞	5Ⅱ	일할	로	力-총12획
:路	6급	길	로	足-총13획
:老	7급	늙을	로	老-총 6획
鹿	3급	사슴	록	鹿-총11획
祿	3Ⅱ	녹[俸祿]	록	示-총13획
錄	4Ⅱ	기록할	록	金-총16획
綠	6급	푸를	록	糸-총14획
論	4Ⅱ	논할	론	言-총15획
▸籠	2급	대바구니	롱	竹-총22획
:弄	3Ⅱ	희롱할	롱	廾-총 7획
雷	3Ⅱ	우레	뢰	雨-총13획
:賴	3Ⅱ	의뢰할	뢰	貝-총16획
療	2급	병고칠	료	疒-총17획
遼	2성	멀	료	辶-총16획
:了	3급	마칠	료	亅-총 2획
僚	3급	동료	료	人-총14획
▸料	5급	헤아릴	료	斗-총10획
龍	4급	용	룡	龍-총16획
:淚	3급	눈물	루	水-총11획
:屢	3급	여러	루	尸-총14획
:漏	3Ⅱ	샐	루	水-총14획
樓	3Ⅱ	다락	루	木-총15획
:累	3Ⅱ	여러	루	
		자주	루	糸-총11획
硫	2급	유황	류	石-총12획
謬	2급	그르칠	류	言-총18획
▸柳	4급	버들	류	木-총 9획
留	4Ⅱ	머무를	류	田-총10획
▸類	5Ⅱ	무리	류	頁-총19획
流	5Ⅱ	흐를	류	水-총10획
劉	2성	죽일	류	
		묘금도卯金刀	류	刀-총15획
陸	5Ⅱ	뭍	륙	阜-총11획
六	8급	여섯	륙	八-총 4획
崙	2성	산이름	륜	山-총11획
倫	3Ⅱ	인륜	륜	人-총10획
輪	4급	바퀴	륜	車-총15획
率	3Ⅱ	비율	률	
		거느릴	솔	玄-총11획
栗	3Ⅱ	밤	률	木-총10획
律	4Ⅱ	법칙	률	彳-총 9획
隆	3Ⅱ	높을	륭	阜-총12획
楞	2성	네모질[四角]	릉	木-총13획
陵	3Ⅱ	언덕	릉	阜-총11획
梨	3급	배	리	木-총11획
:履	3Ⅱ	밟을	리	尸-총15획
:吏	3Ⅱ	벼슬아치	리	
		관리官吏	리	口-총 6획
:裏	3Ⅱ	속[裡]	리	衣-총13획
:離	4급	떠날	리	隹-총19획
:李	6급	오얏	리	
		성姓	리	木-총 7획
:利	6Ⅱ	이할	리	刀-총 7획
:理	6Ⅱ	다스릴	리	玉-총11획
:里	7급	마을	리	里-총 7획
麟	2성	기린	린	鹿-총23획
隣	3급	이웃	린	阜-총15획
臨	3Ⅱ	임할	림	臣-총17획
林	7급	수풀	림	木-총 8획
立	7Ⅱ	설	립	立-총 5획

배정한자 ㅁ

魔	2급	마귀	마	鬼-총21획
摩	2급	문지를	마	手-총15획
痲	2급	저릴	마	疒-총13획
磨	3Ⅱ	갈	마	石-총16획
▸麻	3Ⅱ	삼	마	麻-총11획
:馬	5급	말	마	馬-총10획
膜	2급	꺼풀	막	
		막	막	肉-총15획
漠	3Ⅱ	넓을	막	水-총14획
莫	3Ⅱ	없을	막	艸-총11획
幕	3Ⅱ	장막	막	巾-총14획

:娩	2급	낳을	만	女-총10획
灣	2급	물굽이	만	水-총25획
蠻	2급	오랑캐	만	虫-총25획
:慢	3급	거만할	만	心-총14획
:漫	3급	흩어질	만	水-총14획
:晩	3II	늦을	만	日-총11획
▸滿	4II	찰	만	水-총14획
:萬	8급	일만	만	艸-총13획
靺	2성	말갈靺鞨	말	革-총14획
末	5급	끝	말	木-총 5획
網	2급	그물	망	糸-총14획
忙	3급	바쁠	망	心-총 6획
茫	3급	아득할	망	艸-총10획
罔	3급	없을	망	网-총 8획
忘	3급	잊을	망	心-총 7획
:妄	3II	망령될	망	女-총 6획
亡	5급	망할	망	亠-총 3획
:望	5II	바랄	망	月-총11획
枚	2급	낱	매	木-총 8획
魅	2급	매혹할	매	鬼-총15획
埋	3급	묻을	매	土-총10획
梅	3II	매화	매	木-총11획
媒	3II	중매	매	女-총12획
妹	4급	누이	매	女-총 8획
:買	5급	살	매	貝-총12획
▸賣	5급	팔[賣却]	매	貝-총15획
▸每	7II	매양	매	毋-총 7획
貊	2성	맥국貊國	맥	豸-총13획
麥	3II	보리	맥	麥-총11획
脈	4II	줄기	맥	肉-총10획
▸孟	3II	맏	맹	子-총 8획
盟	3II	맹세	맹	皿-총13획
:猛	3II	사나울	맹	犬-총11획

盲	3II	소경	맹	
		눈멀	맹	目-총 8획
覓	2성	찾을	멱	見-총11획
:俛	2성	힘쓸	면	
		구푸릴	면	人-총 9획
:冕	2성	면류관	면	冂-총11획
:沔	2성	물이름[沔=湎]	면	
		빠질	면	水-총 7획
:免	3II	면할[免=兎]	면	儿-총 7획
綿	3II	솜	면	糸-총14획
眠	3II	잘	면	目-총10획
:勉	4급	힘쓸	면	力-총 9획
:面	7급	낯	면	面-총 9획
蔑	2급	업신여길	멸	艸-총15획
滅	3II	멸할	멸	
		꺼질	멸	水-총13획
冥	3급	어두울	명	冖-총10획
銘	3II	새길	명	金-총14획
鳴	4급	울	명	鳥-총14획
明	6II	밝을	명	日-총 8획
:命	7급	목숨	명	口-총 8획
名	7II	이름	명	口-총 6획
帽	2급	모자帽子	모	巾-총12획
矛	2급	창	모	矛-총 5획
謨	2성	꾀	모	言-총18획
茅	2성	띠[草名]	모	艸-총 9획
牟	2성	성姓	모	
		보리[大麥]	모	牛-총 6획
募	3급	모을	모	
		뽑을	모	力-총13획
冒	3급	무릅쓸	모	冂-총 9획
:某	3급	아무	모	木-총 9획
▸侮	3급	업신여길	모	人-총 9획
:暮	3급	저물	모	日-총15획

:慕	3II	그릴	모	心-총15획
謀	3II	꾀	모	言-총16획
貌	3II	모양	모	豸-총14획
模	4급	본뜰	모	木-총15획
毛	4II	터럭	모	毛-총 4획
:母	8급	어미	모	毋-총 5획
沐	2급	머리감을	목	水-총 7획
穆	2성	화목할	목	禾-총16획
睦	3II	화목할	목	目-총13획
牧	4II	칠[牧養]	목	牛-총 8획
目	6급	눈	목	目-총 5획
▸木	8급	나무	목	木-총 4획
沒	3II	빠질	몰	水-총 7획
夢	3II	꿈	몽	夕-총14획
蒙	3II	어두울	몽	艸-총14획
:昴	2성	별이름	묘	日-총 9획
:苗	3급	모	묘	艸-총 9획
:廟	3급	사당	묘	广-총15획
:卯	3급	토끼	묘	卩-총 5획
:妙	4급	묘할	묘	女-총 7획
:墓	4급	무덤	묘	土-총14획
:霧	3급	안개	무	雨-총19획
:戊	3급	천간	무	戈-총 5획
:茂	3II	무성할	무	艸-총 9획
:貿	3II	무역할	무	貝-총12획
:舞	4급	춤출	무	舛-총14획
:武	4II	호반	무	止-총 8획
:務	4II	힘쓸	무	力-총11획
無	5급	없을	무	火-총12획
墨	3II	먹	묵	土-총15획
默	3II	잠잠할	묵	黑-총16획
紊	2급	어지러울	문	
		문란할	문	糸-총10획

汶 2성 물이름 문 水-총 7획
紋 3Ⅱ 무늬 문 糸-총10획
▸聞 6Ⅱ 들을 문 耳-총14획
文 7급 글월 문 文-총 4획
:問 7급 물을 문 口-총11획
門 8급 문 문 門-총 8획
勿 3Ⅱ 말[禁] 물 勹-총 4획
物 7Ⅱ 물건 물 牛-총 8획
彌 2성 미륵 미
오랠 미 弓-총17획
眉 3급 눈썹 미 目-총 9획
▸迷 3급 미혹할 미 辶-총10획
:尾 3Ⅱ 꼬리 미 尸-총 7획
微 3Ⅱ 작을 미 彳-총13획
:味 4Ⅱ 맛 미 口-총 8획
▸未 4Ⅱ 아닐 미 木-총 5획
米 6급 쌀 미 米-총 6획
▸美 6급 아름다울 미 羊-총 9획
閔 2성 성姓 민 門-총12획
玟 2성 아름다운돌 민 玉-총 8획
珉 2성 옥돌 민 玉-총 9획
旻 2성 하늘 민 日-총 8획
旼 2성 화할 민 日-총 8획
憫 3급 민망할 민 心-총15획
敏 3급 민첩할 민 攴-총11획
民 8급 백성 민 氏-총 5획
蜜 3급 꿀 밀 虫-총14획
密 4Ⅱ 빽빽할 밀 宀-총11획

배정한자 ㅂ

舶 2급 배[船舶] 박 舟-총11획
泊 3급 머무를 박
배댈 박 水-총 8획
薄 3Ⅱ 엷을 박 艸-총17획
迫 3Ⅱ 핍박할 박 辶-총 9획
拍 4급 칠[拍手] 박 手-총 8획
博 4Ⅱ 넓을 박 十-총12획
朴 6급 성姓 박 木-총 6획
搬 2급 옮길 반 手-총13획
磻 2성 반계磻溪 반
반계磻溪 번 石-총17획
潘 2성 성姓 반 水-총15획
般 3Ⅱ 가지 반
일반 반 舟-총10획
飯 3Ⅱ 밥 반 食-총13획
盤 3Ⅱ 소반 반 皿-총15획
:返 3급 돌아올 반
돌이킬 반 辶-총 8획
:叛 3급 배반할 반 又-총 9획
:伴 3급 짝 반 人-총 7획
:反 6Ⅱ 돌이킬 반 又-총 4획
班 6Ⅱ 나눌 반 玉-총10획
:半 6Ⅱ 반 반 十-총 5획
渤 2성 바다이름 발 水-총12획
鉢 2성 바리때 발 金-총13획
拔 3Ⅱ 뽑을 발 手-총 8획
髮 4급 터럭 발 髟-총15획
發 6Ⅱ 필 발 癶-총12획
紡 2급 길쌈 방 糸-총10획
:旁 2성 곁 방 方-총10획
龐 2성 높은집 방 龍-총19획
邦 3급 나라 방 邑-총 7획
倣 3급 본뜰 방 人-총10획
:傍 3급 곁 방 人-총12획
芳 3Ⅱ 꽃다울 방 艸-총 8획
妨 4급 방해할 방 女-총 7획
防 4Ⅱ 막을 방 阜-총 7획

房 4Ⅱ 방 방 戶-총 8획
:訪 4Ⅱ 찾을 방 言-총11획
▸放 6Ⅱ 놓을 방 攴-총 8획
方 7Ⅱ 모[四角] 방 方-총 4획
:賠 2급 물어줄 배 貝-총15획
俳 2급 배우 배 人-총10획
裵 2성 성姓 배 衣-총14획
杯 3급 잔 배 木-총 8획
:輩 3Ⅱ 무리 배 車-총15획
排 3Ⅱ 밀칠 배 手-총11획
:培 3Ⅱ 북돋울 배 土-총11획
:配 4Ⅱ 나눌 배
짝 배 酉-총10획
:背 4Ⅱ 등 배 肉-총 9획
:拜 4Ⅱ 절 배 手-총 9획
▸倍 5급 곱 배 人-총10획
栢 2급 측백[柏=栢] 백 木-총10획
伯 3Ⅱ 맏 백 人-총 7획
百 7급 일백 백 白-총 6획
白 8급 흰 백 白-총 5획
繁 3Ⅱ 번성할 번 糸-총17획
煩 3급 번거로울 번 火-총13획
飜 3급 번역할 번 飛-총21획
番 6급 차례 번 田-총12획
閥 2급 문벌 벌 門-총14획
筏 2성 뗏목 벌 竹-총12획
罰 4Ⅱ 벌할 벌 网-총14획
伐 4Ⅱ 칠[討] 벌 人-총 6획
:汎 2급 넓을 범 水-총 6획
:范 2성 성姓 범 艸-총 9획
▸凡 3Ⅱ 무릇 범 几-총 3획
:犯 4급 범할 범 犬-총 5획
:範 4급 법 범 竹-총15획

法	5Ⅱ	법	법	水-총 8획
僻	2급	궁벽할	벽	人-총15획
碧	3Ⅱ	푸를	벽	石-총14획
壁	4Ⅱ	벽	벽	土-총16획
:弁	2성	고깔	변	廾-총 5획
:卞	2성	성姓	변	卜-총 4획
:辨	3급	분별할	변	辛-총16획
:辯	4급	말씀	변	辛-총21획
邊	4Ⅱ	가	변	辶-총19획
:變	5Ⅱ	변할	변	言-총23획
別	6급	다를	별	
		나눌	별	刀-총 7획
:倂	2급	아우를	병	人-총10획
:昺	2성	밝을	병	日-총 9획
:昞	2성	밝을	병	日-총 9획
:炳	2성	불꽃	병	火-총 9획
:柄	2성	자루	병	木-총 9획
:秉	2성	잡을	병	禾-총 8획
:竝	3급	나란히	병	立-총10획
▸屛	3급	병풍	병	尸-총11획
:丙	3Ⅱ	남녘	병	一-총 5획
兵	5Ⅱ	병사	병	八-총 7획
:病	6급	병	병	疒-총10획
:輔	2성	도울	보	車-총14획
:潽	2성	물이름	보	水-총15획
:甫	2성	클	보	用-총 7획
:補	3Ⅱ	기울	보	衣-총12획
:譜	3Ⅱ	족보	보	言-총19획
:報	4Ⅱ	갚을	보	
		알릴	보	土-총12획
:步	4Ⅱ	걸음	보	止-총 7획
:寶	4Ⅱ	보배	보	宀-총20획
▸保	4Ⅱ	지킬	보	人-총 9획
:普	4급	넓을	보	日-총12획

馥	2성	향기	복	香-총18획
卜	3급	점	복	卜-총 2획
腹	3Ⅱ	배	복	肉-총13획
複	4급	겹칠	복	衣-총14획
伏	4급	엎드릴	복	人-총 6획
▸復	4Ⅱ	회복할	복	※'부'만 장음
		다시	부	彳-총12획
福	5Ⅱ	복	복	示-총14획
服	6급	옷	복	月-총 8획
本	6급	근본	본	木-총 5획
縫	2급	꿰맬	봉	糸-총17획
:俸	2급	녹[祿]	봉	人-총10획
蓬	2성	쑥	봉	艸-총15획
蜂	3급	벌	봉	虫-총13획
逢	3Ⅱ	만날	봉	辶-총11획
峯	3Ⅱ	봉우리	봉	山-총10획
封	3Ⅱ	봉할	봉	寸-총 9획
:鳳	3Ⅱ	봉새	봉	鳥-총14획
:奉	5Ⅱ	받들	봉	大-총 8획
覆	3Ⅱ	덮을	부	
		다시	복	
		뒤집힐	복	襾-총18획
膚	2급	살갗	부	肉-총15획
▸敷	2급	펼	부	攴-총15획
釜	2성	가마[鬴]	부	金-총10획
:傅	2성	스승	부	人-총12획
:阜	2성	언덕	부	阜-총 8획
:赴	3급	갈[趨]	부	
		다다를	부	走-총 9획
扶	3Ⅱ	도울	부	手-총 7획
浮	3Ⅱ	뜰	부	水-총10획
:簿	3Ⅱ	문서	부	竹-총19획
:賦	3Ⅱ	부세	부	貝-총14획
:付	3Ⅱ	부칠	부	人-총 5획

▸符	3Ⅱ	부호	부	竹-총11획
▸附	3Ⅱ	붙을	부	阜-총 8획
:腐	3Ⅱ	썩을	부	肉-총14획
:否	4급	아닐	부	
		막힐	비	口-총 7획
:負	4급	질[荷]	부	貝-총 9획
▸府	4Ⅱ	마을[官廳]	부	广-총 8획
婦	4Ⅱ	며느리	부	女-총11획
:副	4Ⅱ	버금	부	刀-총11획
:富	4Ⅱ	부자	부	宀-총12획
部	6Ⅱ	떼[部類]	부	邑-총11획
夫	7급	지아비	부	大-총 4획
父	8급	아비	부	父-총 4획
北	8급	북녘	북	
		달아날	배	匕-총 5획
芬	2성	향기	분	艸-총 8획
墳	3급	무덤	분	土-총15획
奔	3Ⅱ	달릴	분	大-총 9획
:奮	3Ⅱ	떨칠	분	大-총16획
紛	3Ⅱ	어지러울	분	糸-총10획
▸粉	4급	가루	분	米-총10획
:憤	4급	분할	분	心-총15획
▸分	6Ⅱ	나눌	분	刀-총 4획
弗	2급	아닐	불	
		말[勿]	불	弓-총 5획
拂	3Ⅱ	떨칠	불	手-총 8획
佛	4Ⅱ	부처	불	人-총 7획
不	7Ⅱ	아닐	불	一-총 4획
鵬	2성	새	붕	鳥-총19획
崩	3급	무너질	붕	山-총11획
朋	3급	벗	붕	月-총 8획
:匪	2급	비적[賊徒]	비	匚-총10획
▸泌	2성	분비할	비	※'비'만 장음
		스며흐를	필	水-총 8획

毘	2성	도울	비	比-총 9획
毖	2성	삼갈	비	比-총 9획
丕	2성	클	비	一-총 5획
:婢	3II	계집종	비	女-총11획
:卑	3II	낮을	비	十-총 8획
:肥	3II	살찔	비	肉-총 8획
妃	3II	왕비	비	女-총 6획
碑	4급	비석	비	石-총13획
:批	4급	비평할	비	手-총 7획
:祕	4급	숨길[祕=秘]	비	禾-총10획
▸非	4II	아닐	비	非-총 8획
:備	4II	갖출	비	人-총12획
飛	4II	날	비	飛-총 9획
:悲	4II	슬플	비	心-총12획
:比	5급	견줄	비	比-총 4획
:費	5급	쓸	비	貝-총12획
:鼻	5급	코	비	鼻-총14획
彬	2성	빛날	빈	彡-총11획
賓	3급	손	빈	貝-총14획
頻	3급	자주	빈	頁-총16획
貧	4II	가난할	빈	貝-총11획
馮	2성	탈[乘]	빙	
		성[姓]	풍	馬-총12획
聘	3급	부를	빙	耳-총13획
氷	5급	얼음[氷=冰]	빙	水-총 5획

배정한자 사

飼	2급	기를	사	食-총14획
唆	2급	부추길	사	口-총10획
:赦	2급	용서할	사	赤-총11획
:泗	2성	물이름	사	水-총 8획
:似	3급	닮을	사	人-총 7획
:巳	3급	뱀	사	己-총 3획
:捨	3급	버릴	사	手-총11획
詐	3급	속일	사	言-총12획
斯	3급	이	사	斤-총12획
:賜	3급	줄	사	貝-총15획
邪	3II	간사할	사	邑-총 7획
蛇	3II	긴뱀	사	虫-총11획
詞	3II	말	사	
		글	사	言-총12획
司	3II	맡을	사	口-총 5획
沙	3II	모래	사	水-총 7획
斜	3II	비낄	사	斗-총11획
祀	3II	제사	사	示-총 8획
辭	4급	말씀	사	辛-총19획
私	4급	사사	사	禾-총 7획
絲	4급	실	사	糸-총12획
▸射	4급	쏠	사	寸-총10획
:謝	4II	사례할	사	言-총17획
師	4II	스승	사	巾-총10획
寺	4II	절	사	寸-총 6획
舍	4II	집	사	舌-총 8획
寫	5급	베낄	사	宀-총15획
:史	5II	사기[史記]	사	口-총 5획
▸思	5급	생각	사	心-총 9획
:士	5II	선비	사	士-총 3획
▸仕	5II	섬길	사	人-총 5획
查	5급	조사할	사	木-총 9획
社	6II	모일	사	示-총 8획
:死	6급	죽을	사	歹-총 6획
:使	6급	하여금	사	
		부릴	사	人-총 8획
:事	7II	일	사	亅-총 8획
:四	8급	넉	사	囗-총 5획
朔	3급	초하루	삭	月-총10획
削	3II	깎을	삭	刀-총 9획
酸	2급	실[味覺]	산	酉-총14획
傘	2급	우산	산	人-총12획
:散	4급	흩을	산	攴-총12획
:產	5II	낳을	산	生-총11획
:算	7급	셈	산	竹-총14획
山	8급	메	산	山-총 3획
▸殺	4II	죽일[殺=殺]	살	
		감할	쇄	※'쇄'만 장음
		빠를	쇄	殳-총11획
蔘	2급	삼	삼	艸-총15획
森	3II	수풀	삼	木-총12획
三	8급	석	삼	一-총 3획
插	2급	꽂을	삽	手-총12획
箱	2급	상자	상	竹-총15획
庠	2성	학교	상	广-총 9획
嘗	3급	맛볼	상	口-총14획
祥	3급	상서	상	示-총11획
償	3II	갚을	상	人-총17획
像	3II	모양	상	人-총14획
桑	3II	뽕나무	상	木-총10획
霜	3II	서리	상	雨-총17획
▸尚	3II	오히려	상	小-총 8획
▸喪	3II	잃을	상	口-총12획
詳	3II	자세할	상	言-총13획
裳	3II	치마	상	衣-총14획
傷	4급	다칠	상	人-총13획
象	4급	코끼리	상	豕-총12획
▸狀	4II	형상	상	※'장'만 장음
		문서	장	犬-총 8획
常	4II	떳떳할	상	巾-총11획
床	4II	상[床=牀]	상	广-총 7획
:想	4II	생각	상	心-총13획

賞	5급	상줄	상	貝-총15획
相	5II	서로	상	目-총 9획
商	5II	장사	상	口-총11획
:上	7II	윗	상	一-총 3획
塞	3II	막힐	색	
		변방	새	土-총13획
索	3II	찾을	색	
		노[새끼줄]	삭	糸-총10획
色	7급	빛	색	色-총 6획
生	8급	날[낳을]	생	生-총 5획
:瑞	2급	상서	서	玉-총13획
:舒	2성	펼	서	舌-총12획
:逝	3급	갈	서	辶-총11획
:暑	3급	더울	서	日-총13획
:誓	3급	맹세할	서	言-총14획
:庶	3급	여러	서	广-총11획
:敍	3급	펼	서	攴-총11획
:署	3II	마을[官廳]	서	网-총14획
:緖	3II	실마리	서	糸-총15획
:恕	3II	용서할	서	心-총10획
▸徐	3II	천천할	서	彳-총10획
:序	5급	차례	서	广-총 7획
書	6II	글	서	曰-총10획
西	8급	서녘	서	襾-총 6획
碩	2급	클	석	石-총14획
晳	2성	밝을	석	日-총12획
錫	2성	주석	석	金-총16획
奭	2성	클	석	
		쌍백	석	大-총15획
昔	3급	예	석	日-총 8획
析	3급	쪼갤	석	木-총 8획
惜	3II	아낄	석	心-총11획
釋	3II	풀[解]	석	釆-총20획
石	6급	돌	석	石-총 5획

席	6급	자리	석	巾-총10획
夕	7급	저녁	석	夕-총 3획
:繕	2급	기울[補修]	선	糸-총18획
璿	2성	구슬	선	玉-총18획
瑄	2성	도리옥	선	玉-총13획
璇	2성	옥	선	玉-총15획
旋	3II	돌[廻]	선	方-총11획
禪	3II	선	선	示-총17획
宣	4급	베풀	선	宀-총 9획
:選	5급	가릴	선	辶-총16획
鮮	5II	고울	선	魚-총17획
船	5급	배[船舶]	선	舟-총11획
仙	5II	신선	선	人-총 5획
:善	5급	착할	선	口-총12획
線	6II	줄[針線]	선	糸-총15획
先	8급	먼저	선	儿-총 6획
卨	2성	사람이름	설	卜-총11획
薛	2성	성姓	설	艸-총17획
舌	4급	혀	설	舌-총 6획
設	4II	베풀	설	言-총11획
▸說	5II	말씀	설	※'세'만 장음
		달랠	세	言-총14획
雪	6II	눈	설	雨-총11획
纖	2급	가늘	섬	糸-총23획
蟾	2성	두꺼비	섬	虫-총19획
陝	2성	땅이름	섬	阜-총10획
暹	2성	햇살치밀	섬	
		나라이름	섬	日-총16획
燮	2성	불꽃	섭	火-총17획
涉	3급	건널	섭	水-총10획
攝	3급	다스릴	섭	
		잡을	섭	手-총21획
晟	2성	밝을	성	日-총11획

星	4II	별	성	日-총 9획
:聖	4II	성인	성	耳-총13획
:盛	4II	성할	성	皿-총12획
聲	4II	소리	성	耳-총17획
城	4II	재[內城]	성	土-총10획
誠	4II	정성	성	言-총14획
:性	5II	성품	성	心-총 8획
省	6II	살필	성	
		덜	생	目-총 9획
成	6II	이룰	성	戈-총 7획
:姓	7II	성	성	女-총 8획
:貰	2급	세놓을	세	貝-총12획
:細	4II	가늘	세	糸-총11획
:稅	4II	세금	세	禾-총12획
:勢	4II	형세	세	力-총13획
:洗	5II	씻을	세	水-총 9획
:歲	5II	해	세	止-총13획
:世	7II	인간	세	一-총 5획
紹	2급	이을	소	糸-총11획
邵	2성	땅이름	소	
		성姓	소	邑-총 8획
沼	2성	못[沼池]	소	水-총 8획
巢	2성	새집	소	巛-총11획
蔬	3급	나물	소	艸-총15획
騷	3급	떠들	소	馬-총20획
昭	3급	밝을	소	日-총 9획
召	3급	부를	소	口-총 5획
蘇	3II	되살아날	소	艸-총20획
▸燒	3II	사를	소	火-총16획
疏	3II	소통할	소	疋-총11획
訴	3II	호소할	소	言-총12획
▸素	4II	본디	소	
		흴[白]	소	糸-총10획
▸掃	4II	쓸[掃除]	소	手-총11획

: 笑	4Ⅱ	웃음	소	竹-총10획
消	6Ⅱ	사라질	소	水-총10획
: 所	7급	바	소	戶-총 8획
: 少	7급	적을	소	小-총 4획
: 小	8급	작을	소	小-총 3획
粟	3급	조	속	米-총12획
屬	4급	붙일	속	尸-총21획
續	4Ⅱ	이을	속	糸-총21획
俗	4Ⅱ	풍속	속	人-총 9획
束	5Ⅱ	묶을	속	木-총 7획
速	6급	빠를	속	辶-총11획
: 損	4급	덜	손	手-총13획
▸ 孫	6급	손자	손	子-총10획
: 宋	2성	성[姓]	송	宀-총 7획
: 訟	3Ⅱ	송사할	송	言-총11획
: 誦	3급	욀	송	言-총14획
: 送	4Ⅱ	보낼	송	辶-총10획
松	4급	소나무	송	木-총 8획
: 頌	4급	칭송할	송	
		기릴	송	頁-총13획
: 鎖	3Ⅱ	쇠사슬	쇄	金-총18획
: 刷	3Ⅱ	인쇄할	쇄	刀-총 8획
衰	3Ⅱ	쇠할	쇠	衣-총10획
洙	2성	물가	수	水-총 9획
隋	2성	수나라	수	阜-총12획
銖	2성	저울눈	수	金-총14획
遂	3급	드디어	수	辶-총13획
囚	3급	가둘	수	囗-총 5획
誰	3급	누구	수	言-총15획
須	3급	모름지기	수	頁-총12획
雖	3급	비록	수	隹-총17획
睡	3급	졸음	수	目-총13획
搜	3급	찾을	수	手-총13획

愁	3Ⅱ	근심	수	心-총13획
殊	3Ⅱ	다를	수	歹-총10획
垂	3Ⅱ	드리울	수	土-총 8획
隨	3Ⅱ	따를	수	阜-총16획
壽	3Ⅱ	목숨	수	士-총14획
輸	3Ⅱ	보낼	수	車-총16획
需	3Ⅱ	쓰일	수	
		쓸	수	雨-총14획
帥	3Ⅱ	장수	수	巾-총 9획
獸	3Ⅱ	짐승	수	犬-총19획
秀	4급	빼어날	수	禾-총 7획
收	4Ⅱ	거둘	수	攴-총 6획
修	4Ⅱ	닦을	수	人-총10획
▸ 受	4Ⅱ	받을	수	又-총 8획
授	4Ⅱ	줄	수	手-총11획
守	4Ⅱ	지킬	수	宀-총 6획
首	5Ⅱ	머리	수	首-총 9획
樹	6급	나무	수	木-총16획
▸ 數	7급	셈	수	※'수'만 장음
		자주	삭	攴-총15획
▸ 手	7Ⅱ	손	수	手-총 4획
水	8급	물	수	水-총 4획
淑	3Ⅱ	맑을	숙	水-총11획
熟	3Ⅱ	익을	숙	火-총15획
孰	3급	누구	숙	子-총11획
叔	4급	아재비	숙	又-총 8획
肅	4급	엄숙할	숙	聿-총13획
▸ 宿	5Ⅱ	잘	숙	※'수'만 장음
		별자리	수	宀-총11획
盾	2급	방패	순	目-총 9획
淳	2성	순박할	순	水-총11획
舜	2성	순임금	순	舛-총12획
珣	2성	옥이름	순	玉-총10획
洵	2성	참으로	순	水-총 9획

荀	2성	풀이름	순	艸-총10획
殉	3급	따라죽을	순	歹-총10획
脣	3급	입술	순	肉-총11획
循	3급	돌[轉]	순	彳-총12획
瞬	3Ⅱ	눈깜짝일	순	目-총17획
巡	3Ⅱ	돌[廻]	순	
		순행할	순	巛-총 7획
旬	3Ⅱ	열흘	순	日-총 6획
純	4Ⅱ	순수할	순	糸-총10획
: 順	5Ⅱ	순할	순	頁-총12획
述	3Ⅱ	펼	술	辶-총 9획
戌	3급	개	술	戈-총 6획
術	6Ⅱ	재주	술	行-총11획
崇	4급	높을	숭	山-총11획
瑟	2성	큰거문고	슬	玉-총13획
襲	3Ⅱ	엄습할	습	衣-총22획
濕	3Ⅱ	젖을	습	水-총17획
拾	3Ⅱ	주울	습	
		갖은열	십	手-총 9획
習	6급	익힐	습	羽-총11획
升	2급	되	승	十-총 4획
繩	2성	노끈	승	糸-총19획
昇	3Ⅱ	오를	승	日-총 8획
僧	3Ⅱ	중	승	人-총14획
乘	3Ⅱ	탈	승	丿-총10획
承	4Ⅱ	이을	승	手-총 8획
勝	6급	이길	승	力-총12획
: 屍	2급	주검	시	尸-총 9획
: 柴	2성	섶[柴薪]	시	木-총10획
: 矢	3급	화살	시	矢-총 5획
: 侍	3Ⅱ	모실	시	人-총 8획
詩	4Ⅱ	시	시	言-총13획
: 施	4Ⅱ	베풀	시	方-총 9획

:視	4Ⅱ	볼	시	見-총12획
▸試	4Ⅱ	시험	시	言-총13획
:是	4Ⅱ	이[斯]	시	
		옳을	시	日-총 9획
:示	5급	보일	시	示-총 5획
:始	6Ⅱ	비로소	시	女-총 8획
時	7Ⅱ	때	시	日-총10획
:市	7Ⅱ	저자	시	巾-총 5획
殖	2급	불릴	식	歹-총12획
湜	2성	물맑을	식	水-총12획
軾	2성	수레앞가로나무	식	車-총13획
飾	3Ⅱ	꾸밀	식	食-총14획
息	4Ⅱ	쉴	식	心-총10획
識	5Ⅱ	알	식	
		기록할	지	言-총19획
式	6급	법	식	弋-총 6획
食	7Ⅱ	먹을	식	
		밥	사/식	食-총 9획
植	7급	심을	식	木-총12획
:紳	2급	띠[帶]	신	糸-총11획
:腎	2급	콩팥	신	肉-총12획
辛	3급	매울	신	辛-총 7획
晨	3급	새벽	신	日-총11획
伸	3급	펼	신	人-총 7획
:愼	3Ⅱ	삼갈	신	心-총13획
申	4Ⅱ	납[猿]	신	田-총 5획
臣	5Ⅱ	신하	신	臣-총 6획
神	6Ⅱ	귀신	신	示-총10획
身	6Ⅱ	몸	신	身-총 7획
:信	6Ⅱ	믿을	신	人-총 9획
新	6Ⅱ	새	신	斤-총13획
實	5Ⅱ	열매	실	宀-총14획
失	6급	잃을	실	大-총 5획
室	8급	집	실	宀-총 9획
:瀋	2성	즙낼	심	
		물이름	심	水-총18획
尋	3급	찾을	심	寸-총12획
▸審	3Ⅱ	살필	심	宀-총15획
:甚	3Ⅱ	심할	심	甘-총 9획
深	4Ⅱ	깊을	심	水-총11획
心	7급	마음	심	心-총 4획
十	8급	열	십	十-총 2획
雙	3Ⅱ	두	쌍	
		쌍	쌍	隹-총18획
氏	4급	각시	씨	
		성씨[姓氏]	씨	氏-총 4획

배정한자

:餓	3급	주릴	아	食-총16획
:我	3Ⅱ	나	아	戈-총 7획
芽	3Ⅱ	싹	아	艸-총 8획
▸雅	3Ⅱ	맑을	아	隹-총12획
阿	3Ⅱ	언덕	아	阜-총 8획
▸亞	3Ⅱ	버금	아	二-총 8획
牙	3Ⅱ	어금니	아	牙-총 4획
兒	5Ⅱ	아이	아	儿-총 8획
握	2급	쥘	악	手-총12획
岳	3급	큰산	악	山-총 8획
惡	5Ⅱ	악할	악	
		미워할	오	心-총12획
:雁	3급	기러기[雁=鴈]	안	隹-총12획
:顔	3Ⅱ	낯	안	頁-총18획
:岸	3Ⅱ	언덕	안	山-총 8획
:眼	4Ⅱ	눈	안	目-총11획
:案	5급	책상	안	木-총10획
安	7Ⅱ	편안	안	宀-총 6획
閼	2성	막을	알	門-총16획
謁	3급	뵐	알	言-총16획
:癌	2급	암	암	疒-총17획
巖	3Ⅱ	바위	암	山-총23획
:暗	4Ⅱ	어두울	암	日-총13획
鴨	2성	오리	압	鳥-총16획
押	3급	누를	압	手-총 8획
壓	4Ⅱ	누를	압	土-총17획
殃	3급	재앙	앙	歹-총 9획
:仰	3Ⅱ	우러를	앙	人-총 6획
央	3Ⅱ	가운데	앙	大-총 5획
:礙	2급	거리낄[礙=碍]	애	石-총19획
艾	2성	쑥	애	艸-총 6획
埃	2성	티끌	애	土-총10획
涯	3급	물가	애	水-총11획
哀	3Ⅱ	슬플	애	口-총 9획
▸愛	6급	사랑	애	心-총13획
厄	3급	액	액	厂-총 4획
額	4급	이마	액	頁-총18획
液	4Ⅱ	진	액	水-총11획
:惹	2급	이끌	야	心-총13획
倻	2성	가야	야	人-총11획
:也	3급	이끼	야	
		어조사	야	乙-총 3획
耶	3급	어조사	야	耳-총 9획
:野	6급	들[坪]	야	里-총11획
:夜	6급	밤	야	夕-총 8획
躍	3급	뛸	약	足-총21획
若	3Ⅱ	같을	약	
		반야	야	艸-총 9획
約	5Ⅱ	맺을	약	糸-총 9획
藥	6Ⅱ	약	약	艸-총19획

弱 6Ⅱ 약할 약 弓-총10획
孃 2급 아가씨 양 女-총20획
▸襄 2성 도울 양 衣-총17획
楊 3급 버들 양 木-총13획
揚 3Ⅱ 날릴 양 手-총12획
:壤 3Ⅱ 흙덩이 양 土-총20획
:讓 3Ⅱ 사양할 양 言-총24획
樣 4급 모양 양 木-총15획
羊 4Ⅱ 양 양 羊-총 6획
:養 5Ⅱ 기를 양 食-총15획
洋 6급 큰바다 양 水-총 9획
陽 6급 볕 양 阜-총12획
於 3급 어조사 어
탄식할 오 方-총 8획
:御 3Ⅱ 거느릴 어 彳-총11획
魚 5급 고기 어
물고기 어 魚-총11획
漁 5급 고기잡을 어 水-총14획
:語 7급 말씀 어 言-총14획
抑 3Ⅱ 누를 억 手-총 7획
憶 3Ⅱ 생각할 억 心-총16획
億 5급 억[數字] 억 人-총15획
:彦 2성 선비 언 彡-총 9획
焉 3급 어찌 언 火-총11획
言 6급 말씀 언 言-총 7획
嚴 4급 엄할 엄 口-총20획
業 6Ⅱ 업 업 木-총13획
予 3급 나 여 亅-총 4획
余 3급 나 여 人-총 7획
:汝 3급 너 여 水-총 6획
:輿 3급 수레 여 車-총17획
:與 4급 더불 여
줄 여 臼-총14획
餘 4Ⅱ 남을 여 食-총16획

如 4Ⅱ 같을 여 女-총 6획
亦 3Ⅱ 또 역 亠-총 6획
驛 3Ⅱ 역 역 馬-총23획
譯 3Ⅱ 번역할 역 言-총20획
疫 3Ⅱ 전염병 역 疒-총 9획
役 3Ⅱ 부릴 역 彳-총 7획
▸易 4급 바꿀 역 ※'이'만 장음
쉬울 이 日-총 8획
逆 4Ⅱ 거스를 역 辶-총10획
域 4급 지경 역 土-총11획
:硯 2급 벼루 연 石-총12획
:姸 2성 고울 연 女-총 9획
淵 2성 못 연 水-총12획
:衍 2성 넓을 연 行-총 9획
:宴 3Ⅱ 잔치 연 宀-총10획
▸沿 3Ⅱ 물따라갈 연
따를 연 水-총 8획
:軟 3Ⅱ 연할 연 車-총11획
▸燕 3Ⅱ 제비 연 火-총16획
延 4급 늘일 연 廴-총 7획
燃 4급 탈 연 火-총16획
緣 4급 인연 연 糸-총15획
鉛 4급 납 연 金-총13획
:硏 4Ⅱ 갈[硏磨] 연 石-총11획
煙 4Ⅱ 연기 연 火-총13획
:演 4Ⅱ 펼 연 水-총14획
然 7급 그럴 연 火-총12획
閱 3급 볼[閱覽] 열 門-총15획
悅 3Ⅱ 기쁠 열 心-총10획
熱 5급 더울 열 火-총15획
閻 2성 마을 염 門-총16획
:厭 2급 싫어할 염 厂-총14획
炎 3Ⅱ 불꽃 염 火-총 8획

:染 3Ⅱ 물들 염 木-총 9획
鹽 3Ⅱ 소금 염 鹵-총24획
燁 2성 빛날 엽 火-총16획
葉 5급 잎 엽 艸-총13획
盈 2성 찰 영 皿-총 9획
:暎 2성 비칠 영 日-총13획
瑛 2성 옥빛 영 玉-총13획
:詠 3급 읊을 영 言-총12획
:泳 3급 헤엄칠 영 水-총 8획
:影 3Ⅱ 그림자 영 彡-총15획
迎 4급 맞을 영 辶-총 8획
營 4급 경영할 영 火-총17획
▸映 4급 비칠 영 日-총 9획
榮 4Ⅱ 영화 영 木-총14획
:永 6급 길 영 水-총 5획
英 6급 꽃부리 영 艸-총 9획
:預 2급 맡길 예
미리 예 頁-총13획
:睿 2성 슬기 예 目-총14획
:芮 2성 성姓 예 艸-총 8획
:濊 2성 종족이름 예 水-총16획
:銳 3급 날카로울 예 金-총15획
:譽 3Ⅱ 기릴 예
명예 예 言-총21획
:豫 4급 미리 예 豕-총16획
:藝 4Ⅱ 재주 예 艸-총19획
▸梧 2급 오동나무 오 木-총11획
:墺 2성 물가 오 土-총16획
吳 2성 성姓 오 口-총 7획
嗚 3급 슬플 오 口-총13획
:汚 3급 더러울 오 水-총 6획
吾 3급 나 오 口-총 7획
:傲 3급 거만할 오 人-총13획

:娛	3급	즐길	오	女-총10획
烏	3II	까마귀	오	火-총10획
:悟	3II	깨달을	오	心-총10획
:誤	4II	그르칠	오	言-총14획
:午	7II	낮	오	十-총 4획
:五	8급	다섯	오	二-총 4획
鈺	2성	보배	옥	金-총13획
沃	2성	기름질	옥	水-총 7획
獄	3II	옥[囚舍]	옥	犬-총14획
玉	4II	구슬	옥	玉-총 5획
屋	5급	집	옥	尸-총 9획
穩	2급	편안할	온	禾-총19획
溫	6급	따뜻할	온	水-총13획
雍	2성	화和할	옹	隹-총13획
邕	2성	막힐	옹	邑-총10획
:甕	2성	독	옹	瓦-총18획
翁	3급	늙은이	옹	羽-총10획
:擁	3급	낄	옹	手-총16획
:臥	3급	누울	와	臣-총 8획
:瓦	3II	기와	와	瓦-총 5획
莞	2성	빙그레할 왕골	완 관	艸-총11획
:緩	3II	느릴	완	糸-총15획
完	5급	완전할	완	宀-총 7획
曰	3급	가로	왈	曰-총 4획
:旺	2성	왕성할	왕	日-총 8획
▸汪	2성	넓을	왕	水-총 7획
:往	4II	갈	왕	彳-총 8획
王	8급	임금	왕	玉-총 4획
倭	2성	왜나라	왜	人-총10획
歪	2급	기울 기울	왜 외	止-총 9획
:畏	3급	두려워할	외	田-총 9획

:外	8급	바깥	외	夕-총 5획
妖	2급	요사할	요	女-총 7획
堯	2성	요임금	요	土-총12획
姚	2성	예쁠	요	女-총 9획
耀	2성	빛날	요	羽-총20획
搖	3급	흔들	요	手-총13획
遙	3급	멀	요	辶-총14획
腰	3급	허리	요	肉-총13획
謠	4II	노래	요	言-총17획
▸要	5II	요긴할	요	襾-총 9획
:曜	5급	빛날	요	日-총18획
辱	3II	욕될	욕	辰-총10획
慾	3II	욕심	욕	心-총15획
欲	3II	하고자할	욕	欠-총11획
浴	5급	목욕할	욕	水-총10획
熔	2급	녹을	용	火-총14획
溶	2성	녹을	용	水-총13획
鏞	2성	쇠북	용	金-총19획
瑢	2성	패옥소리	용	玉-총14획
傭	2급	품팔	용	人-총13획
鎔	2성	쇠녹일	용	金-총18획
庸	3급	떳떳할	용	广-총11획
容	4II	얼굴	용	宀-총10획
:勇	6II	날랠	용	力-총 9획
:用	6II	쓸	용	用-총 5획
:祐	2성	복[福]	우	示-총10획
▸禹	2성	성姓	우	内-총 9획
:佑	2성	도울	우	人-총 7획
于	3급	어조사	우	二-총 3획
尤	3급	더욱	우	尢-총 4획
:又	3급	또	우	又-총 2획
:羽	3II	깃	우	羽-총 6획
憂	3II	근심	우	心-총15획

:宇	3II	집	우	宀-총 6획
愚	3II	어리석을	우	心-총13획
:偶	3II	짝	우	人-총11획
:遇	4급	만날	우	辶-총13획
郵	4급	우편	우	邑-총11획
優	4급	넉넉할	우	人-총17획
牛	5급	소	우	牛-총 4획
:友	5II	벗	우	又-총 4획
:雨	5II	비	우	雨-총 8획
:右	7II	오를 오른(쪽)	우 우	口-총 5획
郁	2성	성할	욱	邑-총 9획
旭	2성	아침해	욱	日-총 6획
昱	2성	햇빛밝을	욱	日-총 9획
頊	2성	삼갈	욱	頁-총13획
煜	2성	빛날	욱	火-총13획
芸	2성	향풀	운	艸-총 8획
云	3급	이를	운	二-총 4획
:韻	3II	운	운	音-총19획
雲	5II	구름	운	雨-총12획
:運	6II	옮길	운	辶-총13획
鬱	2급	답답할	울	鬯-총29획
蔚	2성	고을이름	울	艸-총15획
熊	2성	곰	웅	火-총14획
雄	5급	수컷	웅	隹-총12획
:苑	2급	나라동산	원	艸-총 9획
媛	2성	계집	원	女-총12획
袁	2성	성姓	원	衣-총10획
瑗	2성	구슬	원	玉-총13획
源	4급	근원	원	水-총13획
▸怨	4급	원망할	원	心-총 9획
:援	4급	도울	원	手-총12획
圓	4II	둥글	원	口-총13획

員	4Ⅱ	인원	원	口-총10획
元	5Ⅱ	으뜸	원	儿-총 4획
院	5급	집	원	阜-총10획
:願	5급	원할	원	頁-총19획
原	5급	언덕	원	厂-총10획
園	6급	동산	원	囗-총13획
:遠	6급	멀	원	辶-총14획
越	3Ⅱ	넘을	월	走-총12획
月	8급	달	월	月-총 4획
尉	2급	벼슬	위	寸-총11획
魏	2성	성姓	위	鬼-총18획
韋	2성	가죽	위	韋-총 9획
渭	2성	물이름	위	水-총12획
緯	3급	씨	위	糸-총15획
違	3급	어긋날	위	辶-총13획
謂	3Ⅱ	이를	위	言-총16획
僞	3Ⅱ	거짓	위	人-총14획
胃	3Ⅱ	밥통	위	肉-총 9획
威	4급	위엄	위	女-총 9획
危	4급	위태할	위	卩-총 6획
慰	4급	위로할	위	心-총15획
委	4급	맡길	위	女-총 8획
圍	4급	에워쌀	위	囗-총12획
衛	4Ⅱ	지킬	위	行-총15획
▸爲	4Ⅱ	하	위	
		할	위	爪-총12획
位	5급	자리	위	人-총 7획
偉	5Ⅱ	클	위	人-총11획
踰	2성	넘을	유	足-총16획
兪	2성	대답할	유	
		인월도人月刀	유	入-총 9획
庾	2성	곳집	유	
		노적가리	유	广-총12획

楡	2성	느릅나무	유	木-총13획
惟	3급	생각할	유	心-총11획
酉	3급	닭	유	酉-총 7획
唯	3급	오직	유	口-총11획
愈	3급	나을	유	心-총13획
誘	3Ⅱ	꾈	유	言-총14획
悠	3Ⅱ	멀	유	心-총11획
幼	3Ⅱ	어릴	유	幺-총 5획
幽	3Ⅱ	그윽할	유	幺-총 9획
維	3Ⅱ	벼리	유	糸-총14획
:裕	3Ⅱ	넉넉할	유	衣-총12획
柔	3Ⅱ	부드러울	유	木-총 9획
猶	3Ⅱ	오히려	유	犬-총12획
遺	4급	남길	유	辶-총16획
儒	4급	선비	유	人-총16획
乳	4급	젖	유	乙-총 8획
遊	4급	놀	유	辶-총13획
油	6급	기름	유	水-총 8획
由	6급	말미암을	유	田-총 5획
:有	7급	있을	유	月-총 6획
肉	4Ⅱ	고기	육	肉-총 6획
育	7급	기를	육	肉-총 8획
:允	2성	맏[伯]	윤	儿-총 4획
胤	2성	자손	윤	肉-총 9획
:尹	2성	성姓	윤	尸-총 4획
鈗	2성	창	윤	
		병기	윤	金-총12획
:閏	3급	윤달	윤	門-총12획
:潤	3Ⅱ	불을	윤	水-총15획
融	2급	녹을	융	虫-총16획
誾	2성	향기	은	言-총15획
殷	2성	은나라	은	殳-총10획
垠	2성	지경	은	土-총 9획

隱	4급	숨을	은	阜-총17획
恩	4Ⅱ	은혜	은	心-총10획
銀	6급	은	은	金-총14획
乙	3Ⅱ	새	을	乙-총 1획
淫	3Ⅱ	음란할	음	水-총11획
吟	3급	읊을	음	口-총 7획
陰	4Ⅱ	그늘	음	阜-총11획
音	6Ⅱ	소리	음	音-총 9획
▸飮	6Ⅱ	마실	음	食-총13획
泣	3급	울	읍	水-총 8획
邑	7급	고을	읍	邑-총 7획
▸鷹	2성	매	응	鳥-총24획
:凝	3급	엉길	응	冫-총16획
:應	4Ⅱ	응할	응	心-총17획
矣	3급	어조사	의	矢-총 7획
宜	3급	마땅	의	宀-총 8획
疑	4급	의심할	의	疋-총14획
儀	4급	거동	의	人-총15획
依	4급	의지할	의	人-총 8획
▸議	4Ⅱ	의논할	의	言-총20획
:義	4Ⅱ	옳을	의	羊-총13획
衣	6급	옷	의	衣-총 6획
醫	6급	의원	의	酉-총18획
:意	6Ⅱ	뜻	의	心-총13획
:貳	2급	두	이	
		갖은두	이	貝-총12획
伊	2성	저[彼]	이	人-총 6획
怡	2성	기쁠	이	心-총 8획
:珥	2성	귀고리	이	玉-총10획
而	3급	말이을	이	而-총 6획
夷	3급	오랑캐	이	大-총 6획
:已	3Ⅱ	이미	이	己-총 3획
:異	4급	다를[=異12획]	이	田-총11획

移	4Ⅱ	옮길	이	禾-총11획
:以	5Ⅱ	써	이	人-총 5획
:耳	5급	귀	이	耳-총 6획
:二	8급	두	이	二-총 2획
翊	2성	도울	익	羽-총11획
翼	3Ⅱ	날개	익	羽-총17획
益	4Ⅱ	더할	익	皿-총10획
:刃	2급	칼날	인	刀-총 3획
姻	3급	혼인	인	女-총 9획
寅	3급	범[虎]	인	
		동방	인	宀-총11획
忍	3Ⅱ	참을	인	心-총 7획
仁	4급	어질	인	人-총 4획
印	4Ⅱ	도장	인	卩-총 6획
認	4Ⅱ	알[知]	인	言-총14획
引	4Ⅱ	끌	인	弓-총 4획
因	5급	인할	인	口-총 6획
人	8급	사람	인	人-총 2획
佾	2성	줄춤	일	人-총 8획
壹	2급	한	일	
		갖은한	일	士-총12획
鎰	2성	무게이름	일	金-총18획
逸	3Ⅱ	편안할	일	辶-총12획
日	8급	날	일	日-총 4획
一	8급	한	일	一-총 1획
:妊	2급	아이밸	임	女-총 7획
:壬	3Ⅱ	북방	임	士-총 4획
:賃	3Ⅱ	품삯	임	貝-총13획
▸任	5Ⅱ	맡길	임	人-총 6획
入	7급	들	입	入-총 2획

배정한자 ㅈ

:諮	2급	물을	자	言-총16획
雌	2급	암컷	자	隹-총14획
磁	2급	자석	자	石-총14획
滋	2성	불을[益]	자	水-총12획
:恣	3급	방자할	자	
		마음대로	자	心-총10획
玆	3급	이	자	玄-총10획
慈	3Ⅱ	사랑	자	心-총13획
紫	3Ⅱ	자줏빛	자	糸-총12획
▸刺	3Ⅱ	찌를	자	※'자'만 장음
		찌를	척	
		수라	라	刀-총 8획
:姿	4급	모양	자	女-총 9획
姉	4급	손윗누이	자	女-총 8획
資	4급	재물	자	貝-총13획
者	6급	놈	자	老-총 9획
字	7급	글자	자	子-총 6획
自	7Ⅱ	스스로	자	自-총 6획
子	7Ⅱ	아들	자	子-총 3획
爵	3급	벼슬	작	爪-총18획
酌	3급	술부을	작	
		잔질할	작	酉-총10획
昨	6Ⅱ	어제	작	日-총 9획
作	6Ⅱ	지을	작	人-총 7획
殘	4급	남을	잔	歹-총12획
蠶	2급	누에	잠	虫-총24획
潛	3Ⅱ	잠길	잠	水-총15획
▸暫	3Ⅱ	잠깐	잠	日-총15획
雜	4급	섞일	잡	隹-총18획
獐	2성	노루	장	犬-총14획
蔣	2성	성姓	장	艸-총15획
庄	2성	전장田莊	장	广-총 6획
璋	2성	홀[圭]	장	玉-총15획
墻	3급	담	장	土-총16획
:藏	3Ⅱ	감출	장	艸-총18획
粧	3Ⅱ	단장할	장	米-총12획
:掌	3Ⅱ	손바닥	장	手-총12획
莊	3Ⅱ	씩씩할	장	艸-총11획
:丈	3Ⅱ	어른	장	一-총 3획
:臟	3Ⅱ	오장	장	肉-총22획
:葬	3Ⅱ	장사지낼	장	艸-총13획
裝	4급	꾸밀	장	衣-총13획
張	4급	베풀	장	弓-총11획
▸奬	4급	장려할	장	大-총14획
帳	4급	장막	장	巾-총11획
:壯	4급	장할	장	士-총 7획
腸	4급	창자	장	肉-총13획
障	4Ⅱ	막을	장	阜-총14획
▸將	4Ⅱ	장수	장	寸-총11획
章	6급	글	장	立-총11획
場	7Ⅱ	마당	장	土-총12획
▸長	8급	긴	장	長-총 8획
哉	3급	어조사	재	口-총 9획
:宰	3급	재상	재	宀-총10획
:載	3Ⅱ	실을	재	車-총13획
:栽	3Ⅱ	심을	재	木-총10획
裁	3Ⅱ	옷마를	재	衣-총12획
:再	5급	두	재	冂-총 6획
材	5Ⅱ	재목	재	木-총 7획
財	5Ⅱ	재물	재	貝-총10획
災	5급	재앙	재	火-총 7획
:在	6급	있을	재	土-총 6획
才	6Ⅱ	재주	재	手-총 3획
爭	5급	다툴	쟁	爪-총 8획

한자	급수	훈	음	부수-총획
:沮	2급	막을	저	水-총 8획
▸著	3II	나타날	저	
		붙을	착	艸-총13획
:抵	3II	막을[抗]	저	手-총 8획
:底	4급	밑	저	广-총 8획
:低	4II	낮을	저	人-총 7획
:貯	5급	쌓을	저	貝-총12획
滴	3급	물방울	적	水-총14획
寂	3II	고요할	적	宀-총11획
摘	3II	딸[手收]	적	手-총14획
跡	3II	발자취	적	足-총13획
蹟	3II	자취	적	足-총18획
笛	3II	피리	적	竹-총11획
績	4급	길쌈	적	糸-총17획
賊	4급	도둑	적	貝-총13획
適	4급	맞을	적	辶-총15획
籍	4급	문서	적	竹-총20획
積	4급	쌓을	적	禾-총16획
敵	4II	대적할	적	攴-총15획
的	5II	과녁	적	白-총 8획
赤	5급	붉을	적	赤-총 7획
甸	2성	경기	전	田-총 7획
:殿	3II	전각	전	殳-총13획
:轉	4급	구를	전	車-총18획
:錢	4급	돈	전	金-총16획
專	4급	오로지	전	寸-총11획
田	4II	밭	전	田-총 5획
:典	5II	법	전	八-총 8획
傳	5II	전할	전	人-총13획
:展	5II	펼	전	尸-총10획
:戰	6II	싸움	전	戈-총16획
:電	7II	번개	전	雨-총13획
前	7II	앞	전	刀-총 9획
全	7II	온전	전	入-총 6획

한자	급수	훈	음	부수-총획
竊	3급	훔칠	절	穴-총22획
折	4급	꺾을	절	手-총 7획
絶	4II	끊을	절	糸-총12획
切	5II	끊을	절	
		온통	체	刀-총 4획
節	5II	마디	절	竹-총15획
:漸	3II	점점	점	水-총14획
▸點	4급	점	점	黑-총17획
▸占	4급	점령할	점	
		점칠	점	卜-총 5획
:店	5II	가게	점	广-총 8획
蝶	3급	나비	접	虫-총15획
接	4II	이을	접	手-총11획
呈	2급	드릴	정	口-총 7획
偵	2급	염탐할	정	人-총11획
艇	2급	배	정	舟-총13획
楨	2성	광나무	정	木-총13획
旌	2성	기	정	方-총11획
:鄭	2성	나라	정	邑-총15획
晶	2성	맑을	정	日-총12획
汀	2성	물가	정	水-총 5획
禎	2성	상서로울	정	示-총14획
鼎	2성	솥	정	鼎-총13획
珽	2성	옥이름	정	玉-총11획
訂	3급	바로잡을	정	言-총 9획
貞	3II	곧을	정	貝-총 9획
淨	3II	깨끗할	정	水-총11획
▸井	3II	우물	정	二-총 4획
頂	3II	정수리	정	頁-총11획
亭	3II	정자	정	亠-총 9획
廷	3II	조정	정	廴-총 7획
征	3II	칠[征討]	정	彳-총 8획
:整	4급	가지런할	정	攴-총16획

한자	급수	훈	음	부수-총획
靜	4급	고요할	정	靑-총16획
丁	4급	장정	정	
		고무래	정	一-총 2획
政	4II	정사	정	攴-총 9획
精	4II	정할	정	
		자세할	정	米-총14획
程	4II	한도	정	
		길[道]	정	禾-총12획
情	5II	뜻	정	心-총11획
停	5급	머무를	정	人-총11획
庭	6II	뜰	정	广-총10획
:定	6급	정할	정	宀-총 8획
▸正	7II	바를	정	止-총 5획
劑	2급	약제[藥劑]	제	刀-총16획
堤	3급	둑	제	土-총12획
齊	3II	가지런할	제	齊-총14획
諸	3II	모두	제	言-총16획
:帝	4급	임금	제	巾-총 9획
:祭	4II	제사	제	示-총11획
:濟	4II	건널	제	水-총17획
提	4II	끌[提携]	제	手-총12획
除	4II	덜	제	阜-총10획
:制	4II	절제할	제	刀-총 8획
:際	4II	즈음	제	
		가[邊]	제	阜-총14획
:製	4II	지을	제	衣-총14획
題	6II	제목	제	頁-총18획
:第	6II	차례	제	竹-총11획
:弟	8급	아우	제	弓-총 7획
:釣	2급	낚을	조	
		낚시	조	金-총11획
措	2급	둘[措置]	조	手-총11획
彫	2급	새길	조	彡-총11획
:趙	2성	나라	조	走-총14획

祚	2성	복	조	示-총10획
曺	2성	성姓	조	曰-총10획
燥	3급	마를	조	火-총17획
:弔	3급	조상할	조	弓-총 4획
:照	3Ⅱ	비칠	조	火-총13획
兆	3Ⅱ	억조	조	儿-총 6획
租	3Ⅱ	조세	조	禾-총10획
條	4급	가지	조	木-총11획
潮	4급	조수潮水	조	
		밀물	조	水-총15획
組	4급	짤	조	糸-총11획
:助	4Ⅱ	도울	조	力-총 7획
鳥	4Ⅱ	새	조	鳥-총11획
:早	4Ⅱ	이를	조	日-총 6획
:造	4Ⅱ	지을	조	辶-총11획
調	5Ⅱ	고를	조	言-총15획
▸操	5급	잡을	조	手-총16획
朝	6급	아침	조	月-총12획
祖	7급	할아비	조	示-총10획
族	6급	겨레	족	方-총11획
足	7Ⅱ	발	족	足-총 7획
存	4급	있을	존	子-총 6획
尊	4Ⅱ	높을	존	寸-총12획
拙	3급	졸할	졸	手-총 8획
卒	5Ⅱ	마칠	졸	十-총 8획
綜	2급	모을	종	糸-총14획
琮	2성	옥홀	종	玉-총12획
縱	3Ⅱ	세로	종	糸-총17획
鍾	4급	쇠북[鍾=鐘]	종	金-총17획
▸從	4급	좇을	종	彳-총11획
宗	4Ⅱ	마루	종	宀-총 8획
終	5급	마칠	종	糸-총11획
▸種	5Ⅱ	씨	종	禾-총14획
:佐	3급	도울	좌	人-총 7획
:坐	3Ⅱ	앉을	좌	土-총 7획
:座	4급	자리	좌	广-총10획
:左	7Ⅱ	왼	좌	工-총 5획
:罪	5급	허물	죄	网-총13획
:駐	2급	머무를	주	馬-총15획
疇	2성	이랑	주	田-총12획
舟	3급	배	주	舟-총 6획
珠	3Ⅱ	구슬	주	玉-총10획
株	3Ⅱ	그루	주	木-총10획
柱	3Ⅱ	기둥	주	木-총 9획
洲	3Ⅱ	물가	주	水-총 9획
鑄	3Ⅱ	쇠불릴	주	金-총22획
▸奏	3Ⅱ	아뢸	주	大-총 9획
:宙	3Ⅱ	집	주	宀-총 8획
周	4급	두루	주	口-총 8획
朱	4급	붉을	주	木-총 6획
▸酒	4급	술	주	酉-총10획
走	4Ⅱ	달릴	주	走-총 7획
週	5Ⅱ	주일	주	辶-총12획
州	5Ⅱ	고을	주	巛-총 6획
晝	6급	낮	주	日-총11획
:注	6Ⅱ	부을	주	水-총 8획
:住	7급	살	주	人-총 7획
主	7급	임금	주	
		주인	주	丶-총 5획
竹	4Ⅱ	대	죽	竹-총 6획
:准	2급	비준	준	冫-총10획
:浚	2성	깊게할	준	水-총10획
:濬	2성	깊을	준	水-총17획
:埈	2성	높을	준	土-총10획
:峻	2성	높을	준	
		준엄할	준	山-총10획
:晙	2성	밝을	준	日-총11획
:駿	2성	준마	준	馬-총17획
:遵	3급	좇을	준	辶-총16획
:俊	3급	준걸	준	人-총 9획
:準	4Ⅱ	준할	준	水-총13획
▸仲	3Ⅱ	버금	중	人-총 6획
:衆	4Ⅱ	무리	중	血-총12획
:重	7급	무거울	중	里-총 9획
中	8급	가운데	중	丨-총 4획
卽	3Ⅱ	곧	즉	卩-총 9획
贈	3급	줄	증	貝-총19획
憎	3Ⅱ	미울	증	心-총15획
曾	3Ⅱ	일찍	증	曰-총12획
▸症	3Ⅱ	증세	증	疒-총10획
蒸	3Ⅱ	찔	증	艸-총14획
證	4급	증거	증	言-총19획
增	4Ⅱ	더할	증	土-총15획
脂	2급	기름	지	肉-총10획
旨	2급	뜻	지	日-총 6획
芝	2성	지초	지	艸-총 8획
址	2성	터	지	土-총 7획
只	3급	다만	지	口-총 5획
遲	3급	더딜	지	
		늦을	지	辶-총16획
枝	3Ⅱ	가지	지	木-총 8획
之	3Ⅱ	갈	지	丿-총 4획
池	3Ⅱ	못	지	水-총 6획
持	4급	가질	지	手-총 9획
誌	4급	기록할	지	言-총14획
智	4급	지혜	지	
		슬기	지	日-총12획
指	4Ⅱ	가리킬	지	手-총 9획
志	4Ⅱ	뜻	지	心-총 7획
至	4Ⅱ	이를	지	至-총 6획

한자	급수	훈	음	부수-총획
支	4Ⅱ	지탱할	지	支-총 4획
止	5급	그칠	지	止-총 4획
知	5Ⅱ	알	지	矢-총 8획
地	7급	땅[따]	지	土-총 6획
紙	7급	종이	지	糸-총10획
稙	2성	올벼	직	禾-총13획
稷	2성	피[穀名]	직	禾-총15획
織	4급	짤	직	糸-총18획
職	4Ⅱ	직분	직	耳-총18획
直	7Ⅱ	곧을	직	目-총 8획
▸津	2급	나루	진	水-총 9획
診	2급	진찰할	진	言-총12획
塵	2급	티끌	진	土-총14획
秦	2성	성姓	진	禾-총10획
ː晋	2성	진나라	진	日-총10획
ː振	3Ⅱ	떨칠	진	手-총10획
▸陳	3Ⅱ	베풀	진	
		묵을	진	阜-총11획
辰	3Ⅱ	별	진	
		때	신	辰-총 7획
ː震	3Ⅱ	우레	진	雨-총15획
▸鎭	3Ⅱ	진압할	진	金-총18획
ː盡	4급	다할	진	皿-총14획
珍	4급	보배	진	玉-총 9획
陣	4급	진칠	진	阜-총10획
ː進	4Ⅱ	나아갈	진	辶-총12획
眞	4Ⅱ	참	진	目-총10획
窒	2급	막힐	질	穴-총11획
姪	3급	조카	질	女-총 9획
疾	3Ⅱ	병	질	疒-총10획
秩	3Ⅱ	차례	질	禾-총10획
質	5Ⅱ	바탕	질	貝-총15획
輯	2급	모을	집	車-총16획

한자	급수	훈	음	부수-총획
執	3Ⅱ	잡을	집	土-총11획
集	6Ⅱ	모을	집	隹-총12획
懲	3급	징계할	징	心-총19획
徵	3Ⅱ	부를	징	彳-총15획

배정한자

한자	급수	훈	음	부수-총획
▸遮	2급	가릴	차	辶-총15획
ː且	3급	또	차	一-총 5획
ː借	3Ⅱ	빌	차	
		빌릴	차	人-총10획
此	3Ⅱ	이	차	止-총 6획
差	4급	다를	차	工-총10획
次	4Ⅱ	버금	차	欠-총 6획
捉	3급	잡을	착	手-총10획
錯	3Ⅱ	어긋날	착	金-총16획
着	5Ⅱ	붙을	착	目-총12획
餐	2급	밥	찬	食-총16획
鑽	2성	뚫을	찬	金-총27획
ː燦	2성	빛날	찬	火-총17획
ː璨	2성	옥빛	찬	玉-총17획
瓚	2성	옥잔	찬	玉-총23획
ː贊	3Ⅱ	도울	찬	貝-총19획
ː讚	4급	기릴	찬	言-총26획
刹	2급	절	찰	刀-총 8획
札	2급	편지	찰	木-총 5획
察	4Ⅱ	살필	찰	宀-총14획
▸斬	2급	벨	참	斤-총11획
慙	3급	부끄러울	참	心-총15획
慘	3급	참혹할	참	心-총14획
參	5Ⅱ	참여할	참	
		갖은석	삼	厶-총11획

한자	급수	훈	음	부수-총획
彰	2급	드러날	창	彡-총14획
滄	2급	큰바다	창	水-총13획
敞	2성	시원할	창	攴-총12획
ː昶	2성	해길	창	日-총 9획
ː暢	3급	화창할	창	日-총14획
▸倉	3Ⅱ	곳집	창	人-총10획
▸昌	3Ⅱ	창성할	창	日-총 8획
蒼	3Ⅱ	푸를	창	艸-총14획
ː創	4Ⅱ	비롯할	창	刀-총12획
ː唱	5급	부를	창	口-총11획
窓	6Ⅱ	창	창	穴-총11획
ː埰	2성	사패지賜牌地	채	土-총11획
ː蔡	2성	성姓	채	艸-총15획
ː采	2성	풍채	채	釆-총 8획
ː菜	3Ⅱ	나물	채	艸-총12획
ː債	3Ⅱ	빚	채	人-총13획
ː彩	3Ⅱ	채색	채	彡-총11획
ː採	4급	캘	채	手-총11획
策	3Ⅱ	꾀	책	竹-총12획
冊	4급	책	책	冂-총 5획
責	5Ⅱ	꾸짖을	책	貝-총11획
ː悽	2급	슬퍼할	처	心-총11획
妻	3Ⅱ	아내	처	女-총 8획
ː處	4Ⅱ	곳	처	虍-총11획
隻	2급	외짝	척	隹-총10획
陟	2성	오를	척	阜-총10획
斥	3급	물리칠	척	斤-총 5획
拓	3Ⅱ	넓힐	척	
		박을[拓本]	탁	手-총 8획
尺	3Ⅱ	자	척	尸-총 4획
戚	3Ⅱ	친척	척	戈-총11획
釧	2성	팔찌	천	金-총11획
ː薦	3급	천거할	천	艸-총17획

:踐	3Ⅱ	밟을	천	足-총15획
:淺	3Ⅱ	얕을	천	水-총11획
:遷	3Ⅱ	옮길	천	辶-총16획
:賤	3Ⅱ	천할	천	貝-총15획
泉	4급	샘	천	水-총 9획
川	7급	내	천	巛-총 3획
千	7급	일천	천	十-총 3획
天	7급	하늘	천	大-총 4획
撤	2급	거둘	철	手-총15획
澈	2성	맑을	철	水-총15획
喆	2성	밝을 쌍길[吉]	철 철	口-총12획
哲	3Ⅱ	밝을	철	口-총10획
徹	3Ⅱ	통할	철	彳-총15획
鐵	5급	쇠	철	金-총21획
瞻	2성	볼	첨	目-총18획
添	3급	더할	첨	水-총11획
尖	3급	뾰족할	첨	小-총 6획
諜	2급	염탐할	첩	言-총16획
妾	3급	첩	첩	女-총 8획
晴	3급	갤	청	日-총12획
廳	4급	관청	청	广-총25획
聽	4급	들을	청	耳-총22획
請	4Ⅱ	청할	청	言-총15획
淸	6Ⅱ	맑을	청	水-총11획
靑	8급	푸를	청	靑-총 8획
締	2급	맺을	체	糸-총15획
遞	3급	갈릴	체	辶-총14획
替	3급	바꿀	체	曰-총12획
逮	3급	잡을	체	辶-총12획
滯	3Ⅱ	막힐	체	水-총14획
體	6Ⅱ	몸	체	骨-총23획
哨	2급	망볼	초	口-총10획
焦	2급	탈[焦燥]	초	火-총12획
楚	2성	초나라	초	木-총13획
秒	3급	분초	초	禾-총 9획
抄	3급	뽑을	초	手-총 7획
肖	3Ⅱ	닮을 같을	초 초	肉-총 7획
超	3Ⅱ	뛰어넘을	초	走-총12획
礎	3Ⅱ	주춧돌	초	石-총18획
招	4급	부를	초	手-총 8획
初	5급	처음	초	刀-총 7획
草	7급	풀	초	艸-총10획
蜀	2성	나라이름	촉	虫-총13획
燭	3급	촛불	촉	火-총17획
觸	3Ⅱ	닿을	촉	角-총20획
促	3Ⅱ	재촉할	촉	人-총 9획
:村	7급	마을	촌	木-총 7획
:寸	8급	마디	촌	寸-총 3획
聰	3급	귀밝을	총	耳-총17획
:總	4Ⅱ	다[皆]	총	糸-총17획
銃	4Ⅱ	총	총	金-총14획
崔	2성	성[姓] 높을	최 최	山-총11획
:催	3Ⅱ	재촉할	최	人-총13획
:最	5급	가장	최	曰-총12획
趨	2급	달아날	추	走-총17획
楸	2성	가래	추	木-총13획
鄒	2성	추나라	추	邑-총13획
抽	3급	뽑을	추	手-총 8획
醜	3급	추할	추	酉-총17획
追	3Ⅱ	쫓을 따를	추 추	辶-총10획
推	4급	밀	추	手-총11획
秋	7급	가을	추	禾-총 9획
軸	2급	굴대	축	車-총12획
蹴	2급	찰[蹴球]	축	足-총19획
丑	3급	소	축	一-총 4획
逐	3급	쫓을	축	辶-총11획
畜	3Ⅱ	짐승	축	田-총10획
縮	4급	줄일	축	糸-총17획
蓄	4Ⅱ	모을	축	艸-총14획
築	4Ⅱ	쌓을	축	竹-총16획
祝	5급	빌[祝福]	축	示-총10획
椿	2성	참죽나무	춘	木-총13획
春	7급	봄	춘	日-총 9획
出	7급	날[生]	출	凵-총 5획
衷	2급	속마음	충	衣-총10획
沖	2성	화할[沖=冲]	충	水-총 7획
衝	3Ⅱ	찌를	충	行-총15획
蟲	4Ⅱ	벌레	충	虫-총18획
忠	4Ⅱ	충성	충	心-총 8획
充	5Ⅱ	채울[=充5획]	충	儿-총 6획
:炊	2급	불땔	취	火-총 8획
:聚	2성	모을	취	耳-총14획
:臭	3급	냄새	취	自-총10획
:吹	3Ⅱ	불[鼓吹]	취	口-총 7획
:醉	3Ⅱ	취할	취	酉-총15획
:就	4급	나아갈	취	尢-총12획
:趣	4급	뜻	취	走-총15획
:取	4Ⅱ	가질	취	又-총 8획
側	3Ⅱ	곁	측	人-총11획
測	4Ⅱ	헤아릴	측	水-총12획
層	4급	층[層樓]	층	尸-총15획
雉	2성	꿩	치	隹-총13획
峙	2성	언덕	치	山-총 9획
値	3Ⅱ	값	치	人-총10획
恥	3Ⅱ	부끄러울	치	心-총10획

稚	3Ⅱ	어릴	치	禾-총13획
治	4Ⅱ	다스릴	치	水-총 8획
:置	4Ⅱ	둘[措置]	치	网-총13획
齒	4Ⅱ	이	치	齒-총15획
:致	5급	이를	치	至-총10획
則	5급	법칙	칙	
		곧	즉	刀-총 9획
親	6급	친할	친	見-총16획
漆	3Ⅱ	옻	칠	水-총14획
七	8급	일곱	칠	一-총 2획
:枕	3급	베개	침	木-총 8획
:浸	3Ⅱ	잠길	침	水-총10획
▸沈	3Ⅱ	잠길	침	
		성姓	심	水-총 7획
▸針	4급	바늘	침	金-총10획
:寢	4급	잘	침	宀-총14획
侵	4Ⅱ	침노할	침	人-총 9획
稱	4급	일컬을	칭	禾-총14획

배정한자 ㅋ

快	4Ⅱ	쾌할	쾌	心-총 7획

배정한자 ㅌ

:墮	3급	떨어질	타	土-총15획
:妥	3급	온당할	타	女-총 7획
他	5급	다를	타	人-총 5획
:打	5급	칠	타	手-총 5획
琢	2급	다듬을	탁	玉-총12획
託	2급	부탁할	탁	言-총10획
托	3급	맡길	탁	手-총 6획
濯	3급	씻을	탁	水-총17획
濁	3급	흐릴	탁	水-총16획
卓	5급	높을	탁	十-총 8획
灘	2성	여울	탄	水-총22획
:誕	3급	낳을	탄	
		거짓	탄	言-총14획
:歎	4급	탄식할	탄	欠-총15획
:彈	4급	탄알	탄	弓-총15획
:炭	5급	숯	탄	火-총 9획
奪	3Ⅱ	빼앗을	탈	大-총14획
脫	4급	벗을	탈	肉-총11획
耽	2성	즐길	탐	耳-총10획
貪	3급	탐낼	탐	貝-총11획
探	4급	찾을	탐	手-총11획
塔	3Ⅱ	탑	탑	土-총13획
:湯	3Ⅱ	끓을	탕	水-총12획
胎	2급	아이밸	태	肉-총 9획
颱	2급	태풍	태	風-총14획
兌	2성	바꿀	태	
		기쁠[悅]	태	儿-총 7획
台	2성	별	태	口-총 5획
怠	3급	게으를	태	心-총 9획
殆	3Ⅱ	거의	태	歹-총 9획
泰	3Ⅱ	클	태	水-총10획
:態	4Ⅱ	모습	태	心-총14획
太	6급	클	태	大-총 4획
澤	3Ⅱ	못	택	水-총16획
擇	4급	가릴	택	手-총16획
宅	5Ⅱ	집	택	
		집	댁	宀-총 6획
兔	3Ⅱ	토끼	토	儿-총 7획
▸吐	3Ⅱ	토할	토	口-총 6획
▸討	4급	칠[討伐]	토	言-총10획
土	8급	흙	토	土-총 3획
:痛	4급	아플	통	疒-총12획
:統	4Ⅱ	거느릴	통	糸-총12획
通	6급	통할	통	辶-총11획
:退	4Ⅱ	물러날	퇴	辶-총10획
透	3Ⅱ	사무칠	투	辶-총11획
投	4급	던질	투	手-총 7획
鬪	4급	싸움	투	鬥-총20획
特	6급	특별할	특	牛-총10획

배정한자 ㅍ

坡	2성	언덕	파	土-총 8획
:罷	3급	마칠	파	网-총15획
▸播	3급	뿌릴	파	手-총15획
頗	3급	자못	파	頁-총14획
:把	3급	잡을	파	手-총 7획
派	4급	갈래	파	水-총 9획
:破	4Ⅱ	깨뜨릴	파	石-총10획
波	4Ⅱ	물결	파	水-총 8획
阪	2성	언덕	판	阜-총 7획
販	3급	팔[販賣]	판	貝-총11획
版	3Ⅱ	판목	판	片-총 8획
判	4급	판단할	판	刀-총 7획
板	5급	널	판	木-총 8획
八	8급	여덟	팔	八-총 2획
:霸	2급	으뜸[霸=覇]	패	雨-총21획
:貝	3급	조개	패	貝-총 7획
:敗	5급	패할	패	攴-총11획
彭	2성	성姓	팽	彡-총12획
扁	2성	작을	편	戶-총 9획
遍	3급	두루	편	辶-총13획
編	3Ⅱ	엮을	편	糸-총15획
▸片	3Ⅱ	조각	편	片-총 4획
偏	3Ⅱ	치우칠	편	人-총11획
篇	4급	책	편	竹-총15획

한자	급수	훈	음	부수·획수
▸便	7급	편할	편	※'편'만 장단음
		똥오줌	변	人-총 9획
坪	2급	들[野]	평	土-총 8획
:評	4급	평할	평	言-총12획
平	7Ⅱ	평평할	평	干-총 5획
:蔽	3급	덮을	폐	艸-총16획
:幣	3급	화폐	폐	巾-총15획
:弊	3Ⅱ	폐단	폐	
		해질	폐	廾-총15획
:廢	3Ⅱ	폐할	폐	
		버릴	폐	广-총15획
:肺	3Ⅱ	허파	폐	肉-총 8획
:閉	4급	닫을	폐	門-총11획
:抛	2급	던질	포	手-총 8획
怖	2급	두려워할	포	心-총 8획
鋪	2급	펼	포	
		가게	포	金-총15획
:鮑	2성	절인물고기	포	魚-총16획
葡	2성	포도	포	艸-총13획
浦	3Ⅱ	개[水邊]	포	水-총10획
:捕	3Ⅱ	잡을	포	手-총10획
:飽	3급	배부를	포	食-총14획
:抱	3급	안을	포	手-총 8획
:砲	4Ⅱ	대포	포	石-총10획
▸布	4Ⅱ	베[펼]	포	
		보시	보	巾-총 5획
▸胞	4급	세포	포	肉-총 9획
▸包	4Ⅱ	쌀[包裹]	포	勹-총 5획
幅	3급	폭	폭	巾-총12획
爆	4급	불터질	폭	火-총19획
▸暴	4Ⅱ	사나울	폭	※'포'만 장음
		모질	포	日-총15획
杓	2성	북두자루	표	木-총 7획
漂	3급	떠다닐	표	水-총14획
標	4급	표할	표	木-총15획
票	4Ⅱ	표	표	示-총11획
表	6Ⅱ	겉	표	衣-총 8획
:品	5Ⅱ	물건	품	口-총 9획
楓	3Ⅱ	단풍	풍	木-총13획
豐	4Ⅱ	풍년	풍	豆-총13획
風	6Ⅱ	바람	풍	風-총 9획
皮	3Ⅱ	가죽	피	皮-총 5획
:被	3Ⅱ	입을	피	衣-총10획
:彼	3Ⅱ	저	피	彳-총 8획
疲	4급	피곤할	피	疒-총10획
:避	4급	피할	피	辶-총17획
弼	2성	도울	필	弓-총12획
匹	3급	짝	필	匸-총 4획
畢	3Ⅱ	마칠	필	田-총11획
必	5Ⅱ	반드시	필	心-총 5획
筆	5Ⅱ	붓	필	竹-총12획

배정한자 ㅎ

한자	급수	훈	음	부수·획수
▸荷	3Ⅱ	멜	하	艸-총11획
何	3Ⅱ	어찌	하	人-총 7획
:賀	3Ⅱ	하례할	하	貝-총12획
河	5급	물	하	水-총 8획
:下	7Ⅱ	아래	하	一-총 3획
:夏	7급	여름	하	夊-총10획
虐	2급	모질	학	虍-총 9획
鶴	3Ⅱ	학	학	鳥-총21획
學	8급	배울	학	子-총16획
:翰	2급	편지	한	羽-총16획
邯	2성	趙나라서울	한	
		사람이름	감	邑-총 8획
:旱	3급	가물	한	日-총 7획
▸汗	3Ⅱ	땀	한	水-총 6획
:恨	4급	한[怨恨]	한	心-총 9획
閑	4급	한가할	한	門-총12획
:限	4Ⅱ	한할	한	阜-총 9획
寒	5급	찰	한	宀-총12획
:漢	7Ⅱ	한수	한	
		한나라	한	水-총14획
▸韓	8급	나라	한	
		한국	한	韋-총17획
割	3Ⅱ	벨	할	刀-총12획
:艦	2급	큰배	함	舟-총20획
咸	3급	다[모두]	함	口-총 9획
含	3Ⅱ	머금을	함	口-총 7획
:陷	3Ⅱ	빠질	함	阜-총11획
合	6급	합할	합	口-총 6획
:沆	2성	넓을	항	水-총 7획
亢	2성	높을	항	亠-총 4획
:巷	3급	거리	항	己-총 9획
:項	3Ⅱ	항목	항	頁-총12획
恒	3Ⅱ	항상	항	心-총 9획
:抗	4급	겨룰	항	手-총 7획
:航	4Ⅱ	배	항	舟-총10획
:港	4Ⅱ	항구	항	水-총12획
該	3급	갖출[備]	해	
		마땅[該當]	해	言-총13획
亥	3급	돼지	해	亠-총 6획
奚	3급	어찌	해	大-총10획
:解	4Ⅱ	풀	해	角-총13획
:害	5Ⅱ	해할	해	宀-총10획
:海	7Ⅱ	바다	해	水-총10획
核	4급	씨	핵	木-총10획
:杏	2성	살구	행	木-총 7획
▸行	6급	다닐	행	※'행'만 장단음
		항렬	항	行-총 6획

한자	급수	훈	음	부수-획수
:幸	6II	다행	행	干-총 8획
:享	3급	누릴	향	亠-총 8획
:響	3II	울릴	향	音-총22획
鄕	4II	시골	향	邑-총13획
香	4II	향기	향	香-총 9획
:向	6급	향할	향	口-총 6획
虛	4II	빌	허	虍-총12획
許	5급	허락할	허	言-총11획
軒	3급	집	헌	車-총10획
:獻	3II	드릴	헌	犬-총20획
:憲	4급	법	헌	心-총16획
:驗	4II	시험	험	馬-총23획
:險	4급	험할	험	阜-총16획
爀	2성	불빛	혁	火-총18획
赫	2성	빛날	혁	赤-총14획
革	4급	가죽	혁	革-총 9획
弦	2급	시위	현	弓-총 8획
:峴	2성	고개	현	山-총10획
:炫	2성	밝을	현	火-총 9획
鉉	2성	솥귀	현	金-총13획
:縣	3급	고을	현	糸-총16획
絃	3급	줄	현	糸-총11획
玄	3II	검을	현	玄-총 5획
:懸	3II	달[懸繫]	현	心-총20획
:顯	4급	나타날	현	頁-총23획
賢	4II	어질	현	貝-총15획
:現	6II	나타날	현	玉-총11획
穴	3II	굴	혈	穴-총 5획
血	4II	피	혈	血-총 6획
嫌	3급	싫어할	혐	女-총13획
峽	2급	골짜기	협	山-총10획
陜	2성	좁을	협	
		땅이름	합	阜-총10획
脅	3II	위협할	협	肉-총10획
協	4II	화할	협	十-총 8획
型	2급	모형	형	土-총 9획
馨	2성	꽃다울	형	香-총20획
:瀅	2성	물맑을	형	水-총18획
瑩	2성	밝을	형	
		옥돌	영	玉-총15획
炯	2성	빛날	형	火-총 9획
邢	2성	성[姓]	형	邑-총 7획
螢	3급	반딧불	형	虫-총16획
亨	3급	형통할	형	亠-총 7획
衡	3II	저울대	형	行-총16획
刑	4급	형벌	형	刀-총 6획
形	6II	모양	형	彡-총 7획
兄	8급	형	형	儿-총 5획
兮	3급	어조사	혜	八-총 4획
:慧	3II	슬기로울	혜	心-총15획
:惠	4II	은혜	혜	心-총12획
濠	2급	호주	호	水-총17획
:澔	2성	넓을	호	水-총15획
:扈	2성	따를	호	戶-총11획
:晧	2성	밝을	호	日-총11획
祜	2성	복[福]	호	示-총10획
:昊	2성	하늘	호	日-총 8획
壕	2성	해자	호	土-총17획
:鎬	2성	호경	호	金-총18획
皓	2성	흴[白]	호	白-총12획
:互	3급	서로	호	二-총 4획
乎	3급	어조사	호	丿-총 5획
毫	3급	터럭	호	毛-총11획
:浩	3II	넓을	호	水-총10획
胡	3II	되[狄]	호	肉-총 9획
▸虎	3II	범	호	虍-총 8획
豪	3II	호걸	호	豕-총14획
:護	4II	도울	호	言-총21획
呼	4II	부를	호	口-총 8획
:好	4II	좋을	호	女-총 6획
:戶	4II	집	호	戶-총 4획
湖	5급	호수	호	水-총12획
▸號	6급	이름	호	虍-총13획
酷	2급	심할	혹	酉-총14획
惑	3II	미혹할	혹	心-총12획
或	4급	혹	혹	戈-총 8획
昏	3급	어두울	혼	日-총 8획
魂	3II	넋	혼	鬼-총14획
:混	4급	섞을	혼	水-총11획
婚	4급	혼인할	혼	女-총11획
忽	3II	갑자기	홀	心-총 8획
泓	2성	물깊을	홍	水-총 8획
弘	3급	클	홍	弓-총 5획
鴻	3급	기러기	홍	鳥-총17획
洪	3II	넓을	홍	
		큰물	홍	水-총 9획
紅	4급	붉을	홍	糸-총 9획
靴	2급	신[履, 鞋]	화	革-총13획
樺	2성	벗나무	화	
		자작나무	화	木-총16획
嬅	2성	탐스러울	화	女-총15획
禾	3급	벼	화	禾-총 5획
:禍	3II	재앙	화	示-총14획
華	4급	빛날	화	艸-총12획
:貨	4II	재물	화	貝-총11획
▸化	5II	될	화	匕-총 4획
▸畫	6급	그림[畵]	화	※'화'만 장음
		그을[劃]	획	田-총13획
和	6II	화할	화	口-총 8획
花	7급	꽃	화	艸-총 8획

話	7Ⅱ	말씀	화	言-총13획
▸火	8급	불	화	火-총 4획
穫	3급	거둘	확	禾-총19획
擴	3급	넓힐	확	手-총18획
確	4Ⅱ	굳을	확	石-총15획
ː幻	2급	헛보일	환	幺-총 4획
桓	2성	굳셀	환	木-총10획
ː煥	2성	빛날	환	火-총13획
丸	3급	둥글	환	丶-총 3획
還	3Ⅱ	돌아올	환	辶-총17획
ː換	3Ⅱ	바꿀	환	手-총12획
▸環	4급	고리	환	玉-총17획
歡	4급	기쁠	환	欠-총22획
ː患	5급	근심	환	心-총11획
滑	2급	미끄러울	활	
		익살스러울	골	水-총13획
活	7Ⅱ	살[生活]	활	水-총 9획
滉	2성	깊을	황	水-총13획
晃	2성	밝을	황	日-총10획
荒	3Ⅱ	거칠	황	艸-총10획
皇	3Ⅱ	임금	황	白-총 9획
ː況	4급	상황	황	水-총 8획
黃	6급	누를	황	黃-총12획
廻	2급	돌[旋]	회	廴-총 9획
淮	2성	물이름	회	水-총11획
ː檜	2성	전나무	회	木-총17획
灰	4급	재	회	火-총 6획
ː悔	3Ⅱ	뉘우칠	회	心-총10획
懷	3Ⅱ	품을	회	心-총19획
回	4Ⅱ	돌아올	회	口-총 6획
ː會	6Ⅱ	모일	회	日-총13획
劃	3Ⅱ	그을	획	刀-총14획
獲	3Ⅱ	얻을	획	犬-총17획
橫	3Ⅱ	가로	횡	木-총16획
ː曉	3급	새벽	효	日-총16획
ː效	5Ⅱ	본받을	효	攴-총10획
ː孝	7Ⅱ	효도	효	子-총 7획
喉	2급	목구멍	후	口-총12획
ː后	2성	임금	후	
		왕후	후	口-총 6획
侯	3급	제후	후	人-총 9획
ː候	4급	기후	후	人-총10획
ː厚	4급	두터울	후	厂-총 9획
ː後	7Ⅱ	뒤	후	彳-총 9획
勳	2급	공[功]	훈	力-총16획
熏	2성	불길	훈	火-총14획
壎	2성	질나팔	훈	土-총17획
薰	2성	향풀	훈	艸-총18획
ː訓	6급	가르칠	훈	言-총10획
ː毁	3급	헐	훼	殳-총13획
徽	2성	아름다울	휘	彳-총17획
輝	3급	빛날	휘	車-총15획
揮	4급	휘두를	휘	手-총12획
烋	2성	아름다울	휴	火-총10획
携	3급	이끌	휴	手-총13획
休	7급	쉴	휴	人-총 6획
匈	2성	오랑캐	흉	勹-총 6획
胸	3Ⅱ	가슴	흉	肉-총10획
凶	5Ⅱ	흉할	흉	凵-총 4획
黑	5급	검을	흑	黑-총12획
欽	2성	공경할	흠	欠-총12획
吸	4Ⅱ	마실	흡	口-총 7획
▸興	4Ⅱ	일[興盛]	흥	臼-총16획
姬	2급	계집	희	女-총 9획
熙	2급	빛날	희	火-총13획
噫	2급	한숨쉴	희	口-총16획
憙	2성	기뻐할	희	心-총16획
禧	2성	복[福]	희	示-총17획
羲	2성	복희[伏羲]	희	羊-총16획
熹	2성	빛날	희	火-총16획
嬉	2성	아름다울	희	女-총15획
戲	3Ⅱ	놀이	희	戈-총17획
稀	3Ⅱ	드물	희	禾-총12획
喜	4급	기쁠	희	口-총12획
希	4Ⅱ	바랄	희	巾-총 7획

ː 표는 첫 음절에서 길게 발음되는 한자이며, ▸ 표는 첫 음절에서 한자어에 따라 길게, 또는 짧게 발음되는 한자입니다.

한자능력검정시험 **2**급

쓰기연습

학습도움

쓰기연습 안내

① 쓰기연습은 한자능력검정 기본서 학습을 보충하기 위하여 엮은 한자 쓰기 연습 교재입니다.
② 아래 설명에 따라 충실히 학습한다면 아름답고 바른 글씨는 물론, 한자의 바른 이해를 구하는 데 많은 도움이 될 것입니다.

학습방법

① 먼저 기본서를 학습도움 설명에 따라 충분히 학습하여야 합니다.
② 기본서에 수록된 평가문제를 학습하기에 앞서, 본 쓰기연습을 학습하면 복습의 효과가 있습니다.
③ 한자를 쓰는 과정에서 그 한자와 관련된 한자어를 연상하여 그 뜻을 헤아려 본다면 더 없이 좋은 학습이 될 것입니다.
④ 쓰기연습을 학습할 때에는 한 번에 4자를 쓰기보다는, 2자씩 아래로 나누어 내려쓰는 것이 바람직합니다.

✔ 2급 쓰기연습은 3급 배정한자(1,817)를 제외한 2급 신습 배정한자(538자)를 2급 기본서의 본문학습 순서에 따라 실은 것입니다.

☆표는 人名·地名用 漢字임

1 ~ 3

准	脂
准(비준 준)(冫)	脂(기름 지)(肉)
孃	峻
孃(아가씨 양)(女)	峻(높을 준)(山)☆
俳	蘆
俳(배우 배)(人)	蘆(갈대 로)(艸)☆
荀	殷
荀(풀이름 순)(艸)☆	殷(은나라 은)(殳)☆
釜	祚
釜(가마 부)(金)☆	祚(복 조)(示)☆
耀	桀
耀(빛날 요)(羽)☆	桀(하왕이름 걸)(木)☆
耆	峽
耆(늙을 기)(老)☆	峽(골짜기 협)(山)
陟	娩
陟(오를 척)(阜)☆	娩(낳을 만)(女)
唆	匪
唆(부추길 사)(口)	匪(비적 비)(匚)
託	倭
託(부탁할 탁)(言)	倭(왜나라 왜)(人)☆

「釜(가마 부)」에서 「가마」는 「가마솥」을 이르는 말이다.

3 ~ 5

昊

昊 (하늘 호) (日)☆

珪

珪 (홀 규) (玉)☆

祐

祐 (복 우) (示)☆

馨

馨 (꽃다울 형) (香)☆

衷

衷 (속마음 충) (衣)

雌

雌 (암컷 자) (隹)

蠶

蠶 (누에 잠) (虫)

旁

旁 (곁 방) (方)☆

埈

埈 (높을 준) (土)☆

峴

峴 (고개 현) (山)☆

珣

珣 (옥이름 순) (玉)☆

陜

陜 (땅이름 섬) (阜)☆

倂

倂 (아우를 병) (人)

隻

隻 (외짝 척) (隹)

紊

紊 (어지러울 문) (糸)

礪

礪 (숫돌 려) (石)☆

烋

烋 (아름다울 휴) (火)☆

秦

秦 (성 진) (禾)☆

浚

浚 (깊게할 준) (水)☆

袁

袁 (성 원) (衣)☆

「珪 (홀 규)」에서 「홀」은 「조선시대에, 벼슬아치가 임금을 만날 때에 손에 쥐던 물건」을 말함.

6 ~ 8

哨	哨 (망볼 초) (口)
潭	潭 (못 담) (水)
紡	紡 (길쌈 방) (糸)
耽	耽 (즐길 탐) (耳)☆
桓	桓 (굳셀 환) (木)☆
邕	邕 (막힐 옹) (邑)☆
曺	曺 (성 조) (曰)☆
祜	祜 (복 호) (示)☆
艦	艦 (큰배 함) (舟)
俸	俸 (녹 봉) (人)
掘	掘 (팔 굴) (手)
埃	埃 (티끌 애) (土)☆
珥	珥 (귀고리 이) (玉)☆
晋	晋 (진나라 진) (日)☆
晃	晃 (밝을 황) (日)☆
淵	淵 (못 연) (水)☆
赦	赦 (용서할 사) (赤)
弦	弦 (시위 현) (弓)
鷗	鷗 (갈매기 구) (鳥)
卨	卨 (사람이름 설) (卜)☆

「俸(녹 봉)」에서 「녹」은 「벼슬아치에게 연봉年俸으로 주는 곡식·피륙·돈」 따위를 이르는 말.

8 ~ 10

冕	崙
冕 (면류관 면) (冂)☆	崙 (산이름 륜) (山)☆
旌	淮
旌 (기 정) (方)☆	淮 (물이름 회) (水)☆
翊	釣
翊 (도울 익) (羽)☆	釣 (낚을 조) (金)
倻	紹
倻 (가야 야) (人)☆	紹 (이을 소) (糸)
彫	窒
彫 (새길 조) (彡)	窒 (막힐 질) (穴)
斬	崗
斬 (벨 참) (斤)	崗 (언덕 강)) (山) ☆
悼	埰
悼 (슬퍼할 도) (心)	埰 (사패지 채) (土)☆
珽	釧
珽 (옥이름 정) (玉)☆	釧 (팔찌 천) (金)☆
皐	淇
皐 (언덕 고) (白)☆	淇 (물이름 기) (水)☆
莞	彬
莞 (빙그레할 완) (艸)☆	彬 (빛날 빈) (彡)☆

「埰(사패지 채)」자의 「사패지」는 「(고려・조선 때) 임금이 왕족이나 공신에게 내려 준 논밭」을 이르는 말.

11 ~ 13

魔	舶
魔(마귀 마)(鬼)	舶(배 박)(舟)
紳	晟
紳(띠 신)(糸)	晟(밝을 성)(日)☆
圈	扈
圈(우리 권)(口)	扈(따를 호)(戶)☆
晧	覓
晧(밝을 호)(日)☆	覓(찾을 멱)(見)☆
崔	喆
崔(성 최)(山)☆	喆(밝을 철)(口)☆
惇	庾
惇(도타울 돈)(心)☆	庾(곳집 유)(广)☆
巢	尉
巢(새집 소)(巛)☆	尉(벼슬 위)(寸)
淳	措
淳(순박할 순)(水)☆	措(둘 조)(手)
偵	梧
偵(염탐할 정)(人)	梧(오동나무 오)(木)
盾	馮
盾(방패 순)(目)	馮(탈 빙, 성 풍)(馬)☆

「圈(우리 권)」에서 「우리」는 「짐승을 가두어 두거나 기르는 곳」을 이르는 말이다.

13 ~ 15

琦 (옥이름 기) (玉)☆

悳 (큰 덕) (心)☆

揆 (헤아릴 규) (手)☆

欽 (공경할 흠) (欠)☆

軸 (굴대 축) (車)

雇 (품팔 고) (隹)

焦 (탈 초) (火)

軻 (수레 가) (車)☆

敞 (시원할 창) (攴)☆

媛 (계집 원) (女)☆

舒 (펼 서) (舌)☆

舜 (순임금 순) (舛)☆

籠 (대바구니 롱) (竹)

硫 (유황 류) (石)

貰 (세놓을 세) (貝)

皓 (흴 호) (白)☆

鈗 (창 윤) (金)☆

琯 (옥피리 관) (玉)☆

傅 (스승 부) (人)☆

彭 (성 팽) (彡)☆

「軸(굴대 축)」에서 「굴대」는 「바퀴의 가운데 구멍에 끼우는 긴 나무 막대나 쇠막대」를 이르는 말.

16 ~ 18

插				
插(꽂을 삽)(手)				
帽				
帽(모자 모)(巾)				
菓				
菓(과자 과)(艸)				
琪				
琪(아름다운옥 기)(玉)☆				
堯				
堯(요임금 요)(土)☆				
弼				
弼(도울 필)(弓)☆				
滋				
滋(불을 자)(水)☆				
疇				
疇(이랑 주)(田)☆				
傀				
傀(허수아비 괴)(人)				
殖				
殖(불릴 식)(歹)				

揭				
揭(높이들 게)(手)				
晶				
晶(맑을 정)(日)☆				
渤				
渤(바다이름 발)(水)☆				
閔				
閔(성 민)(門)☆				
渭				
渭(물이름 위)(水)☆				
萊				
萊(명아주 래)(艸)☆				
傘				
傘(우산 산)(人)				
腎				
腎(콩팥 신)(肉)				
柏				
柏=栢(측백 백)(木)				
隋				
隋(수나라 수)(阜)☆				

「滋(불을 자)」자의 「불을」은 「붇다, 번식하다, 더욱 번성하다」 등의 뜻을 이르는 말이다.

18 ~ 20

湍

湍(여울 단)(水)☆

筏

筏(뗏목 벌)(竹)☆

晳

晳(밝을 석)(日)☆

灘

灘(여울 탄)(水)☆

爛

爛(빛날 란)(火)

款

款(항목 관)(欠)

棟

棟(마룻대 동)(木)

湜

湜(물맑을 식)(水)☆

琮

琮(옥홀 종)(玉)☆

鉉

鉉(솥귀 현)(金)☆

鄒

鄒(추나라 추)(邑)☆

蜀

蜀(나라이름 촉)(虫)☆

診

診(진찰할 진)(言)

握

握(쥘 악)(手)

棋

棋(바둑 기)(木)

瑟

瑟(큰거문고 슬)(玉)☆

雉

雉(꿩 치)(隹)☆

滉

滉(깊을 황)(水)☆

暎

暎(비칠 영)(日)☆

煜

煜(빛날 욱)(火)☆

「鉉(솥귀 현)」자의 「솥귀」는 「옛날 솥의 운두 위로 두 귀처럼 뾰족하게 돋친 것」을 이르는 말이다.

21 ~ 23

汎					礙				
汎 (넓을 범) (水)					礙 (거리낄 애) (石)				
絞					葡				
絞 (목맬 교) (糸)					葡 (포도 포) (艸)☆				
煉					楞				
煉 (달굴 련) (火)					楞 (네모질 릉) (木)☆				
楡					麟				
楡 (느릅나무 유) (木)☆					麟 (기린 린) (鹿)☆				
鈺					椿				
鈺 (보배 옥) (金)☆					椿 (참죽나무 춘) (木)☆				
溶					塘				
溶 (녹을 용) (水)☆					塘 (못 당) (土)☆				
頊					憩				
頊 (삼갈 욱) (頁)☆					憩 (쉴 게) (心)				
瑗					艇				
瑗 (구슬 원) (玉)☆					艇 (배 정) (舟)				
窟					裸				
窟 (굴 굴) (穴)					裸 (벗을 라) (衣)				
預					煥				
預 (맡길 예) (頁)					煥 (빛날 환) (火)☆				

「窟(굴 굴)」자의 「굴」은 「땅이나 바위가 안으로 깊숙이 패어 들어간 곳」을 이르는 말이다.

23 ~ 25

瑄	楚
瑄(도리옥 선)(玉)☆	楚(초나라 초)(木)☆
楨	董
楨(광나무 정)(木)☆	董(바를 동)(艸)☆
楸	滄
楸(가래 추)(木)☆	滄(큰바다 창)(水)
頓	傭
頓(조아릴 돈)(頁)☆	傭(품팔 용)(人)
痲	滑
痲(저릴 마)(疒)	滑(미끄러울 활, 익살스러울 골)(水)
熙	塏
熙(빛날 희)(火)	塏(높은땅 개)(土)☆
靴	雍
靴(신 화)(革)	雍(화할 옹)(隹)☆
貊	鼎
貊(맥국 맥)(豸)☆	鼎(솥 정)(鼎)☆
鉀	瓚
鉀(갑옷 갑)(金)☆	瓚(옥잔 찬)(玉)☆
軾	稙
軾(수레가로나무 식)(車)☆	稙(올벼 직)(禾)☆

「瑄(도리옥 선)」자의 「도리옥」은 「(조선시대) 정일품과 종일품의 관모에 붙이던 玉貫子」를 뜻하는 말이다.

26 ~ 28

硯	纖
硯 (벼루 연) (石)	纖 (가늘 섬) (糸)
惹	聚
惹 (이끌 야) (心)	聚 (모을 취) (耳)☆
瓜	亢
瓜 (외 과) (瓜)	亢 (높을 항) (亠)☆
賈	銖
賈 (성 가, 장사 고) (貝)☆	銖 (저울눈 수) (金)☆
瑛	鷹
瑛 (옥빛 영) (玉)☆	鷹 (매 응) (鳥)☆
鷺	允
鷺 (해오라기 로) (鳥)☆	允 (만 윤) (儿)☆
鉢	刃
鉢 (바리때 발) (金)☆	刃 (칼날 인) (刀)
尹	瑞
尹 (성 윤) (尸)☆	瑞 (상서 서) (玉)
葛	搬
葛 (칡 갈) (艸)	搬 (옮길 반) (手)
溺	漣
溺 (빠질 닉) (水)	漣 (잔물결 련) (水)☆

「鉢(바리때 발)」자의 「바리때」는 「절에서 쓰는 중의 밥그릇」을 이르는 말이다.

28 ~ 30

禎	裵
禎(상서로울 정)(示)☆	裵(성 배)(衣)☆
兢	熊
兢(떨릴 긍)(儿)☆	熊(곰 웅)(火)☆
睿	琢
睿(슬기 예)(目)☆	琢(다듬을 탁)(玉)
卞	熔
卞(성 변)(卜)☆	熔(녹을 용)(火)
網	濃
網(그물 망)(糸)	濃(짙을 농)(水)
幻	槐
幻(헛보일 환)(幺)	槐(회화나무 괴)(木)☆
弗	輔
弗(아닐 불, 말 불)(弓)	輔(도울 보)(車)☆
趙	甄
趙(나라 조)(走)☆	甄(질그릇 견)(瓦)☆
箕	熏
箕(키 기)(竹)☆	熏(불길 훈)(火)☆
瑢	赫
瑢(패옥소리 용)(玉)☆	赫(빛날 혁)(赤)☆

「箕(키 기)」자의 「키」는 「곡식 따위를 까불러 티끌을 골라내는 기구」를 이르는 말이다.

31 ~ 33

飼
飼(기를 사)(食)

塵
塵(티끌 진)(土)

颱
颱(태풍 태)(風)

瞻
瞻(볼 첨)(目)☆

潽
潽(물이름 보)(水)☆

璇
璇(옥 선)(玉)☆

汀
汀(물가 정)(水)☆

槿
槿(무궁화 근)(木)☆

碩
碩(클 석)(石)

彰
彰(드러날 창)(彡)

蠻
蠻(오랑캐 만)(虫)

劉
劉(죽일 류)(刀)☆

燉
燉(불빛 돈)(火)☆

瑩
瑩(밝을 형, 옥돌 영)(玉)☆

嬉
嬉(아름다울 희)(女)☆

潘
潘(성 반)(水)☆

閨
閨(안방 규)(門)

僑
僑(더부살이 교)(人)

磁
磁(자석 자)(石)

樑
樑(들보 량)(木)☆

「樑(들보 량)」자의 「들보」는 「건물의 칸과 칸 사이의 두 기둥 위를 건너지른 나무」를 이르는 말이다.

33 ~ 35

獐				
獐 (노루 장) (犬)☆				
魯				
魯 (노나라 로) (魚)☆				
台				
台 (별 태) (口)☆				
丕				
丕 (클 비) (一)☆				
綜				
綜 (모을 종) (糸)				
閥				
閥 (문벌 벌) (門)				
沐				
沐 (머리감을 목) (水)				
鄧				
鄧 (나라이름 등) (邑)☆				
鄭				
鄭 (나라 정) (邑)☆				
蓬				
蓬 (쑥 봉) (艸)☆				

奭				
奭 (클 석) (大)☆				
澔				
澔 (넓을 호) (水)☆				
厭				
厭 (싫어할 염) (厂)				
酷				
酷 (심할 혹) (酉)				
締				
締 (맺을 체) (糸)				
蔡				
蔡 (성 채) (艸)☆				
稷				
稷 (피 직) (禾)☆				
瑾				
瑾 (아름다운옥 근) (玉)☆				
蔚				
蔚 (고을이름 울) (艸)☆				
誾				
誾 (향기 은) (言)☆				

「稷(피 직)」자의 「피」는 「논밭이나 습한 곳에서 자라는 벼과의 일년초」를 이르는 말이다.

36 ~ 38

駐	鋪
駐(머무를 주)(馬)	鋪(펼 포)(金)
箱	蔣
箱(상자 상)(竹)	蔣(성 장)(艸)☆
僻	璣
僻(궁벽할 벽)(人)	璣(별이름 기)(玉)☆
弁	冀
弁(고깔 변)(廾)☆	冀(바랄 기)(八)☆
儆	燁
儆(경계할 경)(人)☆	燁(빛날 엽)(火)☆
璋	墺
璋(홀 장)(玉)☆	墺(물가 오)(土)☆
嬅	賠
嬅(탐스러울 화)(女)☆	賠(물어줄 배)(貝)
澈	灣
澈(맑을 철)(水)☆	灣(물굽이 만)(水)
魅	膜
魅(매혹할 매)(鬼)	膜(꺼풀 막)(肉)
蔘	遼
蔘(삼 삼)(艸)	遼(멀 료)(辶)☆

「膜(막 막)」자의 「막」은 「생물체의 모든 기관을 싸거나 경계를 이루는 얇은 꺼풀」을 이르는 말이다.

38 ~ 40

艮 (괘이름 간) (艮)☆

盧 (성 로) (皿)☆

牟 (성 모) (牛)☆

羲 (복희 희) (羊)☆

摩 (문지를 마) (手)

敷 (펼 부) (攴)

遮 (가릴 차) (辶)

閻 (마을 염) (門)☆

匈 (오랑캐 흉) (勹)☆

乭 (이름 돌) (乙)☆

踰 (넘을 유) (足)☆

暹 (햇살치밀 섬) (日)☆

輛 (수레 량) (車)

膠 (아교 교) (肉)

矛 (창 모) (矛)

濊 (종족이름 예) (水)☆

憙 (기뻐할 희) (心)☆

彊 (굳셀 강) (弓)☆

閼 (막을 알) (門)☆

熹 (빛날 희) (火)☆

「羲 (복희 희)」자의 「복희」는 「삼황오제의 우두머리이며, 팔괘를 처음으로 만들고 그물을 발명하여 고기잡이의 방법을 가르쳤다는 중국 고대 전설상의 제왕」을 이른다.

41 ~ 43

札(편지 찰)(木)	藍(쪽 람)(艸)
撤(거둘 철)(手)	鮑(절인물고기 포)(魚)☆
歐(구라파 구)(欠)	庄(전장 장)(广)☆
樺(벗나무 화)(木)☆	伊(저 이)(人)☆
濂(물이름 렴)(水)☆	后(임금 후)(口)☆
价(클 개)(人)☆	圭(서옥 규)(土)☆
錫(주석 석)(金)☆	諮(물을 자)(言)
穆(화목할 목)(禾)☆	旨(뜻 지)(日)
尼(여승 니)(尸)	劑(약제 제)(刀)
蔑(업신여길 멸)(艸)	艾(쑥 애)(艸)☆

「錫(주석 석)」자의 「주석朱錫」은 「은백색의 광택이 나는 금속 원소의 한 가지」를 이르는 말이다.

43 ~ 45

鴨

鴨(오리 압)(鳥)☆

璟

璟(옥빛 경)(玉)☆

旭

旭(아침해 욱)(日)☆

宋

宋(성 송)(宀)☆

輯

輯(모을 집)(車)

憾

憾(섭섭할 감)(心)

壹

壹(한 일, 갖은한 일)(士)

薛

薛(성 설)(艸)☆

邢

邢(성 형)(邑)☆

呂

呂(성 려)(口)☆

吳

吳(성 오)(口)☆

鑽

鑽(뚫을 찬)(金)☆

勳

勳(공 훈)(力)

諜

諜(염탐할 첩)(言)

翰

翰(편지 한)(羽)

串

串(꿸 관, 땅이름 곶)(丨)☆

鞠

鞠(성 국)(革)☆

磻

磻(반계 반, 반계 번)(石)☆

禧

禧(복 희)(示)☆

址

址(터 지)(土)☆

「輯」자는 「(시가나 문장 따위를) 모아 여러 차례에 걸쳐 엮어내는 책」을 뜻한다. 예 同人誌 第2輯

46 ~ 48

餐

餐(밥 찬)(食)

融

融(녹을 융)(虫)

悽

悽(슬퍼할 처)(心)

燦

燦(빛날 찬)(火)☆

襄

襄(도울 양)(衣)☆

岐

岐(갈림길 기)(山)☆

甸

甸(경기 전)(田)☆

壕

壕(해자 호)(土)☆

洛

洛(물이름 락)(水)

妖

妖(요사할 요)(女)

尿

尿(오줌 뇨)(尸)

徽

徽(아름다울 휘)(彳)☆

甫

甫(클 보)(用)☆

璨

璨(옥빛 찬)(玉)☆

汪

汪(넓을 왕)(水)☆

杏

杏(살구 행)(木)☆

酸

酸(실 산)(酉)

鍛

鍛(쇠불릴 단)(金)

趨

趨(달아날 추)(走)

燮

燮(불꽃 섭)(火)☆

「甸(경기 전)」자의 「경기」는 「옛날, 왕성을 중심으로 주위 5백리 이내의 지방」을 이르던 말이다.

48 ~ 50

駿					杆				
駿 (준마 준) (馬)☆					杆 (몽둥이 간) (木)☆				
杓					鍵				
杓 (북두자루 표) (木)☆					鍵 (자물쇠 건) (金)☆				
沃					呈				
沃 (기름질 옥) (水)☆					呈 (드릴 정) (口)				
玖					坑				
玖 (옥돌 구) (玉)☆					坑 (구덩이 갱) (土)				
療					謄				
療 (병고칠 료) (疒)					謄 (베낄 등) (言)				
癌					彌				
癌 (암 암) (疒)					彌 (미륵 미) (弓)☆				
濠					濬				
濠 (호주 호) (水)					濬 (깊을 준) (水)☆				
阪					沖				
阪 (언덕 판) (阜)☆					沖 (화할 충) (水)☆				
沂					檜				
沂 (물이름 기) (水)☆					檜 (전나무 회) (木)☆				
兌					伽				
兌 (바꿀 태, 기쁠 태) (儿)☆					伽 (절 가) (人)☆				

「彌(미륵 미)」자의 「미륵彌勒」은 「미륵보살彌勒菩薩, 또는 돌부처」를 두루 이르는 말이다.

51 ~ 53

喉					膽				
喉 (목구멍 후) (口)					膽 (쓸개 담) (肉)				
購					昶				
購 (살 구) (貝)					昶 (해길 창) (日)☆				
妊					汶				
妊 (아이밸 임) (女)					汶 (물이름 문) (水)☆				
驥					阜				
驥 (천리마 기) (馬)☆					阜 (언덕 부) (阜)☆				
沔					邱				
沔 (물이름 면) (水)☆					邱 (언덕 구) (邑)☆				
杜					燾				
杜 (막을 두) (木)☆					燾 (비칠 도) (火)☆				
沆					戈				
沆 (넓을 항) (水)☆					戈 (창 과) (戈)				
佑					抛				
佑 (도울 우) (人)☆					抛 (던질 포) (手)				
縫					戴				
縫 (꿰맬 봉) (糸)					戴 (일 대) (戈)				
升					靺				
升 (되 승) (十)					靺 (말갈 말) (革)☆				

「戴(일 대)」자의 「일」은 「이다」는 말로, 「물건을 머리 위에 얹다, 또는 얹고 있음」을 이르는 말이다.

53 ~ 56

鞨	炳
鞨(오랑캐이름 갈)(革)☆	炳(불꽃 병)(火)☆
旼	坡
旼(화할 민)(日)☆	坡(언덕 파)(土)☆
泓	枚
泓(물깊을 홍)(水)☆	枚(낱 매)(木)
瀋	坪
瀋(즙낼 심)(水)☆	坪(들 평)(土)
垈	玟
垈(집터 대)(土)	玟(아름다운돌 민)(玉)☆
刹	炅
刹(절 찰)(刀)	炅(빛날 경)(火)☆
拉	鎔
拉(끌 랍)(手)	鎔(쇠녹일 용)(金)☆
泗	岡
泗(물이름 사)(水)☆	岡(산등성이 강)(山)☆
泌	魏
泌(분비할 비, 스며흐를 필)(水)☆	魏(성 위)(鬼)☆
爀	繕
爀(불빛 혁)(火)☆	繕(기울 선)(糸)

「坪」자는 「토지 면적의 단위, 입체의 단위, 천·유리·동판 따위의 평방 단위」로 쓰인다.

56 ~ 58

闕

闕 (대궐 궐) (門)

怖

怖 (두려워할 포) (心)

晙

晙 (밝을 준) (日)☆

旺

旺 (왕성할 왕) (日)☆

芮

芮 (성 예) (艸)☆

沼

沼 (못 소) (水)☆

秉

秉 (잡을 병) (禾)☆

炊

炊 (불땔 취) (火)

貳

貳 (두 이, 갖은두 이) (貝)

噫

噫 (한숨쉴 희) (口)

薰

薰 (향풀 훈) (艸)☆

旻

旻 (하늘 민) (日)☆

璿

璿 (구슬 선) (玉)☆

甕

甕 (독 옹) (瓦)☆

邯

邯 (조나라서울 한, 사람이름 감) (邑)☆

謬

謬 (그르칠 류) (言)

沮

沮 (막을 저) (水)

鎰

鎰 (무게이름 일) (金)☆

邵

邵 (땅이름 소) (邑)☆

騏

騏 (준마 기) (馬)☆

「甕」자의 「독」은 「운두가 높고 중배가 약간 부르며 전이 달린 큰 오지그릇이나 질그릇」을 이르는 말.

58 ~ 61

怡					藤				
怡 (기쁠 이) (心)☆					藤 (등나무 등) (艸)				
佾					型				
佾 (줄춤 일) (人)☆					型 (모형 형) (土)				
歪					屍				
歪 (기울 왜, 기울 외) (止)					屍 (주검 시) (尸)				
桐					岬				
桐 (오동나무 동) (木)					岬 (곶 갑) (山)☆				
膚					謨				
膚 (살갗 부) (肉)					謨 (꾀 모) (言)☆				
芬					杰				
芬 (향기 분) (艸)☆					杰 (뛰어날 걸) (木)☆				
瀅					采				
瀅 (물맑을 형) (水)☆					采 (풍채 채) (釆)☆				
鎬					馥				
鎬 (호경 호) (金)☆					馥 (향기 복) (香)☆				
芸					霸				
芸 (향풀 운) (艸)☆					霸 (으뜸 패) (雨)				
芝					迴				
芝 (지초 지) (艸)☆					迴 (돌 회) (辶)				

「岬(곶 갑)」자의 「곶」은 「바다나 호수로 가늘게 뻗어 있는 육지의 끝 부분」을 이르는 말이다.

61 ~ 63

鏞 (쇠북 용) (金)☆	洵 (참으로 순) (水)☆
茅 (띠 모) (艸)☆	蟾 (두꺼비 섬) (虫)☆
炯 (빛날 형) (火)☆	鬱 (답답할 울) (鬯)
垠 (지경 은) (土)☆	穩 (편안할 온) (禾)
兪 (대답할 유) (入)☆	苑 (나라동산 원) (艸)
津 (나루 진) (水)	禹 (성 우) (禸)☆
胎 (아이밸 태) (肉)	洙 (물가 수) (水)☆
盈 (찰 영) (皿)☆	彦 (선비 언) (彡)☆
疆 (지경 강) (田)☆	奎 (별 규) (大)☆
郁 (성할 욱) (邑)☆	亮 (밝을 량) (亠)☆

「茅(띠 모)」자의 「띠」는 「산야山野에서 흔히 자라는 벼과의 다년초」를 이르는 말이다.

64 ~ 66

姬

姬(계집 희)(女)

蹴

蹴(찰 축)(足)

昴

昴(별이름 묘)(日)☆

衍

衍(넓을 연)(行)☆

炫

炫(밝을 현)(火)☆

廬

廬(농막집 려)(广)☆

姚

姚(예쁠 요)(女)☆

虐

虐(모질 학)(虍)

姸

姸(고울 연)(女)☆

迦

迦(부처이름 가)(辶)☆

胤

胤(자손 윤)(肉)☆

麒

麒(기린 기)(鹿)☆

峙

峙(언덕 치)(山)☆

毘

毘(도울 비)(比)☆

鵬

鵬(새 붕)(鳥)☆

姜

姜(성 강)(女)☆

柴

柴(섶 시)(木)☆

瓊

瓊(구슬 경)(玉)☆

珏

珏(쌍옥 각)(玉)☆

庠

庠(학교 상)(广)☆

「虐」자의 「모질」은 「모질다」는 말로, 「차마 못할 짓을 능히 또는 함부로 하는 성질이 있음」을 뜻한다.

66 ~ 68

壎

壎(질나팔 훈)(土)☆

昺

昺(밝을 병)(日)☆

昞

昞(밝을 병)(日)☆

玲

玲(옥소리 령)(玉)☆

毖

毖(삼갈 비)(比)☆

繩

繩(노끈 승)(糸)☆

珉

珉(옥돌 민)(玉)☆

扁

扁(작을 편)(戶)☆

范

范(성 범)(艸)☆

驪

驪(검은말 려, 검은말 리)(馬)☆

龐

龐(높은집 방)(龍)☆

昱

昱(햇빛밝을 욱)(日)☆

柄

柄(자루 병)(木)☆

柯

柯(가지 가)(木)☆

韋

韋(가죽 위)(韋)☆

俛

俛(힘쓸 면, 구푸릴 면)(人)☆

醴

醴(단술 례)(酉)☆

陜

陜(좁을 협, 땅이름 합)(阜)☆

「俛」자의 「구푸리다」는 「몸을 앞으로 굽힘」을 이르는 말로, 「구부리다」와는 그 쓰임이 다르다.

명시감상

作者 : 왕지환王之渙

白 日 依 山 盡
黃 河 入 海 流
欲 窮 千 里 目
更 上 一 層 樓

밝은 해는 서산에 기대어 지고
황하는 바다로 흘러 들어가네
천리 먼 곳을 다 보고픈 마음
다시 누각을 한 층 더 올라보네

설 명

- 제목 : 登鸛雀樓(관작루에 올라)

- 위 시는 작자가 관작루에 올라 먼 곳을 조망하며, 젊음의 기상氣像을 무한한 열정으로 노래한 시이다.
  앞의 두 구는 서산으로 지는 낙조落照 속에 황하黃河가 쉬지 않고 큰 바다로 흘러드는 경치를 표현하여 정신적인 깨달음을 이끌어 내고 있으며, 뒤의 두 구는 더 먼 곳을 바라보고자 다시 누각樓閣을 한 층 더 오르는 모습을 묘사하여, 원대遠大한 이상理想을 실현하기 위해서는 끊임없이 노력해야 함을 노래하였다.

한자능력검정시험

2급

- **인 쇄** · 2024년 2월 5일
- **발 행** · 2024년 2월 10일

- **엮은이** · 원 기 춘
- **발행인** · 최 현 동
- **발행처** · 신 지 원

- **주 소** · 07532
  서울특별시 강서구 양천로 551-17, 813호(가양동, 한화비즈메트로 1차)

- **T E L** · (02) 2013-8080~1
  F A X · (02) 2013-8090

- **등 록** · 제16-1242호
- **교재구입문의** · (02) 2013-8080~1

정가 22,000원

ISBN 979-11-6633-388-0 15710

검인